제임스 조이스(1882~1941)

제임스 조이스 생가　아일랜드 더블린 교외 라스가

▲아일랜드 더블린
오코넬 스트리트
19세기

▶더블린 유니버시
티 칼리지
1898년 이 대학에
입학한 조이스는
헨리 입센의 작품
에 심취하여 《우
리들 죽은 자가
눈을 뜰 때》에 대
한 평론 《입센의
신극》을 써서 인
정을 받자, 작가가
될 것을 결심한다.

▲파리 생 주느비에브
도서관

1902년 10월, 학사학위
를 받은 조이스는 파
리 생 주느비에브 도
서관에서 아리스토텔
레스, 성 토마스 아퀴
나스, 귀스타브 플로
베르 등을 연구하여
그들에 대한 미학이론
을 정리했다.

◀도서관 2층 독서실

▲샌디코브의 마르
텔로 타워
지금은 조이스 박
물관. 1903년 4월,
조이스는 어머니
가 위독하여 고향
으로 돌아왔다.
10월, 어머니가 죽
자 여러 직업을
거치면서 이 탑을
비롯 여러 곳을
전전하며 지냈다.

▶조이스와 노라
바너클
1904년, 조이스는
노라를 만나게 되
는데 그의 소설
《율리시스》의 배
경이 되는 날(블
룸즈데이)이라 선
택한 6월 16일에
그녀와 사랑에 빠
지게 된다.

▲폴라에 있는 골든 게
이트 오른쪽 노란 건
물 입구에 '1904~05
년 아일랜드의 유명작
가 제임스 조이스가
이 건물(벌리츠 스쿨)
에서 영어를 가르쳤다'
는 대리석판이 붙어
있다.
'폴라'는 당시 이탈리
아 영지였으나 지금은
크로아티아 항구도시
이다.

◀트리에스테 대운하
다리 위에서 걷는 모습
의 조이스 동상
1905년 3월, 조이스는
트리에스테 '벌리츠
스쿨'로 전임했다.
'트리에스테'는 오스트
리아·헝가리제국 영지
로, 현재는 이탈리아
동북부 항구도시이다.

▲트리에스테 항구 전
경

아들 조지아, 딸 루시
아는 이곳에서 태어났
다. 조이스는 제1차 세
계대전 발발로 1915년
취리히로 가기 전까지
《더블린 사람들》·《젊
은 예술가의 초상》등
많은 작품을 썼으나
가난을 면치 못했다.

▶노라와 자녀들(1918)

▲취리히 리마트 강가에서의 조이스(1938)

◀해리엇 쇼 위버(1876~ 1961) 에고이스트 출판사 편집자, 조이스 후원자. 《젊은 예술가의 초상》 출판자가 나서지 않자, 위버의 집요한 노력으로 1916년 미국판이 간행되고, 이어 《더블린 사람들》도 출판되었다. 이듬해 에고이스트 출판사의 《젊은 예술가의 초상》 영국판이 출간되게 해주었다. 또한 위버는 조이스 사후 장례식에 이르기까지 익명으로 경제적 지원을 아끼지 않았다.

취리히 플라츠슈피츠 공원의 제임스 조이스 고원 분수대   조이스가 가장 좋아하는 지역이다.

취리히 리마트 강에서 바라본 플라츠슈피츠 공원의 제임스 조이스 고원

조이스와 셰익스피어 서점 주인 실비아 비치　조이스는 1920년 7월 에즈라 파운드의 초청을 받아 파리로 간다. 파리에서는 실비아 비치가 1922년 《율리시즈》를 출판해 유명해졌다.

1924년 《율리시즈》 출판 직후 가족사진　시계방향으로 조지오·조이스·루시아·노라

결혼 만난 지 30년이 지난 1931년 런던에서 조이스와 노라는 변호사를 증인으로 세우고 많은 영국 카메라맨들에게
쫓기면서 드디어 결혼식을 올렸다.

제임스 조이스 동상   더블린

조이스의 무덤 취리히 플룬테른 묘지. 조이스가 죽은 10년 뒤에 노라도 함께 묻혔다.

《젊은 예술가의 초상》(초판 1916) 표지

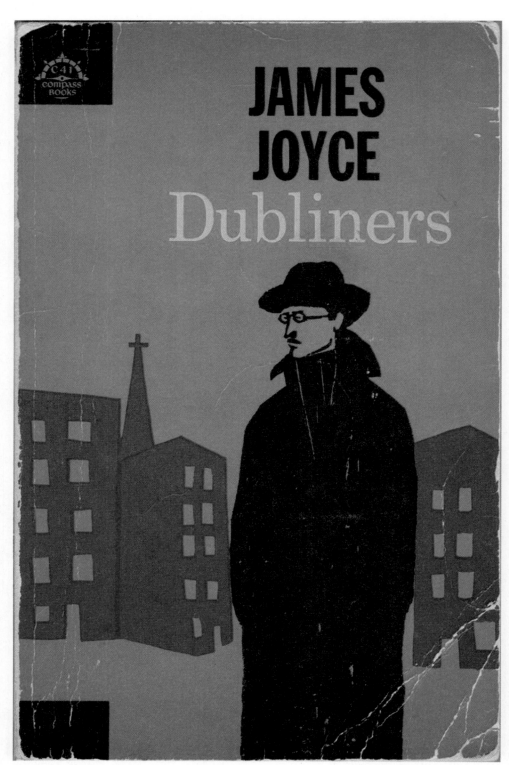

《더블린 사람들》(초판 1914) 표지

World Book 167
James Augustine Aloysius Joyce
A PORTRAIT OF THE ARTIST AS A YOUNG MAN
DUBLINERS

젊은 예술가의 초상/더블린 사람들

제임스 조이스/김성숙 옮김

동서문화사

디자인 : 동서랑 미술팀

젊은 예술가의 초상/더블린 사람들
차례

A Portrait of the Artist as a Young Man

젊은 예술가의 초상

그리하여 그는 마음을 미지의 예술로 향했다*

오비디우스 《변신 이야기》 8권 188행

---

* Et ignotas animum dimittit in artes. 라틴어. 《변신이야기》는 고대로마의 시인 오비디우스의 작품. '그'란 그리스 신화의 명장(名匠) 다이달로스. 새의 날개 같은 것을 만들어, 아들 이 카로스와 함께 크레타 섬 미노스 왕의 미궁에서 탈출한다. 이 다이달로스 부자의 설화가 《젊은 예술가의 초상》 전체의 틀을 이루고 있다.

제1장

옛날 옛날, 아주 살기 좋았던 시절, 음매음매 암소 한 마리가 걸어오고 있었단다. 길을 걸어오던 이 음매소[*1]는 먹보아기[*2]라 부르는 아주 조그만 귀여운 사내아이를 만났지…….

그의 아버지가 그 이야기를 해주었다. 외알안경[*3]을 낀 눈으로 그를 보는 아버지의 얼굴은 털이 부숭부숭했다.

그가 바로 그 먹보아기였다. 그 음매소는 베티 번[*4]이 살고 있는 길 쪽에서 왔다. 베티 번은 레몬 맛이 나는 꽈배기엿을 팔았다.

오, 찔레꽃이 피었네
푸른 들녘에[*5]

그는 이 노래를 부른다. 이것이 그의 노래.

오, 그 파얀 찌예꼬 피고[*6]

---

* 1 moocow. 아일랜드는 '암소 중의 비단(가장 아름다운 소)'으로 불리는데, 그런 이미지가 있다. 아일랜드 서부에서는 이 소가 아기를 섬으로 데리고 가서 훌륭한 젊은이로 키운 다음 부모 곁으로 돌려보낸다는 전설이 있다(G).
* 2 baby tuckoo. 이 별명은 tuck(밀어넣다)+oo(유아어의 어미)에 의한 합성어.
* 3 모노클(단안경)을 가리킨다.
* 4 더블린에서 남남동쪽 약 21킬로미터에 있는 연안도시 브레이의 중심가 46번지의 잡화상 엘리자베스 번. 조이스 일가는 1887년부터 91년까지 그 부근의 마텔로테라스 1번지에서 살았다.
* 5 H.S. 톰슨의 노래 '골짜기의 백합'의 한 구절 "아, 찔레꽃이 필 거야/그녀의 작고 푸른 무덤에"를 약간 변형하여(G). 또한 '초록색'은 아일랜드를 상징하는 색이다.

자다가 오줌을 싸면 처음에는 따뜻하다가 곧 차가워진다. 그의 어머니가
기름종이를 깔아주는데, 고약한 냄새가 났다.

어머니한테서는 아버지보다 좋은 냄새가 난다. 어머니는 피아노로 뱃노래
를 쳐서 아버지를 춤추게 한다. 아버지는 곡조에 맞춰 춤을 춘다.

　　　　트랄랄라 랄라
　　　　트랄랄라 트랄랄라디
　　　　트랄랄라 랄라
　　　　트랄랄라 랄라

찰스 할아버지*7와 댄티*8가 손뼉을 친다. 두 사람은 아버지와 어머니보다
나이가 많고, 찰스 할아버지는 댄티보다 나이가 위였다.

댄티의 옷장 속에는 솔이 두 개 있었다. 밤색 벨벳으로 등을 싼 것은 마이
클 대비트*9를, 녹색 벨벳으로 등을 싼 솔은 파넬*10을 기리기 위한 것이었
다. 미농지를 가져다주면 댄티는 언제나 캐슈너트 사탕*11을 한 알씩 주곤
했다.

반스네 가족은 7번지에서 살고 있다. 그 애들에게는 다른 아버지와 어머
니가 있다. 아일린의 아버지와 어머니이다. 어른이 되면 그는 아일린과 결혼
할 것이다. 그가 식탁 밑에 숨으면 어머니가 말했다.

---

*6 O, the geen wothe botheth.　어린아이여서　O. the wild rose blossoms/On the little green
　　place를 이렇게 부른다(K).

*7 스티븐의 아버지 쪽 조부.

*8 Dante. 리오던 부인. 가정교사. 코크 남부에서는 the antie(아주머니)를 de antie라 부른다
　　(피터 코스텔로 《제임스 조이스—성장기》 '이하 《조이스의 성장기》'). 《율리시스》 제17삽
　　화에 의하면, 그녀는 디딜러스 집안에서 1888년 9월 1일부터 1891년 12월 29일까지 동거
　　했다.

*9 1846~1906. 1879년에 토지동맹을 결성하고, 독립 투사 파넬과 협력하여 아일랜드의 자치
　　권획득운동을 전개했다. 그러나 파넬의 불륜사건이 밝혀지자 그와 절교했다.

*10 찰스 스튜어트 파넬(1846~91). 아일랜드 의회당(이것이 정식명칭이고 별명은 국민당)의
　　당수(1880~90)이며 아일랜드 독립 투사로서, 아일랜드의 자치권획득을 위해 분투하여
　　대중의 절대적인 신뢰를 얻었으나, 유부녀인 캐서린 오세이와의 염문으로 이혼소송에 휘
　　말려 실각했다. 영국 측의 책동과 아일랜드 가톨릭교회의 단죄 탓도 있었다.

*11 캐슈너트 담배에 의한 입냄새를 지우는 엿.

"자, 스티븐이 잘못을 빌 거예요."
댄티가 말했다.
"오, 잘못을 빌지 않으면, 독수리가 날아와서 눈알을 빼버릴걸."

눈알을 빼버릴 테다
잘못을 빌어라
잘못을 빌어라
눈알을 빼버릴 테다

잘못을 빌어라
눈알을 빼버릴 테다
눈알을 빼버릴 테다
잘못을 빌어라*12

* * *

넓은 운동장*13에서 많은 학생들이 함성을 지르고 있었다. 교사들*14이 학생들에게 소리치고 있다. 저녁 공기는 파르스름하고 차갑다. 풋볼*15을 하고 있었다. 선수들이 서로 몸을 부딪칠 때마다 기름때가 묻은 가죽공은 무거운 새처럼 잿빛 허공을 날아갔다. 그는 선생님*16의 눈길도 닿지 않고, 거친 발

---

*12 개신교의 찬미가 작자 아이작 와츠(1674~1748)의 《어린이를 위해 쉬운 말로 지은 신의 찬가》 제23번, 그리고 그 노래의 바탕인 〈잠언〉(30 : 17)의 "아버지를 조롱하고, 어머니에 대한 순종을 모욕하는 자의 눈은/골짜기의 새가 뽑아가고 독수리 새끼가 쪼아먹는다"에 의한 것(G).

*13 예수회에서 경영하는 기숙학교 클롱고스우드 칼리지의 교정. 더블린 서남서쪽 약 29킬로미터, 킬데어주 샐린스 근처에 있다.

*14 prefects. 기숙학교 사감으로, 교실 밖의 감독과 지도를 담당한다(G).

*15 15명씩 2조로 겨루는 럭비에 가까운 스포츠. 자갈밭에서 하며, 공도 구형이다. 얼마 뒤 럭비로 대체된다(브루스 브래들리 《제임스 조이스의 학교시절》 '이하 《조이스의 학교시절》').

*16 나중에 등장하는 맥글레이드 선생. 교정에는 각조를 감독하는 사감이 있다(《조이스의 학교시절》).

길도 피할 수 있는 라인 끄트머리를 맴돌면서 이따금 뛰는 시늉을 하고 있었다. 축구를 하고 있는 모든 아이들 가운데 그가 가장 몸이 작고 허약한 것 같고, 시력이 약한데다 눈물까지 나왔다. 그러나 로디 키컴*17은 그렇지 않다. 모두들 그가 틀림없이 하급반*18 주장이 될 거라고 했다.

로디 키컴은 좋은 아이지만 심술쟁이 로슈는 불쾌한 녀석이다. 로디 키컴은 자기 사물함에 무릎보호대를 넣어두고, 휴게실에는 간식 바구니도 두고 있다. 심술쟁이 로슈는 손이 크다. 그 녀석은 금요일에 나오는 푸딩을 '담요를 뒤집어쓴 개'*19라고 불렀다. 그런데 어느 날 이렇게 묻는 것이었다.

"넌 이름이 뭐니?"

스티븐은 대답했다.

"스티븐 디덜러스*20야."

그러자 심술쟁이 로슈가 말했다.

"무슨 이름이 그러니?"

스티븐이 대답을 하지 못하고 있으니 심술쟁이 로슈가 다시 물었다.

"네 아버지는 뭐 하시니?"

스티븐이 대답했다.

"젠틀맨*21이야."

그러자 심술쟁이 로슈가 물었다.

"치안판사*22야?"

---

*17 조이스의 클롱고스 시절의 동급생. 뒤에 등장하는 학생들의 이름은 몇 개의 가명을 제외하고 대부분 실명이다.

*18 클롱고스우드 칼리지에서는 나이에 따라 12세 이하의 하급반, 13세부터 15세까지의 중급반, 15세부터 18세까지의 상급반으로 나뉜다. 또 하급반은 초등반과 그 위의 제3문법반으로, 중급반은 제2문법반과 그 위의 제1문법반으로, 상급반은 시반(詩班)과 그 위의 수사반(修辭班)으로 나뉘었다(G).

*19 dog in the blanket. 원래는 은어이며, 롤리폴리(버터를 넣은 비스킷용 반죽을 장방형으로 펴고 잼을 바르거나 과일을 얹고 말아서 찌거나 구운 과자)를 가리킨다.

*20 스티븐이라는 이름은 그리스도교 최초의 순교자 성 스테파노(그리스어로 교육을 받은 유대인)에서, 또 디덜러스는 그리스신화의 명장 다이달로스에서 따온 이름이다.

*21 gentleman. 셰익스피어 시대부터 18세기까지 신분을 나타내는 말. 문장(紋章)을 보유할 수 있는 자격이 있는 자. 스티븐은 타이프로서 사용했고, 로슈는 신분을 다시 묻는다.

*22 치안판사(magistrate)는 그 지방에서 가장 유력한 사람, 이를테면 대지주가 맡는다.

그는 자기 팀 라인 끄트머리에서 어슬렁어슬렁 움직이면서 이따금 조금씩 뛰기도 했다. 추워서 손이 시퍼렇다. 그는 벨트를 두른 회색 바지 주머니에 두 손을 집어넣고 있었다. 그것은 호주머니 둘레에 매는 벨트였다. 하지만 사람을 때리는 것도 벨트라고 한다. 어느 날 한 녀석이 캔트웰에게 말했었지.

"네 녀석을 벨트로 때릴까 보다."

그러자 캔트웰이 대답했다.

"가서 상대가 될 만한 놈하고 해. 세실 선더란 놈이나 때려보지 그래? 그럼 볼 만할 거야. 네놈이 엉덩이를 걷어차일 테니까."

그런 건 점잖은 말이 아니다. 그의 어머니는 학교에서 말씨가 거친 애들과는 얘기하지 말라고 늘 말했다. 다정한 어머니! 처음 입학하던 날, 이 고성 (高城)*23의 현관에서 작별 인사를 할 때 그의 어머니는 쓰고 있던 베일을 코까지 걷어 올리고 키스해 주었다. 그때 어머니의 코와 눈이 빨갰지만, 그가 울먹이고 있는 것을 못 본 척했다. 예쁜 어머니지만 울 때는 그다지 예쁘지 않았다. 아버지는 용돈이라며 5실링짜리 은화 두 닢*24을 주면서, 필요한 것이 있으면 집으로 편지를 보내라고 했다. 그리고 무슨 일이 있어도 고자질을 해서는 안 된다고 말했다. 성의 현관에서 교장선생님*25이 그의 아버지 어머니와 악수를 했을 때, 교장선생님이 입은 검은 수탄*26 자락이 산들바람에 펄럭거렸다. 아버지와 어머니를 실은 마차가 움직이기 시작하자, 두 사람은 마차 안에서 손을 흔들면서 소리쳤다.

"잘 있거라. 스티븐, 잘 있어!"

"잘 있거라. 스티븐, 잘 있어!"

---

*23 성 클롱고스우드 칼리지는 17세기에 지은 성. 예수회의 피터 케니 신부가 1813년에 브라운가(家)에서 사들여, 이듬해 1814년에 성 알로이시우스 곤자가를 기리는 학교를 설립했다. '성'은 학교의 중심적인 건물을 말한다.

*24 상당한 금액이다.

*25 존 콘미 신부. 실재한 실명의 인물. 《율리시스》 제10삽화에서, 콘미 신부(당시에는 더블린의 성프란시스 사비에르 성당의 수도원장)는, "얇은 양말을 신은 발소리를 클롱고스 들판의 그루터기가 간질였다. 그는 해질 녘에 기도를 읊으면서 그곳을 거닐었고, 조별로 뛰어다니는 소년들의 고함소리를 들었다. 조용한 석양 속에서 싱그럽게 울리는 외침을. 그는 아이들의 교장선생이었다. 그의 감독은 온화했다"고 당시를 회상하고 있다. 그는 조이스의 외조부인 존 마리와 교류가 있었다. (《조이스의 학교시절》).

*26 soutane. 가톨릭교회의 성직자가 입는, 목에서 발꿈치까지 덮이는 검은 법복.

아이들이 뒤엉켜서 서로 밀치락달치락하는 속에 갇혀서, 번뜩이는 눈빛과 진흙이 묻은 구둣발에 겁을 먹고, 몸을 구부리고 아이들의 가랑이 사이로 내다본다. 아이들은 흥분해서 소리치며, 서로 밀고 차거나, 발을 짓밟고 있다. 그때 잭 로튼의 노란 구두가 공을 빼내자, 다른 모든 구두와 발들이 공을 따라 쫓아갔다. 그도 조금 떨어져서 뒤따라갔지만, 곧 멈췄다. 뛰어봤자 소용없어. 이제 곧 휴가 때가 되면 모두들 집으로 돌아갈 텐데 뭐. 저녁을 먹고 나서 자습실 책상 안쪽에 붙여둔 숫자를 77에서 76으로 바꿔야겠다. *27

이렇게 추운 곳보다는 자습실이 훨씬 낫다. 하늘은 창백하고 싸늘하지만 성(城)에는 불이 켜져 있다. 해밀턴 로언*28은 어느 창문에서 물 없는 해자*29로 모자를 던졌을까? 그때도 창문 아래에 꽃밭이 있었을까? 언젠가 성에 불려갔을 때, 집사는 나무문에 총알이 박혀 있는 것을 보여주고, 예수회 성직자들이 먹는 버터쿠키를 하나 주었다. 성에 켜진 등불은 아름답고 따뜻했다. 그것은 책에나 나올 법한 광경이었다. 아마 레스터 수도원도 그랬을 것이다. 콘웰 박사가 쓴 철자책*30에는 멋진 문장들이 있었다. 철자법을 배우기 위한 문장인데, 마치 시(詩) 같았다.

울지*31는 레스터 수도원에서 죽었고
수도원장들*32이 정중하게 묻어주었다.

---

*27 크리스마스 휴가까지 남은 날짜. 현재는 1891년 10월 초.

*28 아일랜드의 민족주의자(1751~1834). 아일랜드 독립을 지향하는 아일랜드인 연합단체의 회원. 울프 톤(제5장 *60 참조)의 동료이자 친구. 1794년, 치안방해죄로 유죄판결을 받았으나, 연행 중에 탈주하여 클롱고스우드 칼리지의 서재에 몸을 숨겼다. 출동한 영국군이 서재 문에 발포하자, 그는 창문에서 모자를 던져 달아나는 척하고는 그곳을 탈출, 프랑스로 망명했다(G).

*29 가축 등이 지나갈 수 없도록 하기 위해 건물 주위에 설치한 해자.

*30 제임스 콘웰(1812~1902)과 알렉산더 알렌(1814~42)의 공저 《초급자용 영어문법》(1838)은 아일랜드의 초중등교육의 표준 교과서였다.

*31 토마스 울지(1475?~1530). 요크 대주교, 추기경 등을 역임했으나, 교황에게서 영국 국왕 헨리8세의 이혼허가를 받지 못하여 왕의 신임을 잃고, 반역 혐의로 런던으로 호송 중에, 성마리아 수도원에서 사망. 《율리시스》 제10삽화에서는, 콘미 신부가 울지의 만년의 말("왕을 섬기듯이 신을 섬겼더라면, 늙은 나를 버리시지는 않았을 것")을 떠올리고 있다.

*32 abbots. 다만 G의 지적대로, 수도원장은 한 사람이었던 것 같다.

'캔커(근류병)'는 식물의 병이요
'캔서(암)'는 동물의 병이다

난로 앞 양탄자 위에 누워 머리 밑에 깍지 낀 두 손을 받치고, 이런 문장이나 생각하고 있으면 좋을 텐데. 몸이 부르르 떨렸다. 미끌미끌하고 차가운 것이 살갗에 닿는 듯한 기분. 웰스는 비열했다, 밤치기*³³ 놀이에서 상대를 마흔 번이나 이겼다는, 길이 잘 든 자기 밤과 작은 코담뱃갑을 바꿔주지 않는다고 그를 그 네모난 도랑*³⁴에 빠뜨리다니. 그 물은 어찌나 차갑고 끈적거리던지! 큼직한 쥐 한 마리가 그 더러운 구정물 속으로 뛰어드는 걸 누가 봤다고 했는데. 그의 어머니는 댄티와 난로 앞에 앉아서 브리지드*³⁵가 차를 내오기를 기다리고 있었다. 그녀가 두 발을 난로 철사망 위에 올려놓고 있으면, 반짝거리는 슬리퍼가 뜨거워져서 따뜻한 냄새가 나는 것이 어찌나 좋던지! 댄티는 아는 것이 많아. 모잠비크 해협이 어디에 있는지도, 아메리카에서 가장 긴 강과 달에서 가장 높은 산의 이름도 가르쳐주었어. 아놀 신부님은 성직자여서 댄티보다 아는 것이 더 많지만, 아버지와 찰스 할아버지는 입을 모아 댄티는 영리한 여자이고 책을 많이 읽는다고 말했어. 식사가 끝난 뒤 댄티가 트림을 하면서 입에 손을 가져가는 건, 아마 속이 좋지 않아서일 거야.
멀리 운동장에서 커다란 목소리가 들려왔다.
"모두 들어가!"
그러자 중급반과 하급반에서도 고함소리가 들려왔다.
"모두 들어가! 모두 들어가!"
진흙투성이가 된 선수들이 상기된 얼굴로 모여들었다. 그도 이제 그들 틈에 끼어들 수 있게 되어 다행으로 생각하면서 대열 속에 들어갔다. 로디 키컴은 진흙투성이가 된 공의 끈을 잡고 있었다. 한 녀석이 마지막으로 한 번

---

*33 밤을 끈에 매달아 서로 부딪쳐서 어느 한쪽이 깨질 때까지 겨루는 게임.
*34 가축의 침입을 막기 위해 주위에 둘러친 도랑에 물이 고였기 때문에, 학생들이 '네모난 도랑'이라고 불렀다(브루스 비드웰/린다 헤퍼 《조이스의 방법》/《조이스의 학교시절》).
*35 스티븐 집안의 여자 하인. 하인이 서너 명 있었다. 마텔로테라스 1번지의 집에는 방이 약 열세 개 있었다.

만 더 차보라고 했지만, 들은 척도 하지 않고 걸어간다. 사이먼 무넌이 그에게 선생님이 보고 있으니 그만두라고 했다. 그 녀석은 사이먼 무넌을 돌아보면서 말했다.

"우리는 네가 왜 그런 말을 하는지 다 알고 있다고. 넌 맥글레이드의 '서크'*36니까 말이야."

'서크'라니, 참 고약한 말이다. 녀석이 사이먼 무넌을 그렇게 부르는 이유는, 그 아이가 늘 선생님이 입고 있는 수탄 등의 장식끈을 뒤로 묶어주곤 했는데, 그때마다 선생님이 화난 척을 하기 때문이다. 그렇지만 그건 더러운 말이다. 언젠가 위클로 호텔의 화장실에 갔을 때, 손을 씻은 뒤 그의 아버지가 쇠줄을 당겨 마개를 뽑자 더러운 물이 세면기 구멍으로 내려갔다. 물이 천천히 다 내려가자 구멍에서 꼭 그런 소리가 났다. 서크. 다만 소리가 좀 더 컸을 뿐이다.

그때 들었던 소리와 세면대의 하얀 색깔을 회상하자 처음에는 차가운 느낌, 이어서 뜨거운 느낌이 들었다. 수도꼭지가 두 개 있고 그것을 틀면 물이 나온다. 찬물과 더운물. 그는 차가운 느낌이 들었다가 곧 약간 뜨거움이 느껴졌다. 그 꼭지에 새겨져 있는 글이 눈에 선하다. 정말 묘한 느낌이다.

복도의 공기도 냉랭하다. 기분이 좋지 않고 축축하다. 하지만 곧 가스등이 켜지면, 나지막한 소리로 노래하듯이 작은 소리를 내면서 타오를 것이다. 늘 똑같은 소리. 오락실에 있는 아이들의 얘기소리가 멎으면 그 소리가 들린다.

산수 시간이었다. 아놀 신부가 칠판에 어려운 문제를 써놓고 말했다.

"자, 오늘은 어느 쪽이 이길까? 요크 편이 풀어볼래, 랭카스터 편이 풀어볼래?"*37

스티븐은 열심히 머리를 굴렸지만 너무 어려운 문제여서 머릿속이 뒤엉키고 말았다. 저고리 가슴에 핀으로 꽂은 작은 백장미 배지가 떨리기 시작했다. 그는 산수를 잘하지 못했지만 요크 편이 지지 않도록 최선을 다했다. 아

---

*36 suck. '아첨꾼' '알랑쇠'라는 뜻이지만, 동성애를 암시하는 성적 뉘앙스도 있다.

*37 요크 집안과 랭카스터 집안은 1455년부터 1485년까지 왕위계승문제를 둘러싸고 전쟁을 벌였다. 전설에 따르면, 요크 집안과 랭카스터 집안의 가문(家紋)이 각각 백장미와 홍장미였기 때문에 그것을 장미전쟁이라고 불렀다. 아일랜드는 요크 집안을 응원했지만 랭카스터 집안이 승리했다. 이 전쟁을 본떠서 교실에서 학생들을 두 편으로 갈라서 경쟁시켰다.

놀 신부는 입을 꼭 다물고 있었지만 화난 얼굴은 아니었다. 오히려 웃고 있었다. 그때 잭 로튼이 손가락으로 딱 소리를 냈다. 아놀 신부가 그의 공책을 들여다보면서 말했다.

"옳지, 잘했다, 랭카스터! 홍장미가 이겼어. 요크 편은 뭐하고 있나, 힘을 내야지!"

잭 로튼이 저편에서 이쪽을 넘겨다보았다. 파란 세일러복을 입고 있어서, 실크 홍장미 배지가 유난히 선명하게 보인다. 그것은 그가 푸른 세일러 윗도리를 입고 있었기 때문이다. 스티븐은 얼굴이 붉어지는 것을 느꼈다. 초급 과정*38에서 잭 로튼과 스티븐 중 누가 일등을 할 것인가를 놓고 모든 아이들이 내기를 하고 있다는 사실이 생각난 것이다. 몇 주 동안은 잭 로튼이 우등 카드를 받았고, 다른 몇 주 동안은 그가 우등 카드를 차지했다. 다음 문제를 풀다가 아놀 신부의 목소리를 들었을 때, 그의 하얀 실크 배지가 파르르 흔들렸다. 그러나 곧 모든 열의가 사라지면서 얼굴이 완전히 싸늘해지는 것을 느꼈다. 이렇게 싸늘하니 얼굴이 틀림없이 새파랗게 질려 있을 것이다. 문제의 답은 나오지 않았지만 그건 아무래도 상관없었다. 백장미와 홍장미. 생각만 해도 아름다운 색깔이다. 그리고 일등에서 삼등까지의 카드도 예쁜 색깔이다. 각각 분홍색, 크림색, 연보라색이었다. 연보라색, 크림색, 분홍색의 장미꽃은 생각만 해도 아름답다. 어쩌면 들장미가 그런 색깔인지도 모른다. 파란 들판에 피는 들장미가 눈앞에 떠오른다. 그런데 초록색 장미*39야 있을라고. 하지만 세상 어디엔가 있을지도 모르지.

종이 울리자 교실마다 학생들이 나와서 줄을 지어 복도를 따라 식당으로 갔다. 그는 자리에 앉아 접시 위의 두 쪽의 버터를 보았지만 눅눅한 빵은 먹고 싶은 마음이 들지 않았다. 식탁보도 축축하게 늘어져 있다. 하지만 하얀 앞치마를 두른 서투른 하녀가 따라준 뜨겁고 연한 홍차는 마셨다. 저 하녀의 앞치마도 축축할까, 하얀 것은 뭐든지 차갑고 축축한 것일까? 심술쟁이 로슈와 소린은 집에서 깡통에 담아 보내준 코코아를 마시고 있다. 그들은 홍차

---

*38 초급반에서 배우는 학과. 철자, 문법, 작문, 산수, 지리, 역사, 라틴어 등(《조이스의 성장기》).

*39 '초록색'은 아일랜드를 상징하는 색(*5 참조). '초록 장미'의 발견은 아일랜드 독립을 뜻하는 것인가.

는 도저히 마실 수 없다, 그건 돼지나 마시는 것이라고 했다. 그 애들의 아버지는 치안 판사라고 한다.

모든 소년들이 그에게는 무척 서먹해 보였다. 그들에게도 모두 어머니와 아버지가 있고, 저마다 다른 옷을 입으며, 목소리도 각각 다르다. 집에 가서 어머니 무릎을 베고 누워 있고 싶은 생각이 간절했다. 하지만 그럴 수야 없는 일. 그래서 놀이도 공부도 기도도 모두 어서 끝나서 잠자리에나 들 수 있었으면 좋겠다고 생각했다.

뜨거운 차를 한 잔 더 마시자 플레밍이 물었다.

"왜 그래? 어디 아픈 것 아냐?"

"모르겠어."

"배탈이 난 것 같은데? 얼굴이 새파란 걸 보니. 하지만 곧 괜찮아질 거야."

"그럼." 스티븐이 말했다.

하지만 배가 아픈 것이 아니다. 심장이 아픈 것 같은 느낌이 들었지만, 그런 데도 아플까 하고 그는 생각했다. 플레밍이 걱정해 주다니, 참 고마운 일이다. 울고 싶어졌다. 팔꿈치를 식탁에 괴고 손으로 귓바퀴를 닫았다 열었다 해본다. 귓바퀴를 열 때마다 식당에서 나는 시끄러운 소리가 들린다. 밤에 기차가 요란하게 달리는 소리이다. 귓바퀴를 닫으면 기차가 터널 속으로 들어간 것처럼 요란한 소리가 멎는다. 어느 날 저녁, 도키[40]에서도 기차는 이렇게 요란한 소리로 달렸고, 터널 속에 들어가면 그 소리가 그쳤었지. 눈을 감으니 기차가 요란한 소리를 내며 달리다가 멎고 다시 요란하게 달리다가 멎기를 계속했다. 기차가 소리를 지르고는 그치고 다시 터널에서 나오면 소리를 질렀다가 다시 그치는 것을 듣고 있으면 재미있다.

그때 상급반 학생들이 식당 한복판에 깔아놓은 매트 위를 걸어나가기 시작했다.[41] 패디 라스와 지미 매기, 담배 피우는 것이 허락된 스페인 학생, 그리고 털모자를 쓰고 있는 키 작은 포르투갈 학생이다.[42] 그 다음에는 중급

---

* 40 더블린 남동쪽 10킬로미터 정도 되는 곳에 있는 해안 휴양지. 브레이에서 더블린으로 가는 중간에 있다.
* 41 클롱고스에는 학년에 따른 엄격한 구별이 있고, 식사할 때도 식탁의 위치와 퇴장 순서가 정해져 있었다(《조이스의 학교시절》).

반과 하급반 차례였다. 모두들 걷는 모습이 다 다르다.

놀이방 구석에 앉아서 도미노 게임을 구경하는 척하는데, 한두 번 아주 잠깐 가스등이 타면서 내는 작은 소리가 들려왔다. 문간에는 선생님이 애들 몇 명과 함께 서 있고, 사이먼 무넌은 선생님의 장식끈을 매어주고 있다. 선생님은 털라백*43에 대해 뭔가 얘기하고 있었다.

선생님이 문에서 나가자 웰스가 스티븐에게 다가왔다.

"디덜러스, 너 잠자리에 들기 전에 어머니에게 키스하니?"

스티븐이 대답했다.

"응, 해."

웰스는 돌아서서 다른 녀석들에게 말했다.

"애들아, 이 녀석은 매일 밤 잠자리에 들기 전에 어머니에게 키스한댄다."

다른 녀석들이 게임을 하다말고 돌아보더니 큰 소리로 웃었다. 스티븐은 그들의 시선에 얼굴을 붉히면서 이렇게 말했다.

"키스 안 해."

그러자 웰스가 말했다.

"애들아, 이 녀석은 잠자리에 들기 전에 어머니에게 키스를 하지 않는댄다."

모두들 다시 웃음을 터뜨렸다. 스티븐도 함께 웃으려고 했으나, 갑자기 온몸이 뜨거워지면서 어찌할 바를 몰랐다. 그런 물음에는 어떻게 대답해야 할까? 두 가지 대답을 했는데도 웰스는 웃었다. 웰스는 제3문법반이니 정답을 알고 있으리라. 웰스의 어머니에 대해 생각해 보려고 했지만, 감히 눈을 들어 웰스의 얼굴을 쳐다보지는 못했다. 웰스의 얼굴이 보기 싫었다. 전날 그를 어깨로 밀어 네모난 도랑에 빠뜨렸던 녀석이 바로 웰스였다. 밤치기 놀이에서 마흔 개나 되는 상대의 밤을 깬 자기 밤을 예쁜 코담뱃갑과 바꿔주지 않는다는 이유에서였다. 그건 야비한 짓이다. 모두들 그렇게 말했다. 그 도

＊42 클롱고스의 학생은 대부분 아일랜드인이나 영국인이었지만, 아일랜드의 가톨릭이 포교활동을 하고 있었던 외국에서 온 학생도 있었다《조이스의 성장기》).

＊43 더블린 서쪽 약 88킬로미터에 있는 마을. 그곳에 있었던 클롱고스우드 칼리지의 자매학교인 성스타니슬로스 칼리지는 경제적 사정 때문에 폐교되어, 1886년에 클롱고스우드 칼리지에 흡수되었다《조이스의 학교시절/《조이스의 성장기》).

랑의 물은 얼마나 차갑게 끈적거리던지! 게다가 커다란 쥐가 그 구정물 속에 뛰어드는 것을 본 녀석이 있다고 했는데.

네모난 도랑의 그 차갑고 끈적이는 물이 온몸을 휘감는 듯하다. 수업종이 울리고 여러 반 애들이 줄을 지어 놀이방에서 나가자, 옷 속으로 복도와 계단의 차가운 공기가 느껴졌다. 여전히 정답이 무엇일까 생각해 보려고 했다. 어머니에게 키스를 하는 것은 옳은 일인가, 아니면 잘못된 일인가? 키스한다는 건 무슨 의미일까? '안녕히 주무세요' 하고 말하면서 고개를 들면 어머니가 몸을 굽힌다. 그게 키스이다. 어머니가 뺨에 입술을 가져온다. 어머니의 부드러운 입술이 뺨을 적신다. 그리고 입술이 나직하게 소리를 낸다. 키스. 왜 사람들은 서로 얼굴을 맞대고 그런 행동을 하는 것일까?

자습실 의자에 앉아 책상 뚜껑을 열고, 안쪽에 붙여둔 숫자 77을 76으로 바꿨다. 그래도 크리스마스 방학은 한참 멀었다. 하지만 언젠가는 그날이 올 것이다. 지구는 늘 그렇게 돌고 있으니까.

지리책의 첫 페이지에는 지구 그림이 있다. 구름 속에 있는 거대한 구. 상자에 든 크레용을 가지고 있는 플레밍이 어느 날 저녁 자습 시간에, 지구를 초록색으로, 구름을 밤색으로 칠했다. 그렇게 해놓으니 댄티의 옷장 속에 있던 두 개의 솔 같다. 초록색 벨벳으로 등을 싼 파넬의 솔과 밤색 벨벳으로 싼 마이클 대비트의 솔. 그렇지만 내가 그 두 가지 색깔을 칠해 달라고 플레밍에게 부탁한 것은 아니다. 플레밍이 스스로 그렇게 칠한 것이다.

공부를 하려고 지리책을 폈지만 아메리카의 지명이 머리에 들어오지 않는다. 그것은 모두 다른 곳이고, 그래서 다른 이름이 붙어 있다. 그런 곳들은 모두 다른 나라에 있고, 그 여러 나라는 여러 대륙에 있으며, 여러 대륙은 이 세계 속에 있고, 세계는 우주 속에 있다.

그는 지리책의 표지를 열고 언젠가 자신이 거기에 써놓았던 것을 읽었다. 자신, 자신의 이름, 그리고 자신이 있는 곳.

스티븐 디덜러스
기초반
클롱고스우드 칼리지
샐린스 마을

킬데어 주
아일랜드
유럽
세계
우주*44

　이것은 그가 직접 써넣은 것인데, 플레밍이 어느 날 저녁에 장난삼아 맞은 편 페이지에 다음과 같이 써넣었다.

스티븐 디덜러스는 내 이름,
아일랜드는 내 나라,
클롱고스는 내가 사는 곳,
그리고 천국은 나의 목적지

　그 네 줄을 거꾸로 읽어보았는데, 그렇게 읽으니까 시가 되지 않았다. 그런 다음 자기가 쓴 것을 거꾸로 읽어 올라가니 마지막에 그의 이름이 나왔다. 그것이 그 자신이다. 그는 그 페이지를 다시 읽었다. 우주 다음에는 무엇이 있을까? 아무것도 없다. 하지만 우주 주위에는, 그 아무것도 없는 장소가 시작되기 전에, 우주가 거기서 끝이라는 것을 나타내는 무슨 표시가 있지 않을까? 벽 같은 것이 있을 리는 없다. 그러나 모든 것의 주위에는 틀림없이 가늘디가는 선이 있을 것이다. 모든 것, 모든 곳에 대해 생각한다는 건 굉장한 일이야. 그런 생각은 오직 하느님만 할 수 있어. 그는 그것이 얼마나 거창한 것인지 생각해 보려고 했지만 결국 하느님밖에 생각나지 않았다. 내 이름이 스티븐이듯이 하느님은 하느님의 이름이야. 'Dieu'*45는 프랑스어로 하느님이고, 따라서 그것도 하느님의 이름이다. 그래서 누군가가 하느님께 기도를 올리면서 'Dieu'라고 말하면, 하느님은 기도하는 사람이 프랑스인이

---

*44 이 자기정의(自己定義)에서 아일랜드와 유럽 사이에 '영국'이 빠져 있다. 반(反)영국의
　입장에 선 가정교사 댄티의 영향인 듯(존 하워드 메이지 '아일랜드, 유럽, 세계, 우주').
*45 프랑스어. 스티븐은 외국어를 배움으로써 시니피앙(기호표현)과 시니피에(기호내용)의
　자의성을 깨닫기 시작한 것 같다.

라는 것을 대번에 알 수 있지. 이 세상에 있는 모든 언어에 하느님을 위한 다른 이름들이 있고, 또 하느님은 기도하는 사람들이 모두 다른 언어로 말하는 것을 알지만, 역시 하느님은 언제나 같은 하느님이고, 하느님의 진짜 이름은 하느님이다.

그런 식으로 생각하는 것은 매우 피곤한 일이어서 머리가 굉장히 팽창한 것 같은 느낌이 들었다. 그는 표지를 넘기고 밤색 구름의 한가운데 있는 초록색의 둥근 지구를 멍하니 바라보았다. 초록색과 밤색, 어느 쪽이 옳은 것일까? 그것은 언젠가 댄티가 파넬을 상징하는 솔에서 초록색 벨벳을 가위로 잘라내고는 파넬은 나쁜 사람*46이라고 말한 적이 있기 때문이다. 집에서는 지금도 파넬 문제를 두고 논쟁을 벌이고 있는 것이 아닐까? 그것이 정치이다. 정치에는 두 편이 있다. 댄티가 한쪽 편을 들면 아버지와 케이시 씨는 다른 편을 들고, 어머니와 찰스 할아버지는 아무 편도 아니다. 신문에서는 매일 그 문제를 떠들고 있다. *47

정치가 어떤 것인지 잘 모른다는 것과 우주가 어디서 끝나는지 모른다는 것이 그에게는 괴로운 일이었다. 그는 자기가 연약한 어린아이처럼 느껴졌다. 언제쯤 시반(詩班)이나 수사학반*48 학생들처럼 될 수 있을까? 그들은 커다란 목소리로 말하고, 커다란 구두를 신고, 삼각법을 배운다. 하지만 그건 까마득한 훗날의 이야기. 먼저 방학이 끝나면 다음 학기가 시작되고, 다시 방학을 보낸 다음 또 다른 학기가 시작되고, 또다시 방학이 되고. 기차가 터널을 들락날락하는 것 같다. 또 식당에서 귓바퀴를 닫았다 열었다 할 때 들려오는 학생들의 소리 같다. 학기, 방학. 터널, 나가다. 와글와글, 조용. 아, 얼마나 까마득한가! 침대 속에 들어가 잠이나 자야겠다. 성당에서 기도한 뒤 자는 일만 남았다. 그는 몸을 떨며 하품을 했다. 시트가 약간 따뜻해진 뒤의 침대 속은 참 기분이 좋다. 시트 속에 들어가면 처음엔 너무 차가워. 처음에는 시트가 얼마나 차가울지 생각하니 몸서리가 쳐졌다. 그러나 곧 따뜻해질 것이고 그러면 잠이 들 것이다. 피곤해지는 건 참 기분 좋은 일이

---

*46 오셰이 부인과의 간통을 가리켜.

*47 파넬과 오셰이 부인의 간통이 폭로되어, 1890년 12월에 당수를 둘러싸고 아일랜드 의회 당은 분열했지만, 파넬은 이듬해 10월 6일에 사망할 때까지 당의 재건에 분투했다.

*48 *18 참조.

다. 다시 하품을 했다. 저녁 기도와 그 다음의 침대. 몸을 떨었고, 그리고 하품이 하고 싶었다. 이제 몇 분만 지나면 기분이 좋아질 수 있다. 진저리가 쳐질 만큼 차가운 시트에서 서서히 따뜻한 기운이 올라와 점점 따뜻해진다. 온몸이 따뜻해지는 것을 느끼면서도 약간 몸을 떨었고, 여전히 하품이 하고 싶었다.

밤기도*49 시간을 알리는 종이 울리자 다른 아이들의 뒤를 따라 자습실을 나와서 계단을 내려간 뒤 복도를 따라 성당으로 걸어간다. 복도는 어둑어둑하고 성당도 어둑어둑하다. 곧 모든 곳이 어두워져서 잠이 들 것이다. 성당의 밤공기는 차갑고 대리석*50은 밤바다 색깔이다. 바다는 밤이나 낮이나 차갑지만 밤에 더욱 차갑다. 우리집 옆에 있는 방파제 아래는 차갑고 어두워. 하지만 난로 위에는 펀치*51를 만들기 위한 주전자가 올려져 있을 거야.

머리 위에서 채플 선생님이 기도를 올리고 있고, 그는 응답하는 기도문을 건성으로 외고 있다.

오, 주여, 우리의 입술을 열게 하소서.
그리하여 우리의 입이 당신을 찬미하게 하소서.
오, 하느님, 우리를 구원하소서!
오, 주여, 어서 우리를 도와주소서! *52

성당 안은 차가운 밤공기의 냄새가 가득하다. 하지만 그건 거룩한 냄새이다. 주일 미사 때 성당 안쪽에서 무릎을 꿇고 있는 늙은 농부*53들의 냄새와는 다르다. 그들한테서는 공기와 비와 토탄(土炭)과 코르덴 냄새가 난다.

---

*49 학생의 하루 생활은 수도원 안에서 아침 6시의 예배로 시작되어, 밤 9시쯤의 기도로 끝난다(케빈 설리번《예수회원 속의 조이스》).

*50 성당 내부는 목제였지만, 기둥에는 대리석과 비슷한 페인트가 칠해져 있었다(G).

*51 와인, 샴페인, 브랜디 등에 우유를 섞어서 설탕, 레몬, 향료 등으로 맛을 낸 음료. 차갑게 또는 뜨겁게 데워서 낸다.

*52 이 기도는 수도원 등에서 정해진 시각에 외도록 의무로 정해져 있는 성무일과서(聖務日課書)의 첫 부분. 2행과 4행이 응창이다.

*53 클롱고스우드 칼리지의 성당은 학교 관계자들과 함께 근처 클레인 마을의 사람들도 사용하고 있었다(G).

하지만 그들은 무척 경건한 농부들이다. 기도하면서, 뒤에서 내 목덜미에 숨을 토해내며 한숨을 내쉬었지. 누가 그러는데 클레인 마을에 사는 농부들이라고 했어. 그 마을 농부들은 작은 오두막에서 산다. 언젠가 샐린스에서 마차를 타고 지나가다가*54 아기를 안고 있는 아낙네가 오두막 쪽문 앞에 서 있는 모습을 본 적이 있다. 그런 시골집의 그을음이 나는 토탄 불 앞, 불꽃이 어른거리는 따뜻한 어둠 속에서 잠을 자면 얼마나 기분이 좋을까? 농부와 공기와 비와 토탄과 코르덴 냄새를 맡으면서. 하지만 나무 사이로 난 길은 또 얼마나 어두운지! 그런 어둠 속에서는 길을 잃을지도 몰라. 생각만 해도 겁이 나는걸.

채플 선생님이 마지막 기도문을 외고 있는 소리가 들렸다. 그도 바깥의 나무 아래 도사리고 있는 어둠에 저항하듯이 기도를 올렸다.

오, 주여, 원하옵건대 저희의 거처를 살피시고 모든 원수의 함정을 물리치소서. 거룩한 천사들이 이곳에 머물며 우리를 보호하고, 우리 주 그리스도를 통해 당신의 은총을 언제나 우리 위에 내려주소서. 아멘

침실에서 옷을 벗고 있는데 손가락이 떨렸다. 그래서 손가락보고 이젠 좀 서두르라고 타일렀다. 가스등 불빛이 약해지기 전에 옷을 벗고 꿇어앉아 기도를 드려야 해. 죽어서 지옥에 떨어지지 않도록. 스타킹을 돌돌 말아서 벗어놓고 재빨리 잠옷으로 갈아입은 뒤, 몸을 떨면서 침대 옆에 꿇어앉아 가스 불빛이 꺼지지 않을까 걱정하면서 재빨리 기도문을 외웠다. 중얼거리고 있으니 어깨가 떨리는 것이 느껴진다.

하느님, 아버지와 어머니에게 축복을 내리시고 그들을 보호해 주소서!
하느님, 어린 동생들에게 축복을 내리시고 그들을 보호해 주소서!
하느님, 댄티와 찰스 할아버지에게도 축복을 내리시고 그들을 보호해 주소서!

---

*54 스티븐이 마텔로테라스의 집에서 클롱고스우드 칼리지로 가기 위해서는 더블린의 킹스브리지역에서 그레이트서전 철도로 샐린스까지 간 다음(약 54분), 그곳에서 마차로 보덴스타운이나 클레인 마을을 경유해야 한다.

성호를 긋고 얼른 침대로 올라가서 잠옷 자락으로 두 발을 감싸고 나자, 차가운 하얀 시트 사이에 몸을 웅크리고 누워 덜덜 떨고 있었다. 이제는 죽어도 지옥에 떨어지지는 않을 것이고, 또 이렇게 몸이 떨리는 것도 금방 멎을 거야. 선생님이 기숙사 아이들에게 잘 자라고 말하는 목소리가 들려왔다. 아주 잠깐 덮고 있는 담요 너머로 저쪽을 내다본다. 침대 주변과 앞에 노란 커튼*55이 빙 에워싸고 있다. 불빛이 소리 없이 약해졌다.

　선생님의 발소리가 멀어져간다. 어디로? 계단을 내려가서 복도로, 아니면 저쪽 끝에 있는 자기 방으로? 어둠 속을 쳐다보았다. 밤이면 검은 개 한 마리가 마차의 등불처럼 눈에 불을 크게 켜고 어둠 속을 나돌아 다닌다는 애기가 사실일까? 살인자의 유령이라고 모두가 말했는데. 무서워서 오랫동안 몸을 떨었다. 성의 어두운 홀이 눈앞에 떠올랐다. 낡은 옷을 입은 늙은 하인들이 계단 위에 있는 무구실(武具室)에 있었다. 오래전 일이다. 늙은 하인들이 조용히 대기하고 있는 그 방에는 난롯불이 있지만 홀은 여전히 어둡다. 누군가가*56 홀에서 계단을 올라온다. 그 남자는 원수(元帥)가 입는 하얀 망토를 걸치고, 창백하고 불길한 얼굴을 하고 있다. 한쪽 손으로 옆구리를 누르면서 불길한 눈초리로 늙은 하인들을 본다. 하인들도 그를 보았고, 주인의 얼굴과 망토를 보고 그가 치명상을 입은 것을 알았다. 하지만 하인들이 바라보고 있는 것은 어둠뿐, 오직 어둡고 적막한 밤기운뿐이었다. 주인은 바다 건너 머나먼 프라하의 전장에서 치명상을 입었던 것이다. 그는 싸움터에 있고, 손으로 옆구리를 누르고 있다. 그리고 창백하고 불길한 얼굴로, 원수가 입는 하얀 망토를 걸치고 있다.

　그런 것을 생각하니 춥고 등골이 오싹하다! 어둠은 어디서나 차갑고 묘한 것. 창백하고 불길한 얼굴이 주변에 가득하다. 마차 램프 같은 눈을 하고. 그건 모두 살인자들의 유령, 바다 건너 머나먼 전쟁터에서 치명상을 입은 원수들. 무슨 말이 하고 싶어서 그렇게 불길한 얼굴을 하고 있는 것일까?

＊55 학생의 침실은 창가를 따라 일렬로 배열되어 있고, 각 침대는 커튼으로 칸막이가 되어 있었다.

＊56 클롱고스우드를 점령하고 있었던 폰 브라운 백작(1705~57)은 오스트리아의 원수로서 1757년의 프라하 전투에서 싸우다 사망했다. 그가 전사한 날, 클롱고스우드 칼리지의 성에 모습을 나타냈다는 괴이한 전설이 전해지고 있다.

오, 주여, 원하옵건대 저희의 거처를 보살피시고 모든 원수의 함정을……

방학이 되면 집에 간다! 근사한 일이야. 다들 그렇게 말했어. 성문 밖에서 겨울 아침 일찍 마차를 탄다. 마차는 자갈이 깔린 길을 달리기 시작한다. 교장 선생님, 만세!

만세! 만세! 만세!

마차가 성당을 지나갈 때는 모두들 모자를 벗는다. 시골길을 즐겁게 달려간다. 마부는 저기가 보덴스타운*57이라며 채찍으로 가리킨다. 아이들은 환성을 지른다. 즐거운 농부의 집*58 앞을 지나간다. 환성, 또 환성, 환성이 끝없이 이어진다. 클레인을 빠져나간다, 큰 소리로 환성을 주고받으면서. 문앞에 서 있는 아낙네들, 여기저기 흩어져 있는 남자들. 겨울 공기 속에 감도는 향기로운 냄새, 클레인 마을의 냄새, 비와 겨울 공기와 그을음을 내며 타는 토탄과 코르덴 천.

기차는 학생들로 만원이다. 안쪽을 크림색으로 칠한 기나긴 초콜릿색 기차. 승무원들이 오락가락하면서 문을 열었다 닫았다, 잠갔다 열었다 했다. 짙은 청색과 은색의 제복을 입은 남자들이 은빛 호루라기와 열쇠를 들고 있다. 열쇠가 짤랑, 짤랑, 짤랑, 짤랑, 빠른 음악을 연주한다.

기차는 평지를 계속 달려 앨런 산*59을 넘는다. 전봇대가 하나씩 차창을 스친다. 기차는 달리고 달린다. 갈 길을 다 알고 있다는 듯이. 우리 집 현관에는 색등이 켜져 있고 둥글게 꼰 상록수 가지들이 장식되어 있다. 커다란 벽거울 주위에는 감탕나무 가지와 담쟁이덩굴. 감탕나무와 담쟁이, 초록과 빨강*60이 샹들리에를 휘감고 있다. 벽에 걸린 오래된 초상화 주위에도 빨간 감탕나무와 푸른 담쟁이. 그를 위한, 크리스마스를 위한 감탕나무와 담쟁이.

---

*57 샐린스 교구에 있는 마을. 이곳에 1798년에 일어난 봉기의 지도자 울프 톤(제5장 *60 참조)이 묻혀 있다. 마부는 그것을 가르쳐 준 것이 아닐까(D).

*58 '즐거운 농부'는 독일 음악가 로베르토 슈만(1810~56)의 피아노곡집, 작품 68번, 《어린이를 위한 앨범》에 실려 있는 곡.

*59 샐린스 서쪽 약 14킬로미터에 있는 표고 206미터의 산. 실제로는 더블린행 기차는 앨런 산을 넘지 않는다.

*60 감탕나무와 담쟁이는 크리스마스 장식. 각각 남자와 여자에게 행복을 가져다주는 것으로 믿고 있다. 단 빨강과 초록은 영국과 아일랜드를 상징하는 색이다.

근사할 거야…….

온 가족들. 어서 오너라, 스티븐! 흥분하며 반기는 소리. 어머니가 키스를 해준다. 정말요? 아버지가 원수(元帥)가 되셨다니! 치안 판사보다도 높다.*61 어서 오너라, 스티븐!

온갖 소리들……

커튼 고리가 레일을 미끄러지는 소리, 세면기에서 물이 튀는 소리. 일어나는 소리와 옷 입는 소리, 세수하는 소리가 침실을 가득 메웠다. 선생님이 오가면서 아이들에게 빨리 움직이라고 손뼉 치는 소리. 희미한 햇빛 속에 젖혀놓은 노란 커튼과 어질러진 침대. 그의 침대는 무척 후끈하고 얼굴과 몸도 뜨겁다.

그는 일어나 침대에 걸터앉았다. 기운이 없다. 스타킹을 신으려고 했지만, 두려울 정도로 까칠까칠한 감촉이다. 햇빛은 이상하게 싸늘했다.

플레밍이 말했다.

"어디 아프니?"

나도 잘 모르겠다. 플레밍이 다시 말했다.

"누워 있어. 맥글레이드에게 아프다고 얘기해 줄게."

"애가 아프대."

"누가?"

"맥글레이드에게 얘기해야겠어."

"침대에 다시 들어가 있어."

"아프대?"

신다만 스타킹을 벗고 후끈한 침대 속으로 들어갈 때 누군가가 그의 두 팔을 잡아주었다.

시트 속에 몸을 웅크리니 훈훈한 온기가 반갑게 느껴진다. 애들이 미사에 나갈 채비를 하면서 저희들끼리 자기에 대해 얘기하는 소리가 들려왔다. 그를 네모난 도랑에 밀어 넣은 건 정말 나쁜 짓이라고.

얘기소리가 끊어지더니 모두들 나가버렸다. 침대 옆에서 누가 말을 건다.

"디덜러스, 일러바치진 않겠지?"

---

*61 스티븐의 동경을 보여주는 것으로, 군인과 관리를 혼동한 듯하다.

웰스의 얼굴이 보였다. 녀석의 얼굴을 보니 그가 겁먹고 있다는 것을 알 수 있었다.

"빠뜨리려고 그랬던 건 아냐, 일러바치지는 않겠지, 응?"

아버지는 무슨 일이 있어도 친구를 고자질하지는 말라고 했었지. 머리를 흔들며 일러바치지 않겠다고 대답하고 나니 마음이 후련했다. 웰스가 말했다.

"빠뜨릴 생각은 없었어, 정말이야. 그저 장난으로 그랬는데, 미안해."

얼굴과 목소리가 멀어진다. 겁이 나니까 미안하다고 말하는 거겠지. 병이라도 났을까 봐 걱정되는 모양이야. 캔커는 식물의 병이고, 캔서는 동물의 병. 아니, 그 반대일지도 몰라. 지금 생각하니 오래전에 있었던 일 같다, 저녁 햇살이 비치는 운동장에서 라인 끄트머리에서 이리저리 느릿느릿 뛰었던 일이. 무거운 새가 잿빛 빛 속을 낮게 날고 있었어. 레스터 수도원에 불이 켜진다. 울지가 죽은 곳은 바로 그곳이다. 수도원장들이 그를 묻어주었지.

웰스의 얼굴이 아니라 선생님의 얼굴이었다. 꾀병이 아니에요, 아니에요, 아니에요. 정말로 아파요. 꾀병이 아니라고요. 그는 이마에 선생님의 손을 느꼈다. 선생님의 차갑고 축축한 손이 닿으니 자기 이마가 뜨겁고 축축하게 느껴졌다. 미끈거리고 축축하고 차가운 것이 마치 쥐를 만지는 기분이다. 모든 쥐는 눈이 두 개이고, 그것으로 사물을 본다. 미끌미끌 축축한 털, 뛸 때마다 오그라드는 작디작은 발, 주위를 살피는 까맣게 미끈거리는 눈. 쥐는 뛰는 법을 알고 있다. 그렇지만 쥐의 머리로는 삼각법을 이해할 수 없다. 죽은 쥐는 옆으로 누워 있다. 그러면 털가죽이 말라 버린다. 쥐는 그저 주검일 뿐이다.

선생님이 다시 나타나더니 그를 보고 일어나라고 했다. 부교장 선생님이 일어나 옷을 입고 의무실*62로 가라고 했다는 것이다. 서둘러 옷을 입는 동안 선생님이 말했다.

"배앓이*63일 테니 마이클 수사*64한테 가자! 배앓이라면 큰일이야. 배가

---

*62 간이침대가 놓여 있는 작은 진료실. 조이스는 클롱고스에 처음 입학했을 때, 너무 작아서 이 방에서 신세를 진 적이 많았다.

*63 collywobbles colic+wobble.

*64 Brother Michael. '브라더'는 '평수사'라는 뜻. 수도원에서 주로 가사, 경작, 외부와의 교섭 등의 잡역을 맡는 수도사로, 복장, 권리, 의무 등에서 정규 수도사와 구별된다.

아프면 떼굴떼굴 뒹굴어야 하니까!"

나를 생각해서 일부러 그렇게 말하는 것이었다. 웃기려는 것이다. 하지만 그는 뺨과 입술이 하도 떨려서 웃을 수가 없다. 그래서 선생님은 자기 혼자 웃을 수밖에 없었다.

선생님이 큰 소리로 말했다.

"뛰어갓! 하나 둘! 하나 둘!"

그들은 함께 계단을 내려가서 복도를 따라 욕실 앞을 지나갔다. 문을 지나갈 때 그는 막연하게 겁이 나서, 따뜻한 토탄 빛깔의 도랑물과 따뜻하고 축축한 공기, 물속에 떨어지는 소리, 약 냄새 비슷한 수건 냄새를 떠올렸다.

마이클 수사님은 의무실 문 앞에 서 있었는데, 오른쪽의 어두운 찬장 문에서 약 냄새 같은 것이 풍겨왔다. 찬장 속의 약병에서 나는 냄새이다. 선생님이 마이클 수사님에게 뭐라고 하자, 마이클 수사님이 존댓말로 대답했다. 희끗희끗한 붉은 머리에 이상한 얼굴이다. 늘 수사 신분을 면치 못하는 것도 이상했다. 수사이고 얼굴이 이상하다고 해서 모두가 존댓말을 하지 않는 것도 이상하다. 신앙심이 부족한 것일까? 아니면 왜 다른 사람들을 따라가지 못한단 말인가?

방안에는 침대가 두 개 있었는데 그중 하나에 한 녀석이 누워 있었다. 그들이 들어가자 그 녀석이 불렀다.

"어? 디덜러스 아냐! 무슨 일이니?"

"무슨 일은 무슨 일이야." 마이클 수사님이 말했다.

그것은 제3 문법반 아이였다. 스티븐이 옷을 벗고 있으니, 마이클 수사님에게 버터 바른 토스트를 한 쪽 갖다달라고 졸라댄다.

"좀 갖다 줘요!"

"떼쓰는 거 아니야!" 마이클 수사님이 말했다. "내일 아침에 의사선생님이 오시면 넌 퇴원할 거잖아."

"제가요? 아직 낫지도 않았는데요."

마이클 수사님이 되풀이한다.

"퇴원이라니까. 두고 봐."

그는 몸을 굽히고 난로의 불씨를 긁어모았다. 그 등이 마치 철도마차를 끄는 말의 잔등처럼 길다. 그는 부지깽이를 엄숙하게 휘젓고는 이 제3문법반 녀석을 향해 고개를 끄덕였다.

마이클 수사님이 나가자, 제3문법반 아이는 곧 벽을 향해 돌아눕더니 잠이 들었다.

이곳은 의무실. 그러니까 그는 병에 걸린 것이다. 학교에서 편지를 써서 어머니와 아버지께 알렸을까? 하지만 편지보다는 신부님이 직접 찾아가서 알리는 게 빠를 텐데. 아니면 편지를 써서 신부님께 전해 달라고 부탁할까?

사랑하는 어머니.

저는 지금 아픕니다. 집에 가고 싶어요. 제발 오셔서 저 좀 데리고 가주셔요. 저는 지금 의무실에 있어요.

스티븐 올림

집은 너무 먼 곳에 있다! 창 밖에선 싸늘한 햇살이 비치고 있었다. 나는 죽게 되는 것일까? 이렇게 화창한 날이라고 죽지 말라는 법은 없다. 어머니가 오시기 전에 죽을지도 몰라. 그리고 꼬마*65가 죽었을 때도 그랬다고 모두가 말한 것처럼, 성당에서 영결 미사가 열리겠지. 학생들은 모두 검은 옷을 입고 슬픈 표정으로 미사에 참석할 거야. 웰스도 참석하겠지만, 모두들 그 아이를 외면할 거고. 교장 선생님은 검은색과 금색의 제복*66을 입고 참석할 것이고 제단 위와 관대(棺臺) 주위에는 노란색 촛불*67이 높다랗게 늘어서겠지. 관이 성당에서 조용히 운반되어 나가면, 난 보리수나무 가로수 길에서 약간 떨어진 곳에 있는 수도회의 작은 묘지에 묻히겠지. 그땐 웰스도 자신이 한 짓을 뼈저리게 후회할 거야. 그리고 천천히 조종(弔鐘)이 울리겠지.

그 종소리가 들리는 듯했다. 그는 브리지드가 가르쳐준 노래를 혼자 읊어보았다.

---

*65 클롱고스우드 칼리지의 학생이었던 피터 스타니슬로스 리틀(1874~90). 호우를 맞고 급성폐렴으로 사망하여 학교 묘지에 매장되었다(《조이스의 학교시절》).

*66 장례식 때 신부가 입는 예복.

*67 사망자를 위한 촛불.

땡! 땡! 성에서 종이 울리네!
어머니 안녕히 계세요!
저를 묻어주세요, 그 오래된 묘지
형님 바로 옆에.
관을 뒤덮은 검은 천,
내 곁을 지키는 여섯 천사,
둘은 노래하고 둘은 기도하고,
나머지 둘은 내 영혼을 거둬가겠지요. [*68]

얼마나 아름답고 슬픈 시란 말인가! '저를 묻어주세요, 그 오래된 묘지'라는 대목이 어쩌면 이렇게 아름다울까! 몸이 부르르 떨렸다. 이토록 아름답고 이토록 슬프다니! 그는 조용히 울고 싶은 기분이었는데, 그것은 자신의 처지가 불쌍해서가 아니었다. 그보다는 음악처럼 아름답고 슬픈 가사 때문이었다. 종소리! 종소리! 안녕히 계세요! 오, 안녕히!

싸늘한 햇빛도 누그러질 때쯤, 마이클 수사님이 진한 쇠고기 수프 한 그릇을 들고 침대 옆에 서 있었다. 입안이 뜨겁고 바짝 말랐던 차라 무척 반가웠다. 아이들이 운동장에서 노는 소리가 들려온다. 마치 자기도 그 속에서 놀고 있는 것처럼 학교의 하루가 지나간다.

마이클 수사님이 나가려고 하자, 그 제3문법반 아이가 꼭 돌아와서 신문에 난 뉴스를 모두 전해 달라고 부탁했다. 그는 스티븐에게 자기 이름은 어사이(Athy)이며, 아버지는 아주 잘 뛰는 경주용 말을 많이 가지고 있다고 말했다. 그리고 마이클 수사님이 원할 때는 언제나 팁을 듬뿍 주기 때문에, 자기한테 아주 잘해 주고 성에 매일 배달되는 신문에 난 뉴스도 전해 준다고 했다. 신문에는 사고, 난파선, 스포츠, 정치 등 온갖 종류의 뉴스가 실려 있다.

"요즈음 신문엔 온통 정치 문제뿐이야." 그가 말했다. "너희 집에서도 정치 얘기를 하니?"

"그럼." 스티븐이 대답했다.

[*68] 작자 미상의 동요.

"우리 집도 그래." 그가 말했다.

그는 잠시 생각하더니 말을 이었다.

"네 이름은 알고 있어. 디덜러스라지? 내 이름도 좀 이상한데, 그건 어떤 마을 이름이야. 네 이름은 라틴어 같구나."

그러고 나서 그가 물었다.

"너 수수께끼 잘하니?

스티븐이 대답했다.

"별로야."

그러자 그가 말했다.

"이거 한번 대답해볼래? 킬데어 주가 왜 학생들의 바짓가랑이 같게?"

스티븐은 답을 생각해 보다가 이렇게 말했다.

"도저히 모르겠는데?"

"그 속에 넓적다리가 들어 있으니까. 이 농담의 뜻을 알겠니? 어사이 (Athy)는 킬데어 군에 있는데 '어 사이(a thigh)'가 바로 넓적다리잖아."

"아, 그렇구나." 스티븐이 말했다.

"그건 옛날부터 있던 수수께끼야."

잠시 후 그가 다시 말했다.

"이봐!"

"왜 그래?"

"아까 그 수수께끼를 다르게 물어볼 수도 있거든?"

"그래?" 스티븐이 말했다.

"생각 안 나?" 그가 말했다.

그는 그 말을 하면서 이불 너머로 스티븐을 쳐다보았다. 그러더니 다시 베개를 베고 누워서 말한다.

"다른 방법이 있지만 가르쳐주지 않을 테야."

왜 가르쳐주지 않겠다는 걸까? 이 애 아버지도 경주용 말을 사육하고 있다는 걸 보면, 소린이나 심술쟁이 로슈의 아버지처럼 치안 판사가 틀림없어. 그는 자기 아버지를 생각하고, 어머니가 피아노를 치면 아버지가 어떻게 노래를 부르는지, 또 6펜스만 달라고 하면 언제나 1실링 주던 것을 떠올리고, 다른 애들의 아버지처럼 치안 판사가 아닌 것을 가엾게 생각했다. 그런데 어떻게 아버지는 나를 다른 애들처럼 이 클롱고스우드 학교로 보낸 것일까? 하기야 아버지는, 50년 전에 종조부께서 이곳에서 해방자*69에게 인사를 올렸으니, 기죽지 않아도 된다고 말했지. 그 무렵의 사람들은 옷차림만 보아도 알 수 있었다. 그에게는 그것이 엄숙한 시대로 생각되었다. 클롱고스의 학생들이 놋쇠 단추가 달린 푸른 웃옷과 노란 조끼를 입고 토끼 모피로 만든 모자를 쓰고 다니면서, 어른들처럼 맥주를 마시고, 토끼 사냥 때 데리고 갈 사냥개를 스스로 키웠던 것이 그 시절이었던가?

그는 창문을 쳐다보고 햇살이 약해졌음을 알았다. 운동장은 구름에 가려 잿빛으로 뒤덮여 있을 것이다. 운동장에서는 아무 소리도 들려오지 않는다. 교실에서는 모두들 작문을 하거나, 아니면 아놀 신부님이 성인전(聖人傳)을 읽어주고 계시겠지.

약을 전혀 주지 않는 것이 이상하다. 마이클 수사님이 돌아올 때 약을 가지고 올지도 몰라. 의무실에 들어오면 고약한 약을 먹인다고 하던데. 하지만 이젠 기분이 좋아졌어. 낫더라도 천천히 낫는 편이 좋아. 책을 읽을 수 있을 테니까. 도서실에는 네덜란드에 관한 책이 있어. 거기에는 재미있는 외국 지명과, 이국적인 도시와 선박의 그림도 들어 있거든. 보기만 해도 행복해지는 책이야.

창문에 비쳐드는 빛이 어쩌면 저렇게도 파리할까! 하지만 무척 아름다워. 난로 불빛이 벽에 비쳐서 어른거리고 있어. 물결처럼. 누군가가 난로에 석탄을 넣은 거야. 사람들의 목소리가 들려. 얘기를 하고 있는 모양이야. 저건 파도소리. 아니면 파도가 일렁이면서 저희끼리 비밀 이야기라도 하는 거겠지.

파도가 이는 바다가, 달빛도 없는 밤하늘 아래 어둡게 오르내리는 길고 시커먼 파도가 눈앞에 떠올랐다. 부두에는 조그맣게 불빛을 반짝이면서 배가 들어가고 있다. 항구에 들어가는 그 배를 바라보려고 물가에 모여든 수많은 사람들이 보였다. 키 큰 사내가 갑판에 서서 평평하고 어두운 육지를 바라보고 있다. 그 사람의 얼굴이 부두의 불빛에 드러난다. 마이클 수사님의 슬픈

---

*69 다니엘 오코넬(1775~1847). 아일랜드의 가톨릭교도에게 부과된 제한을 철폐하는 데 노력하여 1829년에 가톨릭 해방령을 성립시켰다. 예수회가 클롱고스우드를 취득하는 데도 진력했다. 조이스의 종조부인 존 오코넬은 1840년대에 다니엘 오코넬을 만나 인사를 했다.

얼굴이다.

그는 그 사람이 사람들을 향해 한 손을 쳐드는 것을 보았고, 바다 위에서 슬픔에 젖은 목소리로 외치는 것을 들었다.

"돌아가셨습니다. 그분이 관대(棺臺)에 누워 계시는 것을 보고 왔습니다."

비통한 목소리가 군중들 사이에서 터져 나왔다.

"파넬! 파넬! 그분이 돌아가시다니!"[70]

모두 무릎을 꿇고 슬피 울고 있었다.

그러자 보였다. 밤색 벨벳 드레스를 입고 초록색 벨벳 망토를 어깨에 걸친 댄티가 물가에 꿇어앉은 사람들 곁을 자랑스러운 듯이 아무 말 하지 않고 지나가는 모습이.

* * *

높이 쌓인 장작이 난로 속에서 시뻘겋게 타오르고 있고, 담쟁이덩굴이 휘감긴 상들리에 밑에는 크리스마스 식탁이 준비되어 있다. 가족들이 좀 늦게 돌아온 편인데도 아직 만찬 준비는 끝나지 않았다. 하지만 어머니는 금세 모든 준비가 끝날 거라고 말했다. 그들은 문이 열리고, 하인들이 무거운 금속 뚜껑이 덮인 커다란 쟁반을 들고 오기를 기다렸다.

모두들 기다리고 있었다. 찰스 할아버지는 유리창 아래 그늘진 곳에 멀찍이 앉아 있고, 댄티와 케이시 씨는 벽난로 양쪽에 놓인 안락의자에 앉아 있었다. 스티븐은 두 사람 사이에 있는 의자에 앉아 따뜻하게 데워진 발판에 발을 얹고 있다. 아버지인 디덜러스 씨는 벽난로 선반 위에 걸려 있는 벽거울을 들여다보면서 콧수염을 뾰족하게 다듬은 뒤, 저고리 뒷자락을 양쪽으로 가르면서, 활활 타오르는 난롯불에 등을 돌리고 섰다. 그래도 이따금 뒷자락에서 한 손을 쳐들어 콧수염 끝을 매만지곤 했다. 케이시 씨는 머리를 한쪽으로 기울인 채 미소 지으면서 손가락으로 목의 임파선 부위를 톡톡 치고 있다. 스티븐도 웃고 있었는데, 그것은 케이시 씨의 목에 동전 지갑이 들어 있다는 주장이 사실이 아니라는 것을 알았기 때문이다. 케이시 씨가 언제

---

[70] 파넬은 1891년 10월 6일에 영국에서 사망하여, 10월 11일 더블린 킹스타운 항에 관이 도착했다.

나 은방울을 울리는 듯한 소리를 내어 그를 속이던 일을 생각하고 웃었던 것이다. 혹시 그 은화 지갑을 손에 감추고 있는 것이 아닐까 해서 케이시 씨의 손을 펴보려고 하면, 손가락이 똑바로 펴지지 않았지. 그때 케이시 씨는 그 세 손가락은 빅토리아 여왕의 생일 선물을 하려다가 그만 못쓰게 된 것[71]이라고 말했다.

케이시 씨는 목의 임파선을 두드리면서 졸린 듯한 눈으로 스티븐에게 미소를 보냈는데, 그때 디덜러스 씨가 말했다.

"그래, 이만하면 됐어. 우리 많이 걸었지, 존? 그런데……오늘 저녁엔 도대체 밥이나 먹을 수 있을런지. 오늘은 헤드[72] 부근에서 오존을 실컷 마시고 온 셈이야. 거, 참."

그는 댄티를 향해 말했다.

"하 종일 집에만 계셨소, 리오던 부인?"

댄티는 얼굴을 찌푸리며 짧게 대답했다.

"네."

디덜러스 씨는 저고리 뒷자락에서 손을 떼고 찬장으로 가서, 위스키가 담긴 커다란 도기 항아리를 끄집어내더니, 목이 잘록한 유리병에 옮겨 담았다. 이따금 허리를 굽혀 얼마나 찼는지를 살핀다. 그리고 항아리를 넣어두고, 두 개의 유리잔에 위스키를 조금씩 따른 뒤 물을 약간 탄 다음, 그것을 들고 난로 쪽으로 돌아왔다.

"조금일세, 존." 그가 말했다. "식욕을 돋워줄 걸세."

케이시 씨는 잔을 받아들고 마시더니 빈 잔을 자기 옆 벽난로 선반 위 적당한 곳에 내려놓았다. 그러고 나서 그가 말했다.

"나, 참, 생각을 안 할 수가 없군, 그 크리스토퍼라는 친구가 몰래……."

그는 웃음을 터뜨리다가 기침을 하더니 이렇게 덧붙였다.

"……그 녀석들에게 주려고 샴페인을 다 제조하고 말이야."

디덜러스 씨가 큰소리로 웃어댔다.

"그게 크리스티였던가?" 그가 말했다. "여우가 떼를 지어 덤벼들어도 약은꾀에서는 그 친구 대머리의 사마귀 하나에도 못 당할걸."

---

*71 영국의 감옥에서의 가혹한 노동 때문에 손가락이 굽은 것을 조롱하여.
*72 부근에서 헤드란 브레이헤드 곳을 가리킨다. 스티븐의 집 앞쪽에 있다.

그는 고개를 갸웃하고 눈을 감더니 쉴 새 없이 입술을 핥으면서 호텔 주인의 목소리를 흉내내어 말하기 시작했다.

"게다가 그 친구가 얘기할 때는 입을 참 잘도 놀려댔지. 턱밑에 늘어진 군살에는 늘 물기가 번들번들했고. 아이구 맙소사."

케이시 씨는 여전히 기침까지 해대며 웃고 있다. 스티븐은 아버지의 얼굴과 말투에서 그 호텔 주인을 상상하면서 웃었다.

디덜러스 씨는 외알안경을 벗고 아들을 유심히 바라보면서 다정한 목소리로 조용히 얘기했다.

"이 녀석은 대체 무얼 안다고 이렇게 웃고 있을까?"

하인들이 들어와서 식탁에 쟁반을 내려놓았다. 디덜러스 부인이 뒤이어 들어와서 앉을 자리들을 가리켰다.

"모두들 앉으세요." 부인이 말했다.

디덜러스 씨는 식탁 머리로 가서 말했다.

"자, 리오던 부인, 와서 앉으세요. 존, 자네도 와서 앉게나."

그리고 찰스 할아버지를 향해 말했다.

"어서 오세요, 칠면조가 아저씨를 기다리고 있어요."

모두들 자리에 앉자 그는 뚜껑에 손을 댔다가 얼른 손을 빼면서 말했다.

"자, 스티븐."

스티븐은 자기 자리에서 일어나 식전 기도를 드렸다.

주여, 은혜로이 내려주신 이 음식과 우리에게 강복하소서. 그리스도의 이름으로 비나이다. 아멘

모두들 성호를 긋자, 디덜러스 씨는 즐거운 듯이 한숨을 내쉬며 무거운 쟁반 뚜껑을 연다. 그 가장자리에 물방울이 진주처럼 맺혀 있다.

스티븐은 통통하게 살찐 칠면조를 눈앞에서 보았다. 그것은 조금 전까지 날개가 몸통에 묶이고 쇠꼬챙이에 꽂혀서 부엌의 테이블에 놓여 있었던 것이다. 그는 아버지가 돌리어 가(街)에 있는 던스 상회*73에서 1기니나 주고

---

*73 더블린 시내 리피 강 남쪽의 돌리어 가 26번지, 가금류와 생선을 파는 가게. 기니(1기니는 1파운드 1실링)로 지불하는 것에서 알 수 있듯이 고급상점이다.

칠면조를 샀고, 가게 주인은 그것이 고급품이라는 것을 보여주기 위해 가슴뼈 부분을 몇 번이나 꾹꾹 눌렀다는 것도 알고 있었다. 그것을 사라고 권하는 주인의 목소리가 귀에 들리는 듯했다.

"저놈으로 가져가십시오. 진짜 최고급품입니다."

클롱고스의 배리트 선생은 회초리를 왜 '칠면조'라고 하는 것일까? 하지만 클롱고스는 여기서 아득히 멀다. 접시와 쟁반에서는 칠면조와 햄과 샐러리의 진한 냄새가 훈훈하게 풍기고 있고, 벽난로에는 수북이 쌓아올린 장작이 활활 타오르고 있다. 파란 담쟁이와 빨간 감탕나무 가지를 바라보니 이렇게 행복할 수가 없다. 식사가 끝나면 큼직한 건포도 푸딩도 나올 것이다. 껍질을 벗긴 아몬드와 감탕나무 잔가지가 뿌려져 있고, 주위에는 파란 불꽃이 타오르며, 꼭대기에는 조그마한 초록색 깃발이 나부끼는 푸딩.

오늘은 그의 첫 크리스마스 만찬이었다. 그는 지금 아이들 방에서 기다리고 있을 동생들을 생각했다. 작년까지만 해도 자기가 그랬던 것처럼, 동생들은 지금 아이들 방에서 푸딩이 나오기를 애타게 기다리고 있을 것이다. 깊게 파인 낮은 칼라와 이튼식 저고리*⁷⁴ 때문에, 묘하게 나이를 먹은 것 같은 기분이 든다. 그날 아침, 어머니가 미사에 나갈 차림을 한 그를 거실로 데리고 가자, 아버지는 눈시울을 붉혔다. 그건 아버지가 자기 아버지를 생각하고 있었던 탓이다. 찰스 할아버지도 그렇다고 말했다.

디덜러스 씨는 쟁반에 뚜껑을 덮어두고 시장한 듯이 먹기 시작했다. 그리고 이렇게 말했다.

"가엾은 크리스티 녀석! 나쁜 짓을 하느라 그 사람 아주 버린 것 같아."

"여보." 디덜러스 부인이 말했다. "리오던 부인에게 소스도 드리지 않고."

디덜러스 씨는 소스 그릇을 집어들었다.

"내가 그랬나?" 그는 큰소리로 대답했다. "리오던 부인, 이 눈 먼 놈을 용서하시오."

그러자 댄티는 두 손으로 자기 접시를 가리면서 말했다.

"아니, 됐어요. 그냥 먹겠어요."

디덜러스 씨는 찰스 할아버지를 돌아보았다.

＊74 영국의 이튼학교에서 입는 꼬리가 없는 연미복. 여기서는 그것을 모방한, 당시의 어린 신사들의 유행복.

"어떠세요?"

"잘 먹고 있다, 사이먼."

"존, 자네는?"

"됐어. 자네나 많이 들게."

"메리, 당신은? 얘야, 스티븐, 아주 맛있는 걸 주마."

그는 스티븐의 접시에 소스를 잔뜩 붓고 나서 소스 그릇을 식탁 위에 다시 놓았다. 그런 다음 찰스 할아버지에게 고기가 연하냐고 물어보았다. 찰스 할아버지는 입에 음식이 가득 들어 있어서 말은 못하고 고개만 끄덕였다.

"우리 친구가 오늘 참사회원*75에게 한 대답이 그럴듯하더군. 뭐라고 했더라?" 디덜러스 씨가 말했다.

"난 그 친구가 그 정도로 배짱이 있을 줄은 몰랐어." 케이시 씨가 말했다.

"'신부님, 신부님께서 이 하느님의 전당을 투표소로 이용하는 짓만 그만두신다면, 저도 신부님께 드려야 할 것을 드릴 용의가 있습니다', *76 이랬다네."

"참, 대답 한번 잘했군요." 댄티가 말했다 "소위 가톨릭 신자라는 사람이 신부님에게 그 따위로 말하다니."

"그거야 성직자들 탓이지요." 디덜러스 씨가 온화한 목소리로 말했다. "종교 문제만 생각하면 그럴 일이 없어요, 그건 아무리 바보라도 다 알고 있는 것을."

"그게 종교예요." 댄티가 말했다. "신자들에게 경종을 울리는 것도 그들의 의무니까요."

"우리가 하느님의 전당을 찾아가는 것은 겸허한 마음으로 하느님께 기도를 올리기 위해서이지 결코 선거 연설 따위나 듣기 위해서가 아니잖소." 케이시 씨가 거들었다.

＊75 canon. 정식으로는 주교좌성당 참사회원. 주교의 주교구 행정상의 고문, 주교좌가 비었을 때의 교회행정 담당, 공송기도(共誦祈禱) 등을 직무내용으로 하는, 주교좌성당에 소속된 주교(《그리스도교 용어사전》).

＊76 교회에서 신부가 파넬의 간통을 비난한 것에 대한 반박이다. 1890년 11월, 오셰이 대위가 아내 캐서린 오셰이와 아일랜드 의회당 당수 파넬의 간통을 이유로 이혼소송을 제기하여 승소하자, 같은 해 12월에 의회당은 분열했고, 가톨릭교회도 파넬을 비난하면서 그가 지원하는 후보에 투표하지 말라고 설득했다.

"그게 바로 종교라니까요." 댄티가 다시 말했다. "그분들이 옳아요. 양떼들의 길잡이가 되어야 하니까요."

"제단 위에서 정치를 설교하는 것도 말이오?" 디덜러스 씨가 물었다.

"그럼요. 공공의 윤리 문제예요. 만약 성직자가 양떼들에게 옳고 그름을 가려주지 않는다면 성직자라고 할 수 없지요."

디덜러스 부인이 나이프와 포크를 놓고 말했다.

"제발 좋은 일 하는 셈치고, 오늘만은 정치 이야기는 좀 삼갑시다."

"옳은 말이야." 찰스 할아버지가 나섰다. "자, 사이먼, 이제 그만하지. 그만들 하라고."

"네, 네." 디덜러스 씨가 재빨리 말했다.

그는 대뜸 쟁반 뚜껑을 열면서 말했다.

"자, 칠면조 더 드실 분?"

아무도 대답이 없었다. 댄티가 말했다.

"가톨릭 신자로서 어떻게 저런 말을 할 수 있을까!"

"리오던 부인, 제발 빌겠어요. 이제 그 문제는 좀 덮어두시죠." 디덜러스 부인이 말했다.

댄티는 그녀를 향해 말했다.

"그러면 내가 여기 앉아서 교회 성직자들이 모욕당하고 있는 것을 가만히 듣고만 있으란 말인가요?"

"그들이 정치에 간여하지만 않는다면, 아무도 그들을 비방하지 않아요." 디덜러스 씨가 말했다.

"아일랜드의 주교와 신부님이 말씀하신 것에는 우리 모두 복종하는 게 당연해요." 댄티가 말했다.

"성직자들은 정치에서 손을 떼야 합니다." 케이시 씨가 말했다. "그렇잖으면 신도들이 교회를 떠나게 될걸요."

"저 말 들었지요?" 댄티가 디덜러스 부인을 향해 말했다.

"케이시 씨! 그리고 여보, 사이먼! 그만들 하시라니까요." 디덜러스 부인이 말했다.

"말이 너무 심하구나, 심해." 찰스 할아버지가 말했다.

"심하다고요?" 디덜러스 씨가 큰소리를 질렀다. "영국인들이 하라는 대로 그분을 버려야 한단 말입니까?"*77

"그 사람이야 벌써 지도자로서의 자격을 잃은 지 오래 되었죠." 댄티가 말했다. "세상이 다 아는 죄인이니까요."

"우리는 모두 죄인들, 아주 극악한 죄인들이오." 케이시 씨가 냉소적으로 말했다.

"'추문을 일으키는 자에게는 화 있으라!'" 리오던 부인이 말했다. "'이 작은 자 중의 한 사람을 죄 짓게 할진대 차라리 목에 맷돌을 매달고 바다에 던져지는 것이 나으리라.'*78 이건 성령의 말씀이에요."

"굳이 대답해야 한다면, 참 고약한 말씀이라고 해야겠소." 디덜러스 씨가 퉁명스럽게 말했다.

"사이먼, 사이먼." 찰스 할아버지가 말했다. "애 앞에서 무슨 말을 그렇게 하나?"

"네, 네." 디덜러스 씨가 말했다. "아니, 내 말은……역에서 짐꾼들이 쓰는 그 고약한 말씨가 생각나서요. 자, 그건 그렇고. 스티븐, 어디 네 접시 좀 보자. 더 먹어야지. 자, 받아라."

그는 스티븐의 접시 위에 음식을 잔뜩 담아주고 나서 찰스 할아버지와 케이시 씨에게도 큼직한 칠면조 토막을 담고 소스를 쳐주었다. 디덜러스 부인은 별로 먹지 않았고, 댄티는 계속 손을 무릎 위에 올려놓고 있었다. 그녀의 얼굴은 빨갛게 상기되어 있었다. 디덜러스 씨는 커다란 나이프와 포크로 쟁반 가장자리를 헤집으면서 말했다.

"여기 교황의 코*79라고 하는 맛있는 부분이 있어요. 이걸 누가……."

그는 큰 포크로 찍은 고깃덩이를 들어보였다. 아무도 대답이 없다. 그는 그것을 자기 접시에 놓고 말했다.

---

*77 1890년 11월 24일, 영국 수상 글래드스턴은 간통사건을 이유로 파넬에게 당수직에서 물러나도록 압력을 가했다(G).

*78 "예수께서 제자들에게 이르시되 실족하게 하는 것이 없을 수는 없으나 그렇게 하게 하는 자에게는 화로다. 그가 이 작은 자 중의 하나를 실족하게 할진대 차라리 연자맷돌이 그 목에 매여 바다에 던져지는 것이 나으리라."(누가복음 17:1~2). 예수의 제자들에 대한 훈계의 말. 성령의 말은 아니다.

*79 pope's nose. 칠면조 등의 엉덩잇살. 로마 코(콧대가 높다)와 닮았기 때문(그리고 교황은 로마주교).

"섭섭하게 생각지 마세요, 어쨌든 권해 보긴 했으니까. 아무래도 내가 먹어야겠군. 요즘 건강이 좋지 않은 것 같아서 말이야."

디덜러스 씨는 스티븐에게 눈을 끔벅해 보이면서 쟁반 뚜껑을 닫은 뒤 다시 먹기 시작했다.

그가 먹는 동안 아무도 말이 없었다. 그러자 그가 입을 열었다.

"하여간, 이번 크리스마스도 즐거웠던 것 같아. 거리에도 외지 사람*80들이 많더군."

여전히 아무도 말을 하지 않자, 그가 다시 입을 열었다.

"작년 크리스마스 때보다 외지 사람들이 더 많이 보이던데."

디덜러스 씨는 사람들을 둘러보았다. 모두들 자기 접시 위로 고개를 숙이고 있다. 아무도 대꾸가 없자 그는 잠시 있다가 씁쓸한 듯이 말했다.

"흠, 이번 크리스마스 만찬은 망한 것 같군."

"교회의 성직자들을 존경하지 않는 집안에 무슨 행운이고 은총이고 있겠어요?" 댄티가 말했다.

디덜러스 씨는 접시 위에 나이프와 포크를 요란하게 내려놓았다.

"존경하라고!" 그가 말했다. "아니, 입만 까진 빌리*81를, 아니면 아마에 있는 밥통*82을? 존경은 무슨 놈의 존경!"

"교회를 지배하는 군주들*83이라고나 할까." 케이시 씨가 은근히 경멸하는 조로 말했다.

"리트림 경(卿)의 마부 같은 자들*84이지 뭐." 디덜러스 씨가 말했다.

"그분들은 하느님의 성유(聖油)로 정화된 분들이에요." 댄티가 말했다.
"조국에 명예가 되는 분들이라고요."

---

*80 영국인 또는 개신교도인 영국계 아일랜드인을 가리켜서. 브레이는 휴양지이기도 했다.

*81 더블린의 대주교 윌리엄 J. 월슈(1841~1921). 빌리는 윌리엄의 애칭. 토지개혁 때는 파넬에게 협력하고 지지했지만, 1890년 12월 3일, 간통을 이유로 그를 비난했다.

*82 아마의 대주교 마이클 로그(1840~1924). 간통 문제가 드러나자 파넬을 비난했다. '밥통'이란 위장을 가리키며 교도를 착취한다는 의미. 아마 대주교가 전 아일랜드 가톨릭교회의 수좌대주교인 것을 조롱하여.

*83 추기경을 가리킨다. 로그는 1893년에 추기경이 된다.

*84 악덕 부재지주의 대표적인 인물, 윌리엄 시드니 클레멘츠(1806~78)가 암살당했을 때, 마부가 그를 보호하려고 했다. 자신과 자신의 동료를 억압하는 사람을 노예처럼 보호하려 하는 아일랜드인을 모욕하여(D).

"그 밥통 같은 친구 말이오?" 디덜러스 씨가 거칠게 말했다. "가만히 있을 때 쳐다보면 점잖게 생기긴 했지요. 그렇지만 추운 겨울날 그 친구가 베이컨이니 양배추 요리를 핥아먹는 꼴을 좀 보시지. 기가 찰 테니까."

그는 짐승처럼 얼굴을 찌푸리며 입술로 쩝쩝 핥는 소리를 냈다.

"제발 여보." 디덜러스 부인이 나섰다. "스티븐 앞에서 그게 무슨 말투예요? 그건 옳지 않아요."

"오, 저애가 자라서 이 일을 낱낱이 기억할걸요." 댄티가 흥분한 목소리로 말했다. "바로 자기 집안에서 하느님과 종교와 신부님들이 모욕당한 일을 잊지 않을 거예요."

"이왕에 기억하려거든." 식탁 건너편에서 케이시 씨가 그녀를 향해 소리쳤다. "성직자들과 그들의 앞잡이가 파넬의 가슴에 못을 박고 무덤으로 몰아넣은 그 말도 기억하게 합시다. 저애가 어른이 되었을 때 그런 것도 다 기억하고 있어야 한다고요."

"개자식들 같으니!" 디덜러스 씨가 큰 소리를 질렀다. "파넬이 실각하자 모두들 그분을 배반하고, 마치 시궁창의 쥐새끼들처럼 그분을 갈기갈기 찢어발기지 않았느냐 말이야! 더러운 개들, 꼭 더러운 개꼴을 하고선! 영락없는 개꼴이라니까!"

"그들은 옳은 일을 한 거예요." 댄티가 언성을 높였다. "주교와 신부님들이 시키는 대로 했을 뿐이죠. 훌륭한 분들이에요!"

"정말 지겹군요. 일 년 중 하루뿐인 크리스마스 때 이런 진저리나는 논쟁만 하다니!" 디덜러스 부인이 말했다.

찰스 할아버지가 온화하게 두 손을 쳐들면서 말했다.

"그만, 이제 그만들 해. 이렇게 화를 내거나 야비한 말을 쓰지 않고도 얼마든지 자유롭게 의견을 말할 수 있잖아? 정말 한심하군."

디덜러스 부인이 댄티에게 뭐라고 속삭였다. 그러자 댄티가 큰소리로 말했다.

"없는 말 하지 않아요. 나는 교회와 내 종교를 지킬 뿐이에요, 배교자들*85이 모욕하고 침을 뱉을 때."

---

*85 가톨릭 형벌법의 시대에는 살아가는 방편으로 개신교로 개종한 가톨릭도 있었다(D).

케이시 씨는 접시를 난폭하게 식탁 가운데로 밀어내더니 팔꿈치를 식탁에 짚고 거친 목소리로 집주인에게 말했다.

"침을 뱉는다니 말인데, 유명한 얘기가 하나 있지. 자네에게 얘기를 했던가?"

"안 했어. 말해 봐, 존." 디덜러스 씨가 말했다.

"그렇다면 얘기해 줌세." 케이시 씨가 말했다. "아주 교훈적인 얘기라네. 우리가 지금 살고 있는 이 위클로 군에서 얼마 전에 있었던 일이야."

케이시 씨는 얘기를 중단하더니, 댄티 쪽을 향해 분노 어린 목소리로 조용히 말했다.

"이보시오, 혹시 나를 두고 한 말이라면, 난 가톨릭 배교자가 아니오. 내 아버지가 가톨릭 신자였던 것처럼 나도 가톨릭 신자요. 우리 아버지뿐만 아니라 할아버지도, 증조할아버지도 모두 가톨릭 신자였소. 대대로 우리는 신앙을 버릴 바엔 차라리 목숨을 버리겠다는 각오로 살아왔단 말이오."

"그렇다면 더욱 수치스러운 일이죠, 그런 식으로 말하는 건." 댄티가 말했다.

"그 얘기나 해보게, 존." 디덜러스 씨가 웃으며 말했다. "그 얘기나 좀 들어보자고."

"가톨릭 신자라고요!" 댄티가 빈정대는 투로 다시 말했다. "세상에서 가장 흉악한 신교도라도 오늘 저녁에 내가 들은 그런 야비한 말은 하지 않을 거예요."

디덜러스 씨는 시골 가수처럼 고개를 앞뒤로 흔들면서 작은 소리로 흥얼거리기 시작했다.

"다시 한 번 말해 두지만, 난 신교도가 아니오." 케이시 씨는 얼굴을 붉히면서 말했다.

여전히 머리를 흔들면서 흥얼거리던 디덜러스 씨가 콧소리로 노래를 부르기 시작했다.

　　여러분 이리 와 내 말 좀 들어보오,
　　미사에 한 번도 가 본 적이 없는 가톨릭 신자 여러분*86

---

*86 당시의 시사적인 속요를 비튼 노래. '한 번도……' 이 부분은 디덜러스의 즉흥.

그는 다시 나이프와 포크를 기분 좋게 집어 들고 먹기 시작하면서 케이시 씨에게 말했다.

"그 얘기나 들어보자니까, 존. 소화에 도움이 될 테니."

스티븐은, 두 손을 맞잡은 채 식탁 맞은편에서 지긋이 응시하고 있는 케이시 씨를 다정하게 쳐다보았다. 그는 난로 옆에서 케이시 씨 가까이 앉아 그의 가무잡잡하고 엄격한 얼굴을 올려다보는 것을 좋아했다. 하지만 그의 검은 눈동자만은 조금도 무섭지 않았고 그의 느릿한 말소리도 듣기에 좋았다. 하지만 저분이 무슨 까닭으로 성직자들을 저렇게 반대하는 것일까? 댄티의 말이 옳기 때문이 아닐까? 아버지의 말에 의하면 그녀는 수녀가 되려다가 그만두고*87 앨러게니 고원*88의 수도원에서 나왔다고 했어. 그녀의 오빠는 싸구려 장신구니 도자기 나부랭이를 토인들에게 팔아 돈을 벌었다고 했고. 어쩌면 그런 일이 있어서 파넬을 혹평하고 있는지도 모르지. 그리고 내가 아일린하고 노는 것을 싫어한 것도 그 때문일 거야. 그건 아일린이 신교도이고, 게다가 그녀는 어렸을 때 신교도 애들과 놀던 애들을 알고 있었는데 신교도 애들은 늘 성모 연도(連禱)*89를 가지고 놀려댔으니까. '상아탑'이니 '황금 궁전'*90이니 하면서! 어떻게 여자가 상아탑이나 황금 궁전이 될 수 있을까? 도대체 어느 쪽이 옳은 걸까? 그러자 그는 클롱고스의 진료실에서 보낸 하룻밤이 생각났다. 그 검은 바다, 부둣가의 등불, 슬픈 소식을 들은 사람들이 슬피 울던 소리.

아일린은 손가락이 길고 하얬지. 어느 날 저녁, 술래잡기를 하다가 그 애가 두 손으로 내 눈을 가린 적이 있어. 가늘고 길고 하얗고 차갑고 부드러운 손. 그게 바로 상아야. 차갑고 하얀 것이니까. 그게 바로 '상아탑'의 뜻이야.

"이 얘기는 아주 짧고 재미있어." 케이시 씨가 말했다. "어느 날 아클로*91에서 있었던 일인데, 몹시 추운 날이었어. 그분이 돌아가시기 조금 전이었지. 오, 하느님, 그분께 자비를 베푸소서!"

---

*87 댄티의 모델인 콘웨이 부인은 미국에서 수녀가 되려다가, 오빠가 아프리카 선주민과의 무역에서 번 3만 파운드를 남겨 주는 바람에 아일랜드로 돌아갔다.
*88 미국 애팔래치아 산맥의 일부.
*89 사제가 먼저 말하면 신도들이 그에 대응하는 형식으로 이어지는 일련의 호칭 기도.
*90 성모 마리아의 연도에서 노래되는 성모마리아의 호칭.
*91 위클로 주 브레이 남쪽에 있는 도시. 파넬의 생가가 있는 애번딜 근처.

그는 피곤한 듯 눈을 감고 말을 멈췄다. 디덜러스 씨는 접시에서 뼈다귀를 하나 집어 들고 이로 뜯으면서 말했다.

"그러니까 그분이 살해되기*92 전이란 말이지?"

케이시 씨는 눈을 뜨고 한숨을 짓더니 얘기를 계속했다.

"어느 날 아클로에서 집회가 있어서 참석한 뒤 우리는 군중들을 헤치고 역까지 걸어가야 했어. 세상에서 그렇게 요란한 야유는 처음 봤어. 세상에 있는 욕이란 욕은 다 퍼붓는 거라. 그 속에 노파가 하나 있었는데, 술에 잔뜩 취했는지 그 할망구가 줄곧 나만 쌔려보고 있는 게 아니겠나? 내 옆에 바짝 붙어 진창 속에서 춤을 추듯 따라오면서 내 얼굴에다 대고 악을 쓰는 거야. '성직자를 못살게 구는 놈! 파리 자금! *93 미스터 폭스! *94 키티 오셰이!'"

"그래서 자넨 어떻게 했나, 존?" 디덜러스 씨가 물었다.

"멋대로 악을 쓰게 내버려뒀지." 케이시 씨가 말했다. "마침 날씨가 추워서 난 기운을 내기 위해(부인에겐 미안한 말씀이지만), 입에 털라모어 산(産) 담배*95를 씹고 있었기 때문에, 입안에 침이 가득해서 말을 할 수가 있어야지."

"그래서?"

"그래서 실컷 악을 쓰게 내버려 뒀지, 뭐. 그랬더니 '키티 오셰이'니 뭐니 하다가 나중엔 오셰이 부인에 대해 더러운 욕을 해대는데, 뭐 그 말을 되풀이해서 이 크리스마스 식탁과 여러분의 귀를 더럽히고 싶진 않군요, 리오던 부인. 그랬다간 내 입까지 더러워질 테니까."

그는 말을 멈췄다. 디덜러스 씨는 뜯고 있던 뼈에서 얼굴을 들고 물었다.

"그래서 어떡했나, 존?"

"어떡하긴! 그녀가 욕을 하면서 흉측하게 늙은 얼굴을 나에게 들이대는데, 마침 그때 내 입 안에는 침이 가득했거든. 그래서 그 여자의 얼굴을 향

---

*92 디덜러스 씨는 이 말로 가톨릭교회와 신자가 파넬을 '버렸다'는 것을 강조하고 있다.

*93 아일랜드 의회당은 영국이 몰수할 것을 우려하여 자금을 파리에 맡기고 있었는데, 파넬이 그것을 횡령했다는 소문이 있었다.

*94 파넬이 애인 오셰이 부인과의 편지에서 사용한 가명의 하나.

*95 털라모어는 더블린 서쪽 약 80킬로미터에 있는 도시. 씹는담배 산지.

해 고개를 숙이면서 퉤! 하고 뱉어버렸지, 뭐."

그는 얼굴을 돌려 침을 뱉는 시늉을 했다.

"이렇게 한쪽 눈에다 대고 퉤!"

그는 한 손으로 자기 눈을 가리고는 갈라진 목소리로 비명을 질렀다.

"'오, 예수님, 성모 마리아님, 요셉이시여!' 하더니 '눈이 멀었어! 눈이 멀고 말았어!'"

그는 기침까지 하면서 웃느라 얘기를 멈췄다가 다시 되풀이했다.

"'눈이 완전히 멀었어요!'"

디덜러스 씨는 웃음을 터뜨리면서 의자에서 몸을 뒤로 벌렁 젖혔고, 찰스 할아버지는 고개를 설레설레 저었다.

모두가 웃고 있는데, 댄티는 무섭게 화가 난 얼굴로 몇 번이나 되풀이했다.

"흥, 잘했군요! 참 잘했어!"

그 여자의 눈에 침을 뱉은 건 절대로 잘한 일이 아니다. 그래도 그 여자가 키티 오셰이를 뭐라고 욕했기에 케이시 씨가 차마 그 말을 입에 담지 못하겠다고 했을까? 그는 군중들 사이를 걸어가면서, 또는 사륜마차에서 연설하고 있는 케이시 씨의 모습을 상상해 보았다. 그 일 때문에 감옥까지 갔던 것이다. 어느 날 밤, 오닐 경사*96가 집으로 찾아와서 현관에서 아버지와 나직한 소리로 소곤거리면서 모자끈을 잘근잘근 씹고 있던 것도 생각났다. 그날 밤 케이시 씨는 기차를 타고 더블린으로 돌아가지 않았다. 문 앞에 마차가 오고, 아버지가 캐빈틸리 로(路)*97에 대해 무슨 말을 하던 것이 들렸다.

케이시 씨는 아일랜드의 독립과 파넬을 지지하고 있었고 아버지도 그랬다. 댄티도 아일랜드의 독립을 원하는 건 마찬가지였다. 어느 날 밤 광장에서 악대가 마지막으로 '신이시여, 여왕폐하를 도와주소서'*98를 연주하기 시작해서 한 신사가 모자를 벗자, 댄티는 들고 있던 우산으로 그 신사의 머리를 때렸으니까.

디덜러스 씨는 경멸의 콧방귀를 뀌었다.

"그래, 존." 그가 말했다. "정말이야. 힘을 가진 건 그쪽이야. 성직자들이

---

*96 철도역에서 케이시 씨를 체포하려 한 것을 알려주러 온 듯하다.

*97 브레이에서 더블린으로 가는 한적한 뒷길.

*98 영국의 국가.

지배하는 불행한 민족*[99]이지. 지금까지 내내 그랬고 앞으로도 언제까지나 이 꼴을 면하지 못할 거야."

찰스 할아버지가 고개를 저으면서 말했다.

"한심한 노릇이야. 한심한 노릇!"

디덜러스 씨가 되풀이했다.

"하느님한테 버림받고 성직자들의 지배를 받는 민족!"

그는 자기 오른쪽 벽에 걸려 있는 자신의 할아버지 초상화를 가리켰다.

"자네, 저기 걸린 저 노인이 보이나?" 그가 말했다. "훌륭한 아일랜드인 이셨지. 그렇다고 돈이 생기는 건 아니지만 말이야. 백의당(白衣黨)*[100]이었던 탓에 사형 선고까지 받으셨어. 그가 성직자들에 대해서 늘 하던 말씀이 있다네. 무슨 일이 있어도 그들과는 자기 집 마호가니 식탁에 함께 앉고 싶지 않다고 말이야."

댄티가 화를 내며 말을 가로챘다.

"우리가 만약 성직자들의 지배를 받는 민족이라면 우리는 그것을 자랑스럽게 여겨야 해요. 그들은 하느님의 눈동자*[101] 같은 분들이니까요. 그리스도께서도 말씀하셨어요. '그들을 범하지 말라. 그들은 내 눈동자니라.'"*[102]

"그럼 자기 조국을 사랑할 수도 없단 말이오?" 케이시 씨가 물었다. "우리의 지도자가 되기 위해 태어난 인물을 존경해서는 안 된단 말이오?"

"그 사람은 조국을 배신했어요!" 댄티가 대답했다. "배반자요, 간음자예요! 성직자들이 그를 버린 건 잘한 일이지요. 성직자들은 늘 우리 아일랜드의 진정한 친구니까요."

"진정으로 하는 소리요?" 케이시 씨가 물었다.

분개한 나머지 얼굴을 일그러뜨린 그는 주먹으로 식탁을 때린 다음 손가락을 하나씩 폈다.

---

*99 1850년에는 약 500만 명의 가톨릭교도에 대해 약 5000명의 성직자가 있었지만, 1900년에는 약 300만 명의 가톨릭교도에 대해 약 1만 4000명의 성직자가 있었다(F.S.L. 라이언스 《기근 이후의 아일랜드》/G).

*100 18세기 후반부터 19세기 전반까지, 지주계급에 대한 저항을 선동하고, 폭력행동을 일으켰던 농민비밀결사. 야습할 때 흰 옷을 입었다. 가톨릭교회는 그들을 비난했다(G/D).

*101 매우 중요하다는 뜻. *102 및 〈신명기〉 32 : 10 참조.

*102 〈스가랴서〉 2 : 8~9. 그리스도가 한 말은 아니다.

"아일랜드의 주교들은 과연 우리를 배반하지 않았을까요? 그 연합 시절*103 래니건*104 주교는 콘월리스 후작*105에게 충성을 맹세하지 않았소? 1829년에는 가톨릭 해방*106의 대가로 주교와 신부들이 조국의 소망을 팔아 먹지 않았소? 제단 위에서도 고해소에서도 피니어회(會)*107의 운동을 비난하지 않았던가요? 게다가 테런스 벨류 맥매너스*108의 유해마저 욕보이지 않았느냐 말이오?"

그의 얼굴은 분노로 이글거렸고, 스티븐도 그 말에 감동하여 얼굴이 뜨거워졌다. 디덜러스 씨는 노골적인 경멸을 드러내며 큰 소리로 웃었다.

"아 참!" 그가 소리쳤다. "그 난쟁이 폴 컬렌이란 늙은이*109를 잊고 있었군! 그 자도 역시 하느님의 눈동자지!"

댄티는 식탁 위로 몸을 내밀며 케이시 씨에게 소리를 질렀다.

"옳아요! 옳아! 그분들은 언제나 옳다구! 하느님과 도덕과 종교가 늘 무엇보다도 중요하니까."

그녀가 흥분한 것을 보고 디덜러스 부인이 그녀에게 말했다.

"리오던 부인, 저이들에게 대꾸하느라 흥분하지 마세요."

---

*103 1800년 8월, 영국은 아일랜드 의회를 폐지하고, 그 대신 영국의 귀족원에 32명, 하원에 100명의 아일랜드 의원을 받아들이기로 결정, 이듬해 1801년 1월부터 시행했다. 아일랜드의 가톨릭교회는 가톨릭 해방을 조건으로 찬성하는 자가 많았다.

*104 주교 제임스 래니건 주교(1812년 사망)는 1799년에 아일랜드 총독 콘월리스를 방문하여, 가톨릭 해방을 교환조건으로 아첨을 했다는 얘기가 있다(G/D).

*105 찰스 콘월리스 후작(1738~1805). 1798년부터 1801년까지 아일랜드 총독. 1798년의 봉기 진압에 활약했고, 1800년의 연합법 성립에 분투했다. 그러나 조지3세가 가톨릭 해방에 적극적이지 않아서 아일랜드 총독을 사임했다(G, D).

*106 아일랜드의 가톨릭은 가톨릭 형벌법에 따라 여러 가지 제한을 당하며, 선거권과 피선거권도 빼앗기고, 공직에 오르는 것도 금지되었다. 이 제한을 철폐한 것이 1829년에 성립된 가톨릭 해방령이다. 이 법안 성립을 위해, 민족주의자인 다니엘 오코넬이 분투했고 가톨릭교회도 지원했다(무디 마틴 《아일랜드의 풍토와 역사》/G/D). 이때 가톨릭교회가 조국의 소망을 팔아넘긴 것은 아니다.

*107 1858년에 발족한 무력행사에 의해 아일랜드 독립을 지향하는 조직. 아일랜드 전설의 피아나(영웅 핀 마쿨의 전사단)에서 따온 이름. 가톨릭교회는 그 무력행사를 비난했다.

*108 아일랜드의 애국주의자(1822~60). 샌프란시스코에서 사망하여, 그 유골이 고국에서 매장되었을 때, 가톨릭교회는 그것을 반대했다.

*109 더블린의 대주교 폴 컬렌(1803~78). 영국정부를 지지하고, 피니어회의 활동에 반대했다(G).

"하느님과 종교는 다른 모든 것보다 먼저예요!" 댄티는 외쳤다. "이 세상에서는 하느님과 종교가 무엇보다 먼저라고요!"

케이시 씨는 주먹을 불끈 쥐더니 식탁을 꽝 내리쳤다.

"좋아." 그는 갈라진 목소리로 외쳤다. "그렇다면 아일랜드에는 하느님 따위 필요 없어!"

"존! 존!" 디덜러스 씨가 손님의 소매를 잡으면서 소리쳤다.

댄티는 뺨을 부르르 떨면서 식탁 너머로 노려보았다. 케이시 씨는 의자에서 비틀비틀 일어나더니 마치 거미줄이라도 치우듯이 눈앞의 공기를 쫓아내는 시늉을 했다.

"아일랜드에 하느님은 필요 없어! 아일랜드에는 하느님이 너무 많아! 하느님 같은 건 없애버려!"

"신을 모독하는 자! 이 악마야!" 댄티는 쇳소리를 지르면서 벌떡 일어서더니 상대의 얼굴에 침이라도 뱉을 기세였다.

찰스 할아버지와 디덜러스 씨가 케이시 씨를 다시 의자에 앉히고 양쪽에서 그를 달랬다. 그는 이글거리는 검은 눈으로 앞쪽을 노려보면서 같은 말을 되풀이했다.

"하느님 같은 건 사라져야 해!"

댄티는 거칠게 의자를 밀어젖히고 식탁을 떠났다. 그 바람에 냅킨 고리가 뒤집혀서 양탄자 위로 천천히 굴러가더니 안락의자 다리에 부딪혀서 멈췄다. 디덜러스 부인은 얼른 일어나서 문 쪽으로 뒤따라갔다. 문 앞에서 댄티는 거칠게 돌아서더니 모든 사람을 향해 외쳤다. 새빨갛게 상기한 얼굴이 분노로 떨고 있었다.

"지옥에서 온 악마! 우리가 이겼어! 우리가 그 놈을 때려죽였단 말이야! 이 악마!"

그녀는 문을 꽝 닫고 나가버렸다.

케이시 씨는 자기의 팔을 잡고 있던 사람들을 뿌리치더니, 느닷없이 두 손으로 머리를 싸안고 흐느껴 울기 시작했다.

"가엾은 파넬!" 그는 큰소리로 외쳤다. "죽어버린 우리의 왕이시여!"*110

---

*110 파넬의 애칭의 하나는 '무관(無冠)의 제왕'.

그는 큰소리로 고통스럽게 흐느꼈다.

스티븐이 공포에 질린 얼굴을 들자, 아버지의 눈에 눈물이 가득한 것이 보였다.

＊＊＊

아이들이 삼삼오오 모여서 얘기하고 있었다.

한 아이가 말했다.

"걔들 라이언스 언덕*111 근처에서 붙잡혔대."

"누가 붙잡았는데?"

"글리슨 선생님하고 부교장 선생님. 애들은 마차를 타고 있었대."

그 애가 덧붙여 말했다.

"상급반 애가 말해 줬어."

플레밍이 물었다.

"그런데 왜 도망갔을까?"

"내가 알아." 세실 선더가 말했다. "그 애들이 교장실에서 돈을 슬쩍했기 때문이야."

"누가 슬쩍했는데?"

"키컴의 형. 그러곤 다 같이 나눠가졌대."

그럼 도둑질을 했다는 말이 아닌가? 어떻게 그런 짓을 할 수 있을까?

"어떻게 그렇게 잘 알아? 선더!" 웰스가 말했다. "난 그애들이 왜 도망갔는지 알아."

"말해 봐."

"말하지 말랬어." 웰스가 말했다.

"그러지 말고 말해 봐." 모두가 말했다. "괜찮아, 말 안 할게."

스티븐은 얘기를 들으려고 머리를 앞으로 숙였다. 웰스는 누가 오지 않는지 사방을 둘러본 뒤 비밀스럽게 얘기했다.

"성구실(聖具室) 장 속에 성찬에 쓰는 포도주가 보관되어 있는 것 알고 있지?"

---

*111 클롱고스우드 칼리지 동쪽 약 10킬로미터에 있다. 더블린으로 가는 도중에 있는 언덕.

"응."

"애들이 그걸 마셨는데, 냄새 때문에 누구 짓인지 금방 탄로가 났지. 그래서 달아난 거야."

그러자 처음 얘기를 꺼냈던 녀석이 말했다.

"맞아. 나도 상급반 애한테서 그렇게 들었어."

애들은 모두 입을 다물었다. 스티븐은 그들 틈에 섞여서 겁이 나서 말도 못하고 듣고만 있었다. 희미한 공포 때문에 힘이 빠지는 듯한 느낌이 들었다. 어떻게 그런 짓을 할 수 있을까? 그는 어둡고 적막감에 싸인 성구실을 생각했다. 검은 나무찬장 속에 주름이 진 짧은 제의들이 고이 접혀 있다. 그곳은 성당은 아니지만 그래도 목소리를 낮춰서 얘기해야 한다. 신성한 장소니까. 어느 여름날 저녁, 배 모양의 향그릇을 드는 역할*112의 복장을 하기 위해 그곳에 간 일을 떠올렸다. 숲 속의 작은 제단으로 행렬을 한 저녁. 이상하고도 신성한 장소. 향로를 담당한 소년이 한가운데의 쇠줄을 잡고, 숯불이 꺼지지 않도록 흔들고 있다. 그것은 목탄이라는 것이다. 소년이 가만히 흔들면 조용히 타면서 시큼한 냄새를 희미하게 풍긴다. 모두들 옷을 차려 입으면 그가 교장선생님을 향해 향로를 받쳐 들고 선다. 교장선생님이 향을 한 숟가락 넣자 빨간 숯불 위에서 희미한 소리가 났다.

애들은 운동장에 옹기종기 모여서 얘기를 나누고 있었다. 애들의 키가 전보다 더 작아진 것처럼 보인다. 그건 바로 전날 자전거*113를 타고 달려온 아이에게 부딪혀 쓰러진 일이 있기 때문이다. 그 아이는 제2 문법반 아이이다. 그 애의 자전거에 부딪혀 탄재가 깔린 길 위에 나동그라졌고, 안경은 세 동강이 나고 재가 입안에 들어가기까지 했다.

그래서 모두들 키가 작고 훨씬 멀리 있는 것처럼 보이는 것이다. 골대 기둥도 가늘고 먼 물체로 보이고, 부드러운 잿빛 하늘도 높게 보였다. 그러나 이제 곧 크리켓의 계절*114이 되기 때문에 풋볼장에는 아무 경기도 없었다.

---

*112 《율리시스》 제1삽화에서, 스티븐은 "그 무렵, 클롱고스의 학교에서 그런 식으로 배 모양의 향로를 안았었지. 지금의 나는 다른 인간이지만 같은 인간이기도 하다"고 회상한다.

*113 자전거 경주도 클롱고스우드 칼리지의 스포츠의 한 종목이었다.

*114 시기적으로는 3월 말부터 4월초에 걸쳐 시작된다. 클롱고스우드 칼리지의 주요 스포츠는 풋볼과 크리켓이다.

반스가 감독이 될 거라고 말하는 아이들이 있는가 하면, 감독 자리는 플라워즈*115의 차지가 될 것이라는 애들도 있었다. 애들은 운동장에 흩어져 라운더스*116를 하면서 커브 공을 건지거나 느린공을 던지기도 한다. 여기저기서 부드러운 잿빛 공기를 통해 크리켓 방망이 소리가 들려온다. 픽, 팩, 폭, 퍽. 분수대의 작은 물방울이, 넘쳐나는 수반 위에 천천히 떨어지는 소리 같다.

잠자코 있던 어사이가 조용히 입을 열었다.

"너희들은 모두 잘못 알고 있어."

모두들 호기심어린 표정으로 그를 돌아보았다.

"무슨 소리야?"

"넌 알고 있니?"

"누구한테서 들었는데?"

"말해 봐, 어사이."

어사이는 운동장 저편에서 돌멩이를 걷어차면서 혼자 걷고 있는 사이먼 무넌을 가리켰다.

"쟤한테 물어봐."

아이들은 그쪽을 본 뒤 물었다.

"어째서?"

"저 애도 가담했니?"

"말해 봐, 어사이. 어서. 알고 있으면 얘기해 줘야 할 것 아니니?"

어사이는 목소리를 낮추면서 말했다.

"걔들이 왜 달아난 건지 알기나 해? 내가 얘기해 줄 테니까 안다고 떠들진 말란 말이야."

그는 잠시 말이 없다가 의미심장한 투로 이렇게 말했다.

"사이먼 무넌과 터스커*117 보일이 어느 날 밤 변소에서 함께 붙잡혔대."

모두들 그의 얼굴을 쳐다보면서 물었다.

"붙잡혔다고?"

---

*115 둘 다 노팅엄에서 클롱고스우드 칼리지에 온 감독. 전자는 1888~89년, 후자는 1890~91년의 감독(《조이스의 학교시절》). 영국을 모범으로 한 교육임을 보여준다.

*116 야구와 비슷한 구기. 흔히 풋볼의 계절에서 크리켓 계절로 바뀌는 시기에 했다.

*117 tusker. 원래는 코끼리, 멧돼지 같은 '엄니가 있는 동물'이라는 뜻.

"뭐하다가?"

어사이가 말했다.

"스머깅."*118

모두들 입을 다물었다. 그러자 어사이가 말했다.

"그게 달아난 이유야."

스티븐이 아이들을 바라보니 모두들 운동장 저편을 바라보고 있다. 그는 누구에게든 물어보고 싶었다. 변소에서 스머깅이라니 도대체 무슨 뜻일까? 상급반 아이 다섯 명이 왜 그것 때문에 달아났단 말인가? 그건 무슨 농담일 거라고 그는 생각했다. 사이먼 무넌은 좋은 옷을 입고 다녔고, 어느 날 저녁 엔 크림과자가 든 공을 그에게 보여준 적도 있다. 문 앞에 있는데 풋볼 피프 틴*119에 속한 아이들이 식당 양탄자 위로 굴려 보내주었다. 그건 벡티브 레 인저스*120 팀과 시합이 있던 날 밤이었다. 그 공은 빨갛고 파란 사과처럼 생 겼는데, 갈라보니 속에 크림과자가 가득 들어있었다. 그리고 보일은 어느 날 밤, 코끼리에게는 두 개의 '엄니(tusks)'가 있다고 말할 것을 그만 '큰 엄니 를 가진 동물(tuskers)'이 있다고 말하는 바람에, 터스커 보일이라는 별명이 붙고 말았다. 하지만 어떤 애들은 그를 레이디 보일이라고 부르기도 한다. 늘 손톱을 손질하고 있기 때문이다.

아일린은 여자아이라서 손이 가늘고 길고 하얗고 차갑다. 그 손은 꼭 상아 같았는데 다른 점이 있다면 부드럽다는 것 정도였지. 성모 마리아를 '상아 탑'에 비유하는 것도 바로 그런 뜻이겠지만, 신교도들은 그걸 모르고 오히려 조롱하고 있어. 어느 날 아일린과 나란히 서서 호텔*121 마당을 내려다보고 있었지. 웨이터가 깃대에 깃발을 걸고 있었고, 폭스테리어가 양지 바른 잔디 밭에서 이리 뛰고 저리 뛰고 있었어. 아일린이 내가 한쪽 손을 집어넣고 있 던 주머니 속으로 자기 손을 집어넣었어. 난 그 애 손이 무척 차갑고 가늘고

---

*118 Smugging. '도둑질'을 의미하는 당시의 속어지만, 여기서는 '동성애'를 뜻하는 듯하다 《조이스의 성장기》.

*119 클롱고스우드 칼리지의 럭비팀. 유니폼은 빨강과 녹색의 조합. 다른 팀과 친선경기를 자 주 했다.

*120 더블린의 럭비팀. 벡티브는 더블린 북서쪽 미스 주에 있는 마을 이름(루이스 O. 밍크 《피네건스 웨이크 지명사전》).

*121 브레이의 마린 스테이션 호텔. 스티븐과 아일린의 집 가까이 있었다.

부드럽다고 느꼈어. 그 애는 호주머니가 있다는 건 재미있는 일이야, 하고는 갑자기 떨어지더니, 깔깔거리면서 구불구불한 언덕길을 따라 달려가 버렸지. 금발머리가 햇빛을 받아 뒤로 나부꼈어. '상아탑'. '황금 궁전'. 무엇이든 생각해 보면 결국 이해할 수 있어.

하지만 왜 변소였을까? 변소는 볼일을 보고 싶을 때나 가는 곳인데. 그곳은 온통 두꺼운 슬레이트 판이 깔려 있고, 온종일 작은 구멍에서 물이 떨어지기 때문에 물이 썩는 퀴퀴한 냄새가 난다. 어떤 변소 칸의 문 안에는 로마인 복장을 한 수염을 기른 남자[122]가 두 손에 벽돌을 하나씩 들고 있는 모습이 붉은 연필로 그려져 있고, 그 밑에 제목이 붙어 있다.

'발부스, [123] 벽을 쌓다'

어떤 녀석이 거기다 낙서를 한 것이다. 우스꽝스러운 얼굴이지만 수염이 있는 얼굴로는 그럴싸하게 그린 편이었다. 그리고 다른 변소 칸에는 왼쪽으로 기울어진 글씨로 예쁘게 써놓은 낙서가 있다.

'율리우스 카이사르는 여자의 하복부[124]를 저술했다'

아마 그 애들이 거기에 간 이유는 이런 것이 아닐까, 그건 낙서하는 데 딱 좋은 장소니까. 그래도 어사이가 말한 건 이상한 내용이었고 말투도 어딘가 이상했어. 그 애들이 달아난 걸 보면 낙서가 아니야. 그는 아이들과 함께 운동장 저편을 보면서 걱정이 되기 시작했다.

마침내 플레밍이 입을 열었다.

"다른 애들이 저지른 일 때문에 우리까지 벌을 받게 되는 거야?"

"난 돌아가지 않을 테야, 어디 가나 봐라." 세실 선더가 말했다. "사흘이나 식당에서 말을 해선 안 되고, 불려가서 1분에 여섯 번하고 여덟 번[125] 매질을 할 거잖아."

"그래." 웰스가 말했다. "게다가 배리트 영감은 처벌 통지서[126]를 접는 방

---

[122] 스티븐에게는 수염을 기른 남자로밖에 보이지 않지만, 이것은 여성의 성기를 그린 것.

[123] 발부스는 스페인왕 및 갈리아 원정 때의 카이사르 휘하의 기술총감독(R.J. 쇼크 《조이스에게 있어서의 라틴 및 로마 문화》). 또 발부스는 학생 구어에서 라틴어 작문(교과서)이라는 뜻(패트리지).

[124] Calico Belly. 《갈리아 전기(Commentarii de Bello Gallico)》에 엇걸어서. Calico는 미국의 속어로 '여자'.

[125] 여섯 번이나 일곱 번 양쪽 손을 각각 세 번씩 맞고, 다시 네 번씩 맞는 것.

법을 새롭게 바꿔서, 몇 대나 맞게 될지 살그머니 열어보고 다시 접어둘 수가 없단 말이야. 나도 안 돌아갈래."

"그래." 세실 선더가 말했다. "그런데 오늘 아침에는 학감 선생님[127]이 제2문법반에 들어가 있던걸."

"이럴 게 아니라 반란을 일으키자." 플레밍이 말했다. "어때?"

모두들 말이 없었다. 사방이 쥐죽은 듯 조용하다. 크리켓 방망이 소리가 들리긴 했으나 그것도 전보다 느리게 들렸다. 픽, 폭.

웰스가 물었다.

"그 애들은 어떻게 될까?"

"사이먼 무넌과 터스커는 매를 맞게 될 거고." 어사이가 말했다. "상급반 아이들은 매를 맞거나 퇴학당하거나 둘 중에 하나를 선택해야 할 거야."

"그래서 어느 쪽을 선택할까?" 맨 처음 얘기를 꺼낸 애가 물었다.

"코리건을 제외하곤 모두 퇴학을 택할걸." 어사이가 대답했다. "코리건은 글리슨 선생님한테 매를 맞을 거고."

"그 몸집이 큰 코리건 말이니?" 플레밍이 물었다. "그 애라면 글리슨 선생님 같은 이가 두 명이 덤벼도 끄떡없겠더라."

"난 그 이유를 알아." 세실 선더가 말했다. "코리건은 영리해. 다른 애들은 모두 잘못 판단하는 거야. 왜냐하면, 매 맞은 일이야 얼마 지나면 아무것도 아니지만, 퇴학을 당하면 평생 동안 그 사실이 따라다닐 거거든. 게다가 글리슨 선생님이 심하게 때리지도 않을 것이고."

"심하게 때리지 않는 게 선생님한테도 낫지 뭘." 플레밍이 말했다.

"난 사이먼 무넌이나 터스커 같은 꼴은 당하고 싶지 않아." 세실 선더가 말했다. "하지만 내 생각으로는 그 애들은 엉덩이를 맞을 것 같진 않아. 기껏해야 아홉 대씩 두 번[128]이겠지."

"아니야, 둘 다 역시 급소를 맞을걸." 어사이가 말했다.

---

* 126 매를 몇 번 맞을지 기록한 것. 학생은 교실에서 매를 맞는 일은 거의 없고, 방과 후, 정해진 시간에 통지서를 가지고 가서 맞는다.
* 127 교장의 보좌역으로, 학생에게 규율을 지키게 하고 학습 의욕을 배양하는 역할을 한다. 우리나라의 교감에 해당.
* 128 두 번 양 손을 아홉 번씩 두 번 맞는 것.

웰스는 엉덩이를 문지르면서 우는 소리를 냈다.

"잘못했어요, 선생님. 용서해 주세요!"

어사이는 히쭉 웃고는 소매를 걷어 올리더니 이렇게 말했다.

어쩔 수 없어.
매를 맞아야 해.
그러니 바지를 내리고
볼기를 내밀어라

모두들 웃음이 터져 나왔다. 하지만 약간은 겁먹고 있다는 것을 알 수 있었다. 조용하게 가라앉은 잿빛 공기 속에서 크리켓 방망이 소리가 여기저기서 들려온다. 폭. 그 소리야 그저 듣기만 할 뿐이지만 만약 실제로 맞는다면 아플 것이 아닌가. 가죽채찍[*129]도 소리가 나지만 저런 소리는 아니다. 그 회초리는 고래수염과 가죽으로 만드는데, 속에 납이 들어 있다고 한다. 얼마나 아플까? 여러 종류의 소리에는 여러 종류의 아픔이 있다. 길고 가는 막대기는 높은 휘파람 소리를 낼 것이다. 그건 또 얼마나 아플까? 그것을 생각하니 온몸이 떨리고 오싹해진다. 그리고 어사이가 한 말을 생각해도 마찬가지다. 그 말이 어디가 그렇게 우스울까? 그는 몸서리를 쳤다. 하지만 그건 바지를 내릴 때는 언제나 온몸이 부르르 떨리기 때문이다. 목욕탕에서 옷을 벗을 때도 마찬가지. 그는 누가 바지를 내릴 것인지, 선생님일지, 학생 자신일지 궁금했다. 그런 일을 두고 어쩌면 저렇게들 웃을 수 있단 말인가?

그는 어사이가 걷어 올린 소매와 잉크가 묻어 있는 울퉁불퉁한 손을 보았다. 그는 글리슨 선생님[*130]을 흉내내기 위해 소매를 그렇게 걷어 올린 것이다. 그러나 글리슨 선생님의 와이셔츠 소맷부리에는 동그랗게 반짝이는 커프스가 달려 있고, 손목은 하얗고 청결하며, 손은 통통하고 손톱은 길고 뾰족했다. 어쩌면 레이디 보일처럼 손톱 손질을 하는지도 모른다. 하지만 무섭도록 길고 뾰족한 손톱이다. 하얗고 통통한 손은 부드러운 느낌인데도, 손톱이 길어서 잔인한 느낌이 든다. 잔인한 느낌의 긴 손톱과 회초리에서 나는

[*129] 고래수염으로 보강한 가죽채찍. 납은 들어 있지 않다.

[*130] 뒤의 서술에서 보아 이 선생은 동성애자인 듯하다.

획획 하는 높은 소리, 옷을 벗을 때 셔츠 자락이 닿는 차가운 느낌을 생각하니 오싹해져서 몸이 떨렸지만, 그래도 그 하얗고 포동포동한 손, 깨끗하고 단단하고 우아한 손을 생각하면 묘하게 평온한 즐거움이 느껴졌다. *¹³¹ 그는 세실 선더가 한 말, 글리슨 선생님은 코리건을 세게 때리지 않을 거라고 한 말을 생각했다. 그러자 플레밍은 심하게 때리지 않는 게 선생님에게도 낫다고 말했다. 설마 그래서는 아니겠지.

운동장 저편에서 고함소리가 들려왔다.

"모두 들어가!"

그러자 다른 목소리도 소리쳤다.

"다들 들어가! 들어가!"

쓰기 시간에 그는 팔짱을 낀 채, 아이들의 펜이 천천히 종이를 긁는 소리를 듣고 있었다. 하포드 선생님은 이리저리 다니면서 빨간 연필로 작은 표시를 하고, 때로는 애들 옆에 앉아서 펜 잡는 법을 가르쳐주기도 했다. 그는 혼자서 상단(上段)의 제목을 읽어보려고 했다. 물론 책의 끝부분이기 때문에 이미 알고 있는 것이긴 했다. '사려 없는 열정은 표류하는 배와 같다'. 그러나 그 글자들을 구성하는 선은 모두 눈에 보이지 않는 가는 실 같았다. 오른쪽 눈을 꼭 감고 왼쪽 눈으로 자세히 들여다보아야 겨우 대문자의 구부러진 획을 더듬을 수 있다.

하포드 선생님은 매우 점잖은 분이라 한 번도 화를 내는 일이 없었다. 다른 선생님들은 모두 무섭게 화를 내곤 했다. 하지만 상급반 애들이 저지른 잘못 때문에 왜 우리까지 벌을 받아야 한단 말인가? 웰스는 상급반 애들이 성구실 찬장 속에서 꺼낸 성찬용 포도주를 마셨고, 냄새 때문에 누가 그랬는지 적발되었다고 했다. 어쩌면 그 애들이 성체현시기(聖體顯示器) *¹³²를 훔쳐내어 팔아버렸을 거야. 밤에 몰래 거기 들어가서 컴컴한 찬장을 열고 그 번쩍이는 금빛 제기를 훔쳐내다니. 성체강복식(聖體降福式) *¹³³ 때 하느님이 그 속에 옮겨져서, 꽃과 촛불로 장식한 제단 위에 놓이면, 양쪽에서 향이 구

＊131 이것은 스티븐의 가벼운 마조히즘을 암시하고 있다.

＊132 성체(그리스도의 몸=전질변화한 빵=성병(聖餠))를 현시하기 위해 사용하는 제구(祭具). 태양에서 광선이 나온 형태의 것으로, 상부에 십자가가 있다.

＊133 성체에 대한 신심을 북돋우는 의식. 성별된 성체를 성체현시기에 넣고 제단 위에 안치한 다음 향을 피운다.

름처럼 피어오른다. 그러는 동안 그 학생은 계속 향로를 흔들고 있다. 그리고 성가대의 도미니크 켈리*134가 첫 부분을 혼자 부른다. 물론 하느님은, 아이들이 그것을 훔쳐냈을 때는 그 속에 있지 않다. 하지만 그것에 손을 대는 것만으로도 크나큰 죄악이다. 그는 그것을 생각하자 깊은 두려움이 느껴졌다. 참으로 끔찍하고 무서운 죄. 펜이 가볍게 소리를 내고 있는 조용함 속에서 그런 생각을 하니 더욱 무서웠다. 그런데 찬장 속의 제단용 포도주를 마시고 냄새 때문에 발각되는 것도 역시 죄이다. 이것은 말도 안 될 정도로 끔찍한 죄는 아니고, 포도주 냄새 때문에 속이 조금 메슥거릴 뿐이다. 최초로 영성체*135를 하던 날, 성당에서 눈을 딱 감고 입을 벌리고 혀를 약간 내밀자, 성찬을 주기 위해 허리를 굽힌 교장선생님의 숨결에서, 미사 포도주를 마신 탓에 포도주 냄새가 희미하게 났기 때문이다. 아름다운 말이다. 포도주라는 것은. 이 말에서 어두운 보랏빛을 떠올리는 것은, 그리스에서는 신전 같은 하얀 집 밖에 어두운 보랏빛 포도가 열려 있기 때문이다. 그러나 교장선생님의 숨결에 섞인 그 희미한 냄새 때문에, 첫 영성체를 하던 날 아침에는 메스꺼움을 느꼈다. 첫 영성체를 하는 날은 인생에서 가장 행복한 날. 수많은 장군들이 나폴레옹에게 인생에서 가장 행복했던 날은 언제였느냐고 물었다. 큰 전투에서 승리를 거둔 날이나 아니면 황제가 되던 날이었다는 대답을 기대했는데, 그는 이렇게 대답했다.

"여러분, 내 인생에서 가장 행복했던 날은 첫 영성체를 받던 날이었소."*136

아놀 신부가 들어오고 라틴어 수업이 시작되었는데도, 스티븐은 팔짱을 끼고 책상에 기댄 채 가만히 앉아 있었다. 아놀 신부는 작문 숙제한 것을 돌려주면서 모두들 아주 형편없으니 당장 잘못된 것을 고쳐서 다시 써보라고 했다. 그중에서도 가장 못한 것은 플레밍이었다. 잉크 얼룩으로 종잇장이 서로 달라붙어 있었다. 아놀 신부는 그 숙제장의 한쪽 귀퉁이를 집어 들더니 이런 작문을 제출하는 것은 선생님을 모욕하는 일이라고 했다. 그런 다음 잭

---

*134 실제 인물. 조이스가 클롱고스우드 칼리지에 입학했을 때, 시반(詩班) 학생이었고, 학력이 우수하고 노래를 매우 잘 불렀다《조이스의 학교시절》.

*135 미사성제에서 성체를 배령하는 것. 어린이는 6~7세 무렵에 첫 영성체를 한다.

*136 이 나폴레옹의 말은 의심스럽지만, 아일랜드에서는 어린이의 첫 영성체 때 흔히 들려주는 얘기이다(G).

로튼에게 명사 'mare'*137의 격변화를 말해 보라고 했다. 잭 로튼은 단수탈격 (單數奪格)에서 막혀 복수형으로 넘어가지 못했다.

"부끄럽지도 않니?" 아놀 신부가 엄하게 나무랐다. "그래 가지고도 반장 이라고 할 수 있겠어!"

그러고 나서 다음 학생에게 물었고 그 다음 학생, 또 그 다음 학생에게 차 례로 물었지만 아무도 대답하지 못했다. 아놀 신부는 매우 차분해졌고, 학생 들이 대답을 하려다가 하지 못할 때마다 더욱더 차분해졌다. 하지만 목소리 는 조용해도 표정은 어둡고, 눈은 무섭게 노려보고 있었다. 그 다음에 지적 을 받은 플레밍이 그 말에는 복수형이 없다고 대답했다. 아놀 신부는 별안간 책을 덮어버리고 소리를 질렀다.

"저기 교실 한가운데 가서 무릎을 꿇어라. 너처럼 게으른 애는 처음 보는 구나. 나머지는 모두 작문을 베껴쓰고."

플레밍은 자리에서 느릿느릿 일어서더니 맨 뒤에 놓인 두 개의 벤치 사이 에 꿇어앉았다. 다른 아이들은 공책 위에 몸을 숙이고 쓰기 시작한다. 교실 은 쥐 죽은 듯이 조용했다. 스티븐은 아놀 신부의 험악한 얼굴이, 노여움 때 문에 약간 붉어진 것을 곁눈질로 보면서 간이 콩알만 해졌다.

아놀 신부가 화를 내는 것은 죄일까? 아니면 공부를 시키기 위한 것이니 까, 아이들이 게으름을 피울 때는 그래도 되는 것일까? 그마저도 아니면, 단지 화가 난 척하고 있는 것일 뿐일까? 그것은 허용되기 때문이다. 성직자 는 무엇이 죄가 되는지 알고 있을 것이고, 또 무엇보다 죄가 되는 짓은 하지 않을 테니까. 하지만 어쩌다가 실수로 죄를 짓는다면 그는 어떤 식으로 고해 를 하게 될까? 아마 부교장 선생님을 찾아가겠지. 부교장 선생님이 죄를 지 으면 그때는 교장 선생님에게 갈 것이고. 교장 선생님은 관구장(管區長)*138 에게, 관구장은 예수회 총회장*139에게. 수도회란 그런 곳이야. *140 언젠가 아버지는 그 사람들은 모두 영리한 사람들이라고 말한 적이 있어. 예수회 신

＊137 마레. 라틴어로 '바다'.
＊138 수도회의 한 구분의 우두머리로, 아일랜드 예수회의 최고 지도자.
＊139 수도회의 최고 지도자.
＊140 예수회에서 죄를 고해할 때는 스티븐이 생각하는 것처럼 위계질서에 따르지 않고, 자신 과 가까운 성직자에게 할 수 있었다.

부가 되지 않았으면 다들 세상에서 한 자리 차지할 수 있었을 거라고. 그래서 만약 예수회 신부가 되지 않았으면, 아놀 신부와 패디 배러트는 무엇이 되고, 맥글레이드 선생님과 글리슨 선생님은 무엇이 되었을까 하고 생각해 본다. 이것을 생각하는 건 어려운 일이다. 이런 사람들이 색깔이 다른 저고리와 바지를 입고, 수염을 기르고, 다른 종류의 모자를 쓰고서 다른 삶을 살고 있는 것을 상상하는 건.

문이 조용히 열리더니 닫혔다. 속삭이는 소리가 온 교실에 재빨리 번져나 갔다. 학감*141이 들어온 것이다. 한순간 쥐 죽은 듯이 조용해지더니 맨 뒤의 책상을 채찍으로 찰싹 치는 소리가 요란하게 들렸다. 겁에 질린 스티븐은 가슴이 오그라드는 것 같았다.

"아놀 신부, 이 반에는 매를 맞을 짓을 한 애가 없습니까?" 학감이 고함을 질렀다. "이 반에 매를 맞아야 할 만큼 게으름을 피우며 빈둥거리는 아이가 없느냐고요."

학감은 교실 한복판에 이르러 플레밍이 무릎을 꿇고 있는 것을 보았다.

"오호!" 그는 소리쳤다. "이 아이가 누구더라? 왜 무릎을 꿇고 있을까? 얘, 이름이 무어냐?"

"플레밍입니다."

"아하, 플레밍이라! 물론 게으름뱅이이겠구나. 네 눈에 그렇게 씌어 있어. 아놀 신부, 이 아이가 왜 이러고 있지요?"

"라틴어 작문을 잘못했습니다." 아놀 신부가 말했다. "그리고 문법 질문에 전혀 대답하지 못했습니다."

"그랬을 거야!" 학감이 소리쳤다. "뻔하지! 타고난 게으름뱅이니까. 눈을 보면 알 수 있어."

그는 채찍으로 책상을 내리치면서 소리쳤다.

"일어섯, 플레밍! 일어섯!"

플레밍은 느릿느릿 일어났다.

"손을 내밀어라!" 학감이 말했다.

플레밍이 한손을 내밀자 찰싹, 찰싹 요란한 소리가 나기 시작한다. 하나,

---

*141 돌란 신부를 가리킨다(90페이지의 주 참조).

둘, 셋, 넷, 다섯, 여섯.

"그쪽 손!"

회초리가 다시 찰싹찰싹 소리를 여섯 번 냈다.

"무릎을 꿇어!"

두 손을 겨드랑이 속에 집어넣고 꿇어앉은 플레밍의 얼굴은 고통으로 일그러져 있었다. 플레밍은 늘 손에다 로진*142을 문지르고 있었기 때문에 그 손이 얼마나 단단한지 스티븐은 알고 있었다. 하지만 얼마나 아팠을까, 회초리 소리가 그렇게 요란했으니. 스티븐은 심장이 쿵쾅거리기 시작했다.

"모두들 공부를 계속해!" 학감이 소리쳤다. "게으름이나 피우면서 빈둥거리는 놈은 우리 학교에 필요 없어. 빈들빈들 나쁜 꾀만 부리는 녀석들은 용서하지 않겠다. 어서 공부들 해. 이 돌란 신부가 매일같이 너희들을 살피러 들어올 테니까. 돌란 신부는 내일도 올 거다."

학감은 어떤 애의 옆구리를 회초리로 찌르면서 이렇게 물었다.

"네 이놈! 돌란 신부가 언제 다시 찾아온다고?"

"내일 오십니다." 톰 펄롱의 목소리가 대답했다.

"내일, 또 내일, 그리고 또 내일."*143 학감이 말했다. "단단히 마음먹고 있어야 한다. 돌란 신부는 매일같이 찾아올 테니까. 어서들 써라. 응? 넌 누구냐?"

스티븐은 깜짝 놀라서 심장이 벌렁거렸다.

"디덜러스입니다."

"너는 왜 쓰지 않느냐?"

"전…… 전…….."

그는 겁에 질려 말이 나오지 않았다.

"이 아이는 왜 쓰지 않는 거지요, 아놀 신부?"

"안경이 깨졌답니다."*144 아놀 신부가 말했다. "그래서 쓰기를 면제해 주

---

*142 송진을 증류하여 테레빈유와 분리해서 얻는 수지. 니스의 제조와 현악기의 활에 칠하거나 잉크, 비누, 절연용으로 사용된다.

*143 《맥베스》 제5막 제5장에서 맥베스가 하는 말.

*144 《율리시스》 제15삽화에서 스티븐은 "안경을 사야겠어. 어제 깨뜨렸거든. 16년 전에도 그랬지" 하고 독백한다.

었지요."

"깨졌다고? 그게 무슨 소리야? 네 이름이 뭐라고?" 학감이 물었다.

"디덜러스입니다."

"이리 나오너라, 디덜러스. 빈둥거리기만 하는 약아빠진 놈 같으니.[145] 얼굴에 그렇게 씌어 있어. 안경은 어디서 그랬니?"

스티븐은 비틀거리면서 교실 한가운데로 나갔다. 두렵고 당황스러워서 눈앞이 캄캄하다.

"어디서 안경을 깼나?" 학감이 다시 물었다.

"탄재가 깔린 길[146]에서요."

"저런저런! 탄재가 깔린 길이라고!" 학감이 소리쳤다. "그런 잔꾀에 내가 속을 줄 알고."

스티븐은 영문을 몰라 고개를 들었다. 그 순간, 돌란 신부의 늙어서 허옇게 잿빛이 된 얼굴과 양옆에 솜털이 자라고 있는 허여스름한 대머리, 철테 안경, 그것을 통해 내다보고 있는 생기 잃은 눈동자[147]가 보였다. 무슨 근거로 잔꾀라는 말을 하는 것일까?

"빈들빈들 게으름이나 피우는 녀석 같으니!" 학감이 고함을 질렀다.

"안경이 깨졌다는 건 아주 케케묵은 잔꾀지! 자, 얼른 손을 내밀어라!"

스티븐은 눈을 감고 손바닥을 펴서 앞으로 내밀었다. 학감이 손을 똑바로 펴기 위해 손가락을 만지는 것이 느껴졌고 곧 회초리를 쳐드느라 수탄의 소매가 스치는 소리도 들렸다. 막대기가 딱하고 갈라질 때 같은, 따끔하고 찌릿하고 얼얼한 타격에 그의 떨리는 손은 불붙은 가랑잎처럼 뒤틀렸다. 그 소리와 고통에 그의 눈에 뜨거운 눈물이 고였다. 온몸이 두려움에 떨리고 내밀고 있는 팔도 떨렸다. 화끈거리면서 오그라든 흙빛의 손도 허공에 떠다니는

---

*145 《율리시스》 제15삽화의 몽환극에서, 돌란 신부는 거의 이 말 그대로 "빈둥거리기만 하는 약아빠진 놈. 눈을 보면 알 수 있어." 하면서 등장한다.

*146 석탄이 타고난 재를 깐 경기용 트랙.

*147 돌란 신부의 모델인 달리 신부는 당시 마흔한 살이었고, 이 묘사는 훗날의 인물상을 토대로 한 것이다(《조이스의 학교시절》). 달리 신부는 틸라벡 학교가 클롱고스에 흡수된 이듬해인 1887년, 클롱고스의 학력을 높이기 위해, 또 전국에서 일제히 치는 중간시험에 대비하기 위해, 더블린의 베르베디아 칼리지에서 초빙된 인물이었다(《조이스의 성장기》).

가랑잎처럼 떨리고 있었다. 울음소리가 목구멍까지 솟구쳤다. 그것은 용서해 달라는 애원이었다. 그러나 눈물이 눈을 뜨겁게 적시고 고통과 공포로 사지가 떨렸지만, 그는 있는 힘을 다해 눈물을 참고 목을 태우는 듯한 울음을 억제했다.

"저쪽 손도 내밀어!" 학감이 소리쳤다.

스티븐은 경련하듯이 떨고 있는 오른손을 내리고 왼손을 내밀었다. 회초리를 치켜들 때 수탄 소맷자락이 다시 스쳤고, 요란하게 내리치는 소리가 났다. 견딜 수 없이 격렬하고 타는 듯한 고통 때문에 손바닥과 손가락이 오그라들어, 마치 흙빛의 살덩어리가 떨고 있는 것처럼 보였다. 눈에서는 뜨거운 눈물이 쏟아졌다. 수치와 고통과 공포로 온몸이 불타올라 겁을 먹은 채 떨리는 팔을 거둔 그는, 마침내 고통스러운 비명을 터뜨리고 말았다. 공포 때문에 온몸이 경련하듯이 떨고 있었고, 수치와 분노 속에서 그는 목구멍으로 치밀어 오르는 뜨거운 오열과, 화끈거리는 뺨으로 줄줄 흘러내리는 뜨거운 눈물을 느끼고 있었다.

"꿇어앉아!" 학감이 소리쳤다.

스티븐은 매맞은 손으로 옆구리를 누르면서 얼른 꿇어앉았다. 매를 맞아 아프게 부풀어 오를 손을 생각하니 스스로 가여웠다. 마치 자기 손이 아니고 누군가 다른 사람의 손 같은 미안한 느낌. 무릎을 꿇고 목구멍에 치미는 마지막 흐느낌을 진정시키면서, 옆구리를 누르고 있는 화끈거리고 얼얼한 손바닥의 고통을 느끼고 있을 때, 손바닥을 위로 하여 허공에 내밀었던 손, 떨리는 손가락을 바로 펴주던 학감의 손의 감촉, 맞아서 벌겋게 부풀어 올라 한 덩어리로 뭉쳐진 손바닥과 손가락이, 허공에서 힘없이 흔들리던 모습이 마음속에 떠올랐다.

"다들 공부나 해!" 학감이 문 앞에서 소리쳤다. "돌란 신부는 날마다 교실에 들러 매가 맞고 싶어서 빈둥빈둥 게으름을 피우는 놈이 있는지 살펴볼 거다. 날마다 찾아올 거야, 날마다!"

그가 나가고 문이 닫혔다.

숨을 죽이고 있던 학생들은 계속 작문을 베끼고 있었다. 아놀 신부는 자기 자리에서 일어나 애들 사이를 오가면서 온화하게 애들을 도와주거나 잘못 쓴 곳을 고쳐주고 있었다. 그의 목소리는 무척 다정하고 부드러웠다. 그는 자기 자리로 되돌아가서 플레밍과 스티븐에게 말했다.

"너희 둘도 이제 자리로 돌아가거라."

플레밍과 스티븐은 일어나 자기 자리로 가서 앉았다. 수치심 때문에 얼굴이 새빨개진 스티븐은 힘이 빠진 손으로 얼른 책을 한 권 펴놓고 책장에 얼굴을 바짝 붙인 채 몸을 숙이고 있었다. 매질을 하는 건 부당하고도 잔인한 일이었다. 의사가 안경이 없이는 책을 읽지 말라고 했고, 바로 그날 아침에 그는 아버지께 편지를 보내 새 안경을 보내달라고 했던 것이다. 게다가 아놀 신부도 새 안경이 올 때까지는 공부를 하지 않아도 된다고 했다. 그런데도 모든 아이들 앞에서 잔꾀나 부리는 놈이라고 욕을 듣고 매까지 맞다니! 반에서 늘 첫째나 둘째를 다툴 뿐 아니라 요크 편 반장이기도 한데! 학감은 어떻게 그의 말을 잔꾀라고 할 수 있는 것일까? 그는 자기 손을 똑바로 펼때의 학감의 손가락의 감촉을 떠올렸다. 처음에는 학감이 자기와 악수를 하려는 줄 알았을 정도로, 그 손가락은 부드럽고 확고했다. 하지만 이내 수탄소매가 스치는 소리와 찰싹 매질하는 소리가 들렸다. 그때 나를 교실 한복판에 꿇어앉힌 것도 부당하고 가혹한 처사였다. 게다가 아놀 신부는 우리 두사람을 전혀 구별하지 않고 그냥 제자리로 돌아가도 좋다고 했다. 그는 아놀 신부가 아이들의 작문을 고쳐주는 부드러운 목소리를 들었다. 아마 지금은 미안한 생각이 들어서 짐짓 친절하게 대하는 것인지도 모른다. 그래도 그건 역시 부당하고 가혹한 처사이다. 더구나 학감은 성직자가 아닌가. 그 잿빛이 감도는 얼굴과 철테 안경 속의 생기 없는 눈동자는 잔인하다는 느낌이었다. 왜냐하면 그가 확고하면서도 부드러운 손가락으로 스티븐의 떨리는 손가락을 똑바로 펴준 것은, 큰 소리가 날 정도로 잘 때리기 위한 것이었기 때문이다.

"말도 안 되는 야비한 짓이지 뭐야." 아이들이 줄지어 식당으로 걸어갈 때 복도에서 플레밍이 말했다. "아무 잘못도 없는 애를 때리다니!"

"넌 정말 일부러 안경을 깨뜨린 게 아닌데, 그렇지?" 심술쟁이 로슈가 말했다.

스티븐은 플레밍의 말을 듣고 가슴이 북받쳐 올라서 아무 대답도 할 수 없었다.

"물론이지." 플레밍이 대신 대답해 주었다. "나 같으면 가만 있지 않아.

교장 선생님께 일러바칠 거야."

"그래." 세실 선더가 열을 내며 말했다. "게다가 돌란 신부는 회초리를 어깨 위까지 치켜들었어. 그건 위반이야."

"많이 아팠니?" 심술쟁이 로슈가 물었다.

"굉장히 아팠어." 스티븐이 대답했다.

"나 같으면 참지 않겠어." 플레밍은 같은 말을 되풀이했다. "그 대머리건 다른 대머리건 그냥 두지 않을 테야. 그건 정말 더럽게 야비하고 치사한 짓이지 뭐야. 나 같으면 점심을 먹고 당장 교장실로 올라가서 모든 걸 일러바치겠어."

"그래, 그렇게 해. 그렇게 해." 세실 선더가 말했다.

"그래, 그렇게 해, 디덜러스. 교장 선생님께 돌란 신부가 한 짓을 다 일러바쳐." 심술쟁이 로슈도 말했다. "내일도 찾아와서 널 때리겠다고 했잖아."

"그래, 그래. 교장 선생님께 얘기해." 모든 애들이 말했다. 그런데 그 이야기를 듣고 있던 제2 문법반 애들 가운데 하나가 나섰다.

"원로원과 로마 시민들은 디덜러스가 부당한 처벌을 받았음을 만천하에 선언하노라."*148

그건 옳지 않다. 부당하고 가혹한 처사이다. 식당에 앉아서 그는 자기가 받은 모욕을 몇 번이고 마음속으로 떠올리며 괴로워했다. 그러다가 자신의 얼굴에는 몰래 잔꾀나 부릴 인간처럼 보이는 뭔가가 있는 것이 아닌가 하는 생각이 들어, 거울이 있으면 들여다보고 싶은 생각이 났다. 그러나 그럴 리가 없어. 그건 옳지 않아, 가혹하고 부당한 처사야.

사순절(四旬節)*149 기간에 수요일마다 나오는 새까만 생선 튀김은 도저히 목구멍에 넘어가지 않았고, 감자 중 한 개는 삽에 찍힌 자국이 그대로 남아 있었다. 좋아, 애들 말대로 하자. 교장실에 찾아가서 부당한 처벌을 받았다고 말해야지. 역사를 보면 과거에도 누군가가 그런 일을 한 적이 있었어. 어떤 위대한 분이었는데, 그의 얼굴이 역사책마다 나오곤 했지. 교장 선생님은 내가 부당한 처벌을 받았다는 걸 인정해 주실 거야. 원로원과 로마 시민들도

---

*148 고대 로마의 원로원 포고를 흉내낸 것.

*149 그리스도가 황야에서 단식한 것을 상기하며 회개하는 기간으로, 재(灰)의 수요일에 시작되어, 부활절 전날까지, 일요일을 제외한 40일 동안(《그리스도교 용어사전》).

언제나 그런 사람들을 무죄라고 선언했으니까. 그들은 리치멀 맹그널의 《문제집》*150에도 나오는 위인들이었어. 역사란 모두 그런 위인과 그들이 한 일에 대해 쓴 것이고, 피터 팔리가 쓴 그리스와 로마 이야기*151의 내용도 바로 그런 것들이었어. 그 책에는 피터 팔리 자신의 얼굴이 첫 페이지 그림 속에 나와 있었지. 황야로 길이 나 있는데 길가에는 풀과 작은 덤불이 무성했어. 신교의 목사처럼 챙이 넓은 모자를 쓰고 큼직한 지팡이를 짚은 피터 팔리가, 그리스와 로마로 통하는 그 길을 부지런히 걸어가고 있는 그림.

그가 해야 할 일은 간단했다. 식사가 끝나고 자기 차례가 되어 식당에서 나갈 때, 복도로 가지 말고 성으로 가는 오른쪽 계단을 따라 올라가기만 하면 되었다. 그뿐이었다. 오른쪽으로 돌아가서 재빨리 계단을 올라가면 30초만에 그 나지막하고 어두운 복도로 들어서게 되고, 그 복도는 성의 교장실로 통해 있다. 모든 아이들이 그건 부당한 처사라고 했고, 심지어 제2문법반에 있는 아이는 원로원과 로마 시민까지 들추면서 그 부당함을 지적하지 않았는가.

어떻게 할까? 식당 상석에 앉아 있던 상급반 아이들이 일어나서 매트를 밟으며 걸어가는 소리가 들렸다. 패디 래스와 지미 매기, 스페인 학생과 포르투갈 학생이 차례로 지나가고, 다섯 번째는 글리슨 선생님에게 매를 맞게 될 체격이 큰 코리건이었다. 바로 그 일 때문에 학감은 나를 잔꾀나 부리는 놈이라고 하면서 억울한 일로 매질까지 한 것이다. 시력이 약한데다 눈물로 인해 피로해진 두 눈을 긴장시키면서 그는 체격이 큰 코리건이 떡 벌어진 어깨와 커다란 검은 머리를 숙이고 행렬을 따라 지나가는 것을 지켜보았다. 하지만 코리건이야 어떤 일을 저질렀고, 글리슨 선생도 그를 세게 때리지는 않을 터였다. 목욕탕에서 코리건의 그 커다란 몸집을 보았을 때가 생각났다. 피부가 욕조의 얕은 가장자리에 고여 있던 토탄색 구정물과 똑같은 색깔인

---

*150 원문 Magnall은 Mangnall의 오기. 리치멀 맹그널은 영국의 교육자(1769~1820). 그의 저서 《어린이용 역사, 잡학 문제집》(1800)은, 초등과 학생이 역사와 지리를 공부하는 입문서로서, 19세기에는 100판을 넘었다(G). 《율리시스》 제17삽화의 교리문답은 이 책에서 일부 따온 것이라고 한다.

*151 피터 팔리는 미국의 출판업자, 새뮤얼 그리즈월드 굿리치(1793~1860)의 필명이다. 그는 어린이용으로 《피터 팔리의 고대·현대 그리스 이야기》(1832)와 《피터 팔리의 고대·현대 로마 이야기》(1833)를 썼다(G).

그가 옆으로 지나갈 때는, 젖은 타일 바닥에서 철벅거리는 커다란 소리가 났고, 몸집이 비대해서 발걸음을 뗄 때마다 넓적다리가 약간 출렁거렸다.

식당은 반쯤 비었고 아이들은 여전히 줄지어 나가고 있었다. 식당 문 바깥에는 신부님이나 학감이 서 있는 일이 없기 때문에, 그가 계단을 올라가려고 마음만 먹으면 못할 것도 없었다. 하지만 도저히 그렇게는 못해. 교장선생님은 어차피 학감과 한편이 되어 학생이 거짓말하는 거라고 생각할 것이고, 그렇게 되면 학감은 오늘처럼 날마다 찾아올 거야. 자기를 고자질하러 교장선생님을 찾아간 아이에게는 무섭게 화를 낼 것이니, 그러면 결과는 더 나빠지겠지. 애들은 나보고 교장실로 가라고 했지만 정작 그들 자신은 감히 교장실에 가려고 하지 않을 거야. 그리고 지금쯤은 이미 그 문제에 대해 다 잊어버렸을걸. 아니, 그 문제는 빨리 잊는 게 상책이야. 학감이 매일같이 찾아오겠다고 했지만 그것은 말뿐일지도 몰라. 아니, 학감이 다시 찾아오면 눈에 띄지 않게 숨어버리지 뭐. 작고 어리니까 그런 식으로 달아나는 게 최고야.

같은 식탁에 앉아 있던 아이들이 일어났다. 그도 따라 일어나서 그들 속에 섞여 줄 지어 빠져나갔다. 그는 결심을 해야 했다. 문이 점점 가까워진다. 만약 다른 아이들과 함께 걸어간다면 교장실에 가는 건 불가능해. 그런 일 때문에 운동장에서 돌아올 수는 없어. 교장실을 찾아가고도 여전히 매를 맞는다면 아이들은 저 어린 디덜러스 녀석이 교장을 찾아가서 학감의 소행을 일러바쳤다고 놀릴 게 아닌가.

양탄자 위를 걸어가니 눈앞에 문이 있었다. 도저히 할 수 없어. 나에게는 무리야. 그는 생기 잃은 잔인한 느낌의 눈으로 자기를 바라보던 학감의 대머리를 떠올리고, 이름이 뭐냐고 두 번이나 묻던 학감의 목소리가 들리는 것 같았다. 왜 처음 말했을 때 내 이름을 기억하지 못했을까? 처음에는 듣고 있지 않았던 것일까, 아니면 내 이름을 우롱할 생각이었을까? 역사에 나오는 위대한 사람들이 모두 그런 이름들을 갖고 있지만 아무도 그 이름을 두고 조롱하지는 않는데. 조롱하려거든 자기 이름이나 조롱할 것이지. 돌란이라고? 남의 집 빨래나 해 주고 사는 여자의 이름 같잖아.

문에 이르자 재빨리 오른쪽으로 돌아 계단을 올라간 뒤, 포기하고 돌아서야겠다는 마음이 들기 전에 얼른 성으로 통하는 낮고 좁은 복도에 들어갔다. 복도로 들어가는 문의 문지방을 넘으면서 그는 돌아보지 않고도 아이들이 줄지어 지나가면서 자기를 바라보고 있다는 것을 알고 있었다.

그는 좁고 어두운 복도를 지나 수도사들이 거처하는 방의 작은 문을 몇 개나 지나갔다. 어둠을 통해 앞과 좌우를 살피면서 저기 걸린 것들은 모두 초상화이겠지 짐작했다. 어둡고 조용한데다, 눈물 때문에 눈이 피곤하고 약해져서 잘 보이지 않았다. 하지만 지나갈 때 말없이 자기를 내려다보고 있는 얼굴들은 모두 예수회의 성인들이나 수도회의 훌륭한 분들인 것 같았다. 가령 책을 펴들고 '신의 크나큰 영광을 위해'*152라는 구절을 가리키고 있는 성 이그나티우스 로욜라*153와, 자신의 가슴을 가리키고 있는 성 프란시스 자비엘,*154 각 반의 담임 학감처럼 머리에 사각모를 쓰고 있는 로렌초 리치*155가 있고, 모두 젊은 나이에 죽어서 새파란 젊은이의 얼굴을 하고 있는 성 스타니슬라우스 코스트카*156와 성 알로이시우스 곤자가,*157 그리고 복자(福者)인 요한 베르크만스,*158 또 커다란 망토를 두르고 의자에 앉아 있는 피터 케니 신부.*159

그는 현관 위에 있는 층계참까지 가서 주위를 둘러보았다. 그곳은 바로 해밀턴 로언이 지나갔던 곳인데, 병사들이 쏜 탄환의 흔적이 남아 있었다. 늙은 하인들이 하얀 원수(元帥)의 망토를 입고 나타난 유령을 보았다는 곳도 바로 거기였다.

한 늙은 하인이 층계참 한쪽을 청소하고 있었다. 그가 노인에게 교장실이

---

*152 Ad Majorem Dei Gloriam. 라틴어. 예수회의 모토.

*153 예수회를 창설한 스페인의 성인, 성 이그나티우스 데 로욜라(1491~1556). 《영신수련(靈神修練)》(1548)을 저술했다.

*154 스페인의 예수회 선교사(1506~52). 성 이그나티우스 데 로욜라의 첫 번째 제자로, 일본에 처음으로 그리스도교를 전했다.

*155 1758년에 예수회 총회장이 된 사람(1703~75). 그 사각모는 예수회의 표상이다.

*156 폴란드의 수호성인(1550~68). 영주의 차남으로 태어나 예수회에 입문하려고 했지만, 아버지의 반대에 부딪쳐 빈에서 로마까지 걸어갔다.

*157 1568~91. 이탈리아 북부에서 태어나, 예수회에 들어간 뒤, 병원에서 전염병 환자들을 간호하다가 쓰러졌다. 클롱고스우드 칼리지의 수호성인. 조이스는 견진성사에서 이 성인의 이름을 선택했다.

*158 1599~1621. 벨기에 출신. 예수회에 들어가자 곧 병으로 쓰러졌다. 스티븐은 그가 1888년에 성인의 대열에 오른 것을 모르는 듯하다.

*159 클롱고스우드 칼리지의 창립자.

어디 있느냐고 물으니 노인은 맨 끝에 있는 문을 가리켰다. 노인은 스티븐이 그리로 가서 문을 노크할 때까지 지켜보고 있었다.

아무 응답이 없었다. 그는 더 크게 다시 노크했다. 그러자 입속에서 우물거리는 듯한 목소리로 이렇게 대답하는 것이 들려왔다. 그는 가슴이 두근거렸다.

"들어와요!"

손잡이를 돌려 문을 열고, 그 다음에 있는 초록색 천이 쳐진 문의 손잡이를 더듬더듬 찾았다. 겨우 찾아서 문을 열고 안으로 들어갔다.

교장선생님이 책상에서 무엇인가 쓰고 있는 모습이 보였다. 책상 위에는 두개골*160이 하나 놓여 있고, 방에서는 낡은 가죽의자에서 나는 듯한 기이하고 근엄한 냄새가 났다.

자기가 들어선 방이 매우 엄숙한 곳이고 또 매우 조용해서 가슴이 몹시 울렁거렸다. 그는 두개골을 보고, 그 다음엔 교장선생님의 인자해 보이는 얼굴을 보았다.

"오, 그래." 교장선생님이 말했다. "무슨 일이냐?"

스티븐은 침을 꿀꺽 삼키고 말했다.

"제가 안경을 깼어요."

교장선생님이 입을 열고 말했다

"오, 그래!"

그러고 나서 그는 웃으면서 이렇게 말했다.

"누구든 안경을 깨면 집에 편지를 써서 새 안경을 보내달라고 해야지."

"교장 선생님, 전 편지를 썼습니다." 스티븐이 말했다. "그리고 아놀 신부님도 안경이 올 때까지 공부를 하지 않아도 된다고 하셨어요."

"물론 그래야지!" 교장선생님이 말했다.

스티븐은 다시 침을 꿀꺽 삼키면서 다리와 목소리를 떨지 않으려고 애썼다.

"그런데요……."

"그런데?"

"오늘 돌란 신부님이 오셔서 제가 작문을 쓰지 않는다고 때리셨어요."

---

*160 고대 로마 이후, 중세의 전통인 '죽음을 잊지 말라(memento mori)'는 뜻의 표상.

교장선생님은 말없이 그를 바라보았다. 그는 얼굴이 새빨갛게 상기되고 눈물이 넘쳐 날 것만 같았다.

교장선생님이 말했다.

"네 이름은 디덜러스지, 응?"

"네, 맞아요."

"안경은 어디서 깼니?"

"토탄재가 깔린 길에서요. 자전거 창고에서 나오는 애와 부딪쳐서 넘어졌거든요. 그 애의 이름은 몰라요."

교장선생님은 말없이 그를 바라보더니 웃으면서 말했다.

"그렇다면 뭔가 오해를 한 것 같구나. 돌란 신부님이 잘 모르고 그러셨을 게다."

"하지만 전 안경을 깼다고 말씀드렸거든요. 그런데도 때리셨어요."

"집에 새 안경을 보내달라는 편지를 썼다는 말씀도 드렸니?"

"아니요."

"그러니까 돌란 신부님이 잘 모르셨던 거구나. 내가 며칠 동안 공부를 하지 않아도 좋다고 허락했다고 말씀드리려."

스티븐은 몸이 너무 떨려서 말이 나오지 않을까 봐 얼른 말했다.

"알겠어요. 교장 선생님. 하지만 돌란 신부님은 내일도 오셔서 저를 때리겠다고 하셨는걸요."

"알았다. 그건 잘못 알고 그러시는 거니까, 내가 돌란 신부님께 직접 말하도록 하마. 이제 되었니?"

스티븐은 눈물에 눈이 흐려지는 것을 느끼면서 웅얼거리듯이 말했다.

"네, 교장 선생님, 감사합니다."

교장선생님은 두개골이 놓여 있는 책상에서 손을 내밀었다. 스티븐은 잠시 동안 그 손에 자기 손을 얹었다. 차갑고 축축한 손바닥이었다.

"그럼 가보아라." 교장선생님은 손을 빼면서 고개를 까딱했다.

"안녕히 계세요. 교장 선생님." 스티븐이 말했다.

그는 절을 하고 조용히 교장실을 나와 천천히 조심스럽게 두 개의 문을 닫았다.

그러나 층계참에 있는 그 늙은 하인 옆을 지나 낮고 좁고 어두운 복도에 오자, 빠른 걸음으로 걷기 시작했다. 훨씬 빠른 걸음으로 어두컴컴한 복도를 가슴을 두근거리면서 서둘러 갔다. 복도 끝에 오자 문을 팔꿈치로 열고 계단을 뛰어내려간 뒤, 잰걸음으로 두 개의 복도를 지나 밖으로 나갔다.

운동장에서 아이들의 고함 소리가 들려왔다. 그는 갑자기 달리기 시작하더니, 점점 속력을 내어 토탄재가 깔린 길을 건넌 다음, 숨을 헐떡이면서 하급반 아이들이 놀고 있는 운동장에 이르렀다.

아이들은 스티븐이 달려오는 것을 보고 있었다. 모두들 그를 빙 둘러싸고 얘기를 들으려고 서로 밀치락거렸다.

"얘기해 봐! 어서 얘기해 보라고!"

"뭐라고 했어?"

"교장실에 들어갔었니?"

"뭐라고 말했어?"

"어서 얘기해 봐! 어서!"

스티븐은 자기가 한 말과 교장 선생님이 한 말을 얘기해주었다. 그 얘기를 듣자, 아이들은 모자를 벗어 하늘 높이 던지면서 함성을 질렀다.

"만세!"

아이들은 내려오는 모자를 잡고 다시 뱅글뱅글 하늘 높이 던져올리고는 다시 한 번 함성을 질렀다.

"만세! 만세!"

아이들은 서로서로 팔짱을 끼더니 그 위에 그를 태우고 돌아다녔다. 그는 간신히 거기서 내려왔다. 그가 내려오자 아이들은 사방으로 흩어지면서 모자를 한 번 더 허공에 던지고는, 모자가 뱅글뱅글 날아오르는 동안 휘파람을 불더니 소리를 질렀다.

"만세!"

아이들은 대머리 돌란 신부에 대한 불만의 표시로 세 번 소리를 지른 다음, 콘미 교장을 위해 만세 삼창을 하고, 클롱고스가 창립된 이래 가장 훌륭한 분이라고 말했다.

만세 소리가 부드러운 잿빛 공기 속으로 사라졌다. 그는 혼자가 되었다. 그는 행복하고 자유로웠다. 그렇지만 돌란 신부에게 으스대고 싶은 마음은 조금도 없었다. 오히려 말없이 순종*161하리라고 생각했다. 그리고 자기가 으스대지 않는다는 것을 보여주기 위해, 돌란 신부에게 뭔가 친절한 행동을 해주고 싶었다.

대기는 부드럽고 온화한 잿빛이었다. 벌써 저녁이 찾아오고 있었다. 저녁 냄새가 피어오르고 있었다. 그것은 그들이 버튼 대령*162의 집으로 걸어가면서, 다 같이 무를 캐어 껍질을 벗기고 먹었던, 시골 밭에서 나던 냄새. 정자*163 너머 붉나무*164가 있던 작은 숲에서 나던 냄새.

아이들은 멀리 던지기와 커브공 및 느린공 던지기를 연습하고 있었다. 그 부드러운 잿빛 공기의 고요함 속에서 공이 부딪히는 소리가 들려온다. 여기 저기서 조용한 대기를 뚫고 들려오는 크리켓 방망이 소리. 픽, 팩, 폭, 픽. 분수의 작은 물방울이, 철철 넘쳐나는 수반(水盤) 위로 조용히 떨어지는 소리 같다.

---

*161 예수회의 중요한 덕목의 하나는 '순종'이다.

*162 지방의 유지. 치안판사도 역임. 클롱고스우드 칼리지 동쪽 3.6킬로미터에 살았다(G).

*163 pavilion. 정원 같은 곳에 설치된 휴게소. 지붕을 사방으로 낮게 드리우고 벽이 없이 기둥만 있는 오두막.

*164 수피는 회갈색이고 혹 같은 껍질눈이 발달한 옻나뭇과 나무. 오배자나무라고도 한다.

제2장

찰스 할아버지는 새까만 노끈처럼 꼰 담배*¹를 피우기 때문에, 견디다 못한 조카는 아저씨에게 정원 끝에 있는 오두막에서 아침 담배를 피우라고 부탁했다.

"좋다, 사이먼. 그렇게 하지." 노인이 조용히 말했다. "어디든 상관없다. 오두막이면 담배 피우기에 딱 좋은 곳이지. 건강에도 훨씬 더 좋을 거고."

"정말 이해할 수가 없군요." 디덜러스 씨는 사양하지 않고 말했다. "그런 끔찍한 담배를 어떻게 피우십니까? 꼭 화약 같잖아요."

"아주 맛있단다, 사이먼" 노인이 대답했다. "속을 시원하게 뚫어주거든."

그리하여 찰스 할아버지는 매일 아침 오두막으로 가게 되었는데,*² 가기 전에 반드시 뒷머리에 조심스레 기름을 발라 빗질을 하고 먼지를 턴 실크해트를 쓰고 갔다. 그가 담배를 피우는 동안에 오두막 출입문의 문설주 사이로 실크해트의 챙과 파이프의 대통이 보였다. 그는 담배 냄새에 쩐 오두막을 정자라고 불렀다. 정원을 손질하는 데 쓰는 연장과 고양이가 함께 공유하고 있는 그 정자는, 그에게는 공명상자(共鳴箱子)와도 같은 역할을 한다. 그는 매일 아침 거기서 '오, 푸른 나무 그늘을 만들어주오'나 '파란 눈동자에 금발', '블라니의 숲' 같은 애창곡을 즐거운 듯이 흥얼거리기 때문이다. 그러는 동안 그의 파이프에서는 잿빛이 감도는 파르스름한 연기가 꼬불꼬불 피어올라 맑은 공기 속으로 사라지곤 했다.

블랙록*³에서 보낸 그해 여름, 처음에는 언제나 찰스 할아버지가 스티븐의

---

*1 twist. 노끈처럼 꼰 파이프용 담배. 잘라서 채운다.

*2 원문에는 went 대신 repaired를 썼다. 휴 케나에 의하면, 이것은 찰스 할아버지가 애용하는 단어로, 그는 이 장면을 예로 들어 '찰스 할아버지의 원리'(등장인물의 언어, 감성을 모방하는 '자유간접화법')라는 것을 제창한다(케나 《조이스의 목소리》).

*3 더블린 남쪽 해안에 있는 마을. 스티븐 일가는 브레이에서 이곳으로 이사왔다. 집은 브레이보다 약간 못하다.

상대였다. 찰스 할아버지는 건강한 노인으로, 잘 그을린 피부에 우락부락한 얼굴에는 하얀 구레나룻이 있었다. 평일에는 캐리스포트 가(街)*4의 집과, 집에서 거래하던 중심가의 가게들 사이를 오가면서 심부름을 했다. 스티븐은 이런 심부름에 따라다니는 것을 무척 좋아했다. 그것은 찰스 할아버지가 진열대에 있는 뚜껑 없는 상자나 통 속에 든 것을 뭐든지 흔쾌하게 한 줌씩 사주기 때문이다. 그는 톱밥도 털지 않은 그대로 포도송이를 꺼내거나 미국산 사과를 서너 개씩 꺼내, 가게 주인이 걱정스럽게 미소짓고 있어도 아랑곳하지 않고, 종손자의 손에 너그럽게 쥐어준다. 스티븐이 우물쭈물하고 있으면 찰스 할아버지는 대번에 얼굴을 찌푸리면서 이렇게 말했다.

"받아라, 얘야. 내 말이 들리지 않니? 먹어두면 똥이 잘 나올 테니."

주문장 기입이 끝나면 두 사람은 공원*5으로 가는데, 그 곳에는 아버지의 오랜 친구인 마이크 플린이 벤치에 앉아 그들을 기다리고 있다. 그러면 스티븐이 공원을 한 바퀴 도는 달리기 연습이 시작된다. 마이크 플린은 손에 시계를 들고 철도역에 가까운 문*6에 서 있고, 스티븐은 마이크 플린이 좋아하는 스타일로, 고개를 번쩍 들고 무릎을 높이 올리고, 두 손은 옆구리에 똑바로 내린 채 트랙을 달리는 것이다. 오전 연습이 끝나면 이 달리기 트레이너는 논평을 했고, 더러는 시범적으로 낡은 청색 운동화로 1야드*7쯤 종종거리며 달리는 희극적인 모습을 연출하기도 했다. 이 우스꽝스러운 광경에 아이들과 유모들이 모여들어 빙 둘러서서 구경하거나 주변에서 서성거리기도 하지만, 그와 찰스 할아버지는 다시 자리에 앉아 스포츠와 정치에 대한 이야기를 시작한다. 언젠가 아버지가 마이크 플린은 당대의 가장 뛰어난 선수를 몇 사람 길러냈다고 스티븐에게 말한 적이 있지만, 스티븐은 자신의 트레이너가 수염이 덥수룩하고 탄력 없이 늘어진 얼굴을 숙이고, 담배를 마느라 지저분하고 긴 손가락에 힘을 주고 있는 모습을 늘 바라보면서, 설마 저분이 그런 일을 했을까 하고 의아하게 생각했다. 그가 담배를 말다 말고 눈을 들어, 그 윤기 없이 온화한 파란 눈으로 멀리 푸른 하늘을 멍하니 응시하는 모습을

---

*4 블랙록에 있는 거리로, 조이스 일가는 1892년에 그 23번지에 살고 있었다.

*5 바닷가에 있는 블랙록 공원.

*6 철도는 바다와 공원 사이를 달리고 있고, 공원 근처에 블랙록 역이 있다.

*7 약 90센티미터.

연민의 기분으로 바라보았다. 그 길고 통통한 손가락이 담배 마는 것을 중단해 버리면, 담배가루와 섬유가 쌈지 속으로 떨어지곤 했다.

집으로 돌아오는 길에 찰스 할아버지는 자주 성당*8에 들렀다. 손이 성수반(聖水盤)*9에 닿지 않는 스티븐 대신, 노인이 자기 손을 적셔 스티븐의 옷과 교회 출입구 바닥에 힘차게 뿌렸다. 기도를 드리는 동안, 그는 붉은 손수건*10 위에 무릎을 꿇고 손때가 묻어 새카만 기도서를 소리내어 읽었다. 그 책은 페이지마다 본문 밖의 빈 곳에 다음 페이지의 첫 낱말이 적혀 있었다. 그 옆에서 무릎을 꿇고 있는 스티븐은 그의 경건한 신심(信心)을 존경했지만 정작 자신은 신앙심이 깊지 않았다. 그는 종조부(從祖父)가 무엇을 그리 진지하게 기도하고 계신지 궁금했다. 그는 죄를 씻지 못하고 죽어서 연옥(煉獄)에 빠진 사람들의 영혼*11을 위해 기도하거나, 아니면 행복하게 죽을 수 있는 은총을 베풀어달라고 기원하거나, 그것도 아니면 자기가 코크에서 탕진해 버린 막대한 재산을 일부라도 되돌려주시기를 간구하고 있는 건지도 모른다.

일요일이면 스티븐은 아버지와 종조부와 함께 산책을 나갔다. 노인은 발에 티눈이 자주 생기면서도 잘 걸어서 늘 10마일이나 12마일쯤 걷곤 했다. 스틸 로건*12의 작은 골짜기에서 길은 두 갈래로 갈라진다. 그들은 거기서 왼쪽으로 돌아 더블린 산맥을 향하기도 하고, 고츠타운 도로*13를 지나 던드럼*14으로 가서 샌디포드*15를 거쳐 집으로 돌아왔다. 길을 걸으면서도, 그리고 적막한 길가에 있는 술집에서도 두 어른은 늘 마음에 떠오르는 화제—아일랜드의 정치, 먼스터, *16 집안에 내려오는 옛날이야기 등에 대해 계속 애

---

*8 뉴턴 가 35번지의 세례자 성요한 로마가톨릭교회를 가리킨다.

*9 교회 입구에 있는 성수를 담은 수반으로, 신자는 성수에 손가락을 적셔서 그 손가락으로 이마를 만지거나 성호를 긋는다.

*10 담배를 피우는 사람이 흔히 사용한다. 《더블린 사람들》의 '자매'에서는 프린 신부가 사용하고 있었다.

*11 연옥에 있는 사람들을 위해 기도하면, 그 사람들의 죄가 소멸된다고 생각했다(G).

*12 블랙록의 서남서쪽 약 2킬로미터에 있는 내륙 마을.

*13 고츠타운은 스틸로건 서쪽 1.2킬로미터에 있는 마을.

*14 더블린(위클로) 산맥 기슭에 있는 마을. 《율리시스》 제1삽화에 얘기되어 있듯이, 예이츠의 여동생 엘리자베스는 이곳에 작은 인쇄소 던 에머 프레스를 설립했다.

*15 던드럼 남남동 3. 2킬로미터에 있는 마을.

기했고, 스티븐은 그런 이야기들을 하나도 놓치지 않으려고 열심히 귀를 기울였다. 더러는 그가 이해할 수 없는 말도 있었지만, 마음속으로 여러 번 되뇌어보면 결국 그런 말들도 이해할 수 있었다. 그리고 그런 어려운 말을 통해 그는 주변의 현실 세계를 조금씩 엿볼 수 있었다. 자기 자신 또한 자라나서 그 세계의 삶에 참여하게 될 날이 다가오고 있는 것 같았고, 자기를 기다리고 있는, 그러나 어떤 성격의 것인지는 희미하게밖에 알 수 없는 커다란 역할에 대한, 준비가 되어가고 있는 듯한 느낌이 들었다.

저녁은 그의 시간이었다. 그래서 조악하게 번역된 《몬테크리스토 백작》[17]을 탐독했다. 그 어둠의 복수자[18]의 모습이 어린 시절에 듣거나 상상한·적이 있는 모든 무서운 것을 대표하며, 마음속에 떠올랐다. 밤이 되면 거실 테이블에, 환승 차표와 종이꽃, 얇은 색종이, 초콜릿을 쌌던 금박지와 은박지로, 그 경이로운 섬[19]의 동굴 모형을 만들었다. 싸구려 종이에 싫증이 나서 그 동굴을 부수고 나면 화려한 마르세유[20] 풍경과, 햇빛이 비쳐드는 격자(格子) 울타리,[21] 그리고 메르세데스[22]의 모습이 마음속에 떠올랐다. 블랙록 외곽의 산맥으로 통하는 길가에 하얗게 칠한 작은 집[23]이 한 채 있는데, 그 집 정원에는 장미꽃이 많이 피어 있었다. 그는 바로 그 집에 또 한 사람의 메르세데스가 살고 있는 거라고 자신에게 들려주었다. 밖으로 나가거나 집으로 돌아올 때 그는 그 집을 이정표로 삼아 거리를 쟀다. 상상 속에서, 그는 잇따라 계속되는 수많은 모험을 경험했다. 그 책에 나오는 주인공의 모험에 못지않게 멋진 것으로, 그것이 끝날 무렵에는 이러한 자신의 모습이 나타난다. 늙고 슬픔에 잠긴 듯한 모습을 한 자신이, 달빛이 비치고 있는 정원

---

*16 아일랜드의 4지역 (북쪽의 얼스터, 동쪽의 렌스터, 서쪽의 코노트, 남쪽의 먼스터)의 하나. 먼스터에는 스티븐의 아버지와 종조부가 출생한 코크가 있다.
*17 랑스의 알렉상드르 뒤마(1802~70)가 1845~46년 발표한 소설.
*18 《몬테크리스토 백작》의 주인공 에드몽 당테스.
*19 몬테크리스토 섬.
*20 프랑스의 항구도시. 에드몽 당테스의 집이 있다.
*21 에드몽 당테스의 집에는 재스민이 타고 올라가는 격자 울타리(정자)가 있다.
*22 당테스의 연인. 소설의 마지막에, 당테스는 마르세유의 집 격자 울타리 밑에서 메르세데스를 만나, 서로 속마음을 얘기한 뒤 다시 헤어진다. '메르세데스'는 '자비'라는 뜻으로, 성모마리아(자애로운 마리아)를 암시한다.
*23 마르세유에 있는 메르세데스의 가난한 집 내부도 하얀 칠이 되어 있었다.

에, 먼 옛날 자신의 사랑을 저버린 메르세데스와 나란히 서서, 슬프고 오만한 거절의 몸짓을 하며 이렇게 말하는 것이다.

"부인, 저는 머스킷 포도는 절대로 먹지 않습니다."*24

그는 오브리 밀스라는 소년과 함께 그 마을 안에서 모험단을 조직했다. 오브리는 단추 구멍에 호각을 달고, 허리띠에는 자전거 램프*25를 매달고 다녔다. 한편 다른 애들은 짤막한 막대기를 마치 단도처럼 허리띠에 차고 다녔다. 나폴레옹이 수수한 옷차림을 하고 다녔다는 글을 읽은 적이 있는 스티븐은 자기도 아무런 치장도 하지 않기로 작정했다. 그래서 명령을 내리기 전에 보좌관들과 협의하는 즐거움이 더욱 커졌다. 모험단은 노처녀들이 사는 집의 정원을 침입하거나 성*26으로 가서 거친 잡초가 무성한 바위터에서 전투를 벌였다. 전투가 끝나면 그들은 지칠 대로 지친 패잔병처럼 돌아왔는데, 콧구멍에서는 바닷가의 썩은 냄새가 났고 손과 머리카락에는 끈적한 해초가 묻어 있었다.

오브리와 스티븐은 같은 배달원으로부터 우유를 받고 있었기 때문에, 이따금 우유 배달차를 타고 캐릭마인스*27에 가서 젖소가 풀을 뜯고 있는 광경을 구경했다. 어른들이 우유를 짜는 동안 두 소년은 순하게 길이 든 암말을 번갈아가면서 타고 목장을 돌아다녔다. 그러나 가을이 되면 소들은 초원을 떠나 축사로 돌아간다. 더러운 물이 시퍼렇게 고인 웅덩이나 축축하게 엉겨 있는 쇠똥, 김이 모락모락 나는 밀기울 여물통이 있는 그 더러운 스트래드브룩*28 축사를 처음 보았을 때, 스티븐은 그만 구역질이 났다. 화창한 날 들판에서는 그렇게도 아름답게 보이던 젖소들이, 축사에서는 그에게 역겨움을 불러일으켰고, 그때부터 젖소에서 짜낸 우유는 쳐다보기도 싫었다.

올해는 9월이 되어도 조금도 걱정이 없었다. 클롱고스에 돌아가지 않기로

---

*24 당테스가 파리에 있는 메르세데스의 집에서 두 번 한 말.

*25 당시, 자전거 램프는 휴대식이었다. 《율리시스》 제13삽화에는 '오후 9시의 우편배달부가 허리에 찬 반딧불 램프……걸어간다'고 기술되어 있다.

*26 블랙록에 있는 마텔로 탑. 1803년부터 1806년까지 나폴레옹의 침입에 대비하여 영국이 아일랜드 연안에 지은 요새인 74개의 포탑 가운데 하나. 《율리시스》 제1삽화에서 스티븐은 샌디코브의 마텔로 탑에 살았다.

*27 블랙록 남쪽 약 5킬로미터에 있는 마을.

*28 블랙록 남쪽 1.6킬로미터에 있는 마을.

되어 있었기 때문이다. 마이크 플린이 입원하는 바람에 공원에서의 달리기 연습도 끝이 났다.

오브리는 학교에 다니기 때문에 저녁에 한두 시간밖에 놀 시간이 없었다. 모험단도 흩어져서 밤놀이도, 바위터에서의 전쟁놀이도 더 이상 못하게 됐다. 스티븐은 이따금 저녁에 우유를 배달하는 마차를 탔는데, 싸늘한 공기 속을 다니다보면 축사에서 보았던 불결한 기억은 어느새 사라지고, 배달원의 옷에 쇠털이나 건초가 묻어 있는 것을 보아도 역겹지 않았다. 마차가 집 앞에 설 때마다 그는 잘 닦아놓은 그 집 부엌이나 아늑하게 불을 켜놓은 현관을 흘깃 쳐다보거나, 하녀가 항아리를 안고 문을 닫고 들어가는 모습을 보면서 기다리곤 했다. 그는 매일 저녁 마차를 몰고 다니며 우유를 배달하는 것도, 따뜻한 장갑이 있고 호주머니에는 생강과자 한 봉지를 두둑하게 넣고 다니면서 먹을 수만 있다면, 그것도 꽤 괜찮은 생활일 것 같았다. 하지만 공원을 한 바퀴 뜀박질하고 있을 때, 갑자기 가슴이 메스꺼워지고 다리의 맥이 풀리게 했던 그 예감, 트레이너가 수염이 덥수룩하고 축 처진 얼굴을 지저분한 긴 손가락 위에 푹 숙인 채 담배를 말고 있는 모습을 보았을 때와 같은 직감은, 미래에 대한 어떠한 환상도 여지없이 깨버리고 말았다. 아버지가 곤경에 처해 있었기 때문에 자기가 클롱고스 학교로 돌아갈 수 없다는 것은 막연하게 알고 있었다. 한동안 그는 집에서 일어나는 미미한 변화를 감지하고 있었다. 변하는 일이 없을 거라고 생각했던 상황 속에서의 이러한 변화는, 세계에 대한 그의 어린 소년다운 개념에 작은 충격을 주었다. 이따금 영혼의 어둠 속에서 야심이 꿈틀거리고 있는 것을 느꼈지만, 아직 배출구를 찾을 만한 야심은 아니었다. 배달차를 끄는 암말의 발굽이 로크로(路)*29의 철길을 뚜벅뚜벅 걸어갈 때, 그리고 그의 등 뒤에서 커다란 우유통이 소리내며 흔들리고 있을 때, 외부 세계의 어둠과 비슷한 것이 마음을 흐리게 했다.

다시 메르세데스에게 돌아가서, 그녀의 이미지를 그려보고 있으면 기묘한 불안감이 그의 핏속으로 스며들었다. 이따금 열기 같은 것이 몸 안에 넘쳐나서 해질 무렵 조용한 거리를 혼자 쏘다니기도 했다. 집집마다 정원에 가득한 평화와 창가에 비치는 정다운 불빛을 바라보면, 안정을 잃은 마음에 위안이

---

*29 더블린에 이르는 도로.

되었다. 아이들이 시끄럽게 떠들면서 노는 소리가 그에게는 괴로웠다. 그 구김살 없는 목소리를 듣고 있노라면 자기가 다른 종족이라는 느낌이 클롱고스 시절보다 더욱 절실하게 파고들었다. 놀고 싶지는 않았다. 자기 영혼이 끊임없이 바라보고 있는 실체 없는 이미지를 이 현실 세계에서 만나는 것, 그것을 원하고 있었다. 그는 어디서 어떻게 그것을 찾아야 할지 알 수 없었지만, 자기를 이끌어주는 예감은, 이쪽이 일부러 행동하지 않아도 언젠가 그 이미지 쪽에서 자기를 찾아와 주리라는 것을 말해 주었다. 그 둘은 조용히 만날 것이다, 옛날부터 아는 사이인 것처럼, 마치 만나기로 약속이나 한 듯이 어느 집 문 앞에서, 또는 남의 눈에 띄지 않는 곳에서 은밀하게. 어둠과 정적에 싸인 채 단 둘이서. 그리고 더없이 부드러운 순간에 나는 변신하리라. 그녀가 바라보는 가운데 내 모습은 점점 사라져서 실체가 없는 것이 되고, 그 다음 순간 변신해 있으리라. 그 마법의 순간에 그의 연약함과 소심함과 미숙함은 그에게서 떨어져 나갈 것이다.

* * *

어느 날 아침, 커다란 노란색 포장마차 두 대가 문 앞에 멈춰 서더니 사람들이 집 안으로 성큼성큼 들어와서 가재도구를 마구 내가기 시작했다. 가구류를 내가느라 앞뜰을 온통 지푸라기와 밧줄 토막으로 어지럽히면서, 문 앞에 서 있는 커다란 포장마차에 아무렇게나 처넣었다. 하나도 남김없이 몽땅 실어내자 마차는 요란한 소리를 내며 거리로 사라졌다. 눈이 벌게지도록 울고 있는 어머니와 함께 타고 있던 기차 차창을 통해 스티븐은 두 대의 마차가 메리온 가*30를 따라 무겁게 덜컹거리며 지나가는 것을 지켜보았다.

그날 저녁, 거실 벽난로의 불이 좀처럼 지펴지지 않자, 디덜러스 씨는 난로 쇠살대에 기대놓았던 부지깽이로 불길을 일으키려고 했다. 찰스 할아버지는 가구가 반으로 줄고 양탄자도 깔려 있지 않은 거실 한쪽에서 졸고 있었다. 그 옆 벽에는 가족들의 초상화가 몇 점 걸려 있을 뿐이었다. 인부들의 흙발에 더럽혀진 마룻바닥 위로 탁자 등불이 희미한 빛을 던지고 있었다. 스

---

*30 브랙록에서 더블린을 향하는 도중에 있는 도로로, 록 도로 앞에 있다.

티븐은 아버지 옆에 놓인 발판 위에 앉아 아버지의 잘 알아들을 수 없는 긴 독백에 귀 기울이고 있었다. 처음에는 무슨 소린지 종잡을 수 없었지만, 차츰 아버지에게는 적이 있고, 곧 싸움이 벌어지려 하고 있다는 것을 알게 되었다. 게다가 그 싸움에는 자기도 소집되어, 자신의 어깨에도 어떤 임무가 주어질 것임을 느꼈다. 블랙록에서의 꿈결 같았던 안락한 생활에서 갑작스럽게 도주하여, 음산하게 안개 낀 도시를 이동한 끝에, 이 헐벗고 침울한 집에서 살게 된 것을 생각하니 마음이 무거웠다. 그러나 미래에 대한 그 직관과 예감이 다시 한 번 떠올랐다. 스티븐은 하인들이 왜 그렇게 현관에서 서로 소곤대고 있었는지, 또 아버지가 왜 그렇게 벽난로 앞에 깔아놓은 카페트 위에서 난로를 등지고 선 채 찰스 할아버지에게 큰소리로 말하고 있었는지 이해할 수 있었다. 그럴 때면 찰스 할아버지는 아버지에게 어서 앉아서 밥이나 먹으라고 타이르곤 했다.

"아버진 아직 죽지 않았단다, 스티븐." 디덜러스 씨는 잘 타지 않는 불씨를 쑤석거리면서 말했다. "우린 아직 죽지 않았어. 암, 안 죽었고말고. 예수님께 맹세코*31 (하느님, 용서하소서), 우린 아직 다 죽지는 않았단 말이다."

더블린은 새롭고 복잡한 느낌을 주는 도시였다. 찰스 할아버지는 이제 정신이 맑지 않아서 더 이상 심부름을 할 수 없게 되었고, 새로 이사 온 집에 정착하는 데 따르는 혼란 때문에 스티븐은 블랙록 시절보다 한결 자유로웠다. 처음에 그는 겁이 나서 집 근처의 광장*32을 돌아다니거나, 기껏해야 어느 샛길을 반쯤 들어가 보는 것에 만족하고 있었다. 그러나 머릿속에 더블린 시의 윤곽이 대충 잡히자, 그는 대담하게 중심가를 따라 세관(稅關) 건물까지 내려가 보기도 했다. 그는 아무런 제지도 받지 않고 선창과 부두를 돌아다니며, 싯누런 거품이 두껍게 낀 강물 위에 둥둥 떠다니는 수많은 코르크 부표(浮標)*33와 무리지어 있는 부두의 짐꾼들, 덜컹거리는 수레와 초라한 차림에 턱수염을 기른 순경들을 신기하게 바라보았다. 벽을 따라 높이 쌓여 있는 짐짝과 증기선 선창(船倉)에서 높다랗게 매달려 나오는 짐짝들이 암시

---

*31 by the Lord Jesus. 이것이 불경한 표현이어서 '용서하소서'라고 사죄한 것이다.
*32 더블린 시내 북동부에 있는 마운트조이 광장. 조이스 일가는 1892년 11월에 그 근처의 피츠기번 로 14번지로 이사했다.
*33 맥주병 뚜껑을 가리킨다. 일가의 몰락과 무관하지 않다.

하는 인생의 광대함과 신기함은, 저녁마다 그를 이 집 정원에서 저 집 정원으로 메르세데스를 찾아 헤매게 했던 한때의 동요를 다시 한 번 일깨웠다. 새롭게 경험하는 혼잡한 생활 속에서 그는 자기가 또 하나의 마르세유에 와 있는 거라고 착각할 수도 있었지만, 더블린에서는 화창한 하늘이나 햇살이 따뜻하게 내리쬐는 포도주 가게의 격자 울타리는 볼 수 없었다. 부두와 강*34과 찌푸린 하늘을 바라보고 있으면 마음속에 막연한 불만이 솟구쳤지만, 그는 마치 자기를 피해 다니는 누군가를 뒤쫓기라도 하듯이 매일같이 그곳을 헤매고 다녔다.

그는 어머니와 함께 친척집을 찾아간 적이 한두 번 있었다. 그들은 크리스마스 장식으로 불을 밝힌 가게들이 화려하게 늘어선 거리를 지나가면서도, 쓸쓸한 생각에 잠겨 자꾸만 침묵에 빠지고 마는 기분에서 좀처럼 헤어날 수가 없었다. 그 쓸쓸한 기분의 원인은 막연하고 먼 것에서부터 가깝고 직접적인 것까지 여러 가지가 있었다. 자기가 아직 어려서 끊임없이 이리저리 어리석은 충동에 사로잡히는 것에 화가 났고, 자기를 둘러싼 세계를 불결하고 위선적인 장소로 바꾸어놓고 있는 운명의 변화에도 분노를 느끼고 있었다. 그러나 화를 내본들 그 세계가 바뀌는 것은 아니었다. 그는 자기 눈에 보이는 것을 참을성 있게 마음에 새기면서, 스스로 초연한 위치에서 남몰래 그 굴욕의 쓴맛을 음미하고 있었다.

그가 숙모 집 부엌에서 등받이가 없는 의자에 앉아 있었을 때였다.*35 반사경이 달린 등잔이 옻칠한 벽난로 벽에 매달려 있고, 숙모는 등불에 의지해 무릎에 석간신문을 놓고 읽고 있었다. 그녀는 신문에 실린 어떤 여자의 웃는 사진을 오랫동안 들여다보다가 생각에 잠긴 듯이 이렇게 말했다.

"메이블 헌터*36는 정말 예쁘기도 하지!"

곱슬머리 소녀가 발돋움을 하면서 그 사진을 보며 조용히 말했다.

"어디 나오는데, 엄마?"

"팬터마임*37에 나온단다."

---

*34 시내를 관통하여 더블린만으로 흘러드는 리피 강.

*35 그 뒤로 세 번의 다른 장면이 회상되는데, 장면 이동은 각각 '그는……앉아 있었다'라는 서두에서 알 수 있다.

*36 1892년 12월에 게이어티 극장에 출연한 여배우(《조이스의 성장기》).

소녀는 곱슬머리를 어머니의 소매에 기댄 채 사진을 바라보며 매료된 듯이 말했다.

"메이블 헌터는 정말 예쁘기도 해!"

소녀의 눈은 새침하고 도도한 그 배우의 눈을 황홀한 듯이 들여다보다가, 이윽고 동경하는 눈빛으로 이렇게 중얼거렸다.

"어쩜 이렇게 아름다울까!"

그때 1스톤*38 남짓한 석탄 자루를 메고 길에서 비틀거리며 들어오던 소년이 누이의 말을 들었다. 그는 얼른 자루를 바닥에 내려놓고 그 사진을 보러 부리나케 소녀 곁으로 가서 들여다보려고 했다. 그러나 어머니의 소맷자락에 편안하게 기댄 동생의 머리 때문에 잘 보이지 않았다. 추위 때문에 시뻘게진 데다 석탄가루까지 묻은 두 손으로 신문 양쪽 끝을 당기며 동생을 거칠게 밀어내면서 잘 보이지 않는다고 불평했다.

그는 창문이 어두컴컴한 그 낡은 집 위층에 있는 비좁은 식당에 앉아 있었다. 난롯불이 벽에 아롱거리고 있고 창 밖에서는 음산한 저녁 땅거미가 깊어지면서 강물을 뒤덮고 있었다. 난로 앞에서는 한 노파가 차를 준비하느라 바빴는데, 그러면서도 신부와 의사가 그녀에게 말해 준 내용을 나직한 목소리로 얘기하고 있었다. 그리고 최근에 눈에 띈 그녀의 변화와 이상한 행동, 말투 등에 대해서도 얘기했다. 그는 그 말에 귀를 기울이면서, 의자에 앉아 타오르는 석탄에서 아치와 지하실과 구불구불한 복도, 거대한 동굴을 연상하며, 그곳에서의 모험을 마음속으로 쫓고 있었다.

별안간 그는 문간에 무엇인가 나타났음을 알아차렸다. 어두컴컴한 문 앞에서 해골 같은 얼굴 하나가 어둠 속에 떠올랐다. 연약하게 생긴 어떤 사람이 원숭이처럼 난롯가에서 들려오는 목소리에 이끌려 거기로 온 것이다. 문간에서 흐느껴 우는 듯한 목소리가 들려왔다.

"조세핀이 왔나?"

---

*37 현재의 팬터마임과는 달리, 노래, 춤, 촌극 등으로 구성되어 어린이와 어른이 함께 즐길 수 있는 여흥. 무언극은 아니다. 19세기 말부터, 더블린에서 크리스마스 철에 많이 공연되었다. '알라딘과 요술램프' '선원 신드바드' 등이 유명하다. 스티븐은 《율리시스》 제1삽화에서 '괴걸 터코'를 어머니와 관람한 것을 회상하고 있다.

*38 1스톤은 14파운드(약 5.4킬로그램). 석탄을 이렇게 적은 양을 사는 것은 가난함을 의미한다.

부산을 떨던 노파가 난롯가에서 명랑하게 대답했다.

"아니야, 앨런. 스티븐이 왔단다."

"오, 그래. 잘 있었니, 스티븐?"

스티븐은 인사에 대답하면서 문간에 나타난 여자의 얼굴에 천진한 미소가 번지는 것을 보았다.

"무얼 해주런, 앨런?" 노파가 난로 옆에서 물었다.

그러나 여인은 물음에는 대답하지 않고 이렇게 말했다.

"난 또 조세핀인 줄 알았지. 애, 스티븐, 난 네가 조세핀인 줄 알았지 뭐니."

이 말을 몇 번이고 되풀이한 뒤, 여인은 가냘픈 목소리로 웃기 시작했다.

그는 해롤즈 크로스*39에서 열린 아이들의 파티에 참석하고 있는 중이었다. 말없이 주위를 지켜보는 버릇이 심해져서 게임에는 거의 참여하지 않고 있었다. 아이들은 크래커*40를 터뜨려서 나온 종이 모자를 쓰고 춤을 추거나 부산하게 장난을 치고 있었다. 그는 아이들의 즐거운 놀이에 동참하려고 애썼지만, 화려한 삼각 모자나 햇빛 가리개 모자를 쓰고 있는 아이들 틈에서 자신이 음울한 존재라는 것을 절감할 뿐이었다.

그러나 자기 차례가 되어 노래를 부른 뒤 방의 아늑한 구석으로 물러섰을 때 그는 고독의 기쁨을 맛보기 시작했다. 그날 초저녁에는 헛되고 보잘것없어 보였던 그 즐거움이 이제는 마음을 위로해 주는 산들바람처럼 느껴졌다. 그것은 그의 감각을 유쾌하게 스쳐 가는가 하면, 그의 몸속에서 뜨겁게 끓는 피를 다른 사람들 눈에 띄지 않게 가려주기도 했다. 그러는 동안 빙 둘러서서 춤을 추고 있는 몇 겹의 아이들을 뚫고, 음악과 웃음소리 속에서, 그녀*41의 시선이 그가 앉아 있는 구석으로 찾아와 그의 마음을 향해 애교를 부리거나 조롱하고, 탐색하는가 하면 흥분시키기도 했다.

가장 늦게까지 남아 있던 아이들이 현관에서 돌아갈 채비를 하고 있었다. 파티가 끝난 것이다. 여인은 숄을 걸치고 있었다. 그들이 함께 철도마차 쪽으로 걸어갈 때, 여인의 싱그럽고 따뜻한 숨결은 두건을 쓴 머리 위로 상쾌

---

*39 더블린 남부의 마을.

*40 딱총의 일종.

*41 E－C－를 가리킨다(*45 참조)

하게 흘러가고, 그녀의 구두는 얼어붙은 길바닥에서 경쾌한 소리를 내고 있었다.

마지막 철도마차였다. 여윈 밤색 말들이 막차라는 사실을 알리려고 밝은 밤공기를 향해 경고의 방울을 울리고 있었다. 차장과 마부는 녹색 등불 아래서 쉴 새 없이 고개를 끄덕이면서 얘기하고 있었다. 마차 속의 빈자리에는 색종이 차표들이 몇 장 흩어져 있었다. 길에서는 사람들의 발소리도 들리지 않았다. 밤의 정적을 깨는 것은, 여윈 밤색 말들이 서로 코를 비비면서 방울 소리를 내는 것뿐이었다.

그는 윗단*42에, 그녀는 아랫단에 서서 귀를 기울이고 있는 듯했다. 그들이 짤막한 말을 주고받는 동안, 그녀는 여러 번 그의 자리로 올라왔다가 다시 제자리로 내려가곤 했다. 또 한두 번은 그가 서 있는 윗단 옆에 바짝 다가가서서 한동안 머물다 내려가기도 했다. 그녀가 왔다 갔다 할 때마다, 심장은 바닷물에 떠 있는 코르크 부표처럼 춤을 추었다. 그는 두건 아래로 그녀의 두 눈이 자신에게 전하는 말을 듣고 있었고, 전에도 현실 속에서였는지 몽상 속에서였는지 잘 몰라도, 언젠가 그러한 눈이 전하는 이야기를 들은 적이 있는 것 같은 느낌이 들었다. 그는 그녀가 좋은 옷과 허리띠, 긴 검정색 양말 같은 사치품을 과시하는 것을 보았고, 자기가 지금까지 그런 것들 앞에 수없이 굴복한 것도 알고 있었다. 그러나 내면의 어떤 목소리가 춤추는 듯한 심장 고동소리 너머로, 손만 내밀면 차지할 수 있는 그녀의 선물을 받아들일 생각이 없느냐고 묻고 있었다. 그리고 그는 아일린과 함께 서서 호텔*43 마당을 들여다보면서 웨이터들이 깃대에 깃발을 내걸고, 햇볕이 내리쬐는 잔디밭에서 폭스테리어가 이리저리 질주하는 광경을 바라보다가, 아일린이 느닷없이 웃음을 터뜨리며 구불구불하게 내려가는 오솔길을 뛰어 내려가던 일을 떠올렸다. 그때와 마찬가지로 지금도 자신은 눈앞의 정경에 대해 침착한 방관자 같은 모습으로 무심하게 서 있는 듯한 느낌이 들었다.

'이 아이도 내가 자기를 붙잡아주길 바라고 있어.' 그는 그렇게 생각했다. '그래서 함께 철도마차를 탄 거야. 이 애가 내 자리로 올라올 때 그저 붙잡기만 하면 돼. 아무도 보지 않을 테니 붙잡고 키스도 할 수 있어.'

---

*42 승강단을 가리킨다.
*43 브레이의 마린스테이션 호텔.

그러나 그는 그녀를 붙잡지 않았고 키스도 하지 않았다. 텅 빈 철도마차 속에 혼자 앉아서 차표를 조각조각 찢어버리고 물결무늬가 있는 발판을 어두운 눈빛으로 노려보았다.

이튿날 그는 아무것도 없는 이층 방에서 몇 시간이고 책상 앞에 앉아 있었다. 앞에는 새 펜과 새 잉크병, 그리고 새 에메랄드빛 공책이 있었다. 습관에 따라 그는 공책 첫 페이지 윗부분에 예수회 모토의 머리글자를 썼다. A. M.D.G.*44 그 페이지의 첫 줄에는 그가 쓰고자 하는 시의 제목이 적혀 있었다. 'E−C−*45에게'였다. 바이런 경의 시집에서 같은 제목을 본 적이 있었기 때문에, 그렇게 시작해도 좋다는 것을 알고 있었다. 그 제목을 써놓고 그 밑에 장식으로 선을 그은 뒤, 그는 공상에 잠겨 공책 표지에 여러 가지 도형을 그리기 시작했다. 브레이에서 살던 시절, 크리스마스 만찬 식탁에서 열띤 논쟁이 있었던 이튿날 아침, 책상 앞에 앉아서 아버지에게 온 하반기 세금 독촉장*46 뒷면에 파넬에 대한 시를 쓰려고 했던 자신의 모습이 떠올랐다. 그러나 정신이 흩어져서 그런 주제를 감당할 능력이 없었기 때문에, 몇몇 동급생들의 이름과 주소로 그 페이지를 메우고 말았다.

로데릭 키컴
존 로튼
앤토니 맥스와이니
사이먼 무넌

이번에도 그는 시를 쓰지 못할 것 같았지만, 지난밤에 있었던 일을 곰곰이 떠올려 보는 동안 자신감이 솟아났다. 이윽고 평범하고 중요하지 않은 요소가 그 정경에서 모두 떨어져 나갔다. 마차 자체라든지 마부와 말들의 모습도 흔적조차 남지 않았다. 자기 자신과 그녀의 모습마저 희미해져 갔다. 시는 오직 그날 밤과 향기로운 산들바람, 처녀 같은 달빛에 대해서만 노래하고 있

＊44 라틴어 Ad Majorem Dei Gloriam의 약칭. '신의 크나큰 영광을 위해'라는 뜻.
＊45 에마 클러리의 약자. 《젊은 예술가의 초상》으로 개작하기 전의 《스티븐 히어로》에서는 그 대로 사용.
＊46 전에 세금 징수원이었던 스티븐의 아버지에게는 아이러니한 독촉장이다.

었다. 잎이 떨어진 나무 밑에서 두 사람이 말없이 서 있었을 때, 말로는 표현할 수 없는 슬픔이 주인공들의 마음속에 숨어들었고, 헤어질 시간이 다가오자 한쪽에서 주저하던 키스를 두 사람은 주고받았다. 그 뒤에 그는 그 페이지 끝에 L.D.S.*⁴⁷라는 머리글자를 썼다. 그는 공책을 감추고 나서 어머니 침실에 들어가 화장대 거울에 비친 자기 얼굴을 오랫동안 들여다보았다.

그러나 한가롭고 자유로웠던 긴 시간도 끝나가고 있었다. 어느 날 저녁, 아버지는 뉴스를 잔뜩 가지고 집에 돌아왔고, 식사하는 동안 내내 이야기를 늘어놓았다. 그날은 양고기 요리가 준비되어 있었기 때문에 스티븐은 아버지가 돌아오길 목이 빠지게 기다리고 있었다. 아버지가 양고기 국물에 빵을 적셔서 줄 것임을 알고 있었기 때문이다. 하지만 클롱고스 학교에 대한 이야기가 나오자, 그만 모래를 씹는 기분이 되어 그 요리를 맛있게 먹지 못하고 말았다.

"글쎄, 그분*⁴⁸과 딱 마주치지 않았겠니." 디덜러스 씨는 네 번이나 그 말을 되풀이했다. "광장 모퉁이에서 말이야."

"그렇다면 그분이 주선해 주실지도 모르겠군요." 디덜러스 부인이 말했다. "벨비디어 학교*⁴⁹ 말예요."

"물론 주선해 주시겠지. 그분은 수도회 관구장*⁵⁰이니까."

"전 이 아이를 크리스천 브라더스*⁵¹ 학교에 보내는 건 처음부터 마음이 내키지 않았어요." 디덜러스 부인이 말했다.

"크리스천 브라더스라니, 턱도 없지! 그 고약한 냄새를 풍기는 흙투성이 아이들하고 함께 다니라고? 예수회 학교에서 시작했으니 끝까지 그곳에 맡

---

*47 라틴어 Laus Deo Semper의 약자. '항상 하느님을 찬양하라'라는 뜻. 예수회의 모토. 예수회의 학교에서는 연습장 마지막에 쓴다.

*48 클롱고스우드 칼리지의 교장이었던 콘미 신부. 제1장 17페이지 *25 참조.

*49 예수회에서 경영하는 벨비디어 칼리지를 가리킨다. 스티븐의 집 근처 그레이트덴마크 가 5~6번지에 있다.

*50 아일랜드 예수회의 최고지도자. 콘미 신부가 실제로 이 직위에 오른 것은 1905년이다. 그는 1891년 클롱고스에서 벨비디어의 학감에 부임한 뒤, 건강상의 이유로 1893년에 그 자리에서 물러났다.

*51 1684년에 프랑스인 장 바티스트 드 라살은 크리스천 브라더스라는 새로운 교단을 창립하고, 이듬해, 가난한 가톨릭 신자의 자제들을 무료로 가르치는 최초의 사범학교를 세웠다. 1892년, 조이스는 이 학교에 몇 달 다녔다.

겨야 해. 그 연줄이 두고두고 이 아이에게 도움이 될 테니까."

"게다가 예수회는 아주 부유한 교단이래요, 여보."

"물론이지. 아주 잘 살아. 클롱고스의 식탁을 구경했잖아. 정말이지 싸움닭처럼 잘 먹인다니까."

디덜러스 씨는 접시를 스티븐에게 밀어주면서 남은 것을 먹으라고 말했다.

"자, 스티븐. 너도 이젠 열심히 해야 한다. 오랫동안 실컷 쉬었으니 말이야."

"그럼요, 스티븐은 이제 열심히 공부할 거예요." 디덜러스 부인이 말했다. "더구나 이번엔 모리스*52까지 함께 가는걸요."

"아, 참. 내가 모리스를 깜박했군. 이봐, 모리스! 이리 오너라, 이 장난꾸러기 녀석. 이제 너도 학교에 보내 줄 테니까. 학교에 가면 'cat'라고 쓰면 '고양이'라는 뜻이 된다는 것을 가르쳐 줄 거다. 알겠니? 1페니짜리 예쁜 손수건을 사줄 테니, 그것으로 콧물을 닦는 거야. 어떠냐, 재미있겠지?"

모리스는 아버지와 형을 번갈아 쳐다보면서 히쭉 웃었다. 디덜러스 씨는 외알안경을 눈에 끼운 뒤 두 아들을 유심히 들여다보았다. 스티븐은 아버지의 시선을 외면한 채 빵만 우물우물 씹고 있었다.

"그런데 말이야." 디덜러스 씨가 이윽고 입을 열었다. "교장 선생님이, 아니 관구장님이 너와 돌란 신부님 사이에 있었던 일을 얘기해 주시더구나. 널아주 건방진 녀석이라고 하셨어."

"아무리 그런 말을 하셨을라고요, 여보!"

"그랬다니까!" 디덜러스 씨가 대답했다. "그분은 그 사건의 전말을 다 얘기해 주셨어. 얘길 나누다 보니 이런 얘기 저런 얘기가 꼬리에 꼬리를 물었어요. 게다가 더블린 시청의 그 자리*53를 누가 맡게 될 거라고 하셨는지 알아? 뭐 그 얘긴 나중에 하겠지만, 아까도 말한 것처럼, 아주 허심탄회하게 잡담을 나누다가 신부님이 우리 집의 이 녀석이 아직도 안경을 쓰고 다니느

---

*52 스티븐의 동생. 《율리시스》 제9삽화에서, 스티븐은 그를 '나를 연마하기 위한 숫돌'이라 불렀다.

*53 세금 징수원을 가리킨다. 더블린의 지방세는 그때까지 총독 통치하의 지방세 징수 사무소에서 관할했고, 제임스 조이스의 아버지는 그 관리였다. 그러나 1893년 1월부터 세금 징수원 일은 더블린 시에 인계되었고, 징수 사무소 관리들 대부분은 연금을 지급받는 신분에 만족하게 되었다(리처드 엘먼 《제임스 조이스》/《조이스의 성장기》).

냐고 물으시지 않겠어? 그러다가 그 사건의 전말을 얘기해주신 거야."

"그래서 그분이 화를 내시던가요, 여보?"

"화를 내시더냐고? 왜 화를 내겠어! 오히려 '똑똑한 꼬마'라고 하시던 걸."

디덜러스 씨는 관구장의 점잖은 콧소리를 흉내내면서 이렇게 말했다.

"글쎄, 저녁 식사 때 내가 그 일을 모든 사람들에게 말해주었소그려. 그러고는 돌란 신부와 함께 한바탕 웃었지 뭡니까. 나는 이렇게 말했지요. '돌란 신부, 앞으로는 조심하시오. 안 그러면 디덜러스 도련님이 당신을 나에게 보내 아홉 번씩 두 차례 회초리를 맞게 할 테니까요.' 그러고는 박장대소했지요, 하! 하! 하!"

디덜러스 씨는 아내를 향해 자신의 목소리로 이렇게 말했다.

"그런 걸 보면 예수회 사람들이 학교에서 애들을 어떤 정신으로 다루는지 알 수 있어요. 외교적인 수완으로 말하자면 예수회 사람들을 당할 수 없다니까!"

그는 또다시 관구장의 목소리를 흉내내면서 같은 말을 되풀이했다.

"저녁 식사 때 그 얘기를 하고는 돌란 신부와 나뿐만 아니라 모두가 한바탕 시원하게 웃었답니다. 하! 하! 하!"

* * *

성령강림절(聖靈降臨節)*54 기념 연극을 공연하는 밤이 되었다. 스티븐은 분장실 창문을 통해 중국식 등불이 줄지어 늘어져 있는 작은 풀밭을 내다보고 있었다. 손님이 하우스*55 계단을 내려와 극장으로 들어가는 것을 보고 있었던 것이다. 야회복 차림의 안내원들과 벨비디어 학교 졸업생들이 강

*54 부활제 뒤의 제7요일부터 1주일 동안, 특히 첫 사흘. 그리스도 부활 50일 뒤, 사도들에게 성령이 내린 것을 기념하는 축제. 스티븐이 1893년에 벨비디어 칼리지에 입학한 지 2년이 지났다.

*55 벨비디어 칼리지는 벨비디어 백작의 저택을 예수회가 1841년에 사들인 것. 새 건물이 증축되었지만, 거리에 면한 입구의 건물이 '하우스'라 불리는 학교의 중심건물이다. 이 입구의 건물을 통과하면 안마당이고, 정면은 성당, 왼쪽은 강당, 오른쪽은 오두막으로 되어 있다(더글러스 베네트 《더블린 백과사전》 외).

당*56 입구에 삼삼오오 모여서 손님들을 정중하게 안내하고 있었다. 등불이 갑자기 환해지자 한 성직자가 미소짓고 있는 얼굴이 똑똑히 보였다.

성체는 이미 성궤(聖櫃)*57에서 옮겨졌고, 맨 앞줄의 벤치는 뒤로 물릴 준비를 마쳐서, 제단에 마련된 무대와 그 앞의 공간을 널찍하게 확보해두었다. 벽에는 여러 짝의 바벨과 체조용 곤봉이 세워져 있고, 한쪽 구석에는 아령이 쌓여 있었다. 운동화와 스웨터, 셔츠 따위가 무더기로 담겨 있는 너절한 갈색 꾸러미가 산더미를 이룬 한복판에, 튼튼하게 가죽을 씌운 체조용 도마(跳馬)가 무대 위로 옮겨질 차례를 기다리고 있었다. 가장자리를 은으로 두른 커다란 청동 방패도 제단의 칸막이에 기대어, 체조경기가 끝나면 무대로 옮겨져 우승팀 한가운데 놓이기를 기다리고 있었다.

스티븐은 글쓰기에서 이름을 날린 덕분에 강당 위원으로 뽑히긴 했지만, 프로그램 1부에는 나가지 않고 2부 행사인 연극에서 주연을 맡기로 되어 있었다. 우스꽝스러운 학교 교사역이었다. 그가 그 역을 맡은 것은 키가 큰 데다 태도가 침착했기 때문이다. 그 무렵 그는 벨비디어 학교에서 2년째를 마치는 중이었고 중급반이었다.

하얀 반바지에 셔츠 차림의 하급생 약 스무 명이 통탕거리면서 무대에서 내려와 성구실을 거쳐 성당으로 들어갔다. 성구실과 성당은 열성적인 선생들과 학생들로 붐비고 있었다. 뚱뚱한 대머리 특무상사*58는 도마의 도약판에 발을 올려놓고 시험해 보고 있었다. 복잡한 곤봉 체조의 특별 시범을 보이기로 되어 있던 깡마른 젊은이가 긴 외투를 입고 근처에 서서 흥미롭게 지켜보고 있었는데, 은빛으로 칠한 곤봉이 깊숙한 옆주머니 속에서 한 개씩 바깥을 내다보고 있었다. 다른 팀이 무대로 올라갈 준비를 하는지 나무아령이 부딪치는 둔한 소리가 들려왔다. 바로 그 순간, 흥분한 선생님이 아이들을 마치 거위떼 몰듯 성구실에서 몰아내고 있었다. 그는 수탄 자락을 신경질적으로 펄럭이면서 뒤에 처지는 애들에게 서두르지 못하겠느냐고 고함을 지르

---

*56 체육관과 교실을 합친 것. gymnasium theatre라 불리고 있다. 천장에 채광창이 있고 칸막이가 없는 공간으로, 중간시험 때 교실로도 이용한다.

*57 성체를 안치하기 위해 제단 위에 설치된 궤. 성당을 분장실로 사용함으로써 불경한 행위가 되지 않도록 이동했다.

*58 체육 담당자(《조이스의 방법》).

기도 했다. 성당 끝에서는 나폴리의 농부 차림을 한 작은 그룹이 스텝을 밟는 연습을 하고 있었다. 머리 위로 팔을 빙글빙글 돌리는 사람도 있고, 제비꽃 조화(造花) 바구니를 흔들면서 인사를 하는 사람도 있다. 성당 왼쪽의 어두운 구석에는 다부진 몸집의 노부인이 검은 치마를 잔뜩 펼치고 무릎을 꿇고 있었다. 노부인이 일어서자 물결치는 금빛 가발에 유행이 지난 밀짚모자를 쓰고 분홍색 드레스를 입은 소녀가 눈에 띄었다. 눈썹에는 검은 칠, 뺨에는 연지와 분을 곱게 바르고 있었다. 이 소녀 모습을 한 사람이 나타나자 성당 주위에서 호기심 어린 나지막한 속삭임이 번졌다. 한 선생님이 고개를 끄덕이고 미소를 지으면서, 그 어두운 구석으로 다가가더니 다부진 몸집의 노부인에게 인사를 하고 붙임성 있게 물었다.

"탤런 부인, 이분은 아름다운 숙녀인가요, 아니면 인형인가요?"

그렇게 물은 뒤 선생님은 허리를 굽혀 모자챙 밑에서 방긋이 웃고 있는, 그 화장한 얼굴을 들여다보고는 이렇게 소리쳤다.

"아니, 이게 누구야, 귀여운 버티 탤런 아니냐!"

스티븐은 창가의 자기 자리에서 노부인과 성직자가 함께 웃는 소리를 듣고 있었다. 혼자 챙모자 춤을 추게 되어 있는 어린 소년을 보기 위해 사람들이 앞으로 몰려나오면서 소곤대는 탄성이 등 뒤에서 들렸다. 그는 자기도 모르게 조바심을 내는 몸짓을 하고 말았다. 블라인드 끝에서 손을 떼고,[*59] 그 동안 서 있던 벤치에서 내려와 성당 밖으로 나갔다.

교실 밖을 빠져나가,[*60] 교정 옆에 있는 셰이드[*61] 밑에서 걸음을 멈췄다. 건너편 강당에서는 관중의 함성과 갑자기 터져 나오는 군악대의 금관악기 소리가 들려왔다. 유리지붕에서 위로 새나가는 불빛 때문에 극장은 마치 폐선(廢船) 같은 건물들 사이에 정박해 있는, 잔치 분위기로 들뜬 방주(方舟)처럼 보였다. 수많은 등불을 매단 가느다란 밧줄들이 이 방주를 매어놓고 있는 것 같았다. 강당 옆문이 갑자기 열리더니 불빛이 풀밭을 가로질렀다. 별안간 방주에서 음악 소리가 터져나왔다. 왈츠의 전주곡이었다. 다시 옆문이 닫히자 귀를 기울여야 음악의 리듬을 희미하게 들을 수 있었다. 처음 몇 소

---

*59 스티븐은 블라인드 가장자리를 들어 올려 밖을 내다보고 있었다.

*60 성당이 있는 건물은 교실로도 사용되었고, 스티븐은 성당 옆에 있는 교실 밖을 빠져나갔다.

*61 이것은 조이스의 호칭으로, 비올 때 이용되는 단순한 아케이드이다.

절이 자아내는 정서와 나른하고 부드러운 움직임이 하루 종일 그를 불안하게 했을 뿐만 아니라, 바로 조금 전에도 그를 초조하게 만들었던 원인인, 뭐라 표현할 수 없는 감정을 다시금 불러일으켰다. 그 불안은 마치 소리의 물결처럼 그의 마음에서 흘러나왔다. 방주는 조수처럼 흐르는 음악에 맞춰 앞으로 나아가면서 뒤에 남긴 뱃길 위로 등불 달린 밧줄을 끌고 갔다. 그때 난쟁이 나라의 포대(砲臺)에서 나는 듯한 소음이 음악의 흐름을 깼다. 아렁팀이 무대에 등장하는 것을 보고 환호하는 관중들의 박수소리였다.

셰이드 저 끝, 길거리와 가까운 곳에, 어둠 속에 가느다란 분홍색 빛이 한 점 나타나더니, 가까이 다가갈수록 향기로운 냄새가 희미하게 느껴졌다. 두 소년이 문간의 지붕 밑에 서서 담배를 피우고 있었다. 그 아이들이 있는 곳에 채 이르기도 전에 헤런의 목소리가 들려왔다.

"아니, 이거 디덜러스 님이 아니신가!" 갈라진 목소리가 소리친다. "어서 오게, 믿음직한 친구여!"

헤런이 이슬람교도처럼 살람의 예*62를 갖추고 나서 지팡이로 땅을 쿡쿡 찌르기 시작하자, 그 환영은 온화한 웃음소리로 끝났다.

"나 왔어." 스티븐은 멈춰 서서 헤런과 그의 친구를 바라보았다.

또 한 사람은 모르는 친구였는데, 어둠 속에서나마 담배 끝의 빨간 불빛 덕분에 파리한 멋쟁이 풍의 얼굴에 미소가 서서히 떠오르는 것을 알 수 있었다. 훤칠한 몸매에 외투를 걸치고 중산모를 쓰고 있다. 헤런은 소개는 하지 않고 대신 이렇게 말했다.

"방금 내 친구 월리스에게 얘기하던 참이었어. 네가 오늘 저녁에 학교 선생님 역할을 할 때 우리 교장 선생님의 흉내를 내면 재미있을 거라고 말이야. 굉장한 웃음거리가 될걸."

헤런은 친구에게 들려주기 위해 교장 선생님의 그 현학적인 베이스 톤의 목소리를 흉내내려 했지만 시원찮아서 자기도 모르게 웃음을 터뜨리면서 스티븐더러 한번 해보라고 했다.

"한번 해봐, 디덜러스." 그가 재촉했다. "멋들어지게 한번 흉내내 봐. '어—교회의 말조차 듣지 않는 자는 어—, 이방인이나 세리(稅吏)처럼 여겨

---

*62 허리를 숙이며 오른손바닥을 상대에게 향하여 이마에 대면서 하는 절.

라.'"*63

그 목소리는, 담배가 물부리에 너무 꽉 채워진 탓에 가볍게 화를 내는 월리스 때문에 방해받고 말았다.

"이 우라질 놈의 물부리 좀 봐." 그는 입에서 물부리를 빼더니 그것을 바라보며 하는 수 없다는 듯 쓴웃음을 지었다. "늘 이렇게 꽉 막힌단 말이야. 넌 물부리를 쓰니?"

"난 담배 안 피워." 스티븐이 대답했다.

"이 친구는 안 피워." 헤런이 말했다. "디덜러스는 모범 청년이거든. 담배도 안 피우지, 바자*64에도 안 가지, 계집애들과 시시덕거리지도 않지, 제기랄! 아무것도 하는 것이 없단 말이야."

스티븐은 고개를 갸우뚱하면서, 자신의 라이벌이기도 한 친구의, 새처럼 뾰족하고 표정이 풍부한 얼굴이 상기해 있는 것을 보고 미소지었다. 그는 빈센트 헤런이란 친구가 이름도 그렇고*65 얼굴도 그렇고, 꼭 새를 닮은 것은 정말 희한한 일이라고 늘 생각하고 있었다. 색이 연한 머리카락 한 줌이 마치 새의 도가머리처럼 이마에 덮여 있었다. 이마는 좁고 뼈가 튀어나와 있으며, 서로 가까이 붙어 있어 두드러져 보이는 연한 색의 무표정한 눈 사이로 살이 없는 매부리코가 솟아 있었다. 이 두 라이벌은 학교에서 친한 사이였다. 그들은 교실에 나란히 앉아 공부했고, 성당에서 함께 무릎을 꿇었으며, 묵주기도*66가 끝나면 점심을 함께 먹으면서 이야기를 나눈다. 상급반 아이들이 그저 그런 둔재들뿐이어서, 그해에는 스티븐과 헤런이 사실상 학교에서 학생 대표 자리를 차지하다시피 했다. 교장에게 찾아가서 휴강을 요청하거나 학생들이 벌을 받지 않도록 중재하는 것도 그들이었다.

---

*63 예수의 제자에 대한 말, "만일 그들의 말도 듣지 않거든 교회에 말하고 교회의 말도 듣지 않거든 이방인과 세리와 같이 여기라."(《마태복음》 18 : 17)의 패러디.

*64 《더블린 사람들》의 '애러비'와 《율리시스》의 '마이라스 자선시'처럼 자선을 목적으로 한 화려한 흥행.

*65 '헤런'은 '왜가리'라는 뜻.

*66 묵주와 입으로 신의 어머니 마리아를 찬양하는 신심어린 기도. 벨비디어 칼리지의 학생은 매일 묵주기도를 올린다. 이 학교는 오전 9시 반부터 시작하여, 학생은 오전 중에 60분 수업을 두 번 하고, 정오에는 묵주기도를 올린 뒤, 정원에서 점심식사를 하고, 오후에는 1시부터 60분 수업을 두 번 하는 생활이었다(《조이스의 학교시절》).

"아, 그런데 말이야." 갑자기 헤런이 말했다. "너희 아버지가 오신 걸 봤어."

스티븐의 얼굴에서 미소가 사라졌다. 아이들이나 선생님들한테서 아버지 얘기를 들으면 그는 대번에 마음의 평정을 잃고 만다. 헤런이 또 무슨 얘기를 하려는가 싶어 불안해진 스티븐은 입을 다물고 기다리고 있다. 헤런이 팔꿈치로 의미심장하게 그를 쿡 찌르면서 말했다.

"넌 약아빠진 놈이야, 디덜러스."

"무슨 소리야?" 스티븐이 물었다.

"너, 시치미를 떼고 있는 거지?" 헤런이 말했다. "하지만 넌 약은 놈이라구."

"도대체 무슨 소리를 하고 있는 건지 말씀해 보시죠." 스티븐이 점잖게 말했다.

"그래 말해주지." 헤런이 대답했다. "우린 그 여자*67를 봤어, 안 그래, 월리스? 정말 기가 막히게 예쁘던데. 게다가 알고 싶은 게 많은 여자더군. '그럼 스티븐은 무슨 역을 맡았어요, 디덜러스 씨? 스티븐은 노래는 하지 않나요?' 네 아버지는 외알안경을 쓰고 그녀를 유심히 쳐다보더라. 그래서 난 그 양반이 네 비밀을 모두 알아낸 거라고 생각했지. 물론 나 같으면 그런 건 조금도 개의치 않지만 말이야. 어쨌든 정말 멋진 여자더군. 그렇지, 월리스?"

"그리 나쁘지 않았어." 월리스는 조용히 대답하면서 물부리를 다시 입에 물었다.

모르는 사람이 듣는 데서 이렇게 무신경하게 남의 얘기를 늘어놓는 데 대해 순간적인 분노가 스티븐의 마음을 스쳐갔다. 그에게는 소녀의 관심과 배려는 전혀 즐거운 것이 아니었다. 그는 하루 종일 해롤즈 크로스의 마차 승강단에 서서 두 사람이 작별하던 일이며, 그 작별에서 느꼈던 불쾌한 기분, 그 일에 대해 쓴 시, 그런 것들에 대해 계속 생각하고 있었던 것이다. 그는 그녀가 연극을 구경하러 오리라는 것을 알고 있었기 때문에 하루 종일 그녀와의 새로운 만남을 상상하고 있었다.

---

*67 E─C─를 가리킨다.

그 파티가 있던 날 밤에 겪었던 것과 똑같은 초조하고 무거운 감정이 그날 저녁 다시 한 번 그의 가슴을 가득 채웠지만, 그 감정이 시를 통해 배출되지는 않았다. 소년기의 2년 동안 이룬 성장과 지식이 그때와 현재 사이에 가로놓여 있어서, 시를 통한 감정의 배출을 가로막고 있었다. 그리고 음울하고 감상적인 생각의 흐름은, 마음속에 하루 종일 용솟음쳐 어두운 강물이 되고 소용돌이가 되어 제자리로 되돌아갔고, 결국 지쳐버린 그는 학감의 농담과 화장한 소년을 보고 그만 참지 못하고 만 것이다.

"이젠 솔직하게 인정하는 게 어때." 헤런이 말을 계속했다. "이번엔 꼼짝없이 정체가 탄로났으니까. 앞으로 나에겐 도덕군자인 척 점잔을 뺄 수는 없을걸."

그의 입에서 음산한 웃음이 또 한 번 조용히 새나왔다. 그는 전과 마찬가지로 허리를 굽히고 장난스럽게 벌을 주듯이 지팡이로 스티븐의 종아리를 가볍게 때렸다.

스티븐의 일시적인 분노는 이미 가라앉아 있었다. 그는 자랑스럽지도 마음이 어지럽지도 않았고, 그저 그 희롱이 어서 끝나주기만 바라고 있었다. 처음에는 어리석고 무신경한 행동*68이라고 생각했지만, 원망하는 마음은 거의 없었다. 왜냐하면 그러한 언동은 자기 마음속의 모험에 조금도 위해가 되지 않는다는 것을 알고 있었기 때문이다. 그의 얼굴은 상대의 얼굴에 떠오른 거짓 미소와 똑같은 것을 머금고 있었다.

"어서 인정하라니까!" 헤런은 되풀이하면서 다시 지팡이로 그의 종아리를 때렸다.

장난으로 때리는 것이었지만 처음만큼 가볍지는 않았다. 종아리가 얼얼하더니 거의 아프지는 않았지만 화끈거렸다. 그래서 그는 얌전하게 고개를 숙이고, 상대의 장난에 호응하듯이 '고백의 기도'*69를 외기 시작했다. 헤런과 월리스가 이 불경스러운 행동에 한바탕 웃음을 터뜨리는 것으로 이 일은 무사히 넘어갔다.

그 고해의 말은 스티븐의 입에 발린 말이었을 뿐이다. 그리고 눈앞에 있는 두 사람이 얘기를 하는 동안, 갑자기 마치 마법처럼 다른 정경이 기억 속에

---

*68 스티븐과 E―C―의 관계를 빗대어 빈정거리는 것.

*69 Confiteor. 라틴어. 미사성제(聖祭)의 처음과 성체배령 전에 하는 기도.

떠올랐다. 헤런의 미소짓고 있는 입가에 희미하게 떠오른 잔인한 보조개를 보고, 또 지금은 이미 익숙해진 지팡이의 타격을 종아리에 느끼며, 역시 귀에 익은 말을 들은 순간에.

"인정하라니까!"

그것은 제6급반이었던 시절, 다시 말해 이 학교에 입학하여 첫 학기가 끝나가던 무렵이었다. 그의 예민한 기질은 예상하지 못했던 형편없는 생활의 타격을 받고 여전히 고통을 겪고 있었다. 영혼은 더블린의 둔중한 인상에 혼란을 겪으며 풀이 죽어 있었다. 그는 2년 동안의 몽상 기간에서 깨어나 새로운 정경의 한복판에 살고 있었다. 모든 사건 모든 인물이, 매우 가까이서 그에게 영향을 주어 마음에 상처를 주거나 매혹시켰고, 그것이 실망이었든 유혹이었든, 언제나 불안과 고통스러운 생각으로 그의 마음을 채웠다. 학교생활의 여가는 모두 기성의 권위를 파괴하려는 작가들의 책을 읽는 데 할애되었고, 그 작가들의 조롱과 거친 언사는 그의 머릿속에서 발효를 거친 뒤 그의 미숙한 글로 표현되었다.

일주일의 과제 가운데 가장 중요한 것은 작문이었다. 화요일마다 집에서 학교까지 걷는 동안, 도중에 일어나는 일을 가지고 점을 쳐보곤 했다. 가령 앞서 가는 사람과 경쟁하면서 걸음을 빨리하여, 어떤 목표 지점에 도달하기 전에 그를 앞지르거나, 보도의 포석 하나하나를 정확하게 밟으면서 이번 주 작문숙제에서 일등을 할 것인지 못할 것인지를 점쳐보기도 했다.

그러던 어느 화요일, 그때까지는 줄곧 일등이었는데, 그것이 무참히도 깨지고 말았다. 영어를 가르치는 데이트 선생*70이 그를 가리키면서 무뚝뚝하게 이렇게 말했다.

"이 학생의 작문에는 이단사상이 들어 있더군."

교실이 갑자기 조용해졌다. 테이트 선생은 말없이 한 손을 가랑이 사이에 넣고 있었고, 풀을 빳빳하게 먹인 와이셔츠 손목과 목에서는 바스락거리는 소리가 났다. 스티븐은 고개를 들지 않았다. 이른 봄날 아침이었는데, 눈이 아파서 잘 보이지도 않았다. 그는 실패를 의식하고 있었고, 자기가 탐색당하고 있는 것, 자기 자신의 마음도 가정도 건전하지 않다는 것을 의식하고 있

---

*70 예수회 교사가 아닌 일반 교사.

었다. 게다가 까칠까칠한 셔츠 깃이 목에 거슬렸다.

테이트 선생이 커다란 소리로 짧게 웃자 교실 안의 아이들도 그나마 안도하는 눈치였다.

"아마도 넌 깨닫지 못했을 거다." 선생이 말했다.

"어디가 그렇습니까?" 스티븐이 물었다.

테이트 선생은 가랑이 사이에 넣고 있던 손을 빼면서 그 작문을 펼쳤다.

"여기야. 창조주와 그 영혼을 다룬 대목인데, 그러니까…… 말이야…… 여기…… 그래, 여기군. '영원토록 다가갈 가능성도 없이.'*71 이 대목이 이단이다."

스티븐은 중얼거렸다.

"제가 뜻한 것은 '영원토록 도달할 가능성도 없이'*72였습니다."

이렇게 저자세로 나가자 마음이 누그러진 테이트 선생은 작문을 접어 그에게 건네주면서 말했다.

"아……역시! '영원토록 도달할'이라는 말이지? 그렇다면 얘기가 달라지."

그러나 급우들은 그 변명을 쉽게 받아들이지 않았다. 수업이 끝난 뒤 그 문제를 두고 그에게 말을 거는 사람은 아무도 없었으나, 모두가 막연하게 악의가 담긴 기쁨에 잠겨 있음을 느낄 수 있었다.

공개적으로 도마에 오른 뒤 며칠이 지난 날 밤, 편지를 손에 들고 드럼콘드라 로(路)*73를 걸어가고 있는데 누가 큰 소리로 그를 불러세웠다.

"거기 서!"

돌아보니 동급생 세 명이 땅거미 속에서 이쪽으로 걸어오는 것이 보였다. 소리친 녀석은 헤런이었다. 두 명의 동행을 좌우에 거느리고 발걸음에 맞춰 가느다란 지팡이를 획획 돌리고 있었다. 옆에서 걷고 있던 볼랜드라는 친구

---

*71 without a possibility of ever approaching nearer. 스티븐의 작문은 창조주와의 영적교류를 말한 것인데, 각각의 영혼에는 그 교류에 다가갈 수 있는 은총이 충분히 주어져 있다는 정통적인 생각에 비해, 그는 영혼에는 그러한 은총이 충분히 주어져 있지 않다고 말하고 있다(G).

*72 without a possibility of ever reaching. 영혼은 창조주에게 다가갈 수 있지만, 창조주와 일체는 될 수 없다고 스티븐은 정정한 것이다(G).

*73 로열 운하 바로 북쪽에서 드럼콘드라 마을 사이의 도로.

는 얼굴 가득 웃음을 띠고 있고, 몇 걸음 뒤에서 따라오던 내쉬는 두세 걸음 뒤에서 숨이 가쁜 듯 붉어진 얼굴을 흔들면서 따라왔다.

클론리프 로(路)*74로 들어서자, 곧 책과 작가들에 대한 얘기를 시작한 네 사람은 어떤 책을 읽고 있는지, 집에 가면 자기 아버지의 서가에 얼마나 많은 책이 꽂혀 있는지에 대해 서로 얘기했다. 학교에서 볼랜드는 멍청하고 내쉬는 게으름뱅이 축에 들었기 때문에, 스티븐은 그들의 화제에 조금은 놀라면서 귀를 기울였다. 아니나다를까, 얼마 동안 자신의 애독 작가들에 대한 얘기 끝에 내쉬는 캡틴 매리어트*75야말로 가장 위대한 작가라고 선언했다.

"말도 안 돼!" 헤런이 말했다. "디덜러스에게 물어봐. 디덜러스, 누가 가장 위대한 작가라고 생각하니?"

스티븐은 그 질문 속에 조롱이 섞여 있음을 눈치채고 이렇게 말했다.

"산문 작가 말이니?"

"그래."

"난 뉴먼*76이라고 생각해."

"뉴먼 추기경 말이야?"

"그래." 스티븐이 대답했다.

내쉬는 주근깨투성이 얼굴로 환하게 웃으면서 스티븐에게 말했다.

"그럼 넌 뉴먼 추기경을 좋아한단 말이구나, 디덜러스?"

"아니야, 뉴먼의 산문 문체가 최고라고 말하는 사람들이 많긴 해." 헤런이 다른 두 친구에게 설명해 주었다 "물론 시인은 아니지만."

"그렇다면 최고의 시인은 누구니, 헤런?" 볼랜드가 물었다.

"그야 말할 것도 없이 테니슨 경(卿)*77이지." 헤런이 대답했다.

"아무렴, 테니슨 경이고말고." 내쉬가 말했다. "우리 집엔 한 권으로 된

---

*74 드럼콘드라 로에서 동쪽으로 뻗은 도로.

*75 프레데릭 매리어트 (1792~1848). 영국 해군사관으로, 퇴역할 때 대령이었기 때문에 캡틴 매리어트라 불렸다. 남성적인 해양소설을 많이 썼다.

*76 존 헨리 뉴먼(1801~90). 영국 국교회 목사로서 옥스퍼드무브먼트라는 종교개혁운동 (1833)을 일으킨 적도 있지만, 그 뒤 가톨릭으로 개종(1845)하여 추기경의 지위에까지 올랐다(1879). 그 문장에는 정평이 있다. 1851년에는 유니버시티 칼리지 더블린의 전신인 대학의 초대학장이 되었다.

*77 영국 시인 알프래드 테니슨(1809~92). 워즈워스를 계승하여 1850년에 계관시인이 되었다.

그의 전집이 있어."

이 말을 듣자 스티븐은 아무 말도 하지 말고 가만히 있어야겠다는 무언의 다짐을 잊고 소리를 질렀다.

"테니슨이 시인이라고! 그런 엉터리 시인을!"

"무슨 소리야!" 헤런이 말했다. "테니슨이 최고의 시인이란 건 누구나 다 알고 있어."

"그렇다면 넌 누가 가장 위대한 시인이라고 생각하는데?" 볼랜드가 옆에 있는 친구를 팔꿈치로 슬쩍 찌르면서 물었다.

"그야 물론 바이런이지." 스티븐이 대답했다.

헤런이 가장 먼저, 이어서 나머지 아이들도 소리를 맞춰 조롱하는 웃음을 웃었다.

"뭘 비웃는 거야?" 스티븐이 물었다.

"널 비웃는 거지." 헤런이 말했다. "바이런이 가장 위대한 시인이라니! 그건 무식한 사람들이나 읽는 시인이잖아."

"아니야, 아주 멋진 시인이지." 볼랜드가 놀렸다.

"넌 입 다물어!" 스티븐은 대담하게 볼랜드를 향해 말했다. "너 따위가 아는 시라야 기껏해야 변소의 슬레이트 벽에다 시랍시고 낙서하다가 붙잡혀 다락방으로 끌려 갈 뻔하는*78 시시한 것들일 테니까."

사실 볼랜드는 학교가 파한 뒤에 늘 조랑말을 타고 집에 가는 같은 반 아이에 대해 쓴 이행시(二行時)를 변소 슬레이트 벽 위에 쓴 적이 있다는 소문이 있었다.

　　타이슨이 말을 타고 간 곳은 예루살렘
　　떨어져 다치게 한 것은 알렉 카푸젤람*79

이 반격에 두 똘마니들은 잠잠해졌으나 헤런은 계속했다.

"어쨌든 바이런은 이단자이고 게다가 부도덕한 작자라고."

---

*78 '다락방'은 체벌을 받는 장소이다 (G).

*79 '예루살렘의 처녀'라는 작자 미상의 민요를 비튼 시. 처녀의 이름은 카푸젤람이 아니라 카푸잘렘이며, 예루살렘의 창녀라고 하는 시도 있다 (G).

"그런 건 문제가 되지 않아." 스티븐이 열띤 어조로 말했다.

"이단자라도 상관없다는 거니?" 내쉬가 말했다.

"네가 시에 대해 뭘 안다고 그래?" 스티븐이 큰 소리로 말했다. "자습서 말고는 평생 책이라고는 한 줄도 읽지 않는 주제에. 볼랜드 너도 마찬가지고."

"바이런이 나쁜 사람이라는 건 알아." 볼랜드가 말했다.

"자, 이 이단자를 체포하라." 헤런이 소리쳤다.

순식간에 스티븐은 붙잡히고 말았다.

"며칠 전에 테이트는 네 작문의 이단사상을 그냥 넘어가 주었지." 헤런이 말했다.

"내일 그 선생한테 일러바쳐야지." 볼랜드가 말했다.

"일러바친다고?" 스티븐이 되받아쳤다. "겁이 나서 입도 뻥긋 못할 거면서."

"겁이 날 거라고?"

"그래, 겁이 나서 오들오들 떨걸."

"얌전히 있어!" 헤런이 소리치면서 지팡이로 스티븐의 다리를 때렸다.

그것을 신호로 그들의 공격이 시작되었다. 내쉬는 그의 두 팔을 뒤로 비틀어 잡았고, 볼랜드는 도랑에 굴러다니는 기다란 배추 포기를 움켜잡았다. 지팡이와 단단한 배추 줄기로 맞으면서 저항하고 발길질을 하던 스티븐은 마침내 철조망 울타리까지 밀려갔다.

"바이런은 나쁜 놈이라는 걸 인정해."

"못해."

"해."

"못해."

"해."

"못해, 못해"

미친 듯이 달려든 끝에 그는 간신히 빠져나올 수 있었다. 그를 괴롭히던 아이들은 웃고 놀리면서 존스 로(路)[80] 쪽으로 달아났다. 얻어맞아서 붉게

---

[80] 클론리프 로에서 남쪽 피츠기번 로까지 뻗은 도로.

상기된 얼굴로 숨을 헐떡이던 그는 눈물이 앞을 가려 비틀거리면서 분에 못 이겨 두 주먹을 불끈 쥐고 흐느껴 울었다.

그 소리를 듣고 그들이 좋아라고 웃어대는 소리를 들으면서 '고백의 기도'를 외는 동안, 그리고 그 악의에 찬 정경이 마음속을 예리하게 그리고 재빨리 지나가는 동안에도, 자기를 괴롭혔던 아이들에 대한 증오심이 조금도 일지 않는 것이 이상했다. 그들의 비겁함과 잔인함은 조금도 잊지 않았지만, 그 기억은 어떠한 분노도 불러일으키지 않았다. 지금까지 책에서 읽은 격렬한 애증의 묘사가 모두, 그 때문에 거짓처럼 생각될 정도였다. 그날 저녁, 존스 거리를 따라 비틀거리면서 집으로 돌아가는 동안에도, 뭔지 모를 힘이 마치 잘 익은 과일의 연한 껍질을 벗기듯이, 그 갑작스러운 분노를 깨끗하게 벗겨내 버린 것처럼 느낀 것이다.

그는 두 사람과 함께 셰이드 끝에 서서, 그들의 대화를 무심하게 듣거나 극장에서 터져 나오는 갈채 소리를 듣고 있었다. 그녀는 그곳에서 다른 사람들과 함께 의자에 앉아 내가 등장하기를 기다리고 있을 것이다. 그녀의 모습을 기억해내려고 했으나 마음속에 떠오르지 않았다. 생각나는 것이라고는 오직 그녀가 숄을 두건처럼 머리에 두르고 있었던 것, 그리고 새까만 눈동자가 그를 사로잡아 모든 힘을 빼앗아 가버린 것뿐. 그는 자기가 그녀를 계속 생각해 왔듯이 그녀도 자기를 생각했을지 궁금했다. 어둠 속에서 두 친구에게 보이지 않도록, 손가락 끝을 다른 손바닥에 닿을까말까 할 정도로 가볍게 대보았다. 그녀의 손가락이 주던 감촉은 그것보다 더 가볍고 그러면서도 더욱 힘이 들어 있었지. 그러자 별안간 그녀의 손가락 감촉에 대한 기억이, 눈에 보이지 않는 물결처럼 머리와 육체를 훑고 지나갔다.

한 소년이 셰이드 아래로 그들을 향해 달려왔다. 흥분해서 숨이 헐떡거리고 있었다.

"아, 디덜러스." 소년이 소리쳤다. "도일*81이 무척 화나 있어. 얼른 들어가서 분장해야 돼. 서두르는 게 좋을 거야."

"안 그래도 가려던 중이야." 헤런이 거드름을 부리면서 느릿하게 말했다. "가고 싶으면 간다구."

---

*81 찰스 도일 신부.

소년은 헤런을 향해 되풀이했다.

"하지만 도일이 단단히 화났다니까."

"너 도일에게 가서, 내가 그 사람 눈이 도저히 마음에 들지 않는다고 전해 줘." 헤런이 대꾸했다.

"그래, 이젠 가봐야겠어." 스티븐이 말했다. 그에게는 그런 체면 같은 건 중요한 문제가 아니었다.

"나 같으면 안 가겠어." 헤런이 말했다. "절대로. 하급반 아이를 심부름 보내는 게 어딨어? 게다가 화를 내고 있다고? 네가 그놈의 썩어빠진 연극에 나가주는 것만도 고맙다고 해야 할 판인데."

이 라이벌이 걸핏하면 싸우려 드는 우정의 소유자라는 것은 최근에 눈치 챘지만, 지금 또다시 그런 우정 앞에서도 스티븐은 평소의 조용하고 순종적인 태도 그대로였다. 그러한 거친 흥분은 신뢰하지 않았고, 그런 종류의 우정의 성실함을 의심하고 있었다. 그것은 어른이 된다는 것의 슬픈 전조처럼 생각되었다. 여기서 제기된 체면 문제는, 다른 모든 문제가 그렇듯이 스티븐에게는 하찮은 것이었다. 스티븐의 마음은 실체 없는 환영(幻影)을 계속 추구하면서 결단을 주저했고, 그 추구로부터 돌이켜보면 늘 아버지와 선생님의 목소리가 들렸다. 그들의 목소리는 무엇보다 먼저 좋은 가톨릭신자가 되라고 권한다. 그러나 지금은 그 목소리는 텅 빈 울림처럼 들리고 있었다. 체육관이 생기자*82 튼튼하고 사내답고 건강해지라고 타이르는 다른 목소리가 들려오고, 아일랜드 부흥운동*83이 학교에도 들어오자 조국에 충실하라, 조국의 쇠퇴한 언어와 전통을 보급하는 데 힘쓰라는 또 다른 목소리가 들려왔다. 세속의 세계에 들어가면, 스티븐도 이미 알고 있는 일이지만, 열심히 노력하여 아버지의 몰락한 지위를 되찾아주라고 세속의 목소리가 명령할 것이다. 게다가 동급생들의 목소리는, 좋은 친구가 되라, 다른 친구들이 벌을 받는 것을 구해주고, 휴강을 받아내도록 최선을 다하라고 명령한다. 그리고 환영을 추구하는 도중에 스티븐을 주저하게 하고 멈춰 서게 한 것은, 허망하게

---

*82 아일랜드 부흥운동의 일환으로 스포츠 부흥도 일어나 체육이 장려되었다. 그래서 벨비디어 칼리지에도 체육관이 생겼다.

*83 1890년대에는 언어, 문학, 신화, 그림, 음악, 스포츠 등, 아일랜드 문화를 부흥하는 정치색을 띤 운동이 일어났다.

울리는 그 목소리들이 모두 한데 모여 내는 시끄러운 소리였다. 스티븐은 그런 목소리들에 아주 잠시 동안 귀를 기울였지만, 사실은 멀리 떨어져서 그런 목소리가 들리지 않는 곳에 혼자, 아니면 환상 속의 친구와 함께 있을 때만 행복했다.

성구실에서는 뚱뚱하고 혈색 좋은 예수회 회원*84과 초라한 푸른 색 옷을 입은 노인이 연지와 분으로 연신 분장을 해주고 있다. 분장이 끝난 아이들은 돌아다니거나 어색하게 서서, 손가락을 움직여 자기 얼굴을 조심스럽게 만져보곤 했다. 성구실 한복판에서는 그때 학교를 방문 중이던 젊은 예수회 회원 한 사람이 두 손을 바지주머니에 푹 찔러 넣은 채 발끝과 뒤꿈치를 딛고 서는 동작을 번갈아 하면서 몸을 흔들고 서 있었다. 그의 작은 머리가 윤기 있는 붉은 곱슬머리와 깨끗이 면도한 얼굴을 더욱 돋보이게 했다. 그 모습이 얼룩 하나 없는·고상한 수탄과 광을 낸 구두에 잘 어울렸다.

이렇게 흔들리고 있는 몸을 바라보며, 그 신부의 조소어린 미소에서 의미를 읽으려 하고 있으니, 스티븐의 마음속에 아버지에게서 들은 말이 생각났다. 아버지는 그를 클롱고스 학교에 보내기 전에 예수회 사람들은 옷 입는 스타일만 보아도 금방 알 수 있다고 말했다. 동시에 아버지의 마음과 이 미소짓고 있는 훌륭한 차림의 신부의 마음 사이에는 닮은 데가 있다고 생각했다. 이윽고 스티븐은 그 신부의 직무와 성구실이 약간은 모독당하고 있다는 느낌이 들었다. 고요해야 할 성구실은 시끄러운 잡담이나 농담으로 인해 어지러웠고 실내 공기는 가스등과 기름 냄새로 인해 매캐했다.

그 노인이 이마에 주름살을 그리고 턱에 검푸른 칠을 해주는 동안, 스티븐은 뚱뚱한 젊은 예수회 회원이 연극 대사는 큰 소리로 분명하게 말하라고 당부하는 것을 멍하니 듣고 있었다. 악대가 '킬라니의 백합'*85을 연주하는 것을 듣고 그는 곧 막이 오른다는 것을 알았다. 스티븐은 무대에 오르는 것은 겁나지 않았으나 맡은 역을 생각하니 모욕감이 느껴졌다. 몇몇 대사를 생각

─────────────

*84 도일 신부를 가리킨다.

*85 아일랜드의 극작가이자 배우인 디온 부시커(1822~90)가 자작 연극 《아름다운 소녀》를 원작으로, 존 옥센포드와 함께 대본을 쓰고 줄리우스 베네딕트 경이 작곡하여 3막짜리 오페라로 만든 것. 초연은 1862년. 《율리시스》 제6삽화에서는, 블룸이 이 오페라를 보러 갈까 궁리하고 있다. 그러나 여기서는 그 오페라의 서곡을 가리킨다.

하자 그의 분장한 얼굴이 갑자기 붉어졌다. 그녀는 관중들 틈에서 그 진지하고 매혹적인 눈으로 이쪽을 응시하고 있을 것이다. 그 눈의 이미지를 떠올리는 순간, 망설임은 사라지고 정신이 번쩍 들었다. 다른 성격이 자신에게 주어진 듯한 기분이 들었다. 다시 말해, 주위의 흥분과 젊음이 불쾌한 불신의 생각 속으로 비집고 들어와 영향을 주었고, 그것을 완전히 바꿔놓고 만 듯했다. 신기하게도 한 순간, 스티븐은 자신이 그야말로 소년 시절에 살고 있는 듯한 기분이 들었다. 그래서 다른 출연자들과 섞여 무대 옆에 서 있을 때는 다른 사람들처럼 유쾌한 기분이었다. 건장한 체격의 두 신부가 막을 급하게 올리는 바람에 비스듬하게 일그러진 채 막이 올랐다.

잠시 뒤 스티븐은 무대에 서서, 휘황하게 빛나는 가스등과 어두컴컴한 배경 사이에서, 마치 허공 같은 무수한 얼굴들 앞에서 연기를 하고 있었다. 연습 때는 지리멸렬하고 생명이 없어 보이던 희곡이 갑자기 고유의 생명을 띠게 된 것을 보고 깜짝 놀랐다. 연극 자체가 저절로 나아가고, 그와 동료 배우들은 각자의 역할로 그것을 도와주고 있을 뿐인 것 같았다. 마지막 장면이 끝나고 막이 내리자, 허공은 박수와 갈채로 가득 찼다. 무대 옆 틈새로 내다보니 스티븐이 여태껏 그 앞에서 공연했던 관중들이 하나의 덩어리에서 마법처럼 무너져버리고, 허공을 가득 채웠던 무수한 얼굴은 곳곳에서 해체되고 분산되어 바삐 움직이는 군중으로 변했다.

재빨리 무대를 떠나 거추장스러운 의상을 벗어버리고 성당을 지나 정원으로 나갔다. 연극이 끝나자 그의 신경은 다른 모험을 찾고 있었다. 그 모험을 따라잡으려는 듯이 걸음을 서둘렀다. 강당 문은 모두 열려 있고 관객은 모두 밖으로 나갔다. 아까 방주를 매어두고 있다고 상상했던 밧줄에는 몇 개의 등불이 매달려 밤바람 속에 흔들리며 맥없이 깜박거리고 있었다. 마치 먹잇감을 놓치지 않으려는 것처럼 서둘러 교정에서 돌계단을 올라간 뒤, 현관 속에 무리지어 있는 사람들 사이를 헤치며 나아가 두 명의 예수회 회원 옆을 지나갔다. 그 두 사람은 돌아가는 손님들을 바라보면서 인사를 하거나 악수를 하면서 서 있었다. 여전히 바쁜 척하면서 조바심을 내며 앞으로 나아가는 동안, 뒤통수에 사람들의 미소와 시선, 그리고 그들이 팔꿈치로 쿡쿡 찌르고 있는 것을 희미하게 의식했다.

돌계단으로 나오자 가족들이 첫 번째 가스등 밑에서 자기를 기다리고 있는 것이 보였다. 모두 낯익은 사람들뿐*86이라는 것을 한눈에 알아보고, 화가 난 스티븐은 계단을 뛰어 내려갔다.

"조지 가(街)*87에 가서 전할 말이 있어요." 스티븐은 아버지에게 재빨리 말했다. "나중에 집으로 갈게요."

아버지의 대답은 듣지도 않고 길을 빠져나가 아주 빠른 걸음으로 언덕*88을 내려가기 시작했다. 자기가 어디를 걷고 있는지도 거의 모르고 있었다. 자만과 희망과 욕정이, 마음속에서 마치 짓이겨진 풀잎처럼 맹렬한 향기를 뿜어내는 수증기*89를 마음의 눈앞에 피워 올리고 있었다. 상처 입은 자존심과 잃어버린 희망과 좌절된 욕정이 수증기처럼 갑자기 분출하여 소용돌이치는 것을 의식하면서, 언덕을 성큼성큼 내려갔다. 그것은 짙은, 그리고 맹렬한 연기가 되어, 고뇌하는 눈앞에 솟아올라 머리 위로 사라졌고, 이윽고 공기는 차갑고 맑아졌다.

눈에는 아직도 엷은 안개 같은 것이 덮여 있었으나 화끈거리는 통증은 이제 없었다. 지금까지도 늘 분노와 원망을 제거하는 걸 도와줬던 어떤 힘이 그의 걸음을 멈추게 했다. 스티븐은 가만히 서서 시신안치소*90의 음산한 현관을 올려다본 다음, 그 옆의 자갈이 깔린 어두운 오솔길을 보았다. 골목 벽에는 '로츠'*91라고 거리이름이 씌어 있었다. 그는 부패한 무거운 공기를 천천히 들이마셨다.

"이건 말 오줌과 썩은 짚 냄새야." 스티븐은 생각했다. "마셔보니 기분 좋은 냄샌걸. 이제 마음이 가라앉는 것 같아. 그래, 완전히 가라앉았어. 이제 그만 돌아가야겠다."

---

*86 기대에 반해 E─C─의 모습이 보이지 않은 것.

*87 북그레이트조지 가를 가리킨다. 벨비디어 칼리지 정면에서 남쪽으로 뻗은 거리.

*88 조지 가는 약간 경사가 있다.

*89 vapours. 고어에서는 '우울'이라는 의미도 있다.

*90 더블린 시신안치소. 당시에는 스토아 거리 3번지에 있었지만, 그 이전에는 하(下) 애비 거리 27번지에 있었다.

*91 리피 강 북쪽의 오솔길. 시신안치소에서 조금 떨어져 있다. 스티븐은 마르바라 거리에서 남쪽으로 똑바로 걸어가서, 리피 강 근처에 있었던 옛날의 시신안치소에서 걸음을 멈췄을 것이다.

* * *

스티븐은 또 다시 킹스브릿지에서 객차 구석에 아버지와 나란히 앉아 있었다. 코크행 야간 우편열차로 아버지와 함께 여행에 나선 것이다. 기차가 증기를 뿜으며 정거장을 벗어나자, 그는 몇 해 전 어린 마음에 느꼈던 경이와 클롱고스에서 첫날 겪었던 일들을 회상했다. 그러나 지금은 어떠한 경이로움도 느낄 수 없었다. 그는 저물어가는 대지가 뒤쪽으로 사라지고, 4초마다 전봇대가 차창을 휙휙 스치는 것을 지켜보았다. 몇 사람의 역무원들이 말없이 지키고 있는 작은 간이역이 희미하게 불빛을 반짝이면서 야간열차 뒤로 물러날 때는, 한 순간 암흑 속에서 마치 기관수가 뒤로 뿌리는 불똥이 흩날리는 것 같았다.

아버지가 코크라는 도시와 그곳에서 있었던 젊은 시절의 추억들을 회상하고 있을 때, 스티븐은 아무런 공감도 느끼지 못한 채 그저 귀를 기울이고 있었다. 이야기 도중에 죽은 친구의 이미지가 떠오르거나, 자기가 코크를 찾아가는 목적이 문득 생각나면, 아버지는 한숨을 짓거나 주머니에서 작은 술병을 꺼내 한 모금씩 마시느라 이야기가 중단되곤 했다. 스티븐은 듣고는 있었지만 아무런 연민도 느끼지 못했다. 죽은 사람들의 이미지라야 얼마 전부터 차츰 기억에서 사라져가고 있던 찰스 할아버지의 이미지 말고는 그에게는 모두 낯설기만 했다. 그러나 그는 아버지의 재산이 경매 처분될 예정이라는 것을 알고 있었고, 그런 식으로 자기가 물려받을 재산을 박탈함으로써 환상이 거짓임을 무자비하게 보여주려는 거라고 느꼈다.

메리버러[*92]에서 스티븐은 잠이 들었다. 잠에서 깨어났을 때 기차는 맬로[*93]를 벗어나고 있었고, 아버지는 다른 자리에서 몸을 쭉 뻗고 잠들어 있었다. 싸늘한 새벽빛이 시골의 인적 없는 들판과 문이 닫힌 오두막을 비춰주고 있었다. 조용한 시골 풍경을 바라보거나, 이따금 아버지의 깊은 숨소리와 갑자기 몸을 뒤척이는 소리를 들을 때면, 잠에 대한 공포가 마음을 사로잡았다. 모습은 보이지 않아도 자고 있는 사람들이 주위에 있다고 생각하니, 그 사람들이 자기에게 해를 가할지도 모른다는 기묘한 공포가 마음을 파고드는

[*92] 더블린의 남서쪽 약 80킬로미터에 있는 리슈 주의 역.
[*93] 코크 북쪽 약 35킬로미터의 마을.

것이었다. 그래서 스티븐은 어서 날이 밝게 해달라고 기도했다. 그 기도는 신에게 드리는 것도 성인에게 드리는 것도 아니었지만, 차가운 아침 바람이 객차 문틈을 통해 그의 발아래로 불어왔을 때의 전율로 시작되어, 열차의 격렬한 진동에 맞춰 뇌까리는 종잡을 수 없는 말로 끝났다. 전봇대는, 소리도 없이 질주하는 음표(音標)를 4초마다 구획 짓는 규칙적인 소절의 구분선(區分線)이 되었다. 그 격렬한 음악이 잠에 대한 그의 두려움을 진정시켜 주어, 스티븐은 차창에 기대어 다시 눈을 감을 수 있었다.

그들이 이륜마차를 타고 코크 시내를 달리고 있을 때는 아직도 이른 새벽이었다. 스티븐은 빅토리아 호텔*94 침실에서 모자라는 잠을 채웠다. 밝고 따뜻한 햇살이 창문으로 쏟아져 들어오고 차들이 오가는 소음이 들려왔다. 아버지는 화장대 앞에 서서 머리와 얼굴과 콧수염을 유심히 살피며, 좀 더 잘 보이도록 물병 너머로 목을 길게 빼기도 하고 고개를 옆으로 내밀기도 했다. 그러는 동안 아버지는 묘한 악센트와 가사로 혼자 조용히 노래를 부르고 있었다.

젊고 어리석어
결혼했지만
그대여, 나는
이제 떠나려네
깨진 건 다시
붙일 수 없는 법
아메리카로 가는
저 연락선

어여쁜 그대
아름다운 내 사랑
새 술일 때는
맛도 좋았지

---

*94 번화가를 지나 성 패트릭 거리에 있었던 코크 최고의 호텔.

시들어서
김빠지니
덧없이 사라지네
저 산마루 이슬로’*95

　창 밖으로 따뜻한 햇살이 내리쬐는 거리를 의식하면서, 아버지의 부드럽게 떨리는 목소리가, 묘하게 슬프고 행복한 느낌의 노래를 꽃다발로 장식하는 것처럼 부르는 것을 들으니, 간밤의 불쾌한 기분은 그의 머릿속에서 안개처럼 사라졌다. 재빨리 일어나 옷을 입으려 하는데 노래가 끝나자, 스티븐은 이렇게 말했다.

　“‘여러분, 이리 와 내 말 좀 들어보오’*96로 시작되는 노래 가운데 그게 가장 좋군요.”

　“그렇게 생각하니?” 디덜러스 씨가 물었다.

　“마음에 드는데요.”

　“아주 옛날 노래란다.” 디덜러스 씨는 콧수염 끝을 비틀면서 말했다. “하지만 믹 레이시가 이 노래를 부르는 걸 들었어야 하는데! 그 친구도 가버렸어! 이 노래를 참 잘했지. 소절마다 장식음을 기가 막히게 넣어서 불렀는데 나야 어디 그런 재주가 있어야지. ‘여러분, 이리 와 내 말 좀 들어보오’조의 노래를 제대로 부를 줄 아는 친구였어.”

　디덜러스 씨는 아침식사로 드리신*97을 주문하고, 식사하는 내내 웨이터에게 그 지방에 대해 자세히 캐물었다. 지명이 하나 언급될 때마다 디덜러스 씨와 웨이터가 이야기하는 내용은 대부분 엇갈렸다. 그 이유는 웨이터는 현재의 소유주를 염두에 두고 있는 데 비해, 디덜러스 씨는 그 아버지나 할아버지 얘기를 하고 있었기 때문이었다.

　“하지만 퀸스 칼리지*98만은 지금도 여전하겠지.” 디덜러스 씨가 말했다.

---

*95 작자미상의 민요(D).

*96 ‘여러분, 이리와 내 말 좀 들어보오’는 표제의 말로 시작되는 가사로 시사적인 내용을 풍자하는 노래의 총칭. 제1장 47페이지 26행 참조.

*97 코크의 명물인 푸딩. 양의 내장에 양의 피와 오트밀, 우유를 채워 만든다.

*98 빅토리아 여왕의 비호하에 1849년 아일랜드 가톨릭의 고등교육기관으로서 설립된 대학. 단, 종파와는 무관하다. 코크 외에 벨파스트와 골웨이에도 설립되었다.

"이 녀석에게 보여주고 싶은 곳이라네."

마다이크 거리*99를 따라 가로수들이 한창 꽃을 피우고 있었다. 그들은 대학 교정에 들어가서 수다스러운 수위의 안내를 받아 안마당으로 갔다. 그러나 그 자갈을 깔아놓은 길을 가는 동안, 수위의 대답을 듣느라 여남은 걸음마다 한 번씩 멈춰서야 했다.

"아, 그게 정말이오? 그 포틀벨리*100도 죽었단 말이오?"

"예, 그렇답니다. 죽었지요, 예."

이렇게 몇 번이나 걸음을 멈추는 동안, 스티븐은 두 사람 뒤에 어색하게 서서 그런 화제를 지겨워하며 느린 걸음이나마 다시 시작되기를 초조하게 기다렸다. 그 안절부절못하는 기분은 마당을 다 건넜을 때쯤 절정에 이르렀다. 아버지처럼 빈틈없고 의심 많은 사람이 어떻게 그 수위의 굽실거리는 태도에 넘어갈 수 있는지 신기했고, 처음에는 재미있게 들렸던 활기찬 남부 사투리도 지금은 귀에 거슬려서 짜증이 났다.

계단식으로 된 해부학 교실*101에 들어가자, 디덜러스 씨는 수위의 도움을 받아 자기 이름의 머리글자가 새겨진 책상을 찾았다. 스티븐은 교실 내부의 어둠과 정적, 그리고 딱딱하고 형식적인 학문적 분위기에 눌려서 뒤쪽에 남아 있었다. 시커멓게 때가 묻은 나무 책상의 곳곳에 새겨진 '태아(Foetus)'라는 단어가 눈에 들어왔다. 그 글자가 갑자기 그의 피를 끓어오르게 했다. 그는 학교를 떠나고 없는 학생들이 자기를 둘러싸고 있는 듯해서 거기서 달아나고 싶은 기분이었다. 아버지가 아무리 말로 설명해도 머리에 떠오르지 않던 학생들의 생활의 이미지가, 책상에 새겨진 단어 하나로 눈앞에 불쑥 떠올랐던 것이다. 벌어진 어깨에 콧수염을 기른 학생 하나가 잭나이프를 사용하여 진지하게 글자를 새기고 있다. 다른 학생들은 그 주변에 서거나 앉아서 그것을 바라보며 웃고 있다. 한 사람이 팔꿈치로 찌른다. 키 큰 학생이 돌아보면서 얼굴을 찌푸린다. 그는 헐렁한 잿빛 옷을 입고 황갈색 구두를 신고 있다.

---

*99 시가지 서쪽의 가로수길로, 그 근처에 퀸스 칼리지가 있다.

*100 1포틀(약 2.3리터)이나 마실 수 있는 배라는 뜻. 별명일 것이다.

*101 해부학을 가르치는 교실로, 계단상으로 점점 높아진다. 스티븐의 아버지는 학생시절에 의학을 공부한 것으로 되어 있다.

누가 스티븐의 이름을 불렀다. 그는 되도록 그 환상에서 멀리 벗어나려는 듯이 교실 계단을 서둘러 내려가, 아버지가 새긴 머리글자를 바짝 들여다보면서 상기된 얼굴을 감췄다.

그러나 안마당을 가로질러 교문으로 걸어가는 동안, 눈앞에서 그 단어와 환상이 어른거리며 떠나지 않았다. 그때까지 자신의 마음속에만 있었던, 야수적이고 개인적인 질병이라고 여겼던 것의 흔적을 외부 세계에서 마주친 것은 그에게는 충격이었다. 얼마 전에 느꼈던 기괴한 공상이 한꺼번에 그의 기억을 공격해 왔다. 그 몽상들도 한낱 낱말에 불과한 것에서 느닷없이, 그리고 격렬하게 눈앞에 떠올랐던 것이다. 그는 힘없이 그 환상에 굴복하고, 그것들이 침입하여 자신의 지성을 비웃거나 말거나 내버려두었다. 그리고 그런 환상들이 어디서 나타나는지, 어떤 기괴한 이미지의 동굴이 있어서 거기서 나오는 건지 이상하게 생각하며, 그것들이 한바탕 휩쓸고 지나가면 언제나 타인에 대해서는 나약하고 겸허해지고, 자기 자신에 대해서는 불안과 혐오를 느꼈다.

"그래! 식료품 가게*102가 있었지!" 디덜러스 씨가 소리쳤다. "스티븐, 내가 그 식료품 가게에 대해 자주 얘기하는 것 들었지? 출석만 체크하고 패거리들이 자주 몰려가곤 했지. 해리 퍼드, 꼬마 잭 마운틴, 봅 다이어스, 프랑스인 모리스 모리아티. 그리고 톰 오그레이디와 오늘 아침에 얘기했던 믹 레이시, 그리고 조이 코베트와 탠타일즈*103의 착한 꼬마 조니 키버즈 같은 친구들."

마다이크 거리의 가로수 잎이 햇빛을 받아 몸을 떨면서 서로 속삭이고 있었다. 크리켓 팀이 지나간다. 플란넬 바지에 화려한 블레이저를 입은 씩씩한 젊은이들. 그 가운데 한 사람은 긴 녹색 위킷 가방*104을 들고 있었다. 조용한 골목에서는 다섯 명의 연주자로 구성된 독일 악단이 퇴색한 제복을 입고 찌그러진 금관악기를 연주하고 있었는데 청중은 길거리의 부랑아들과 한가로운 심부름꾼들뿐이었다. 하얀 모자를 쓰고 앞치마를 두른 하녀가, 따뜻한 햇살을 받아 석회암 판처럼 번쩍이는 창틀 위에 놓인 화분에 물을 주고 있었

---

*102 선술집도 겸하고 있었다.
*103 코크 주 서쪽 지역. 단 '게으름뱅이'로 보는 설도 있다(G).
*104 크리켓에서 사용하는 위킷을 넣는 가방.

다. 열어놓은 다른 창문에서는 고음(高音)을 향해 점점 올라가고 있는 피아노 소리가 들려왔다.

　스티븐은 아버지와 나란히 걸으면서 전에 들은 적이 있는 애기를 다시 들었고, 젊은 시절 아버지의 친구였다가 지금은 흩어져서 더러는 죽기도 한 옛 술꾼들의 이름도 다시 들었다. 희미한 불쾌감이 마음속에서 한숨을 내쉰다. 그는 벨비디어 학교에서 자기가 놓여 있었던 애매한 위치*105를 생각해 보았다. 학비가 전액 면제되는 학생으로, 자신의 권위에 불안을 품고 있는 우수한 학생. 오만하고 감수성이 예민하며 회의적인 성격에, 생활의 비천함이나 마음의 방탕함과 싸우고 있었다. 때 묻은 나무 책상에 새겨진 글자들이 그를 노려보면서 그의 육체적 나약함과 공허한 열정을 조롱하는가 하면, 그의 광기어린 추잡한 정열의 폭주에 대한 혐오를 더욱 부추겼다. 목구멍에 고인 침을 삼키자 씁쓸하고 더러운 기분과 함께 희미한 욕지기가 머리로 치밀어 올라, 스티븐은 잠시 눈을 감고 어둠의 세계 속을 걸어갔다.

　그래도 아버지의 목소리는 여전히 들려온다.

　"스티븐, 네가 세상에 나가면 말이다―언젠가 곧 그렇게 될 테지만―무슨 일을 하든 신사들과 어울리는 것을 잊어선 안 된다. 젊었을 때 난 정말 즐겁게 살았단다. 멋진 녀석들과 어울렸으니까. 각자 무슨 재주든 한 가지씩은 갖고 있었어. 머리가 좋은 녀석이 있는가 하면 훌륭한 배우도 있었고, 우스꽝스러운 노래를 잘 부르는 녀석도 있었지. 또 노를 잘 젓는 녀석도 있고 테니스 선수나 훌륭한 이야기꾼도 있었어. 늘 발랄하고 유쾌하게 삶을 즐기면서 인생이 무엇인지도 조금은 알게 되었고, 그런 생활로 품위를 잃는 일은 없었지. 우린 모두 신사들이었으니까, 스티븐. 적어도 그랬다고 생각한단다. 게다가 모두 선량하고 정직한 아일랜드인들이었지. 너도 그런 친구를 사귀도록 해라. 성품이 올바른 녀석들 말이다. 아버진 지금 한 사람의 친구로서 너에게 이런 말을 하는 거다, 스티븐. 난 엄한 아버지 노릇은 하고 싶지 않구나. 아들이 아버지를 무서워해서야 안 되지. 암, 안 되고말고. 나는 어렸을 때 네 할아버지가 나를 대해 주시던 것과 똑같이 너를 대하고 싶구나. 할아버지와 난 부자지간이라기보다 형제 같았어. 내가 담배를 피우다가 처음

---

*105 수업료를 면제받는 특대생인 것.

으로 들켰던 날을 지금도 잊을 수가 없구나. 어느 날 내 또래 녀석들 몇 놈과 함께 사우스테라스*106 변두리에 서서, 모두들 입에 파이프를 물고 마치 대단한 어른이라도 된 것처럼 으스대고 있었지. 그때 난데없이 아버지가 지나가시는 게 아니겠니? 아버지는 아무 말도 하지 않고 걸음을 멈추지도 않았단다. 그 이튿날은 마침 일요일이었지. 우리는 함께 산책을 나갔단다. 집으로 돌아오는 길에 아버진 여송연을 꺼내면서 이렇게 말씀하시더구나. '그런데 말이다, 사이먼, 난 네가 담배를 피우는 줄 몰랐지 뭐냐.' 뭐, 그런 말씀이었지. 물론 난 최대한 태연한 표정을 지었지. 아버진 또 이렇게 말씀하셨다. '너 진짜 좋은 담배를 맛보고 싶거든 이 여송연을 한번 피워봐라. 간밤에 퀸스타운*107에서 어떤 미국인 선장이 선물로 준 건데.'"

그때 아버지는 갑자기 웃음을 터뜨렸다. 그런데 그 웃음소리가 스티븐에게는 마치 흐느껴 우는 것처럼 들렸다.

"할아버지는 그 무렵 코크에서 최고의 미남이셨다, 정말이지! 여자들이 길모퉁이에 서서 그분의 뒷모습을 훔쳐보곤 했으니까."

스티븐은 그 흐느끼는 목소리가 아버지의 목구멍을 큰 소리를 내면서 내려가는 것을 듣고 초조한 충동을 느끼며 눈을 떴다. 시야에 갑자기 뛰어든 햇살 때문에, 하늘과 구름이, 어두운 장미색 빛의 호수 같은 것이 점점이 떠 있는 시커먼 덩어리의 환상적인 세계로 보였다. 그의 머리 자체가 흔들거리면서 무력해졌다. 상점 간판의 글자도 읽을 수가 없다. 자신의 기이한 생활 태도 때문에, 현실의 한계 밖으로 튕겨 나온 것 같았다. 현실 세계에서는 그를 감동시키거나 그에게 말을 거는 사람은 아무도 없었다. 오직 마음속에서만 미친 듯한 절규가 메아리치는 것이 들릴 뿐. 지상의, 또는 인간의 부름에도 반응을 나타낼 수 없고, 여름과 환희와 우정의 부름에도 묵묵부답인 채 아무 감각이 없었으며, 아버지의 목소리는 너무나 지겨워서 지칠 대로 지쳐 있었다. 자기 자신의 생각마저 자신의 생각인지 알 수가 없어서 마음속으로 천천히 이렇게 되풀이했다.

"나는 스티븐 디덜러스다. 아버지와 함께 걸어가고 있다. 아버지의 이름은 사이먼 디덜러스. 우리는 아일랜드의 코크에 와 있다. 코크는 도시이고,

*106 시내 남동부에 있는 중류계급의 고급주택지(G).
*107 코크 시 남동쪽 약 13킬로미터에 있는 항구(현재의 코브).

우리는 빅토리아 호텔에 묵고 있다. 빅토리아와 스티븐과 사이먼. 사이먼과 스티븐과 빅토리아. 모두 이름들이다."*108

어린 시절의 기억이 갑자기 흐릿해졌다. 생생하게 기억되던 몇몇 순간들을 회상해 보려고 했으나 잘 되지 않았다. 생각나는 것이라고는 오직 이름뿐. 댄티, 파넬, 클레인, 클롱고스. 어린 사내아이가 옷장에 솔을 두 개 가지고 있는 노파한테서 지리를 배웠지. 그리고 집을 떠나 학교로 가게 되었어. 학교에서 처음으로 영성체*109를 했고, 크리켓 모자에 들어 있는 설탕과자*110를 먹고, 의무실의 작은 병실 벽에서 뛰노는 듯 춤추는 벽난로의 불빛을 바라보았고, 또 죽는다는 것, 검정색과 금색의 망토를 걸친 교장선생님이 자기를 위해 올려주는 미사*111와, 참피나무 가로수길에서 얼마쯤 떨어진 곳에 있는 예수회의 작은 묘지에 묻히는 것을 꿈꾸었지. 하지만 죽지 않았어. 파넬이 죽었지. 성당에서 죽은 사람을 위한 미사를 올리지도 않고 장례 행렬도 없었어. 죽은 것이 아니라 햇볕을 머금은 거미줄처럼 사라진 거야. 행방불명이 되었거나, 아니면 존재의 바깥으로 벗어나 헤매고 있었던 거지. 어쨌든 더 이상 살아 있지 않았으니까. 자기가 이런 식으로 죽음에 의해서가 아니라, 햇볕 속에서 사라지거나 행방불명이 되어 우주의 어딘가에서 망각됨으로써 존재하지 않게 되는 것을 생각하면 정말 이상한 느낌이 들어! 자신의 조그마한 모습을 잠시 동안 머릿속에 그려보는 것도 이상한 기분이다. 허리띠가 있는 잿빛 옷을 입은 작은 사내아이가 두 손을 호주머니 속에 찔러 넣고, 바지는 무릎 근처까지 고무줄로 걷어 올리고 있었다.

재산이 경매되던 날 저녁, 스티븐은 시내의 술집을 여기저기 전전하는 아버지를 순순히 따라다녔다. 시장의 장사꾼들에 술집 바텐더들, 여종업원들, 한푼 줍쇼 하고 귀찮게 구는 거지들에게까지 디덜러스 씨는 같은 얘기를 되풀이했다. 자기는 코크 대학 출신이며, 더블린에서 30년이나 살면서 코크 사투리를 떨쳐 버리려고 애쓴 것, 옆에 따라다니는 이 애송이는 자기 장남인

---

*108 스티븐의 자기정의.

*109 성별된 빵과 포도주를 받고 그리스도와 일체가 되는 것. 《메이누스 교리문답집》에 의하면, 이성이 길러지는 7세 무렵부터 한다.

*110 조이스의 설명에 의하면, 마시멜로에 핑크색 설탕과 코코넛 조각을 묻힌 과자(《서간집》).

*111 죽은 사람의 미사를 가리킨다.

데, 다만 더블린 사람이라는 것도.

그들은 이른 아침 뉴콤의 커피집*112에서 하루를 시작했다. 그곳에서 디덜러스 씨의 커피잔은 잔받침에 부딪쳐 요란하게 덜그럭거렸다. 스티븐은 의자를 움직이거나 헛기침을 함으로써 간밤에 아버지가 과음했음을 보여주는 그 수치스러운 증거를 은폐하려 했다. 모욕적인 일이 꼬리를 물고 일어났다. 시장 장사꾼들의 거짓 미소, 아버지가 희롱하는 술집여자들의 교태와 추파, 아버지 친구들의 빈말과 격려의 말. 그들이 스티븐을 보고 어쩌면 그렇게 아버지와 꼭 닮았느냐고 말하면, 디덜러스 씨는 닮아도 흉한 것만 닮았다고 맞장구를 쳤다. 사람들은 스티븐의 말에서 코크 지방의 억양을 찾아내거나, 그에게 리 강*113이 리피 강보다 훨씬 더 아름답다는 것을 인정하게 했다. 한 사람은 라틴어 실력을 시험하려고 라틴어 인용구집에 나오는 짧은 구절을 번역하게 하고는 Tempora mutantur nos et mutamur in illis와 Tempora mutantur et nos mutamur in illis 가운데 어느 쪽이 맞느냐*114고 물어보기도 했다. 디덜러스 씨가 조니 캐시먼이라고 부른, 기운이 왕성한 노인은, 더블린 처녀와 코크 처녀 가운데 어느 쪽이 더 예쁘냐고 물어서 스티븐을 난처하게 만들었다.

"그 앤 그런 건 잘 모른다네." 디덜러스 씨가 말했다. "내버려두게나. 워낙 분별심이 있는 아이라 그따위 난센스에는 머리를 쓰지 않아."

"그렇다면 그 아버지에 그 아들은 아니군." 그 키 작은 노인이 말했다.

"글쎄, 그건 잘 모르겠네." 디덜러스 씨는 만족스럽다는 듯이 미소지었다.

"네 아버진 말이다." 키 작은 노인이 스티븐에게 말했다. "한창 때는 코크에서 가장 유명한 바람둥이였단다. 알고 있니?"

스티븐은 고개를 숙인 채 술집을 순례하던 끝에 들어오게 된 그 집의 타일 바닥을 뚫어지게 응시했다.

"이 애의 머릿속에 부질없는 생각을 불어넣지 말게." 디덜러스 씨가 말했

---

*112 코크 시내의 번화가에 있었던 커피가게.

*113 코크 시내를 흐르는 강.

*114 라틴어로서는 양쪽 다 맞지 않다. Tempora mutantur nos et mutamur in illis는 '시대는 우리를 변화시키고 우리는 시대 속에서 변화한다', 또 Tempora mutantur et nos mutamur in illis는 '시대는 변화하고 우리는 시대와 함께 변화한다'. 후자는 로버트 그린(1558~92)이 쓴 시의 표제이며, 그 2행째는 '오만한 이카루스는 하늘 높이 날아올랐고, 그리고 추락했다'고 되어 있다(A).

다. "이 애는 하느님 뜻대로 살도록 내버려두란 말이야."

"걱정 마, 이 애의 머리에 부질없는 생각을 불어넣을 마음은 없으니까. 나도 이젠 나이를 먹어서 이 아이의 할아버지뻘이 되었어. 아니, 정말로 할아버지지." 노인이 스티븐에게 말했다. "알고 있니?"

"정말이세요?" 스티븐이 물었다.

"정말이지 않고." 노인이 말했다. "선데이즈웰*115에 가면 손자가 두 놈이나 뛰어다니고 있지. 자, 그럼 내 나이가 얼마나 될 것 같니? 게다가 난 네 할아버지가 빨간 윗도리를 입고 사냥개들을 데리고 말을 타고 가던 모습을 지금도 기억하고 있단다. 네가 태어나기도 전의 일이지."

"그래, 이 아이를 낳는 건 생각도 하기 전이었지." 디덜러스 씨가 말했다.

"똑똑히 기억하고 있어." 키 작은 노인이 되풀이해서 말했다. "어디 그뿐이겠니? 너의 증조부이신 존 스티븐 디덜러스 씨도 기억하고 있는걸. 정말 성미가 불같은 분이셨지. 어떠냐? 이만하면 대단한 기억력 아니냐?"

"그러니까 3대째 알고 있는 건가? 아니, 4대째군." 누군가가 말했다. "그렇다면 조니 캐시먼, 자네도 이제 1세기쯤 산 모양인데?"

"말해 줄까?" 키 작은 노인이 말했다. "이제 겨우 스물일곱 살이야."

"우리는 스스로 느끼는 것만큼 늙는 법이네, 조니." 디덜러스 씨가 말했다. "자, 어서 잔을 비우게. 한 잔 더 해야지. 여보게, 팀, 톰, 자네 이름이 무엇이든 상관없으니, 같은 것으로 한 잔씩 더 주게. 지금 기분으로는 내가 열여덟 살밖에 되지 않은 것 같단 말이야. 저 아들놈은 내 나이의 반도 되지 않지만, 아직은 무엇을 해도 저애보단 내가 낫지."

"함부로 큰소리치지 말게, 디덜러스. 자네도 이젠 뒷전에 물러나 앉을 때가 되었어." 아까 입을 열었던 신사가 말했다.

"무슨 소리!" 디덜러스 씨가 주장했다. "이 녀석과 테너 노래로 시합을 하거나 파이브 버드 게이트*116 시합도 할 수 있고, 함께 들판에 나가 사냥개를 모는 것도 해볼 용의가 있어. 30년 전에 케리*117의 패거리와 벌였던 시합에서도 난 조금도 뒤지지 않았지."

---

*115 코크 시 서쪽의 주택지.
*116 다섯 개의 막대기를 걸쳐놓은 장애물. 약 180미터.
*117 코크 주에 인접한 아일랜드 남서단의 주.

"하지만 자네도 여기서는*[118] 아들을 당하지 못할걸." 키 작은 노인이 자신의 이마를 때리고는 술잔을 들어 단숨에 비웠다.

"어쨌든 제 애비만한 남자는 되어 주겠지. 내가 말할 수 있는 건 그것뿐이야." 디딜러스 씨가 말했다.

"자네만큼만 된다면 괜찮은 편이지." 키 작은 노인이 말했다.

"하지만 다행스러운 건 말이야, 조니. 우리는 이렇게 오래 살면서 남에게 별로 해를 끼치지 않았다는 점이야."

"해를 끼치기는커녕 좋은 일을 많이 했지, 사이먼." 키 작은 노인이 진지하게 말했다. "이렇게 오래 살면서 이렇게 좋은 일을 한 것은 정말 다행한 일이야."

스티븐은 아버지와 두 친구가 지난날을 회고하면서, 카운터에서 세 개의 유리잔을 들어 건배하는 것을 바라보았다. 운명의 심연이, 또는 기질의 심연이 그와 그들을 갈라놓고 있었다. 자신의 마음이 그들의 마음보다 더 늙은 것처럼 생각되었다. 마치 젊은 대지를 비추는 달처럼, 자신의 마음은 그들의 갈등과 행복과 회한을 차갑게 비추고 있었다. 그 마음속에서는 생명도 청춘도 그들의 마음과 달리 불이 붙는 일은 없었다. 그 동안 스티븐은 다른 사람들과 사귀는 즐거움, 거칠고 남성적인 건강한 힘, 그리고 아들로서의 애정도 몰랐다. 그의 영혼 속에서는 차갑고 잔인하고 애정이 결핍되어 있는 욕정만이 격동하고 있었다. 소년시대는 죽었거나 파괴되었고, 그와 동시에 단순한 기쁨을 누릴 수 있는 영혼도 사라지고, 또 황량한 조개껍질 같은 달과도 닮아서, 인생 속을 떠돌고 있을 뿐이었다.

> 그대의 얼굴이 창백함은
> 하늘에 올라 땅을 굽어보며
> 홀로 외로이 떠도는 데 지쳤기 때문인가?'*[119]

---

*[118] 《율리시스》 제15삽화에서 스티븐은 이마를 때리는 시늉을 하고, "이 속에서는, 성직자와 국왕을 살해해 버려야만 한다"고 말한다.

*[119] 영국의 낭만파 시인 퍼시 비쉬 셸리(1792~1822)의 미완의 시 '달에 부쳐서'(1820)의 첫머리.

스티븐은 이 셸리의 몇 구절을 혼자 읊어보았다. 그 단편에 노래되어 있는, 슬프고 인간적인 허무감과 인간이 알 수 없는 활동의 거대한 사이클이 교차하는 이미지를 떠올리자, 마음이 완전히 차가워져서 인간적인 허무감에서 오는 애수를 잊어버리는 것이었다.

＊＊＊

스티븐의 어머니와 동생, 그리고 사촌 하나가 조용한 포스터 플레이스*120의 한 모퉁이에서 기다리는 동안, 그는 아버지를 따라 계단을 올라가서 고지 출신*121의 보초가 천천히 오가는 주랑(柱廊)으로 나아갔다. 그들이 넓은 홀로 들어가서 카운터 앞에 서자, 스티븐은 아일랜드 은행 총재 명의의 33파운드*122짜리 수표를 꺼냈다. 그것은 시험과 작문에서 받은 상금*123이었는데, 출납계를 통해 각각 지폐와 주화로 즉시 지불되었다. 스티븐은 태연한 태도로 그것을 받아 주머니에 넣었다. 아버지가 계속 말을 걸고 있던 친절한 출납계원이 넓은 카운터 너머 손을 내밀고 훗날 성공하기를 빈다고 축복해 주었다. 두 사람의 목소리가 귀에 거슬려서 가만히 서 있을 수가 없었다. 그러나 출납계원은 다른 손님은 내버려두고, 지금은 시대가 변해서 아들에게는 경제사정이 허락하는 한 최상의 교육을 받게 해야 한다고 떠들어댔다. 디덜러스 씨는 홀 안을 어슬렁거리면서 주위를 쳐다보거나 천장을 올려다보며, 스티븐이 어서 가자고 재촉해도 우리는 지금 옛날의 아일랜드 의회*124

＊120 시내 리피 강 남안에 있는 아일랜드 은행 뒤의 막다른 골목. 아일랜드 정치가 존 포스터에게서 유래한다. 상금을 받은 일가에게는 아이러니한 일이지만, 포스터는 가톨릭교도의 자제가 교육을 받는 것과 두각을 드러내는 것을 제한하는 형벌법의 지지자였다(《조이스의 방법》).

＊121 스코틀랜드 고지 사람임을 가리킨다.

＊122 상당한 금액이다. 《율리시스》 제2삽화에서 스티븐이 임시교사로서 받은 급료가 3파운드 12실링이었다.

＊123 아일랜드의 중등교육을 평가하기 위해 중등교육위원회가 해마다 실시하는 중등시험의 총점 및 그 과목의 하나인 작문에 주어지는 상금. 1879년 이후, 해마다 6월에 실시되며, 총점과 과목별 우수학생에게는 장학금이 지급되었다. 또 소속 학교에도 같은 금액이 지급되기 때문에, 각 학교는 철저한 주입식 교육을 실시했다(T.J. 매케그리트 《아일랜드의 중간교육—1870부터 1921년》).

에 와 있는 거라고 설명했다.

"오, 하느님의 가호가 함께 하기를!" 디덜러스 씨는 경건하게 말했다. "스티븐, 힐리 허친슨,[125] 플래드,[126] 헨리 그래턴,[127] 찰스 켄들 부시[128] 같은, 그 시대의 사람들과, 요즘 아일랜드 민중의 지도자, 망명 중인 자들이든 국내에 있는 자들이든, 그 두 무리들을 비교해 보면 한숨이 절로 나오는구나. 설사 10에이커의 땅일지라도, 요즈음 지도자들은 옛날의 그분들과 함께 묻힐 자격이 없어. 암, 그렇고말고, 스티븐. 매우 안 된 얘기지만, 요즈음 지도자들이야 어느 5월 아침에 7월의 상쾌한 들판으로 훌쩍 나가는[129] 격이지 뭐냐."

은행 주변에는 10월의 쌀쌀한 바람이 불고 있었다. 진흙투성이인 보도 끝에 서 있는 세 사람은 얼굴이 죄어들고 눈에는 눈물까지 글썽거리고 있었다. 스티븐은 어머니가 얇은 옷을 입고 있는 것을 보고 며칠 전에 버나드 상회의 진열장에서 보았던 20기니[130]짜리 외투가 생각났다.

"이제 돈도 찾았고." 디덜러스 씨가 말했다.

"저녁이나 먹으러 가요." 스티븐도 말했다. "어디로 갈까요?"

"저녁이라?" 디덜러스 씨가 말했다. "음, 그게 좋겠군."

"그리 비싸지 않은 곳으로 가요." 디덜러스 부인이 말했다.

"언더던[131]이 어떨까?"

"네, 어디든 조용한 곳이면 좋겠어요."

---

* 124 1800년 성립된 연합법에 의해 이듬해부터 아일랜드 의회가 영국 의회에 병합되었기 때문에, 그 건물은 1802년에 아일랜드 은행에 매각되었다. 스티븐과 그의 아버지가 있는 곳은 아일랜드 의회의 '하원'이 있었던 장소이다.

* 125 존 힐리 허친슨(1724~94). 아일랜드의 정치가이자 경제학자. 자유무역, 가톨릭해방, 정치개혁을 지지했다(G).

* 126 헨리 플래드(1732~91). 영국의 지배에 저항한 아일랜드 정치가. 그래턴에게 협력했지만, 나중에 결별했다.

* 127 아일랜드 정치가(1746~1820). 아일랜드 의회의 독립과 연합법 반대를 주장하고, 가톨릭 해방운동을 지도했다. 아일랜드 은행 바로 앞에 동상이 있다.

* 128 아일랜드의 재판관이자 웅변가(1767~1843). 그래턴과 함께 연합법에 반대했다.

* 129 아일랜드 속요 〈일하는 멋진 소년〉의 한 구절. 이 난센스 같은 속요처럼, 오늘날의 지도자는 경박하고 신뢰할 수 없다는 뜻(자크 보엔 《제임스 조이스의 작품에 나타난 음악의 인용》).

* 130 21파운드에 상당하는 꽤 많은 금액이다.

"따라오세요." 스티븐이 빠르게 말했다. "값은 따지지 말고요."

그는 미소지으면서, 신경질적인 종종걸음으로 앞장서서 걸었다. 그들도 스티븐이 그렇게 열을 올리는 것을 보고 웃으면서 부지런히 따라갔다.

"얘, 좀 천천히 가자꾸나." 아버지가 말했다. "우리가 어디 반 마일 달리기 경주라도 하고 있는 거니?"

흥청망청 쓸 수 있는 계절은 눈 깜짝할 사이에 지나가고, 상금은 스티븐의 손가락 사이로 술술 빠져나갔다. 식품과 과자, 말린 과일 같은 것들을 큼직하게 포장한 꾸러미들이 시내에서 배달되어 왔다. 그는 매일같이 가족들을 위해 메뉴를 짜고, 저녁마다 서너 사람씩 데리고 극장에 가서 '잉고마르'*132 니 '리옹의 귀부인'*133을 보았다. 저고리 주머니 속에는 손님들에게 나눠줄 네모난 초콜릿을 넣고 다녔고, 바지 주머니는 은화나 금화로 불룩했다. 모든 사람들에게 선물을 사주고, 방을 새로 칠하고, 여러 가지 결심을 쓰거나 책장을 정리하고, 모든 물건의 정가표를 꼼꼼하게 들여다보았다. 그는 또 일종의 가족공동체를 만들어 모든 구성원들이 각자 직무를 가지는, 집안에서의 공화제를 입안하고, 가족을 위해 대부은행을 개설해 놓고 원하는 사람에게 떠안기다시피 돈을 빌려주고는 그 영수증을 발행하거나 대출금 이자를 계산하는 즐거움을 누리기도 했다. 더 이상 할 일이 없으면 그는 철도마차를 타고 시내를 오락가락한다. 그러는 사이에 그 환락의 계절도 끝나고 말았다. 분홍색 에나멜 통은 바닥을 드러냈고, 그의 침실 벽은 보기 흉하게 회반죽을 칠하다가 만 채 미완성으로 끝났다.

그의 가정은 다시 예전의 생활로 돌아갔다. 이제는 어머니가 돈을 낭비한다고 그를 꾸짖을 일도 없었다. 그 역시 원래의 학생으로 돌아갔고 새로운 계획은 모두 무너졌다. 공화제도 끝나고, 대부은행도 심한 타격을 입고 금고

---

*131 아일랜드 은행에서 45미터, 성 앤드루 거리 26~27번지의 재미트 형제가 경영하는 배링턴 호텔 겸 레스토랑. '언더던'은 '반쯤 익힌, 설구운'이라는 뜻으로, 고급 프랑스 요리를 가리키는 조이스 일가의 말이기도 하다(《제임스 조이스》).

*132 오스트리아의 극작가 E.F.J. 폰 뭥크 베롱하우젠(1806~71)의 《황야의 아들》(1843)을 번안한 마라이어 앤 라벨의 《야만인 잉고마르》(1853). 그리스 처녀에 대한 잉고마르의 사랑을 주제로 한 멜로드라마.

*133 영국의 작가 에드워드 불워 리턴 경(1803~73)이 1838년에 쓴 멜로드라마. 정원사의 아들 클로드 멜노트가 상류계급 여성을 사모하여, 고난 끝에 행복해지는 이야기.

와 장부를 닫았다. 그가 자신의 생활에 정했던 규칙도 모두 폐지되었다.

얼마나 어리석은 목적이었던가! 삶의 추악한 조류가 외부에서 들어오는 것을 막기 위해 질서와 우아함의 방파제를 쌓으려 했고, 행동규칙과 적극적인 관심, 부모 자식 관계의 새로운 규제를 통해, 마음속에 끝없이 밀려오는 거센 조류를 막으려고 했지만 소용없는 일이었다. 밖에서도 안에서도 물은 방벽을 넘고 흘러들었다. 두 개의 조류는 인공의 둑을 힘차게 넘어와서 수없이 부딪치기 시작했다.

그는 자기 자신의 불모한 고립도 똑똑히 보았다. 그는 자기가 접근하고자 했던 생활 쪽으로 한걸음도 다가가지 못했고, 어머니와 동생들로부터 떨어져 있는 불안한 굴욕과 증오를 건널 수 있는 다리를 놓은 것도 아니었다. 자기가 그들과 혈육이라는 것을 그다지 실감할 수 없었고, 양자나 젖형제*134 같은 기묘한 관계인 것처럼 느껴졌다.

그는 마음속의 맹렬한 갈망을 억제하려고 했지만, 그 갈망 앞에 다른 모든 것은 부질없고 서로 용납할 수 없는 것으로 생각되었다. 자기가 지옥에 떨어질 대죄를 저지르고 있는 것도, 자기의 생활이 속임수와 거짓으로 이루어지고 있는 것도 아랑곳하지 않았다. 그가 마음속 깊이 생각하고 있는 그 사악한 것을 실현하고 싶은 야만적인 욕정 말고는 신성한 것은 아무것도 없다고 느껴졌다. 자신의 눈길을 끄는 어떠한 이미지든, 그것을 철저하게 더럽히는 기쁨에 빠져서, 그 은밀한 격정의 수치스러운 세세한 내용을 냉소적인 기분으로 바라보곤 했다. 밤낮을 가리지 않고 그는 외부 세계의 왜곡된 이미지들 사이를 쏘다녔다. 낮에는 고상하고 순결해 보이던 형상이, 밤이 되면 구불구불한 잠의 암흑을 통해 나타난다. 그때 그녀의 얼굴은 음탕한 교활함으로 일그러지고, 눈은 동물적인 기쁨으로 빛나고 있었다. 그러나 아침이 되면, 어둡고 비밀스러운 탐닉에 대한 희미한 기억이, 예리하고 굴욕적인 파계의 감각과 함께 그를 괴롭혔다.

그는 다시 거리를 헤매고 다니기 시작했다. 베일에 싸인 듯한 가을 저녁에 이끌려, 몇 년 전 블랙록의 조용한 가로수 길을 쏘다녔던 것처럼, 이 거리 저 거리를 헤매고 다녔다. 그러나 블랙록 시절과는 달리, 이제는 아름다운

---

*134 같은 기묘한 관계 부모에게는 양자, 형제에게는 젖형제 같은 기묘한 양육관계. 가족에 대한 스티븐의 정신적 소원함을 암시.

앞마당도 창문에서 새나오는 그리운 불빛도 위안이 되지 않았다. 이따금 욕정이 가라앉고 그를 지치게 하는 쾌락이 조금 부드러운 나른함으로 바뀔 때면, 메르세데스의 이미지가 기억의 배경을 스치고 지나갔다. 그는 그 작은 하얀 집을 보았고, 더블린 산맥으로 통하는 길목의, 장미 울타리가 있는 뜰을 보았다. 그리고 자기가 거기서 그녀와 나란히 달빛이 비치는 뜰에 서서, 이별과 모험의 긴 세월 뒤에 찾아올, 슬프고 자랑스러운 거절의 몸짓을 떠올렸다. 그런 순간에는 클로드 멜노트*135의 다정한 말들이 입술에 맴돌면서 그의 불안한 마음을 진정시켜주었다. 그 무렵 고대했던 밀회의 예감이 가슴에 달콤하게 느껴졌다. 그리고 그때의 희망과 지금의 희망 사이에 가로놓인 그 무서운 현실에도 불구하고, 그때 상상했던 성스러운 재회에 의해 연약함과 소심함과 무경험이 그한테서 떠나갈 것이었다.

그런 순간들이 지나가면, 마음을 지치게 하는 욕정의 불길이 다시 타올랐다. 시는 입술에서 사라지고, 애매한 외침과 목소리가 되어 나오지 않은 짐승의 언어가 출구를 찾아 두뇌에서 터져나왔다. 피는 혼란에 빠져 있었다. 어두운 진창을 헤매면서 골목과 문간의 암흑을 기웃거리고, 무슨 소리든 들으려고 열심히 귀를 기울였다. 그는 먹잇감을 놓치고 배회하는 짐승처럼 신음 소리를 냈다. 누구든 자기와 동류인 자와 함께 죄를 짓고, 강제로라도 다른 자에게 자신과 함께 죄를 짓게 하여, 그녀와 함께 죄악의 기쁨에 잠기고 싶었다. 그는 어떤 어두운 존재가 암흑 속에서 거역할 수 없는 힘으로 엄습해 오는 것을 느꼈다. 그 속삭임 같은 미묘한 것은, 그의 전 존재를 홍수처럼 덮쳤다. 그 속삭임은 자고 있는 군중의 속삭임처럼 귀를 에워쌌고, 미묘한 흐름은 육체에 스며들었다. 그는 경련하는 것처럼 굳게 두 손을 쥐고, 이 몸에 스며드는 고뇌를 겪으면서 이를 악물었다. 길거리에서 두 팔을 벌려, 자기한테서 달아나려 하면서도 계속 자극하는, 그 실체도 없이 점점 희미해져 가는 형상을 붙잡으려고 했다. 그러자 오랫동안 목구멍 속에서 억눌려 있던 부르짖음이 입술에서 터져 나왔다. 그것은 지옥에서 허덕이는 자들의 절망의 울부짖음처럼 입에서 터져나가, 미친 듯이 애원하는, 작은 흐느낌 소리가 되어 사라진다. 그것은 사악한 탐닉을 찾는 외침이요, 축축한 변소 벽에

---

*135 앞에 나온(179페이지 1220행) '리옹의 귀부인'의 주인공.

서 읽은 적이 있는 음란한 낙서의 메아리에 지나지 않았다.

좁고 더러운 미로 같은 거리를 헤매고 있었다. 불결한 골목에서 쉰 목소리로 소란을 피우거나, 말다툼 소리, 취객들이 목청을 길게 빼면서 부르는 노랫소리가 들려온다. 그는 주저하지 않고 계속 나아가면서, 자기가 혹시 유대인 지구*[136]에 잘못 들어온 게 아닌가 하고 생각했다. 화려한 색깔의 긴 가운을 입은 아낙네와 소녀들이 이 집 저 집을 가로지르고 있다. 그녀들은 사뭇 한가했고 짙은 향수를 뿌리고 있었다. 그의 몸은 온통 떨리고 있었고 눈은 흐릿해졌다. 그의 혼란스러운 눈앞에서 노란 가스등 불꽃이 희뿌연 허공으로 피어오르면서, 마치 제단 앞에서처럼 타오르고 있다. 문 앞의 밝은 현관에서는 여자들이, 무슨 의식이 있는지 성장을 하고 모여 있었다. 그는 딴 세상에 와 있었다. 마치 몇 세기에 걸친 긴 잠에서 깨어난 것 같았다.

길 한복판에 가만히 서 있었다. 심장이 가슴 속에서 마구 날뛴다. 분홍색 가운을 입은 젊은 여자가 그의 팔을 붙들고 얼굴을 빤히 들여다보았다. 그녀가 명랑하게 말했다.

"안녕, 오라버니!"

여자의 방은 밝고 따뜻했다. 침대 옆에 놓인 커다란 안락의자에 커다란 인형이 다리를 벌리고 앉아 있었다. 그는 태연한 척하려고, 무슨 말이든지 하려고 애쓰면서, 여자가 가운을 벗는 것을 바라보았고, 또 향수 뿌린 머리를 일부러 자랑스럽게 흔드는 것을 보고 있었다.

그가 말없이 방 한복판에 서 있자, 여자는 그에게 다가와서 발랄하게, 그러나 차분한 느낌으로 껴안았다. 여자는 포동포동한 팔로 그를 자기 쪽으로 꼭 끌어당겼다. 진지하고 조용하게 그를 쳐다보고 있는 여자의 얼굴을 보고, 여자의 따뜻한 가슴이 조용히 들썩이는 것을 느끼자, 흥분한 나머지 하마터면 울음을 터뜨릴 뻔했다. 그의 만족한 두 눈에는 기쁨과 안도의 눈물이 반짝거렸고, 입술을 벌렸지만 도무지 말이 나오지가 않았다.

그녀는 팔찌가 짤랑거리는 한손으로 그의 머리를 쓰다듬으면서 그를 몹쓸 사람이라고 불렀다.

"키스해 줘요." 그녀가 말했다.

---

*136 '몬트' 또는 '밤의 거리'라 불리는 창녀촌의 이국적인 분위기를 가리킨다.

그의 입술은 키스를 하기 위해 다가가려 하지 않았다. 그는 차라리 여자의 품에 꼭 안겨서 천천히, 천천히, 천천히 애무받고 싶었다. 여자의 품안에서, 자기가 갑자기 강해지고, 두려워하지 않을 뿐만 아니라 자신감마저 생겼다고 느꼈다. 그러나 입술은 좀처럼 여자에게 키스하려 하지 않았다.

갑자기 여자가 그의 머리를 아래로 끌어당겨 자기의 입술을 그의 입술에 포갰다. 그는 치켜뜨고 있는 여자의 솔직한 눈에서 그 동작의 의미를 읽었다. 그것만으로 충분했다. 그는 눈을 감고, 몸도 마음도 그녀에게 굴복했다. 의식하고 있는 것은 오직 여자의 부드럽게 열린 입술의 어두운 압박뿐이었다. 그 입술은 마치 애매한 언어가 담긴 용기인 양 그의 입술뿐만 아니라 두뇌까지 압박해 왔다. 그리고 그 입술 사이에서 그는 여전히 알 수 없는 희미한 감촉, 죄의 혼미보다 어둡고 소리의 울림이나 향기보다 부드러운 것을 느꼈다.

제3장

　12월 어느 날,[*1] 지루한 한낮이 물러간 뒤를 날쌘 땅거미가 허둥지둥 뒹굴다시피 쫓아왔다. 교실의 음산한 창문을 통해 바깥을 응시하면서, 그는 자기 위장이 먹을 것을 찾고 있음을 느꼈다. 저녁 메뉴는 아마 스튜일 것이다. 후추를 치고 밀가루를 많이 넣은 걸쭉한 스프와 거기에 곁들일 무, 당근, 잘게 썬 감자, 기름기 많은 양고기 조각. 그것을 잔뜩 먹으라고 위가 조언하고 있었다.

　어둡고 으슥한 밤이 올 것이다. 해가 일찍 지면 노란 가로등이 여기저기 켜져서 복잡한 사창가를 비춰주겠지. 나는 구불구불한 길을 따라 공포와 기쁨에 몸을 떨면서, 자신이 그리는 원을 점차 좁혀가다가 결국 어느 어두운 모퉁이를 돌게 될 것이다. 그때쯤이면 창녀들은 집집에서 나와 밤을 맞이할 준비를 하고, 이제 막 낮잠에서 깨어난 참이라 나른한 하품을 하면서 잔뜩 부풀린 머리에 핀을 꽂고 있을 거야. 나는 내 의지가 갑자기 움직이는 것과, 아니면 그녀들의 향수를 뿌린 연한 살결이 죄악을 원하는 내 영혼을 갑자기 불러들이기를 기다리면서, 가만히 그녀들 곁을 지나간다. 하지만 그 부름을 찾아 어슬렁거리고 있을 때, 감각은 욕정 때문에 둔해지면서, 감각을 손상시키거나 모욕하는 모든 것을 스스로 날카롭게 관찰한다. 눈은 놓치지 않는다. 벌거벗은 식탁에 나 있는 흑맥주 거품의 동그란 흔적도, 차렷 자세를 하고 있는 두 군인의 사진도, 그리고 현란한 연극 포스터도. 그리고 귀에 들려오는 것은 느릿한 목소리로 은어를 주고받는 인사.

　"이봐 버티, 뭐 신통한 일 없어?"

　"어머, 당신 왔어요?"

　"10번 아가씨, 따끈따끈한 넬리가 모실게요."

　"안녕, 아저씨. 쇼트타임 어때요?"

---

*1 작자의 경력과 대조해보면 이 날은 1896년 11월 30일. 단 이해의 12월 3일(성프란시스 사비에르의 축일)은 목요일로, 뒤에 나오는 '토요일'과 모순된다.

그의 노트에 적혀 있는 방정식은, 공작 꼬리처럼 눈과 별 무늬가 잔뜩 있는 넓은 꼬리를 천천히 펼치기 시작했다. 그리고 그 지수(指數)인 눈과 별이 제거되자, 다시 천천히 접히기 시작한다. 나타났다가 사라지는 지수는 떴다 감았다 하는 눈과 같다. 떴다 감았다 하는 눈은 태어났다가 사라지는 별과 같다. 별의 일생의 방대한 주기는, 그 지친 마음을 바깥의 한계까지 싣고 가거나 중심으로 싣고 가기도 하고, 아득히 먼 곳의 음악은 밖으로 나가고 안으로 돌아오는 그를 따라간다.

무슨 음악일까? 음악이 점점 가까워지자 가사가 생각났다. 가사는 지쳐서 파리한 얼굴로 외로이 떠도는 달을 노래한 셸리의 단편*2이었다. 별이 흩어지기 시작하자 먼지처럼 고운 성운(星雲)이 우주공간에 떨어져 내린다.

흐릿한 빛이 노트 위를 전보다 더욱 희미하게 비추고 있다. 거기에는 다른 방정식이 천천히 펼쳐지기 시작하더니 넓은 꼬리를 활짝 펼치기 시작했다. 그것은 경험을 찾아 나서서, 잇따라 죄를 지으며 불타는 별들의 화톳불을 뿌리고는 다시 오므라들고, 점차 퇴색하여 자신의 빛과 불을 끄는, 그 자신의 영혼이었다. 빛과 불이 꺼졌다. 그리고 차가운 암흑이 혼돈을 가득 채웠다.

차갑고 투명한 무관심이 마음을 지배하고 있었다. 처음으로 끔찍한 죄악을 저질렀을 때 그는 생명력의 물결이 자신의 몸에서 멀어져가는 것을 느꼈고, 그 과다한 유출로 인해 그의 육체와 영혼이 손상되면 어쩌나 겁이 나기도 했다.*3 그러나 실은 그 생명력의 물결은 그를 싣고 자기를 잊을 수 있는 곳으로 데려갔다가, 다시 밀려오면서 원래의 자기로 되돌려 주었다. 그래서 육체와 영혼의 어떤 부분도 손상되지 않았고, 오히려 그 둘 사이에는 일종의 어두운 화평이 맺어져 있었다. 정열이 사라진 뒤의 혼돈은, 바로 자기에 대한 차갑고 무관심한 인식이었다. 그는 지옥에 떨어질 죄를 한두 번이 아니라 수없이 저질렀지만, 처음 범한 죄만으로도 그는 영원한 벌을 받을 위험이 있는 건 말할 것도 없고, 그 죄를 거듭함으로써 자기의 죄와 그 벌을 몇 곱으로 늘렸다는 것을 그는 잘 알고 있었다. 나날의 삶과 공부와 사고는 속죄가 되지 않았고, 은혜의 샘은 영혼을 씻어주는 것을 중단했다. 기껏해야 거지에게 동냥을 주고는 거지의 축복을 받지 않고 달아남으로써, 어느 정도 현실적

---

*2 앞에 나온(제2장 175페이지 1162행) 시 '달에 부쳐서'에서.
*3 대죄를 지으면 정신적으로도 육체적으로도 악영향을 입는다고 믿었다(G).

인 은혜를 받게 되기를 우울한 기분으로 희망할 수 있을 뿐이다. 신앙은 완전히 사라지고 없었다. 그의 영혼이 파멸을 갈망하고 있다는 것을 알고 있는데 기도가 무슨 소용이란 말인가. 하느님에게는 잠들어 있는 동안에 생명을 빼앗고, 자비를 빌기 전에 영혼을 지옥에 떨어뜨릴 힘이 있다는 것은 알고 있었지만, 어떤 오만과 어떤 두려움이 그를 가로막으며, 밤에 하느님께 한 번의 기도조차 올리지 못하게 했다. 자신의 죄악에 대해 느끼는 오만과, 하느님에 대한 사랑 없는 외경심은, 모든 것을 보고 모든 것을 아는 자인 하느님에게 거짓된 찬미를 바친다 해도, 전부는커녕 일부도 속죄할 수 없을 만큼 자신의 실패는 크나큰 것이라고 그에게 말해주고 있었다.

"에니스,*4 네 머리는 내 지팡이 손잡이로 쓰기에 딱 좋은 물건이구나! 너는 무리수가 무엇인지 설명할 수 없다는 거냐?"

그 애가 대답을 제대로 못하자, 자기 반 아이들에 대해 스티븐이 품고 있던 경멸의 불씨가 다시 타오르기 시작했다. 그는 타인에 대해 수치심도 두려움도 느끼지 않았다. 일요일 아침에 교회문을 지나갈 때면, 그는 교회 밖에서 모자를 벗고 네 줄로 서서, 눈으로 볼 수도 없고 귀로 들을 수도 없는 미사에 경건하게 참석하는 예배자들에게 차가운 시선을 던졌다. 그들의 둔중한 경건함과, 머리를 성별하는 데 사용한 싸구려 기름의 역겨운 냄새 때문에, 그들이 기도하는 제단에 반발심을 느꼈다. 그는 타인과 함께 위선이라는 악에 무릎을 꿇으면서, 그들이 자기에게 쉽게 넘어오는 것을 보고 그 순진무구함에 대해 의심을 품었다.

그의 침실 벽에는 채색 장식문자가 씌어 있는 증서가 걸려 있었다. 이 학교의 성모마리아 신심회(信心會)*5 회장직 사령장이었다. 토요일 아침마다 신심회가 성당에 모여 소성무일과(小聖務日課)*6를 낭송할 때, 그의 자리는 제단 오른쪽에 놓인 쿠션이 있는 기도대였고, 거기서 그는 자기 쪽 학생들의

---

*4 벨비디어 칼리지의 게으른 학생.

*5 벨비디어 칼리지에는 성모마리아 신심회와 성천사 신심회가 있었다. 각각 직분적인 완성과 포교적 열정을 지향하는 사회조직을 가진 신심회(《조이스의 학교시대》/《그리스도교 용어사전》).

*6 성모마리아 소성무일과를 말한다. 하느님이 성모마리아를 통해 인류에게 구세주를 파견한 것을 찬양하고 감사하는 것이 목적이다. 일반적인 성무일과와 유사하지만, 형태가 간단한 데서 소성무일과라고 한다(《그리스도교 용어사전》).

응송(應頌)을 선도했다. 그러한 지위에 올라 있는 자신의 위선도 괴롭지 않았다. 이따금 그는 그 명예로운 자리에서 일어나 모든 아이들 앞에서 자신에게는 그럴 자격이 없음을 고백하고 성당을 떠나고 싶은 충동에 사로잡히기도 했지만, 아이들의 얼굴을 흘끗 쳐다보기만 해도 그런 충동은 사라지고 말았다. 예언에 대한 시편(詩篇)*7 속의 다양한 이미지가 공허한 자만심을 눌러 주었다. 마리아의 영광*8은 영혼을 사로잡았다. 성모의 영혼을 위해 신이 내린 선물의 소중함을 상징하는 감송향(甘松香)과 몰약(沒藥), 유향(乳香), 성모의 고귀한 혈통을 상징하는 화려한 의상, 오랜 세월을 두고 사람들 사이에 성모에 대한 숭배가 점점 자라왔음을 상징하는 징표, 즉 늦게 피는 초화와 나무.*9 성무일과가 끝날 무렵, 그가 다음과 같은 라틴어 구절을 읽을 차례가 되면, 그는 음악처럼 흐르는 가락에 맞춰 양심을 달래면서 웅얼거리는 목소리로 읽어 나갔다.

나는 레바논의 삼나무처럼, 시온산의 사이프러스처럼 고귀하다. 나는 가데스의 종려나무처럼, 예리코의 장미처럼 고귀하다. 들판의 아름다운 올리브나무처럼, 물가의 플라타너스처럼 나는 고귀하다. 나는 계피처럼, 또 향기로운 향유처럼 달콤한 향기를 낸다. 나는 최상의 몰약처럼 달콤한 향기를 피워낸다.*10

그가 저지른 죄는 하느님의 모습을 그로부터 가리고 만 대신, 그를 죄인의 피난처*11인 마리아에게 점점 더 다가가게 했다. 성모마리아가 따뜻한 연민의 눈빛으로 그를 바라보고 있는 것 같았다. 그 연약한 몸에서 희미하게 빛

---

*7 〈시편〉 45 : 8~10 등을 가리킨다.

*8 이탈리아의 성직자 알폰소 마리아 데 리구오리(1696~1787)의 저작 및 추기경 존 헨리 뉴먼의 《내면의 왕국 다양한 회중에 대한 강화(講話)》(1849) 속의 설화 '아들 예수를 위한 마리아의 영광'을 가리킨다(G).

*9 마리아의 강한 인내심을 나타낸다(G).

*10 Quasi cedrus exaltata suavitatem odoris. 라틴어. 성무일과서 및 소성무일과서에도 들어 있다. 〈시라서〉(〈집회서〉) 24 : 13~15('나는 레바논 삼나무처럼……막사에 피어나는 유향 향기처럼')에서.

*11 성모마리아의 호칭의 하나.

나는 성모의 신성함에 이끌려 죄인은 굴욕을 느끼지 않고 가까이 다가갈 수 있다. 만약 그가 자기 몸에서 죄악을 떨쳐버리고 회개하고 싶은 기분에 사로잡힌다면, 그를 움직이게 한 충동은 바로 성모 마리아의 기사(騎士)가 되고 싶은 소망일 것이다. 미친 듯한 정욕의 폭풍이 지나간 뒤, 한 순간이라도 이 영혼이 두려워하면서 성모 마리아의 거처를 찾아가, '빛과 음악으로 가득 차서, 천국을 얘기하고 평화를 불어넣는' 샛별[*12]을 표상으로 하는 성모 마리아와 마주하고자 한다면, 그것은 더럽고 수치스러운 말을 지껄이고 음란한 키스의 뒷맛이 아직도 남아 있는 그 입술이 조용히 그녀의 이름을 속삭일 때일 것이다.

신기한 일이다, 도대체 어떻게 그런 일이 있을 수 있을까? 그는 생각해 보려고 했지만, 교실 속에서 점점 깊어가는 어스름이 그의 사고까지 뒤덮어 버렸다. 종이 울렸다. 선생님은 다음 시간에 학습할 기하학 문제를 지시하고 나갔다. 스티븐 옆에서 혜런이 아무렇게나 콧노래를 흥얼거리기 시작했다.

나의 멋진 친구 봄바도스.'[*13]

변소에 갔던 에니스가 돌아와서 말했다.

"기숙사 사환이 교장 선생님을 부르러 오고 있어." 스티븐 뒤에서 키 큰 소년이 두 손을 비비면서 말했다.

"이게 웬 횡재야? 적어도 한 시간은 휴강이겠는데. 두 시 반은 지나야 돌아올 테니까. 교장 선생님이 돌아오면, 디덜러스, 네가 교리문답에 대한 까다로운 질문이나 해."

스티븐은 의자 등받이에 몸을 기대고 앉아, 공책에 낙서를 하면서 뭔가 자기에 대해 얘기하고 있는 소리에 귀를 세우고 있었다. 혜런은 이따금 아이들이 떠들지 못하게 말리면서 이렇게 말했다.

"그만 좀 떠들어, 쓸데없는 얘긴 그만 하라니까!"

---

*12 성모마리아의 호칭의 하나. 마리아의 출현이 속죄의 날의 도래를 알리는 것에서(G).
*13 My excellent friend Bombados. Bombados는 Bombardos의 잘못. 샤를 르코크(1832~1918) 작곡의 코믹 오페라 《카나리아 제도의 여왕》(1883)의 영어판 《페피타》(런던에서 1889년 상연) 속의 가사.

이것 역시 신기한 일이었다, 교회 교리의 엄격한 문구를 끝까지 더듬어가서 그 애매한 침묵에 도달해도, 결국은 자신의 죄는 구원받을 수 없다는 목소리를 더욱 통절하게 듣고 느낄 뿐인데도, 그래도 여전히 메마른 기쁨을 느끼다니, 스스로 생각해도 기묘한 일이 아닐 수 없었다. 누구든 율법을 하나라도 범하면 결국 모든 율법을 범하는 것과 같다고 한 야고보의 말*14을, 처음에는 요란스러운 과장이라고 생각했지만, 자기 자신의 암흑 속을 탐색하기 시작하고부터는 그 말의 진의를 깨닫게 되었다. 색욕이라는 사악한 씨앗에서 모든 대죄*15가 싹트는 것이다. 자신에 대한 오만과 타인에 대한 경멸, 배덕의 쾌락을 사는 데 필요한 금전에 대한 탐욕, 자신은 도저히 거기까지 이를 수 없는 방탕에 빠진 사람들에 대한 선망과 경건한 사람들에 대한 중상의 속삭임, 음식에 대한 탐닉, 자신의 갈망에 대해서만 생각하는 동안 끓어오르는 어둡고 험상궂은 형상의 분노, 자신의 전 존재가 매몰되어 있는 정신과 육체의 나태한 늪.

자기 자리에서 교장의 날카롭고 준엄한 얼굴을 조용히 바라보는 동안, 그의 마음은 차례차례 떠오르는 기묘한 의문 사이를 이리저리 오가고 있었다. 만약 어떤 사람이 젊은 시절에 1파운드의 돈을 훔쳐서 그것을 밑천삼아 훗날 큰 재산을 모았다면 그는 도대체 얼마나 되돌려주어야 할까? 1파운드를 훔쳤으니 그것만 돌려주면 될까, 아니면 그 돈에 복리로 계산한 이자까지 붙여서 돌려주어야 할까, 그것도 아니면 그 많은 재산을 전부 내놓아야 할까? 평신도가 집행하는 세례식에서 만약 그 평신도가 세례의 말을 외기 전에 아이에게 물을 끼얹었다면, 그 아이는 영세를 받은 것이 될까? 광천수(鑛泉水)로 영세를 받아도 효력이 있을까? 팔복(八福)의 첫 번째는 마음이 가난한 사람에게 천국을 약속하는데, 두 번째에서 온유한 자에게 약속한 것은 땅을 물려받는 것뿐인 것은 어떻게 된 영문일까? *16 만약 빵에만, 포도주에만,

<hr />

*14 〈야고보서〉 2 : 10

*15 정욕, 오만, 탐욕, 선망, 식탐, 분노, 게으름의 7가지 죄악으로, 스티븐은 이 순서대로 열거.

*16 팔복은 예수가 산상수훈 속에서 말한 여덟 가지 행복(《마태복음》 5 : 3∼10). 그 하나는 "심령이 가난한 자는 복이 있나니"(3절), 또 하나는 "온유한 자는 복이 있나니 그들이 땅을 기업으로 받을 것임이요"(5절). 그러나 "내 나라는 이 세상에 속한 것이 아니라"(요한복음 18 : 36)고 한 예수의 말에 비추어, 후자의 '땅'이라는 복은 기묘하다는 뜻이다.

예수 그리스도의 살과 피, 영혼과 신성(神聖)이 나타난다면, 어찌하여 영성체는 빵과 포도주 두 가지로 하도록 정해져 있는 것일까? 성별된 빵 한 조각에는 예수 그리스도의 살과 피가 모두 들어 있을까, 아니면 일부분만 들어 있을까? [17] 성별된 뒤에 포도주가 식초로 변하고 빵이 썩어서 부서진다 해도 예수 그리스도는 여전히 그 두 가지 속에 신으로서, 또 인간으로서 나타나는 것일까? [18]

"앗, 나왔어! 오신다!"

창가에 앉아 망을 보던 아이가 방금 사택에서 나오는 교장을 본 것이다. 아이들은 교리문답서를 펴놓고 말없이 고개를 숙이고 있었다. 교장이 들어와서 단상에 섰다. 뒷자리에 앉아 있던 키다리가 스티븐을 발로 가만히 차면서 어서 어려운 질문을 던져보라고 재촉했다.

교장은 교리문답에 대해 복습하는 수업은 하려고 하지 않았다. 그는 책상 위에 두 손을 모아 잡고 이렇게 입을 열었다.

"성(聖) 프란시스 사비에르의 축일[19]은 토요일인데, 이 분을 기념하는 피정[20]이 수요일 오후부터 시작된다. 피정은 수요일부터 금요일까지 계속되며, 금요일에는 묵주기도를 올린 뒤 오후 내내 고해 시간을 가질 것이다. 여러분 가운데 특별히 고해(告解) 신부님을 따로 둔 사람은, 그 사람을 바꾸지 않는 것이 좋을 것이다. 토요일 오전에는 아홉시에 미사가 있을 것이고, 그때 전교생의 영성체가 있을 예정이다. 토요일에는 수업이 없다. 물론 일요일에도 없다. 그러나 토요일과 일요일 계속해서 쉬면 월요일에도 수업이 없을 거라고 생각하는 학생이 있을지도 모른다. 착각하지 않도록 주의하기 바란다. 롤리스, 아무래도 네가 그런 실수를 할 것 같구나."

"제가요, 교장 선생님? 왜 하필이면 저예요?"

조용한 웃음소리가 물결처럼, 교장의 음울한 미소에서 학생들 쪽으로 퍼져갔다. 스티븐의 심장은 시들어가는 꽃처럼 공포로 서서히 오그라들기 시

---

* 17 '각각에 그대로 들어 있다'는 것이 답(G).
* 18 '겉모습이 남아 있는 한'이 답(G).
* 19 축일은 12월 3일.
* 20 주일 또는 축일에 수도원과 그 밖의 종교적인 장소에서 이루어지며, 종교적 진리에 대한 묵상, 또 그것에 관한 설교의 청강 및 특히 열성적인 성사배령과 그 밖의 신심행위 등, 신앙생활의 정신적 집중과 심화를 위해 수련하는 것을 가리킨다(《그리스도교 용어사전》).

작했다.

　교장은 엄숙한 목소리로 말을 이었다.

　"여러분은 이 학교의 수호성인이신 성 프란시스 사비에르의 일생에 대한 이야기를 익히 알고 있을 것이다. 그분은 스페인의 오래된 명문 집안 출신으로 성 이그나티우스의 첫 제자들 가운데 한 사람이었다. 두 사람이 파리에서 만났을 때*21 프란시스 사비에르는 파리대학의 철학 교수였다. 젊고 재능이 풍부한 귀족이자 학자였던 그는 우리 예수회의 영광스런 창설자의 이념에 마음과 영혼을 온통 바쳤고, 또 여러분도 알다시피 스스로 전도를 원하여, 성 이그나티우스의 뜻에 따라 인도에 파견되었지. 그분이 인도 제국의 첫 사도(使徒)라 불리고 있는 것은 여러분도 잘 알고 있을 것이다. 그분은 동방의 여러 나라를 하나씩 찾아가셨어. 아프리카에서 인도로, 인도에서 일본으로 찾아다니면서 사람들에게 영세를 주었다. 한 달에 만 명이나 되는 이교도들에게 영세를 주었다는 말도 전해 오고 있다. 그렇게 많은 사람들의 머리에 손을 얹고 영세를 주느라 그만 오른팔을 못 쓰게 되었다고도 한다. 그분은 하느님을 위해 더 많은 영혼을 구제하려고 중국에 가고 싶어했지만, 마카오 근처의 상촨섬(上川島)*22에서 그만 열병으로 돌아가시고 말았단다. 성 프란시스 사비에르! 참으로 위대한 성인이요 위대한 하느님의 병사셨지!"

　교장은 잠시 중단했다가 맞잡은 두 손을 눈앞에서 가늘게 흔들면서 말을 이었다.

　"그분은 태산도 움직일 수 있는 믿음*23을 갖고 계셨다. 단 한 달 동안 하느님을 위해 획득한 만 명의 영혼! 그분이야말로 우리 교단의 모토인 '신의 위대한 영광을 위해ad majorem Dei gloriam'에 충실했던 참된 구현자! 지금은 천국에서 위대한 힘을 지니신 성인, 슬픔에 빠져 있을 때 우리를 위해 도와줄 수 있는 힘, 그리고 우리의 영혼을 위한 기도라면 우리가 무엇을 간구하든 들어주시는 힘, 또 그 무엇보다도 우리가 죄악에 빠져 있을 때 참회하

---

*21 1529년의 일. 사비에르는 전해인 1528년, 스물두 살의 젊은 나이에 파리대학 교수가 되었다. 예수회는 1534년에 창립.

*22 마카오 부근에 있는 섬.

*23 "산을 옮길 만한 모든 믿음이 있을지라도 사랑이 없으면 내가 아무 것도 아니요"(《고린도전서》 13 : 2).

도록 은총을 내려주시는 힘. 참으로 위대한 힘을 가진 성인, 성 프란시스 사비에르! 영혼을 낚는 위대한 어부!'[24]

그는 맞잡은 두 손을 흔드는 것을 그치고 손을 이마에 댄 채 그 검고 엄숙한 눈으로 좌우의 학생들을 날카롭게 바라보았다.

침묵 속에서 그의 눈속 어두운 불꽃이 타올라 황혼을 황갈색으로 물들인다. 스티븐의 마음은 먼 곳에서 불어오고 있는 시문[25]을 예감하는 사막의 꽃처럼 시들어 갔다.

* * *

"'오직 그대의 마지막 중대사만 기억하라. 그러면 영원히 죄를 범하지 않게 되리라'[26]—그리스도를 통해 맺어진 친애하는 형제들이여, 이 말씀은 〈전도서〉 제7장 40절에 나오는 말입니다. 성부와 성자와 성령의 이름으로, 아멘."

스티븐은 성당 맨 앞줄에 앉아 있고, 아놀 신부[27]는 제단 왼쪽에 놓인 테이블에 앉아 있었다. 무거운 망토를 어깨에 걸치고 있었는데, 창백한 얼굴은 일그러져 있고 코감기 때문에 목소리가 갈라져 있었다. 이상한 인연으로 이렇게 눈앞에 다시 보게 된 옛 스승의 모습이 스티븐의 마음속에 클롱고스 시절에 대한 추억을 불러일으켰다. 그는 아이들이 득실거리는 넓은 운동장과

---

*24 "나를 따라오라. 내가 너희를 사람을 낚는 어부가 되게 하리라"(〈마태복음〉 4 : 19)

*25 사막지방의 열풍.

*26 실은 Ecclesiastes. 〈전도서(코헬렛의 말)〉(7 : 40)가 아니라, Ecclesiasticus 〈시라서〉〈집회서〉 7 : 36)에서. "무슨 일을 하든/네 인생의 끝을 마음에 그려보라. 그러면 결코 죄를 짓지 않을 것이다." 〈시라서〉는 기원전 2세기 무렵 율법학자의 저작.

*27 클롱고스우드 칼리지 시절의 선생(제1장 참조). 이 인물의 모델인 윌리엄 파워 신부는 설교를 하지 않았다. 학생에게 공포를 불어넣는 인물로서 재인용된 것이리라. 실제로 설교를 한 것은 시오폴드 매시(1790~1861)의 금주운동을 계승한 제임스 A. 카렌 신부라고 하며, 조이스의 하급생이었던 토마스 보드킨의 다음과 같은 증언이 있다. "대부분의 설교자는 '학생 여러분'이라는 말로 설교를 시작하지만, 그는 '예수 그리스도의 이름 아래의 형제 여러분'이라고 말했는데, 나는 그것이 늘 불쾌했다. 게다가 그는 설교할 때 다른 예수회 신부들이 좀처럼 입지 않는 무거운 망토를 가운 위에 입었다. 당시의 벨비디어 사회에서 많이 볼 수 있듯이 그는 새디스트적인 경향을 분명히 가지고 있었다."(《제임스 조이스》)

변소의 오물통, 자기가 죽으면 묻히게 되리라 생각했던 그 보리수나무가 늘어선 작은 수도회의 묘지, 병이 나서 누워 있었던 진료소 벽에 어른거리던 벽난로 불빛, 마이클 수사의 슬픈 얼굴, 그런 기억들이 되살아남에 따라 그의 영혼은 다시 소년의 영혼으로 돌아가 있었다.

"그리스도를 통해 맺어진 친애하는 형제들이여, 오늘 우리가 이 자리에 모인 것은, 바깥 세상의 어지러운 소음을 등지고, 가장 위대하신 성인의 한 분이자 인도 제국 최초의 전도자이셨고, 여러분이 다니는 학교의 수호성인이신 성 프란시스 사비에르를 기리고 찬양하기 위해서입니다. 사랑스런 형제들이여, 여러분의 누구도 생각해낼 수 없을 만큼 먼 옛날부터 이 학교 학생들은 해마다 자기 학교 수호성인의 축일에 앞서서 피정을 위해 이 성당에 모이곤 했습니다. 그 동안 세월은 흘러갔고 세월 따라 여러 가지 변화도 있었습니다. 지난 몇 해 동안에도 많은 변화가 있었음을 여러분들 대부분은 잘 기억하고 있을 겁니다. 몇 년 전에 여기 앞자리에 앉아 있었던 학생들 가운데 몇 명은 아마도 지금은 먼 나라에 가 있을 겁니다. 그들은 태양이 이글거리는 열대 지방에 부임해 있거나, 성직에 전념하며 신학 연구에 몰두하고 있고, 또는 넓은 대양을 항해하고 있을 겁니다. 어쩌면 벌써 하느님의 부름을 받고 저 세상에 가서 하느님의 일꾼으로서의 임무로부터 해제된 사람도 있을지 모릅니다. 이렇게 세월이 흘러, 그 흐름과 함께 좋든 나쁘든 여러 가지 변화가 일어나도, 그 위대한 성인에 대한 추억은 이 학교 학생들에 의해 찬양되고 있습니다. 학생들은 해마다 가톨릭국가 스페인의 가장 위대한 축일에 앞선 며칠 동안 피정을 하게 됩니다.

그런데, 이 '피정'이라는 말은 무엇을 의미할까요? 하느님께서 보시고 일반 사람들이 보는 앞에서 진정한 기독교인의 삶을 살고자 하는 사람들에게, 피정은 어째서 가장 건전한 수행으로 널리 인정받게 되었을까요? 여러분, 피정은 우리가 양심의 상태를 점검하고, 거룩한 종교의 신비를 성찰하며, 나아가서는 우리가 무엇 때문에 이 세상에 오게 되었는지 더욱 잘 이해하기 위해서, 일상생활의 걱정거리나 속세의 번뇌에서 잠시 물러나는 것을 뜻합니다. 앞으로 며칠 동안 나는 여러분 앞에서 사말(四末) (마지막 네 가지의 중대사)에 대해 몇 가지 생각을 얘기하려고 합니다. 여러분도 교리문답을 통해 알고 있다시피 사말이란 죽음, 심판, 지옥, 천국을 말합니다. 우리가 사

말을 이해함으로써 우리의 영혼이 영원히 은혜를 이끌어낼 수 있도록 며칠 동안 이 문제를 철저히 이해하도록 노력하는 시간을 갖겠습니다. 친애하는 학생 여러분, 우리는 한 가지, 오직 한 가지만을 위해 이 세상에 태어났다는 사실을 명심하세요. 그것은 바로 하느님의 거룩한 뜻을 실천하고 불멸의 영혼을 구하는 것입니다. 그 밖의 것은 아무 가치도 없지요. 유일하게 필요한 것이 있다면 그것은 우리의 영혼을 구제하는 것입니다. 우리가 불멸의 영혼을 상실한다면 온 천하를 얻은들 무슨 소용 있겠습니까? *28 여러분, 내 말을 잘 들으세요. 이 비참한 세상에 영혼의 상실을 보상해 줄 수 있는 것은 아무것도 없습니다.

그러므로 나는 지금 여러분에게 당부하려 합니다. 이 며칠 동안 여러분은 공부니 오락이니 야심이니 하는 세속적인 생각들은 마음에서 모조리 몰아내고 영혼의 상태에만 모든 주의를 집중하세요. 이 피정 기간에는 모든 학생들이 조용하고 경건한 태도를 지켜야 하고, 눈살 찌푸리게 하는 불성실한 오락은 모두 멀리해야 한다는 것은 새삼 말할 필요도 없을 것입니다. 상급반 학생들도 아무쪼록 이 관습을 깨는 일이 없도록 주의하고, 특히 성모마리아 신심회와 성천사(聖天使) 신심회의 회장 및 간부들은 동료 학생들의 좋은 모범이 되어주기를 기대합니다.

그리하여 온 마음과 정신을 기울여 이 성 프란시스코를 기념하는 피정에 참여합시다. 그러면 올 한해, 여러분의 면학에도 신의 축복이 있을 것입니다. 그러나 무엇보다 중요한 것은, 훗날 여러분이 이 학교를 떠나 전혀 다른 환경에 처했을 때, 한번쯤 되돌아볼 가치가 있는 피정이 되게 하는 것입니다. 여러분은 기쁨과 감사의 마음으로 이 피정을 회고하면서, 경건하고 명예로운 열렬한 그리스도교도로서의 삶을 위한 최초의 기초를 쌓는 이러한 기회를 주신 것을 하느님께 감사해야 합니다. 그리고 혹시, 네, 혹시나 해서 말해 두는데, 만약 지금 이 자리에 하느님의 성스러운 은총을 저버리고 비참한 죄악에 빠지는*29 말 못할 불행을 겪고 있는 학생이 있다면, 나는 이 피정이 그의 영적인 삶에서의 전환점이 되기를 열렬히 믿고 또 기도하는 바입

---

*28 "사람이 만일 온 천하를 얻고도 제 목숨을 잃으면 무엇이 유익하리요"(《마태복음》 16 : 26)

*29 신의 은총을 잃는 것과 죄에 빠지는 것은 동시적인 일(G).

니다. 한결같이 선행을 쌓은 하느님의 종 프란시스 사비에르의 이름으로 하느님께 기도합니다. 그런 비참한 영혼이 부디 진정한 회개로 인도되기를, 그리고 올해의 성 프란시스 축일에 있을 영성체가 하느님과 그 영혼 사이의 영원한 계약이 되기를 기원합니다. 올바른 자와 올바르지 못한 자에게, 또 성도와 죄인에게, 이번 피정이 다 같이 잊을 수 없는 기간이 되었으면 합니다.

그리스도를 통해 맺어진 친애하는 형제들이여. 여러분의 경건한 집중에 의해, 여러분 자신의 헌신에 의해, 여러분의 겉으로 드러나는 행동에 의해 나를 도와주십시오. 여러분의 염두에서 세속의 생각일랑 모두 몰아내고, 오로지 그 마지막 중대사, 죽음과 심판, 지옥 및 천국만 생각하도록 하세요. 전도서*30에 보면 그것을 기억하는 사람은 영원히 죄를 범하지 않을 것이라 했습니다. 마지막 중대사를 잊지 않는 사람은 늘 눈앞에 그것을 두고서 행동하거나 사고할 것입니다. 그런 사람은 훌륭한 삶을 살다가 훌륭한 죽음으로 삶을 마감하게 된다는 것을 그는 알고 있기 때문입니다. 즉 이 지상의 삶에서 많은 것을 희생한다면, 다가올 삶, 즉 영원한 왕국에서는 몇 백 배 몇 천 배로 보상받는다는 것을 그는 믿고 또 알고 있기 때문입니다. 바로 그 축복이야말로, 여러분, 성부와 성자와 성령의 이름으로, 내가 여러분 한 사람 한 사람에게 진심으로 바라는 바입니다. 아멘!"

말이 없는 친구들과 함께 집으로 돌아가는 길에, 짙은 안개가 그의 마음을 감싸고 있는 것처럼 머릿속이 몽롱하게 흐려졌다. 그는 그 안개가 걷혀 그 속에 숨어 있던 것이 나타날 때까지 기다렸다. 식욕도 없이 저녁식사를 마치고 기름기가 잔뜩 발린 접시들을 식탁 위에 남겨둔 채, 그는 일어나서 창가로 가 혀끝으로 입안에 낀 음식 찌꺼기를 청소하거나 입술에 묻은 것을 핥고 있었다. 그것은 마치 고기를 뜯어먹은 뒤 입 주위를 핥는 짐승과 같은 모습이었다. 이젠 끝장이다. 희미한 공포의 빛이 마음속 안개를 뚫기 시작했다. 그는 유리창에 얼굴을 기댄 채 어두워지는 거리를 내다보았다. 희미한 불빛 속에서 사람들이 오가는 광경이 보였다. 그래, 그게 바로 인생인 거야. 더블린이라는 지명을 구성하는 글자들이 그의 마음을 무겁고 짓누르고, 글자와 글자가 야비한 고집을 부리면서 서로를 거칠게 이리저리 밀치고 있었다. 서

---

*30 〈집회서〉.

서히 비대해지더니 굳어서 조잡한 기름덩이가 된 그의 영혼은, 육중한 공포를 느끼면서, 어둡고 불길한 황혼의 바닥으로, 바닥으로 가라앉아 갔다. 그런 한편, 이 역시 그의 것인 육체는, 오욕에 싸인 채 힘없이 서서 곤혹스러워 어쩔 줄 모르면서도, 인간답게 어리석게도 이단의 우상인 금송아지*31라도 찾으려고 흐릿한 눈을 크게 떴다.

이튿날, 죽음과 심판에 대한 이야기가 나오자, 그의 영혼은 암울한 절망 상태에서 점차 흔들리기 시작했다. 설교자의 갈라진 목소리가 그의 영혼 속에 죽음을 불어넣을수록, 희미한 공포의 빛은 정신의 전율로 변해 갔다. 죽음의 고뇌가 그를 사로잡았다. 죽음의 차가운 감촉이 사지 끝에 닿은 뒤 차츰 심장을 향해 기어 올라가, 죽음의 얇은 막이 두 눈을 가리고, 두뇌 속에 반짝이는 밝은 점들이 등불처럼 하나씩 꺼져가고, 단말마의 땀방울이 피부에서 배어나고, 죽어가는 사지에서는 힘이 빠지고, 혀는 마비되어 종잡을 수 없는 소리를 뇌까리고, 심장 고동은 점점 희미해져서, 이제 거의 정지 일보 직전이었다. 호흡, 끊어질 듯 이어지는 숨결, 가련하게도 쇠약할 대로 쇠약해진 인간의 생기는 흐느껴 울며 한숨을 토해내고, 목구멍에서는 쇳소리만 울릴 뿐이다. 구원은 없다! 구원은 없어! 자신이, 자기 자신이 지금까지 굴복해온 이 육체는 죽어가고 있다. 자, 어서 무덤 속으로! 그것을, 그 주검을, 나무관에 넣고 못질을 하라. 일꾼들이 그 관을 메고 집 밖으로 내가게 하라. 땅 속에 깊은 구덩이를 파서 사람들의 눈에 뜨이지 않게 그것을 처넣으면, 이윽고 썩어서, 우글우글 들끓는 구더기의 먹이가 되고, 불룩한 배로 바삐 뛰어다니는 쥐들이 실컷 갉아먹을 것이다.

게다가 친구들이 임종의 자리 옆에 서서 아직 눈물을 흘리고 있는 동안에도, 그 죄인의 영혼은 심판을 받게 된다. 의식을 잃기 직전에 영혼의 눈앞에 이 세상에서의 자신의 전 생애가 한 순간에 지나가고, 미처 반성할 겨를도 없이 육체는 사멸하고 영혼은 겁에 질려 심판대 앞에 선다.*32 오랫동안 자비로웠던 하느님도 이번에는 엄정한 태도를 보일 것이다. 하느님은 오랫동안 참을성 있게 죄 많은 영혼을 일깨우고, 회개할 시간을 주며, 한동안 처벌을

---

*31 모세가 시나이 산에 올라가는 동안 백성이 만든 '어린 수소의 상'(《출애굽기》 32 : 8)으로, 이단의 신.
*32 가톨릭의 가르침에 의하면, 사람의 영혼은 죽은 뒤 즉시 심판받는다.

미루어주셨다. 그러나 이제 그 시간도 끝나고 말았다. 전에는 죄를 짓고 향락에 빠질 때도 있었다. 하느님을 속이고 신성한 교회의 경고를 비웃을 때도 있었다. 시간은 오직, 하느님의 권위에 도전하여 그 명령을 어기고, 동포를 비웃고 죄에 죄를 거듭하면서 자기의 타락을 다른 사람들의 눈에서 가리는 데 사용될 뿐이었다. 그러나 그러한 시간은 이미 끝났다. 이제는 하느님의 차례이다. 하느님의 눈을 가리거나 속일 수는 없는 일이다. 그리하여 모든 죄악이 그 은신처에서 모습을 드러내어 튀어나오게 될 것이다. 하느님의 뜻을 어기는 가장 반역적인 것도, 우리의 가련한 썩은 본성을 가장 타락시키는 것도, 매우 사소한 결함도, 가장 혐오할 극악무도한 죄업도. 그렇게 되면 그 때까지 아무리 위대한 황제, 위대한 장군, 놀라운 발명가, 학자 가운데 최고의 학자였다 한들 그게 도대체 무슨 소용이란 말인가? 하느님의 심판대 앞에서는 모든 사람이 똑같다. 하느님은 선인에게 보상하고 악인은 벌하신다. 인간의 영혼을 심판하는 데는 단 한 순간이면 충분하다. 육신이 죽은 다음 순간, 영혼은 이미 저울 위에 올라가 있는 것이다. 사심판(私審判)*33이 끝나면 영혼은 행복의 집*34으로, 또는 연옥(煉獄)이라는 감옥으로 보내지거나, 아니면 울면서 지옥에 떨어진다.

그뿐만이 아니다. 모든 사람들 앞에서 하느님의 정의가 다시 증명되어야 한다. 사심판 뒤에는 공심판(公審判)*35이 남아 있다. 이 세상 최후의 날이 다가온다. 드디어 마지막 심판의 날. 하늘의 별들은, 바람에 흔들리는 무화과나무에서 떨어지는 무화과처럼 지상에 떨어진다. 하늘의 대발광체(大發光體)인 해는 상복의 거친 베처럼 검고, 달은 피처럼 붉다. 하늘은 두루마리가 말리듯이 사라져간다.*36 하늘나라 군대의 총수인 대천사 미카엘이 하늘에서 그 찬란하고 무서운 모습을 드러낸다. 오른발로는 바다를 왼발로는 땅을 딛

---

*33 개인이 죽은 직후에 내리는 응보로, 천국, 연옥, 지옥 등 영혼이 갈 곳이 정해진다.

*34 천국을 가리킨다.

*35 세상이 끝날 때 육신이 소생하여 내리는 심판. 이 심판의 심판자는 그 죽음을 통해 인류를 구원한 신인(神人) 예수 그리스도이다. 전 인류는 신의 정의의 발동에 의한 이 대심판의 결과에 따라, 영혼과 육체 모두 천국 또는 지옥으로 갈라진다. 공심판은 명확하게 교리로 규정되어, 모든 신경(信經)이 이를 선언하고 있다(《그리스도교 용어사전》).

*36 "하늘의 별들이 무화과나무가 대풍에 흔들려 설익은 열매가 떨어지는 것같이 땅에 떨어지며 하늘은 두루마리가 말리는 것같이 떠나가고"(《요한계시록》 6 : 13~14).

고, 그는 대천사의 나팔로 시간의 죽음을 알리는 낭랑한 소리를 연주한다.[37] 천사의 나팔 소리가 세 번 천지를 가득 채운다. 지금은 시간이 있고 과거에도 시간이 있었지만, 앞으로는 영영 없을 것이다. 마지막 나팔 소리에 부자와 가난한 자, 귀한 자와 비천한 자, 현명한 자와 어리석은 자, 선량한 자와 사악한 자를 가리지 않고, 모든 인간의 영혼이 한꺼번에 여호사밧의 골짜기[38]로 몰려간다. 이 세상에 일찍이 살았던 모든 사람들의 영혼, 앞으로 태어나게 될 모든 사람들의 영혼, 즉 아담의 모든 아들딸이 그 절정의 날 한 자리에 모여드는 것이다. 보라, 저기 가장 높은 심판자가 오신다! 그는 이제 하느님의 비천한 어린 양도 아니요, 나자렛의 온유한 예수도 아니요, 슬퍼하는 사람도 아니요, 하느님의 목자도 아니다. 지금 위대한 권력과 위엄을 지닌 그가 구름을 타고 오시는 것이 보이지 않느냐. 아홉 계급의 천사들, 즉 천사와 대천사, 권천사, 능천사와 역천사, 좌천사와 주천사, 지천사와 치천사들을 거느리고, 전지전능한 하느님, 영원한 하느님이 찾아오시는도다. 그분이 말씀하시니, 그 목소리는 우주 속의 가장 먼 극한까지 들리고 바닥을 알 수 없는 심연에서도 들린다. 마지막 심판자, 그 선고에 대해서는 어떠한 이의도 있을 수 없고 또 할 수도 없다. 그분은 의로운 자들은 곁으로 불러, 그들을 위해 마련된 천국, 영원한 행복의 나라로 들어가라고 말씀하신다. 그분은 의롭지 못한 자들은 곁에서 물리치면서 분노에 찬 위엄 있는 목소리로 이렇게 외치신다. '나에게서 떠날지어다, 저주받은 자여. 악마와 그 졸도들을 위해 준비된 영원한 불 속으로 들어갈지어다.'[39] 이때 오! 비참한 죄인들은 얼마나 큰 고통에 빠지게 될 것인가! 벗들은 서로 헤어지고, 자식은 부모와 갈라지고, 남편들은 아내들을 떠난다. 가엾은 죄인들은 이 지상의 세계에서 다정했던 사람들에게, 그 순박한 신심(信心)을 자신이 비웃었던 사람들에게, 그에게 충고하여 올바른 길로 인도하고자 했던 사람들에게, 친절한 형제 정다운 자매에게, 그리고 그를 그토록 사랑해 주었던 부모에게 두 팔을

---

[37] 〈요한계시록〉 10 : 1~6에서 대천사 미카엘은 '이제 시간이 없다'고 마지막 심판의 도래를 고한다. 그는 하늘나라 군대의 총수로, 종말이 올 때는 비그리스도교도에게 가차 없는 재앙을 내리는 것으로 되어 있다.

[38] 예루살렘 동쪽의 골짜기로, 하느님이 심판을 내리는 장소로 알려져 있다. 〈요엘서〉 4 : 2.

[39] "저주를 받은 자들아 나를 떠나 마귀와 그 사자들을 위하여 예비된 영원한 불에 들어가라"(〈마태복음〉 25 : 41)

내민다. 그러나 때는 이미 늦었다. 의로운 사람들은, 모든 사람들 눈앞에 나타나는 저주받은 영혼에게서 고개를 돌릴 뿐이다. 오, 너희 위선자들이여, 오, 회칠한 무덤이여. 오, 내면의 영혼은 더러운 죄악의 수렁을 이루고 있으면서 겉으로는 아무 일도 없는 듯이 웃는 얼굴을 보여주는 자들이여,*40 그 무서운 날이 오면 그대들은 어떻게 될 것인가?

그리고 그날은 올 것이고, 오게 되어 있으며, 또 반드시 와야 한다. 그것은 죽음의 날이요 심판의 날이다. 사람은 죽고, 죽은 뒤에는 심판이 있다. 죽음은 확고한 것이다. 단 그 시기와 방법은 일정하지 않아서, 오랜 병고 끝에 죽기도 하고 때로는 불의의 사고로 죽기도 한다. 신의 아들은 인간이 전혀 예상하지 못할 때 찾아온다.*41 그러니 언제 죽을지 모른다는 것을 명심하고 늘 죽을 준비를 하고 있어야 한다. 죽음은 우리 모두의 종말이다. 인류 최초의 조상들이 저지른 죄악에 의해 이 세상에 생겨나게 된 죽음과 심판은, 우리의 지상의 존재를 가두는 어두운 문이요, 미지의 세계, 보이지 않는 세계를 향해 열려 있는 문이며, 그곳을 통해 모든 영혼이 오직 한 사람, 선행 외에는 아무것도 도와주지 않고, 도와줄 친구도 없으며, 형제도 없고, 부모도 없고, 스승도 없고, 오직 홀로 온몸을 떨면서 가야 하는 문이다. 우리가 마음속으로 늘 이런 생각을 하고 있다면 우리는 죄를 지을 수가 없다. 죄인에게 공포의 이유인 죽음은, 인생에서 지위에 따라 의무를 착실히 수행하고, 아침저녁으로 기도를 드리고, 영성체를 자주 받고, 올바른 길을 걸어온 사람들에게는 축복의 순간이 된다. 경건하게 하느님을 믿는 가톨릭 신자와 올바른 사람에게는 죽음도 공포의 원인이 되지 않는다. 영국의 저명한 작가 애디슨*42이었던가, 임종이 임박했을 때, 사악한 청년 워릭 백작을 불러, 훌륭한 그리스도교가 어떻게 죽음을 맞이하는지, 자신의 죽음을 보여주려고 했다. 진심으로 이렇게 말할 수 있는 것은, 그 사람, 곧 경건하고 신앙심 깊은 가

---

*40 "외식하는 서기관들과 바리새인들이여 회칠한 무덤 같으니 겉으로는 아름답게 보이나 그 안에는 죽은 사람의 뼈와 모든 더러운 것이 가득하도다. 이와 같이 너희도 겉으로는 사람에게 옳게 보이되 안으로는 외식과 불법이 가득하도다."(《마태복음》 23 : 27~28)

*41 "생각하지 않은 때에 인자가 오리라."(《마태복음》 24 : 44)

*42 그 다음의 일화는 조셉 애디슨(1672~1719)이 아니라, 그의 유언집행자인 토마스 티케르(1688~1740)의 시 "애디슨 씨가 죽음의 자리에서 워릭 백작에게 부쳐"(1721)에 의한다 (G).

톨릭 교도인 그뿐이다

오, 무덤이여, 너의 승리는 어디 있느냐?
오, 죽음이여, 너의 독침은 어디 있느냐?*43

구구절절 그를 위한 말이었다. 그의 분노는 모두 그가 숨기고 있는 혐오스러운 죄악으로 향해져 있었다. 설교자의 칼날이 그의 병든 양심을 깊이 파헤치자, 그는 자기 영혼이 죄악 속에서 곪아가고 있음을 느꼈다. 그렇다. 설교자의 말이 옳았다. 하느님의 차례가 온 것이다. 굴속에 숨어 있는 짐승처럼, 영혼은 자기 자신의 오물 속에 파묻혀 누워 있었지만, 천사의 나팔 소리에 의해 죄악의 암흑에서 빛 속으로 쫓겨났다. 천사가 외치는 심판의 말은 그 오만한 평온을 순식간에 산산이 부숴버렸다. 심판의 날에 부는 바람이 그의 마음속을 몰아쳤다. 그의 상상력이 낳은 보석 같은 눈동자를 한 창녀들*44은, 폭풍 앞에서 겁에 질린 생쥐처럼 울부짖으면서 머리를 흩뜨리고 달아난다.

광장*45을 건너 집으로 걸어가는데 한 소녀의 가벼운 웃음소리가 타는 듯한 귓전에 들려왔다. 연약하고 화사한 그 소리는 나팔소리보다 더 강력하게 그의 심장을 때렸다. 그는 감히 눈을 들지 못한 채 옆으로 돌아서서 걸으면서 무성하게 뒤엉켜 있는 관목 숲을 응시한다. 깨어져버린 그의 심장에서 수치심이 솟구쳐 올라 온몸을 휘돌았다. 에마*46의 이미지가 그의 앞에 떠올랐고, 그녀의 눈앞에서 다시 한 번 수치심이 홍수처럼 그의 심장에서 솟아올랐다. 그 동안 마음속으로 그가 그녀를 상대로 무슨 짓을 하고 있었으며, 그의 짐승 같은 욕정이 그녀의 순결을 어떻게 갈기갈기 찢고 짓밟았는지 만약 그녀가 알게 된다면! 그런 것이 소년다운 애정이란 말인가? 그런 것이 기사도

---

*43 "사망아 너의 승리가 어디 있느냐 사망아 네가 쏘는 것이 어디 있느냐"(《고린도전서》 15 : 55)를 토대로, 영국 시인 알렉산더 포프(1688~1744)가 쓴 시 "죽어가는 그리스도교도가 자신의 영혼에 부쳐"(1712)에서.

*44 "그 여자는 자줏빛과 붉은빛 옷을 입고 금과 보석과 진주로 꾸미고"(《요한계시록》 17 : 4)

*45 마운트조이 광장.

*46 제2장의 E-C-(에마 클러리). 에마는 스티븐의 영혼의 안내자로서, 단테에 대한 베아트리체의 역할을 하고 있다.

정신이란 말인가? 그게 시란 말인가? 그가 빠져 있던 방탕한 생활의 추악한 면들이 바로 그의 코 밑에서 악취를 풍기고 있었다. 검댕이 묻은 사진*47을 그는 벽난로의 굴뚝 속에 감춰두고 이따금 끄집어내어 그 뻔뻔스럽고 낯뜨거운 사진 앞에서 몇 시간이고 마음과 행동으로 죄를 지으며 누워 있었다. 그가 꾸었던 기괴한 꿈에는 원숭이처럼 생긴 생물과 반짝이는 보석 눈의 창녀들이 득실거렸다. 기쁨에 잠겨 죄를 고백하는 그 추잡한 편지를 써서 며칠이고 남몰래 몸에 지니고 다니다가, 결국은 어둠을 틈타 들판의 구석진 풀숲이나 돌쩌귀가 빠져버린 문 아래, 또는 생울타리의 움푹 팬 곳에 내버리고는, 지나가던 소녀가 그것을 주워 몰래 읽어주기를 기대했었다. 미쳤지! 미쳤어! 어떻게 그런 짓을 할 수 있었을까? 추악한 기억들이 그의 머릿속에 응집되자 이마에 차가운 땀이 배어나왔다.

굴욕스러운 고뇌가 지나가자, 그는 자신의 영혼을 그 참담한 무기력 상태에서 일으켜 세우려고 했다. 하느님과 성모마리아는 그에게서 너무 멀리 떨어져 있었다. 하느님은 너무 높고 준엄한 반면, 성모마리아는 너무 순결하고 너무 거룩했다. 그러나 그는 자기가 넓은 대지 위에서 에마 옆에 서서 겸허하게 눈물을 글썽이며 그녀의 팔꿈치 근처에 키스하는 것을 상상하고 있었다.

하늘의 연녹색 바다를 구름 한 조각이 서쪽을 향해 흘러간다. 부드럽고 밝은 저녁 하늘 아래, 넓은 들판에 그 두 사람, 잘못을 저지른 아이들이 서 있다. 그들의 잘못은, 비록 어린아이가 저지른 잘못이기는 하지만 하느님의 권위에 깊은 상처를 주었다. 그러나 그것은 그 아름다움이 '쳐다보면 위험한 지상의 아름다움과는 달리, 그 징표인 밝고 음악적인 샛별과도 닮은' 분*48을 상처주지는 않았다. 그를 바라보는 그녀의 눈에는 분노도 책망도 없었다. 그녀는 두 사람에게 손과 손을 마주잡게 하고 그들의 마음에 이렇게 말한다.

"스티븐과 에마, 손을 잡아라. 하늘나라에서는 지금 아름다운 저녁이란다. 너희는 잘못을 저질렀지만, 그래도 언제나 나의 아이들. 한쪽의 마음이 다른 한쪽의 마음을 사랑하는 거야. 손을 잡아라, 내 소중한 아이들아. 그러면 너희는 함께 행복해지고 너희는 마음으로 서로 사랑하게 될 것이다."

---

*47 포르노 사진을 말한다.
*48 성모마리아를 가리켜. 존 헨리 뉴먼 추기경의 "아들 예수를 위한 마리아의 영광"에서 (JSA).

성당은 내려진 블라인드를 통해 새어들어오는 불그스레한 빛으로 가득했다. 블라인드 끝자락과 창틀 사이의 벌어진 틈으로 한 가닥의 파리한 빛이 창처럼 뚫고 들어와서, 제단 위에 있는 양각된 놋쇠촛대를 비추었다. 그러자 촛대는 천사들의 역전(歷戰)의 갑옷처럼 번쩍였다.

성당에, 정원에, 학교 건물에, 비가 내리고 있었다. 영원히 소리없이 내릴 것이다. 물은 조금씩 차올라서 풀과 관목 숲을 뒤덮고, 나무와 집들을 덮고, 기념비와 산꼭대기까지 뒤덮어버릴 것이다. 모든 생물은 질식한다, 소리도 내지 않고 새도, 사람도, 코끼리도, 돼지도, 아이들도. 이 세상이 멸망하고 남은 쓰레기 사이로 시신들이 조용히 떠다니리라. 40일 낮 40일 밤*49 동안 비가 내려 대지는 온통 물로 뒤덮인다.

그럴지도 모르지. 그렇게 되지 않으란 법이 있을까?

"'지옥은 욕심을 내어 그 입을 찢어지게 벌릴 것이니'*50—예수 그리스도를 통해 맺어진 친애하는 어린 형제들이여, 이 말은 이사야서 제5장 제14절에서 인용한 것입니다. 성부와 성자와 성령의 이름으로 아멘."

설교자는 수탄 속 주머니에서 줄이 떨어진 회중시계를 꺼내 잠시 말없이 문자판을 들여다본 뒤, 자기 앞 테이블 위에 내려놓았다.

그는 조용한 목소리로 얘기하기 시작했다.

"여러분, 잘 알다시피 아담과 이브는 우리 인류의 첫 조상이었어요. 그리고 여러분은 사탄과 그 부하인 반역의 천사들이 타락함으로써 천국에 생긴 빈자리를 채우기 위해, 하느님이 이 두 사람을 창조하신 것은 잊지 않고 있을 겁니다. 우리가 듣기로 사탄은 새벽의 아들*51로서 밝게 빛나는 천사였어요. 그러나 그는 타락했습니다. 그와 함께 하늘나라 군대의 3분의 1도 타락했어요. 그는 쫓겨나서 그와 한패였던 반역의 천사들과 함께 지옥으로 떨어졌지요. 그의 죄가 무엇인지 우리로서는 알 수 없어요. 신학자들은 그것이 교만의 죄였을 것이라고 생각한답니다. 어느 한 순간 그는 'non serviam'*52

---

*49 "내가 사십 주야를 땅에 비를 내려"(《창세기》 7 : 4). 노아의 홍수를 말한다.

*50 "스올이 욕심을 크게 내어 한량 없이 그 입을 벌린즉"(《이사야서》 5 : 14).

*51 "너 아침의 아들 계명성이여, 어찌 그리 하늘에서 떨어졌으며"(《이사야서》 14 : 12).

*52 논 세르위암. 라틴어. 사탄이 실추하는 순간에 한 말(《예레미야서》 2 : 20). 《율리시스》 제15삽화에서, 스티븐은 개종을 재촉하는 어머니의 환영에 대해 이 말을 한다.

즉 '나는 순종하지 않겠노라'고 하는 사악한 생각을 품었던 모양입니다. 바로 그 순간 그는 파멸했지요. 그는 한 순간의 사악한 생각으로 하느님의 존엄성을 범했고 하느님은 그를 영원히 하늘나라에서 지옥으로 추방한 것입니다.

그래서 아담과 이브가 창조되었고 그들은 에덴에서, 다마스쿠스 평원에서[53] 살게 되었어요. 그곳은 햇빛과 색채가 눈부신 아름다운 정원으로, 화려한 식물이 우거져 있었지요. 비옥한 땅은 그들에게 먹을 것을 풍성하게 대주었고, 짐승과 새들은 그들을 기꺼이 섬기는 종이었답니다. 우리의 육신은 훗날 질병과 빈곤과 죽음을 물려받았지만 그들은 그런 것을 모르고 살았습니다. 위대하고 관대하신 하느님은 그들을 위해 베풀 수 있는 것을 모두 베풀어 주셨어요. 하지만 하느님께서 부여한 조건이 딱 한 가지 있었지요. 그것은 하느님의 말에 대한 절대복종이었어요. 금단의 나무에 열린 열매를 따먹어서는 안 된다는 것이었습니다.

학생 여러분, 그들도 타락하고 말았습니다. 한때는 밝게 빛나는 천사이자 새벽의 아들이었고, 지금은 추악한 악마인 사탄이, 모든 들짐승 가운데 가장 교활한 뱀의 모습으로 찾아왔던 거예요. 그는 두 사람을 시기했습니다. 한때 위대한 천사였다가 지금은 타락해버린 그는, 스스로 죄를 지어 영원히 포기해야 했던 유산을 흙으로 빚은 인간이 소유하게 되었다는 사실을 생각하니 견딜 수가 없었지요. 그는 더욱 연약한 그릇[54]인 여자를 찾아와서 달콤한 말의 독을 그녀의 귀에 흘려 넣고는 이렇게 약속했습니다. —아, 얼마나 모독적인 약속입니까! —만약 그녀와 아담이 그 금단의 열매를 따먹는다면 신이 될 것이다, 아니 하느님 바로 그분이 된다는 약속[55]이었지요. 이브는 그만이 유혹자의 간계에 넘어가고 말았어요. 그녀는 사과를 먹었고, 아담에게도 먹으라고 권했습니다. 아담에게는 그녀의 청을 거절할 만한 용기가 없었어요.[56] 독을 품은 사탄의 혀는 성공을 거두었고, 그들은 추방되고 말았어요.

그때 에덴동산에서는 하느님께서 자신의 창조물인 인간을 꾸짖는 목소리

---

* 53 기묘한 언급이다. 에덴동산이 다마스쿠스 평원에 있다는 설은 없다.
* 54 이브를 가리켜서. "그를 더 연약한 그릇이요"(《베드로전서》 3 : 7).
* 55 "그것을 먹는 날에는 너희 눈이 밝아져 하느님과 같이 되어 선악을 알 줄 하느님이 아심이니라"(《창세기》 3 : 5).
* 56 이 말의 출전은 《실낙원》 9권 997~999행.

가 들려왔습니다. 하늘의 군대를 지휘하던 미카엘이 손에 불칼을 들고 나타나서 그 죄 많은 두 사람을 에덴동산에서 이 세상으로 쫓아냈습니다.[57] 이 세상은 질병과 고통, 잔인함과 실망, 노동과 신고로 가득한 이 세상으로, 이마에 땀 흘려 먹을 것을 구하라[58]며 추방했습니다. 하지만 이때도 하느님께선 참으로 자비로우셨습니다! 타락한 우리의 조상을 불쌍히 여기신 그분은, 때가 되면 그들을 속죄해 줄 분을 하늘나라에서 보낼 것이며, 그들이 다시 한 번 하느님의 자손이 되게 하고 천국의 상속자가 될 수 있게 하겠노라고 약속해주셨습니다. 그리고 타락한 인간의 구세주가 될 그 분은 바로, 하느님의 독생자(獨生子)요, 가장 축복받는 삼위일체의 두 번째 위격(位格)이시고, 영원한 말씀이십니다.

그분은 오셨습니다. 그분은 동정녀 마리아에게서 태어나셨어요. 그분은 유대 지방의 초라한 말구유에서 태어나 30년 동안[59] 비천한 목수 노릇을 하시던 끝에, 마침내 그분이 맡은 사명을 수행할 시간을 맞이했습니다. 인류에 대한 사랑으로 가득한 그분은 세상에 나서서 사람들에게 새 복음[60]을 들으라고 말씀하셨어요.

사람들이 그분의 말씀에 귀를 기울였을까요? 예, 귀를 기울였습니다, 하지만 들으려고는 하지 않았습니다. 그분은 붙잡혀서 일반 죄수들과 같이 묶여, 바보인 양 조롱받고, 세상에 알려진 도둑에게 자리를 양보하도록 강요받고,[61] 가시관을 쓰고 5천 번의 채찍질[62]을 당하고, 유대인 구경꾼과 로마 군사들에 의해 길거리를 끌려 다니셨습니다. 마침내 그분은 옷이 벗겨진 채 효시용(梟示用) 기둥[63]에 매달려 옆구리를 창으로 찔리셨습니다. 우리 주의 상처 입은 몸에서는 물과 피가 끝도 없이 흘러 나왔습니다.[64]

---

*57 에덴동산에서 아담과 이브를 추방한 것은 〈창세기〉 3 : 24 참조. 단 미카엘에 의한 추방은 가톨릭의 전통적인 생각에 기초한 것.

*58 "얼굴에 땀을 흘려야 먹을 것을 먹으리니"(〈창세기〉 3 : 19).

*59 예수가 활동한 것은 서른 살에서 서른세 살 사이로 되어 있다.

*60 〈요한복음〉 1 : 17에는 "율법은 모세로 말미암아 주어진 것이요 은혜와 진리는 예수 그리스도로 말미암아 온 것이라"고 되어 있다.

*61 '자리'란 '특사(特赦)'를 말한다. 로마총독 빌라도가 유월제 때 죄수 한 사람에게 특사를 내리기로 했는데, 군중은 예수가 아니라 강도, 살인죄로 투옥된 바라바의 특사를 요구했다.

*62 '채찍질'에 대해서는 〈마태복음〉 27 : 26, 〈요한복음〉 19 : 1 참조. 단 '5천 번'이라는 기술은 없으며, 아놀 신부의 과장이다.

하지만 더할 나위 없이 고통스러운 그 순간에도 우리의 자비로운 구세주는 인류를 불쌍히 여기고 계셨습니다. 그곳 갈보리 언덕에서 그분은 이미 성스러운 가톨릭 교회를 세우시고, 지옥문도 감히 그것을 누르지 못할 거라고 약속하셨습니다.*65 천 년의 바위*66 위에 교회를 세우시고 그 교회에 은총과 성사와 희생*67을 내리셨어요. 또 사람들이 그 교회의 말씀에 순종하면 반드시 영원한 삶을 얻게 되지만, 이토록 모든 것이 그들을 위해 약속되었는데도 여전히 악을 고집한다면, 그들을 위해 남겨진 것은 영원한 고통, 즉 지옥이라*68고 말씀하셨습니다."

설교자의 목소리가 낮아졌다. 그는 말을 중단하고 한동안 합장했다가 다시 두 손을 풀고 말을 이었다.

"그런데 여기서 잠시, 저주받은 사람들이 거처하게 될 곳이 어떤 곳인지 그 본질을 가능한 한 이해하도록 노력해 봅시다.*69 지옥은*70 좁고 어둡고

---

*63 '효시용 기둥'이란 죄수를 처형한 뒤 그 사체를 매달아 뭇사람에게 보이는 데 사용하는 기둥. 아놀 신부는 예수가 십자가에서 처형된 것을 과장하여 얘기하고 있다.

*64 "한 군인이 창으로 옆구리를 찌르니 곧 피와 물이 나오더라"(《요한복음》19 : 34).

*65 예수는 베드로에게 "너는 베드로라, 내가 이 반석 위에 내 교회를 세우리니 음부의 권세가 이기지 못하리라."(《마태복음》16 : 18)고 했다.

*66 오거스터스 토플레이디(1740~78)가 1776년에 만든 노래의 제목. 고대 히브리인의 노래를 번안한 개신교의 찬송가이다(G).

*67 은총은 하느님이 인류에게 보여준 자비심, 성사는 은총을 베풀기 위한 외적인 표시로 세례, 견진, 성체, 고해, 병자, 신품, 혼인의 7가지 성사, 희생은 인류가 은총을 받기 위한 예수의 희생.

*68 《마태복음》25 : 31~46 참조.

*69 이그나티우스 데 로욜라는 《영신수련》(1548) 속에서 구체적인 이미지를 상상하는 것, 즉 '장면 구상'의 중요성을 역설했다. 《율리시스》제9삽화에서, 스티븐은 셰익스피어론을 피력하면서 "장면 구상. 이그나티우스 로욜라여, 어서 와서 나를 도와주오!"라고 독백한다. 또한, 로욜라의 영신수련은 1, 죄와 지옥, 2, 이 세상에서의 그리스도의 생애, 3, 그리스도의 수난, 4, 그리스도의 부활에 대해 묵상하는 것이다.

*70 설교는 로욜라의 영신수련 속의 죄와 지옥에 대한 것이지만, 아놀 신부는 그 대부분을 이탈리아의 예수회 조반니 피에트로 피나몬티(1632~1703)의 《그리스도교도에게 열린 지옥, 지옥에 가지 않기 위한 경고》(1688)에서 인용하고 있다. 그리고 아놀 신부의 설교도 피나몬티를 모방하여 1, 감각의 벌(지옥의 양상, 업화, 타락자와의 동거), 2, 영겁의 벌(상실의 고통, 양심의 고통, 확대성의 고통, 지옥의 영원성)의 순서로 얘기한다(제임스 R. 슬레인 '조이스의 지옥의 설교—원천과 배경')

고약한 냄새가 나는 감옥이고, 악마와 버림받은 영혼들이 거처하는, 불과 연기가 가득한 곳이지요. 하느님은 당신의 율법에 얽매이기를 거절하는 자들을 벌하기 위해 일부러 그 감옥을 좁게 만드셨습니다. 지상의 감옥에서는 사방이 벽으로 둘러싸인 감방이든, 감옥의 어두운 마당이든 죄수들은 적어도 조금은 움직일 자유를 가지고 있습니다. 그러나 지옥은 그렇지가 않아요. 저주받은 자들의 수가 워낙 많아서 그 끔찍한 지옥에는 그런 자들이 짐짝처럼 쌓여 있고, 지옥의 벽은 두께가 4000마일*71이나 된다고 합니다. 거룩한 성인이신 성 안셀름*72이 우화(寓話)에 대한 책 속에서 말한 것처럼, 지옥의 죄인들은 너무 꽁꽁 묶여 있어서 옴짝달싹할 수 없기 때문에 자기 눈알을 파먹는 구더기조차 떼어낼 수가 없다고 합니다.

그들은 깜깜한 암흑 속에 누워 있습니다. 왜냐하면, 반드시 기억하세요, 지옥의 불은 아무런 빛도 내지 않기 때문이지요. 하느님의 명령에 따라 바빌론의 아궁이*73는 그 열을 잃었으되 빛은 잃지 않았습니다. 그와 반대로 지옥의 불은 하느님의 명령에 따라 그 강한 열은 유지하면서 영원히 어둠 속에서 타고 있는 겁니다. 그것은 끝없는 암흑의 폭풍,*74 어두운 불꽃, 타오르는 유황의 어두운 연기랍니다. 죄인들은 그 속에서 겹겹이 쌓여, 공기라고는 구경도 못하지요. 일찍이 파라오의 땅을 덮친 재앙 가운데 암흑의 재앙이 가장 무섭다고 했습니다. 그렇다면 겨우 사흘 동안*75만이 아니라 영겁의 세월 동안 계속되는 지옥의 암흑은 뭐라고 표현해야 할까요?

그 좁고 어두운 감옥의 공포는 그 고약한 악취로 인해 더욱 커집니다. 마

---

*71 4지구의 지름은 8000마일(약 1만2800킬로미터)이고, 지옥은 지구 내부에 있다는 설이 유포되어 있었다.

*72 캔터베리 대주교(1033~1109). 《우화》는 안셀름의 저작이 아니라, 그의 말을 해설한 저서이다. 게다가 '눈을 파먹는 구더기' 운운한 것도, 안셀름의 말이 아니라 피나몬티의 해석.

*73 바빌론의 왕 네브카드네자르는, 자기가 만들게 한 우상을 숭배하지 않는 세 유대인을 아궁이에 던져 넣게 했다(흠정영역성서 〈다니엘서〉 3 : 19~30, 두에성서 〈다니엘서〉 3 : 19~100).

*74 〈유다서〉 13절에는 불신자들에게는 "자기 수치의 거품을 뿜는 바다의 거친 물결이요 영원히 예비된 캄캄한 흑암으로 돌아갈"이라고 되어 있다.

*75 파라오란 고대 이집트의 왕을 가리키며, 이스라엘을 냉대한 것에 의해, 하느님으로부터 재앙이 내려진다. 그 아홉 번째 재앙이 '암흑의 재앙'으로, 이집트는 사흘 동안 암흑에 싸였다(《출애굽기》 10 : 21~23).

지막 심판의 날, 그 무시무시한 업화(業火)가 이 세상을 정화할 때, 이 세상의 모든 오물, 모든 쓰레기, 모든 찌꺼기는 악취를 뿜는 거대한 하수구를 흘러가듯이 지옥으로 흘러 들어간다고 합니다. 어마어마한 양의 유황이 불타기 때문에 지옥은 견딜 수 없는 악취로 가득합니다. 게다가 지옥에 떨어진 자의 육체 자체가 매우 전염성이 강한 냄새를 뿜어내기 때문에, 성 보나벤투라*[76]의 말에 의하면, 한 사람만 있어도 온 세상을 감염시키기에 충분하다고 합니다. 이 세상의 공기도 원래는 매우 순수하지만 오래도록 밀폐해 두면 고약한 냄새가 나서 숨쉬기가 힘들어집니다. 그러니 지옥 속의 공기가 얼마나 끔찍할지 상상해 보세요. 무덤 속에 누워서 부패하여 마치 젤리처럼 물컹물컹하게 썩어가고 있는 더러운 시체를 상상해 보세요. 이러한 시체가 불길의 먹잇감이 되어 불타는 유황불에 던져져서, 구역질이 나도록 부패한, 농밀하고 혐오스러운 질식성 악취를 풍기고 있다고 상상해 보세요. 그리고 그 연기가 자욱한 어둠 속에 겹겹이 쌓여 썩어가는 냄새를 뿜는 시체, 썩어가는 인간이 만들어내는 거대한 버섯처럼, 수백만, 수천만이 쌓여, 수백 만 배, 수천 만 배를 이루어, 토악질을 일으키는 악취를 상상해 보세요. 그 모든 것을 마음속에 그려보면 지옥의 악취에 대한 공포가 어떤 것일지 조금은 이해할 수 있을 것입니다.

　그러나 이 악취는 분명히 무서운 것이기는 하지만, 지옥에 떨어진 사람들이 받는 가장 큰 육체적 고통은 아닙니다. 불에 의한 고문은, 역사상의 폭군들이 같은 인간들에게 지금까지 가해 온 최악의 고문이었습니다. 아주 잠깐이라도 여러분의 손가락을 촛불에 대어보세요. 그러면 그 불의 고통이 어떤 것인지 느낄 수 있을 겁니다. 우리가 사용하는 이 세상의 불은 하느님이 인간을 위해 만드신 것으로, 인간이 생명의 불꽃을 유지하고 유용한 일을 하도록 돕는 것이 그 목적이었습니다. 그러나 지옥의 불은 그 성질이 달라서, 하느님이 회개하지 않는 죄인에게 고통을 주고 벌을 주기 위해 만드신 것입니다. 지상의 불은 또, 그것이 태우는 대상이 얼마나 잘 타는 것인가에 따라,

---

*76 조반니 디 피단차 보나벤투라(1221~74). 이탈리아의 스콜라 신학자이자 성인. 아우구스티누스설의 주요한 대표자였지만 아리스토텔레스도 도입하여, 인식론에서는 이성의 추상설과 조명설의 결합에 노력했다. 한편 안셀름 이후의 신비주의 전통에 충실했고, 특히 베르나르두스를 중시하여 《아레오파기타 위서(僞書)》를 가까이했다.

타는 속도도 다릅니다. 그래서 인간의 재주는 불의 활동을 억제하거나 중단시키는 물질까지 발명하게 되었습니다. 그러나 지옥에서 타오르는 그 유황불은 형언할 수 없이 광포하게, 영원히 타오르도록 특별히 고안된 것입니다. 더욱이 이 지상의 불은 타오르는 동시에 아무것도 남기지 않기 때문에 불길이 세면 셀수록 지속 시간은 짧아집니다. 그러나 지옥불은 그것이 불태우는 대상을 계속 보존하면서 믿을 수 없을 만큼 격렬하게 타면서도 그 불길이 영원히 계속되는 특성이 있습니다.

또 지상의 불은 아무리 강력하고 아무리 번지더라도 늘 범위가 한정되어 있습니다. 그러나 지옥에서 타는 불의 호수에는 경계도 없고 기슭도 없고 바닥도 없습니다. 기록에 의하면, 악마는 어떤 병사의 질문을 받았을 때, 산 하나를 통째로 지옥의 불바다에 던져 넣어도 눈 깜짝할 사이에 한 조각의 밀랍처럼 녹아버릴 거라고 고백했다 합니다.*77 그런데 그 무시무시한 불은 지옥에 떨어진 자들의 육체를 외부에서 괴롭힐 뿐만 아니라, 망령든 한 사람 한 사람의 영혼에게는 그것만으로도 하나의 지옥이 됩니다. 망령의 바로 급소에서 무한의 불꽃이 이글거리기 때문입니다. 오, 그 비참한 망령들의 운명이 얼마나 무서운지 아십니까! 혈관 속에서는 피가 부글부글 끓고, 머릿속에서는 뇌수가 들끓을 것이고, 가슴속에서는 심장이 시뻘겋게 이글거리다 터질 것입니다. 창자는 타오르는 관이 뭉쳐져 작열하는 덩어리이고, 부드러운 눈은 줄줄 흘러내리는 공이 되어 불타겠지요.

그러나 이 불의 힘과 성질과 무한함에 대해 내가 지금까지 말한 것은 하느님의 뜻에 의해 영혼과 육체를 함께 벌하기 위해 선택된 수단, 즉 불이 가진 강렬함에 비하면 아무것도 아닙니다. 그 불은 하느님의 분노에서 직접 타오르는 것으로서, 단순한 불로 작용하는 것이 아니라 하느님의 복수 도구로서 작용합니다. 영세의 성수가 육신을 씻어 영혼을 깨끗이 하듯이, 이 천벌의 불길은 몸을 태워 정신을 고통스럽게 합니다. 몸의 모든 감각은 고통을 당하고, 영혼의 모든 기능도 몸과 함께 고통당합니다. 눈은 투시할 수 없는 철저한 암흑에 의해 고통당하고, 코는 끔찍한 악취로 고통당하고, 귀는 아비규환과 저주로 고통당하고, 미각은 더러운 것, 고약한 부패물 및 뭐라 말할 수

---

*77 프랑스의 주교이자 성인인 아를의 카이사리우스(470무렵~543)에서 시작된 것으로 알려진 이야기의, 피나몬티에 의한 인용에서.

없이 숨이 막히는 오물로 인해 고통당하고, 촉각은 시뻘겋게 단 쇠꼬챙이와 못, 그리고 널름거리는 불길로 인해 고통당합니다. 이처럼 오감의 다양한 고문에 의해, 불멸의 영혼은 영원히, 그 정수까지 끝없이 태워버리는 불길 한복판에서 고통을 당합니다. 이 불길은 전지전능하신 하느님의 분노한 권위에 의해 심연에서 당겨졌으며, 신성의 분노한 숨결의 부채질에 의해 영원히 지속되며 점점 거세지는 분노의 불길이 됩니다.

마지막으로, 이 감옥의 고통은 지옥에 떨어진 자들과 함께 지내야 하는 것으로 인해 더욱 커진다는 것에 대해 생각해 봅시다. 지상에서도 나쁜 친구는 유해한 것이어서, 식물조차 자기에게 치명적이거나 해로운 것이 있으면 그것과 가까이 하는 것을 본능적으로 기피합니다. 그런데 지옥에서는 모든 율법이 거꾸로 되어 있습니다. 가족이나 국가, 혈연이나 친척 같은 개념이 아예 없습니다. 저주받은 자들이 느끼는 고통과 분노는 자신과 똑같이 고통과 분노를 느끼는 다른 사람들로 인해 더욱 커지므로, 망령들은 서로를 향해 아우성을 치고 비명을 지릅니다. 인간다운 분별심은 모두 잊어버리는 거지요. 고통당하고 있는 죄인들의 절규는 그 거대한 심연의 가장 먼 구석까지 가득 채웁니다. 망령들의 입은 하느님을 모독하는 말, 고통을 함께하고 있는 다른 죄인들에 대한 욕설, 그리고 함께 죄를 지은 자들을 저주하는 소리로 가득합니다. 옛날에는 살부죄, 즉 자기 아비를 죽이는 죄를 저지른 자를 처벌할 때, 수탉과 원숭이와 뱀을 한 마리씩 넣은 자루 속에 죄인을 함께 넣어 깊은 바다에 던지는 풍습이 있었습니다. 오늘날의 우리에게는 잔인해 보이지만, 그 법을 만든 사람의 의도는 죄인을, 기피하는 해로운 짐승들과 함께 있게 함으로써 처벌하는 데 있었습니다. 그러나 지옥에 떨어진 망령들의 타는 입술과 고통스러운 목구멍에서 터져 나오는 분노에 찬 비명에 비한다면, 이 말 못하는 짐승들의 분노야 아무것도 아니지요. 그때 그들은, 비참하게 허덕이는 같은 인간들이 바로 자기의 죄를 선동한 자이고, 자기 마음속에 나쁜 생각과 악한 삶의 씨앗을 뿌린 것은 그들의 말이요, 자신이 죄를 짓도록 유혹한 것은 그들의 추악한 암시이고, 미덕의 길에서 유혹하여 끌어낸 것은 그들의 눈이라고 생각하니까요. 그래서 그들은 그 공범자들에게 덤벼들어 그들을 욕하고 저주합니다. 그러나 그들은 아무것도 할 수 없고 아무런 희망도 없습니다. 회개를 해봤자 이미 때는 늦었기 때문이지요.

끝으로 유혹한 자, 유혹당한 자를 가릴 것 없이 이러한 망령들은 악마와 함께 지내야 하는데, 그 고통이 얼마나 무서운 것인지 생각해 봅시다. 그 악마들은 지옥에 떨어진 자들을 두 가지로 괴롭힙니다. 첫째는 단순히 함께 지내야 하는 괴로움이요, 둘째는 악마들의 비난입니다. 우리는 이 악마들이 얼마나 무서운지 알 수 없습니다. 시에나의 성녀 카타리나[78]가 언젠가 한번 악마를 본 적이 있었답니다. 그분은 그런 흉측한 괴물을 한 순간이라도 다시 보느니, 차라리 삶이 끝날 때까지 빨갛게 타는 석탄불 위를 걸어가겠노라는 기록을 남겼습니다. 악마도 한때는 아름다운 천사였기 때문에, 그 옛날 아름다웠던 만큼 지금은 오히려 추악한 괴물이 되어버린 것이지요. 그들은 자기가 파멸로 이끌었던 그 망령들을 비웃고 조롱합니다. 지옥에서 양심의 목소리를 내는 것은 오히려 이 추악한 악마들입니다. 그들은 묻습니다. 왜 죄를 지었느냐? 왜 악마들의 유혹에 넘어갔느냐? 왜 경건한 습관과 선한 일을 외면했느냐? 왜 죄를 지을 기회를 피하지 않았느냐? 왜 그 나쁜 친구들을 버리지 않았느냐? 왜 그 음란한 버릇, 그 더러운 습관을 버리지 않았느냐? 왜 고해 신부의 충고를 듣지 않았느냐? 하느님께서는 너의 죄를 용서하시기 위해 너의 회개만을 고대하고 있었거늘, 어찌하여 첫 번째, 두 번째, 세 번째, 네 번째 아니 백 번째 죄를 짓고 난 뒤에도 그 나쁜 길을 뉘우치고 하느님을 돌아보지 않았느냐? 이제 회개의 시간은 지나가고 말았다. 지금은 시간이 있고 과거에도 있었지만 앞으로는 영영 없을 것이다! 시간은 남몰래 죄를 짓기 위해, 그 나태와 오만에 빠지기 위해, 율법을 어기기 위해, 비열한 본성에 대한 유혹에 굴복하기 위해, 들짐승처럼 살기 위해 있는 것이었다. 아니 들짐승만도 못하다. 왜냐하면 그들은 적어도 축생에 불과하기에 이성의 인도를 받을 수 없기 때문이다. 지금까지는 시간이 있었다. 그러나 이제는 없다. 하느님은 수많은 목소리로 너를 타일렀지만 너는 들으려 하지 않았다. 너는 마음속의 오만과 분노를 깨부수려 하지 않았고, 올바르지 않은 수단으로 손에 넣은 재물을 되돌려 주려 하지 않았으며, 거룩한 교회의 가르침에 따라 종교적 의무를 다하려 하지 않았고, 나쁜 친구들을 버리려 하지 않았고, 위험한 유혹을 피하려 하지 않았다. 이것이 마성(魔性)을 지닌 형리들

＊78 이탈리아 도미니코회 수녀이자 성녀(1347~80). 그녀의 그 다음 이야기는 피나몬티의 번안을 아놀 신부가 개정한 것.

의 말이고, 조소와 비난의 말이며, 증오와 혐오의 말입니다. 혐오의 말, 정말 그렇습니다! 왜냐하면 그 악귀들도, 죄를 지었을 때는 천사의 본성에 걸맞은 죄, 즉 지성의 반역이라는 죄를 범한 것에 지나지 않기 때문입니다. 그리고 그 추악한 악마, 그들조차도, 타락한 인간이 저지른, 성령의 전당*79을 짓밟고, 더럽히고, 자기 자신도 더럽히고 타락시키는 말 못할 죄를 가만히 들여다볼 때, 증오와 혐오에 겨워 얼굴을 돌리지 않을 수가 없는 것입니다.

그리스도를 통해 맺어진 사랑하는 어린 형제들이여, 우리가 악마의 그런 말을 듣게 될 운명에 처해서야 되겠습니까? 결코 그런 운명을 당해서는 안 되겠지요. 그 무서운 마지막 심판의 날이 다가왔을 때, 오늘 이 성당에 모인 학생들 중에서는 단 한 사람도 그 가련한 사람들 틈에 끼지 않도록 나는 간절히 기도합니다. 거룩하신 심판자께서는 그 가련한 자들에게 영원히 당신 앞을 떠나도록 명하실 것입니다. '나에게서 떠날지어다, 저주받은 자여. 악마와 그 졸도들을 위해 준비된 영원한 불 속으로 들어갈지어다!'*80라고 하는 그 무서운 거부의 선고를 우리들 중에서는 아무도 듣게 되지 않기를 기도합니다."

성당 통로를 걸어갈 때 그의 다리는 후들거리고 머리 가죽도 망령의 손에 닿기라도 한 것처럼 바르르 떨리고 있었다. 계단을 올라가 복도로 걸어갔다. 그 복도 벽에는 외투와 비옷이 효수대에 매달린 악인처럼, 머리도 없이 물을 뚝뚝 떨어뜨리며, 흐물거리는 형태로 걸려 있었다. 한걸음씩 발을 뗄 때마다 나는 이미 죽었다, 내 영혼은 강한 힘에 의해 육체의 집에서 쫓겨났다, 지금 나는 완전히 거꾸로 된 모습으로 우주 속으로 떨어져가는 거라고 그는 생각했다.

다리로 마루를 딛고 서 있을 수가 없어서 의자에 무겁게 주저앉아, 책상을 향했다. 손에 닿는 책을 한 권 펴놓고 들여다보니, 한 마디 한 마디가 모두 그 자신에게 하는 말이었다! 한 마디 한 마디가 진실이었다! 하느님은 전지전능하시다. 하느님은 당장 그를 불러들일 수가 있다, 이쪽이 미처 그 소환을 의식하기도 전에. 하느님은 그를 불렀다. 그럴까? 정말 그럴까?

---

*79 인간의 육체를 가리켜. "너희 몸은 너희가 하느님께로부터 받은 바 너희 가운데 계신 성령의 전"(〈고린도전서〉 6 : 19).

*80 〈마태복음〉 25 : 41. 제3장 *39 참조.

탐욕스러운 불꽃의 혀가 다가오는 것을 느끼고 주위에서 질식할 것 같은 열기가 소용돌이치는 것을 느끼자, 그의 살은 오그라들어 말라붙어 버렸다. 그는 죽고 말았다. 그렇고말고. 그는 심판을 받았다. 불꽃의 물결이 육체를 꿰뚫고 지나간다. 첫 번째 물결. 그리고 다음 물결. 뇌가 타올랐다. 다음 물결. 뇌는 익어 거품이 일고, 그것을 에워싸는 두개골은 갈라졌다. 불꽃은 화관처럼 두개골에서 터져 나오면서 절규 같은 비명을 질렀다.

"지옥! 지옥! 지옥! 지옥! 지옥!"

가까이에서 사람 소리가 들렸다.

"지옥에 대한 설교였습니다."

"지옥이 어떤 곳인지 머릿속에 잘 새겨 넣었겠구나."

"정말 그래요. 모두들 새파랗게 질렸으니까요."

"너희들에게는 그런 설교가 필요하지. 잔뜩 겁을 주지 않으면 공부를 하지 않으니 말이야."

책상 의자에 힘없이 몸을 기대고 앉아 있었다. 아직 죽지는 않았다. 하느님은 아직은 그를 용서해주고 계신 것이다. 그는 아직 학교라는 익숙한 세계 속에 있다. 창가에서는 테이트 선생과 빈센트 헤런이 서서 농담을 하거나 창 밖에 음산하게 내리는 비를 바라보고, 머리를 흔들기도 했다.

"날이나 개었으면 좋겠다. 너덧 명의 아이들하고 자전거로 말라하이드*81 근처까지 갈 예정인데. 길이 무릎까지 빠지겠는걸."

"곧 갤지도 모릅니다, 선생님."

아주 잘 알고 있는 목소리, 일상적인 말들. 그 목소리가 그치면 교실 안은 조용해지고, 그 정적은 다른 아이들이 말없이 점심을 먹고 있는, 마치 얌전하게 풀을 뜯어 먹는 가축 같은 소리로 다시 가득 채워져서, 그것이 아픈 영혼을 달래준다.

아직 시간이 있었다. 오, 마리아, 죄인의 피난처시여, 저를 위해 주선해주소서! 오, 순결한 동정녀여, 저를 죽음의 수렁에서 구해 주소서!

영어 수업은 역사에 대한 질문으로 시작되었다. 왕족들, 총신(寵臣)들, 음모가들, 주교들, 모두 그들의 이름으로 이루어진 베일 뒤로 말없는 유령처

---

*81 더블린 북쪽 약 14킬로미터에 있는 연안 마을.

럼 지나간다. 모두 죽은 사람들이다. 모두 심판을 받은 사람들이다. 사람이 목숨을 잃는다면 온 세상을 얻는다 한들 무슨 소용이 있을 것인가? 마침내 알았다. 그리고 인간의 생활은 그를 에워싸고, 평화로운 들판 위에서는 개미 같은 사람들이 사이좋게 일하며, 그 죽은 자들은 조용한 무덤 속에서 잠든다. 친구가 팔꿈치로 찔러서 가슴이 두근거렸다. 선생님의 질문에 대답했을 때, 그 목소리는 스스로도 겸손과 회개의 마음으로 가득한 것처럼 들렸다.

영혼은 회오와 평화의 바닥 깊은 곳으로 가라앉아 갔다. 이제는 공포의 고통에 괴로워하지 않고, 더욱 가라앉자 희미하게 기도를 읊조린다. 아, 그렇구나, 아직은 용서받고 있는 거야. 마음속으로 회개하면 용서받는 거야. 그러면 하늘에 계시는 분들도 과거를 속죄하기 위해 내가 하는 일을 내려다보실 거야. 일생 동안, 생애의 모든 시간. 다만 기다려주십시오.

"모든 것을 회개하겠나이다, 하느님! 모든 것을, 모든 것을!"

사환이 문 앞에 나타나서 방금 성당에서 고해성사가 시작되었다고 알렸다. 네 명의 아이들이 교실에서 나간다. 다른 반 아이들이 복도를 걸어가는 소리가 들린다. 오슬오슬한 한기가 심장 주위에 전해졌다. 그것은 산들바람 같은 것이었지만, 자기가 그것에 귀를 기울이고 있는 것처럼, 소리도 내지 않고 괴로워하면서 심장 근육에 귀를 대고 있는 것처럼, 그것이 오그라들고 움츠리는 것을 느끼면서 심실의 소리를 열심히 듣고 있는 것처럼 생각되었다.

피할 도리가 없다. 고백해야만 한다. 그가 저지른 일, 생각한 일, 모든 죄를 말로 표현하여 얘기해야만 한다. 하지만 어떻게? 어떤 식으로?

"신부님, 저는……."

그 생각이 차갑게 빛나는 가느다란 칼처럼 연약한 살 속으로 미끄러지듯 들어온다. 고해. 하지만 학교의 그 성당에서는 아니다. 나는 모든 것을 고해하리라. 행위와 생각으로 저질렀던 모든 죄악을 진심으로 고해하리라. 그러나 학교 친구들이 있는 그곳에서는 아니다. 그곳에서 멀리 떨어진 어딘가 어두운 장소에서 자신의 수치를 고백하기로 하자. 그는 학교 성당에서는 고해할 용기가 없다고 해서 화를 내지는 말아 주십사고 겸손한 마음으로 하느님께 빌었다. 그리고 주위에 있는 소년들의 마음에도 말없이 진심으로 자기를 비하하면서 용서를 구했다.

시간이 흘렀다.

다시 성당 맨 앞쪽 벤치에 앉았다. 밖에서는 벌써 날이 저물고 있었다. 그 빛이 탁한 붉은색 블라인드를 통해 천천히 퇴색해 갈수록, 마지막 날의 태양이 가라앉고, 모든 영혼이 심판을 위해 모여들고 있는 듯했다.

"'나는 주님 눈 앞에서 쫓겨났다.' 그리스도를 통해 맺어진 사랑하는 어린 형제들이여, 이것은 시편 30편 23절에 나오는 말*82입니다. 성부와 성자와 성령의 이름으로 아멘."

설교자는 조용하고 친근한 목소리로 말하기 시작했다. 그의 얼굴은 친절해 보였다. 그는 조용히 두 손을 모아 손가락 끝을 맞대어 연약한 새장 같은 형태를 만들었다.

"오늘 아침에 우리는 지옥에 대해 성찰하면서 우리 예수회의 거룩한 창립자가 영신수련에 대한 책 속에서 장면의 구상이라고 부른 것을 시도해 보려고 노력했습니다. 다시 말해, 우리는 상상력 속에서 마음속의 감각으로 그 무서운 지옥이 실제로 어떤 곳이고, 거기 갇힌 사람들이 경험하는 육체적 고통은 어떤 것인지 상상해 보려고 했습니다. 오늘 저녁에는 지옥의 정신적 고통의 성질에 대해 잠시 생각해 보기로 합시다.

우선 죄악은 이중으로 잔인무도하다는 것부터 기억해 둡시다. 죄악은 우리의 부패한 천성의 충동질이나 인간의 비천한 본능, 그리고 거칠고 야비한 것을 추종하는 것에 대한 저급한 동의입니다. 그것은 또 우리의 고귀한 성품이 충고하는 것을 외면하거나, 순수하고 거룩한 모든 것과 거룩하신 하느님을 외면해 버리는 것*83이기도 합니다. 그런 까닭에 대죄는 지옥에서 두 가지의 다른 형태의 형벌, 곧 육체적 및 정신적인 형벌에 의해 벌을 받습니다.

그런데 이 모든 정신적 고통 가운데 가장 큰 것은 상실의 아픔입니다. 이 아픔은 실로 너무 커서 그 자체만으로도 다른 모든 아픔보다 더 크다고 할 수 있습니다. 성 토마스는 흔히 교회의 가장 위대한 박사 또는 천사적인 박사*84라고 일컬어지는데, 최악의 영벌(永罰)이란, 인간의 지력이 하느님이

---

*82 두에성서에 의한다. 흠정영역성서(개신교계)에서는, 〈시편〉 31 : 23. "내가 놀라서 말하기를 주의 목전에서 끊어졌다 하였사오나."

*83 대죄의 일반적인 정의. 두 가지 비도(非道)는 각각 '감각의 벌(poena sensus)'과 '영겁의 벌(poena damni)'이 내려진다.

*84 성 토마스 아퀴나스의 칭호.

부여하는 광명을 모두 박탈당하고, 그로 인해 하느님의 선성(善性)에서 완강하게 얼굴을 돌리는 것이라고 말했습니다. 하느님은 무한히 선한 존재이고, 그렇기 때문에 그러한 존재를 잃는 것은 한없는 고통으로 가득한 손실입니다. 우리는 이 세상에서는 그러한 손실이 얼마나 고통스러운지 그다지 명확한 관념을 갖지 않지만, 지옥에 떨어진 사람들은 크나큰 고통을 겪으면서, 자신들이 잃어버린 것을 충분히 이해하고, 자기 자신의 죄 때문에 그것을 잃어버렸다는 것, 게다가 그것은 영원한 상실이라는 것을 깨닫습니다. 그들이 죽는 바로 그 순간, 육체의 유대는 산산조각이 나고 영혼은 그 즉시 하느님에게 날아갑니다. 영혼은 마치 그 존재의 중심을 향하듯이 하느님을 향합니다. 학생 여러분, 인간의 영혼은 하느님과 함께 있는 것을 열망합니다. 우리는 하느님에게서 나와서 하느님에 의해 살고 하느님에게 속해 있습니다. 우리는 하느님의 것이며 하느님과는 끊으려야 끊을 수 없는 관계에 있습니다. 하느님은 거룩한 사랑을 지니고, 모든 인간의 영혼을 사랑하시며, 모든 인간의 영혼은 그 사랑 속에 살고 있습니다. 그렇게 될 수밖에 없지 않겠습니까? 우리가 쉬는 숨결, 우리의 머릿속 생각, 우리의 삶이 갖는 순간순간은 모두 하느님의 무궁무진한 선에서 나옵니다. 어머니가 자식과 헤어지는 것이 고통이고, 남편에게는 벽난로와 가정에서 유리되는 것이 고통이며, 친구와 친구가 헤어지는 것이 고통이라면, 가련한 영혼에게는 지극히 선한 존재에게서, 그리고 무(無)에서 영혼을 불러내어 존재하게 하고, 그것을 생명 속에 지탱하고, 한량없는 사랑으로 그것을 사랑해 주시는 애정 깊은 창조주에게서 쫓겨나는 것이 얼마나 큰 고통이고 얼마나 격렬한 고뇌일지 생각해 보십시오. 그러므로, 이 영원한 최고의 선에서, 신에게서, 분리되어 버리는 것, 그리고 이 분리의 고통을 느끼고, 이미 돌이킬 수 없다는 것을 잘 알고 있는 것, 이 '영겁의 벌', 즉 상실의 고통이야말로 하느님에 의해 창조된 영혼이 견딜 수 있는 가장 큰 고통일 겁니다.

지옥에서 저주받은 자들의 영혼을 괴롭히는 두 번째 고통은 양심의 고통입니다. 죽은 사람의 몸이 썩으면 그 속에 구더기가 생기듯이, 죽은 사람의 영혼에는 죄악이라는 부패에서 끊임없는 회한, 양심이라는 바늘, 교황 이노센티우스 3세[85]의 말을 빌리면 세 개의 바늘을 가진 벌레가 생깁니다. 이 잔인한 벌레에 의해 주어지는 첫 번째 바늘은 지나간 쾌락에 대한 추억입니다. 그야말로 무서운 기억이 되겠지요. 모든 것을 삼켜버리는 불바다 속에서, 오만한 왕은 그의 화려한 궁정을 기억할 것이요, 현명하지만 간악했던 사람은 자기의 연구용 도서와 기구를 기억할 것이고, 예술적인 도락 애호가는 대리석 조각품이니 그림이니 소중한 예술품들을 기억할 것이며, 식도락가는 공들여 장만한 요리와 최고급 포도주를 곁들인 화려한 잔칫상을 기억할 것이고, 구두쇠는 자기가 감춰두었던 금은보화를 기억할 것이고, 강도는 자기가 불법적으로 벌어들인 재산을 기억할 것이고, 분노와 복수심으로 끓어오르는 잔인한 살인자들은 그들이 즐겨 저질렀던 피투성이의 폭력적 소행을 기억할 것이고, 부정한 간음자들은 그들이 즐겼던 말할 수 없이 추악한 쾌락을 기억할 것입니다. 그들은 이 모든 것을 기억하고 자기 자신과 자기의 죄악을 혐오하게 될 것입니다. 영원토록 지옥의 불길 속에서 고통당하도록 저주받은 사람들에게는 그 모든 쾌락들이 얼마나 비참해 보이겠습니까. 그들은 이 세상의 쓰레기나 몇 푼 안 되는 돈, 허망한 명예, 육체적 쾌락, 말초신경의 자극 따위에 탐닉하다가 그만 천국의 기쁨을 잃어버리고 만 것을 생각하고, 입에 거품을 물면서 분노할 것입니다. 그들은 분명히 후회에 빠질 것입니다. 그것은 양심이라는 벌레의 두 번째 바늘인데, 이미 저지른 죄악에 대한 때늦은 슬픔입니다. 하느님의 정의는 이 비참하고 가련한 자들의 오성이 끊임없이 그들이 저지른 죄를 의식하도록 강요하고, 또 성 아우구스티누스*[86]가 지적한 것처럼, 하느님은 죄악에 대한 하느님 자신의 지식을 그들에게 나누어주기 때문에, 마치 하느님의 눈에 나타나는 것과 마찬가지로, 죄는 그들에게도 무섭도록 흉측한 모습으로 나타납니다. 그들은 자신의 죄가 지니고 있는 모든 추악한 모습을 바라보면서 후회하지만 이미 때는 늦었고, 그들이 무시한 좋은 기회를 여러 번 놓친 것을 슬퍼할 뿐입니다. 그것은 양심의 벌레가 가지고 있는 가장 깊고 가장 잔인한 마지막 바늘입니다. 양심은 이렇게 말할 것입니다. 너는 회개할 시간과 기회가 충분히 있었는데도 회개하지 않았다. 네 부모는 너를 종교적으로 양육했다. 너에게는 자신을 구원해

---

*85 1160~1216. 교황 재직은 1198년부터 1216년. '세 개의 바늘을 가진 벌레' 운운한 것은 피나몬티의 요약에 의한다.

*86 고대 그리스도교 최고의 위인(354~430). 교회박사. "하느님은 죄악에 대한……나타납니다"는 그 저서 《신의 나라》(413~426)를 기초로 하는 피나몬티의 요약.

주는 교회의 성사와 은총과 사면이 있었다. 너에게 설교를 하고, 네가 잘못된 길로 들어서면 너를 불러들이고, 또 네 죄가 아무리 많고 아무리 흉악하다 해도 네가 고백하고 회개하기만 한다면 너를 용서해 줄 하느님의 성직자가 있었다. 그러나 너는 그렇게 하지 않았다. 거룩한 종교의 성직자들을 멸시했고, 고해소에서 등을 돌렸으며, 더욱 깊은 죄악의 수렁 속에 빠져 허우적거렸다. 하느님은 어서 당신 곁으로 돌아오라고 너에게 호소하고 위협하고 탄원했다. 오, 이 무슨 수치이고 이 무슨 비참함이란 말인가! 이 우주의 지배자가 흙에서 창조한 보잘것없는 존재인 너에게 너를 만드신 분을 사랑하고 그분의 율법을 지킬 것을 간청하다니! 그런데도 너는 그 간청을 듣지 않았다. 설사 너에게 아직도 울 힘이 남아 있어서 지옥을 온통 눈물바다로 만든다 해도, 이제는 더 이상, 지상의 생활에서 진정으로 회개할 때 흘리는 눈물 한 방울조차 너에게 줄 수 없는 것이다. 지금 너는 인간 세상에서의 삶을 한 순간이나마 다시 허용해 준다면 회개하겠다고 애원하고 있다. 그러나 헛된 일이다. 시간은 가버렸다. 영영 사라지고 말았다.

이것이 지옥에 떨어진 비참한 망령들의 마음의 정수를 빨아먹는 독사, 양심의 세 개의 바늘입니다. 그러므로 망령은 지옥 같은 분노를 불태우면서 자신의 어리석음을 저주하고, 자기를 이런 파멸로 이끈 나쁜 친구들을 저주하고, 인간 세상에서 그들을 유혹했을 뿐만 아니라 지금은 영원히 그들을 비웃으며 고통을 가하고 있는 악마를 저주합니다. 아니, 심지어는 지고하신 존재까지 헐뜯고 저주합니다. 그들은 하느님의 선과 인내를 조롱하고 멸시했지만, 지금은 하느님의 정의와 힘을 피할 수가 없기 때문입니다.

지옥에 떨어진 자들이 받는 그 다음의 정신적 고통은 확대성의 고통입니다. 이 세상에서는 인간이 아무리 여러 가지 악을 저지를 수 있다 해도 그 모든 것을 한꺼번에 저지를 수는 없습니다. 그것은 흔히 한 가지 해독(害毒)이 다른 해독을 중화하듯이 악도 다른 악을 중화하여 그것을 무효로 하기 때문이지요, 지옥에서는 이와 반대입니다. 한 가지 고통이 다른 고통을 상쇄하기는커녕 오히려 그것에 더 큰 힘을 부여합니다. 더욱이 인간의 내면적 능력이 외면적 감각보다 더 완전한 만큼, 내면적 능력은 더 많은 고통을 당할 수 있습니다. 모든 감각 기관이 각각 그것에 알맞은 고통을 당하듯이 모든 정신적 능력 또한 그것에 알맞은 고통을 당합니다. 공상은 무시무시한 이미지로 인해 고통당하고, 감수성은 번갈아 일어나는 동경과 분노에 의해 고통당하고, 이성과 오성은 그 무서운 지옥을 다스리는 외면적 암흑보다 더 무서운 내면적 암흑으로 인해 고통당할 것입니다. 이들 악마의 영혼을 사로 잡고 있는 악의는, 비록 힘은 없어도 한없이 확대될 수 있고 영원히 지속될 수 있는 악이요, 우리가 죄의 잔인무도함과 그것에 대한 하느님의 증오를 생각하지 않는 한 거의 이해하기 어려울 정도로 무섭고도 사악한 상태입니다.

이 확대성의 고통과 대립하면서, 게다가 그것과 공존하는 것으로서, 격렬성의 고통이 있습니다. 지옥은 악의 중심인데, 여러분도 알다시피 사물의 성질은 가장 멀리 떨어진 주변보다 그 중심에서 더 강렬합니다. 지옥의 고통을 조금이라도 완화하거나 경감해 줄 대립물이나 혼합물은 어떤 것도 찾을 수 없습니다. 아니, 그 자체로는 선한 것도 지옥에서는 악이 됩니다. 다른 곳에서라면 고통받는 이들에게 위안의 샘이 될 수 있는 친구들도 지옥에서는 끊임없는 고통일 뿐입니다. 지성의 으뜸가는 미덕으로서 누구나 갈망하는 지식도 이곳에서는 무지보다 더 미움을 받습니다. 만물의 영장에서 숲속의 비참하기 이를 데 없는 식물에 이르기까지, 모든 생물이 갈망하는 빛조차도 지옥에서는 지독한 미움의 대상이 됩니다. 이 세상에서는 우리가 당하는 슬픔이 그리 길지도 않고 심하지도 않습니다. 왜냐하면 천성이 습관을 통해 그 슬픔을 극복해 버리거나, 그 무게에 짓눌려 천성이 슬픔을 느끼지 않게 되기 때문입니다. 그러나 지옥에서는 습관으로 고통을 극복할 수가 없습니다. 왜냐하면 그 고통은 끔찍하리만치 강렬하고, 동시에 끊임없이 변화하여, 말하자면 하나의 고통이 다른 고통에서 불을 당겼다가 점화한 원래의 고통에 이전보다 더 강렬한 불을 되돌려주기 때문입니다. 게다가 이러한 고통에 굴복한다 해도 천성은 그 격렬하고 다양한 고문에서 달아날 수가 없습니다. 왜냐하면 영혼은, 그 고뇌가 더욱 커지도록 악 속에서 지탱되고 보존되기 때문입니다. 고통이 한없이 확대되어 믿을 수 없을 정도로 격렬해지고, 고문이 끝없이 다양하게 변화하는 것이야말로, 격노하신 하느님의 위엄이 죄인들에게 요구하는 것, 부패한 육체의 음란하고 비천한 쾌락을 위해 경멸당하고 무시당한 성스러운 하늘이 요구하는 것, 죄인들의 속죄를 위해 흘리고 가장 극악무도한 자에 의해 짓밟힌 순결한 하느님의 어린양의 피가 강하게 요구하는 것입니다.

그 무서운 장소의 모든 고통 가운데 마지막의, 그리고 가장 큰 고통은 지옥의 영원성입니다. 영원성! 가장 무섭고 참혹한 말. 영원성! 인간의 마음으로 어떻게 그것을 이해할 수 있을까요? 게다가 그것은 고통의 영원성입니다. 비록 지옥의 고통이 실제만큼 무섭지는 않다 하더라도, 영원히 계속될 운명이기 때문에 끝없는 고통이 되는 것입니다. 게다가 그 고통은 영원히 계속되는 동안, 여러분도 알다시피, 견딜 수 없이 격렬해지고 참을 수 없이 확대됩니다. 벌레에게 쏘인 아픔도 영원히 견뎌야 한다면 무서운 고통이 될 것입니다. 하물며 지옥의 온갖 고통을 영원히 견디는 것은 어떻겠습니까? 영겁! 영원토록! 1년이나 한 시대가 아니라, 영원히! 이 말의 무서운 뜻을 상상해 봅시다. 여러분은 바닷가의 모래를 본 적이 있을 겁니다. 그 작은 모래알들은 얼마나 섬세합니까? 아이가 놀다가 손에 쥔 한 줌의 모래 속에도 작고 고운 모래알들이 얼마나 많이 들어 있습니까? 그런데 모래산이 이 지상에서 하늘 끝까지 쌓여 있는데 그 높이가 백만 마일이나 되고, 이 세상 끝까지 뻗어 있는데 그 너비가 백만 마일이나 되며, 그 깊이 또한 백만 마일입니다. 게다가 무수한 모래알로 이루어진 그 산더미가 갑절로 늘어나되, 마치 숲 속의 나뭇잎 수만큼, 대양의 물방울 수만큼, 새의 깃털 수만큼, 물고기의 비늘 수만큼, 짐승의 털 수만큼, 광대한 대기 속의 원자 수만큼 빈번히 늘어난다고 생각해 보세요. 그런데 백만 년마다 작은 새 한 마리가 이 모래 더미에 날아와서 작은 모래알을 한 개씩 물고 간다고 생각해 보세요. 그 새가 그 산더미에서 단 1제곱피트의 모래만이라도 옮기자면 도대체 몇 백만 세기, 몇 천만 세기의 세월이 걸릴 것이며, 그 모래산을 모두 옮기려면 또 얼마나 끝없는 세월이 더 흘러야 할까요! 하지만 이 엄청난 세월이 흐르고 난 뒤에도 영겁의 시간 가운데 단 한 순간도 끝났다고 할 수 없습니다. 수천억만 년이 지나고 난 뒤에도 영겁은 아직 제대로 시작도 한 것이 아니지요. 그 모래산이 모두 없어진 뒤 다른 모래산이 솟아난다면, 그 새가 다시 날아와서 모래알을 한 개씩 옮기기 시작한다면, 그리고 그 모래산이 하늘에 있는 별의 수만큼, 공기 속 원자의 수만큼, 바다 속 물방울의 수만큼, 숲 속 나뭇잎의 수만큼, 새의 깃털 수만큼, 물고기의 비늘 수만큼, 짐승들의 털 수만큼 수많은 모래언덕이 생겼다가 사라지기를 거듭한다고 합시다. 이 측량할 수 없을 정도로 거대한 산이 그렇게 무수히 생겼다 사라졌다 한 뒤에도 영겁의 단 한 순간도 끝났다고 할 수 없는 것입니다. 마음속으로 생각만 해도 머리가 빙빙 돌 정도로 현기증이 나는 이 기나긴 세월이 흐르고 난 뒤에도 영겁은 아직 제대로 시작조차 하지 않은 것입니다.

우리 예수회 신부님 중의 한 분이었던 것으로 생각되는데, 한 거룩한 성인이 한번은 지옥의 이미지를 볼 기회를 허락받았다고 합니다. 그분은 커다란 시계가 째깍거리는 소리를 제외하고는 온통 고요하고 어둡기만 한 넓은 홀 속에 서 있는 것 같았다고 했습니다. 그 째깍거리는 소리는 끊임없이 계속되었고, 그 성인에게는 그 소리가 마치 '에버(ever), 네버(never), 에버, 네버' 하며 두 낱말을 끝없이 반복하는 것처럼 들렸다고 합니다. '영원히' 지옥에 빠져 '결코' 천국에 갈 수 없을 것이고, 하느님이 계시는 곳에서 영원히 단절되어 결코 지복감(至福感)*87을 누리지 못할 것이며, 영원히 불길에 태워지고, 독벌레에게 물리고, 벌겋게 달군 대못에 찔려야 하는 고통에서 결코 해방될 수 없다. 영원토록 양심은 가책을 받고, 기억은 미쳐 날뛰고, 마음은 어둠과 절망으로 가득하여 결코 그런 상태에서 벗어날 수 없다. 영원히 자신을 저주하며 자신의 감언에 속아 어리석게도 타락한 자의 비참함을 보고 좋아하는 마귀들을 영원히 저주하고 비난하면서, 거룩한 성령들의 빛나는 옷은 결코 쳐다보지 못한다. 영원토록 불길의 심연에서 단 한 순간이라도 좋으니 제발 그 무서운 고통을 면하게 해달라고 하느님께 애원하지만, 결코 한 순간도 하느님의 용서를 얻을 수가 없다. 영원토록 고통을 당하되 결코 즐거움을 맛볼 수 없으며, 영원토록 지옥에 떨어져 있되 결코 구원받지 못한다. '에버, 네버, 에버, 네버'. 오, 얼마나 무서운 형벌입니까! 끝없는 고통, 한 가닥의 희망도 없고 한 순간의 휴식도 없이 계속되는 육체적, 정신적 고통, 한없이 확대되고 한없이 격렬해지는 괴로움, 끝없이 지속되면서 끝없이 변화하는 가책, 영원히 먹어치우면서도 그것을 영원히 유지하는 고문, 육신을 망가뜨리면서 영혼을 영원히 뜯어먹는 고뇌, 그 모든 한 순간 한 순간이 그 자체로서 영원이고, 게다가 그 영원은 슬픔의 영원. 그것이 바로 대죄를 짓고 죽은 자들에게 전지전능하고 정의로운 하느님이 명령하신 무서운 형벌인

---

*87 천국에서 영광을 얻은 자가 하느님의 얼굴을 직접 보는 것으로, 지복이라고 한 것은 그것이 영혼이 희망하는 최고의 목적이기 때문이다. 이 하느님을 보는 것은 직접적으로 하느님을 아는 것이며, 지상에서 하느님을 아는 것은 피조물을 통해 그 반영을 보는 것에 지나지 않는다(《그리스도교 용어사전》).

것입니다.

그렇습니다. 정의로우신 하느님이 말입니다! 늘 인간의 이성으로만 따져 생각하는 사람들은 하느님이 단 한 가지의 통탄할 죄에도 지옥불이라는 영원한 형벌을 내리시는 것을 보고 놀랍니다. 인간이 그렇게 놀라는 데는 이유가 있지요. 육체의 비천한 환상과 인간의 어리석음 때문에 눈이 먼 그들은 대죄의 추악함을 이해할 수 없기 때문입니다. 또 인간이 그렇게 놀라는 데는 다른 이유도 있습니다. 전능하신 창조주는 단 하나의 소죄(小罪),*88 즉 단 한 번의 거짓말, 단 한 번의 화난 표정, 한 순간의 고의적인 게으름 같은 작은 죄를 처벌하지 않고 내버려두기만 하면 전쟁, 질병, 강탈, 범죄, 죽음, 살인 같은 이 세상의 모든 악과 불행을 절멸할 수 있다 해도, 그래도 용서할 수가 없는 것입니다. 왜냐하면, 단순히 생각으로만 범했든 실제로 행한 것이든, 모든 죄는 하느님의 율법을 유린하는 것이므로, 만약 하느님이 그 유린한 자를 처벌하지 않는다면 하느님은 더 이상 하느님이 아니기 때문입니다. 또 인간은 그러한 것을 이해할 수 없기 때문입니다.

단 하나의 죄, 불과 한 순간의 지성의 반역에 의한 오만이 사탄과 천사 군단의 3분의 1을 영광에서 타락시켰습니다. 아담과 이브가 에덴동산에서 쫓겨나 이 세상에 죽음과 고통을 가져온 것도 순간적인 어리석음과 약한 마음 때문이었습니다. 그 죄의 다양한 결과를 구제하기 위해, 하느님의 독생자는 이 지상에 내려와 살면서 괴로워하다가, 세 시간 동안 십자가에 매달려 가장 고통스러운 죽음을 당했습니다.

오, 예수 그리스도를 통해 맺어진 사랑하는 어린 형제 여러분, 우리가 이 선한 구세주를 거부하고 그의 분노를 부추겨서야 되겠습니까? 그 찢기고 짓이겨진 그분의 유해를 또 짓밟아도 될까요? 슬픔과 사랑으로 가득한 그분의 얼굴에 침을 뱉으렵니까? 우리 모두를 위해 그 끔찍한 슬픔의 포도즙틀을 홀로 밟으셨던*89 그 자비로운 구세주를 잔인한 유대인과 난폭한 병사들처럼

---

*88 하느님을 거역하는 행위. 단, 하느님의 은총을 잃지 않는 정도의 것. 소죄를 범한 뒤에도 영혼 속에는 자력으로 회복할 수 있는 힘이 남아 있다(《가톨릭 소사전》).

*89 〈이사야서〉 63 : 3("내가 홀로 포도즙틀을 밟았는데 내가 노함으로 말미암아 무리를 밟았고 분함으로 말미암아 짓밟았으므로"), 〈요한계시록〉 19 : 15("전능하신 이의 맹렬한 진노의 포도주 틀을 밟겠고").

비웃어야 할까요? 죄악의 말 하나하나는 곧 그분의 연약한 옆구리에 난 상처입니다. 모든 죄스러운 행동 하나하나는 곧 그분의 머리를 찌르는 가시입니다. 우리가 알면서도 굴복하는 모든 불순한 생각은 곧 그 거룩하고 자비로운 심장을 찌르는 예리한 창입니다. 안 됩니다. 안 되고말고요. 어떠한 인간도, 성스러운 권위를 그토록 깊이 손상시키는 행위, 영원한 고통으로 처벌받을 짓, 하느님의 아들을 다시 십자가에 못 박고 조롱하는 짓을 해서는 안 되는 것입니다.

나의 이 보잘것없는 설교가 이미 하느님의 은혜를 입고 있는 사람에게는 그 믿음을 더욱 견고하게 하고, 망설이고 있는 사람들에게는 힘을 주고, 여러분 중에 혹시 잘못된 길로 들어간 사람이 있으면 그런 불쌍한 사람들이 다시 하느님의 은혜를 입을 수 있게 하는 데 도움이 되기를 기원합니다. 우리가 저지른 죄를 우리가 회개할 수 있도록 하느님께 기도하겠습니다. 여러분도 나와 함께 기도합시다. 여러분은 이 경건한 성당 안에서 하느님이 보시는 데서 함께 무릎을 꿇고 나를 따라 회개의 기도를 드리기 바랍니다. 그분은 인류에 대한 사랑을 불태우면서 고통받는 이들에게 위안을 주기 위해 저 성궤*90 속에 계시는 것입니다. 두려워하지 마십시오. 여러분이 저지른 죄가 아무리 크고 아무리 추악해도 회개만 하면 용서받을 수 있습니다. 세상 사람들 앞에서 부끄럽다 하여 주저해서는 안 됩니다. 아직도 자비로우신 하느님은 죄인들의 영원한 죽음보다는 그들이 마음을 고쳐먹고 계속해서 살아가기를 바라고 계십니다.

하느님은 여러분을 당신 앞으로 부르고 계십니다. 여러분은 그분의 것입니다. 하느님은 여러분을 무(無)에서 창조하셨습니다. 그분은 오직 하느님에게만 가능한 정도로 깊이 여러분을 사랑하고 계십니다. 그분은 자기를 거역하고 죄를 지은 사람들까지 맞이하려고 두 팔을 벌리고 계십니다. 불쌍한 죄인이여, 헛되이 길을 잘못 든 가련한 죄인이여, 하느님 앞으로 오시오. 지금은 그분의 품에 안길 때입니다. 지금이 바로 그 시간입니다."

신부는 일어나서 제단 쪽을 향하더니, 뉘엿뉘엿 쉬 지지 않는 황혼 속에서 성궤 앞 계단에 무릎을 꿇었다. 성당 안의 모든 학생들도 무릎을 꿇었고, 신

---

*90 성체(전질변화한 그리스도의 몸=빵과 피=포도주)를 보존하기 위해 제단 위에 설치된 궤.

부는 아주 작은 소리도 들리지 않을 때까지 기다리고 있었다. 이윽고 그는 고개를 들고 열렬하게 통회기도(痛悔祈禱)[*91]를 구구절절 되풀이한다. 학생들도 한 구절씩 그에게 응한다. 스티븐은 혓바닥이 입천장에 붙어버린 듯한 기분으로 고개를 숙이고 마음속으로 기도했다.

"천주여!"
"천주여!"
"나는 많은 죄를 지었나이다."
"나는 많은 죄를 지었나이다."
"주의 지극한 사랑과 은혜를."
"주의 지극한 사랑과 은혜를."
"배반하였사오니."
"배반하였사오니."
"그 죄를 진심으로 뉘우치고."
"그 죄를 진심으로 뉘우치고."
"사하심을 비나이다."
"사하심을 비나이다."
"이제 마음을 잡아 속죄하며."
"이제 마음을 잡아 속죄하며."
"주를 사랑하여."
"주를 사랑하여."
"다시는 배반하지 않도록."
"다시는 배반하지 않도록."
"굳게 결심하오니."
"굳게 결심하오니."
"주의 은총으로 도우소서."
"주의 은총으로 도우소서."

[*91] 죄를 고백하기 위한 전단계에서 외는 기도로, 십자가 위에서의 예수의 죽음을 명상한다.

＊＊＊

저녁 식사가 끝난 뒤 자신의 영혼과 마주하기 위해 방으로 올라갔다. 한 걸음마다 영혼이 한숨짓는 듯했다. 한 걸음마다 영혼도 그 발걸음과 함께 올라가며 한숨을 쉬면서 끈적끈적한 어둠의 영역을 지나갔다.

방문 앞 층계참에 멈춰 서서 자기로 된 문고리를 잡고 재빨리 문을 열었다. 그는 두려워하면서 기다리고 있었고, 영혼은 그의 내부에서 번민하면서, 문지방을 넘어설 때는 죽음이 자신의 이마에 닿지 않도록, 어둠 속에 살고 있는 악귀들이 달려들 힘을 갖지 못하도록 소리내지 않고 기도했다. 그는 마치 어두운 동굴 입구에 서 있듯이 자기 방문 앞에서 여전히 망설이고 있었다. 거기에는 여러 개의 얼굴이, 눈이, 있었다. 그것들이 그를 지켜보면서 기다리고 있었다.

"우리는 아주 잘 알고 있지. 물론 결국 밝혀지고야 말겠지만, 그가 정신적 완벽을 기하기 위해 노력하도록 자신을 설득하는 건 상당히 어려운 일이란 걸 우린 잘 알고 있거든."

여러 개의 얼굴들이 중얼거리면서 기다리고 있고 지켜보고 있었다. 중얼거리고 있는 얼굴이 어두운 동굴의 공간을 채웠다. 그는 정신과 육체 양면으로 몹시 겁이 났지만, 용감하게 고개를 들고 당당하게 방으로 들어갔다. 하나의 문, 하나의 방, 같은 방, 같은 창문. 어둠 속에서 중얼거리듯 솟아오르는 그러한 말에는 절대로 아무런 의미도 없다고 그는 자신에게 가만히 들려주었다. 이것은 그저 문을 열어둔 자기 방에 지나지 않는 것이다.

그는 문을 닫고 재빨리 침대로 걸어가서 무릎을 꿇고 두 손에 얼굴을 묻었다. 그의 손은 차갑고 축축하며, 사지에는 한기가 스며들어 아프다. 육체의 불안과 냉기와 피로가 몰려오면서 생각하는 힘을 몰아내고 만다. 그는 왜 취침 기도를 드리는 아이처럼 그곳에 무릎을 꿇고 있었을까? 자기 영혼과 둘만 있기 위해, 자기의 양심을 시험하기 위해, 자기의 죄와 직접 마주하기 위해, 온갖 죄를 저지른 때와 수단과 사정을 돌이켜보기 위해, 또 그 온갖 죄를 뉘우치며 울기 위해. 하지만 그는 울 수 없었다. 죄를 하나하나 떠올릴 수도 없었다. 다만 마음과 육체의 아픔, 전 존재, 기억, 의지, 오성, 육신이 마비되어 지쳐 있는 것을 느꼈을 뿐이다.

두려움과 죄악에 물든 육체라는 문에서, 나를 덮치고, 사색의 맥락을 끊고, 양심을 흐리는 것, 그것은 악귀의 소행이다. 그는 몸을 떨고는, 자신의 나약함을 용서해 달라고 하느님께 기도하면서, 침대로 올라가서 담요로 온몸을 단단히 감싼 뒤, 또다시 두 손에 얼굴을 묻는다. 나는 죄를 지었다. 나는 하늘을 거역하고 하느님 앞에서 끔찍한 죄를 지었기 때문에 하느님의 아들이라고 불릴 가치조차 없다.[*92]

내가, 스티븐 디덜러스가 어떻게 그런 짓을 할 수 있었단 말인가? 양심이 대답하면서 한숨지었다. 그래, 난 그런 짓들을 저질렀어. 추악한 그 짓을 몇 번이나. 그러면서도 뻔뻔스럽게 회개하지도 않고, 내면의 영혼이 살아 있는 썩은 덩어리가 되어버렸는데도, 성궤 앞에서 경건한 척 가면을 쓰고 있었지. 그런데도 하느님이 아직도 나를 죽이지 않고 내버려두는 것은 어찌된 일일까?

혐오스러운 죄악의 무리가 그를 에워싸고 숨을 토해내고 사방팔방에서 굽어보고 있다. 그는 팔다리를 바짝 오그리고 눈을 꼭 감고는 기도를 올려 그 많은 죄를 잊으려고 애썼다. 그러나 영혼의 지각은 닫히지 않아서, 아무리 눈을 꼭 감아도 그가 죄를 저지른 장소들이 보이고 아무리 귀를 꼭 가려도 소리는 들려왔다. 남아 있는 의지를 모두 짜내어 듣지도 보지도 않으려고 애썼다. 그러한 갈망의 긴장 때문에 온몸이 부들부들 떨릴 정도로, 그리고 영혼의 지각이 닫힐 정도로 계속 갈망했다. 한 순간 지각이 닫혔다가 이내 다시 열렸다. 그는 보았다.

억센 잡초와 엉겅퀴와 쐐기풀이 무성한 들판이었다. 그 억센 풀들이 우거진 사이로 찌그러진 깡통과, 덩어리로, 똬리를 튼 형상으로 굳어 있는 배설물이 널려 있었다. 그 모든 배설물에서, 직립한 녹회색 잡초 사이를 통해, 늪의 빛처럼 희미하게 아지랑이 같은 것이 피어올랐다. 그 빛처럼 희미하게, 그리고 역겨운 악취가 깡통에서, 굳어서 단단해진 배설물에서, 서서히 풍겨 나온다.

그 들판에는 짐승들이 있었다. 한 마리, 세 마리, 여섯 마리. 짐승들은 들

---

[*]92 방탕한 아들에 대한 예수의 우화에 의하면, 아들은 "아버지, 내가 하늘과 아버지께 죄를 지었사오니 지금부터는 아버지의 아들이라 일컬음을 감당하지 못하겠나이다" 하고 회개하고 있다(《누가복음》 15 : 18~19).

판을 이리저리 거닐고 있다. 염소를 닮은 짐승은, 얼굴은 사람의 형상, 이마에는 뿔이 돋고, 수염이 약간 자라고 있으며, 전체가 고무지우개 같은 잿빛이다. 기다란 꼬리를 질질 끌면서 여기저기 돌아다니고 있는 짐승들의 비정한 눈에서 악의가 번뜩인다. 드러난 잔인한 적의 때문에 늙고 뼈가 앙상한 얼굴은 잿빛이 된다. 한 마리는 찢어진 플란넬 조끼로 갈비뼈 주위를 죄고 있고, 다른 한 마리는 무성한 잡초에 수염이 엉긴다고 단조로운 목소리로 불평한다. 그들이 메마른 입술로 가련한 소리를 내면서, 천천히 원을 그리며 들판을 달리고, 긴 꼬리를 끌며 잡초 사이를 이리저리 휘젓고 다니면, 수많은 깡통들이 덜그럭거리며 소리를 냈다. 그들은 그 원을 서서히 좁혀 그를 죄어오면서 가련한 소리를 내뱉고, 휙휙 소리를 내는 그들의 긴 꼬리는 썩은 배설물로 범벅이 되어, 무서운 얼굴을 들고……

사람 살려!

그는 미친 듯이 담요를 젖히고 얼굴과 목을 드러냈다. 이것이 나의 지옥이다. 내가 저지른 죄에 걸맞도록 준비해 둔 것을 하느님이 보여 준 것이다. 야수적이고 악의에 차서 악취를 풍기는 염소처럼 생긴 음란한 악마들이 득실거리는 지옥. 나를 위한! 나를 위한 지옥!

그는 침대에서 뛰어내렸다. 역겨운 냄새가 그의 목구멍을 따라 내려가자 오장육부가 뒤틀리는 것 같았다. 공기를! 천국의 공기를! 그는 구역질 때문에 신음하면서 금방이라도 기절할 것처럼 비틀비틀 창 쪽으로 갔다. 세면대 앞에 서자 속에서 경련이 일어났다. 그는 차가운 이마를 거칠게 누른 채 허덕이면서 어마어마한 양을 토해냈다.

발작이 지나가자 그는 힘없이 창가로 걸어가서 창문을 올리고 한쪽 구석에 앉아 팔꿈치를 창틀에 기댔다. 비는 이미 그쳤고 여기저기 켜져 있는 가로등을 따라 움직이는 수증기 속에서, 도시는 마치 누에가 실을 뽑듯이 누르스름한 안개로 부드러운 고치를 지어 그 속에 가로누워 있었다. 희뿌옇게 빛나는 하늘은 고요하고, 공기는 마치 소낙비에 흠뻑 젖은 숲 속처럼 상쾌했다. 이 평화와 흔들리는 불빛, 그리고 부드러운 향기 속에서 그는 자신의 마음과 계약을 맺었다.

그는 기도했다.

"주님은 일찍이 하늘의 영광에 싸여 이 세상에 내려오고자 했지만 우리는 그만 죄를 짓고 말았나이다. 그래서 주님은 위엄을 가리고 그 빛을 흐리게 하지 않고는 우리를 무사히 찾아오실 수 없었나이다. 왜냐하면 주님은 하느님이었으니까요. 그래서 주님은 연약한 모습으로 힘을 갖지 않게 되었고, 또 주님의 대리로서 창조된 당신을, 우리의 상태에 걸맞은 인간의 아름다움과 영광을 지닌 당신을 보내셨나이다. 그리고 지금, 성모마리아여, 당신의 그 얼굴과 모습은 영원에 대해 말씀하십니다. 그것은 지상의 아름다움과 달리 바라보아서 위험한 것이 아니며, 당신의 징표인 샛별을 닮아 빛을 발하고, 음악적이며, 순결을 숨쉬고, 천국을 얘기하며 평화를 불어넣나이다. 오, 해의 선도자여! 순례의 등불이여! 지금까지 그렇게 하신 것처럼 언제까지나 우리를 인도해 주소서. 어두운 밤 쓸쓸한 황야를 건너 우리를 주 예수께 인도하소서, 우리를 집으로 인도하소서."*93

눈물이 앞을 가렸다. 겸허하게 하늘을 올려다보면서 그는 이미 잃어버린 순결을 생각하고 울었다.

저녁이 되자 집을 나섰다. 축축하고 어두운 밤공기 속으로 나갔을 때, 등 뒤에서 문이 닫히는 소리를 듣자, 기도와 눈물로 진정되었던 그의 양심이 다시 아파왔다. 고해하라! 고해하라! 눈물과 기도로 양심을 진정시키는 것만으로는 부족하다. 성령의 성역자(聖役者)*94 앞에 가서 무릎을 꿇고 그 동안 숨겨온 죄악을 진심으로 회개하고 고백해야 한다. 문이 나를 맞아들일 때 문지방 위에서 다시 한 번 판자가 스치는 소리가 들리기 전에, 부엌 식탁에 저녁밥이 차려져 있는 것을 다시 보기 전에, 무릎을 꿇고 고해해야 한다. 그것은 아주 간단한 일이었다.

양심의 고통이 끝나자 그는 어두운 길을 잰걸음으로 걸어갔다. 길 위에는 수많은 포석이 깔려 있고, 이 도시에는 수많은 길이 있고, 그리고 세계에는 수많은 도시가 있다. 그러나 영원에는 끝이라는 것이 없다. 나는 대죄에 빠진 것이다. 딱 한 번만으로도 대죄였다. 그것은 한 순간에 일어나는 일이다. 하지만 어떻게 그토록 빨리? 눈으로 보거나, 보려고 생각하기 때문이지. 눈

*93 추기경 존 헨리 뉴먼의 '독생자 예수를 위한 마리아의 영광'에서.
*94 미사와 그 밖의 성사, 기밀을 집행하는 권능이 주어진 자.

은 처음에는 보려고 하지 않아도 보게 된다. 그때 한 순간에 일이 일어난다. 하지만 육체의 그 부분은 알고 있을까? 그게 아니면? 뱀, 들짐승 가운데 가장 교활한 것. 그것은 욕망하는 순간 즉시 이해하는 것이 틀림없다. 그리고 자신의 욕망을 한 순간 한 순간 연장하면서 죄를 짓는다. 그것은 느끼고, 알고, 그리고 욕망한다. 얼마나 무서운 일인가! 짐승처럼 알고 짐승처럼 욕망할 수 있는, 육체의 짐승 같은 부분, 그것을 그렇게 만든 것은 누구일까? 그때 그것은 자신일까, 아니면 자신의 영혼보다 열악한 영혼에 의해 움직이는 비인간적인 것일까? 자기 생명의 정수를 먹고, 욕정의 점액에서 자양분을 받아 살찌는, 움직임이 둔한 뱀 같은 생명을 생각하자, 영혼은 구토를 느꼈다. 아, 왜 그런 것일까? 도대체 왜?

그는 그러한 생각의 그늘에서 몸을 떨며, 모든 사물과 모든 인간을 창조하신 하느님이 두려워 몸을 움츠렸다. 그건 광기였다. 어찌 그런 생각을 할 수 있었을까?[95] 어둠 속, 자신을 비천하게 여기며 몸을 떨면서, 참담한 심정으로 수호천사[96]에게 자신의 뇌에 계속 속삭이는 악마를 칼을 휘둘러 쫓아달라고 소리내지 않고 기도했다.

악마의 속삭임이 끝나자, 그때 자신의 영혼은 생각에 있어서, 말에 있어서, 행위에 있어서, 자기 자신의 육체로 무서운 죄를 저질렀다[97]는 것을 확실하게 깨달았다. 고해하라! 모든 죄를 고해해야 한다. 하지만 자신이 저지른 일을 신부님 앞에서 어떻게 말로 표현할 수 있단 말인가? 해야 한다, 해야 한다. 그것을 입 밖에 내어 설명하는, 죽도록 수치스러운 일을 어떻게 할 수 있단 말인가? 도대체 어떻게 그런 수치스러운 일을 저지를 수 있었단 말인가? 미친놈! 역겹도록 미친놈! 고해하라! 아, 정말 다시 한 번 자유롭고 결백한 몸으로 돌아가고 싶다! 아마도 신부님은 이해해 주시겠지. 오, 하느님!

---

*95 육체가 정신과 상관없이 죄 깊은 존재로서 창조되었다는 생각은 이단이다(G).

*96 생존 중인 각 개인을 지켜보도록 임명받은 천상의 영혼. 천사가 각 개인을 지켜본다는 일반적인 교리는, 성서와 교회 지도자들의 가르침에 근거한, 교회의 변하지 않는 전승의 일부이다(《가톨릭 소사전》).

*97 이것은 이른바 자죄自罪actual sin를 가리키며, 하느님의 영원법에 반하는 모든 생각, 말, 행위, 게으름을 말한다(《가톨릭 소사전》). 이 스티븐의 의식은 《메이누스 교리문답집》 제12강 '죄에 대하여'에 의한다.

자신을 기다리고 있는 것에서 꽁무니를 빼고 있는 것처럼 보이고 싶지 않아 한 순간도 멈춰서는 것을 두려워하면서, 게다가 그토록 열망하면서도 자기가 향하는 곳에 다가가는 것을 두려워하면서, 불빛이 희미한 거리를 계속 나아갔다. 하느님이 사랑으로 지켜보실 때 은총을 받고 있는 영혼은 얼마나 아름다운가!

꾀죄죄한 소녀들이 각자 광주리를 앞에 두고 보도의 경계석에 나란히 앉아 있었다. 젖은 머리카락이 소녀들의 이마를 덮고 있었다. 진흙 속에 웅크리고 있는 소녀들은 보기에 그리 아름답지는 않았다. 그러나 그녀들의 영혼은 하느님에 의해 보호받고 있고, 그 영혼이 은총의 상태에 있는 한, 그녀들은 밝게 빛나고 있는 것이다. 그리고 하느님은 그녀들을 사랑으로 지켜보고 계신다.

자신이 몹시 타락해 버려서, 하느님께는 그 소녀들의 영혼이 자신의 영혼보다 더욱 소중하리라고 생각하니, 의기소침해지는 굴욕의 숨결이 영혼 위에 쓸쓸하게 불어왔다. 그 바람은 그에게 불었다가 무수히 많은 다른 영혼에게 불어간다. 하느님의 은총은 그 영혼들 위에서 때로는 강하게 때로는 약하게 비추고 있다. 마치 별들이 때로는 밝고 때로는 희미하게 깜박거리는 것처럼. 그리고 반짝이는 영혼은 명멸하면서 지나가서는 흔들리는 바람으로 사라진다. 하나의 영혼이 사라진다, 작은 영혼이. 나의 영혼이. 그것은 한번 흔들리고는 사라지고, 그리고 망각되고 만다. 종말, 검고, 차갑고, 텅 빈 황폐함.

장소에 대한 의식이, 빛도 없고 감각도 없고 생명도 없는 망망한 시간의 흐름을 넘어서서 천천히 되살아났다. 누추한 정경이 주위에 나타났다. 품위 없는 말씨, 상점의 가스등, 생선과 술과 젖은 톱밥의 냄새, 사내들, 여자들의 몸의 움직임. 한 노파가 석유통을 들고 길을 건너려 하고 있었다. 그는 몸을 굽히며 근처에 성당이 없느냐고 물었다.

"성당 말인가요? 있지요, 처치 가(街)의 성당."*98

---

*98 리피 강 북쪽 처치 가 138~142번지에 있는 카푸친 성당(정식 명칭은 '천사들의 성 마리아 카푸친 성당'). 카푸친회는 프란시스코 수도회의 일파로, 프란시스코 수도회 창립 당시의 계율에 따라 철저한 청빈생활을 하는 수도회이다. 그 이름은 수도복 위에 걸치는 외투에 달려 있는 두건(카푸초)에서 유래한다.

"처치 가요?"*99

노파는 들고 있던 석유통을 다른 손에 옮겨 쥐고 성당이 있는 쪽을 가리켰다. 노파가 숄 자락 아래로 그 냄새 나고 쭈글쭈글한 오른손을 쳐들었을 때, 그는 그 목소리에서 슬픔과 위안을 느끼면서 노파 쪽으로 더욱 낮게 몸을 굽혔다.

"감사합니다."

"원, 별말씀을."

중앙 제단의 촛불은 이미 꺼졌지만, 향내는 아직 어두컴컴한 본당에 감돌고 있었다. 경건한 얼굴에 수염을 기른 일꾼들이 옆문을 통해 천개(天蓋)*100를 밖으로 내가고 있고, 그것을 성구실 담당자가 조용한 몸짓과 말로 돕고 있었다. 몇몇 신자들은 아직도 서성거리며 보조 제단 앞에서 기도를 드리거나, 고해소 근처 벤치에 무릎을 꿇고 있었다. 그는 조심스럽게 다가가서 맨 뒤의 벤치에서 무릎을 꿇고, 교회 속의 평화와 정적과 향기로운 어둠에 감사했다. 그가 무릎을 꿇고 있는 판자는 좁고 낡았으며, 가까운 데서 꿇어앉은 사람들은 모두 예수의 겸허한 귀의자들이었다. 예수도 가난한 집안에서 태어나 목수 일을 하면서 판자를 자르거나 대패질을 하다가, 처음에는 가난한 어부들에게 하느님의 왕국에 대해 얘기하고, 모든 사람들에게 온유하고 겸허한 마음을 가지라고 가르쳤다.

그는 두 손에 얼굴을 묻고, 옆에서 무릎을 꿇고 있는 사람들처럼, 자신의 기도가 받아들여질 수 있도록 마음을 온유하고 겸허하게 가지라고 자신을 타일렀다. 그는 그들 옆에서 기도를 올렸지만 그것은 쉬운 일이 아니었다. 영혼은 죄에 더럽혀져 있었고, 그로서는 예수가 하느님의 신비한 행위로 맨 처음 자신 곁으로 부르신 사람들, 목수, 어부, 재목을 다루거나 세공을 하여 참을성 있게 그물을 짜는 비천한 생업을 가진 가난하고 소박한 사람들처럼, 소박한 희망을 품고 용서를 구하고 싶은 마음은 없었다.

---

*99 스티븐은 '처치 가'를 '개신교 교회'로 착각한 듯하다. 그 거리에는 '천사들의 성 마리아 카푸친 성당'과 함께 개신교의 '성 마이칸 교회'도 있다.

*100 성당 중앙제단에 목재, 석재, 그 밖의 재료로 만든 정방형의 돔을 이룬 덮개로, 제단 위 천장에서 먼지 같은 것이 떨어지는 것을 막기 위해 설치되었다. 기둥으로 받치는 것과 쇠사슬로 매다는 것이 있다.

키 큰 사람 그림자 하나가 통로를 걸어오자 고해자들은 술렁거렸다. 그가 마지막 순간에 재빨리 올려다보니, 기다란 잿빛 수염과 카푸친 수도회의 갈색 수도복*101이 눈에 들어왔다. 신부는 고해실로 들어가고 보이지 않았다. 두 명의 참회자가 일어서서 고해실 양쪽으로 들어갔다. 나무 미닫이문이 열리고 희미하게 중얼거리는 목소리가 정적을 깨뜨렸다.

피가 혈관 속에서 술렁거리기 시작했다. 마치 잠을 자다 깨어나 자신의 운명을 듣게 된 죄 깊은 도시처럼. 불똥이 떨어지고, 가루 같은 재가 조용히 흩날려서 사람들이 사는 집 위에 내려앉았다.*102 잠에서 깨어난 사람들은 뜨거운 공기 때문에 괴로워하며 몸부림친다.

미닫이문이 닫히고 고해자가 고해실 이쪽에서 나타났다. 저쪽은 닫혀 있다. 최초의 고해자가 무릎을 꿇었던 곳으로 여자가 조용히 그리고 자연스럽게 들어간다. 희미한 중얼거림이 다시 시작된다.

지금이라면 아직 성당에서 떠날 수가 있다. 일어나서 걸음을 내딛고 가만히 나아가서, 어두운 거리를 빠르게 달리고 달려 도망치면 된다. 지금이라면 아직 수치스러운 생각에서 달아날 수 있다. 아, 다른 아무리 무서운 죄라도 좋으니, 그 하나의 죄만 아니면 얼마나 좋을까! 차라리 살인죄였더라면! 불똥이 떨어져 마음의 모든 점에 내려앉는다. 부끄러운 생각, 부끄러운 말, 부끄러운 행위. 끝없이 떨어지는 뜨거운 재처럼, 수치가 그를 온통 뒤덮어버렸다. 그것을 말로 표현하다니! 영혼은 질식하고 무력해져서 사라지고 말 것이다.

미닫이가 열렸다. 고해자가 맞은편에서 나왔다. 이쪽의 미닫이는 닫혀 있었다. 고해자가 나오자 다음 고해자가 들어갔다. 낮은 속삭임이 수증기처럼 새나온다. 아까 그 여자였다. 낮게 속삭이는 구름 조각, 낮게 속삭이는 수증기가 속삭이고는 사라진다.

그는 나무 팔걸이 뒤에서 아무도 모르게 주먹으로 겸허하게 가슴을 쳤다. 다른 사람들과도, 하느님과도 화해하자. 이웃을 사랑하자. 나를 창조하고 사

---

*101 카푸친회 수도사는 하얀 끈을 허리에 맨 갈색 수도복에, 길고 뾰족한 두건(카푸초)이 달린 외투를 입는다. 샌들을 신는 것과 수염을 기르는 것은 자유(G/《가톨릭 소사전》).

*102 "여호와께로부터 유황과 불을 소돔과 고모라에 비같이 내리사 그 성들과 온 들과 성에 거주하는 모든 백성과 땅에 난 것을 다 엎어 멸하셨더라"(《창세기》 19 : 24~25).

랑해 주시는 하느님을 사랑하자. 다른 이웃들과 함께 꿇어앉아 기도하고, 행복해지자. 하느님은 나도 타인도 내려다보시며, 우리 모두를 사랑해 주실 테니까.

착해지는 것은 쉬운 일이다. 하느님의 멍에는 즐겁고 가볍다. 죄를 짓지 않고 언제까지나 어린이로 남아 있었으면 좋았을 걸. 왜냐하면 하느님은 어린이를 사랑하시고 어린이가 곁에 가까이 오는 것을 허락해 주시니까.*103 죄를 짓는 것은 무섭고도 슬픈 일이다. 그러나 하느님은 진정으로 참회하는 가련한 죄인에게는 늘 자비로웠다. 아, 그것은 진실이다! 그것이야말로 진정한 자비이다.

미닫이가 갑자기 열렸다. 조금 전의 고해자가 나왔다. 이번에는 내 차례다. 그는 겁에 질린 채 일어나서 정신없이 고해실로 들어갔다.

기어이 닥쳐오고야 말았다. 그는 고요한 어둠 속에 꿇어앉아 머리 위에 걸린 하얀 십자가를 올려다보았다. 하느님은 내가 참회하고 있는 것을 보고 계시리라. 모든 죄를 고백해야지. 긴 시간에 걸쳐 고백하면, 교회에 온 모든 고해자들이 내가 얼마나 무서운 죄인이었는지 알게 되겠지. 알게 되라지! 사실이 그러니까. 하지만 진정으로 참회하면 용서한다고 하느님은 약속하셨어. 나는 참회하고 있다. 두 손을 맞잡고 그 손을 하얀 십자가를 향해 쳐들었다. 잘 보이지 않는 눈으로 온몸을 떨면서 기도하고, 길 잃은 짐승처럼 머리를 흔들면서 떨리는 입술로 기도했다.

"참회하나이다! 참회하나이다! 오, 참회하나이다!"

문이 덜컥 열리자 심장이 쿵쿵 뛰었다. 격자창에 늙은 신부의 얼굴이 보였다. 신부는 그의 얼굴을 외면하듯이 한 손으로 턱을 괴고 있다. 그는 성호(聖號)를 긋고, 자기는 죄를 지었으니 축복을 내려달라고 부탁했다.*104 그런 다음 고개를 숙이고 '고백의 기도'를 외웠다. '저의 가장 무거운 허물'이라는 대목에 이르자 그는 숨이 차서 목소리가 나오지 않았다.

"고해*105를 한 지 얼마나 되었나요?"

*103 〈마가복음〉 10 : 14, 및 〈누가복음〉 18 : 16.
*104 고해자는 고해실에 들어가면 곧 십자를 긋고, '축복해 주십시오, 신부님, 죄를 지었습니다'라고 말한다(G).
*105 가톨릭교도는 1년에 한 번은 고해를 하도록 정해져 있다.

“오래됩니다, 신부님.”

“한 달쯤 되었나요?”

“더 됩니다. 신부님.”

“석 달인가요?”

“더 됩니다, 신부님.”

“여섯 달입니까?”

“여덟 달이 됩니다, 신부님.”

고해가 시작되었다. 신부가 물었다.

“그때 이후 어떤 죄를 지었나요?”

그는 죄를 고백하기 시작했다. 미사에 빠진 것, 기도를 올리지 않았던 것, 거짓말을 한 것.

“그 밖에 또 있나요?”

화를 낸 죄, 남을 시기한 죄, 음식을 탐한 죄, 허영을 부린 죄, 복종하지 않은 죄.

“그밖에는?”

“게으름을 피웠습니다.”

“또 그밖에는?”

이제 어쩔 수가 없었다. 그는 중얼거리듯이 말했다.

“저는……순결을 범하는 죄를 지었습니다, 신부님.”

신부는 고개를 돌리지 않았다.

“혼자서 말인가요?”

“예……그리고 다른 사람들과도.”

“여자하고도?”

“예, 신부님.”

“결혼한 여자들입니까?”

그것은 모른다고 대답했다. 그의 죄가 입술에서 하나하나 떨어져 나가, 상처처럼 곪아 진물이 흐르는 영혼에서 떨어지는 수치로 가득한 물방울이 되어, 악덕으로 더럽혀진 강물이 되어 흘러간다. 마지막 죄가 느릿느릿 불결하게 스며나왔다. 더 이상 말할 것이 없었다. 그는 지쳐서 고개를 숙였다.

신부는 묵묵히 있다가 이윽고 물었다.

"지금 몇 살이지요?"

"열여섯 살입니다, 신부님."

신부는 한 손으로 얼굴을 몇 차례 쓰다듬었다. 그런 다음 이마를 한손으로 받치고 격자창 쪽으로 기대어, 여전히 눈은 돌린 채 천천히 말했다. 늙고 피곤한 목소리였다.

"아직 어린 소년인데 그런 죄를 짓는 것은 이제 그만두기를 부탁합니다. 그것은 무서운 죄악입니다. 그것은 육체를 죽이고 영혼을 죽입니다. 수많은 범죄와 불행의 원인이 되기도 하지요. 그러니 하느님을 위해 그런 죄악은 버리도록 하시오. 수치스럽고 사내답지 못한 행동이니까요. 그런 미천한 습관 때문에 어떤 일이 초래될지, 무슨 일을 당하게 될지 당신은 모르고 있소. 그런 죄를 저지르는 한, 당신은 하느님 앞에 한 푼 어치의 가치도 없는 인간이 됩니다. 성모마리아께 도움을 청하는 기도를 올리시오. 그분께서는 도와주실 겁니다. 그 죄가 마음속에 떠오를 때마다 성모님께 기도하시오. 꼭 그렇게 하리라 믿겠소. 그 모든 죄를 남김없이 고백하시오. 틀림없이 그렇게 할 수 있겠지요? 그런 사악한 죄로 하느님을 노하게 하는 짓은, 은총에 매달려서라도*106 결코 하지 않겠다고 하느님께 약속하세요. 그렇게 하겠다고 엄숙하게 하느님께 약속하세요."

"예, 신부님."

늙고 지친 목소리가, 바짝 말라서 떨고 있는 그의 심장에 상쾌한 비처럼 내렸다. 상쾌하게, 그리고 슬프게!

"그렇게 하시오, 가엾은 젊은이. 악마가 당신을 나쁜 길로 인도한 것이라오. 악마가 그런 식으로 젊은이의 육체를 욕보이려 하거든, 악마를 지옥으로 쫓아버리시오. 우리 주님을 미워하는 사악한 악귀를. 그 죄를 범하는 것은, 그런 더러운 죄를 범하는 것은 이제 그만두겠다고 하느님께 약속하시오."

그는 자신의 눈물과 하느님의 자비의 빛 때문에 앞이 보이지 않아서, 고개를 숙인 채 그 사면의 엄숙한 말*107을 들었다. 신부의 손이 용서의 표시로 자신의 머리 위로 올라가는 것을 보았다.

---

*106 개인의 힘만으로는 죄를 면할 수 없다고 생각했다(G).

*107 고해신부는 예수 그리스도의 대리로서 "성부와 성자와 성령의 이름으로 당신의 죄를 용서합니다. 아멘"이라고 말한다.

"하느님이 당신을 축복해 주시기를! 아들이여, 나를 위해 기도하라."

그는 어두운 본당 한쪽 구석에서 무릎을 꿇고 속죄의 기도[108]를 올렸다. 그러자 하얀 장미의 꽃술에서 피어나는 향기처럼, 정화된 그의 마음에서 기도가 솟아 하늘로 올라갔다.

진흙길이었지만 걷기에 즐거웠다. 그는 집을 향해 성큼성큼 걸어가면서 하느님의 보이지 않는 은혜가 그의 발걸음을 가볍게 해주고 있음을 느꼈다. 끝내 나는 해내고 말았다. 나는 고해했고 하느님은 나를 용서해 주셨다. 나의 영혼은 다시 한 번 아름답고 깨끗해졌다. 깨끗하고 행복해졌다.

하느님의 뜻이라면, 죽는 것조차 아름다울 것이다. 하느님의 뜻이라면, 은총 속에서 사람들과 함께 평화와 미덕과 인내의 삶을 사는 것은 아름다운 일이다.

그는 부엌 화롯가에 앉아 너무 행복해서 아무 말도 나오지 않았다. 그 순간까지 그는 삶이 얼마나 아름답고 얼마나 평화로울 수 있는지 모르고 있었다. 램프 주위에 둘러놓은 네모난 녹색 종이가 부드러운 그늘을 만들고 있었다. 찬장에는 소시지와 하얀 푸딩이 담긴 접시가 하나 놓여 있고 선반에는 계란이 있다. 학교 성당에서 영성체가 끝난 뒤에 아침식사[109]로 먹을 음식이었다. 하얀 푸딩과 계란과 소시지와 홍차. 결국 인생이란 얼마나 소박하고 아름다운가! 그 인생이 이제부터 시작되는 것이다.[110]

꿈을 꾸는 듯한 심정으로 잠자리에 들었다가, 꿈을 꾸는 듯한 심정으로 일어나 보니 아침이었다. 꿈결처럼 조용한 아침에 학교로 갔다.

아이들이 모두 등교하여 자리에서 무릎을 꿇고 있었다. 그도 그들 사이에서 행복한 마음으로 조심스럽게 무릎을 꿇었다. 제단에는 향기로운 하얀 꽃들이 잔뜩 쌓여 있었다. 아침 햇살 속에서 하얀 꽃 사이에 있는 촛불의 파르스름한 불꽃이 마치 그의 영혼처럼 맑고 고요해 보였다.

그는 친구들과 함께 제단 앞에 꿇어앉아 살아 있는 난간처럼 뻗어 있는 아

---

*108 고해한 뒤, 스티븐은 고해신부로부터 속죄하는 기도를 하도록 명령받았다.

*109 벨비디어에서의 피정은 성 프란시스 사비에르를 기념하여 영성체를 받는 것으로 끝난다. 또한 영성체 전 한 시간 동안은 금식이다.

*110 《실낙원》의 마지막에서 밀턴은 에덴동산에서 추방당한 아담과 이브의 모습을 이렇게 기록하고 있다.

이들의 손을 넘어 모두와 함께 제단보를 붙잡았다. 성합(聖盒)*111을 든 신부가 영성체 받을 사람들 앞을 차례차례 지나가는 소리를 들었을 때, 그의 손은 떨렸고 그의 영혼 또한 떨렸다.

"'우리 주의 성체.'"*112

꿈이 아닐까? 죄를 벗은 그는 떨리는 몸으로 무릎을 꿇었다. 혀에 성체를 받으면 정화된 육체에 하느님이 들어오시리라.

"'영원한 생명으로, 아멘.'"

새로운 삶! 은총과 미덕과 행복의 삶! 그것은 진실이다. 깨어나면 사라지는 꿈이 아니다. 과거는 지나갔다.

"'우리 주의 몸'."

성합이 그의 앞에 이르렀다.

---

*111 영성체 때 신자에게 주는 성체인 빵을 담는 그릇.

*112 Corpus Domini nostri. 라틴어. 영성체를 받는 자가 주의 몸인 성병(聖餠)을 받을 때, 신부는 "우리 주 예수 그리스도의 몸으로 당신의 영혼을 지키고, 그것을 영원한 생명으로 인도해 주시기를. 아멘"이라고 왼다.

제4장

　일요일은 거룩한 삼위일체의 심오한 교리에, 월요일은 성령에게, 화요일은 수호천사들에게, 수요일은 성 요셉에게, 목요일은 성체성사에, 금요일은 수난의 예수님에게, 토요일은 성모 마리아에게 각각 바쳐졌다.

　매일 아침 성상 앞에서, 또는 의식에 참여하여 자기를 새롭게 정화했다. 하루 일과는 사고와 행동의 모든 순간을 로마교황의 의지를 위해 영웅적으로 바치는 것*1과, 이른 아침 미사에 참석하는 것으로 시작되었다. 음울한 아침 공기가 결의에 찬 그의 신앙심을 더욱 다져 주었다. 몇몇 신자들과 함께 보조 제단에서 무릎을 꿇고 서표*2를 끼운 기도서를 들고, 신부의 나지막한 목소리를 따라 기도를 올릴 때면, 자주 신약과 구약을 상징하는 두 개의 촛불*3 사이의 침침한 곳에 서 있는 그리스도의 십자가상을 잠시 올려다보고는, 자기가 지하납골당*4의 미사에서 무릎을 꿇고 있는 거라고 상상해 보았다.

　하루하루의 신앙생활에 규칙을 정했다. 화살기도*5와 일반기도를 통해, 연옥(煉獄)에 있는 영혼을 위해, 몇 세기에 걸친 나날과 사순(四旬)과 1년을 아낌없이 바쳐 공덕을 쌓아올렸다. 그러나 고뇌하고 있는 영혼을 대신하여 기도를 올림으로써, 시간적으로 벌을 얼마나 경감해 줄 수 있는지 몰라서,

---

*1 경건한 신자는 교황, 교회, 교회의 사제를 위한 기도를 매일 빠뜨리지 않는다. '의지'란 지성에 의해 바람직하고 또한 도달 가능하다고 제시된 어떤 선에 효과적으로 향하는 의사(意思) 행위(《가톨릭 소사전》).

*2 서표는 친구와 친척의 기일(忌日)을 적은 기도를 위한 비망록(G).

*3 촛불의 초, 심지, 불꽃은 각각 그리스도의 몸, 영혼, 신성을 암시하며, 두 개의 촛불은 각각 신약성서와 구약성서를 상징한다.

*4 그리스도 교도가 박해를 받았던 고대 로마의 카타콤베를 가리킨다.

*5 묵주기도와 달리, 마음에 품은 바람과 사랑을 마치 화살을 쏘듯이 하느님의 마음을 향해 바치는 짧고 강한 기도(《그리스도교 용어사전》).

기나긴 세월에 걸친 참회를 어렵지 않게 성취하는 데서 느끼는 영혼의 승리 감도, 열렬한 기도에 대한 충분한 보답이 되지는 않았다. 게다가 영속적이지 않다는 점에서 지옥불과 다를 뿐인 연옥의 불길 속에서는, 자신의 참회도 한 방울의 수증기만 한 도움밖에 되지 않으면 어떡하나 하는 두려움에, 공덕 수행의 범위를 더욱 확대해서 매일 자신의 영혼을 채찍질했다.

하루의 모든 시간은 자기의 위치에 어울리는 의무라고 생각하는 것으로 나누어져 신앙의 힘을 중심으로 돌아가게 되었다. 자신의 생활이 영원에 다가간 것처럼 생각되었다. 모든 사고, 언어, 행위, 모든 의식의 요구가 다시 한 번 천국에 밝게 울려 퍼지게 할 수 있었다. 그리고 이따금 그러한 즉각적인 반응에 대한 감각이 너무 생생하여, 신앙에 빠지는 자신의 영혼이 마치 손가락이 누르듯이 거대한 금전출납기의 키보드를 눌러, 쌓은 공덕의 액수가 당장 천국에 기록되는 것처럼 생각되었다. 다만 그것은 숫자가 아니라 아련하게 피어오르는 향연(香煙) 또는 한 송이의 화사한 꽃으로서 나타나는 것이었다.

끊임없이 외는 묵주기도*6는—그는 묵주를 바지 주머니에 넣고 다니면서 길을 걸을 때 헤아리곤 했다—이 세상의 것이 아닌 듯, 색깔도 향기도 이름도 없는 부드러운 결의 꽃부리로 변했다. 하루에 세 번 작은 묵주기도*7를 올린 것은, 신앙의 세 가지 덕*8에 있어서 자신의 영혼이 강해지도록 하기 위함이었다. 즉 그를 창조하신 성부에 대한 믿음과, 자기를 대신해서 속죄하신 성자에 대한 소망, 그리고 자기를 구원하신 성령에 대한 사랑. 그는 이렇게 세 번씩 올리는 세 가지 기도를 성모 마리아의 기쁨과 슬픔과 영광에 찬 신비라는 이름으로 성모마리아를 통해 세 위격(位格)*9에 바쳤다.

일주일 내내 하루도 거르지 않고, 그는 성령의 일곱 가지 은혜*10가 그의 영혼을 찾아와 지난 날 영혼을 더럽혔던 일곱 가지 대죄를 날마다 몰아내 주

---

*6 성도(聲禱) 또는 묵도(默禱)로, 염주를 사용하여 성모송(聖母頌)을 15연(1련은 10회) 외는 기도. 각 연에 주기도, 성모송, 영광송을 외고, 그 기도 사이사이에 그리스도와 성모마리아의 기쁨, 고통, 영광의 신비를 묵상한다(《그리스도교 용어사전》).

*7 15연으로 이루어진 묵주기도를 3등분한 하나의 기도.

*8 믿음, 소망, 사랑. 〈고린도전서〉(13 : 13) 참조.

*9 천지의 창조주인 유일하고 무한한 신이 세 가지 페르소나, 즉 성부와 성자와 성령에 존재한다는 것은 그리스도가 계시한 그리스도교의 기본진리(《그리스도교 백과사전》).

십사고 기도했다. 그리고 일곱 가지 행복이 자신을 찾아올 것을 확신하고 있었기 때문에, 각각 정해둔 날에 하나하나의 행복을 위해 기도했다. 다만 지혜와 오성과 지식이 본질적으로 다른 것이어서 각각 구분해서 기도해야 한다는 것은 가끔 기묘하게 생각되기도 했다. 그러나 자신의 신앙이 발전한 미래의 단계에서는 죄 많은 영혼이 약한 상태에서 향상하여, 거룩하신 삼위일체의 제삼위에 의해 계발되었을 때는, 그러한 어려움은 사라질 거라고 믿었다. 그는 그것을 점점 더 깊이 외경심을 가지고 믿었다. 보이지 않는 성령이 깃드는 성스러운 어둠과 정적으로 인해, 이 성령의 상징은 비둘기와 열풍*[11]이고, 그것을 거역하고 죄를 짓는 것은 절대로 용서받을 수 없는 죄*[12]이며, 또 불꽃의 혓바닥 같은 붉은 옷*[13]을 입은 사제는 이 영원하고 신비롭고 현묘한 존재인 신에게 1년에 한 번의 성스러운 미사*[14]를 바치는 것이다.

그가 읽은 교리책에는 삼위일체의 세 위격의 본질과 관계가 희미하게 제시되어 있었다—성부는 영겁의 옛날부터 마치 거울을 들여다보듯이 그 성스러운 완덕(完德)*[15]을 생각하시고, 그로 인해 영원한 성자와 성령을 낳았고, 성령은 영겁의 옛날, 성부와 성자에게서 태어나고—이러한 구도는 그 위엄에 찬 불가지성 때문에 그의 마음에 쉽게 받아들여졌다. 그렇다, 하느님이 영겁의 옛날, 그가 이 세상에 삶을 받기 훨씬 이전부터, 아니, 애초에 이 세상이 존재하기 훨씬 이전부터, 그의 영혼을 사랑하셨다*[16]는 단순한 사실보

---

*10 "그의 위에 여호와의 영 곧 지혜와 총명의 영이요 모략과 재능의 영이요 지식과 여호와를 경외하는 영이 강림하시리니"(《이사야서》 11 : 2). 경외심, 용기, 의견, 지식, 지혜, 통달, 효경의 일곱 가지로, 성성(成聖)의 은혜를 받는 동시에 주어지는 초자연적인 원동력의 일곱 가지 형태. 이러한 은혜는 초자연의 반응과 비슷한 것으로, 은혜에 의한 신의 자극에 대해 거의 생각하지 않고 즉각적으로, 게다가 언제나 완전한 동의로 반응한다(《가톨릭 소사전》).

*11 〈마태복음〉 3 : 16에서는 하느님의 영혼이 비둘기처럼 예수 위에 내려가고, '사도행전' 2 : 2~3에서는 격렬한 바람과 함께 성령이 사도 위에 머무른다.

*12 대부분이 죄는 용서받지만, 진심으로 참회하지 않는 경우는 예외다(G).

*13 사제는 성령강림절(다음 주 참조)에 붉은 옷을 입는다. 성서의 묘사에 대해서는 '사도행전'에 "불의 혀처럼 갈라지는 것들이 그들에게 보여"(2 : 3)라고 되어 있다.

*14 성령강림절을 말한다. 부활절 뒤 일곱 번째 일요일에 여는 축제로, 성령이 사도들 위에 강림한 것을 기념한다.

*15 조금도 부족함이 없는 상태로 하느님만이 이를 소유할 수 있다. 절대적 완덕(《그리스도교 백과사전》).

다 훨씬 쉬웠다.

사랑과 미움의 감정이라는 말이 연단과 설교단에서 엄숙하게 언급되는 것을 듣고 책에도 엄연하게 기록되어 있는 것을 보았지만, 자신의 영혼은 어째서 사랑과 미움의 감정을 한시도 품을 수 없는 것인지, 자신의 입술은 어째서 확신을 가지고 사랑과 미움이라는 말을 할 수 없는 것인지 이상하게 생각되었다. 순간적인 분노가 자주 찾아왔지만 그것이 정열이 되어 오래 지속되지는 않았고, 자신의 육체가 마치 피부에서 옷을 벗는 것처럼 쉽게, 그러한 감정에서 벗어나는 것을 늘 느끼고 있었다. 그는 미묘하고 어둡고 뭔가 중얼거리는 존재가 자기 속에 숨어들어와, 잠깐 동안 사악한 욕망을 부추기는 것을 느꼈지만, 그것도 그의 손을 미끄러지듯 빠져나가고, 다만 투명하고 무관심한 마음만 남을 뿐이었다. 그것이야말로 자신의 영혼에 깃드는 유일한 사랑, 유일한 미움인 것 같았다.

그러나 이제는 사랑의 실재를 믿지 않을 수 없었다. 하느님 자신이 영겁의 옛날부터 거룩한 사랑으로 그의 영혼을 사랑하셨기 때문이다. 자신의 영혼이 영신적(靈神的)인 지식으로 풍요로워짐에 따라, 세계는 하느님의 힘과 사랑이 하나의 거대한 균형을 이룬 것을 표현하는 것임을 서서히 알게 되었다. 삶은 순간순간마다 성스러운 선물이고, 비록 작은 나뭇가지에 매달린 한 장의 나뭇잎의 모습에서도, 그의 영혼은 그 감동 때문에 하느님을 찬양하고 하느님께 감사했다. 세계가 아무리 강고한 실체이고 복잡한 것이라 해도, 그의 영혼에는 거룩한 힘과 사랑의 보편성 원리를 나타내는 것일 뿐이었다. 영혼이 인식하는 이러한 자연의 거룩한 의미에 대한 감각은 완전하여 의심할 여지가 없는 것이어서, 그는 자기가 왜 계속 살아가야 하는지 이해할 수 없다는 생각까지 들었다. 그러나 그것도 신이 뜻의 일부이니, 다른 누구보다 더욱, 그토록 무겁고 그토록 추악한 죄를 짓고, 신의 뜻을 거역한 자신 따위에게는 그 유용성에 의문을 품을 자격이 없다고 생각했다. 영원하고 전능하며 완전한 이 실재를 의식함으로써 온유하고 겸손해진 영혼은, 다시금 경건함이라는 영혼의 무거운 짐, 즉 미사와 기도와 성사와 금욕에 자신을 바치게 되었다. 그때, 사랑의 위대한 신비에 대해 생각한 이후 처음으로, 새롭게 태

---

*16 하느님은 영겁의 옛날부터 모든 영혼을 사랑했지만, 그것은 일반론일 뿐 각각의 영혼이 영겁의 옛날부터 존재하고 있었다는 의미는 아니다.

어난 생명의 율동 또는 영혼 자체의 미덕 같은 따뜻한 율동을 마음속에 느꼈다. 종교화에서 볼 수 있는 환희의 모습, 높이 내걸려 좌우로 벌린 양손, 실신하기 직전처럼 벌어진 입술과 눈은, 그에게 창조주 앞에서 몸을 낮추고 희열을 느끼며 기도하고 있는 영혼의 이미지가 되었다.

그러나 정신적 고양(高揚)의 위험*[17]에 대해 미리 경고를 받고 있었기 때문에, 고난에 찬 성자의 삶을 배우기보다는 끊임없는 금욕을 통해 지난 날의 죄악을 씻으려고 노력하면서 아무리 사소하고 하찮은 헌신도 마다하지 않았다. 그의 감각 하나하나에 엄격한 규율이 부과되었다. 시각의 금욕을 위해서는 눈을 내리깔고 길을 걸으면서 좌우도 뒤도 돌아보지 않는 것이 규율이었다. 눈은 여자들의 시선과 마주치는 것을 피했다. 이따금 마치 책을 읽다가 갑자기 눈을 들고 책을 덮는 것처럼 갑작스러운 의지의 힘으로 시선을 돌릴 때도 있었다. 청각의 금욕을 위해서는 마침 그 무렵 변성기였던 목소리를 전혀 억제하지 않았고, 노래를 부르거나 휘파람을 불지도 않고, 숫돌에 칼을 가는 소리, 부삽으로 재를 그러모으는 소리, 작은 나뭇가지로 카펫을 터는 소리 같은, 신경에 거슬리는 소음도 피하지 않았다. 후각의 금욕 쪽은 사정이 훨씬 어려웠다. 악취에 대해서는 다양하게 비교 시험해 보았지만, 배설물이나 타르 같은 외부의 것이든 자기 몸에서 나는 냄새이든 본능적인 혐오를 느끼지 않았기 때문이다. 결국 자신의 후각을 괴롭히는 유일한 냄새는 오래 묵은 오줌의 그것처럼 썩은 생선 냄새라는 걸 알고, 그럴 수 있을 때는 언제나 그 불쾌한 냄새를 맡기로 했다. 미각의 금욕을 위해서는 식사 때 엄격한 습관을 실천하고, 교회의 금식규정을 한 치의 어김없이 지키며, 식사 중에는 일부러 다른 생각을 하여 다양한 음식의 풍미에서 주의를 돌리려고 했다. 그러나 가장 고심한 것은 촉각의 금욕이었다. 잠을 잘 때 의식하여 자세를 바꾸는 일은 절대로 하지 않았고, 앉을 때는 가장 불편한 자세를 취했으며, 어떤 가려움이나 통증도 견디고, 난로 옆에 가까이 가지 않고, 미사를 올리는 동안 내내, 복음서를 읽을 때 말고는 언제나 무릎을 꿇고 앉았다. 바람을 맞으면 소름이 끼치도록 목과 얼굴에 물을 묻힌 채 내버려 두고, 묵주기도를 올릴 때 말고는 언제나 달리기 선수처럼 두 팔을 옆구리에 딱 붙이고, 절대

*17 오만 때문에 자기를 잃는 것으로, 그 뒤에 찾아오는 정신적 고갈에 대한 준비도 없이 오만의 죄를 범하거나 절망감에 빠질 위험이 있다.

로 호주머니에 손을 넣거나 뒷짐을 지지 않았다.

대죄를 범하고 싶은 유혹을 느끼는 일은 없었다. 그러나 자기가 복잡한 신앙정진과 자기제어 과정이 끝난 뒤에도 유치하고 하찮은 결점에 쉽사리 빠지는 것을 알고 놀랐다. 어머니가 재채기하는 소리를 듣거나 정진에 방해를 받아서 화가 날 때는 기도도 단식도 소용없었다. 그러한 분노 충동을 억제하려면 엄청난 의지의 노력이 필요했다. 지금까지 선생님들의 표정에서 흔히 보았던, 입을 일그러뜨리거나 입술을 깨물고 뺨을 붉히는 사소한 분노의 표시가 떠올랐다. 그는 그것을 자신의 표정과 비교하고는, 그토록 겸허해지려고 노력했는데도 그런가 하고 낙담했다. 타인의 생활의 지극히 평범한 과정에 자신의 생활을 맞추는 것은 단식과 기도보다도 어려웠고, 그런 것을 스스로 만족하도록 실천하는 것에는 언제나 실패했다. 그런 일을 하고 있으면, 결국 영혼에 회의와 주저뿐만 아니라 정신적 고갈[18]이 일어나는 것이었다. 영혼이 그런 황폐한 한때를 거칠 때는 영성체조차 그 수원의 물을 고갈시키는 것 같았다. 사소한 잘못을 조심조심 저지르면서 진심으로 회개하지 않고 있을 때, 고해는 그 돌파구가 되어주었다. 실제로 영성체를 받아도, 혼자 성체를 찾아가서[19] 이따금 느끼는 영적인 교감이나 그 순결한 몰아와 같은 황홀한 순간은 찾아오지 않았다. 그런 때 예배에 가져간 것은 성 알폰수스 리구오리[20]가 쓴, 지금은 아무도 거들떠보지 않는 오래된 기도서로, 글씨도 희미해지고 책장도 누렇게 변색하여 나달나달해진 책이다. 그 아가의 다양한 이미지가 성체 배령자의 기도에 곁들여져 있는 책을 읽으면, 열렬한 사랑과 청순한 응답의 퇴색한 세계가 자신의 영혼을 위해 되살아나는 듯했다. 귀에는 들리지 않는 어떤 목소리가 영혼을 어루만지면서 온갖 명성과 온갖 영광을 얘기해준 뒤, 혼례식에 가듯이 일어나 오라[21]고 명령하고, '신부여, 아마나에서, 또 표범의 산에서 바라보라'[22]고 명령한다. 그러면 영혼은 마찬가지로 귀에는 들리지 않는 목소리로, 그 애무에 몸을 맡기면서 이렇게 대답하

---

*18 앞서 말한 '정신적 고양의 위험'을 가리킨다.

*19 교회에서 혼자 기도하는 일.

*20 이탈리아의 성직자, 성 알폰수스 마리아 데 리구오리(1696~1787). 처음에는 변호사였지만 사제가 되어 빈민을 위해 일했다. 1732년에 구세주회(레덴푸트르회) 창립. 언급되어 있는 그의 저서는 《성체를 찾아서》이며, 〈아가〉의 말을 사용한 기도가 수록되어 있다(G).

*21 "나의 사랑, 내 어여쁜 자야 일어나서 함께 가자."(《아가》 2 : 10/13)

는 것 같았다. '나의 두 개의 젖가슴 사이에서 쉴지어다.'

기도와 명상 사이에 또다시 속삭이기 시작하는 육체의 집요한 목소리에 영혼이 다시 에워싸이는 것을 느끼게 되자, 거기에 몸을 맡겨 버리고 싶은 생각이 위험한 매력으로 다가왔다. 그렇지만 한 순간의 생각 속에서 단 한번이라도 그 유혹에 동의하면, 지금까지 자신이 쌓아온 모든 것이 물거품이 된다고 생각하자 힘찬 의지가 솟아났다. 자신의 맨발을 향해 파도가 천천히 다가오는 것 같았고, 뜨거운 맨살에 수줍어하는 최초의 작은 물결이 닿기를 자신이 기다리고 있었던 것 같은 느낌이 들었다. 그러나 그때 그 차가움에 닿아 죄 깊은 동의를 하려는 찰나, 갑작스러운 의지의 힘 또는 순간적인 화살기도에 구원받아, 자신이 밀려오는 파도에서 멀리 떨어진 마른 땅에 서 있음을 깨달았다. 파도의 은빛 선이 멀어져 갔다가 다시 자신의 발을 향해 천천히 다가오기 시작하는 것을 본다. 그러면 영혼은 자신이 굴복하지도 않았고 모든 것을 물거품으로 만들지도 않았다는 것을 깨닫고, 힘과 만족의 새로운 전율에 몸을 떠는 것이다.

그리하여 몇 번이나 유혹의 파도를 피하고 나자, 자신이 잃지 않으려고 한 은총이 자신한테서 조금씩 빠져나가는 것이 아닌지 의심하기 시작했다. 자신이 죄를 면한 것에 대한 확신이 의심스러워지면서 자신의 영혼은 사실은 깨닫지 못하는 사이에 타락해 버린 것이 아닌가 하는 희미한 공포가 일어났다. 유혹을 느낄 때마다 하느님께 기도해 왔고, 어쨌든 은총을 기도하고 간구한 이상 하느님은 틀림없이 은총을 내려주었을 거라고 자신에게 들려줌으로써, 간신히 예전처럼 자신이 은총을 받았다는 의식을 되찾았다. 유혹은 거듭되었고 매우 강렬했기 때문에, 결국 성인들의 시련[*23]에 대해 들은 이야기들이 얼마나 옳은 것인지 알게 되었다. 거듭되는 격렬한 유혹은 영혼의 성은 아직 무너지지 않았으며, 악마가 그것을 함락하려고 날뛰고 있다는 증거였다.

자신의 회의와 주저를 고해했을 때, 즉 기도 때 잠시 정신을 팔거나 하찮

---

*22 〈아가〉 4 : 8에는 "내 신부야, 너는 레바논에서부터 나와 함께 하고 레바논에서부터 나와 함께 가자. 아마나와 스닐과 헤르몬 꼭대기에서 사자 굴과 표범 산에서 내려오너라"고 되어 있다.

*23 성인들도 정신적 고양뿐만 아니라 정신적 고갈에 괴로워했다(G).

은 일로 화를 내거나, 아니면 언동이 약간 방자했던 것을 고해했을 때, 고해신부는 사면을 내리기 전에, 자주 과거에 지은 죄[24]를 말해보라고 명령했다. 그러면 그는 겸허한 마음으로, 부끄러움을 무릅쓰고 그 죄를 말하고 다시 한 번 참회했다. 아무리 깨끗하게 살아도, 아무리 미덕과 완전성을 갖추더라도, 그 죄에서 전적으로 자유로워질 수는 없다는 것을 생각하면 마음이 겸허해지고 부끄러워졌다. 자기가 죄를 저질렀다는 불안한 마음이 늘 떠나지 않았다. 고해하고 회개하고 용서받고, 고해하고 회개하고는 다시 헛되이 용서받는다. 그러고 보면 어쩌면 지옥에 대한 두려움에 성급하게 고백한 최초의 고해[25]가 잘못된 것이 아닐까? 나는 다가올 운명만 생각하느라 자신이 지은 죄를 진심으로 슬퍼하지 않았던 것은 아닐까? 아니, 그렇지 않아. 난 알고 있어. 나의 고해는 옳았고, 내가 내 죄를 진심으로 슬퍼하고 있다는 데 대한 더 없이 확실한 증거로, 무엇보다 나의 생활이 달라지지 않았는가.[26]

"이봐 스티븐, 내 생활이 달라졌다고 생각하지 않아?" 그는 자신에게 물었다.

* * *

교장은 햇빛을 등지고 창가에 서서 한쪽 팔꿈치를 갈색 블라인드에 기댄 채 이야기를 하거나 미소지으면서, 다른 쪽 블라인드 끈을 흔들기도 하고 동그랗게 고리를 만들기도 했다. 그 앞에 서 있던 스티븐은, 기나긴 여름날의 햇살이 주위의 지붕 위[27]에서 저물어가는 광경이라든지 이 성직자가 손가락을 천천히 능숙하게 움직이고 있는 모습을 한동안 눈으로 쫓고 있었다. 교장의 얼굴은 완전히 그늘져 있지만 그의 등 뒤에서 저물어가는 햇살이 그 움푹

---

* 24 고해자가 과거에 지은 죄를 충분히 참회하지 않은 것을 고려하여, 고해신부가 과거의 죄를 들을 때가 있다. (G)

* 25 완전한 참회를 하면 다행이지만, 그렇지 않을 때는 불완전한 참회가 되어 다시 한 번 할 필요가 있다. 또한 불완전한 참회는 죄의 무서움에 의한 것이고, 완전한 참회는 신에 대한 순수한 사랑에서 나온 것《그리스도교 용어사전》.

* 26 완전한 참회를 하면 생활이 바뀐다.

* 27 장면은 벨비디어 칼리지의 하우스 이층. 주위보다 높아서, 햇살이 일대의 지붕을 비추고 있는 것이 보인다《조이스의 방법》.

들어간 관자놀이와 머리의 곡선을 비추고 있었다. 스티븐의 귀는, 교장이 이제 막 끝난 방학과, 해외에 있는 예수회 계통의 학교, 교사들의 전근 같은 평범한 화제를 정중하고도 붙임성 있게 얘기하고 있는 악센트와 목소리를 쫓아가고 있었다. 그 정중하고 붙임성 있는 목소리가 이야기를 술술 이어가고 있다. 이야기가 끊어질 때마다 스티븐은 공손하게 질문을 하여 얘기가 다시 이어지게 해야 할 것 같은 느낌이 들었다. 그는 그 이야기가 서론에 불과하다는 것을 알고 있었고 그래서 마음속으로는 뒤이어 나올 교장의 이야기를 기다리고 있었다. 교장이 부른다는 전갈을 받은 뒤, 그는 교장의 용건이 무엇일지 마음속으로 이리저리 생각해 보았다. 학교 응접실에서 초조하게 앉아 교장을 기다리는 동안, 눈으로는 벽에 걸린 수수한 그림들을 하나씩 살펴보면서 마음속으로 이런 저런 생각을 되풀이하던 끝에, 결국 그 부름의 의미가 거의 분명해졌다. 그래서 예기치 않은 사정이 생겨서 교장이 못 오게 되면 좋겠다고 생각하기 시작했을 무렵, 수탄 자락이 스치는 소리와 문손잡이가 돌아가는 소리가 들려왔다.

교장은 도미니코 수도회와 프란시스코 수도회에 대한 이야기와 성 토마스와 성 보나벤투라*28 사이의 우정에 대한 이야기부터 시작했다. 그리고 카푸친회 수도사들의 복장이 아무래도 뭐가 어떻다느니 하는 이야기도 했다.

스티븐의 얼굴은 교장의 너그러운 미소에 미소로 응하고 있었지만, 적극적으로 자기 의견을 말하고 싶지 않아서 입술만 약간 애매하게 움직였을 뿐이다.

"요즘 카푸친회 수도사들 사이에서도 말이야." 교장이 얘기를 계속했다. "그런 복장은 그만두고 다른 프란시스코 수도사*29들처럼 입도록 하자는 얘기가 있는 모양이야."

"하지만 수도원 안에서는 그 복장을 계속 착용하지 않을까요?" 스티븐이 말했다.

"그건 그럴 테지." 교장이 말했다. "수도원에서라면 그런 복장도 괜찮겠지만 사회에 나와서는 그런 옷일랑 벗어버리는 게 좋지 않겠니."

---

*28 토마스 아퀴나스(1225~74)와 보나벤투라(1221~74)는 각각 도미니코 수도회와 프란시스코 수도회에 소속되어 있었지만 파리 대학에서 깊은 우정을 나눴다.
*29 카푸친회는 프란시스코회의 일파.

"꽤 거추장스럽기는 하겠지요."

"물론이지. 생각 좀 해보렴. 내가 벨기에에 있을 때 보니까 그 양반들이 어떤 날씨에도 무릎까지 옷자락을 걷어 올리고 자전거를 타는 모습이 자주 보이더구나. 참 우스꽝스러운 광경이더군. 벨기에에서는 그 옷을 '레 쥐프'*30라고 불렀단다."

그 말의 모음을 너무 변형하여 발음해서 분명히 알아들을 수가 없었다.

"벨기에에서는 뭐라고 한다고요?"

"레 쥐프."

"아!"

스티븐은 그늘 속에 있는 교장의 보일 듯 말 듯한 미소에 응하여 다시 미소였다. 그의 나지막하고 분명하지 않은 악센트가 귓전에 울렸을 때, 교장의 표정은 환영처럼 그의 마음을 스쳐간 것일 뿐인지도 모른다. 그는 눈앞에서 퇴색해가는 하늘을 조용히 바라보면서, 차가운 저녁 공기와 노르스름한 저녁놀을 다행으로 생각했다. 그것이 자신의 화끈거리는 뺨을 가려주었기 때문이다.

여자들이 입는 옷가지나 그것을 만드는 데 드는 부드럽고 고운 천의 이름은 그의 마음속에 언제나 화사한 죄의 향기를 느끼게 했다. 어린 시절, 그는 말을 모는 고삐가 연약한 명주 띠로 되어 있을 것이라고 늘 생각했기 때문에 스트래드브룩에서 기름이 묻은 가죽 마구(馬具)를 만져보고 기겁을 한 일이 있었다. 또 떨리는 손가락으로 여자 스타킹의 매끄러운 결을 처음으로 만져보았을 때도 충격을 받았다. 왜냐하면 아무리 책을 읽어도 마음속에 남는 것이라고는 자기라는 존재에 대한 메아리 같은 것 아니면 예언 같은 것뿐이고, 연약한 생명으로 살아가는 여인의 영혼과 육체에 대해 생각하는 것은 부드러운 말씨, 장미처럼 부드러운 글 속에서만 가능했기 때문이다.

그러나 교장의 입을 통해 나온 말은 솔직하지 않다고 느껴졌다. 신부는 그런 화제에 대해 가볍게 발언해서는 안 된다는 것을 알고 있었기 때문이다. 교장이 그런 말을 가볍게 한 데에는 의도가 있었을 것이고, 교장은 자신의 얼굴이 보이지 않는 그늘 속에서 두 눈으로 자기를 탐색하고 있다고 직감했

---

*30 les jupes. 프랑스어. '스커트'라는 뜻.

다. 예수회 회원들의 수법*31에 대해서는 여러 가지 얘기를 듣고 읽은 적이 있지만, 그는 자신이 실제로 경험한 적이 없다는 이유로 무시해 오고 있었다. 교사들은 매력이 없는 사람의 경우에도 늘 지적이고 진지한 성직자, 건장하거나 혈기왕성한 감독자로 보였다. 그들은 모두 냉수마찰을 하고, 깨끗한 리넨 속옷을 입는 사람으로 생각되었다. 클롱고스와 벨비디어에서 함께 살았던 오랜 세월 동안 두 번, 그것도 잘못한 일도 없이 맞았을 뿐이지만, 벌을 모면한 적도 여러 번 있다는 것을 그도 알고 있었다. 그 세월 동안 선생이 가볍게 입을 놀리는 것을 들은 적은 한 번도 없었다. 그리스도교 교리를 가르치고 착한 삶을 살도록 일깨운 것도 그들이었고, 비참한 죄악에 빠졌을 때 그를 은총으로 이끌어준 것도 그들이다. 클롱고스의 철부지 학생이었던 시절에는 그들 앞에서는 늘 기가 죽었고, 벨비디어에서 애매한 위치*32에 있었을 때도 그들을 생각하면 자신감이 사라지곤 했다. 그런 의식은 학교생활을 마치던 해까지 따라다녔다. 그들에게 복종하지 않은 적은 한 번도 없었고, 거친 친구들이 아무리 꾀어도 묵묵히 순종*33하는 습관을 버리지 않았다. 심지어 선생의 말에 의문이 들 경우에도 그러한 회의를 공개적으로 표명하지는 않았다. 최근에 교사들의 판단은 그의 귀에 약간 유치하게 들리기 시작했고, 그래서 자기는 그 친숙한 세계에서 서서히 벗어나고 있으며, 이런 말을 듣는 것도 이제 마지막이라고 생각하니 유감스럽기까지 했다. 어느 날, 성당 근처의 작은 오두막 뒤에서 학생들이 한 신부를 에워싸고 얘기하고 있었을 때, 신부가 이렇게 말하는 것을 들었다.

"나는 매콜리 경*34이야말로 평생 동안 지옥에 떨어질 중죄를 한 번도 지은 적이 없는 분이라고 믿어. 고의로 범한 중죄 말이야."

몇몇 학생들이 신부에게 빅토르 위고가 프랑스에서 가장 위대한 작가가 아니냐고 물었다. 신부의 대답은, 위고가 교회를 등지고 난 뒤에 쓴 작품은 그가 가톨릭 신자였을 때 쓴 작품보다 훨씬 못하다는 것이었다.

---

*31 예수회는 수법이 교묘하고, 하느님의 영광이라는 목적을 위해서는 수단과 방법을 가리지 않았기 때문에 마키아벨리적이라는 평판을 받고 있었다(G).

*32 스티븐이 학비를 면제받으면서 학교에 다녔던 일.

*33 예수회의 추요덕(樞要德)의 하나.

*34 영국의 역사가, 정치가인 토마스 배빙턴 매콜리(1800~59). 그 다음의 발언, 특히 '고의로 범한 중죄'는 의심스럽다. 모든 대죄는 고의로 짓는 것이므로(G).

"게다가 프랑스의 훌륭한 비평가들은 대부분, 위고가 위대한 작가인 건 확실하지만 루이 뵈이요*35만큼 순수한 문체를 쓰지는 않았다고 생각하는 모양이더군."

교장이 빗대어 하는 말이 스티븐의 뺨에 지른 작은 불길은 이미 가라앉았지만, 그의 눈은 여전히 색깔이 없는 하늘만 조용히 응시하고 있었다. 그러나 마음속에는 의혹이 이리저리 떠돌아다녀 불안한 기분이었다. 가면을 쓴 기억들이 그의 앞을 재빨리 스쳐갔다. 그는 여러 장면과 인물들을 알아맞혔지만, 생생한 전후 사정은 아무래도 분명하지 않았다. 클롱고스에서 운동장을 오락가락하면서 운동시합을 구경하는 장면. 크리켓 모자에서 설탕과자를 꺼내 먹고 있는 자신의 모습. 귀부인들과 함께 자전거 도로를 걷고 있는 몇 명의 예수회 신부들. 클롱고스 특유의 몇 가지 표현들이 마음의 깊은 동굴 속에서 메아리쳤다.

응접실의 정적 속에서 그 먼 메아리에 귀를 기울이고 있을 때, 교장이 정색한 목소리로 말을 걸고 있는 것을 깨달았다.

"스티븐, 오늘 널 부른 것은 중대한 문제에 대해 얘기할 것이 있어서다."

"예."

"너 혹시 너에게 성소(聖召)가 있다는 생각을 해본 적이 없니?"

스티븐은 그렇다고 대답하기 위해 입을 열다가 이내 다시 다물어버리고 그 말은 하지 않았다. 교장은 대답을 기다리다가 이렇게 덧붙였다.

"내 말은 혹시 네가 마음속으로, 또는 영혼 속에서 예수회에 가입했으면 하는 기분을 느낀 적이 있느냐 하는 것이다. 잘 생각해 보아라."

"이따금 생각한 적은 있습니다." 스티븐이 대답했다.

교장은 잡고 있던 블라인드 끈을 놓고 두 손을 모으더니 그 위에 엄숙하게 턱을 올리고는 깊은 생각에 잠겼다.

"우리 학교 같은 곳에서는 늘 몇 명의 학생들이 하느님의 부름을 받고 종교 생활을 시작한단다." 교장이 이윽고 입을 열었다. "그런 학생은 경건함이라는 점에서도, 또 좋은 모범을 보여주는 점에서도 특별히 눈에 띄게 마련이지. 모든 학생들의 존경을 받으면서 신심회 회원들에 의해 회장으로 선출되

---

*35 프랑스의 저널리스트(1813~83). 프랑스의 교황권 지상주의파의 선전가. 그는 그 밖에 교육적인 이야기와 성인전을 썼다(G).

기도 해. 그런데 스티븐, 우리 학교에서 네가 바로 그런 학생이다. 성모마리아 신심회의 회장직을 맡고 있잖니. 어쩌면 하느님께서 당신께 불러들이려고 하시는 학생이 바로 너인지도 모르겠구나."

교장의 엄숙한 목소리를 더욱 엄숙하게 하는 거만한 어조를 듣자 스티븐의 심장고동이 빨라졌다.

"그런 부름을 받는 것은 전능하신 하느님께서 인간에게 내릴 수 있는 가장 큰 명예란다, 스티븐." 교장이 말했다. "이 세상의 어떤 왕이나 황제도 하느님을 섬기는 사제의 권세는 갖지 못해. 하늘나라의 천사와 대천사도 성인도, 아니 성모 마리아 자신조차 하느님의 사제가 지닌 권세만은 누리지 못하지. 하늘나라 열쇠의 권능,*36 즉 죄를 속박하고 또 해방시키는 힘, 악마를 물리치는 힘, 하느님이 창조하신 생물한테서 그들을 지배하는 사악한 귀신들을 쫓아내는 힘,*37 하늘에 계신 위대한 하느님이 제단으로 내려와서 빵과 포도주 속에 깃들게 하는 힘과 그러한 권위. 정말 엄청난 힘이 아니냐, 스티븐!"

이 자랑스러운 말 속에서 자기 자신의 자랑스러운 명상의 메아리를 들었을 때, 그의 뺨에서는 다시 불길이 활활 타오르기 시작했다. 지금까지, 자신이 사제가 되어 천사들과 성인들도 경의를 표하는 무서운 힘*38을 조용하고도 겸허하게 휘두르고 있는 모습을 마음속으로 얼마나 많이 그려보았던가! 그 동안 그의 영혼은 이런 욕구를 남몰래 품고 있었다. 젊고 조용한 사제인 자신이 재빨리 고해소에 들어가거나, 제단으로 올라가 향을 피운 뒤 무릎을 꿇고, 그 밖에 사제로서의 다양한 행위를 수행하는 모습을 그려보곤 했지만, 그러한 자신의 동작은, 한편으로는 현실적인 것 같으면서도 현실과 동떨어져 있었기에 그에게는 즐거운 일이었다. 명상 속에서 살아 온 그 막연한 생활에서는 자기가 알고 있는 여러 사제들의 목소리와 몸짓을 흉내내었다. 누구처럼 무릎을 옆으로 꿇고, 누구처럼 향로를 아주 조금만 흔들고, 또 누구

---

*36 천국으로 들어가는 열쇠의 권능을 말하며(《마태복음》 16 : 19), 죄를 속박하고(고해를 듣는 것) 그것을 해방시키는(사면하는) 힘을 가리킨다.

*37 "예수께서 그의 열두 제자를 부르사 더러운 귀신을 쫓아내며 모든 병과 모든 약한 것을 고치는 권능을 주시니라"(《마태복음》 10 : 1).

*38 성체와 참회라는 두 성사는 사제에게만 주어져 있다(G).

처럼 사람들에게 축복을 내린 뒤 제단으로 돌아올 때 제의 자락을 활짝 펼치기도 했다. 이렇게 상상 속에서 전개되는 희미한 정경에서 가장 기쁜 것은 자기가 2인자의 자리*39에 있는 것이었다. 그는 미사를 집전하는 위엄 있는 위치는 피하고 싶었다. 막연한 화려함이 모두 자신의 인격에 집중되거나, 의식을 올릴 때의 명확하고 궁극적인 직무가 자신에게 맡겨지는 것을 상상하는 것은 즐거운 일이 아니었기 때문에, 그는 가벼운 성무(聖務)를 맡고 싶었다. 가령 장엄미사 때 보좌신부의 제의를 입고, 제단에서 멀찍이 떨어진, 신도들의 관심을 벗어난 곳에 서서, 베일로 어깨를 덮고 그 자락으로 축성된 성체를 담은 파테나*40를 감싸 들고 있거나, 미사가 끝난 뒤 집전 신부보다 낮은 계단에서 금빛 제의를 걸친 보좌신부가 되어 두 손을 맞잡고 회중을 향해 '돌아가십시오, 미사가 끝났습니다'*41를 영창하고 싶었다. 만약 그가 미사 집전 신부가 된 자신의 모습을 그려보았다면, 그것은 오직 어린이 미사책 속에 나오는 그림에서처럼 텅 빈 제단 위에 희생의 천사 말고는 회중이 아무도 없는 교실에서 아무런 장식이 없는 제단을 향해, 자기와 거의 다르지 않은 어린 복사(服事)*42의 시중을 받고 있는 모습이었다. 그의 의지는 애매한 성찬이나 성사의식 때만 현실과 마주하려 하는 것 같았다. 그가 언제나 무위 속에서 꼼짝하지 못한 것은 분명하게 정해진 의식(儀式)이 없었던 탓도 있었다. 그렇다, 그 결과, 분노와 오만을 침묵으로 덮게 되고, 또는 적극적으로 해주고 싶은 포옹을 거꾸로 받기만 할 뿐이었지만.

지금 정중하게 입을 다물고 교장인 신부의 권유에 귀를 기울이고 있을 때, 그 말 속에서 더욱 뚜렷하게 하나의 목소리가 들려왔다. 그 목소리는 가까이 오라고 명령하며 은밀한 지식과 은밀한 힘을 내밀었다. 그렇게 하면 마술사 시몬*43의 죄가 어떤 것인지 또 성령에게 짓는 용서받을 수 없는 죄*44가 어

---

*39 사제를 보조하는 보좌신부를 가리킨다.

*40 성체배령 접시. 보좌신부는 직접 손으로 만질 수 없다.

*41 Ite, missa est. 라틴어. 미사가 끝났음을 알리는 말.

*42 교회에 의해 특별히 임명되며, 보좌신부를 도와 사제에게 봉사하는 역할.

*43 베드로와 요한이 사마리아에 왔을 때, 돈을 내고, "이 권능을 내게도 주어 누구든지 내가 안수하는 사람은 성령을 받게 하여 주소서"(〈사도행전〉 8장 19절)

*44 〈마태복음〉 12 : 32에는 '말로 인자를 거역하면 사하심을 얻되 누구든지 말로 성령을 거역하면 이 세상과 오는 세상에서도 사하심을 얻지 못하리라'고 한 그리스도의 말이 있다.

떤 것인지 알게 되리라. 다른 사람, 분노의 자녀*45로 잉태되어 태어난 사람들은 알 수 없는 모호한 것들을 알게 되리라. 어두운 성당의 수치스러운 분위기 속에서, 또 고해소에서 부인들과 소녀들이 자기 귀에 입을 대고 속삭일 때, 타인의 죄를, 죄 많은 동경, 죄 많은 생각, 죄 많은 행동을 죄다 알게 될 것이다. 그렇지만 서품식 때 안수를 받음으로써 죄에 감염되는 것을 면한 영혼은, 제단의 순백의 평화를 향해 결백하게 나아갈 것이다. 성체를 받쳐 들고*46 성병을 쪼개는 그의 손에는 어떠한 죄의 감촉도 흔적을 남기지 않을 것이다. 주의 몸을 분별하지 못하여 지옥에 떨어지는 죄의 감촉도, 기도하고 있는 그의 입술에 흔적을 남기지 않을 것이다. 아기처럼 죄가 없고, 남모르는 지식과 남모르는 힘을 가지고, 그는 영원히 멜기세덱의 서열과 같은 사제*47가 되리라.

"내일 아침에 미사를 드리겠네." 교장이 말했다. "전지전능하신 하느님이 너에게 거룩한 뜻을 보여주시기를 기도하겠어. 그러니 스티븐, 너도 하느님에 대해 매우 유력한 최초의 순교자인 너의 성스러운 수호성인*48에게 9일 기도*49를 올려라, 하느님이 자네 마음을 계발해 주시도록 말이야. 하지만 스티븐, 넌 그 하느님의 뜻부터 확신해야 한다. 나중에 가서 그렇지 않다는 걸 알게 되면 끔찍한 불행이 될 테니까. 한번 사제가 되면 영원히 사제로 남아야 한다는 것을 명심해라. 교리문답집에도 있지만 신품(神品) 성사는 오직 한 번밖에 받을 수 없는 것인데, 그 이유는 그 성사가 영혼에 영원히 지울 수 없는 영적인 표시를 찍어놓기 때문이야. 그러니 네가 심사숙고하는 것도 그 전이라야지 그 뒤에는 안 된다. 이것은 중대한 문제다, 스티븐. 자네 영혼의 영원한 구원이 거기에 달려 있으니까 말이야. 우리 함께 하느님께 기

---

*45 "우리도 다 그 가운데서 우리 육체의 욕심을 따라 지내며 육체와 마음의 원하는 것을 하여 다른 이들과 같이 본질상 진노의 자녀이었더니"('에베소서' 2 : 3).

*46 미사 성제(聖祭) 중에, 성변화(聖變化)의 직후, 사제는 신자의 예배를 위해 성병(聖餠)을 양손으로 든다《그리스도교 용어사전》.

*47 〈시편〉110 : 4의 "여호와는 맹세하고 변하지 아니하시리라 이르시기를 너는 멜기세덱의 서열을 따라 영원한 제사장이라 하셨도다(나의 올바른 왕)", 및 〈히브리서〉의 "네가 영원히 멜기세덱의 반차를 따르는 제사장이라"(7 : 17)를 근거로.

*48 그리스도교 최초의 순교자, 성 스테파노.

*49 특별한 은혜를 구하기 위해 9일 동안 계속하는 신앙수행.

도드리자."

　교장은 현관홀의 무거운 문을 열고 마치 신앙생활의 동료가 되기라도 한 것처럼 손을 내밀었다. 계단 위의 널찍한 공간으로 빠져나오자 스티븐은 조용한 저녁 바람이 어루만져 주는 걸 느꼈다. 핀들레이터 교회*50 쪽을 향해 네 명의 젊은이들이 서로 팔짱을 끼고 고개를 흔들면서 활보하고 있고, 리더가 연주하는 손풍금의 경쾌한 멜로디에 보조를 맞추고 있었다. 갑자기 듣는 음악의 처음 몇 소절이 으레 그렇듯이, 음악은 마음의 환상에 갑자기 흘러들어와, 갑자기 밀려온 물결이 아이들이 쌓은 모래성을 무너뜨리듯이, 아무런 고통도 없이 소리도 내지 않고 환상을 녹여버렸다. 그는 그 하찮은 곡에 미소지으면서 눈을 들어 교장의 얼굴을 바라보았다. 그 얼굴에서 저무는 해의 음울한 반영을 보고 천천히 손을 뗐다. 그때까지 그의 손은 동료라는 의식을 희미하게 묵인하고 있었던 것이다.

　계단을 내려갈 때, 그의 어지러운 자기 성찰을 지워준 것은, 현관홀에서 본, 저무는 해를 반영하고 있는 음울한 얼굴의 인상이었다. 그러자 이 학교 생활의 그늘이 무겁게 그의 의식을 스쳐갔다. 그를 기다리고 있는 것은 엄숙하고 질서정연하지만 열정이라고는 없는 삶이고, 물질적 걱정도 없는 삶이었다. 그는 수련원에서 첫날 저녁을 어떻게 보내게 될 것이고, 기숙사에서 첫날 아침에 잠이 깨면 얼마나 불안할 것인지 궁금했다. 클롱고스 학교의 긴 복도에서 나던 냄새가 다시 괴롭게 회상되었고, 불타는 가스등의 조용한 속삭임이 들리는 것 같았다. 그러자 당장 온 몸의 모든 부분에서 불안이 배어나오기 시작했다. 이어서 열병에 걸린 것처럼 맥박이 빨라지더니, 의미 없는 말들이 시끄럽게 떠들면서 사고를 이리저리 몰고 다니며 혼란에 빠뜨렸다. 허파는 따뜻하고 축축한, 기분을 떨어뜨리는 공기를 마신 것처럼 부풀었다가 오그라들고, 부풀었다가 오그라들고를 되풀이했다. 그때 그는 또다시 클롱고스의 목욕탕에서 무거운 토탄 빛깔의 물 위에 감돌던 그 축축하고 따뜻한 공기를 마시고 있는 듯한 기분을 느꼈다.

　그러한 추억에서 일깨워진 어떤 본능, 미묘하고 투쟁적인 본능이, 신앙생활에 한 걸음 다가갈 때마다 교육보다 신앙보다 더 강해져서 마음의 내부에

---

*50 벨비디어 칼리지 남서쪽, 라틀란드 광장에 있는 장로파 교회.

서 힘을 얻었고, 그 힘이 순순히 동의하는 것을 거부하게 했다. 신앙생활의 냉엄함과 질서는 음울한 것이었다. 자신이 아침의 추위 속에 일어나, 다른 사람들과 함께 새벽 미사에 나가 기도하면서 정신이 아득할 정도로 허기진 배와 씨름하고 있는*51 정경을 마음에 그려보았다. 또 학교 교사들과 함께 저녁을 먹고 있는 자신을 상상해보았다. 그때, 낯선 곳에서 음식을 먹는 것을 꺼리는 그 뿌리 깊은 수줍음은 과연 어떻게 될 것인가? 어떤 단체에서도 스스로 동떨어진 존재로 느껴버리는 오만함은 어떻게 될 것인가?

예수회 소속 스티븐 디덜러스 신부.

새로운 삶을 살고 있는 자신의 이름이 눈앞에서 재빨리 문자가 되어 늘어서자, 뒤이어 확실한 윤곽이 없는 얼굴과 낯빛이 마음속에 떠올랐다. 그 희미한 색은 끊임없이 변해가는 칙칙한 벽돌색 광채처럼 강렬해졌다. 그것은 겨울 아침, 사제들의 면도한 턱 밑에서 흔히 보았던 그 생생하게 이글거리던 붉은 색이 아니었을까? 그 얼굴에는 눈이 없고, 씁쓸하고 경건한 표정에 분노를 억제하고 있는 것처럼 홍조가 감돌기도 했다. 그것은 혹시 학생들이 '랜턴 조스' 또는 '폭시 캠벨'*52이라 부르던 예수회 신부의 얼굴이 망령처럼 떠오른 것은 아닐까?

그는 마침 가디너 가(街)에 있는 예수회 기숙사 앞을 지나가고 있었기에, 만약 자기가 예수회에 가입한다면 어떤 창문이 자기 것이 될지 막연하게 생각해 보았다. 그리고 그런 생각이 너무나 막연하고, 자신의 영혼은 지금까지 그 성역이라고 생각해 왔던 곳에서 아주 멀리 떨어져 있으며, 돌이킬 수 없는 결정적인 행동이 이 세상과 내세에서의 자유를 영원히 끝장내려 하고 있는 지금으로서는 그토록 긴 질서와 복종의 세월 동안 자신을 속박하고 있었던 것이 참으로 허약하다는 것을 알고 깜짝 놀랐다. 교회의 도도한 특권이나 사제직이 누리는 신비와 권세를 택하라고 역설하는 교장의 목소리가 부질없이 그의 뇌리에서 되풀이되고 있었다. 그러나 영혼은 그 목소리를 경청하거나 환영하려 하지 않고, 자신이 들었던 권고의 말이 벌써 무의미하고 형식적인 이야기가 되어버렸음을 알고 말았다. 내가 신부가 되어 성궤 앞에서 향로를

---

*51 영성체를 위해 전날 저녁부터 단식했기 때문(D).

*52 모두 벨비디어 칼리지의 실제로 교사였던 예수회 회원 리처드 캠벨의 별명. '폭시'Foxy는 '여우처럼 생긴' '교활한', '렌턴 조스(Lantern jaws)'는 뺨이 홀쭉하고 턱이 긴 얼굴.

흔드는 일은 결코 없으리라. 나의 운명은 사회적 종교적 질서로부터 자유로워지는 것이다. 교장의 현명한 권고는 내 마음의 급소를 찌르지는 못했다. 세상의 수많은 함정들 사이를 헤매고 다니면서, 타인한테서 떨어져 나 자신의 지혜를 배우고 오직 홀로 타인의 지혜를 배워야 하는 것이 나의 운명이다.

세상의 수많은 함정이란 바로 세상이 만든 죄의 길이었다. 나는 그 함정에 빠질 것이다. 아직은 빠지지 않았으나 순식간에 소리 없이 빠질 것이다. 빠지지 않는 것은 너무나 어려운 일이니까, 그래, 너무 어려워. 이제 곧 그러한 사태가 닥쳐올 때, 나는 영혼이 겪게 될 조용한 타락을 감지하고 있다. 영혼은 점점 그 함정에 빠지려 하고 있으나 아직은 빠지지 않았고, 아직 빠지지 않았으나 곧 빠지려 하고 있었다.

그는 톨카 강*53에 놓인 다리를 건너 퇴색한 푸른색의 성모마리아 상 쪽으로 잠시 냉담한 시선을 던졌다. 그것은 초라한 오두막들이 옹기종기 모여 있는 한복판에 서 있는 기둥 위에 닭*54처럼 얹혀 있다. 그는 이윽고 왼쪽으로 돌아서 집으로 가는 골목길을 걸어간다. 강가에 솟은 언덕 위 텃밭에서 양배추가 썩는 시큼한 냄새가 희미하게 풍겨왔다. 그는 그날 자신의 영혼 속에서 승리를 차지할 것은 결국 이 혼란, 아버지의 집이 처해 있는 이 무질서와 혼란, 그리고 식물적인 생명의 부패라고 생각하며 미소지었다. 사람들이 '모자'라는 별명으로 부르던, 혼자 사는 농사꾼이 집 뒤의 텃밭에서 일하던 것을 생각하고 짤막한 웃음을 터뜨렸다. 모자를 쓰고 있는 그 사람이 사방의 하늘을 차례차례 살피다가 난처하다는 듯이 삽으로 땅을 푹푹 찌르며 일하던 모습을 생각하자 자기도 모르게 두 번째 웃음이 터져나왔다.

그는 빗장이 빠져버린 현관문을 열고 카펫이 깔려 있지 않은 복도를 지나 부엌으로 들어갔다. 동생들이 식탁 주위에 앉아 있었다. 차는 거의 다 마신 참이라, 찻잔을 대신하는 작은 유리병과 잼통 같은 것들의 바닥에는 재탕한 홍차가 조금씩 남아 있을 뿐이었다. 설탕을 바른 빵 부스러기와 조각들이 그 위에 엎지른 홍차 때문에 갈색으로 물든 채 식탁 위에 흩어져 있었다. 식탁 널빤지 위 여기저기 홍차가 엎질러져 있고 상아색 손잡이가 깨져버린 나이프가 아무렇게나 잘라서 먹은 반달 모양의 파이 속에 꽂혀 있었다.

───────────

*53 더블린 북쪽 끝에 있었던 강으로, 스티븐이 건넌 것은 배리바우 다리.
*54 권력의 상징인 '독수리'(제1장 *12)와 대조를 이룬다.

슬픈 잿빛이 감도는 푸른 저녁놀이 창문과 열려 있는 출입문으로 조용히 들어와서, 스티븐의 가슴속에서 별안간 일고 있던 회한(悔恨)의 본능을 조용히 가라앉혀 주었다. 동생들에게는 금지된 것들이 그에게만은 자유롭게 허락되어 있었다. 그러나 고요한 저녁놀에 비친 그들의 얼굴 속에서는 어떠한 원망의 빛도 찾아볼 수 없었다.

그는 동생들과 나란히 식탁에 앉아서 아버지 어머니가 어디 가셨느냐고 물었다. 한 아이가 대답했다.

"어디 말이야, 집이 말이야, 있는지 말이야, 보러 말이야, 갔단 말이야."*55

또 이사를 간단 말인가! 벨비디어 학교의 팰론이라는 아이는 공연히 큰 소리로 웃으면서 왜 그렇게 이사를 자주 다니느냐고 그에게 물어보곤 했다. 그것을 묻는 아이의 그 웃음소리가 다시 들리는 듯하여 얼굴을 찡그리면서 냉소하자 그의 이마는 이내 어두워졌다.

그가 물었다.

"물어 봤자지만, 왜 또 이사를 간다니?"

"집주인이 말이야, 우리를 말이야, 내쫓으려고 하니까 말이야." 처음 대답했던 그 여동생이 대답했다.

막내인 남동생이 벽난로 저쪽에서 '고요한 밤이면 자주'*56라는 노래를 부르기 시작했다. 하나둘씩 그 노래를 따라 부르더니 나중에는 모두 합창을 하게 되었다. 그들은 그런 식으로 온갖 노래를 몇 시간이고 부르곤 했는데, 그러다 보면 결국 마지막 파리한 빛이 지평선 너머로 사라지고 최초의 어두운 저녁 구름이 나타나 밤이 되는 것이다.

그는 한동안 듣고만 있다가 결국 자신도 같이 노래를 불렀다. 동생들의 연약하지만 신선하고 천진난만한 목소리 속에서 지친 기색이 느껴지는 것은 가슴 아픈 일이었다. 그들은 삶의 여정을 채 시작하기도 전에 벌써 가야 할 길에 피로를 느끼고 있는 듯했다.

그는 부엌에서 노래하는 목소리의 합창이, 여러 세대의 아이들이 부르는

---

*55 Goneboro toboro lookboro atboro aboro houseboro. '도시'(boro=borough)를 붙여서 장단을 맞춘 것.

*56 아일랜드의 시인 토머스 무어(1779~1852)의 노래.

합창의 끝없는 반향 속으로 메아리치며 증폭해 가는 것을 들었다. 그리고 그 모든 메아리 속에서 되풀이해 나타나는 피로와 고통의 메아리도 들었다. 모든 사람이 인생에 등장하기 전에 이미 인생에 지쳐 있는 것처럼 보였다. 뉴먼이, 베르길리우스의 시 속에서도 이런 노래를 들었다고 한 것이 생각났다. '자연 그 자체의 목소리처럼, 모든 시대의 자연의 아이들이 경험해온 고통과 피로, 더 나은 것에 대한 희망을 언어로 읊어보노라.'*57

* * *

그는 더 이상 기다릴 수 없었다.

바이런 주점의 문에서 클론타프 성당*58 문까지 갔다가, 클론타프 성당 문에서 바이런 주점의 문까지 오고, 거기서 다시 성당으로 갔다가 다시 주점으로, 처음에는 천천히 포석 하나하나를 정확하게 밟으면서 걷다가, 나중에는 노래의 리듬에 보조를 맞춰 발을 옮겼다. 아버지가 아들의 대학*59에 대해 알아보기 위해 지도교사인 댄 크로스비와 함께 주점에 들어간 지 한 시간은 족히 지나 있었다. 그는 한 시간 내내 오락가락하면서 기다렸지만 이제는 더 기다릴 수가 없었다.

갑자기 불*60을 향해 걷기 시작한 그는 아버지가 날카로운 휘파람으로 자기를 불러들이지 못하도록 걸음을 서둘렀다. 금세 경찰서 모퉁이를 돌아버렸다. 이젠 안심이다.

그래, 마음이 내키지 않는 듯이 입을 다물고 있는 어머니의 표정을 봐서, 역시 내 생각에 반대하고 있는 것이 분명해. 어머니의 불신이 아버지의 자부심보다 더욱 예리하게 그의 마음을 찔렀다. 어머니의 눈에는 더욱 성숙하고 강해진 것처럼 보이겠지만, 실은 자신의 영혼 속 신앙심이 서서히 시들어가

---

*57 존 헨리 뉴먼 추기경의 《동의(同意) 문법의 도움에 대한 논고》(1881)에서.

*58 세례자 성 요한 클론타프 로마가톨릭교회. 페어뷰 해안 거리와 피츠버러 거리 모퉁이에 있다(《조이스의 방법》).

*59 가톨릭계 대학, 유니버시티 칼리지 더블린을 가리킨다.

*60 더블린만의 방파제. 클론타프와 드리마운트가 교차하는 일대부터 만까지 2.4킬로미터가 연장되어 더블린항의 북안벽을 이룬다. '불'이란 '수소'라는 뜻. 파도의 으르렁거릴 때 연상에 의한 명칭(《피네건스 웨이크 지명사전》).

고 있음을 그는 알고 있었고 또 그런 모습을 자신이 지금까지 어떻게 지켜보았는지 냉정하게 생각하고 있었다. 마음속에서 그녀의 불신에 대한 애매한 적의가 똘똘 뭉쳐서, 마치 한 조각의 구름처럼 마음을 어둡게 했지만, 잠시 뒤 어머니에 대한 응어리는 구름처럼 사라지고, 마음이 다시 평온을 되찾아 어머니에 대한 마음도 풀리자, 어머니와 자기의 삶이 처음으로 조용히 이별하고 있음을 희미하게, 그러나 섭섭한 감정은 조금도 없이 의식하고 있었다.

대학! 이것으로 나는, 마치 나의 소년 시절의 보호자처럼 행세해온 사람들에게서, 나를 그들 속에 두고 그들에게 복종하며 그들의 목적에 봉사하게 하려 했던 파수꾼들의 검문에서 마침내 벗어난 셈이다. 만족과 오만이 천천히 밀려오는 커다란 파도처럼 그의 마음을 띄워 주었다. 그것을 섬겨야 할 운명을 가지고 태어났으면서도 아직 그 정체를 파악하지 못하고 있던 목표가 그를 인도하여 은밀한 오솔길을 따라 달아날*61 수 있게 도와주었고, 지금 그 목표는 다시 한 번 손짓하고 있다. 새로운 모험이 이제부터 펼쳐지려 하는 것이다. 그는 마치 한밤의 숲속에서 하나씩 분방하게 솟아오르는 세 갈래의 불길처럼, 분방한 음악의 음표가 전 음정을 치솟았다가 감4도(減四度) 내려가고, 다시 전 음정을 치솟았다가 장3도(長三度) 내려가는 것을 듣고 있는 것 같았다.*62 그것은 끝도 없고 형체도 없는 요정의 서주(序奏)였다. 그 악곡이 더욱 거세지고 더욱 빨라져서 불길이 박자를 잃고 솟구치자, 그는 마치 나뭇가지와 풀숲 속에서 야생동물들이 잎사귀에 떨어지는 빗방울처럼 후두둑 소리를 내면서 뛰어다니는 소리를 듣는 듯한 느낌이었다. 토끼와 암수 사슴들, 영양(羚羊)들의 발이 시끄러운 소리를 내며 그의 마음을 스쳐 지나간다. 이윽고 그의 귀에 아무 소리도 들리지 않게 되었을 때, 뉴먼의 위풍당당한 문장이 떠올랐다. '그 발은 수사슴의 발처럼 영원한 다리 아래 있도다'*63

그 흐릿한 이미지의 도도함이 그의 마음에 자기가 거부했던 그 의무의 위

---

*61 단테의 《신곡》〈지옥편〉의 마지막(제34가)에서 단테와 베르길리우스는 '은밀한 오솔길'을 지나 지옥에서 탈출한다.

*62 스티븐이 듣고 있는 멜로디가 어떤 것인지 분명하지는 않지만, 프랑스의 인상주의 작곡가 클로드 드뷔시(1862~1918)의 음악이 배경이라는 지적도 있다(G).

*63 존 헨리 뉴먼 추기경의 《정의와 예중에 의한 대학의 이념》(1852)에서. 뉴먼은 스티븐이 입학할 대학의 전신(前身)인 가톨릭 대학의 초대학장(1851~58)이기도 했다. 이 저서는 미국 대학의 일반교육 지침이 되었다.

엄을 다시 한 번 상기시켰다. 소년 시절 내내 자신의 숙명이라고 늘 여겨왔던 그 의무에 대해 일단 곰곰이 생각해 봤지만, 정작 성소에 복종해야 할 때가 되자 고집스러운 본능에 따라 고개를 돌리고 만 것이다. 그리고 시간이 흘렀다. 이제 서품의 성유(聖油)*64가 내 몸에 뿌려지는 일은 영원히 없을 것이다. 나는 거부했다. 왜 그랬을까?

돌리마운트에 오자, 그는 길을 벗어나 바다를 향했다. 얇은 나무판자 다리를 건널 때, 무거운 구둣발에 밟혀 판자가 흔들리는 것을 느꼈다. 한 무리의 평수사*65들이 불 쪽에서 와서 두 사람씩 다리를 건너기 시작한 것이다. 이내 다리 전체가 흔들리며 삐걱거렸다. 바닷바람 때문에 누렇고 발갛거나 시퍼렇게 된 무뚝뚝한 얼굴들이 둘씩 그의 옆을 지나간다. 편안하고 무관심한 눈길로 그들의 얼굴을 보려고 했지만, 수치와 연민이 그의 얼굴을 희미하게 물들였다. 그는 자기 자신에게 화를 내면서 그들에게 얼굴이 보이지 않도록 돌아선 뒤, 다리 바로 밑에서 소용돌이치는 얕은 바다를 내려다보았지만, 거기에도 그들의 무거운 실크해트와 테이프처럼 생긴 초라한 깃, 느슨하게 몸에 걸친 수도복이 비치고 있었다.

"히키 수사."

퀘이드 수사.

맥아들 수사.

키오 수사.

그들의 경건함은 그들의 이름, 그들의 얼굴, 그들의 옷과 같으리라. 또 그들이 겸허하게 깊이 참회하는 마음은, 내 마음이 지금까지 바친 것보다 훨씬 풍요로운 신앙심이고, 나의 정성스러운 예배보다 열 배나 더 신에게 만족스러운 선물일 것이다. 아니, 그런 생각을 해봤자 이젠 부질없는 일이다. 그래, 다 부질없다, 내가 그들에게 아무리 관대한 기분이 된다 해도. 오만함을 버리고 지친 거지 차림으로 그들의 문 앞에 나타난다면 그들도 나를 너그럽게 대해주고 나를 그들 자신처럼 사랑해줄 거라고 생각해 봤자 마찬가지이다. 그리고 마지막으로, 사랑의 계명은 우리에게, 자기 자신을 사랑하는 것

---

*64 올리브유와 방향성이 있는 발삼유를 섞은 것. 서품, 세례, 견진 등의 의식 때 사용한다.
*65 크리스천 브라더스 회원이다(제2장 *51 참조). 뒤의 히키 수사라는 이름은 누군가가 부른 것이 스티븐에게 들린 것이고, 그밖에는 그가 연상하는 하층 출신의 인물 이름이다.

과 같은 양, 같은 강도로 이웃을 사랑하라고 명하는 것이 아니라, 자기 자신을 사랑하는 것과 같은 종류의 사랑으로 이웃을 사랑하라고 명하고 있는 거라고,[66] 내면의 차가운 확신을 외면하고 주장해 봤자 그것 또한 부질없고 나 자신만 괴롭힐 뿐이었다.

그는 마음속에 비장해 두었던 한 구절을 생각해 내고 혼자 조용히 되뇌어 보았다.

"바다에서 태어난 얼룩진 구름의 하루."[67]

그 구절과 그날의 그 정경이 서로 조화를 이루어 화음을 연주했다. 언어. 아니면 언어의 색깔 탓일까? 그는 하나하나의 색깔을 차례차례 불타오른 뒤 사라지게 해 본다. 해돋이의 황금빛, 사과 과수원의 붉은 색과 초록색, 파도의 짙푸른 색, 회색 띠를 두른 양털구름. 아니다, 언어의 색채 때문이 아니다. 이 표현 자체가 이루는 안정감과 균형 때문이다. 그렇다면 나는 그 말에 숨어 있는 전설과 색채에 의한 연상보다 그 말들의 율동적인 억양을 더 좋아하는 것일까? 아니면, 마음이 약한 것 못지않게 시력도 약해서, 다채롭고 풍부하게 이야기하는 언어의 프리즘을 통해서 보는 밝게 빛나는 감각의 세계보다, 명료하고 유연한 문장 속에 비친 혼자만의 정서의 내면세계를 응시하는 데서 더 많은 기쁨을 느끼기 때문일까?

그는 흔들리는 다리를 건너 다시 견고한 땅에 내려섰다. 그 순간 공기가 차가워진 것을 느끼고 바다 쪽을 곁눈질하니, 갑작스러운 돌풍에 바닷물이 어둡게 물결치는 것이 보였다. 심장이 희미하게 쿵쿵거리고 목 언저리가 희미하게 고동친다. 그것이 또다시 자신의 몸이 짐승 같은 바다의 차가운 냄새를 얼마나 두려워하고 있는지 일깨워줬지만, 그래도 언덕을 가로질러 왼쪽으로 가는 대신, 하구 쪽으로 등뼈처럼 뻗어 있는 바위를 따라 똑바로 나아갔다.

베일로 가린 듯한 햇빛이 만(灣)을 이루고 있는 하구의 잿빛 바닷물을 희미하게 비추고 있었다. 멀리 유유히 흐르는 리피 강줄기를 따라 가느다란 돛

---

[66] 여기서의 사랑에 대한 구별은, 옛날부터의 '양(量), 강도(强度)' 대 '종류'를 둘러싼 것 (G).

[67] A day of dappled seaborne clouds. 스코틀랜드의 지질학자, 저술가, 속인신학자, 휴 밀러 (1805~56)의 《암석의 증거―자연과 현시(顯示)에 관한 두 가지 신학과 지질학의 관계》 (1857)의 한 구절, '바람에서 태어난 얼룩진 구름의 하루' A day of dappled, breeze-borne clouds의 잘못된 인용.

대들이 하늘에 무늬를 그리고 있고, 저 멀리 도시의 흐릿한 구조물들이 엷은 안개 속에 엎드려 있었다. 아라스 천*68 위에 펼쳐진 아련한 정경처럼, 인간의 권태만큼 해묵은 이 그리스도교 세계 제7의 도시*69의 이미지가 영겁의 허공 저편에 보인다. 그것은 스칸디나비아인의 지배를 받던 시절과 똑같이 낡지도 않고 지칠 줄도 모른 채 굴복을 견뎌오고 있었다.

의기소침해진 그는 눈을 들어 바닷바람에 밀려 천천히 떠다니는 얼룩 구름을 바라보았다. 구름은 하늘의 사막을 가로질러 여행하고 있다. 그 유목민들은 아일랜드의 하늘 높이 서쪽으로 흘러간다. 그들의 고향인 유럽, 온갖 신기한 언어를 쓰고, 계곡이 있고 숲이 있고 성채가 있으며, 참호로 에워싸고 군대를 배치한 모든 민족의 유럽은, 아일랜드 바다 저쪽에 있다. 마음속에 기억과 이름들이 뒤섞인 듯한 어지러운 음악이 들려왔는데, 그 기억과 이름들은 의식 위에 떠오르기는 하지만 한 순간도 포착할 수가 없다. 그러자 음악은 멀리, 멀리, 자꾸만 멀어져가는 별처럼 멀어져갔고, 그때마다 그 자취 하나하나에서 길게 꼬리를 끌며 부르는 소리가 들려오는데, 그것은 마치 고요한 황혼 속을 별이 꿰뚫는 듯한 느낌이었다. 또 한 번! 또 한 번! 또 한 번! 세상 저편에서 목소리가 부르고 있었다.

"어이, 스테파노스!"*70

"다이달로스*71가 온다!"

"어푸! ……이러지 마, 드와이어, 그만두라니까. 안 그럼 얼굴을 한 대 갈길 거야……어푸!"

"잘한다, 타우저! 물에 처넣어!"

"이리 와, 다이달로스! 부스 스테파누메노스! *72 부스 스테파네포로

---

*68 아름다운 무늬가 있는 직물. 프랑스 북부의 지명 아라스에서 이름을 딴 직물이다.

*69 더블린을 가리킨다. 조이스가 생각해낸 문구인가. 7은 신비의 상징(G).

*70 스티븐이라는 이름을 그리스어풍으로 부른 것이다. '스테파노스'는 보통명사로서는 '관(冠)' 또는 '꽃부리'.

*71 그리스 신화의 명장(名匠). 인공 날개의 발명가. 첫머리의 《변신 이야기》에서 인용한 것은 그를 노래한 부분. 디덜러스라는 이름은 이 영어형이다.

*72 그리스어로, '스테파노스의 소의 혼'이라는 뜻. 성 토마스 아퀴나스는 쾰른 대학 재학 중에 말수가 적어서 '말없는 소'라는 별명이 붙었는데, '스테파노스의 영혼'이라는 스티븐에 대한 별명은 거기서 따온 것이다.

스!"*73

"처넣어 버려! 물을 잔뜩 먹이는 거야, 타우저!"

"살려줘! 살려줘! ……어푸!"

먼저 그 목소리들이 한꺼번에 들려왔지만, 이윽고 그들의 얼굴을 분간할 수 있었다. 젖은 벌거숭이 몸이 한 덩이를 이루고 있는 모습은 얼핏 보기만 해도 소름이 끼쳤다. 그들의 몸은 시체처럼 하얗거나 둔중한 황금빛으로 덮여 있기도 하고, 햇볕에 발갛게 타서 바닷물에 젖어 번뜩이고 있기도 했다. 그들이 다이빙대로 쓰는 바위는 조잡한 받침대 위에 얹혀 있어서 물속에 뛰어들 때마다 흔들거렸고, 그들이 소동을 피우며 기어오르던 비탈진 방파제의 거칠게 자른 바윗돌은 싸늘하게 젖어 반짝반짝 빛나고 있었다. 때리듯이 몸을 닦는 수건은 차가운 바닷물에 젖어 무거웠고, 헝클어진 머리카락도 차갑고 찝찔한 바닷물에 흠뻑 젖어 있었다.

그는 부르는 소리를 듣고 얌전하게 멈춰 서서, 그들의 놀림을 가볍게 받아넘겼다. 이 녀석들은 완전히 개성을 잃은 것 같군! 넓은 깃의 단추를 뗀 것은 샬리이고, 뱀처럼 생긴 걸고리가 달린 주홍빛 허리띠는 에니스, 그리고 옆주머니에 뚜껑이 없는 노퍽 코트*74를 입고 있으면 코놀리인데! 그들을 바라보는 것은 고통이었다. 게다가 그들의 알몸을 보기 민망하게 만드는 그 미성년의 특징을 보는 것은 살을 에는 것처럼 괴로웠다. 아마도 그들은 영혼 속에 느끼는 은밀한 두려움을 외면하기 위해 여럿이 어울려 소란을 떨고 있는 것이리라. 그러나 그들한테서 떨어져 침묵을 지키고 있는 그는, 자신이 육체의 신비를 얼마나 두려워했는지 잊을 수가 없다.

"스테파노스 다이달로스! 부스 스테파누메노스! 부스 스테파네포로스!"

그들의 야유는 새로운 것이 아니었고, 이제는 오히려 그의 온화하고 도도한 우월감을 간질여주었다. 과거와는 달리, 자신의 기이한 이름도 이제는 하나의 예언처럼 다가왔다. 그 따뜻한 잿빛 대기는 시간을 잃어버리고, 그 자

---

*73 학생그리스어로, '관을 쓴 수소'라는 뜻. 관을 쓰고 있는 것은 희생의 표시. 《율리시스》 제14삽화에서는 스티븐은 '부스 스테파누메노스……인 나는'이라고 회상하고, 친구는 '자네를 부스 스테파네포로스라 부르며 갈채를 보낸다'고 말한다. 학생그리스어는 학생라틴어와 비슷한 우스꽝스러운 어법.

*74 벨트가 있는 따뜻한 싱글 상의. 영국의 노퍽 산(産).

신의 기분 또한 너무나 유동적이고 개성을 초월한 것처럼 보였기 때문에, 그에게 있어서 모든 시대는 하나가 되었다. 얼마 전만 해도 덴 족(族)이 지배하던 고대 왕국의 망령이 도시를 뒤덮은 엷은 안개 옷을 뚫고 내다보는 것 같았다. 그러나 이제 그 전설적인 명장*75의 이름을 듣자, 그는 희미한 파도소리를 들은 듯한, 날개 달린 사람이 파도 위를 날아 천천히 하늘로 올라가는 듯한 느낌에 사로잡힌다. 이건 어떻게 된 일일까? 예언과 상징으로 가득한 중세 서적의 한 페이지를 여는 기이한 취향인가? 태양을 향해 바다 위를 날아가는 매처럼 생긴 사람*76이란, 태어나면서부터 그가 섬겨야 할 목적, 유년시절과 소년시절의 안개 속에서 그가 추구하고 있었던 그 목적이고, 예술가가 작업장에서 이 세상의 평범한 물질에서 신비롭고 영원하며 고귀하고도 새로운 무언가를 새롭게 빚어내는 것에 대한 상징이 아닐까?

마음이 떨려왔다. 숨결은 점점 빨라지고, 마치 그가 태양을 향해 날아가고 있는 것처럼 사지에 야성의 생기가 차오르기 시작한다. 마음은 두려움과도 비슷한 황홀감에 떨고 영혼은 하늘높이 날아오른다. 영혼은 이 세상 밖의 하늘을 날고, 원래의 몸은 단숨에 순수하게 정화되고 회의에서 해방되어, 광채를 발하면서 정령의 원소와 뒤섞인다. 비상에 도취한 그의 눈은 밝게 빛나고, 거친 숨결로 바람에 저항하는 팔다리는 마구 떨면서도 밝게 빛난다.

"하나! 둘! ……조심해!"

"오, 맙소사, 빠져 죽겠다!"*77

"하나! 둘! 셋, 됐어!"

"다음은 나! 다음은 나!"

"하나! ……쳇!"

"스테파네포로스!"

그는 하늘 높이 날아가는 매나 독수리처럼 소리높이 외치고 싶은 욕구로, 바람을 향해 자기 자신의 해방에 대해 소리높이 외치고 싶은 욕구로 목이 아파왔다. 그것은 영혼에 대한 생명의 외침이었다. 의무와 절망의 세계가 내는

---

*75 다이달로스를 가리킨다.

*76 《율리시스》 제9삽화에서 스티븐은 '전설의 명장. 매 같은 사내. 너는 하늘을 날았다'고 회상했다.

*77 다이달로스의 아들로, 하늘에서 바다로 떨어진 이카로스의 이미지를 암시한다.

둔하고 조잡한 목소리가 아니고, 제단에서 창백한 봉사를 권하는 비인간적인 목소리도 아니었다. 일종의 야성적인 비상은 그를 해방했고, 승리의 외침은 입술의 저항을 받으면서 그의 뇌를 찢었다.

—스테파네포로스!

이제 모든 것은 시체에서 벗겨낸 수의에 지나지 않는 것인가? 밤낮없이 따라다닌 공포, 빈틈없이 에워싸고 옥죄어 오던 회의, 안팎으로 스스로를 빠뜨렸던 수치……그것은 모두 수의요, 무덤의 의상이 아니고 무엇이란 말인가?

나의 영혼은 소년시절이라는 무덤에서 일어나 그 수의를 벗어던졌다. 그렇다, 그렇다, 그렇다! 같은 이름을 가진 위대한 명장처럼, 그도 이제는 영혼의 자유와 힘으로 자랑스럽게 창조해야 한다.[78] 살아 있는 것을, 고귀하고 새롭고 아름다운 것, 신비로운 불멸의 것을.

그는 피에 불타는 불길을 도저히 끌 수 없게 되자, 초조한 듯이 해수욕장에서 일어났다. 뺨이 불타오르고 노래하고 싶어서 목이 욱신거리는 것을 잘 알 수 있었다. 발은 방랑을 찾아 뜨겁게 달아오르면서, 땅끝까지 여행에 나서려 하고 있었다. 가자! 가자! 심장이 그렇게 외치고 있는 것 같다. 저녁놀은 바다 위에서 더욱 짙고, 밤은 평원에 내리며, 새벽은 방랑자 앞에서 아련하게 반짝이면서, 미지의 들판과 산과 사람들을 보여줄 것이다. 하지만 어디로 갈 것인가?

그는 북쪽의 호스 언덕[79]을 바라보았다. 바닷물은 방파제의 얕은 여울 옆으로 밀려온 해초 지대에서 물러가 있었다. 이미 조수는 해안에서 빠른 속도로 빠져나가고 있었다. 어느새 잔물결 사이로 긴 타원형의 모래섬 하나가 따뜻하고 마른 표면을 드러냈다. 여기저기에 따뜻한 모래섬들이 얕은 조수 위로 반짝거리며 모습을 드러냈고, 그 작은 섬들 주변과 기다란 모래톱 주변, 그리고 해변의 얕은 조수 사이에서 가벼운 차림새를 한 사람들이 물을 건너거나 모래를 파고 있었다.

---

[78] 이 스티븐의 재생은 이탈리아의 작가 가브리엘레 단눈치오(1863~1938)의 《불꽃》(1900) 제1부 주인공의 재생 장면에 해당한다(G).

[79] 더블린 만에 돌출해 있는 곳. 호스 곶. 스티븐이 있는 곳에서 북동쪽 5.6킬로미터에 있다. 《율리시스》에서는 블룸이 몰리에게 구애한 장소로 되어 있다.

그는 곧 맨발이 되어 양말은 접어서 주머니 속에 넣고, 운동화는 끈을 묶어서 어깨에 걸친 뒤, 바위 틈새에 버려진 쓰레기 속에서 소금에 부식된 뾰족한 막대기 하나를 주워 경사진 방파제를 올라갔다.

해안에는 기다란 여울이 하나 있었다. 그 물줄기를 따라 천천히 거슬러 올라가던 그는 수많은 해초가 표류하는 것을 보고 깜짝 놀랐다. 녹색, 검정색, 적갈색, 그리고 올리브색 해초들이 물밑에서 일렁거리거나 빙글빙글 돌고 있었다. 그 수많은 표류물 때문에 어두워 보이는 여울물에 하늘 높이 떠도는 구름이 비치고 있었다. 머리 위에는 구름이 조용히 흘러가고 발밑에는 엉킨 해초들이 떠다녔다. 따뜻한 잿빛 공기는 고요하고, 핏줄 속에서는 새롭고 야성적인 생명이 노래하고 있었다.

이제 나의 소년시절은 어디로 가버렸을까? 자신의 운명에 흔들리면서 자신의 상처에 대한 수치심에 괴로워하고, 더럽혀진 기만의 집에서 퇴색한 수의와 손을 대면 당장 부서지는 화관을 몸에 장식하고, 여왕처럼 군림하려 했던 영혼은 어디로 갔을까? 아니, 나 자신은 지금 어디에 있는 것일까?

혼자였다. 아무도 돌아보지 않지만 행복하고 야성적인 인생의 한복판에 다가가 있었다. 혼자이고 젊고 고집이 세고 야성의 마음을 지닌 채, 야성의 대기와 짭짤한 바닷물, 조개와 해초 같은 풍요로운 바다의 산물, 구름에 가린 희뿌연 햇빛, 화려한 색깔의 가벼운 옷을 입은 아이들과 소녀들, 허공을 울리는 그들의 목소리, 그 모든 것 속에 오직 그만이 혼자였다.

그의 앞에 한 소녀가 여울 한복판에 혼자 서서 조용히 바다를 응시하고 있었다. 마법에 걸려 신기하고 아름다운 바다새로 변신한 사람처럼 보였다. 맨살을 드러낸 그 길고 가냘픈 다리는 학의 다리처럼 화사하고, 녹색 해초 줄기 하나가 무슨 징표처럼 살갗에 붙어 있는 것 말고는 완전히 순결했다. 상아처럼 풍부하고 부드러운 색조의 허벅지는 거의 엉덩이까지 드러나 있고,[80] 거기서 속바지의 하얀 가장자리가 부드럽고 하얀 솜털처럼 내다보였다. 잿빛이 감도는 푸른 치마[81]는 대담하게도 허리까지 말려 올라가, 뒤에서 비둘기 꼬리 같은 모양을 하고 있었다. 가슴은 새 가슴처럼 부드럽고 화사하며,

---

[80] 그 시절에 여성은 수영할 때 종아리까지만 노출했고, 남녀가 함께 수영을 하는 건 있을 수 없는 일이었다. 그래서 이 장면은 매우 '자극적'이다(G).

[81] 푸른색은 성모마리아를 상징하는 색이다.

검은 깃의 비둘기 가슴처럼 화사하고 부드럽다. 그러나 그 긴 금발머리는 소녀답게 보였다. 그녀의 얼굴 또한 소녀다웠을 뿐만 아니라 경이로운 아름다움을 띠고 있었다.

소녀는 혼자 가만히 서서 바다를 응시하고 있었다. 그가 자기 앞에 와서 숭배의 눈빛으로 바라보고 있음을 느끼자 소녀의 눈이 그를 향했고, 조용히 그의 응시를 받아들이는 눈빛은 부끄러워하거나 천박한 기색을 보이지는 않았다. 오래도록, 참으로 오래도록 그의 응시를 받아들이던 소녀는 조용히 시선을 돌려 여울물을 내려다보면서 발끝으로 이리저리 가볍게 물장난을 쳤다. 조용하게 출렁이는 희미한 물소리가 처음으로 정적을 깼다. 그 조용하게 흔들리는 물의 나지막한 소리는 속삭이는 것처럼 낮고 희미하게, 잠에서 깬 종(鐘)처럼 희미하게 정적을 깬다. 이리저리, 이리저리. 그리고 어렴풋한 불꽃이 소녀의 뺨에서 떨리기 시작했다.

"하늘에 계신 하느님!" 스티븐의 영혼은 독신(瀆神)적인 환희가 폭발하는 대로 절규했다.

그는 갑자기 소녀에게서 몸을 돌리고 해변을 걷기 시작했다. 뺨이 화끈거리고 몸은 불덩이 같고 사지는 후들후들 떨리고 있었다. 앞으로, 앞으로, 앞으로, 앞으로 그는 큰 걸음으로 나아간다. 모래밭 저 멀리, 노래하면서 미친 듯이 바다로, 자신을 향해 소리치던 삶의 도래를 맞이하며 외쳤다.

소녀의 이미지는 영원히 내 영혼 속에 들어왔고, 그 황홀경의 성스러운 침묵을 깨는 어떠한 말도 하지 않았다. 그녀의 눈은 나를 불렀고 나의 영혼은 그 부름에 가슴이 뛰었다. 살고, 과오를 범하고, 타락하고, 승리하고, 삶에서 삶을 다시 창조하는 거다! 야성의 천사가 나에게 나타난 것이다. 인간의 청춘과 미의 천사,*82 아름다운 생명의 궁전에서 보내온 사자(使者)가, 한 순간의 황홀 속에서 내 앞에 모습을 보여주고, 과오와 영광으로 통하는 모든 문을 활짝 열어주었다. 자, 앞으로, 앞으로, 앞으로, 앞으로 나아가자!

갑자기 걸음을 멈추고 정적 속에서 심장의 고동을 들었다. 얼마나 걸었을까? 몇 시나 되었을까?

주위에 사람의 모습이 전혀 보이지 않고, 하늘을 건너 들려오는 소리도 전

---

*82 여기부터의 여성의 이미지에는 단테가 묘사하는 베아트리체의 이상미가 반영되어 있다 (《신곡》〈지옥편〉 제33가).

혀 없었다. 그러나 이윽고 밀물로 바뀔 때가 되자 벌써 햇살이 기운을 잃어 가고 있었다. 그는 육지 쪽으로 방향을 바꿔 해변을 향해 뛰기 시작했다. 날카로운 자갈도 아랑곳하지 않고 비탈진 언덕을 달려 올라간 그는 풀이 무성한 모래언덕으로 에워싸인 움푹한 모래땅을 발견하자, 저녁 무렵의 평화와 정적이 들끓는 피를 진정시켜 주기를 바라면서 그 자리에 누웠다.

머리 위에는 무심하게 펼쳐진 망망한 하늘의 지붕과 모든 천체의 조용한 운행이 느껴지고, 아래로는 어머니인 대지가 품안에 안아주고 있었다.

나른한 졸음을 느끼며 눈을 감았다. 눈꺼풀은 지구와 지구를 지켜보는 별들의 기나긴 주기의 운동을 느끼며 바르르 떨었고, 새로운 세계의 미지의 빛을 느끼는 듯이 떨었다. 영혼은 넋을 잃고 새로운 세계로 들어갔는데, 그것은 바다 속처럼 환상적이고 몽롱하며 불확실한 세계로, 구름을 닮은 것이 끊임없이 지나갔다. 하나의 세계인가, 명멸하는 빛인가, 아니면 꽃인가? 명멸하고는 떨고, 떨고는 꽃으로 피어나는, 부서지는 빛, 피어나는 꽃. 진홍빛으로 부서졌다가 피어나며 끝없이 전개되는 그것은 가장 창백한 장밋빛으로 퇴색하면서, 한 장 한 장의 꽃잎이 한 줄기 한 줄기의 빛의 물결을 이루니, 마침내 하늘은 그 부드러운 홍조(紅潮)에 완전히 물들어 더욱더 짙어진다.[83]

잠에서 깼을 때는 이미 저녁이었고, 누워 있던 모래와 메마른 풀은 빛을 잃고 있었다. 천천히 일어나서 잠결의 환희를 떠올리며 기쁨의 한숨을 지었다.

모래 언덕 위로 올라가서 주위를 응시했다. 저녁이 되어 있었다. 초승달의 테가 황량하고 파르스름한 지평선을 가르고 있었다. 그것은 잿빛 모래밭에 묻힌 은의 고리. 바닷물은 그 물결로 낮게 속삭이면서 육지를 향해 빠르게 다가오고, 멀리 웅덩이에는 몇 명의 사람들이 작은 섬처럼 마지막까지 남아 있었다.

---

[83] 단테의 《신곡》〈천국편〉의 마지막 (제33가) 광경을 암시하고 있다.

제5장

그는 세 잔째의 묽은 홍차를 마시고 나서, 가까이 흩어져 있던 튀긴 빵 부스러기를 씹으면서, 차주전자 바닥에 남은 검은 물을 응시했다. 이탄지(泥炭地)의 구덩이처럼, 노란 찻물을 억지로 짜낸 뒤에 고인 찌꺼기는 클롱고스 학교 목욕탕의 거무스름한 물을 연상시켰다. 팔꿈치 바로 옆에 있던 전당표 상자를 샅샅이 뒤진 뒤에, 그는 기름 묻은 손가락으로 부질없이 파랗고 하얀 색의 물표(物標)를 한 장씩 집어 들었다. 휘갈겨 쓴 모래색의 구겨진 물표에는 데일리니 맥보이니*1 하는 전당잡힌 사람의 이름이 적혀 있다.

반장화 한 켤레

검정색 윗저고리 한 벌

잡화 세 점과 흰 옷

남자 바지 한 벌

그것을 옆으로 치우고 상자뚜껑을 응시했다. 군데군데 이가 터져 죽은 자국이 있다. 그리고 멍한 목소리로 물었다.

"요즈음 이 시계, 얼마나 빨리 가요?"

어머니가 부엌 벽난로 선반 한복판에 옆으로 누워 있던 쭈그러진 자명종을 바로 세워, 문자판이 12시 15분 전을 가리키고 있는 것을 본 뒤 다시 원래대로 눕혀 놓았다.

"1시간 25분이나 빨리 간단다." 어머니가 말했다. "그러니 정확한 시간은 지금 10시 20분이야. 수업에 늦지 않게 서두르는 게 좋겠구나."

"세수하게 물 좀 떠주세요." 스티븐이 말했다.

"케이티,*2 스티븐이 세수하게 물 좀 떠주렴."

"부디, 스티븐이 세수하게 물 좀 떠주렴."

---

*1 스티븐 일가가 전당 잡힐 때 사용한 가명.

*2 《율리시스》에는 스티븐의 여동생인 딜리, 케이티, 부디, 매기가 등장한다.

"안 돼요. 비누를 사러 가야 하거든요. 매기, 네가 세숫물 좀 떠줘."

법랑 대야가 세면대 위에 놓이고 낡은 세탁 장갑이 대야 옆에 던져지자, 그는 어머니가 목덜미를 문지르고 귓바퀴와 코 양쪽을 속속들이 씻겨주는 대로 가만히 있었다.

"명색이 대학생인데 너무 더러워서 에미가 씻겨주어야 하니 참!" 어머니가 말했다.

"즐겁게 씻겨주시면서 왜 그러세요?" 스티븐이 조용히 말했다.

위층에서 귀를 찢는 듯한 휘파람 소리가 들려오자 어머니는 젖은 작업복 한 벌을 그에게 내밀면서 말했다.

"네가 닦고 제발 서둘도록 해라."

두 번째 휘파람 소리가 화난다는 듯이 날카롭고 길게 울리자 계집애들 중 하나가 계단 아래에 나타났다.

"네, 아버지. 왜 그러세요?"

"네 오빤지 뭔지 하는 게으름뱅이 암캐*³는 나갔냐?"

"나갔어요, 아버지."

"정말이니?"

"네, 아버지."

"흥!"

소녀는 돌아와서 그에게 어서 뒷문으로 조용히 나가라고 손짓을 했다. 스티븐은 웃으면서 말했다.

"아버지가 암캐를 남성으로 생각하시다니 성을 구별 못하시는 모양이군요."

"정말 부끄러워 죽겠다, 스티븐." 어머니가 말했다. "네가 그 곳에 첫발을 디딘 날*⁴을 반드시 후회하게 될 거야. 어쩌면 이렇게 변할 수가 있니?"

"그럼 다녀올게요, 여러분." 스티븐은 미소를 지으면서 손가락으로 작별 키스를 보냈다.

대지*⁵ 뒤에 있는 골목길은 완전히 물에 잠겨 있었다. 젖은 쓰레기 더미

---

*3 bitch of a brother. 모멸적인 표현 son of a bitch에 엇걸려서. bitch는 여성의 멸칭.

*4 유니버시티 칼리지 더블린에 들어간 것. 이 대학은 가톨릭의 가르침에 따르고 있지만, 어머니는 스티븐이 신앙심을 잃은 것을 탄식하고 있다.

사이를 조심조심 디디면서 골목을 천천히 내려가고 있는데, 담장 너머 수녀들의 정신병원*6에서 미친 수녀의 날카로운 비명소리가 들려왔다.

"예수님! 오, 예수님! 예수님!"*7

그는 화난 듯이 머리를 흔들어 귓전에서 그 소리를 떨어낸 뒤, 썩어가는 쓰레기 더미 사이를 비틀거리면서 걸음을 서둘렀다. 마음은 이미 혐오감과 쓰라린 고통에 시달리고 있었다. 아버지의 휘파람 소리, 어머니의 불평, 보이지 않는 미친 여자의 비명 따위가, 지금은 그의 오만한 젊음을 더럽히고 굴욕에 빠뜨리기 위해 위협하는 수많은 소리로 들렸다. 그는 저주의 말로 그 소리의 메아리를 마음에서 몰아냈다. 그러나 가로수길을 내려가면서 물이 뚝뚝 떨어지는 나무 사이로 비치는 잿빛 아침 햇살을 느끼고, 젖은 잎사귀와 나무껍질이 풍기는 묘하게 생생한 냄새가 피어오르는 것을 맡으면, 마음은 어느새 모든 비참함에서 벗어날 수 있었다.

비에 젖은 가로수를 볼 때마다 그의 마음속에는 언제나 게르하르트 하우프트만*8의 희곡에 나오는 소녀와 아낙네들이 떠올랐다. 그들의 창백한 슬픔에 대한 기억과 젖은 나뭇가지에서 떨어지는 향기로운 냄새가 뒤섞여 조용한 기쁨을 자아낸다. 스티븐의 아침 산책*9이 시작되었다. 그는 이제부터의 정경을 눈앞에 그려보았다. 페어뷰 늪지대*10를 지날 때는, 세속을 떠난 은은한 은빛이 감도는 뉴먼의 산문을 떠올릴 것이다. 북(北) 스트랜드 도로를 걸으면서 식료품 상점의 진열장을 한가로이 들여다볼 때는 귀도 카발칸티*11

---

*5 더블린 북쪽 교외 페어뷰의 로열 대지.

*6 페어뷰의 수녀원 거리 3번지의 성 빈센트 정신병원. 애덕회 수녀가 운영하고 있었다.

*7 Jesus! O Jesus! Jesus! "제길! 제길! 이런 제길!"이라고 번역할 수도 있다.

*8 독일의 극작가이자 소설가, 시인(1862~1946). 자연주의 작가로 다뤄질 때가 많지만, 서정적 낭만주의와 비극적 리얼리즘을 좋아하고 여성을 교묘하게 다루는 작가이다.

*9 스티븐의 산책코스는 필립스바라 가로수길에서 톨카 강을 지나고 페어뷰 늪지를 건너, 북 스트랜드 도로를 걸어가서 로열 운하에서 아미앙스 거리로 나아간 뒤, 리피 강의 하트 다리를 건너 바 하안을 따라 호킨스 거리로 들어가서, 트리니티 칼리지 정문 앞을 지나, 우즈 그라운드 거리에서 스티븐스 그린 서쪽 거리를 걸어, 유니버시티 칼리지 더블린으로 가는 순서로 되어 있다.

*10 매드 아일랜드라고도 불리는 늪지로, 여러 줄기의 작은 강이 있었다. 《율리시스》 제10삽화에서 콘미 신부는 '매드 아일랜드의 지저분한 길을 걷는 것이 불쾌해서' 전차를 타고 다녔다.

의 어두운 유머를 회상하며 미소지을 것이고, 탤벗 플레이스에서 베어드 석재공장을 지날 때는 입센*12의 정신이, 소년다운 자유로운 아름다움의 정신이 날카로운 바람처럼 마음에 불어칠 것이다. 그리고 리피 강 건너편에 있는 음산한 선구상(船具商)을 지나갈 때는, 다음 구절로 시작되는 벤 존슨*13의 노래를 흥얼거릴지도 모른다.

'내가 누워 있던 곳에서도 더 지겹지는 않았으니'

그의 마음은 아리스토텔레스나 아퀴나스의 망령 같은 말 속에서 미(美)의 본질을 추구하다가 싫증이 날 때면, 흔히 엘리자베스 시대의 아름다운 노래들 속에서 즐거움을 찾곤 했다. 마음은 회의적인 수도승 차림을 하고 있지만, 종종 이 엘리자베스 왕조의 창가에 서서, 류트 연주자의 때로는 엄숙하고 때로는 조롱하는 듯한 가락에 귀를 기울이며, 창녀들의 노골적인 웃음소리를 들었다. 그리고 결국은 너무나 저속한 웃음과 시대의 변천 탓에 퇴색한, 불륜과 부정에 대한 수많은 말들에, 그의 수도승 같은 자존심은 상처받고, 더 이상 참을 수가 없어서 그 은신처를 떠나는 것이었다.

사람들이 그가 젊은 친구들과 사귀지도 못할 정도로 매일 몰두하고 있다고 생각하는 학문은, 아리스토텔레스의 시학과 심리학 및 '성 토마스 정신에 의한 스콜라 철학 요론'*14에 나오는 설득력 없는 문장들의 집합체에 불과했다.

---

*11 이탈리아 시인(1250 무렵~1300). 청신체파(淸新體派)의 중심인물. 그 문체가 더블린 식료품점의 싸구려 쇼윈도와 두드러진 대조를 이룬다.

*12 근대연극의 창시자로 일컬어지는 노르웨이 출신의 극작가 헨리크 입센(1828~1906). 중기의 작품 《브랑》(1866)은 오비디우스 《변신이야기》와 함께, 《젊은 예술가의 초상》의 바탕이 되었다. 만년의 작품 《우리들 죽은 사람이 눈 뜰 때》(1899)에서, 조각가 뤼베크의 아내가 정신적인 죽음에서 되살아난다. 그 산뜻함과 채석장의 일이 스티븐에게 부합하는 것인지, 《율리시스》 제16삽화에서 그는 브룸과 탤벗 플레이스를 걸으면서 입센을 떠올리고 있다.

*13 영국의 시인, 극작가(1572~1637). 이 뒤의 '내가 누워 있던 곳에서도 더 지겹지는 않았으니'는 《기쁨의 환상》(1617)의 개막인사의 한 구절.

*14 'Synopsis Philosopiæ Scholasticæ ad mentem divi Thmæ. 라틴어. 이것과 유사한 저서로서 G.M. 맨시니 편 《토마스 아퀴나스 박사의 정신에 따른 철학의 기초》(1898)가 있고, 스티븐의 아퀴나스한테서의 인용은 그 저서에서의 것이다(G).

그의 사색은 회의와 자기 불신의 암흑 상태에 있었고, 이따금 번갯불 같은 직관에 의해 밝혀지긴 했지만, 그 번개는 너무나 맑고 화려하여 번쩍하는 순간에 그의 발 주위에 있던 모든 세상은 마치 그 불에 타버리듯 사라지고 말았다. 그러고 나면 그의 혀는 무거워졌고 다른 사람들과 눈이 마주쳐도 그의 눈은 아무런 반응도 하지 않았다. 왜냐하면 미의 정신이 외투처럼 자기를 감싸주고 있고, 적어도 그 백일몽 속에서 고귀한 것과 사귈 수 있다고 느꼈기 때문이다. 그러나 이 짧은 침묵의 오만이 더 이상 지탱해 주지 않게 되면, 자신이 평범한 생활 한복판에 있고, 도시의 추잡함과 시끄러움, 나태함을 빠져나가 겁도 없이 가벼운 마음으로 길을 가고 있는 것을 알고 기뻐했다.

운하 옆의 울타리 근처에서 인형 같은 얼굴에 테 없는 모자를 쓴 결핵 환자를 만났다. 그를 향해 비탈진 다리*15를 조심조심 걸어 내려오던 사내는 초콜릿색 외투의 단추를 꼭꼭 채우고, 접은 우산을 몸에서 약간 떨어뜨려 점쟁이의 지팡이처럼 들고 있었다. 11시쯤 되었겠다고 생각하면서 그는 시간을 알아보기 위해 우유 가게를 들여다보았다. 가게 속 시계는 5시 5분 전을 가리키고 있었지만, 돌아 올 때 근처의 보이지 않는 곳에서 시계가 정확하게 11시를 치는 소리가 들렸다. 그 소리를 듣자 머캔*16이 생각나서 웃음이 나왔다. 사냥용 바지저고리를 입고 금발의 염소수염을 기른 그의 땅딸막한 체구가 홉킨스 시계포 모퉁이에서 바람을 맞으며 서 있는 모습이 생각났던 것이다. 이렇게 말하는 목소리도 들리는 듯했다.

"디덜러스, 넌 네 자신 속에 갇혀 있는 반사회적인 인간이지만 난 그렇지 않아. 난 민주주의자거든. 미래의 유럽 합중국*17에서 모든 계급과 성별을 막론하고 모든 사람들이 사회적 자유와 평등을 누리도록 일하고 행동할 작정이야."

11시이다! 그럼 그 강의에도 늦었다. 오늘이 무슨 요일이더라? 그는 신문판매대*18 앞에서 걸음을 멈추고 광고판의 뉴스 제목을 읽었다. 목요일이

---

*15 로열 운하에 있는 뉴카먼 다리. 《율리시스》 제10삽화에서는 콘미 신부가 이 다리에서 시외행 전차를 탄다.

*16 스티븐의 대학 동기생. 그 뒤의 기묘한 복장은 남녀평등을 외친 실제 모델 프란시스 시히 스케핀턴을 바탕으로 한 것(A).

*17 영국의 저널리스트 윌리엄 토마스 스테드(1849~1912)가 쓴 《유럽 합중국》(1899)이라는 저서가 있다.

었다. 10시부터 11시까지 영문학, 11시부터 12시까지 프랑스 문학, 12시부터 1시까지 물리학이었다. 영문학 강의를 생각하니, 이렇게 멀리 떨어져 있는데도 마음이 불안해서 제정신이 아니었다. 필기를 하라는 교수의 말에 얌전하게 고개를 숙이고 부지런히 요점을 받아쓰고 있는 동급생들의 모습이 마음에 떠오른다. 명목적인 정의(定義), 본질적인 정의,*19 그 실례, 출생과 사망 연대, 주요 작품, 그것에 대한 호평과 악평의 병렬.*20 그 자신은 머리를 숙이지 않고 있었는데, 그것은 생각이 하나로 모아지지 않고 끊임없이 다른 것을 향하고 있으며, 소규모 클래스를 둘러보아도, 창밖의 공원의 고요한 잔디밭을 내다보아도, 음침한 지하실의 축축하고 케케묵은 냄새가 밀려오기 때문이다. 그 말고도 또 한 사람이, 바로 앞의 맨 앞자리에서 고개를 숙이고 있는 동료들 사이에서 목을 쏙 쳐들고 있다. 마치 자세를 굽히지 않고 성궤 앞에 서서 주위의 겸허한 예배자들에게 은총을 내려주십사고 호소하는 사제의 머리 같았다. 크랜리에 대해 생각할 때마다 그 친구의 몸 전체가 아니라, 머리와 얼굴밖에 떠오르지 않는 것은 어찌된 영문일까? 지금 이 순간에도 오전의 잿빛 커튼을 배경으로 그의 머리가 꿈에 본 유령처럼 그의 앞에 나타났는데, 잘린 목이나 데스마스크처럼, 이마에 쇠로 만든 관(冠)을 쓴 것처럼 억세고 검은 머리카락이 곧추서 있다. 사제 같은 얼굴이다. 창백한 피부도 널찍한 코도, 눈 바로 아래와 턱의 그림자도 사제를 연상시키고, 핏기 없이 미소를 짓고 있는 긴 입술도 사제를 연상시킨다. 스티븐은 날마다 마음속의 고민과 불안과 동경을 낱낱이 크랜리*21에게 털어놓았지만, 그 친구는 묵묵히 듣기만 하고 아무 응답도 없었던 것이 갑자기 생각나서, 그래, 그건 고해를 들어도 죄를 씻어줄 힘이 없는 사제의 얼굴이야, 하고 자신에게 들려주

---

* 18 북 스트랜드 도로 16번지의 글로건 담뱃가게. 《율리시스》 제10삽화에서 콘미 신부는 그 가게 앞의 신문 게시판에서 뉴욕의 참사(기선에서 발생한 화재로 약 1000명의 승객이 사망) 소식을 안다.

* 19 《분석론후서》에서 아리스토텔레스가 이 구별을 사용하여, 정의는 사물의 결과를 기술(명목적인 정의)하는 데서 사물의 원인을 기술(본질적인 정의)하는 것으로 바뀌어야 한다고 지적했다(G).

* 20 예수회에서는 병렬을 교육방법의 하나로 이용했다.

* 21 스티븐의 동급생. 《율리시스》에서 스티븐은 그와 사이가 틀어진다. 이하의 '잘린 목'이라는 묘사는 헤롯왕에게 참수당한 세례자 요한을 연상시킨다(A).

려 했지만, 여자 같은 검은 눈동자가 기억 속에서 가만히 응시하고 있는 것을 깨달았다.

그런 이미지를 떠올리며 기묘하고 어두운 사색의 동굴을 엿보았지만, 그는 이내 거기서 눈을 돌렸다, 아직 그 속에 들어갈 때가 아니었다. 그 친구의 울적한 모습은 벨라도나*22처럼, 주위에 희미한 독기를 뿌리는 것 같았다. 그리고 차례차례 좌우에서 나타나는 우연한 말에 시선을 던지면서 걸어가면, 그것이 모두 그 순간의 의미를 잃고 침묵하고, 결국은 하찮은 가게 간판이 주문처럼 마음을 얽어맨다. 그러한 죽은 말들이 높이 쌓여 있는 산을 헤치면서 골목을 걸어감에 따라, 그는 영혼이 늙어서 한숨을 쉬며 위축되어가는 것을, 얼빠진 듯이 놀라는 마음으로 보고 있었다. 자기 자신의 언어 의식이 뇌리에서 썰물처럼 빠져나가, 언어 자체에 가느다란 흐름이 되어 배어들자, 언어는 종잡을 수 없는 리듬으로 결합되거나 해체되었다.

'담쟁이 흐느껴 우는 담장 위
흐느껴 울다가 뒤엉키는 담장 위
담쟁이 흐느껴 우는 담장 위
노란 담쟁이 담장 위
담쟁이, 담쟁이, 담장 위'*23

이런 횡설수설을 들은 적이 있는가? 맙소사! 담쟁이가 담장에서 흐느껴 우는 소리를 듣다니. 노란 담쟁이, 이건 괜찮아. 노란 상아, 이것도 좋아. 하지만 상아색 담쟁이는?

이 말이 머릿속에서 빛나기 시작한다. 코끼리의 얼룩진 엄니에서 잘라낸 어떤 상아보다도 밝고 영롱하게. '아이보리, 이부아르, 아보리오, 에부르.'*24 처음 배운 라틴어 예문은 이랬다, '인도는 상아를 낳는다.'*25 그러자 오비디

*22 가지과의 유독식물. 적자색 꽃이 피고, 검은 열매가 맺는다.
*23 The ivy whines upon the wall/And whines and twines upon the wall/The ivy whines upon the wall/The yellow ivy on the wall/Ivy, ivy up the wall이 종잡을 수 없는 리듬은 북 스트랜드 도로에 있는 담쟁이덩굴 교회(영국국교회)로부터 촉발된 것이리라《조이스의 방법》.
*24 Ivory, ivoire, avorio, ebur. 각각 영어, 프랑스어, 이탈리아어, 라틴어. '상아'라는 뜻.
*25 India mittit ebur. 라틴어.

우스의 《변신 이야기》*26를 점잖은 영어로 해석하는 법을 자기에게 가르쳐주던 교장의, 영민해 보이는 북구풍(北歐風) 얼굴이 떠올랐다. 그 사람의 얼굴은 돼지고기, 도자기 조각, 돼지 등심살 같은 말을 발음할 때 묘한 느낌으로 변했다. 그가 알고 있는 약간의 라틴어 시의 법칙은 모두 어느 포르투갈인 신부*27가 쓴 낡은 책에서 배운 것이다.

'웅변가는 간결하게 표현하고, 시인은 노래로 장식한다'*28

로마 역사의 위기와 승리와 배신은 '이런 위기에'*29라는 진부한 표현으로 전해지고, 나는 이, 도시 중의 도시인 로마의 사회생활을 '임플레레 올람 데나리오룸'*30이라는 말을 통해 엿보려고 했다. 교장선생님은 이것을 '데나리우스*31로 항아리 채우기'라고 낭랑한 목소리로 해석했었지. 닳아빠진 호라티우스*32의 시집은 그의 손가락이 아무리 차가워도 차갑게 느껴진 적이 한 번도 없었다. 인간적인 따뜻함으로 가득한 책장들이었다. 50년 전에는 존 던컨 인버라리티와 그의 동생 윌리엄 맬콤 인버라리티가 인간미가 있는 손가락으로 넘겼으니까. 그렇다, 거무스름한 첫 페이지에 이렇게 고귀한 이름이 적혀 있고, 나 같이 더듬거리는 라틴어 초보자에게도 그 거무스름해진 시문이 마치 오랜 세월 도금양이나 라벤더, 마편초*33에 묻혀 있었던 것처럼 향기롭게 느껴진다. 그러나 세계적인 문화의 향연에서는, 자기 같은 건 고작해야 수줍고 내성적인 손님에 지나지 않고, 게다가 지금 자신이 거기서 심미적인 철학을 낳으려고 고심하고 있는 수도사의 학문 따위는, 문장학(紋章

＊26 오비디우스가 라틴어로 쓴 이야기집. 신화적, 전설적, 역사적 인물을 다룬다.
＊27 예수회의 교육자 알바레스 에마뉴엘(1526~82). 그 《운율》은 예수회 사람들이 라틴어 문법을 배우는 데 교과서적인 역할을 했다(G).
＊28 Contrahit orator, variant in carmine vates. 라틴어. 《운율》에서.
＊29 in tanto descrimine. 라틴어.
＊30 implere ollam denariorum. 라틴어.
＊31 고대로마의 은화. 기원전 269년에 처음으로 주조되었다. 신약성서에는 penny라고 번역되어 있으며, 영국에서 penny, pence의 약자를 d라고 하는 것은 데나리우스를 1페니로 보고 그 머리글자를 딴 것이다.
＊32 고대로마의 시인 퀸투스 호라티우스 플라쿠스(기원전 65~8).
＊33 다년초. 꽃은 이삭모양이고, 줄기, 잎에 짧고 거친 털이 많다.

學)이나 매 사냥의 애매하기 짝이 없는 은어만큼도, 현대인에게 인정받지 못하고 있는 것을 생각하면 마음이 우울해진다.

왼쪽에 있는 트리니티 대학*³⁴의 회색 건물이, 투박한 반지에 끼워진 흐릿한 빛깔의 보석처럼 도시의 무지(無知) 속에 끼워져 있는 듯한 정경은 그의 마음을 어둡게 했다. 그가 신교도의 양심의 족쇄에서 발을 빼려고 이리저리 애쓰고 있을 때, 아일랜드 민족시인*³⁵의 우스꽝스러운 동상과 마주쳤다.

그 동상을 보고도 분노의 기분은 일지 않았다. 왜냐하면 육체와 영혼의 게으름이 마치 눈에 보이지 않는 이처럼, 질질 끄는 발과 외투의 주름, 비굴한 머리 위, 다시 말해 동상 위를 온통 기어다니고 있었지만, 동상은 자신의 굴욕을 겸허하게 의식하고 있는 것처럼 보였기 때문이다. 밀레시아족*³⁶에게서 저고리를 빌려 입은 퍼볼그족*³⁷ 같았다. 그는 친구인 농부 출신 학생 데이빈*³⁸이 생각났다. 그건 두 사람 사이의 농담이었지만, 젊은 농부는 가볍게 이 이름을 참아주었다.

"괜찮아, 스티븐. 난 네 말대로 돌대가리니까 부르고 싶은 대로 불러도 돼."

자신의 이름이 은밀하게 친구의 입에 오르는 것을 처음 들었을 때는 깜짝 놀랐다. 그는 타인에 대해, 또 타인은 그에 대해, 언제나 깍듯이 격식을 차리는 태도*³⁹로 접하고 있었기 때문이다. 그랜딤 거리*⁴⁰의 데이빈의 방에서 의자에 앉아, 공들여 만든 듯한 롱부츠가 벽을 따라 몇 켤레나 죽 걸려 있는

---

*34 엘리자베스 1세에 의해 1592년에 창립된 대학. 아일랜드의 신교도 자녀의 교육을 목적으로 하며, 그 점에서는 영국의 아일랜드 지배 기관이다. 이하의 '신교도의 양심의 족쇄'는 그 종교에 대한 야유.

*35 토머스 무어. 그는 아일랜드를 떠나 영국인의 사랑을 받았다. '아일랜드의 민족 시인'이라는 것은 영국측의 이해이고, 여기서는 야유의 의미로 사용되었다. 그 동상은 아일랜드 은행과 트리니티 대학 사이에 있다. 스티븐의 의식에는 영국의 옷을 빌려 입은 아일랜드인으로 비치고 있다.

*36 아일랜드의 반전설적인 선주민. 무어의 동상은 밀레시아풍 토가(헐렁한 옷)를 입고 있다.

*37 기원전 4세기 무렵의 아일랜드 선주민족. 이들은 영웅민족에게 쫓겨나고 다음에는 후자가 밀레시아족에게 쫓겨났다고 한다.

*38 스티븐의 동급생인 민족주의자. 스티븐은 데이빈에게 퍼볼그족이라는 별명을 붙였다.

*39 서로 상대의 성(姓)을 부르는 것.

*40 시내 동부 유니버시티 칼리지 바로 서쪽.

것*41에 감탄하면서, 이 친구의 소박한 귀에, 자기 자신의 동경과 실의를 감춘 타인의 시를 되풀이해 들려주고 있으면, 늘 귀를 기울여 주는 상대의 너무나도 퍼볼그족다운 거친 마음에 끌리기도 하고 반발하기도 했다. 끌리는 것은 조용하고 예의바른 태도로 얘기를 듣는 타고난 성품, 고대영어 투의 기이한 말버릇, 또는 게일 사람 마이클 쿠삭*42의 추종자답게 거친 육체적 기량을 즐길 수 있는 마음 때문이었고, 갑자기 반발을 느끼는 것은, 지성이 조잡하고 감성이 둔하며, 눈에는 흐릿한 공포의 눈빛을 띠고 있기 때문이었다. 그것은, 만종(晩鐘)이 아직도 밤마다 두렵기만 한*43 굶주린 아일랜드의 촌락에서나 볼 수 있는 영혼이 지닌 공포의 눈길이었다.

이 젊은 농민에게는 숭배하는 것이 둘 있었는데, 하나는 운동선수였던 숙부 매트 데이빈*44의 용감한 공적에 대한 기억, 또 하나는 아일랜드의 슬픈 전설이었다. 동료들의 가십이라는 것은, 무미건조한 대학 생활에 재미를 주는 것이지만, 그들의 입에 걸리면 그는 한 사람의 젊은 피니아 회원*45으로 날조되고 말았다. 유모는 그에게 아일랜드어 초급을 가르쳤고, 아일랜드 신화의 단편적인 지식이 그의 거친 상상력을 형성했다. 지금까지 아무도 아름다운 시의 소재로 삼았던 적이 없는 신화와, 전설군*46을 이루며 시대가 흐를수록 지리멸렬해진 황당한 이야기들을, 그는 로마가톨릭의 신앙을 대하는 자세, 즉 우직하고 충실한 농노의 자세로 대했다. 잉글랜드에서 건너오거나

---

*41 운동화를 신은 스티븐과는 대조적으로, 데이빈의 풍요로움, 나아가서는 농민의 풍요를 암시하고 있다. 당시 아일랜드의 토지는 대부분 가톨릭 아일랜드 농민의 손에 넘어가 있었다(메리 레이놀스 '데이빈의 부츠').

*42 아일랜드의 전통적 스포츠의 부활을 지지하는 게일 체육협회 창시자(1847~1907). 《율리시스》제12삽화의 '시민'은 쿠삭이 모델이다.

*43 17세기 말, 아일랜드에 대한 탄압정책으로서 영국은 밤에 외출금지령을 내렸다. 만종은 그 신호의 종. 이 정책은 1798년의 봉기 때와 1840년대의 기근 무렵에도 실시되어, 엄격하게 단속했다(G).

*44 모리스 데이빈(1864~1927)을 가리킨다. 마이클 쿠삭의 게일 체육협회 설립에 협력하고, 동생과 함께 스포츠 경기에 뛰어나 세계의 많은 기록을 보유했다(D.J. 히키, J.E. 도허티 《1800년 이후의 아일랜드 역사 사전》).

*45 1858년에 발족한 아일랜드 공화국 형제단 회원을 말한다. 이 조직은 무력행사로 아일랜드의 독립을 획득하려고 했다.

*46 아일랜드의 신화는 얼스터 전설과 페니언 전설 등, 몇 가지 전설군으로 나뉜다. 아일랜드 문예부흥 운동가들은 그것을 발굴하여 번안했다.

잉글랜드 문화를 통해 전래된 사상과 감정에 대해서는, 그게 어떤 것이든 그의 마음은 마치 하나의 암호에 순종하는 자세로 대했다. 잉글랜드 바깥 세상에 대해 알고 있는 것은 그가 지원하고 싶어했던 프랑스 외인부대[*47]에 대한 것뿐이었다.

그런 지망과 기질을 결부시켜, 스티븐은 그를 길들여진 거위[*48]라고 부른 적이 여러 번 있었는데, 그 별명에는 친구의 말투와 동작의 둔중함에 대한 안타까운 마음이 약간 들어 있었다. 사색을 열망하는 자신의 마음이 아일랜드의 숨겨진 삶의 습속에 다가가는 것을 그 둔중함이 방해하는 것 같았다.

어느 날 밤, 스티븐이 지적 반란의 차가운 침묵에서 벗어나려고 사용한, 격렬하다고 할까 사치스러운 언어에 자극받은 이 젊은 농부 때문에 스티븐의 마음에 기묘한 환각이 떠오른 적이 있었다. 두 사람이 데이빈의 방을 향해 가난한 유대인 거리[*49]의 어둡고 좁은 길을 천천히 가고 있었을 때였다.

"작년 늦가을, 겨울이 다 되어 갈 무렵에, 나에게 어떤 일이 일어났어, 스티비. 누구한테도 한 적이 없는 그 이야기를 지금 너에게 처음으로 하는 건데, 10월이었는지 11월이었는지는 확실하지 않아. 내가 이 대학에 입학하기 위해 올라오기 전이었으니까 아마 10월이었을 거야."

스티븐은 데이빈이 자기를 이렇게 신뢰하는 것이 기뻤고, 또 그 순박한 말투에 이끌려 공감을 느끼면서 친구의 얼굴을 향해 눈으로 웃었다.

"그날은 종일 집을 떠나 버트반트[*50]에 가 있었어—네가 그곳을 아는지는 모르겠지만—'크로크의 젊은이들'과 '무적의 털러스'[*51]의 헐링[*52] 시합이 있었거든. 스티비, 정말 대단한 격전이었어. 내 사촌형 폰시 데이빈은 그날 상반신을 벗고 리메릭팀의 골문을 지키고 있었는데, 시합의 반은 전위 진영까

[*47] 프랑스인 장교의 지휘 아래 있었던 외인부대. 프랑스 국적을 갖지 않은 외국 망명자 등으로 구성되었다.

[*48] 여러 가지 사정으로 아일랜드를 떠나는 사람들을 '야생 거위'라고 한다. '길들여진 거위'란 아일랜드에 머물면서 현실에 불만을 품는 것을 뜻하는 듯.

[*49] 시내 그랜덤 거리 북쪽 지역. 《율리시스》 제18삽화에서는 몰리가 이 지역에서 산 적이 있다고 독백한다. 이 지역 전반을 가리켜 '작은 예루살렘'이라고 한다.

[*50] 코크 시 북동쪽 43킬로미터에 있는, 시장이 열리는 작은 도시.

[*51] 크로크는 게일 체육협회의 설립에 진력한 대주교 윌리엄 크로크에서 따온 명칭. 털러스는 더블린과 코크의 거의 중간에 있는 티페러리 주의 도시로, 게일 체육협회가 설립된 장소.

[*52] 하키와 비슷한 아일랜드의 전통 경기.

지 뛰쳐나와서 미친 듯이 고함을 질렀지. 난 정말 그날을 잊을 수가 없어. 크로크 선수 중 한 녀석이 헐링 채로 사촌형을 세게 후려쳤는데[53] 하마터면 관자놀이에 맞을 뻔했지. 맙소사, 정말 그 갈고리처럼 구부러진 채에 맞았더라면 아마 끝장나고 말았을걸."

"맞지 않길 다행이군." 스티븐이 웃으면서 말했다. "하지만 그게 너에게 일어났다는 그 이상한 일은 아니겠지?"

"물론이야. 너에게는 흥미가 없을지도 모르지만, 어쨌든 그날 시합이 끝난 뒤 큰 소동이 벌어지는 통에 그만 집으로 가는 기차를 놓치고 말았어. 언어 탈 것이라고는 아무것도 없고, 더욱 운이 나빴던 건 그날 마침 캐슬타운로치에서 대집회가 열려 마차라는 마차는 모조리 그곳으로 가버린 거야. 그래서 거기서 밤을 새거나 아니면 걸어가는 수밖에 없었지. 나는 걷기로 하고 길을 나섰는데 발리호 구릉[54]에 들어서니 벌써 날이 어두워지기 시작하더군. 킬말록에서 10마일이 넘는 곳인데, 거기서부터는 지루하고 외로운 길이었어. 길가에는 인가가 전혀 없고 아무 소리도 들리지 않더군. 게다가 몹시 어두운 밤이었지. 도중에 수풀 옆에서 한두 번 걸음을 멈추고 파이프에 불을 붙였는데, 이슬이 내리지만 않았더라도 아마 거기 누워서 잤을 거야. 이윽고 어떤 모퉁이를 돌아서자 창문에 불빛이 보이는 작은 오두막이 나타나더군. 나는 그리로 걸어가서 문을 두드려보았지. 누구냐고 묻는 소리가 들리기에 나는 버트반트에서 헐링 시합에 갔다가 돌아가는 길인데 물을 한잔 주시면 고맙겠다고 했지. 잠시 뒤 젊은 여자가 문을 열고 커다란 컵에 우유를 담아서 갖다 주는데, 내가 문을 두드렸을 때 마침 잠자리에 들려던 참이었는지 옷을 반쯤 벗고 머리를 풀어헤치고 있더군. 몸매나 눈빛을 보니 아무래도 임신 중인 것 같았어. 여자는 문간에서 나를 붙잡고 오랫동안 얘기를 했는데, 가슴과 어깨를 드러낸 채 그러는 것이 참 묘하다는 생각이 들더군. 여자는 나에게 피곤하지 않느냐고 물으면서 자기 집에서 자고 가라는 거야. 자기 혼자뿐이고 남편은 그날 아침 누이동생을 데려다주기 위해 함께 퀸스타운[55]에

─────────────

*53 데이빈의 사촌형은 털러스의 골을 지키고 있는 듯하지만, 털러스는 리메릭 주에는 없다 (D).
*54 데이빈은 북쪽을 향해 걷고 있고 리메릭까지는 24킬로미터 남았다.
*55 집에서 약 112킬로미터.

갔다는 거야. 그런데 스티비, 여자는 얘기를 하는 동안 줄곧 내 얼굴을 빤히 들여다보면서 내 옆에 바짝 붙어 서 있었기 때문에 숨소리까지 들릴 정도였어. 내가 컵을 돌려주자 그녀는 내 손을 잡고 문 안으로 끌어들이면서 말했어. '들어와서 여기서 묵고 가요. 겁낼 필요 없잖아요? 우리 둘밖에 없는걸……'*56 난 들어가지 않았어, 스티비. 여자에게 고맙다고 말한 뒤 다시 걷기 시작했는데 온몸이 후끈거리더군. 첫 번째 모퉁이에서 돌아보니까 그녀가 아직도 문간에 서 있지 뭔가."

데이빈이 들려준 이야기의 마지막 몇 마디가 그의 기억 속에서 울려 퍼졌다. 그 이야기에 나오는 여자의 모습이, 학교 마차가 클레인 마을을 지날 때 어느 집 문간에 서 있는 것을 본 적이 있는 또 한 사람의 농촌 여자의 모습과 겹쳐져서 나타났다. 그것은 그녀의 민족의 전형, 그리고 그 자신도 속해 있던 민족의 전형으로, 어둠과 비밀과 고독 속에서 깨어나, 조금의 가식도 없는 여자의 눈빛과 몸짓으로 낯선 사람을 잠자리로 불러들이는 박쥐같은 영혼*57이었다.

누군가의 손이 그의 팔을 붙잡았고 어린 목소리가 외쳤다.

"손님, 저 아시죠? 마수걸이 좀 해주세요, 네? 이 예쁜 꽃다발 사주시면 안 돼요, 손님?"

소녀가 내민 파란 꽃과 소녀의 성성한 파란 눈이 그 순간 그에게는 순진함 그 자체로 보였다. 그러나 멈춰 서자 그 모습은 사라지고, 초라한 옷을 입고, 머리가 엉클어지고 젖은 말괄량이 같은 얼굴만이 남았다.

"네? 손님! 저 아시잖아요!"

"돈이 없어." 스티븐이 말했다.

"이렇게 예쁜 꽃다발인데, 단돈 1페니면 돼요."

"내 말이 안 들리니?" 스티븐이 소녀를 굽어보며 말했다. "돈이 없다니까. 정말 돈이 없어."

---

*56 이 말은 존 미린턴 싱(1871~1909)의 《골짜기의 그늘》(1903)의 여주인공 노라를 연상시킨다.

*57 조이스의 문학에서 박쥐는 맹목, 광기, 고아와 함께 아일랜드 여성을 나타낸다. 또 박쥐는 흡혈귀도 연상시켜 《율리시스》 제3삽화에서 스티븐은 "녀석이 오고 있어, 창백한 흡혈귀 말이야." 라고 독백한다.

"그러면 다음엔 꼭 사주세요." 소녀가 잠시 뒤 대답했다.

"그러자꾸나." 스티븐이 말했다. "하지만 장담할 순 없어."

소녀의 곁을 서둘러 떠났다. 소녀의 친근한 태도가 비웃음으로 변할까 두려웠고, 또 그녀가 잉글랜드인 관광객이나 트리니티 대학의 학생*58 같은 다른 사람에게 꽃을 내밀기 전에 그 자리를 벗어나고 싶었기 때문이다. 그가 가던 중인 그래프턴 거리*59를 걸어가는 동안, 그 비참한 가난함에 대한 생각이 오래 머릿속을 떠나지 않았다. 그 거리 끝의 차도에 울프 톤*60을 기념하는 주춧돌이 있는데, 그 정초식(定礎式)에 아버지와 참석했던 일이 생각났다. 그 천박한 의식(儀式)을 떠올릴 때면 늘 쓰디쓴 기분을 느끼곤 한다. 마차에 탄 프랑스 대표*61가 네 명 있고, 그 가운데 한 사람, 그저 미소만 짓고 있던 뚱뚱한 젊은이가 막대 끝에 카드를 끼운 것을 쳐들고 있었다. 카드에는 '아일랜드 만세!'*62라고 인쇄되어 있었다.

그러나 스티븐스 그린 공원의 나무들은 비에 젖어 향기롭고, 비에 흠뻑 젖은 대지는 죽음 같은 냄새, 기름진 흙을 통해 많은 심장에서 피어오르는 희미한 향내를 풍기고 있었다. 어른들이 가르쳐 주었지만, 이 돈밖에 모르는 화려한 도시에서는, 죽은 자들의 영혼은 세월이 흐를수록 작아져서 대지에서 피어오르는 희미한 죽음의 냄새로 위축되어 버린다. 그는 알고 있었다. 음산한 대학 속에 들어간 순간, 바크 이건*63이나 번 채플 웨일리*64와는 다른 어떤 부패를 의식하게 되리라는 것을.

---

*58 유니버시티 칼리지의 가난한 가톨릭 학생과 달리, 부유한 영국계 신교도 학생.

*59 더블린의 번화가. 유니버시티 칼리지로 가는 길.

*60 아일랜드 독립운동가(1763~98). '아일랜드 연맹'의 결성 멤버. 1798년의 봉기에 실패한 뒤 사형을 선고받고 처형 전에 옥중에서 자살했다. 봉기 100년을 기념하여 톤의 동상 건립이 결정되어, 1898년 8월 15일, 스티븐스 그린 북서쪽 모퉁이에 초석이 놓였다. 그러나 동상은 완성되지 않았다(D).

*61 톤이 프랑스의 지원을 요청하고, 프랑스 혁명에서 영향받은 자기 자신을 프랑스의 군인이라 불렀기 때문이다. 한편, 프랑스는 톤의 아내를 비호했고 아들은 프랑스 군인이 되었다(G/D).

*62 Vivre l'Irlande! 프랑스어.

*63 존 이건(1750무렵~1810). 정치가이고, 결투를 여러 번 했다. '바크'는 '수사슴' 또는 '멋쟁이'라는 뜻. 《율리시스》에 등장하는 마라카이 마리간도 '바크 마리간'이라 불렸다(제1삽화 첫머리 참조).

이층까지 가서 프랑스 문학 수업에 출석하기에는 이미 늦어 있었다. 그는 홀을 건너 왼쪽 복도를 따라 계단식 물리학 교실로 갔다. 복도는 어둡고 조용했으나 왠지 모르게 경계심을 늦춰서는 안 될 것 같은 기운이 느껴졌다. 왜 그런 느낌이 들었을까? 바크 웨일리 시절에는 그곳에 비밀 계단이 있었다는 얘기를 들은 적이 있기 때문일까? 아니면 혹시 그 예수회 건물이 치외법권*65지대이므로 지금 그는 이방인들 사이를 걷고 있는 셈이기 때문일까? 톤과 파넬의 아일랜드*66는 공간적으로도 저만치 물러나버린 것 같았다.

계단식 교실의 문을 열고 먼지 낀 창문으로 간신히 비쳐드는 싸늘한 회색빛 속에서 멈춰 섰다. 큼직한 난로 철망에 누군가가 웅크리고 있는 모습이 보였다. 그 마르고 호리호리한 모습과 은발로 보아, 학감 선생이 불을 지피고 있는 중임을 알았다. 스티븐은 조용히 문을 닫고 난롯가로 다가갔다.

"안녕하십니까! 선생님. 도와드릴까요?"

사제가 재빨리 고개를 들며 말했다.

"다 됐어, 디덜러스 군. 잘 보게. 불을 지피는 데는 기술이 필요해. 기술에도 교양적인 것과 실용적인 것이 있지만 말이야. 불을 지피는 건 실용적인 기술이지."

"저도 배워보겠습니다." 스티븐이 말했다.

"석탄을 너무 많이 넣지 말게." 학감이 활기차게 작업을 계속하면서 말했다. "그게 요령이라네."

학감은 수탄 옆주머니에서 타다 만 초 네 개를 꺼내더니 석탄과 구긴 종이 사이에 능숙하게 놓았다. 스티븐은 그것을 말없이 지켜보았다. 불을 붙이느라 바닥에 무릎을 꿇고 종이 뭉친 것이니 초 동강이니 하는 것을 만지느라 여념이 없는 학감은 여느 때보다 더 텅 빈 회당에서 헌납품을 둘 장소를 마련하고 있는 수도승처럼 보인다. 하느님을 섬기는 레위인. 소박한 리넨으로

---

*64 리처드 웨일리를 가리킨다. '번 채플'은 1798년의 봉기 때 가톨릭교회를 불태운 것에서 유래한다. 그의 아들 토마스(바크) 웨일리는 유니버시티 칼리지의 부지(주요한 건물은 그의 집)에 예전에 살았고, 바크 이건과 그 집에서 흑미사를 올렸다고 전해지고 있다. 흑미사를 목요일에 올린 것에서 스티븐은 두 인물을 상기한 것이리라.

*65 예수회는 아일랜드가 아니라 로마에 복종하므로.

*66 독립의 기운으로 불타고 있었던 아일랜드. 나아가서는 톤도 파넬도 신교도이기 때문에, 독립운동이 인종과 종교를 초월했던, 잘못된 시대였음을 의미한다.

만든 레위인*67의 사제복처럼 그가 입고 있던 낡고 퇴색한 수탄이 꿇어앉은 그의 몸을 감싸고 있었는데, 이 사람이라면 정식 성직복이나 방울로 가장자리를 장식한 제사장의 복장을 야단스럽고 번거로운 것으로 여길 것 같았다. 그의 육신은 하느님을 섬기는 비천한 의무 속에 늙어가며—제단의 불이 꺼지지 않도록 주의하고, 은밀하게 복음을 전하면서 세속의 일에도 봉사하고, 명령이 내려지면 즉각 공격을 시작하는 것*68이 그의 의무지만, 성자다운, 고위 성직자다운 아름다움은 끝내 누리지 못하고 있다. 아니, 그런 것은 고사하고, 영혼 자체조차 빛과 아름다움을 향해 성장하지 않은 채, 그 의무 속에서 늙어버려 성스럽고 감미로운 향기*69를 끝내 피우지 못했다—늙어가는 육체가, 메마르고 근육만이 남아서, 끝이 은빛으로 빛나는 백발에 덮여, 연애와 싸움의 전율에 아무런 반응도 나타내지 않도록, 고행을 해야 했던 의지는 이미 그 의지를 복종시키는 전율에 대해 반응하려고 하지 않는다.

학감은 웅크리고 앉아 쉬면서 장작에 불이 붙는 것을 지켜보고 있다. 스티븐이 침묵을 깨기 위해 말했다.

"저는 불을 피우는 일은 못할 것 같은데요."

"자네는 예술가가 아니었나, 디덜러스 군?" 학감이 눈을 들어 엷은 색의 눈을 깜박거리면서 말했다. "예술가의 목적은 아름다운 것을 창조하는 것이지. 무엇이 아름다운가 하는 것은 별개의 문제이고."

학감은 이 어려운 문제를 제시하고는 천천히 까칠한 손을 비비고 있었다.

"지금의 문제 풀 수 있을까?" 그가 물었다.

"아퀴나스는 '보기에 즐거운 것은 아름다운 것'*70이라고 말했습니다." 스티븐이 대답했다.

---

*67 야곱과 레아의 셋째 아들 레위의 자손. 레위족 전체는 성소의 봉사를 위해 신의 선택을 받은 사람들이다. 레위인은 영지를 소유하지 않았지만, 토지를 가지고 있는 다른 부족한테서 10분의 1세를 받아 그 수입으로 생계를 유지했다. 아론과 그 아들들은 사제직에 선출되었다(《출애굽기》 8장). 그러나 신전에서의 사제직에 종속하는 직무가 아닌 공공봉사는 부족의 다른 자에게 할당되었다. 제사장의 감독 아래 성소의 비품 운반과 성서 경호 같은 보조적인 의무에 종사한다. 일종의 하급 성직자.

*68 그리스도의 병사이므로(G).

*69 성자한테서는 감미로운 향기가 감돈다는 말이 전해지고 있다.

*70 Pulcra sunt quae visa placent. 라틴어. 성 토마스 아퀴나스의 《신학대전》 제1부 제5문 제4항에 "보는 사람의 눈에 즐거울 때 우리는 그것을 미라 부른다"고 했다.

"우리 앞에 피워놓은 불도 눈에는 즐거운 것이지. 그렇다면 이 불도 아름다운 것이 되는가?" 학감이 물었다.

"눈으로 볼 수 있는 한 아름다운 것이 되겠지요. 물론 그것은 여기서는 심미적인 사유가 되겠지만요. 하지만 아퀴나스는 이런 말도 했습니다. '욕망이 향하는 것은 선이다.'*71 따뜻함에 대한 동물적인 욕망을 충족시키는 한에서는 불도 선입니다. 하지만 지옥에서는 악이지요."

"맞는 말이야." 학감이 말했다. "자네는 정곡을 찔렀어."

그는 벌떡 일어나서 문간으로 가더니 문을 조금 열어놓고 말했다.

"이럴 때는 외풍이 도움이 된다고들 하더군."

학감이 다리를 약간 끌면서, 그러나 매우 활발한 걸음으로 난롯가로 돌아왔을 때, 스티븐은 그 예수회 사제의 말없는 영혼이 애정이 부족한 파리한 눈으로 이쪽을 가만히 보고 있는 것을 느꼈다. 이그나티우스처럼 그도 다리가 불구지만, 눈에는 이그나티우스 같은 열정의 섬광은 없었다. 이 교단*72의 전설적인 교활한 지혜, 미묘하기 짝이 없는 은밀한 지혜의 우화적인 책보다 더욱 미묘하고 더욱 은밀한 교활함조차, 그 영혼을 사도의 열정으로 불태울 수 없었던 것이다. 아무래도 그는 이 세상의 책략과 학식과 교활함을, 명령받은 대로 하느님의 더 큰 영광을 위해 이용하고 그것을 다루면서, 즐거움을 느끼거나 그 속에 들어 있는 악에 대해 증오하지 않고, 오로지 복종의 몸짓으로 그것을 되풀이하고 있는 듯했다. 이러한 묵묵한 봉사에도 불구하고 그는 자기를 부리는 주인을 전혀 사랑하지 않고, 자기가 봉사하는 그 목적에조차 거의 애착이 없는 기색이었다. '또한 노인의 지팡이처럼'*73—예수회 창설자가 그렇게 하기를 바라는 대로, 그는 노인의 손에 쥐어진 지팡이처럼, 한밤중에 비바람이 몰아칠 때 길 위에서 의지가 되어주거나, 정원에 있는 벤치에 귀부인의 꽃다발과 함께 놓여 있거나, 위협적인 순간에 휘두르기 위해 사용되는 것이다.

학감은 난로로 돌아와서 턱을 어루만지기 시작했다.

＊71 Bonum est in quod tendit appetitus. 라틴어. 마찬가지로 《신학대전》의 앞에서 말한 대목에서.

＊72 예수회. 유니버시티 칼리지 더블린은 1883년부터 1908년까지 예수회에서 경영했다.

＊73 Similiter atque senis baculus. 라틴어. 성 이그나티우스 데 로욜라의 《해설이 딸린 예수회의 구성》에서. 노인에게 있어서의 지팡이처럼, 사람들은 지팡이가 되어야 한다.

"미학 문제에 대한 자네의 의견을 언제쯤이나 듣게 되겠나?" 학감이 물었다.

"저의 의견이라니요!" 스티븐이 놀라서 말했다. "저야, 잘해 봐야 2주일에 한 번 무슨 생각이 떠오를까 말까 한걸요."

"디덜러스 군, 이런 문제들은 아주 심오해서 마치 모허 절벽*74에서 깊은 바다 속을 들여다보는 것과 같다네." 학감이 말했다. "많은 사람들이 바다 속으로 뛰어들지만 다시는 영영 떠오르지 못하지. 숙련된 잠수부만이 바다 속 깊은 곳에 뛰어들어 탐색을 마친 뒤 다시 물위로 올라올 수 있다네."

"사색에 대해서라면, 선생님" 스티븐이 말했다. "저도 자유로운 사색 같은 건 없다고 생각합니다. 어떤 사색이든, 그 자신의 법칙에 얽매여 있으니까요."

"오!"

"제가 하고자 하는 일이라면, 저는 아리스토텔레스와 아퀴나스의 한두 가지 사상의 등불에 비추어서 계속 연구할 수 있습니다."

"그래, 자네가 하는 말의 요점은 알겠어."

"그분들의 등불이 필요한 것은, 제가 나름대로 생각을 확립할 때까지 그것을 이용하고, 또 지침으로 삼기 위해섭니다. 만약 그 등불에서 연기가 나거나 불쾌한 냄새가 난다면 심지를 다듬고, 또 그 등불이 충분히 밝혀주지 않는다면 저는 그것을 팔고 다른 등잔을 사겠습니다."

"에픽테토스*75에게도 등잔이 있었지." 학감이 말했다. "그런데 그가 죽고 난 뒤 그 등잔은 비싼 값에 팔렸어. 그가 철학 논문을 쓴 것도 그 등잔불 아래서였지. 자네 에픽테투스를 알지?"

"인간의 영혼은 한 동이의 물과 같다*76고 말한 양반이지요." 스티븐은 일부러 거칠게 표현했다.

"그는 소박한 방식으로 얘기했다네." 학감이 말을 이었다. "신의 조상(彫像) 앞에 쇠 등잔을 갖다 놓았더니 도둑이 그것을 훔쳐갔네. 그 철학자가 어

---

*74 아일랜드 서안에 있는 길이 5킬로미터의 광대한 절벽. 해저보다 200미터 정도의 높이가 있다.

*75 그리스의 철학자(55?~135?). 스토아학파. 그의 강의를 제자 아리아노스가 채록했다. 8권의 강의록이 있었다고 전해지나 현재는 4권이 남아 있다.

*76 아리아노스 편 《에픽테토스 강의록》 제3권에서.

떻게 했을 것 같나? 훔치는 것은 도둑의 본성 때문이라고 생각한 그는, 이튿날 당장 쇠등잔 대신 옹기 등잔을 하나 사기로 마음을 먹었다는 거야."*77

학감이 사용한 초 동강에서 녹은 수지 냄새가 스티븐의 의식 속에서 언어의 울림과 혼합되었다. 양동이와 등잔, 등잔과 양동이. 사제의 목소리도 딱딱한 불협화음을 띠고 있다. 스티븐의 마음은 기묘한 목소리와 영상, 그리고 켜지지 않은 등잔이나, 그것도 아니면 초점이 빗나간 채 걸려 있는 반사갓처럼 보이는 사제에 가려, 그 자리에서 본능적으로 정지하고 말았다. 그 얼굴 뒤에 무엇이 있을까? 아니면 그 얼굴 속에는? 영혼의 둔한 무감각일까, 아니면 이 둔함은 사유가 충전되어 하느님의 음울함조차 지닐 수 있는 천둥구름의 둔함일까?

"제가 말하고자 하는 등잔은 다른 등잔입니다, 선생님." 스티븐이 말했다.

"물론이지, 그럴 테지." 학감이 말했다.

"미학상의 논의에서 한 가지 어려운 것은 언어가 문학적 전통에 따라 사용되었는지, 아니면 일반 세속의 전통에 따라 사용되었는지*78 구별하는 일입니다. 저는 뉴먼의 어떤 문장이 생각납니다. 그 속에서 그는 성모에 대해 말하면서 성모께서는 많은 성도들에게 잡혀 있었다('detaned')고 했습니다. 그런데 일반 사회에서는 이 'detained'라는 말의 뜻이 완전히 다릅니다. '바쁘실 텐데 제가 선생님을 붙잡고(detain) 있는 건 아닌지요.'"

"아니, 전혀 그렇지 않다네." 학감은 붙임성 있게 말했다.

"아, 아닙니다." 스티븐이 웃으면서 말했다. "제 말은 그게 아니라……"

"그래, 그래. 알고 있네." 학감이 얼른 말했다. "자네가 말하고자 하는 건 잘 알고 있네. 즉 '붙잡는다(detain)'라는 말이지."

그는 아래턱을 내밀고 짧게 마른기침을 했다.

"다시 등잔 이야기이네만, 등잔에 기름을 채우는 것도 꽤 까다로운 문제란 말이야. 우선 순수한 기름을 구해야 하고, 기름을 채울 때는 넘치지 않게, 즉 '퍼넬(funnel, 깔때기)'의 용량을 넘지 않게 조심해서 부어야 하지."

"퍼넬이 뭔데요?" 스티븐이 물었다.

---

*77 아리아노스 편《에픽테토스 강의록》제1권에서.

*78 영국의 시인 새뮤얼 테일러 콜리지(1772~1834)도《문학적 자서전》(1817)에서 같은 논의를 했다.

"등잔에 기름을 채울 때 쓰는 퍼넬 말이네"

"그거요?" 스티븐이 물었다. "그걸 퍼넬이라고 합니까? '턴디시(tundish)' 가 아니고요?"

"턴디시가 무엇인가?"

"그게 그러니까……깔때기 말입니다."

"아일랜드에서는 턴디시*79라고 하나?" 학감이 물었다. "난 그런 말은 평생 들어본 적이 없다네."

"하(下) 드럼콘드라에서는 그걸 턴디시라고 합니다." 스티븐이 웃으면서 말했다. "그곳 사람들은 가장 훌륭한 영어를 쓰고 있지요."

"턴디시라." 학감은 고개를 갸우뚱하면서 말했다. "정말 재미있는 말이군. 사전을 한번 뒤져봐야지. 꼭 뒤져봐야겠어."

학감의 정중한 태도에는 약간 가식적인 데가 있다. 스티븐은 우화 속의 형이 탕아인 동생을 쳐다볼 때와 비슷한 눈빛으로 그 잉글랜드인 개종자*80를 바라보았다. 그 요란했던 개종 사태에*81 겸허하게 추종했을 뿐인 사람, 아일랜드에 사는 가난한 잉글랜드인. 이 사람은 아무래도 음모와 박해, 질투와 투쟁과 모멸의 그 기묘한 연극이 거의 끝나갈 무렵, 예수회 역사의 무대 위에 등장한 지각자요, 늦게 도착한 영혼이다. 그는 애초에 어디서 출발했을까? 어쩌면 고지식한 비국교파(非國敎派)*82의 집안에서 태어나 오직 예수 그리스도 안에서만 구원의 가능성을 보고, 국교의 허식을 혐오하면서 자랐을지도 모른다. 떠들썩한 분파 싸움의 소용돌이 속에서 묵신(默神)의 필요를 느낀 탓일까? 말하자면, 육교리(六敎理) 침례파,*83 특수파,*84 '시드 앤

---

*79 '턴디시'는 바닥에 구멍이 뚫린 나무그릇. 스티븐은 이 말이 엘리자베스 왕조 시대의 영어라는 것을 깨닫지만(309페이지의 4월 13일의 일기 참조), 오히려 영어와 게일어의 교잡어이다(OED). 또한 '턴디시'가 엘리자베스 왕조 시대에 아일랜드에 들어온 것은, 그 말과 영국의 아일랜드 지배 사이의 밀접한 관계를 암시하고 있다(닐 코코란《예이츠와 조이스 이후》).

*80 이 장면의 학감의 모델인 예수회 신부 조제프 딜링턴 신부는 1876년 옥스퍼드 대학을 졸업하고 영국국교회의 성직에 올랐고, 그 뒤 로마가톨릭교회에 귀의했다(G).

*81 1833년에 뉴먼을 중심으로 영국국교회를 개혁하는 운동(옥스퍼드 무브먼트)이 일어나, 그 운동가의 대부분이 로마가톨릭교회에 귀의하게 되었다.

*82 영국국교회의 권위와 제도를 혐오하고, 은총과 구원의 방법은 예수 그리스도 말고는 없다고 역설한 국교도.

드 스네이크' 침례파,*85 선정타죄론(先定墮罪論)파,*86 등등. 또는 정신적인 삶의 고취, 안수례, 성령의 발현에 대해 추리의 고운 실을 실패처럼 끝에서 감아올리는 동안 문득 진정한 교회를 발견한 것일까? 아니면 그가 세관에 앉아 있던 사도*87처럼 어떤 양철 지붕의 예배당*88 문간에 앉아 하품을 하면서 교회 헌금을 세고 있는데 주 예수께서 그의 몸에 손을 대며 당신을 따르라고 명령하기라도 했단 말인가?

학감은 다시 한 번 그 말을 되풀이했다.

"턴디시라! 거 참, 재미있군!"

"선생님이 아까 제게 물어보신 문제가 저에게는 훨씬 더 재미있습니다. 예술가가 흙덩이에서 고심하여 표현하고자 하는 아름다움은 무엇인가 하는 문제 말입니다." 스티븐은 냉정하게 말했다.

그 사소한 낱말 하나가 그의 감수성의 칼날을 이 정중하고 빈틈없는 적의 가슴을 향하게 한 것 같았다. 그는 실망의 아픔을 느끼면서, 자기가 얘기하고 있는 상대가 벤 존슨의 동포라는 것을 떠올리고 있었다. 그는 생각했다.

'우리가 지금 얘기하고 있는 이 언어*89도 내 것이기 전에 이 사람의 것이다. '가정, 그리스도, 맥주, 스승'*90 같은 말이 그의 입에서 나올 때와 나의 입에서 나올 때 서로 얼마나 다른가! 나는 이런 말들을 말하거나 쓸 때마다 으레 일말의 불안을 느낀다. 아주 친숙하면서도 이국적으로 들리는 이 사람

---

*83 참회, 신앙, 세례, 안수, 죽은 자의 부활, 영원한 심판의 6교리(《히브리서》 6 : 1~2)를 지침으로 하는 종파. 1690년에 런던에서 성행했다.

*84 18세기 말 아메리카의 노스캐롤라이나에서 일어난 종파. 원자유의지 세례파(原自由意志洗禮派)라고도 한다. 병을 치료하는 데 의사의 힘을 빌리지 않고 신의 섭리에 매달렸다 (G).

*85 19세기 초에 아메리카의 테네시주에서 일어난 종파. 이브의 자손 가운데 어떤 자는 신의 후예(먼 자손)로서 영원한 생명을 얻은 선민이고, 그 나머지는 사탄의 후예로, 영원히 벌을 받을 사람이라고 생각했다(G).

*86 1835년 이후에 일어난 종교로, 인간의 구제는 신의 은총에 있다고 생각하고, 종교적 조직을 부정했다.

*87 마태를 가리킨다(《마태복음》 9 : 9).

*88 아일랜드에서는 가톨릭교회를 '예배당'이라고 부르는데, 영국에서도 영국국교회 이외의 교회는 다 '예배당'chapel으로 불린다.

*89 영어를 말한다.

*90 home, Christ, ale, master. 영어. 아일랜드인에게 영어는 모국어가 아니라 주어진 언어이다.

의 언어는 어차피 나에게는 언제까지나 후천적으로 익힌 언어에 지나지 않는다. 나는 그 단어를 만들어 내거나 받아들이지 않는다. 내 목소리가 그것을 바짝 쫓아간다. 나의 영혼은 이 사람의 언어의 그늘 속에서 조바심한다.'

"그리고 아름다운 것과 숭고한 것을 구별하고, 도덕적인 아름다움과 물질적인 아름다움을 구별하는 것." 학감이 덧붙였다. "그리고 어떤 아름다움이 다양한 예술의 각 분야에 어울리는지 탐구하는 것. 이런 문제들을 다뤄보면 재미있을 것 같은데."

스티븐은 학감의 확고하고 무미건조한 말에 낙담하여 입을 다물고 말았다. 침묵 속에서 수많은 구둣발 소리와 무질서한 목소리가 멀리서 계단을 올라왔다.

"하지만 그런 문제에 대한 사색을 하는 데는 위험이 따른다네." 학감이 결론을 내리듯이 말했다. "영양실조로 죽을지도 모른다는 위험이야. 우선 자네는 학위부터 받아야 하네. 그것을 당분간 최고의 목표로 삼아야지. 그 뒤에 조금씩 길이 보일 걸세, 삶이나 사상의 길 같은 그런 넓은 의미의 길 말일세. 처음에는 오르막길을 자전거로 오르는 것과 같을지도 몰라. 무넌*91의 예를 보게. 그 꼭대기까지 올라가는 데 오랜 시간이 걸렸어. 그러나 어쨌든 꼭대기에 도달했거든."

"저에게는 그 친구 같은 재주가 없을지도 모릅니다." 스티븐이 조용히 말했다.

"그런 말은 하지 말게." 학감이 쾌활하게 말했다. "우리는 우리 자신 속에 어떤 능력들이 숨어 있는지 모르고 있어. 나 같으면 절망하지 않을 걸세. '역경을 거쳐 별에 이르도록'*92이라는 말이 있잖은가?"

학감은 갑자기 난롯가를 떠나 문과 1학년 학생들이 들어오는 것을 감독하기 위해 층계참으로 갔다.

벽난로에 기대선 스티븐은 학감이 모든 학생들에게 활기찬 목소리로 차별 없이 인사하는 것을 듣고, 비교적 무례한 학생들의 얼굴에 솔직한 미소가 떠오르는 것이 보이는 것 같았다. 이 기사(騎士) 로욜라의 충실한 사도를 생

---

*91 클롱고스우드 칼리지 시절의 스티븐의 동창생 사이먼 무넌. 동성애자(마가렛 솔로몬 《영원의 기하학》).

*92 Per aspera ad astra.

각하면, 스산한 연민의 정이·상처받기 쉬운 마음에 이슬처럼 내려앉았다. 이 성직자인 의붓형제는 언어에 있어서는 학생들보다 타산적이면서도, 영혼은 그들보다 훨씬 완고해서, 자신의 고해신부로는 결코 삼고 싶지 않은 사람이 었다. 그는 그래서 이 학감과 그의 동료들이 성직자들로부터는 물론이고 세속적인 사람들로부터도 속된 인간이라는 평*93을 듣게 된 것은, 그들이 전생애를 통해 하느님의 법정에서 나태한 자, 신앙심이 적은 자, 타산적인 자들을 변호했기 때문일 거라고 생각했다.

그 어두운 계단식 강의실, 잿빛 거미줄이 잔뜩 걸린 창문 아래, 맨 윗줄에 앉아 있는 학생들이 무거운 구둣발로 몇 차례 신호를 올려 교수의 입장을 알렸다. 출석 점검이 시작되었고 학생들은 가지각색의 어조로 대답했다. 드디어 피터 번의 이름이 불릴 차례가 되었다.

"예!"

위쪽의 자리에서 굵은 베이스 목소리가 대답하자, 이어서 다른 의자에서 항의하는 기침소리가 들려왔다.

교수는 출석 부르는 것을 잠시 중단했다가 다음 이름을 불렀다.

"크랜리!"

대답이 없었다.

"크랜리!"

이 친구가 공부하고 있는 모습을 떠올리자, 스티븐의 입가에 미소가 번졌다.

"레파즈타운*94에 가서 불러보세요!" 누군가가 뒤쪽 벤치에서 말했다.

스티븐은 재빨리 돌아다보았다. 그러나 모이니안의 코가 큰 얼굴은 잿빛 광선 속에서 시치미를 떼고 있었다. 공식이 하나 제시되었다. 바스락거리며 필기하는 소리 속에 스티븐이 돌아보면서 말했다.

"제발, 종이 좀 달라니까."

"어? 그 정도로 급한 거야?"*95 모이니안이 짓궂게 웃으면서 물었다.

---

*93 예수회는 개종자의 열정을 고려하지 않고 개종이라는 임무를 수행하고 있다고 종종 비난받았다(G).

*94 더블린 남남동 약 9킬로미터에 있는 경마장. 《율리시스》 제2삽화에서 스티븐은 크랜리가 '손쉽게 돈을 벌 수 있다고 하면서 끌고 간 장소'라고 독백한다.

*95 '갑자기 변의(便意)를 느낀다'는 뜻.

모이니안은 자기 공책에서 한 장을 찢어내어 스티븐에게 주면서 속삭였다.

"급할 때는 남녀를 막론하고 어떤 평신도도 그것을 할 수 있지."[96]

그 종이 위에 얌전하게 공식을 받아 적는데, 교수가 하는 계산은 꾀었다가 풀렸다가, 마치 힘과 속도의 상징인 것처럼 신기하게 보여 스티븐의 마음을 매혹하기도 하고 피곤하게도 했다. 스티븐은 누군가가 그 늙은 교수를 무신론자 프리메이슨[97] 단원이라고 말하는 것을 들은 적이 있었다. 이렇게 침침하고 음울한 날이 또 있을까! 고통 없이 언제까지나 계속되는 의식(意識)의 지옥의 변방, 그 속을 수학자들의 영혼이 떠돌면서, 시시각각 점점 희박해지고 점점 창백해지는 황혼의 평면에서 평면으로, 길고 가느다란 구도를 투영하고 있다. 점점 넓어지고 점점 멀어지고 점점 종잡을 수 없는 우주의 마지막 가장자리로 재빠른 소용돌이의 원을 방사하면서.

"그래서 우리는 타원형과 타원체를 구별해야 합니다. 여러분 중에는 W.S. 길버트[98]의 작품에 대해 잘 아는 사람이 있을 거예요. 어떤 노래 속에서 그는 어쩔 수 없이 당구를 치고 있는 당구사기꾼을 노래했습니다."

'가짜 천을 깐 당구대 위
큐는 비틀리고
당구공은 타원형'[99]

"그가 말하고자 하는 것은 공이 타원체를 하고 있다는 것인데, 그것의 주축(主軸)에 대해서는 이미 얘기했지요."

모이니안은 몸을 굽혀 스티븐의 귀에 대고 속삭였다. "타원체 공[100]은 어떠신지요! 부인들이여, 나를 따라 오십시오, 기병대에서 기다리고 있으니!"

이 친구의 야비한 농담이 스티븐의 마음의 회랑을 돌풍처럼 빠져나가, 벽에 걸려 늘어져 있는 수도복에 밝은 생명을 불어넣고 활기를 불러일으킨 뒤,

---

[96] 세례성사는 평신도도 할 수 있는 것에 엇걸어서.

[97] 프리메이슨은 무신론이 아니며, 이것은 가톨릭 측의 불신감을 표명하는 말.

[98] 영국의 극작가(1836~1911). 작곡가 아서 S. 설리번(1842~1900)과 함께 '사보이 오페라'라 불리는 희가극의 작자로서 일세를 풍미했다. 특히 유명한 것은 《미카도》(18856).

[99] 《미카도》에서.

[100] 고환을 가리킨다.

어지러이 움직이고 뛰어다니며 한바탕 소동의 향연*¹⁰¹을 연다. 돌풍에 날리는 수도복 속에서 예수회 구성원들의 얼굴이 나타났다. 학감 선생, 잿빛 머리카락을 모자처럼 쓰고 있는, 당당한 체구의 혈색 좋은 경리주임, 경건한 시를 쓰는, 작은 몸집에 머리카락이 새털 같은 신부, 농부처럼 땅딸막한 모습의 경제학 교수, 한 떼의 영양(羚羊)들에게 둘러싸여 높은 곳의 나뭇잎을 따먹는 기린처럼 층계참에 서서 자기 반 학생들과 양심 문제를 토론하고 있는 젊은 키다리 정신학*¹⁰² 교수, 고민이 있는 것처럼 심란한 얼굴을 한 신심회 회장, 동그란 얼굴에 장난끼 많은 눈을 한 이탈리아어 교수. 그들이 건들건들, 비틀비틀, 쿵쿵, 껑충껑충거리며 오고 있다. 모두 가운을 걷어올린 채 말타기 놀이를 하고, 서로를 방해하면서 몸을 흔들며 웃거나, 서로 엉덩이를 때리고, 거친 장난에 웃음을 터뜨리며 서로 별명을 부르다가, 갑자기 위엄을 되찾아 그 거친 처사에 항의하기도 하고, 손으로 입을 가리고 두 사람씩 소곤대기도 한다.

교수는 벽에 있는 유리 상자로 가서, 선반에서 한 세트의 코일을 꺼내 와서는 군데군데 묻은 먼지를 입으로 불어 날려보낸 뒤, 조심스럽게 교탁 위에 올려놓고 거기에 손을 올려놓은 채 강의를 계속했다. 그는 현재의 코일 제품은 최근에 F.W. 마르티노*¹⁰³가 발명한 플라티노이드*¹⁰⁴라는 혼합물로 만들어진다고 설명했다.

그는 발견자 이름의 머리글자와 성을 분명하게 발음했다. 모이니안이 뒤에서 속삭였다.

"멋들어진 프레시워터 마틴*¹⁰⁵이군!"

"전기의자*¹⁰⁶의 재료가 필요하지 않느냐고 물어봐." 스티븐이 음울한 유머를 담아 대답했다. "내가 실험 대상이 되어줄 테니까."

---

*101 중세에 벌인, 무질서 상태가 되는 축제로, 관의 허가를 받아서 여는 카니발(J).

*102 인간의 정신행동을 지배하는 일반법칙을 연구하는 학문.

*103 미국의 화학자 페르난도 우드 마르틴(1863~?). 마르티노는 마르틴이 라틴어화한 이름.

*104 일종의 양은으로, 구리, 아연, 니켈의 합금에 소량의 텅스텐 또는 알루미늄을 가한 것. 장식 또는 전기저항선에 사용된다.

*105 '프레시워터'는 F. W에 엇걸어서. freshwater mariner는 오래된 속어로, '곤궁한 선원을 가장한 거지'(파머).

*106 전기에 의한 처형은 1889년부터 시작되었다(OED).

모이니안은 교수가 코일 위에 몸을 굽히고 있는 것을 보고 자리에서 일어나 오른손가락을 소리나지 않게 튕기더니 개구쟁이 목소리로 말했다.

"선생님! 선생님! 얘가 방금 나쁜 말을 했어요, 선생님"

"플라티노이드는 양은(洋銀)보다 더 선호되고 있습니다." 교수는 근엄한 목소리로 말했다. "그 이유는 온도의 변화에 따른 저항계수(抵抗係數)가 더 낮기 때문이죠. 플라티노이드 선(線)은 절연되어 있고 이 선을 절연시키는 명주 표피가 지금 내 손가락이 놓여 있는 바로 여기, 에보나이트제 코일 틀에 감겨 있어요. 만약 이것이 한번 감기면 남은 전류가 코일로 유도될 겁니다. 코일 틀은 뜨거운 파라핀 왁스로 포화상태가 되어 있고……"

스티븐의 아래쪽 자리에서 누군가가 신경질적인 얼스터*107 사투리로 말했다.

"응용과학에 대한 문제도 나옵니까?"

교수는 엄숙한 목소리로 순수과학과 응용과학이라는 용어의 정의에 대해 설명하기 시작했다. 금테 안경을 쓴 육중한 체격의 학생이 놀랍다는 듯이 질문한 학생을 응시했다. 모이니안이 자기 본래의 목소리로 뒤에서 속삭였다.

"저 매칼리스터 녀석, 1파운드의 살을 반드시 얻어내려는 놈*108처럼 보이지 않아?"

스티븐은 노끈 색깔의 머리카락이 뒤엉켜 있는 길쭉한 머리를 냉담하게 내려다보았다. 그것을 물어본 학생의 목소리와 말투, 심보가 그의 비위를 건드렸고, 그는 화난 김에 일부러 못된 생각을 하면서, 저애의 아버지는 아들을 벨파스트로 유학*109 보냈으면 기차 삯이라도 절약했을 것 아니냐는 생각을 억지로 해보았다.

그 긴 머리는 이런 생각의 화살을 받아들이기 위해 뒤를 돌아보지는 않았다. 그러나 그 화살은 활시위로 다시 되돌아왔다. 왜냐하면 바로 그 순간, 그 학생의 치즈처럼 창백한 얼굴을 보았기 때문이다.

"그건 내 생각이 아니야." 그는 혼자 재빨리 뇌까렸다. "뒤에 앉은 저 우스꽝스러운 아일랜드인이 한 말이니까. 참아야 해. 네 민족의 영혼을 팔아넘기고 민족이 선발한 사람들을 배반한 것이 물어보는 자와 조롱하는 자 중 어

---

*107 신교가 지배적인 아일랜드의 북부지역.
*108 셰익스피어 《베니스의 상인》의 샤일록에 엇걸어서.
*109 얼스터의 퀸스 칼리지에서 공부하게 하는 것. 매칼리스터의 근면 착실함을 조롱하여.

느 쪽인지 너는 자신 있게 말할 수 있어? 참는 거야. 에픽테토스를 기억해 둬. 이런 순간에 이런 어조로 이런 질문을 하거나, '사이언스(science, 과학)'라는 말을 단음절로 발음*110하는 것은 아마 그의 성격일지 모르니까."

교수의 단조로운 목소리는 코일 주위에 천천히 감겨, 코일의 저항 단위가 높아질수록 수마(睡魔)의 에너지를 두 배, 세 배, 네 배로 증대시킨다.

멀리서 들려오는 종소리에 맞춰 모이니안의 목소리가 메아리쳤다.

"여러분, 폐점(閉店)이에요!"*111

사람들이 가득 찬 입구 홀은 얘기하는 말소리로 시끄러웠다. 문 가까이 탁자 위에는 액자에 넣은 사진이 두 장*112 놓여 있고 두 액자 사이의 기다란 두루마리에는 서명들이 불규칙하게 적혀 있었다. 머캔이 학생들 사이를 부산하게 오가면서 빠르게 뭔가 얘기하고, 거절하는 사람에게 응수하면서 한 사람씩 테이블로 데리고 갔다. 안쪽 홀에 학감이 젊은 교수와 이야기를 나누다가 의미심장하게 턱을 쓰다듬으며 고개를 끄덕였다.

문간에 가득 모여 있는 학생들 때문에 길이 막힌 스티븐은 어떡할까 마음을 정하지 못한 채 하는 수 없이 그 자리에 서 있었다. 중절모의 늘어진 넓은 챙 아래에서 크랜리의 시커먼 두 눈이 그를 지켜보고 있었다.

"서명했니?" 스티븐이 물었다.

크랜리는 그 길고 얇은 입술을 다물고 잠시 생각하다가 대답했다.

"'나는 했노라.'"*113

"뭣 때문에 하는 서명인데?"

"'뭣 때문이냐고?'"*114

"뭣 때문인데?"

크랜리는 창백한 얼굴을 스티븐에게 돌리고 부드러우면서도 신랄한 어조로 말했다.

---

*110 '사이언스'(science)를 '사인스' 내지 '산츠'로 발음.

*111 Closing time, gents! 술집에서 사용되는 말.

*112 러시아 황제 니콜라이 2세 부처의 사진.

*113 Ego habeo. 학생라틴어. 학생라틴어란 변소라틴어(Bog Latin) 또는 부엌라틴어(Latin de cuisine) 등으로 불리는 것으로, 모국어의 어구를 글자 그대로 라틴어로 번역하여 웃음을 자아내는 방식을 말한다.

*114 Quod? 학생라틴어.

"'세계 평화를 위해서.'"*115

스티븐은 러시아 황제의 사진*116을 가리키며 말했다.

"저 사람은 술 취한 그리스도 같은 얼굴이군."

그의 목소리에 감도는 경멸과 분노가 지금까지 현관홀 벽을 온화하게 바라보던 크랜리의 시선을 끌어당겼다.

"불쾌하니?" 그가 물었다.

"아냐." 스티븐이 대답했다.

"기분이 언짢지 않아?"

"아니."

"'난 네가 지독한 거짓말쟁이라고 생각해'"*117 크랜리가 말했다. "'네 표정은 네가 기분이 아주 좋지 않다는 걸 보여주기 때문이지.'"*118

모이니안은 탁자 쪽으로 가다가 스티븐의 귀에 대고 말했다.

"머캔은 아주 기운이 솟는 모양이야. 마지막 한 방울까지 피를 흘릴 듯이 덤비고 있어. 새로운 세상을 건설하기 위해서래. 술은 금하고 암탉들에게 투표권*119이나 주자는 거지."

스티븐은 이 솔직한 얘기에 미소지었다. 모이니안이 가버리자 다시 크랜리와 시선을 맞췄다.

"어쩌면 넌 알겠구나." 그가 말했다.

"저 녀석이 왜 자기의 모든 생각을 거리낌 없이 내 귀에 불어넣었을까? 말해 봐."

크랜리의 이마에 희미한 불쾌감이 떠올랐다. 그는 모이니안이 두루마리에 서명하기 위해 허리를 굽히고 있는 테이블을 가만히 보더니, 이윽고 딱 잘라

---

*115 'Per pax universalis. 학생라틴어.

*116 러시아 황제 니콜라이 2세(1868~1918)는 1898년 평화 조칙을 내려, 세계 평화 애호가들의 청원을 호소했다. 학생들은 그 청원의 서명을 구하고 있다. 아이러니하게도, 니콜라이 2세의 칙령은 러시아가 군사력을 키울 때까지 시간을 벌기 위한 전략이었던 것 같다.

*117 Credo ut vos sanguinarius mendax estis. 학생라틴어.

*118 quia facies vostra monstrat ut vos in damno malo humore estis. 학생라틴어.

*119 금주법과 여성문제는 19세기 말 아일랜드의 사회적 관심사였다. 조이스의 '소란한 시대'는 1901년, 머캔의 모델인 시히 스케핑턴(214페이지 *16 참조)의 '여성문제에서 잊고 있는 한 측면'과 함께 소책자로서 출판되었다.

서 말했다.

"치사한 자식!"

"'누가 기분이 나쁠까?'" 스티븐이 말했다. "'나 아니면 너?'"*120

크랜리는 이 조롱은 무시해버렸다. 그는 부루퉁해서 자기의 판단을 곰곰이 생각해 보더니 전처럼 단호한 목소리로 다시 말했다.

"정말 더럽고 치사한 자식이야. 저 녀석은 본디 그런 놈이라니까."

이것이 모든 죽어버린 우정에 대한 크랜리의 묘비명이었다. 그래서 스티븐은 언젠가 이 묘비명이 자신의 추억에 대해서도 같은 어조로 바쳐지는 날이 올 거라고 생각했다. 무거운 덩어리 같은 이 말은 진창 속에 던진 돌멩이처럼 그의 귓전에서 서서히 가라앉았다. 스티븐은 이것과 같은 상태를, 그 무게가 마음에 스며드는 것을 느끼면서, 몇 번이나 경험한 적이 있다고 생각했다. 크랜리의 말에는 데이빈의 말과는 달리 엘리자베스 왕조 때의 희귀한 표현*121도 없고 아일랜드 어법을 이상하게 옮긴 표현*122도 없었다. 그 길게 끄는 말투는 음산하게 녹슬어 가는 항구에서 돌아오는 더블린 부두의 메아리, 그 힘찬 에너지는 위클로 설교단에서 냉담하게 돌아오는 더블린의 신성한 웅변*123의 메아리였다.

머캔이 홀 저쪽에서 그들을 향해 잰 걸음으로 걸어오자, 크랜리의 얼굴에서 그 무거운 찌푸림이 사라졌다.

"여기 있었군!" 머캔이 쾌활하게 말했다.

"그래, 여기야!" 스티븐이 말했다.

"또 지각이군. 진보적인 성향과 시간 지키는 버릇을 양립시킬 수는 없는 거니?"

"그 문제에 대해선 나중에 얘기하고." 스티븐이 말했다. "다음 용건이나 말해 봐."

그의 미소 머금은 눈은 이 선동가의 가슴 주머니에서 고개를 내밀고 있는

＊120 Qui est in malo humore ego aut vos? 학생 라틴어.

＊121 도시와 떨어진 전원지대에는 엘리자베스 왕조 시대의 오랜 표현이 그때까지 남아 있었다 (G).

＊122 아일랜드 영어를 가리킨다.

＊123 스위프트, 셰리든, 버크 등 더블린에서는 저명한 웅변가들이 많이 배출되었다. 《율리시스》 제7삽화는 그러한 웅변을 테마로 하고 있다.

은박지에 싼 밀크 초콜릿을 응시하고 있었다. 기지에 찬 대사가 오가는 것을 들으려고 몰려든 학생들이 그들 주위에 작은 원을 만들었다. 올리브색 피부에 부드러운 검은 머리의 여윈 학생[124]이 두 사람 사이에 얼굴을 내밀고 한 마디씩 말이 떨어질 때마다 두 사람을 번갈아 쳐다보면서, 침이 괸 입을 열어[125] 날아다니는 말을 전부 붙잡으려는 것 같았다. 크랜리는 주머니에서 작은 회색 공을 꺼내 이리저리 돌려가면서 자세히 점검하기 시작했다.

"다음 용건이라?" 머캔이 말했다. "흥!"

머캔은 기침이 섞인 요란한 웃음소리를 내더니 활짝 미소지으면서 울툭불툭한 턱에 붙어 있는 밀짚 색깔의 염소수염을 두 번 잡아당겼다.

"다음 용건은 동의서에 서명하라는 거야."

"서명을 하면 돈이라도 나오니?" 스티븐이 물었다.

"난 네가 이상주의자라고 생각했는데." 머캔이 말했다.

집시처럼 보이는 학생이 주위를 살피더니 양 울음소리 같은 불분명한 목소리로 구경꾼들에게 말했다.

"별꼴이군. 묘한 얘기를 하네그려. 그렇다면 돈을 벌어보겠다는 거잖아?"

그 목소리가 끊어지고 조용해졌다. 그의 말에는 아무도 주의를 기울이지 않았다. 그는 할 말이 있으면 해보라는 듯이 올리브색 얼굴에 말 같은 표정을 지으면서 다시 한 번 스티븐 쪽으로 돌아섰다.

머캔은 입을 열어 러시아 황제의 조칙(詔勅), 스테드,[126] 전면적 군비 축소, 국제 분쟁이 있을 경우의 중재, 시대의 징후, 최대다수의 최대행복[127]을 가능한 한 최소 비용으로 확보하는 것을 사회의 역할로 보는 새로운 인도주의와 새로운 인생의 복음[128]에 대해 떠들어댔다.

그 연설이 끝나자 집시 학생이 다음과 같이 소리치며 호응했다.

---

[124] 템플을 가리킨다. 《율리시스》에서 스티븐은 그에게 '점심 2회'(제2삽화) 빚이 있는 것과 그 '타원형의 긴 얼굴'(제3삽화) 등을 상기하고 있다.

[125] 이 템플의 묘사는 개구리를 연상시키는데, 그 외에도 친구의 대부분이 동물적으로 희화화되어 있다(에드먼드 L. 엡스타인 《스티븐 디덜러스의 시련》). 이하, 템플은 집시, 산양, 말, 원숭이 등에 비유되어 있다.

[126] 윌리엄 토머스 스테드(1849~1912). 《유럽합중국》의 저자.

[127] 영국의 법학자이자 철학자인 제레미 벤담(1748~1832)의 모토.

[128] 윌리엄 토머스 스테드의 주장을 가리켜.

"사해동포주의 만세! 만세! 만세!"

"계속해, 템플." 그의 옆에서 건장하고 혈색 좋은 학생이 말했다. "나중에 한잔 살게."

"난 인류는 모두 형제라는 것을 신봉해." 템플이 검은 계란형 눈으로 주위를 둘러보면서 말했다. "마르크스란 실없는 녀석이야."

크랜리는 그의 말을 막으려고 팔을 꽉 붙들고 불안하게 미소지으며 거듭 말했다.

"가만 있어! 가만히! 가만히!"

템플은 팔을 빼내려고 애쓰면서 얘기를 계속한다. 입에는 거품마저 약간 끼어 있다.

"사회주의를 창시한 사람은 아일랜드인이었어.*129 유럽에서 처음으로 사상의 자유를 외친 사람은 콜린스*130였고. 200년 전에. 이 미들섹스의 철학자는 종교정치를 규탄했단 말이야. 존 앤터니 콜린스를 위하여, 만세! 만세! 만세!"

에워싸고 있는 학생들의 바깥쪽에서 가느다란 목소리가 들려왔다.

"핍! 핍!"*131

모이니안이 스티븐의 귓전에 대고 속삭였다.

"존 앤터니의 불쌍한 누이동생의 노래는 어때?

'로티 콜린스가 드로어즈를 잃었대,
네 것 좀 빌려주면 안 될까?'*132

스티븐이 웃자, 모이니안은 의기양양해져서 다시 작은 소리로 속삭였다.

"존 앤터니가 이기는지 지는지 5실링씩 걸어볼까?"*133

---

*129 과장된 생각이다. 단, 아일랜드는 사회개혁자이자 페미니스트인 윌리엄 톰슨(1785~ 1833) 및 처치스트 운동과 관련된 제임스 오브라이언(1805~64) 등을 배출했다(G/D).

*130 영국의 자유주의 사상가 존 앤토니 콜린스(1676~1729).

*131 Pip! Pip! 항의와 비난의 외침(파트리지).

*132 속요(오피 부처 《학동의 전승과 언어》). 로티 콜린스는 1890년대 영국 뮤직홀의 인기스타(G).

*133 경마에 비유하여.

"난 네 대답을 기다리고 있다고." 머캔이 퉁명스럽게 말했다.

"난 그런 문제엔 흥미가 없는걸." 스티븐이 지겹다는 듯이 말했다. "너도 잘 알면서. 왜 그런 일을 가지고 시비를 거는데?"

"좋아!" 머캔이 혀를 차고 나서 말했다. "그렇다면 넌 반동이구나?"

"목검이라도 휘둘러 위협하겠다는 거니?" 스티븐이 물었다.

"비유를 쓰는 거야?" 머캔이 무뚝뚝하게 말했다. "알아듣기 쉽게 말하지 그래."

스티븐은 낯을 붉히며 외면했다. 머캔은 한 걸음도 물러서지 않고 적의를 띤 유머를 섞어 말했다.

"인류 시인들은 우주의 평화 같은 시시한 문제에는 관심이 없다는 거로군?"

크랜리가 고개를 쳐들고 두 사람에게 화해의 선물로 공을 내밀면서 말했다.

"'이 피투성이의 온 세상에 평화를!'"*134

스티븐은 구경꾼들을 밀쳐내고, 황제의 사진을 향해 화난 듯이 어깨를 들이밀며 말했다.

"네 우상이나 잘 지켜. 우리에게 예수가 필요하다면 좀 정당한 예수를 가지자고."

"야! 그 농담 한 번 멋지다!" 집시 학생이 주변에 있는 아이들에게 말했다. "꽤 멋진 표현인걸. 정말 마음에 들어."

그는 이 말을 꿀꺽 삼키듯이 침을 삼킨 뒤, 트위드 모자의 챙을 만지작거리면서 스티븐을 향해 말했다.

"실례지만 선생, 방금 말씀하신 표현, 그거 무슨 뜻이오?"

옆에 있는 학생들에게 떠밀리면서 그가 말했다.

"이 친구가 한 말이 무슨 뜻인지 알고 싶어 못견디겠군."

그는 다시 스티븐을 향해 이렇게 속삭였다.

"넌 예수를 믿니? 난 인간을 믿어.*135 물론 난 네가 인간을 믿는지 어떤진 모르지만 말이야. 너한텐 정말 감탄했어. 모든 종교에서 독립한 인간의

---

*134 Pax super totum sanguinarium globum. 학생라틴어.

*135 19세기에는 예수를 신이라기보다 뛰어난 인간으로 보는 생각이 생겨났다. 이를테면 《율리시스》 제9삽화에서, 스티븐이 그 이름을 언급한 에르네스트 르낭의 《예수전》(1863) 등.

정신에 감탄하고 있다고. 그게 예수의 정신에 대한 너의 사고방식이란 말이지?"

"잘한다, 템플." 그 건장하고 혈색 좋은 학생이 평소의 버릇대로 처음의 생각으로 돌아가서 말했다. "약속한 맥주가 널 기다리고 있단 말이야."

"그 녀석은 나를 저능아로 여기고 있어." 템플이 스티븐에게 설명했다. "내가 정신의 힘을 신봉하고 있기 때문이지."

크랜리는 스티븐과 그의 심취자 사이에 팔을 집어넣으면서 말했다.

"'가서 핸드볼 놀이나 하자'"*136

스티븐은 끌려가면서 매컴의 상기되고 퉁명스러운 얼굴을 흘깃 바라보았다.

"내 서명이야 어차피 중요하지도 않잖아." 그는 온화하게 말했다. "넌 네 방식으로 사는 게 옳아. 그리고 나는 내 길을 가도록 해줘."

"디덜러스." 머캔이 상쾌하게 말했다. "난 네가 좋은 놈이라고 생각해. 하지만 앞으로는 이타주의의 고귀함과 인간미 있는 개인의 책임감을 배우는 게 좋을 거야."

그때 누군가가 이렇게 말했다.

"괴팍한 선생은 이런 일에 끼어들지 않는 게 어때?"

스티븐은 매칼리스터의 목소리에 가시가 돋친 것을 알았지만 목소리가 난 쪽을 돌아보지는 않았다. 스티븐과 템플의 팔을 낀 채 학생들을 헤치고 나아가는 크랜리는 마치 부사제들을 대동하고 제단으로 나아가는 미사집전 신부 같았다.

템플은 크랜리의 가슴 너머로 얼굴을 내밀면서 스티븐에게 말했다.

"매칼리스터가 한 말 들었니? 그 애는 너를 시기하고 있는 거야. 알아? 크랜리는 절대로 모를걸. 난 대번에 알았지만."

그들이 안쪽 홀을 지나갈 때, 마침 학감은 그 동안 대화하고 있던 학생들을 피해 나오는 중이었다. 그는 계단 밑에 서서 한쪽 발을 맨 아래 계단에 올려놓은 채 닳아빠진 수탄 자락을 여자처럼 조심스럽게 챙긴 뒤 올라갈 채비를 하면서 머리를 연방 끄덕거리며 같은 말을 되풀이하고 있었다.

"맞았어, 해킷! 아주 잘했어. 아주 잘했어요."

---

*136 Nos ad manum ballum jocabimus. 학생라틴어.

홀 한가운데서는 대학 신심회 회장이 부드러우면서도 하소연하는 듯한 목소리로 한 기숙사생과 열심히 얘기하고 있었다. 얘기하면서 그는 주근깨가 있는 이마를 약간 찌푸리며 말하는 틈틈이 작은 골제(骨製) 연필을 입에 물곤 했다.

"신입생들이 모두 와주면 좋겠는데. 문과 2학년은 거의 확실해. 3학년도 마찬가지이고. 신입생들에 대해서 확실히 해둬야겠어."

그들이 문간을 지나갈 무렵 템플이 다시 크랜리 너머로 바라보면서 재빨리 속삭였다.

"저이가 결혼했다는 걸 알고 있니? 개종하기 전에 이미 결혼을 했었대. 어딘가에 아내와 아이들이 있을 거야. 정말이지, 별놈의 얘기를 다 들어본다, 안 그래?"

그의 속삭임이 길게 꼬리를 끌며 사라지더니 낄낄거리는 교활한 웃음으로 변했다. 그들이 문간을 빠져나간 순간, 크랜리가 난폭하게 그의 목덜미를 움켜잡고 흔들면서 말했다.

"이 모자라는 바보야! 이 망할 놈의 세상에 너보다 더 모자라는 바보는 없다는 걸 성경 앞에서 맹세해도 좋아!"

템플은 붙잡힌 채 몸부림치면서도 여전히 교활하게 만족스러운 듯이 웃고 있다. 크랜리는 난폭하게 그의 목을 흔들 때마다 냉담한 목소리로 말했다.

"이 모자라는 바보 천치 같은 녀석!"

그들은 함께 잡초가 무성한 정원을 가로질렀다. 무거워 보이는 헐렁한 외투를 걸친 학장이 성무일과를 읽으면서 산책로 하나를 따라 이쪽으로 걸어오고 있었다. 산책로가 끝나는 곳에서 그는 돌아서지 않고 걸음을 멈추더니 눈을 들었다. 세 명의 학생들이 인사한다. 템플은 아까처럼 모자챙을 만지작거리고 있다. 그들은 말없이 계속 걸어갔다. 구기장에 가까워지자 선수들이 손뼉 치는 소리, 젖은 공이 튀는 소리, 공을 칠 때마다 데이빈이 흥분해서 지르는 소리가 스티븐의 귀에 들려왔다.

세 학생은 데이빈이 경기를 구경하기 위해 앉아 있던 자리 근처에서 멈췄다. 잠시 뒤 템플이 스티븐에게 다가와서 말했다.

"미안하지만 한 가지 물어볼 게 있어. 너 장 자크 루소*137가 성실한 사람이었다고 생각하니?"

스티븐이 웃음을 터뜨렸다. 크랜리는 발밑의 풀밭에서 부서진 술통 조각을 주워들고 재빨리 돌아서더니 준엄하게 말했다.

"템플, 하느님께 맹세코 선언한다만, 네가 한 마디라도 더 지껄이면 네놈을 '그 자리에서'*138 죽여버리겠어."

"그도 너처럼 감정적인 사람이었어." 스티븐이 말했다.

"망할 자식! 우라질 놈의 자식!" 크랜리가 거침없이 말했다. "이제 저 놈에겐 말하지 말래도. 템플에게 말을 하느니 차라리 냄새 나는 요강에 대고 말하는 게 낫지. 집으로 가, 템플! 제발 집으로 돌아가."

"네가 뭐라고 하든 난 상관하지 않겠어, 크랜리." 템플은 크랜리가 주워든 술통 조각이 닿지 않을 만한 곳으로 몸을 피하더니 스티븐을 가리키며 대답했다. "내가 알기로는 저 친구야말로 이 학원에서 개성적인 정신을 지닌 유일한 사람이야."

"학원? 개성적?" 크랜리가 소리쳤다. "돌아가라니까, 이 망할 자식아, 넌 정말 구제할 길 없는 쓰레기야."

"난 감정적인 인간이야." 템플이 말했다. "정말 멋진 표현인 것 같아. 난 내가 감정적인 인간인 것을 자랑스럽게 여긴다고."

템플은 교활한 미소를 지으면서 구기장을 슬그머니 빠져나갔다. 크랜리는 방심한 듯 멍한 표정으로 그를 지켜보았다.

"저놈 좀 봐!" 크랜리가 말했다. "저런 미꾸라지 같은 놈 본 적 있니?"

이 말에 대답하듯이 기묘한 웃음소리가 들려왔다. 챙 달린 모자를 눈까지 눌러 쓰고 벽에 기대 서 있던 학생의 웃음소리였다. 근육질 체격에서 날카롭게 나오는 웃음소리가 마치 코끼리 울음소리 같았다. 온몸을 흔들면서 치밀어 오르는 웃음을 참으려고 사타구니를 유쾌한 듯이 두 손으로 문지르고 있었다.*139

"린치*140가 정신을 차렸군." 크랜리가 말했다.

린치는 그 말에 대답하듯이 몸을 쭉 펴면서 가슴을 내밀었다.

---

*137 프랑스의 사상가(1712~78). 인간은 문명에 오염되지 않으면 무구하고 선량한 존재이므로 자연으로 돌아갈 것을 주장했다.

*138 super spottum. 학생라틴어.

*139 이 동작은 습진이나 이에 의한 것.

"린치가 가슴을 내밀고 있어. 그건 인생에 대한 비평이야."

스티븐이 말하자 린치는 요란한 소리를 내면서 자기 가슴을 두드렸다.

"내 가슴 둘레에 대해 어느 놈이 불만이라도 있는 거냐?"

크랜리는 그 말에 응하여 일어났고 두 사람은 씨름을 시작했다. 힘을 쓰느라 얼굴이 붉어지자 두 사람은 숨을 몰아쉬면서 떨어졌다. 스티븐은 경기에 열중하여 다른 아이들의 얘기는 전혀 듣고 있지 않던 데이빈에게 몸을 굽혔다.

"그런데 나의 길들여진 거위님은 잘 계시는가?" 스티븐이 물었다. "거위님도 서명했는지?"

데이빈이 고개를 끄덕였다.

"스티비, 넌?"

스티븐은 고개를 저었다.

"넌 정말 대단한 녀석이야, 스티비." 데이빈은 짤막한 파이프를 입에서 떼면서 말했다. "언제나 혼자지."

"세계 평화를 위한 청원서에 서명을 했으니, 네 방에 있던 그 작은 수첩*141도 태워버리겠구나." 스티븐이 말했다.

데이빈이 아무 대답도 하지 않자 스티븐은 그 수첩의 내용을 인용하기 시작했다.

"앞으로 갓, 피아나! *142 반우향 앞으로 갓, 피아나! 피아나, 번호순으로 경례, 하나, 둘!"

"그건 문제가 달라." 데이빈이 말했다. "난 무엇보다 먼저 아일랜드 민족주의자라고. 하지만 정말 너다운 말이야. 넌 타고난 냉소가니까, 스티비."

"다음에 헐링 채를 들고 다시 반란을 일으킬 때*143 밀고자*144가 꼭 있어

---

*140 《율리시스》에서는 의학생으로 등장하며, 제10삽화에서는 연인과 함께 있는 장면을 콘미 신부에게 목격되고, 제14삽화에서는 국립산부인과 병원에서 스티븐 일행과 함께 술을 마신 뒤, 제15삽화에서는 영국병사와 소란에 휘말린 스티븐을 저버린다.

*141 과격한 민족주의 집단 피니어회의 전투교칙본.

*142 '피아나'는 피니어회의 전투 때의 구호(G).

*143 1867년 피니어회의 반란을 조롱한 것. 그 군사훈련은 총이 아니라 헐링의 타구봉으로 했다(D).

*144 아일랜드에 밀고자가 많은 것을 놀리는 말. 단, 피니어회와 공화주의자 동맹에서는 1916년까지 밀고자에 의한 배신은 없었다(D).

야 한다면 나에게 얘기해. 이 대학에서 몇 놈은 찾아줄 테니까."

"너라는 사람은 도무지 이해할 수가 없군." 데이빈이 말했다. "언제는 영국문학을 비방하더니 이제는 아일랜드인 밀고자를 욕하는구나. 이름으로 보나, 사상으로 보나⋯⋯도대체 널 아일랜드 사람이라고 할 수 있을까?"*145

"나랑 문장(紋章) 등기소에 가보자. 우리 집 족보를 보여줄 테니까." 스티븐이 말했다.

"그렇다면 우리 편에 들어야 할 것 아냐. 왜 아일랜드 말을 배우지 않니? 어째서 단 한 시간 만에 동맹*146 어학반에서 나와버렸지?"

"그 이유를 너도 한 가지는 알고 있잖아."

스티븐의 대답에 데이빈은 고개를 들고 웃었다.

"아, 그렇구나. 그 젊은 여성*147과 모런 신부 때문이야? 하지만, 스티비, 그건 너 혼자만의 생각일 뿐이야. 그들은 그저 얘기하며 웃고 있었을 뿐이었어."

스티븐은 뭐라 말해야 할지 몰라 데이빈의 어깨 위에 다정하게 손을 얹었다.

"우리가 처음 만나던 날 기억하니?" 스티븐이 말했다. "그날 아침 넌 나에게 신입생 반으로 가는 길을 물었어, 첫 음절에 강한 악센트를 넣어서. 기억나니? 그 무렵 넌 예수회 회원이면 무조건 신부님이라고 불렀지. 생각나? 난 속으로 생각했어. '이 친구는 말씨만큼 순진한 사람일까?' 하고."

"난 단순한 인간이야." 데이빈이 말했다. "너도 알고 있잖아. 그날 저녁 하코트 거리*148에서 네 사생활 이야기를 들려주었을 때, 솔직하게 말해서 스티비, 난 저녁밥을 먹을 수가 없었어. 마음이 아주 언짢아서. 그날 밤늦도록 잠도 자지 못했지. 나에게 왜 그런 이야기를 했니?"

"고맙다." 스티븐이 말했다. "내가 괴물이란 얘기군."

"아냐. 하지만 그런 이야기는 하지 않는 게 좋았어."

스티븐의 우정의 잔잔한 수면 아래에 조수가 밀려오기 시작했다.

---

*145 민족주의의 고양과 더불어, 아일랜드인의 정체성을 둘러싼 논쟁이 일어나고 있었다.

*146 게일어 동맹을 가리킨다. 1893년 6월 1일, 더글러스 하이드, 이언 맥네일, 유진 오글로니 등이 설립한 게일어(아일랜드어) 부흥운동. 문화운동으로서 시작했으나 나중에 정치운동으로 전환했다(《대기근 이후의 아일랜드》).

*147 E─C─를 가리켜. 스티븐은 그녀가 모런 신부와 친한 것을 질투하고 있다.

*148 대학에서 데이빈이 사는 그랜덤 거리로 가는 도중에 있는 거리.

"이 민족, 이 나라, 그리고 이 생활이 나를 만들었어. 난 나 자신을 있는 그대로 표현할 거야."

"우리 편이 되도록 노력해 봐." 데이빈이 거듭 말했다. "너도 마음속으로는 아일랜드인이면서 자존심이 너무 강해."

"우리 조상들은 자신들의 언어를 버리고 다른 나라의 언어를 택했어."*149 스티븐이 말했다. "그들은 소수의 외국인에게 쉽사리 굴복하고 말았어. 그들이 진 빚을 나 혼자서 내 삶과 몸을 바쳐 갚을 것 같아? 무엇을 위해서?"

"우리의 자유를 위해서지." 데이빈이 말했다.

"톤의 시대부터 파넬의 시대에 이르도록 명예를 아끼는 성실한 사람들이 자신들의 생명과 젊음과 애정을 너희에게 바쳤지만, 너희는 그들이 곤경에 처했을 때 그분들을 적에게 팔아넘기거나 낙담시키고, 아니면 그들을 비난하며 다른 사람들을 편들곤 했어. 그런데도 나더러 너희 편이 되라는 거니? 난 차라리 너희들이 망하는 꼴을 보고 싶어."

"그들은 이상을 위해 죽었어." 데이빈이 말했다. "우리의 시대가 올 거야.*150 믿어줘."

스티븐은 자신의 생각에 빠져 한동안 잠자코 있었다.

"영혼이 처음으로 탄생하는 건 내가 너에게 말한 그런 순간이야." 스티븐이 애매한 어조로 말했다. "그것은 더디고 어두운 탄생, 육체의 탄생보다 훨씬 더 신비로운 탄생이야. 이 나라에서는 한 사람의 영혼이 탄생할 때 그것이 날아가 버리지 못하도록 가두는 그물을 여러 개 던지지. 넌 나에게 국민성과 국어, 종교에 대해 말하지만, 난 그런 그물을 피해서 날아가려고 노력할 거야."

데이빈은 파이프를 두드려 재를 떨어냈다.

"그 말은 너무 심오해서 알아들을 수가 없어, 스티비. 하지만 인간은 조국을 가장 먼저 생각해야 해. 아일랜드가 무엇보다 먼저란 말이야, 스티비. 나라가 있어야 네가 시인도 될 수 있고 신비론자도 될 수 있는 거야."

---

*149 게일어(아일랜드어)를 버리고 영어를 선택한 것. 이러한 사고양식의 배후에는 당시의 게일어 부흥운동을 민족주의로 전환한 패트릭 헨리 피어스(1879~1916)의 사상을 상정할 수 있다.
*150 오늘날의 IRA(아일랜드 공화군)에도 전해지고 있는 피니어회가 좋아한 슬로건(D).

"넌 아일랜드가 어떤지 알고 있어?" 스티븐은 냉혹하고 거칠게 말했다. "아일랜드는 제가 낳은 새끼를 잡아먹는 늙은 암퇘지[151] 같아."

데이빈은 자리에서 일어나 슬픈 듯이 고개를 저으면서 선수들 쪽으로 다가갔다. 그러나 이내 그의 슬픔은 사라지고 어느새 크랜리와 이제 막 시합을 끝낸 두 선수를 상대로 열띤 논쟁을 벌이기 시작했다. 4인조 시합이 준비되었는데 크랜리는 자기 공을 쓰자고 고집을 부렸다. 그는 그 공을 두세 차례 손으로 친 뒤 구기장의 골을 힘차게 던져 넣고는 그것이 튀는 소리에 맞춰 외쳤다.

"빌어먹을!"

스티븐은 득점이 추가될 때까지 린치와 함께 앉아 있다가 그의 소매를 잡고 끌어냈다. 린치가 따라오면서 말했다.

"크랜리의 말투를 빌린다면, 그럼 우리도 갈까?"[152]

스티븐은 이 농담을 듣고 웃었다. 그들은 정원을 빠져나가 늙은 수위가 게시판에 광고를 핀으로 고정하고 있는 홀까지 갔다. 스티븐은 계단 밑에서 걸음을 멈추고 주머니에서 담뱃갑을 꺼내 친구에게 내밀었다.

"네가 가난하다는 건 알고 있어." 스티븐이 말했다.

"그 샛노란 건방[153]은 집어치워!" 린치가 응수했다.

린치의 교양을 말해주는 이 두 번째 증거[154]에 스티븐은 또다시 미소지었다.

"네가 '샛노랗다'라는 말로 욕을 했으니, 유럽 문화에 있어서는 아주 경사스러운 날로 기억되겠군."

그들은 궐련에 불을 붙인 뒤 오른쪽으로 돌아갔다. 잠시 뒤 스티븐이 걸음을 멈추고 입을 열었다.

"아리스토텔레스[155]는 연민과 공포를 정의하지 않았어. 그래서 내가 했

---

*151 W.B. 예이츠(1865~1939)의 1막짜리 연극 《홀리한의 딸 캐슬린》(1902년 초연)의 표제 인물처럼, 조국을 위해 피 흘릴 것을 강요하는 민족주의적 사상의 화신을 가리켜서. 스티븐은 《율리시스》 제15삽화에서도 같은 표현('제 새끼를 잡아먹는 암퇘지!)을 되풀이한다.

*152 Let us eke go 이것은 Let us e'en go=Let. us even go를 크랜리가 잘못 말한 거라고 조이스는 번역자에게 설명했다(《서간집》).

*153 yellow insolence. '노란색(yellow)'은 린치가 '젠장할(bloody)'만큼이나 많이 쓰는 말. 《율리시스》 제15삽화에서, 그는 스티븐의 스틱을 '너의 샛노란 지팡이'라고 말했다.

*154 첫 번째는 크랜리의 이름에 대한 풍자, 두 번째는 '샛노란'이라는 독특한 어법을 가리켜.

지. 내 정의로 말하자면……"

린치도 걸음을 멈추고 무뚝뚝하게 말했다.

"그만둬. 듣고 싶지 않아. 신물 나니까. 간밤엔 호런과 고긴스하고 나가서 죽어라고 퍼마셨지."

스티븐은 말을 계속했다.

"연민이란 인간의 고통 속에서 엄숙한 것과 불변하는 것에 부딪쳤을 때, 정신을 사로잡아 그것을 괴로워하는 인간과 결부시키는 감정이야. 공포는 인간의 고통 속에서 엄숙한 것과 불변하는 것에 부딪쳤을 때, 정신을 사로잡아 그것을 은밀한 원인과 결부시키는 감정이고."

"다시 한 번 말해 봐." 린치가 말했다.

스티븐은 그 정의를 천천히 되풀이했다.

"런던에서 있었던 일인데." 스티븐이 말을 이었다. "어떤 소녀가 며칠 전에 마차를 탔어. 소녀는 여러 해 동안 보지 못한 어머니를 만나러 가는 길이었지. 어느 길모퉁이에서 한 짐마차의 채가 그 마차 창에 부딪쳐 창을 별 모양으로 부숴놓았어. 소녀는 날카롭고 긴 바늘처럼 깨진 유리조각에 심장이 찔려 그 자리에서 죽었어. 신문기자는 그것을 비극적인 죽음이라고 불렀어. 하지만 그건 틀렸어. 내 정의에 의하면, 그건 공포나 연민과는 거리가 멀지.

비극적인 감정은 사실 두 방향을 바라보는 얼굴이야. 공포와 연민, 이 두 가지가 그 모습인 거지. 넌 내가 '사로잡는다'는 말을 사용한 것으로 알겠지만, 비극적 감정은 정적(靜的)이라는 뜻이야. 아니, 극적인 감정이 정적이라고 하는 편이 낫겠군. 부적절한 예술이 자극하는 감정은 욕망이나 혐오냐를 가릴 것 없이 모두 동적(動的)이거든. 욕망은 우리를 충동질하여 무엇을 소유하거나 찾게 하고, 혐오는 우리를 충동질하여 무엇을 버리거나 떠나가게 하니까. 그래서 이 욕망과 혐오를 자극하는 예술은, 그것이 외설적이냐 교훈적이냐를 떠나서 모두 좋지 않은 예술이야. 그러므로 일반적인 용어로 말해 심미적인 감정은 정적인 것이지. 정신에 붙잡히고 높아져서 욕망과 혐오를 초월하니까."

"예술이 욕망을 자극해서는 안 된다는 말이군." 린치가 말했다. "어느 날

---

*155 아리스토텔레스는 《시학》에서, 연민과 공포는 비극의 최종 목적인 카타르시스를 달성하기 위해 야기된다고 설명하고, 각각의 감정에 대해서도 간단한 정의를 내렸다.

박물관에서 프락시텔레스*156의 비너스상 엉덩이에 내가 연필로 이름을 썼다는 얘기를 한 적이 있지. 그건 욕망이 아닌가?"

"난 정상적인 인간에 대해 말하는 중이야." 스티븐이 말했다. "넌 카르멜 수도회*157에서 운영하는 그 멋진 학교에 다니던 시절에 마른 쇠똥을 먹은 적이 있다고 했잖아."

린치는 다시 한 번 울음소리 같은 웃음을 터뜨리더니, 호주머니에 손을 넣은 채 다시 사타구니를 문질렀다.

"아, 맞아! 그랬지!" 린치가 소리쳤다.

스티븐은 친구 쪽으로 몸을 돌려 한동안 그의 눈을 빤히 쳐다보았다. 린치는 간신히 웃음을 거두고 비굴한 눈으로 스티븐의 시선을 받았다. 길고 뾰족한 모자 밑의 길고 좁고 납작한 두개골은 스티븐의 마음속에 두건 같은 머리를 한 파충류의 모습을 연상시켰다. 눈도 그 번쩍거림이나 가만히 응시하는 모습이 파충류와 꼭 닮았다. 그러나 그 순간 시선은 비굴한 경계의 빛을 띠면서, 눈에는 한 점의 인간적인 빛이 밝혀졌다. 그것은 통렬하지만 자학적인, 시들어버린 영혼의 창(窓)이었다.

"그런 걸로 말하자면 우린 모두가 동물이니까." 스티븐은 온화하게, 부연하듯이 말했다. "나 역시 동물이고."

"그래." 린치가 말했다.

"그렇지만 우린 지금 정신세계를 논하고 있는 중이야." 스티븐이 말을 이었다. "좋지 않은 심미적 수단에 의해 유발되는 욕망과 혐오가 정말로 심미적 감정이라고 할 수 없는 건, 그 성질이 동적인 점도 있지만 또한 그것이 육체적인 것에 지나지 않기 때문이야. 우리의 육체가, 혐오하는 것은 회피하고 욕망하는 것의 자극에는 반응을 보이는 건, 신경 조직의 순수하게 반사적인 작용 때문이지. 파리 한 마리가 눈에 뛰어들기 전에 눈꺼풀이 먼저 감기는 것처럼."

---

*156 기원전 4세기 그리스의 조각가. 기원전 5세기의 신상(神像) 조각이 숭고함과 위엄을 강조한 데 비해, 육체의 싱그러움, 우아함을 지닌 감각적이고 인간적인 것을 표현했다." 그의 크니도스의 아프로디테(비너스)상을 모조한 석고가 더블린의 국립박물관에 있었다 (피어스 《제임스 조이스의 아일랜드》).

*157 12세기에 창립된 로마 가톨릭 교회의 수도회.

"꼭 그렇지는 않아." 린치가 비판적으로 말했다.

"마찬가지로 네 육체는 나상(裸像)의 자극에 반응을 보였어. 하지만 그건 단순한 신경의 반사작용에 불과하다고 생각해. 예술가가 표현하는 아름다움은 우리에게 동적인 감정이나 순수하게 육체적인 감정을 일으킬 수가 없어. 그런 미가 일깨운다고 할까 일깨워야 하는 것, 또 유발한다고 할까, 유발해야 하는 것, 그건 심미적 정적 상태지. 이상적인 연민, 이상적인 공포의 상태. 내가 미의 리듬이라고 부르는 것에 의해 환기되고 지속되며 결국 해소되는 정적인 상태."

"그게 정확히 말하면 뭔데?" 린치가 물었다.

"리듬이란" 스티븐이 말했다. "어떤 심미적인 전체 속에서 부분을 부분에, 또는 어떤 심미적인 전체가 그 일부분 또는 여러 부분에, 아니면 심미적인 전체의 일부분과 그 전체에 결부시키는 가장 중요한 형식적이고 심미적인 관계를 말해."

"만약 그게 리듬이라면 네가 미라고 부르는 것에 대해서도 말해 줘." 린치가 말했다. "그리고 비록 왕년에 쇠똥을 먹어본 적은 있지만, 내가 찬미하는 건 오직 미뿐이라는 건 기억해 둬."

스티븐은 마치 환영인사라도 하듯이 모자를 쳐들었다. 그러고 난 뒤, 희미하게 얼굴을 붉히며 린치의 두터운 트위드천 소매에 손을 얹었다.

"우리가 옳아." 그는 말했다. "다른 사람들이 틀렸어. 이런 것에 대해 얘기하고 그 본질을 이해하려고 노력하는 것, 그리고 그것을 이해하고 난 뒤에는 이 둔중한 대지와 거기서 생겨나는 것에서, 또는 우리 영혼의 옥문(獄門)이라고 할 수 있는 소리와 모양과 색깔에서, 우리가 이해하게 된 미의 이미지를 천천히 겸손하게 꾸준히, 그리고 철저하게 표현하는 것, 그게 바로 예술이야."

그들은 운하의 다리에 이르자 길에서 벗어나 가로수 옆을 걸었다. 살풍경한 회색빛이 흐릿한 운하물에 비치거나, 머리 위에서 젖은 나뭇가지 냄새가 풍겨오는 것이 스티븐의 사색의 길을 가로막는 것 같았다.

"하지만 넌 내 질문에 답하지 않았어." 린치가 말했다. "예술은 무엇이고, 예술이 표현하는 미는 무엇이냐고?"

"그건 내가 맨 처음 내린 정의야, 이 멍청한 친구야." 스티븐이 말했다.

"내가 스스로 그 문제를 생각하기 시작했을 때 그랬잖아? 그날 저녁 기억나니? 크랜리가 화를 내면서 위클로 베이컨에 대한 얘기를 시작했잖아?"[158]

"기억나." 린치가 말했다. "그 친구는 뒤룩뒤룩 살찐 형편없는 돼지라고 얘기했지."

"예술은 말이야." 스티븐이 말했다. "감각적이거나 지적인 사항을 심미적 목적을 위해 처리하는 것이야. 넌 그 돼지 얘기는 기억하면서 그쪽에 대해선 잊고 있어. 너하고 크랜리는 정말이지 한심한 녀석들이야."

린치는 음산한 잿빛 하늘을 향해 얼굴을 찌푸리면서 말했다.

"너의 심미철학을 경청하게 하려면 담배나 한 대 더 줘야 할 것 아니니. 난 그런 것에는 흥미가 없으니까. 난 여자에 대해서도 흥미가 없어. 너도 그렇고 누가 어떻게 되든 내 알 바 아냐. 나에게 필요한 건 연봉 500파운드짜리 일자리뿐이야. 너도 그런 일자릴 얻어줄 순 없을 테고."

스티븐이 그에게 담뱃갑을 내밀었다. 린치는 마지막 한 개비를 꺼내면서 말했다.

"계속해!"

"아퀴나스는 우리가 어떤 것을 인식해서 기분이 좋은 건 미라고 했어."

린치는 고개를 끄덕였다.

"기억하고 있어. 아퀴나스는 '보기에 즐거운 것은 아름다운 것'[159]이라고 말했지."

"그는 '보기에'[160]라고 말했는데" 스티븐이 말했다. "이 말에는 시각이나 청각 또는 그 밖의 인식 수단을 통한 모든 종류의 심미적 인식이 들어 있어. 이 말이 비록 모호하기는 하지만 욕망이나 혐오를 유발하는 선과 악을 배제하기에는 충분할 만큼 그 뜻이 분명해. 이 말은 확실히 정적인 상태이지 동적인 상태가 아니야. 진리에 대해서는 어떨까? 그것 역시 정신의 정적인 상태를 만들어내고 있어. 너도 직각삼각형의 빗변에 연필로 이름을 쓰지는 않

---

[158] 전후사정은 알 수 없지만, 스티븐이 위클로 출신의 크랜리에게 '돼지'에 대해 말하자, 크랜리가 '베이컨' 자랑으로 응수한 것이 아닐까. 스티븐은 그날 밤의 화제를 상기하고, '돼지'에서 '베이컨'에 대한 처리를 자신의 미학론에 원용하려 한 것 같다.

[159] Pulcra Sunt quae visa placent. 라틴어.

[160] visa. 라틴어.

잖아."

"물론이지." 린치가 말했다. "프락시텔레스의 비너스의 빗변이면 몰라도."

"그러니까 정적이지." 스티븐이 말했다. "내가 알기로, 플라톤은 아름다움은 진리의 광채라고 했어.*161 이 말에 의미가 있다고는 생각하지 않지만, 진리와 미는 밀접한 관계가 있어. 이지를 통해 파악할 수 있는 것들 사이의, 가장 만족을 주는 관계에 의해 유연해진 지성으로 바라보는 것이 진리이고, 감각되는 것들 사이의, 가장 만족을 주는 관계에 의해 유연해진 상상력으로 바라보는 것이 미야. 진리의 방향을 향한 첫걸음은 지성 자체의 구조와 범위를 이해하는 것, 즉 사유 작용 자체를 파악하는 것이지. 아리스토텔레스의 모든 철학 체계는 그의 심리학책에 기초를 두고 있지만, 내가 생각하기에 그것은 동일한 속성이 동시에, 동일한 관계와 동일한 주체에 속해 있으면서도 속하지 않는, 그런 일은 불가능하다고 한 그의 진술에 근거하고 있어.*162 한편 미를 지향하는 첫걸음은 상상력의 구조와 범위를 이해하는 것, 심미적 인식 작용 자체를 파악하는 것이야. 이젠 알아듣겠니?"

"하지만 미는 무엇이니?" 린치가 답답하다는 듯이 물었다. "또 하나의 정의를 내려 봐. 우리가 볼 수 있고 좋아할 수 있는 것으로! 너와 아퀴나스가 내릴 수 있는 정의는 그것밖에 안되니?"

"여자를 예로 들어볼까?" 스티븐이 말했다.

"그래, 좋지!" 린치가 열띤 어조로 말했다.

"그리스인, 터키인, 중국인, 콥트인, 호텐토트인 등은 각기 서로 다른 유형의 여성미를 찬양하고 있어." 스티븐이 말했다. "이 사실은 우리가 도저히 빠져나갈 수 없는 미궁처럼 보여. 하지만 거기에는 두 개의 출구가 있지. 그 하나는 이런 가설이야. 즉 남자가 찬미하는 여자의 육체적 특질은 모두 종족 번식을 위해 여성이 수행하는 다양한 기능과 직접적인 관계가 있다는 거지. 그럴지도 몰라. 이 세상은 린치 네가 생각하는 것보다 훨씬 더 음산한 곳인 것 같아. 나로서는 그런 출구를 좋아하지 않아. 그건 미학이 아니라 우생학*163으로 통하니까. 이 출구는 우리를 미궁에서 벗어나게 해주지만 다른

---

*161 플라톤은 《향연》과 《파이드로스》에서 비슷한 발언을 했지만, 스티븐이 인용한 것은 플로베르의 편지(1857년)에 근거한 것인 듯하다(G).

*162 아리스토텔레스 《형이상학》 제4장(J).

천박한 새 강의실로 우리를 이끌고 가지. 그 강의실에선 머캔이 한 손을 《종의 기원》*¹⁶⁴에 얹고 다른 손은 《신약성서》에 얹은 채 너에게 강의하고 있을 거야. 네가 비너스의 풍만한 옆구리를 찬미하는 건 그녀가 너의 튼튼한 자손을 낳을 수 있을 거라고 생각하기 때문이고, 그녀의 풍만한 젖가슴을 찬미하는 건 그녀가 자기와 너 사이에 난 자식에게 질 좋은 젖을 먹일 수 있을 거라고 생각하기 때문이라고."

"그렇다면 머캔은 유황처럼 샛노란 거짓말쟁이군." 린치가 힘을 주어 말했다.

"또 하나의 출구가 있어." 스티븐이 웃으면서 말했다.

"말하자면?" 린치가 물었다.

"이런 가설이야." 스티븐이 시작했다.

고철을 실은 긴 짐마차가 패트릭 던 병원*¹⁶⁵ 모퉁이를 돌아오면서 내는, 귀에 거슬리는 소음이 스티븐의 이야기 끝부분을 삼켜버리고 말았다. 그 짐마차가 다 지나갈 때까지 린치는 귀를 막고 온갖 욕설을 퍼부어댔다. 그런 다음 거칠게 발길을 돌렸다. 스티븐도 빙글 돌아서서 친구의 울분이 모두 배출될 때까지 잠시 기다리고 있었다.

"또 하나의 출구는 이런 가설이야." 스티븐이 다시 얘기하기 시작했다. "즉, 같은 물체가 모든 사람에게 아름답게 보이는 일은 없겠지만, 아름다운 물체를 찬미하는 사람들은 모두, 그 안에 있는 모든 심미적인 인식의 여러 가지 단계를 만족시키고 합치시키는 어떤 관계를 찾아낸다는 얘기야. 너에게는 이런 형태로 보이고 나에게는 저런 형태로 보이는, 그런 감각될 수 있는 것의 이러한 관계는, 따라서 미에는 필요한 특질이 분명해. 그런데, 아주 약간의 지혜를 빌리기 위해, 우리의 옛 친구 성 토마스를 인용해도 괜찮겠지."

린치가 웃었다.

"정말 웃긴다." 그가 말했다. "네가 몇 번이고 유쾌한 뚱뚱한 수도승처럼, 성

---

*163 나쁜 유전은 피하고 좋은 유전을 남기며 자손을 우량하게 하기 위해, 배우자의 선택이나 결혼상의 문제를 과학적으로 연구하는 학문. 《종의 기원》을 바탕으로 19세기 말에 발달했고 민족주의 사상과도 결부되었다.

*164 찰스 다윈(1809~82)의 1859년 저서. 스티븐이 염두에 둔 것은 다윈의 자연도태설이나, 아니면 인간을 동물로 보는 그의 이론에 관한 그리스도교도의 해석.

*165 스코틀랜드계 아일랜드인 의사 겸 정치가인 패트릭 던 경(1642~1713)을 기념하는 재단에 의해 1803년 더블린 운하 옆에 설립된 병원.

토마스를 인용하는 것을 듣는 것 말이야. 너도 속으로는 몰래 웃고 있겠지?"

"매칼리스터라면 내 심미적 이론을 응용 아퀴나스학이라고 부르겠지." 스티븐이 대답했다. "심미철학의 이 면에 대해 말한다면, 아퀴나스는 나의 논의를 잘 이끌어줄 거야. 우리가 예술적 수태(受胎), 예술적 잉태 및 예술적 재생이라는 현상을 논하게 될 때는, 새로운 용어와 새로운 개인적 체험이 필요해지겠지만."

"물론" 린치가 말했다. "어쨌든 아퀴나스는 지성은 뛰어났지만, 완전히 사람 좋은 살찐 수도승이었던 거야. 하지만 새로운 개인적 체험과 새로운 용어에 대해 얘기하는 건 다른 날로 미루고, 어서 제1부나 끝마쳐 봐."

"누가 알겠니?" 스티븐이 미소지으면서 말했다. "아마 아퀴나스라면 나에 대해 너보다 잘 이해해줄 텐데. 그분 자신이 시인이었으니까. 그는 성목요일*166을 위한 찬미가를 쓰기도 했지. 그건 '노래하라, 나의 혀야, 그리스도의 영광을.'*167이라는 말로 시작돼. 그것이 찬미가 가운데 가장 영광스러운 것이라더군. 상당히 난해하지만 마음을 어루만져주는 찬송이야. 난 그 찬송을 아주 좋아해. 하지만 베난티우스 포르투나투스*168의 '왕의 깃발들'*169에 비견할 찬미가는 없을걸."

린치는 깊은 저음으로 부드럽고 엄숙하게 노래하기 시작했다.

'진실한 노래로써
다윗 왕이 예언한 바가 성취되었네.
만백성 사이에서 그는 노래했으니
하느님은 나무에서 다스리셨네.'*170

---

*166 그리스도가 성체, 미사성제, 사제직의 성사를 정한 마지막 만찬의 기념일(《가톨릭 소사전》).

*167 Pange lingua gloriosi. 라틴어. 성 토마스 아퀴나스의 찬미가로, 성체 축일의 저녁일과, 성목요일과 성체 축일의 행렬 등의 경우에 이것을 노래한다(《그리스도교 용어사전》).

*168 이탈리아 중세의 라틴시인(530무렵~600무렵). 푸아티에의 주교.

*169 Vexilla Regis. 라틴어. 그리스도의 십자가상의 수난을 찬미하는 것으로, 성목요일과 수난 주일 등에 노래한다.

*170 Impleta sunt quae concinit/David fideli carmine/Dicendo nationibus/Regnavit a ligno Deus. 라틴어. '왕의 깃발들'에서. '나무'는 '십자가'를 가리킨다.

"아, 좋다!" 그는 매우 기뻐하며 말했다. "멋진 음악이야!"

그들은 로어마운트 거리 쪽으로 들어섰다. 모퉁이에서 몇 발자국 떨어진 곳에 명주 목도리를 한 뚱뚱한 젊은이가 인사를 하며 그들을 불러세웠다. "시험 결과 들었어?" 젊은이가 물었다. "그리핀은 낙방했어. 할핀과 오플린은 국내 행정관 시험에 합격했대. 무넌은 인도 근무 행정관 시험에서 5등을 했고, 오쇼네시는 14등 했어. 클라크 상회에 드나들던 아일랜드 패*¹⁷¹들이 간밤에 그들에게 한턱냈는데, 모두들 카레 요리를 먹었대."

혈색이 좋지 않고 부어 있는 그의 얼굴에는 친절함 속에 적의의 표정이 떠올라 있다. 젊은이가 시험 합격 소식을 모두 전하고 나자, 눈두덩에 지방이 불룩한 작은 눈은 보이지 않게 되었고 씨근거리는 약한 목소리도 들리지 않게 되었다.

스티븐의 질문에 대답할 때, 그의 눈과 목소리는 숨어 있던 곳에서 다시 튀어 나왔다.

"응, 매컬러와 내가 했지." 그가 말했다. "맥컬러는 순수수학을, 난 헌법사를 선택할 예정이야. 모두 스무 과목인데 난 식물학도 선택하려고. 너도 알다시피 난 야외클럽 멤버잖아."

그는 거만한 태도로 두 사람 앞에서 물러나 털장갑을 낀 통통한 한 손을 가슴에 대고, 곧 중얼거리는 듯 씨근거리는 듯한 웃음소리를 냈다.

"다음에 야외 연구를 가게 될 때 스튜에 넣을 무하고 양파 좀 갖다 줘." 스티븐이 퉁명스레 말했다.

뚱보 학생은 상관하지 않고 웃더니 이렇게 말했다. "야외클럽 회원들은 모두 점잖은 아이들이야. 지난 토요일에는 일곱 명이 글렌말루어*¹⁷²에 갔었지."

"여자들도 갔어, 도노반?" 린치가 물었다.

도노반은 다시 한 번 손을 가슴에 대면서 말했다.

"우리의 목적은 지식의 획득에 있어."

그리고 재빨리 덧붙였다.

"넌 미학에 대한 무슨 논문을 쓴다며?"

그러자 스티븐은 애매하게 부인하는 몸짓을 했다.

---

*171 아일랜드에서 관료직을 얻은 사람들.
*172 더블린 남쪽 43킬로미터 남짓, 위클로 산맥의 계곡.

"괴테*¹⁷³와 레싱*¹⁷⁴은 그 문제에 대해 많은 글을 썼어." 도노반이 말을 이었다.

"고전주의니 낭만주의니 하면서. 《라오콘》*¹⁷⁵을 읽으니 아주 재미있더라. 물론 그 책은 관념적이고 독일적이고 또 무서울 정도로 심각하지만."

두 사람 다 아무 말도 하지 않았다.*¹⁷⁶ 도노반은 점잖게 작별인사를 했다.

"이제 그만 가봐야겠어." 그는 온화하고 부드러운 목소리로 말했다. "오늘은 여동생이 도노반 집안의 저녁식사를 위해 팬케이크를 만들 것 같은 예감이 들어서 말이야. 이건 뭐 거의 확신이라고 할 수 있지."

"잘 가." 스티븐이 뒤에서 말했다. "나와 내 친구를 위해 무 좀 가져오는 것 잊지 말고."

린치는 그 뒷모습을 가만히 지켜보았다. 그 입술은 천천히 경멸을 나타내며 일그러지고, 얼굴은 악마의 가면처럼 변해간다. 이윽고 그가 입을 열었다.

"저 팬케이크나 처먹는 똥 같은 녀석도 좋은 직장을 구하는데 난 싸구려 궐련이나 피워야 하다니, 내 참 더러워서!"

두 사람은 메리온 광장 쪽을 향해 한동안 말없이 걸었다.

"미에 대한 얘기를 정리해야겠군." 스티븐이 말했다. "그러니까 감각으로 파악할 수 있는 것들 사이의 가장 원만한 관계는, 예술적 인식에 필요한 여러 가지 모습에 대응하는 것임이 분명해. 따라서 그 관계만 찾아내면 보편적인 미의 특질을 찾을 수 있는 거지. 아퀴나스는 이렇게 말했어. 'ad pulcritudinem tria requiruntur, integritas, consonantia, claritas.'*¹⁷⁷ 번역하면 '미에는 세 가지가 필요하다. 전체성, 조화, 그리고 광휘'가 돼. 이 세 가지가 인식의 여러 모습에 대응할까? 여기까진 이해하겠니?"

---

*173 요한 볼프강 폰 괴테(1749~1832). 독일의 시인, 작가.

*174 고트홀트 에프라임 레싱(1729~81). 독일의 극작가, 비평가.

*175 레싱이 1766년 발표한 미완의 예술논집. 시와 그림을 비교하고 각각의 한계를 논했다. 《율리시스》 제3삽화에서 스티븐은 '차례로 연속하는 것'과 '동시에 병렬하는 것'이라는 말에서 레싱의 시와 그림의 구별을 상기했다.

*176 스티븐은 도노반의 '관념적이고 독일적'이라는 발언에 잠자코 있었는데, 그 이유의 하나는 자신의 미학론의 원천을 상대가 알아맞혔기 때문이기도 하다. 그는 독일관념론의 영향을 받은 《대영백과사전》의 '시' 항목을 참조하고 있다.

*177 라틴어. 인용은 성 토마스 아퀴나스의 《신학대전》 제1부 제39문 제8항을 바꿔말한 것.

"물론 이해하지." 린치가 말했다. "내 머릿속에 똥밖에 안 들어 있다고 생각한다면, 도노반을 쫓아가서 네 얘길 들어달라고 부탁해 보렴."

스티븐은 푸줏간의 심부름꾼 아이가 머리에 뒤집어쓰고 있는 광주리를 가리켰다.

"저 광주리 좀 봐."

"응, 보고 있어."

"저 광주리를 보기 위해서는 우리의 마음이 무엇보다 먼저 광주리가 아닌 주위의 가시세계(可視世界)에서 광주리를 분리해야 해." 스티븐이 말했다. "인식의 제1단계는 인식 대상의 주위에 긋는 한계선이야. 심미적 영상은 공간 또는 시간을 통해 우리에게 제시되거든.*178 들을 수 있는 것은 시간을 통해 제시되고, 볼 수 있는 것은 공간을 통해 제시되는 거야. 그러나 시간적인 것이든 공간적인 것이든, 심미적인 영상은 처음엔 그것과 다른 시간 또는 공간의 무한한 배경에 대립하는, 자신의 경계와 자신의 내용을 가지는 것으로서 선명하게 인식되거든. 우리는 그것을 '하나의' 사물로 인식하지. 그리고 이번에는 그것을 하나의 전체로 보는 거야. 그 전체성을 인식하고 있는 셈이지. 그게 바로 '전체성'*179이라는 거야."

"훌륭해!" 린치가 웃으면서 말했다. "계속해 봐."

"그러고 나서 우리는 그 형식적인 선을 따라 한 지점에서 다른 지점으로 옮겨 다니게 돼. 그 한계 안에서 부분과 부분이 서로 균형을 이루고 있는 것으로 인식한다고. 그 구조의 리듬을 느끼게 되는 거지. 다시 말하면, 즉각적인 지각의 종합 뒤에 인식 내용의 분석이 따르는 거야. 처음에는 그것이 '하나의' 것임을 느끼다가 이제는 그것을 '사물'이라고 느끼는 거지. 우리는 그것이 복합적이고 다원적이며, 구분하고 분리할 수 있으며, 여러 부분으로 구성되어 있되 그 몇몇 부분의 결과와 총체를 조화적이라고 인식하는데, 그게 바로 '조화'*180라는 거야."

"역시 이번에도 훌륭해!" 린치가 재치 있게 말했다. "이제 '광휘'*181가 무

---

*178 앞에 나온 257페이지의《라오콘》제15장에서.

*179 integritas. 라틴어.

*180 consonantia. 라틴어.

*181 claritas. 라틴어.

엇인지 설명해 주면 여송연을 하나 상으로 주겠어."

　"그 말의 함축적 의미는 아주 애매해."*182 스티븐이 말했다. "아퀴나스의 용어는 부정확하다고 생각돼. 오랫동안 난 그 말 때문에 헷갈렸어. 그 말에서 우리는 아퀴나스가 상징주의나 관념론을 염두에 두고 있었던 게 아닌가 하고 생각하지. 미의 최고의 특질은 어딘가 다른 세상에서 오는 빛, 즉 관념이니 실체니 하는 것인데, 물질은 관념의 그림자에 지나지 않고 실체의 상징에 지나지 않는다고 생각하고 싶어지지. '광휘'라는 것은 어떤 사물 속에 내재하는 하느님의 목적을 예술적으로 발견해서 재현한 것, 즉 심미적 이미지를 보편적인 것으로 만들고 그것을 본래의 상태보다 더욱 빛나게 하는 보편화의 힘을 의미하는 게 아닌가 하고 생각했어. 하지만 그건 어디까지나 문학적 표현이겠지. 난 그렇게 이해하고 있어. 네가 저 광주리를 '하나의 것'으로 인식한 뒤, 그 형태에 따라 분석하고 그것을 '사물'로 인식했을 때, 우리는 논리적으로도 심미적으로도 허용할 수 있는 유일한 종합을 한 거야. 넌 저 광주리가 바로 그 사물 자체이고, 다른 어느 것도 아니라는 것을 안 것이지. 아퀴나스가 말하는 광휘란 스콜라 철학의 '퀴디타스'*183 즉 사물의 '본성whatness'을 가리키지. 예술가의 상상력 속에서 심미적 이미지가 처음으로 잉태될 때 예술가는 그 지고한 특질을 느낄 수 있어. 그 신비로운 순간의 마음을 셸리는 꺼져가는 숯불*184이라는 아름다운 비유로 설명했어. 미의 전체성에 이끌리고 미의 조화에 매혹되던 마음이, 미의 그 지고한 덕성과 심미적인 이미지의 밝은 광휘를 환하게 인식하는 순간이야말로, 심미적인 쾌락의 밝은 정적 상태야. 이탈리아의 생리학자 루이지 갈바니*185가 거의 셸리의 비유만큼이나 아름다운 언어로 '심장의 황홀'이라고 불렀던, 바로 그런 심장

＊182 아퀴나스에 의하면, 아름다운 것의 광휘는 사물의 '형식' 자체의 광휘이고, 미는 형식과 관계가 있다. 한편, 스티븐은 미의 본질 자체의 '영상'을 강조하고, 어느새 낭만파적 이데아론으로 돌아섰다. 그의 심벌리즘이나 아이디얼리즘이라는 언어의 용법이 그것을 보여주고 있다(G).

＊183 quidditas. 라틴어. 통성원리(通性原理 같은 종류의 많은 개체에 통하는, 보편성의 측면에서 본 본질). 《율리시스》 제9삽화에서 스티븐은 '말(馬)다움은 모든 말의 본성'이라고 독백하는데, 이 '말다움'이 퀴디타스에 해당한다. 이 말은 《스티븐 히어로》에서는 '에피파니'로 불리고 있다.

＊184 셸리의 시론 《시의 옹호》(1721 집필) 속에 나오는 말. 《율리시스》 제9삽화에서도 스티븐은 이 말을 인용하며 시의 창작을 상상력의 작용으로 돌리고 있다.

상태와 매우 가까운 영적 상태라고도 할 수 있어."

스티븐은 말을 그쳤다. 비록 그의 친구는 아무 말도 하지 않았지만, 그는 자기의 말이 두 사람 주위에, 사색에 젖은 정적을 불러일으켰다고 느꼈다.

"내가 지금까지 말한 것은 넓은 의미에서의 미를 가리키고 있어. 즉 이 말이 문학적 전통 속에서 가지고 있는 의미." 그는 다시 시작했다. "일반사회에서는 미의 뜻도 달라지겠지. 우리가 미라는 말을 두 번째 의미로 사용할 때도, 우리의 판단은 우선 예술 그 자체에 의해, 또 그 예술의 형식에 의해 영향을 받게 돼. 그 이미지가 예술가 자신의 마음 또는 감각과 다른 사람들의 마음 또는 감각 사이에 놓여야 하는 건 분명해. 우리가 이 점에 유의한다면 예술이 필연적으로 세 가지 형식으로 나누어지며, 한 가지 형식에서 다른 형식으로 발전해 간다는 것을 알게 될 거야. 그 세 가지 형식이란 첫째 서정적인 형식, 즉 예술가가 자신의 이미지를 자기 자신과의 직접적인 관계에서 제시하는 형식, 둘째, 서사적 형식, 즉 예술가가 자신의 이미지를 자기 자신 및 타인에 대한 간접적 관계에서 제시하는 형식, 셋째 극적 형식, 즉 예술가가 자신의 이미지를 타인에 대한 직접적인 관계에서 제시하는 형식."

"그건 며칠 전 밤에 들었지." 린치가 말했다. "그래서 우리가 그 거창한 논쟁을 시작한 거잖아."

"집에 가면 노트가 있는데"*186 스티븐이 말했다. "거기에는 네가 말한 문제보다 재미있는 것이 적혀 있어. 그 문제의 답을 찾다가 이 미학이론을 찾게 된 거야. 내가 나 자신에게 제기한 문제는 이런 것이었어. '예쁘게 만들어진 의자는 비극적인가 희극적인가?', '내가 모나리자의 초상을 보고 싶어 한다면 그 초상은 선한 것인가?, '필립 크램프턴 경*187의 흉상은 서정적인가, 서사적인가, 아니면 극적인가?', '똥, 아이, 이는 예술작품이 될 수 있는가? 될 수 없다면 왜 그런가?'"

---

*185 이탈리아의 생리학자이자 해부학자(1737~98). 바늘을 개구리 척추에 찔러 넣으면 심장이 일시적으로 정지하는 것을 보고, 심장의 황홀(the enchantment of the heart)이라 불렀다(G).

*186 조이스는 '파리 노트'(1903)와 '포라 노트'(1904)에서 미학을 논했다.

*187 더블린 출신의 유명한 의사(1777~1858). 영국군 군의총감을 지낸 적도 있다. 《율리시스》 제6삽화에 기록되어 있듯이, 기념분수와 흉상은 그레이트브랜즈윅 거리 서쪽 끝의 칼리지 거리에 서 있었다.

"정말 왜 그럴까?" 린치가 웃으면서 말했다.

"'어떤 사람이 화가 나서 나무토막을 마구 난도질했는데, 그것이 암소의 상(像)이 되었다면 그것도 예술작품인가?'" 스티븐이 계속해서 말했다. "'아니라면 그 이유는?'"

"그것 참 재미있다." 린치가 다시 웃으면서 말했다. "그 물음에는 진짜 스콜라 철학의 냄새가 나는데?"

"레싱은 군상(群像)을 재료로 택하여 글을 쓰는 것이 아니었어."*188 스티븐이 말했다. "조각예술은 저급해서 내가 말하는 세 가지 형식을 뚜렷이 구별해서 제시해 주지 못해. 최고의 예술이요 가장 정신적인 예술인 문학에서도 이 형식들은 흔히 혼동되고 있어. 서정적인 형식은 사실 한 순간의 정서에 입히는 가장 단순한 언어의 옷이야. 먼 옛날에 노를 젓거나 비탈에서 바위를 끌어올리던 사람을 격려한, 리드미컬한 외침이 그런 것이지. 그것을 소리치는 인간은, 정서를 느끼고 있는 자기보다도, 오히려 그 한 순간의 정서를 훨씬 많이 의식하고 있어. 가장 단순한 서사적 형식은 예술가가 서사적 사건의 중심으로서의 자신을 연장하고, 그런 자신에 대해 생각할 때, 서정 문학에서 나타나는 것이지. 그리고 이 형식이 발전하면 결국 정서적 중심이 예술가 자신과 다른 사람들로부터 같은 거리를 유지하는 곳에 있게 돼. 그렇게 되면 서술이라는 건 이미 순수하게 개인적인 것이 아니야. 예술가의 개성은 서술 그 자체가 되어 다양한 개인과 행위 주위를 활기 넘치는 바다처럼 흐르게 되지. 이런 발전은 영국의 옛날 담시(譚詩) '영웅 터핀'*189에서 쉽게 찾아볼 수 있어. 이 담시는 1인칭으로 시작하여 3인칭으로 끝나거든. 극적 형식에 도달하는 건, 각각의 인물 주위를 흐르며 소용돌이치던 생명력이 모든 인물에게 활력을 주고, 그 결과 그 또는 그녀가 고유의, 그리고 만질 수 없는 심미적인 생명을 얻게 되었을 때의 이야기야. 예술가의 개성이란 처음에는 하나의 외침이고 운율이고 기분이었던 것이, 이윽고 유동적이고 부드

---

*188 트로이 전쟁 때, 그리스군의 목마 계략을 간파한 트로이의 신관 라오콘과 그의 두 아들은 여신 아테나이인 바다뱀에 의해 교살되는데, 거기서 착상을 얻은 것이 레싱의 《라오콘》이다.

*189 '딕 터핀'이라고도 한다(G). 영웅 터핀은 18세기 영국에 출몰했던 강도로, 1739년에 교수형에 처해졌다. 그를 둘러싼 수많은 민화가 있고, 그중에는 1인칭에서 3인칭으로 전환하는 것도 있다.

럽게 빛나는 서술이 되었다가, 결국 세련의 극치, 곧 존재하지 않게 되어, 이른바 몰개성적인 것이 되는 거야. 극적 형식에서의 심미적 이미지는 인간의 상상력 속에서 세련되고, 인간의 상상력에서 다시 투영된 생명이야. 미의 신비란 우주창조의 그것처럼 성취되지. 예술가는 우주창조의 신(神)처럼 자기가 만드는 작품의 내면이나 이면, 또는 그 너머 아니면 위에서 모습은 보이지 않은 채 정화되어, 존재를 사라지게 한 뒤 무심하게 손톱이나 깎고 있는 거야."*190

"손톱까지 정화시켜 존재하지 않게 한다는 건가?" 린치가 말했다.

베일을 친 것 같은 하늘에서 가랑비가 내리기 시작했다. 그들은 빗줄기가 굵어지기 전에 국립도서관에 도착하기 위해 공작의 잔디밭*191이라는 곳으로 들어갔다.

"하느님에게 버림받은 이 비참한 섬나라에서 아름다움이니 상상력이니 하는 것을 떠들고 있다니, 도대체 어쩌자는 거니?" 린치가 퉁명스럽게 물었다. "하긴 예술가가 이런 나라야 어떻게 되건 시시한 익살이나 부리면서 제 작품 속으로 숨어버리려는 것도 무리는 아니지."

비가 더 세차게 내렸다. 킬데어하우스*192 옆길을 지나갈 때, 도서관의 아케이드 밑에서 많은 학생들이 비를 피하고 있는 모습이 보였다. 크랜리는 기둥에 기대선 채 뾰족하게 다듬은 성냥개비로 이를 쑤시면서 친구들이 하는 이야기에 귀를 기울이고 있었다. 소녀들이 몇 명 출입문 근처에 서 있었다. 린치가 스티븐에게 속삭였다.

"네 애인이 여기 와 있군."

스티븐은 세차게 내리는 비는 아랑곳하지 않고 학생들이 모여 있는 아래쪽 계단에 말없이 서서 이따금 그녀에게 눈길을 던지고 있었다. 그녀도 친구

*190 창조신 같은 이 예술가의 이미지는 플로베르에 의한 것이다. 그는 이렇게 말했다. "작가는 자기 자신의 테마가 되어서는 안 된다는 것이 내 원칙의 하나입니다. 예술가는 모습이 보이지 않는 전능한 창조신처럼 작품에 내재해 있어야 합니다. 예술가는 두루 존재하면서도, 그 모습은 어디에도 보여서는 안 됩니다"(1857년 3월 18일자 편지). 린치의 '손톱까지 세련시켜서'는 그것에 대한 야유.
*191 메리온 광장 서쪽 거리에 있는 렌스터 하우스(옛날에는 렌스터 공작의 저택으로, 지금은 의회가 있다) 동쪽의 작은 공원. 국립도서관, 박물관 및 렌스터하우스가 한 건물군을 이루고 있다.
*192 렌스터하우스를 가리킨다.

들 사이에 말없이 서 있었다. 지난번에 그녀를 보았던 일을 회상하면서 그는 일부러 심술궂게 '저 애가 오늘은 시시덕거릴 신부(神父)가 없어서 심심하겠는걸' 하고 생각했다. 린치의 말이 맞았어, 내 마음은 이론도 용기도 잃어버리고 무기력한 평온 속으로 옮겨가고 있어.

학생들이 얘기하는 소리가 귀에 들어왔다. 그들은 의과의 최종시험에 합격한 두 친구에 대해 얘기하고 있었다. 원양정기선에 자리가 있다는 것, 개업의가 되었을 경우의 돈벌이 전망 등.

"그건 다 헛소리야. 아일랜드의 시골에서 개업하는 편이 낫다고."

"하인즈도 리버풀에 2년 있었는데 똑같은 말을 하더군. 개업하기에는 지독히 어려운 곳이래. 아기를 받는 일밖에 없었다는 거야. 그것도 반 크라운짜리 일뿐이었대."

"그럼, 대도시보다는 아일랜드의 시골에서 개업하는 편이 낫다는 얘긴가? 내가 아는 어떤 녀석은······"

"하인즈에게는 머리가 없어. 그 녀석은 죽어라 하고 공부해서 합격한 거야. 순전히 죽어라 하고 공부한 덕이지."

"그 친구가 하는 말은 염두에 둘 필요 없어. 큰 상업도시에서는 큰돈을 벌 수 있다고."

"실력만 있으면야."

"'난 리버풀에서의 빈민 생활은 오직 끔찍한, 오직 참혹하도록 끔찍한 거라고 생각해.'"*193

그들의 목소리는 마치 먼 곳에서 들리는 것처럼 끊어질 듯이 그의 귓전에 울렸다. 그녀는 친구들과 떠날 준비를 하고 있었다.

갑자기 쏟아진 가벼운 소나기가 그치자, 빗물은 안마당의 수풀에 다이아몬드처럼 반짝반짝 내려앉고, 안마당의 시커멓게 젖은 흙에서는 수증기가 피어올랐다. 여학생들이 주랑(柱廊)의 돌계단에 서서, 얌전하면서도 즐겁게 얘기를 하거나 구름을 쳐다보고, 우산을 교묘한 각도로 기울여 마지막 몇 방울의 비를 피하거나, 우산을 다시 접고 새침한 모습으로 치맛자락을 잡고 있

---

*193 Ego credo ut vita pauperum est simpliciter atrox, simpliciter sanguinarius atrox, in Liverpoolio. 학생라틴어. simply bloody frightful을 simpliciter sanguinarius atrox 로 한 대목에서 직역에 의한 우스꽝스러움이 드러난다.

는 동안, 그녀들의 예쁜 구두는 쉴 새 없이 따각따각 소리를 냈다.

그런데 그녀에 대한 나의 판단은 엄격했던 것이 아닐까? 그녀의 생활은 간소한 성무일과(聖務日課)인 묵주기도 같은 것으로, 새의 생활처럼 단순하고 기이하여, 아침에는 발랄하고 낮에는 불안하다가 해질 무렵에는 녹초가 되는 것이 아닐까? 그녀의 마음은 새의 마음처럼 단순하고 변덕스러운 것이 아닐까?

✳ ✳ ✳

새벽 무렵에 그는 잠이 깼다. 어쩌면 그렇게 감미로운 음악인지! 그의 영혼은 온통 이슬에 젖은 듯했다. 잠자던 그의 육신 위로 창백하고 차가운 빛의 물결*194이 지나갔다. 마치 그의 영혼이 시원한 물속에 누워 있듯이, 그는 가만히 누워서 희미하게 들리는 감미로운 음악을 의식하고 있었다. 마음은 천천히 깨어나, 진동하는 아침의 인식, 아침의 영감을 향한다. 가장 맑은 물처럼 순수하고, 이슬처럼 달콤하고, 음악처럼 감동적인 정신이 그를 가득 채웠다. 그러나 그것은 얼마나 은은하고 얼마나 조용하게 흡수되는지! 마치 치천사(熾天使)*195들이 그에게 숨결을 불어넣듯이. 그의 영혼은 서서히 깨어나면서도 모든 것이 완전히 깨어나는 것을 두려워했다. 광기(狂氣)가 깨어나고, 이국적인 식물이 빛을 향해 피어나고, 나방이 고요하게 날아오는, 바람도 잠든 새벽 시간이다.

마음의 황홀! *196 그것은 매혹의 하룻밤이었다. 꿈속이 아니면 환상 속에서 치천사의 생활의 도취*197를 맛본 것이다. 그것은 한 순간의 황홀이었을까, 아니면 긴 시간, 긴 세월, 긴 시대에 걸친 황홀이었을까?

영감의 이 한 순간은 이제 모든 방향에서 한꺼번에, 일어났거나 일어났을

✳194 하늘의 사물을 상징적으로 파악한 단테의 표현(《신곡》〈천국편〉 제33가 참조).

✳195 천사 가운데 가장 높은 천사.

✳196 An enchantment of the heart! 갈바니가 한 말. 다만 260페이지에서는 '심장의 황홀'이라고 번역했다.

✳197 W.B. 예이츠는 초기 단편작품에서 '천사는 도취하는 마음을 타고 난다'고 했다. 이후의 스티븐의 창작 배경에는 19세기의 월터 페이터를 비롯하여, 스윈번, 와일드 등의 영향을 볼 수 있다(G).

지도 모르는 수많은 몽롱한 상태에서 반사해 오는 것 같았다. 그 한 순간은 한 점의 빛처럼 반짝거리고, 지금은 구름처럼 겹겹이 쌓인 막막한 상황에서 혼돈된 형태가, 그 잔광(殘光)을 부드럽게 덮고 있다. 오! 상상력이라는 처녀의 자궁 속에서 말은 살이 되었다. 치천사 가브리엘*198이 처녀의 침실을 찾아왔다.*199 하얀 불꽃을 잃은 그의 영혼 속에서 잔광은 짙어져 장미색으로 불타는 빛이 되었다. 장미색으로 불타는 빛은 그녀의 이상하게 분방한 마음. 그것은 너무나 이상한 것이어서 어느 남자도 몰랐고 알려고도 하지 않은, 세상이 시작되기 전부터 분방했던 마음이다. 불타는 장미색의 광채에 매혹되어, 치천사 합창대가 천국에서 내려오고 있다.

'그 불타는 정열에 지치지도 않는가?
치천사를 타락시킨 아름다운 사람이여,*200
이제 매혹의 나날일랑 얘기하지 마오.'

그 시는 그의 마음에서 입술로 올라왔다. 그것을 중얼거리고 있으니 빌라넬*201의 리드미컬한 음악이 그 속을 스쳐 지나가는 것이 느껴진다. 그 장밋빛 광채가 압운의 빛을 발산했다. 양식(ways), 나날(days), 불길(blaze), 찬양(praise), 바치다(raise). 그 빛은 세상을 불태우고 인간과 천사들의 빛을 불태운다. 장미에서 발산되는 빛, 그녀의 분방한 마음이다.

'그대의 눈 사나이 가슴에 불 붙이고
마음껏 농락하였구나.

---

*198 가브리엘은 대천사이지만, 수태고지라는 임무 때문에 천사로서 최고위인 치천사로 승격되었다(G).

*199 대천사 가브리엘은 수태고지를 위해 성처녀 마리아를 찾아가지만, 스티븐은 수태고지를 예술가의 상상력에 비유하여, '말씀을 육화'한다는 의미에서 사용한 듯하다.

*200 사탄과 그의 동료인 천사는 에덴동산의 이브에 대한 성욕에 사로잡혀 타락했다는 설이 있다(G). 여기서 '치천사'는 사탄과 가브리엘을, '아름다운 사람'은 이브와 마리아를 의미한다.

*201 19행 2음시. aba aba aba aba aba abaa로 운을 밟아, 1행째는 6, 12, 18행째에서, 또 3행째는 9, 15, 19행째에서 되풀이된다. 내용보다는 기교를 보여주는 시형(詩形)인데, 19세기 말 어니스트 다우슨과 아서 시몬스가 시도했다(G).

그 불타는 정열에 지치지도 않는가?'

다음은? 리듬은 사라지고, 그쳤다가 다시 움직이며 맥동하기 시작했다. 그 다음은? 이 세상의 제단에서 피어오르는 향연(香煙).

'그 불길 위로 찬미의 연기가 피어올라
가없는 바다를 온통 뒤덮었구나.
이제 매혹의 나날일랑 얘기하지 마오.'

연기는 온 대지와 수증기 자욱한 바다에서 그녀를 찬양하는 향연이 되어 피어오른다. 지구는 흔들리는 향로, 향기의 구체(球體), 타원체의 공*202이 었다. 리듬은 이내 사라졌다. 마음의 외침도 멎었다. 입술은 최초의 시를 몇 번이고 중얼거리기 시작하여, 이윽고 웅얼거리면서 중간까지 나아가다가, 막히고 더듬거린 끝에 중단하고 말았다. 마음의 외침이 멎은 것이다.

바람이 없는 희끄무레한 시간이 지나고, 커튼이 쳐져 있지 않은 유리창 저 편에 아침의 빛이 모여 들었다. 아득히 먼 곳에서 희미하게 종소리가 들린 다. 새 한 마리가 지저귀고 있다. 두 마리, 세 마리. 종소리와 새소리가 그 쳤다. 둔한 하얀빛이 동서로 번지며 온 세상을 뒤덮고 마음속의 장미색 빛도 빼앗아갔다.

잊어버릴까 봐, 갑자기 팔꿈치로 몸을 지탱하며 일어나서 종이와 연필을 찾았다. 테이블 위에는 둘 다 없었다. 저녁식사 때 밥을 담아 먹었던 수프 접시와, 초가 녹아 있고 종이 받침대가 마지막 불꽃에 그슬린 촛대가 있을 뿐. 침대 발치로 나른하게 팔을 뻗어 거기 걸쳐 둔 저고리 주머니를 뒤졌다. 연필 하나와 담뱃갑이 손에 잡혔다. 다시 누워서, 담뱃갑을 찢어 마지막 한 개비를 창틀에 올려놓은 뒤, 지금까지 완성된 빌라넬 시구를 그 거친 판지에 작고 단정한 글씨로 쓰기 시작했다.

다 적고 나자, 딱딱한 베개를 베고 누워서 다시 한 번 시를 외워 보았다. 베개 속에 울퉁불퉁 뭉쳐 있는 양털 때문에, 그녀 집 거실에 있는 소파 속의

---

*202 고환을 가리킨다.

울퉁불퉁한 말털 뭉치가 생각났다. 그는 늘 미소짓거나 심각한 표정으로 그 소파에 앉아 자기가 왜 찾아왔는지 자문하면서 그녀에 대해, 또 자신에 대해 불쾌해지는가 하면, 텅 빈 찬장 위 벽에 걸려 있는 성심(聖心)의 판화*203에 난처해지곤 했다. 대화가 잠시 끊긴 사이 그녀가 자기에게 다가와서 신기한 노래를 불러달라고 조르던 모습이 마음에 떠오른다. 또 자신이 낡은 피아노 앞에 앉아 얼룩이 묻은 건반을 가만히 두드려 화음을 울리며, 다시 방 안에서 시작된 이야기 소리 속에서 그녀를 향해 노래하는 모습이 눈에 떠오른다. 그녀는 벽난로 선반에 기대고 있다. 그가 노래하는 것은 엘리자베스 시대의 우아한 노래, 슬프고도 감미로운 이별의 노래, 아쟁쿠르 개선가*204와 그린 슬리브의 즐거운 가락*205이다. 그가 노래하고 그녀가 귀를 기울이거나 귀를 기울이는 척하고 있는 동안 그의 마음은 편안했지만, 그 아름다운 옛 노래가 끝나고 방 안에서 다시 이야기 소리가 들려오면 마음속에 자신의 냉소적인 대사가 떠올랐다. 이 집은 아직 친해지기도 전에 젊은 남자를 너무 빨리 세례명으로 부르는 것 아니냐는 것이었다.

어떤 순간에는 그녀의 눈이 그를 신뢰하는 것처럼 보이기도 했지만, 그의 기다림은 헛된 것이었다. 그녀는 지금 기억 속을 가볍게 가로질러 춤을 추면서 지나가고 있다. 바로 그 사육제 무도회의 밤, 하얀 드레스를 살짝 들어올리고 머리에 하얀 꽃을 꽂고 있었을 때처럼. 그녀는 가볍게 카드릴*206을 춘다. 그를 향해 춤을 추며 다가오는 그녀는, 눈은 딴 곳을 보고 있고 뺨에는 희미한 홍조가 떠올라 있다. 손에 손을 잡고 도는 동작이 멎었을 때 그녀의 손은 잠시 그의 손 안에 있었다. 보드라운 상품.*207

"요샌 통 볼 수가 없군요."

---

*203 프랑스의 수녀 마르그리트 마리 알라코크(1647~90)가 기도를 드리고 있는데, 그 앞에 예수가 나타나 자신의 심장을 꺼내 그것이 사랑으로 불타고 있는 것을 보여주었다. 그리하여 알라코크는 성심의 가르침을 전파하게 되었다. 아일랜드 가정에는 가내안전을 위해 반드시 이 판화를 걸어둔다. 《더블린 사람들》의 '이블린' 등 참조.
*204 15세기의 노래. 백년전쟁 중이던 1415년, 헨리 5세가 이끄는 영국군은 아쟁쿠르에서 프랑스군을 격파했다. 이것은 그것을 찬양하는 노래(G/D).
*205 16세기 말 이후에 유행한 영국 민요. '그린슬리브스'란 불성실한 여자를 가리킨다.
*206 2쌍 또는 4쌍의 커플이 방형으로 마주보고 추는 춤. 19세기 유럽에서 유행한 사교댄스.
*207 물상화(物象化)한 견해이다.

"응, 수도승이 되려고 태어났으니까."

"이단자가 아니고?"

"그게 걱정돼?"

대답 대신 그녀는 그의 곁에서 떨어져, 모두들 잡고 있는 손을 따라 가볍고 신중하게 춤추면서 멀어져 간다. 누구에게도 몸을 맡기지 않고. 그녀가 춤출 때 머리에 꽂은 하얀 꽃가지가 까딱거렸고, 그녀가 그늘 속으로 들어가자 그 뺨 위의 홍조는 더욱 짙어졌다.

수도승이라고! 자기 자신의 모습이 떠올랐다. 그것은 수도원의 독신자(瀆神者)요, 이단적인 프란시스코회 수도사가 되어, 신을 섬기려는 마음이 있는 건지 없는 건지, 마치 게라르디노 다 보르고 산 도니노*208처럼 유연한 거미줄 같은 궤변을 그녀의 귓전에 속삭이고 있다.

아니, 그건 자신의 모습이 아니었다. 그것은 지난번에 그녀와 함께 있는 것을 본 적이 있는 그 젊은 사제의 모습과 비슷했다. 그녀는 비둘기 같은 눈으로 그 사제를 바라보면서 자신의 아일랜드어 숙어집을 만지작거리고 있었다.

"네, 네. 여성분들도 우리의 의견에 찬성인 것 같아요. 매일 그걸 알 수 있거든요. 여성들은 우리 편입니다. 아일랜드어의 최상의 옹호자*209들이지요."

"그런데 교회는 어떤가요, 모런 신부님?"

"교회도 마찬가집니다. 우리에게 동조하고 있어요. 교회 쪽에서도 이 사업이 추진되고 있지요. 교회는 걱정하지 마십시오."

흥! 코웃음을 치면서 그 방에서 나오길 잘했지 뭐야. 도서관 돌계단에서 그녀를 모른 척한 것도 잘한 일이었어. 그녀가 그 신부와 시시덕거리거나 말거나, 또 교회를 상대로 장난을 치거나 말거나 내버려둔 것도 잘했지. 교회? 그리스도교 세계의 시녀일 뿐이잖아?

이 거친 분개는 그의 영혼에서 아직도 머뭇거리고 있던 마지막 황홀의 순

---

*208 프란시스코회가 처음의 청빈의 가르침으로 돌아가야 한다고 제창하여 영파(靈派)를 조직한 지도자. 이단으로 몰려 1276년에 옥사했지만, 스티븐이 상상하는 여성관계는 없었다(G).

*209 이를테면 《더블린 사람들》에서는 '어머니' 캐슬린 카니가, 또 '죽은 사람들'의 미스 아이반스가 아일랜드어 공부에 열심이다.

간을 몰아냈다. 그것은 그녀의 아름다운 이미지를 난폭하게 파괴하여 그 파편들을 사방에 흩뿌려버렸다. 사방에서 그의 기억 속에 있는 그녀의 이미지가 왜곡된 영상으로 나타났다. 남루한 옷을 입고 젖어 있는 거친 머리카락에 말괄량이 같은 얼굴을 한 꽃파는 아가씨는, 저 아시죠? 하면서 마수걸이를 해 달라고 말했었지. 접시를 덜그럭거리면서 노래하는 이웃집 하녀는 민요 가수처럼 목청을 길게 빼면서 '킬라니 호수와 언덕에서'*210라는 곡의 첫 소절을 노래하고 있었어. 내가 코크힐*211에 가까운 보도에서, 쇠창살에 낡은 구두 뒤축이 걸려 넘어진 것을 보고 좋아라고 웃던 소녀. 제이콥스 비스킷 공장에서 나오는 것을 보고, 그 도톰하고 작은 입술에 매료되어 흘깃 쳐다보니 어깨 너머로 이렇게 외치던 소녀.

"내 어디가 마음에 들어? 곧은 머리카락과 곱슬거리는 눈썹?"

그러나 그 소녀의 이미지를 아무리 욕하고 멸시해도 자신의 분노는 역시 일종의 찬미라는 것을 그는 느끼고 있었다. 그는 어딘가 성실하지 않다는 느낌이 드는 강습회에서 거만한 태도로 나와버렸을 때, 아마 그녀의 종족의 비밀은 긴 속눈썹이 재빨리 그림자를 던지는 그 검은 눈 뒤에 있을 거라고 느꼈다. 그는 거리를 걸으면서 그 소녀는 아일랜드 여자의 한 전형, 박쥐 같은 모습을 한 영혼으로, 어둠과 비밀과 고독 속에서 자신의 의식에 눈을 뜨고, 애정도 죄도 없이, 한동안 자신의 연인이 있는 곳에 머문 다음 그와 헤어져, 격자창 저편에 있는 사제의 귀*212에 천진난만한 죄를 속삭이는 사람이라고, 씁쓸한 기분으로 자신에게 들려주었다. 그녀에 대한 분노는 그녀의 애인에 대한 거친 매도에서 배출구를 발견했지만, 그 남자의 이름과 목소리와 얼굴은 마음에 커다란 상처가 되었다. 사제가 된 촌놈! 형은 더블린에서 순경, 동생은 모이컬렌*213에서 술집 급사로 일한다지. 그런 녀석에게 그녀는 제 영혼의 나신(裸身)을 수줍게 보여주려 하고 있어. 고작 형식적인 의식을 집행하는 거나 배운 녀석에게. 경험이라는 일용할 양식을 영원한 생명이라는

---

* 210 아일랜드 출신의 가극 작곡가 마이클 윌리엄 바르프(1807~70)의 가극 《이니스팔렌》에 나오는 민요(G).
* 211 리피 강 남안에 있는 시청사 부근의 거리.
* 212 고해실에 있는 사제를 말한다.
* 213 아일랜드 서부, 골웨이 주에 있는 마을.

빛나는 육체로 바꾸는*214 영원한 상상력의 사제인 나를 두고.

성체의 빛나는 이미지가 다시 그의 순간적인 쓰디쓴 절망의 사고와 결합했고, 그 사고의 외침소리는 흐트러짐 없이 피어올라가 감사의 노래가 되었다.

'끊어질 듯 이어지는 우리의 외침, 슬픈 노래
성체의 찬가가 되어 울려퍼질 때
그 불타는 정열에 지치지도 않는가?

제물을 바치는 두 손에
철철 넘치는 성배를 기울이는 그때
이제 매혹의 나날일랑 얘기하지 마오.'

시를 처음부터 소리내어 낭송하자, 음악과 리듬에 잠겨, 마음은 조용한 관용을 향한다. 그런 다음 애써 베껴 써서 눈으로 보니 훨씬 더 깊이 느낄 수 있다. 그는 다시 베개를 베고 누웠다.

이미 날이 훤하게 밝았다. 아무 소리도 들리지 않았다. 하지만 그는 자기 주변의 삶이 잠에서 깨어나 늘 듣는 소음과 거친 목소리와 졸음에 겨운 기도 소리를 내려고 하는 것을 알고 있었다. 그런 삶에서 뒷걸음질치듯이 벽을 향해 돌아누운 그는 담요를 두건처럼 뒤집어쓰고 찢어진 벽지에 큼직하게 찍혀 있는 활짝 핀 붉은 꽃을 응시하고 있다. 그는 자기가 누워 있는 곳에서 하늘나라까지 온통 붉은 꽃으로 뒤덮인 장미의 길을 상상하면서, 그 주홍빛 열기 속에서 식어가는 자신의 기쁨을 데워보려고 했다.*215 지쳤다! 지쳤어! 그 또한 불타는 정열에 지쳐 있었다.

점차 번져가는 따뜻함과 나른한 피로감이 그의 온몸을 지나면서 담요를 단단히 둘러쓴 머리에서 척추를 따라 내려간다. 그는 그것이 내려가는 것을 느끼면서 누워 있는 자신의 모습을 보고 웃었다. 이제 곧 잠에 빠져들겠지.

---

*214 여기서 스티븐은 자신의 예술을 빵과 포도주를 그리스도 피와 살로 전질변화시키는 성체 성사에 비유하고 있는데, '전질변화시키다'(transubstantiate) 대신 '변질시키다'(transmute)라는 연금술 용어를 사용하고 있다.

*215 단눈치오의 《쾌락》(1889)의 마지막 장면에서, 주인공이 같은 생각에 빠져 있다.

10년이 지난 뒤 다시 그녀를 위해 시를 쓴 것이다. 10년 전 그녀는 숄을 두건처럼 머리에 두르고 있었고, 밤공기 속으로 따뜻한 숨결을 안개처럼 내뿜으며, 거울처럼 반질거리는 길을 똑똑 발소리를 내며 걷고 있었지. 그것은 마지막 철도마차였어. 그 사실을 알고 있는 듯 깡마른 갈색 말들은 맑은 밤하늘을 향해 방울을 울리며 경고했어. 차장은 마부와 얘기를 나눴고, 녹색 등불에 비친 두 사람은 계속 머리를 끄덕이고 있었어. 마차 승강단에서, 나는 윗단에 그녀는 아랫단에 서 있었지. 그녀는 말하는 틈틈이 여러 번 내가 서 있는 계단으로 올라왔다가 내려가곤 했는데, 한두 번은 내려가는 걸 잊고 내 옆에 오래도록 서 있다가, 이윽고 내려가곤 했지. 아, 그만두자. 이게 다 무슨 소용인가!

두 어린아이의 그 분별심에서 지금의 내 이 어리석음에 이르기까지 10년이란 세월이 흘렀군. 만약 그녀에게 그 시를 보낸다면? 아침 식탁에서 계란을 톡톡 깨는 소리 속에서 읽게 되겠지. 얼마나 어리석은 짓인가! 그녀의 오빠들은 웃음을 터뜨리면서 억센 손으로 서로 그 시를 빼앗으려고 하겠지. 숙부인 그 붙임성 있는 신부는 안락의자에 앉아서 종이를 잡은 손을 앞으로 멀찌감치 내밀고 웃으면서 읽을 것이고, 그 시의 문학적 형식이 제격이라는 점을 인정할 거야.

아니다, 아니야. 이건 정말 바보 같은 상상이야. 그녀에게 그 시를 보낸다 하더라도 그녀가 다른 사람들에게 보여주지는 않을 거야. 그래, 그녀는 그런 짓을 할 리가 없어.

자신이 그녀에게 못할 짓을 했다는 느낌이 들기 시작했다. 그녀가 순결할 거라는 생각이 들자 거의 연민마저 느껴졌다. 그것은 그가 죄를 범함으로써 알게 되기 전에는 결코 이해할 수 없었던 순결, 그녀가 순결한 동안은, 또는 여자로서의 수치심이 처음으로 그녀를 찾아오기*216 전에는, 그녀도 알지 못했던 순결이다. 그녀의 영혼은 이때 비로소 생기를 얻기 시작했다, 그의 영혼이 처음으로 죄를 저질렀을 때 비로소 생기를 얻기 시작했던 것처럼. 그녀의 연약하고 창백한 얼굴과 여자가 되는 것에 대한 어두운 수치심 때문에 겸허해지고, 슬픔이 어리게 된 눈매를 떠올리자, 그의 마음은 따뜻한 연민으로

---

*216 '초경'을 가리킨다.

가득 찼다.

그의 영혼이 황홀경에서 권태로 옮겨가는 동안, 그녀는 어디에 있었을까? 그녀의 영혼은 바로 그 순간, 영혼의 세계의 신비로운 방식으로 나의 찬미를 의식하고 있었던 것은 아닐까? 그럴지도 모른다.

욕정의 불꽃이 다시금 영혼에 불을 붙여 온몸을 불태우며 가득 채웠다. 나의 욕정을 의식하면서, 그녀, 나의 빌라넬의 유혹자는 향기로운 잠에서 깨어나고 있었다. 어둡고 권태로운 빛이 어린 그녀의 눈이 내 눈을 향해 열리고 있다. 그녀의 나신은 나에게 굴복하여, 찬란하고 따뜻하고 향기롭고 풍만한 팔다리로, 반짝이는 구름처럼 나를 에워싸고 흘러가는 생명의 물처럼 나를 감싼다. 수증기의 구름처럼, 아니면 우주를 순환하는 물처럼 언어가 흘러가는 문자, 신비로운 원소인 상징이 머리 위를 흘러갔다.

'그 불타는 정열에 지치지도 않는가?
치천사(熾天使)를 타락시킨 아름다운 사람이여,
이제 매혹의 나날일랑 얘기하지 마오.

그대의 눈 사나이 가슴에 불 붙이고
마음껏 농락하였구나.
그 불타는 정열에 지치지도 않는가?

그 불길 위로 찬미의 연기가 피어올라
가없는 바다를 온통 뒤덮었구나.
이제 매혹의 나날일랑 얘기하지 마오.

끊어질 듯 이어지는 우리의 외침, 슬픈 노래
성체의 찬가가 되어 울려퍼질 때
그 불타는 정열에 지치지도 않는가?

제물을 바치는 두 손에
철철 넘치는 성배를 기울이는 그때

이제 매혹의 나날일랑 얘기하지 마오

그러나 나른한 눈매와 풍만한 육체로
아직도 우리의 동경하는 눈길을 사로잡누나!
그 불타는 정열에 지치지도 않는가?
이제 매혹의 나날일랑 얘기하지 마오.'

***

무슨 새일까? 그는 도서관[217] 계단에 서서 새들을 바라보면서 물푸레나무 지팡이[218]에 지친 듯이 기대고 서 있었다. 새들은 몰스워스 거리에 있는 건물에서 튀어나온 모퉁이 주위를 빙글빙글 날아다니고 있었다. 3월 하순의 저녁 공기는 힘없이 걸린 희뿌연 청색의 얇은 천 같은 저녁하늘을 배경으로 새들이 바르르 떨며 날쌔게 날아다니는 검은 모습을 또렷이 보여주었다.

그는 새들이 나는 것을 지켜보고 있었다.[219] 한 마리, 또 한 마리. 검은 광채, 잽싸게 비켜가는 동작, 다시 검은 광채, 날쌔게 옆을 휙 스쳐가며 커브를 그리는 날갯짓. 바르르 떨면서 돌진하는 것들이 모두 지나가기 전에 수를 헤아려 보고 싶었다. 여섯 마리, 열 마리, 열한 마리. 그리고 그 수가 짝수인지 홀수인지[220] 궁금했다. 열둘, 열세 마리[221]가 높은 하늘에서 선회하며 내려왔다. 새들은 높게 또 낮게, 그러나 언제나 직선을 그리거나 곡선을 그리면서 빙글빙글 돌았고, 왼쪽에서 오른쪽으로 마치 하늘의 신전 주위를 도는 것처럼 날고 있었다.

---

*217 킬데어 거리의 국립도서관. 이곳은 더블린 학생들이 공부하는 장소가 되어 있었다. 《율리시스》 제9삽화의 무대가 이 도서관이며, 그 마지막에 스티븐은 "난 이곳에서 새떼를 쳐다보며 점을 치려고 했다"고 이 장면을 회상하고 있다.

*218 예언자의 지팡이, 생명의 나무라고도 한다(《이미지·심벌 사전》). 《율리시스》 제15삽화에서, 스티븐은 "빨리! 빨리! 내 예언자의 지팡이, 어디 있어?" 라고 말한다.

*219 고대 로마에서는 하늘을 새점 관측구역이라고 하는 몇몇 구역으로 분할하여, 그 구역 안에서 새가 나는 모습을 보고 점을 쳤다(G).

*220 피타고라스와 중세 수비학(數秘學)에서는 홀수는 남성, 짝수는 여성이었다(G).

*221 '13'은 죽음과 동시에 부활을 상징한다(《이미지·심벌 사전》).

새들의 울음소리에 귀를 기울였다. 벽 뒤에서 들리는 생쥐의 울음 같은 소리. 날카로운 이중음. 그러나 길고 날카롭게 윙윙거리는 그 소리는 생쥐 소리보다 3도나 4도쯤 낮았다. 날면서 부리로 공기를 가를 때는 떨리는 소리가 나기도 한다. 새들의 울음소리는 비단 같은 빛의 실이, 윙윙 소리내며 돌아가는 실패에서 풀려나오는 것처럼, 날카롭고 또렷하며 가느다란 강하음이다.

그 비인간적인 소리는 어머니의 흐느낌과 질책이 아직도 끈질기게 따라다니고 있는 그의 귀를 달래 주었고, 옅은 하늘의 존재하지 않는 신전 주위에서 방향을 바꾸거나 빙글빙글 돌면서 날갯짓하는, 연약하게 떨고 있는 검은 모습은, 어머니의 영상을 아직도 보고 있는 그의 눈을 위로해 주었다.

왜 그는 현관 계단에서 하늘을 올려다보며 날카로운 이중음을 내는 새들의 소리를 듣고 그들이 날아다니는 광경을 지켜보고 있는 것일까? 길흉을 점치기 위해서인가? 코르넬리우스 아그립파*²²² 의 책에 나오는 한 구절이 그의 마음을 스쳤고, 그러고 나자 스웨덴보리*²²³ 의 혼돈된 사상이 마음속을 여기저기 날아다녔다. 그것은 지적인 것에 대한 새의 반응에 관한 것으로, 하늘을 나는 새는 인간과 달리 그들의 삶의 질서를 지키고 있고, 그 질서를 이성으로 왜곡하는 일이 없기 때문에 그들 나름대로 지식을 가지고 시간과 계절을 알 수 있다는 생각이다.

그러나 인간은 여러 시대가 흐르는 동안, 자신이 이렇게 날아다니는 새들을 바라보는 것과 마찬가지로 하늘을 올려다보았다. 머리 위에 있는 주랑은 그에게 막연하게 고대 사원을 생각하게 했고, 그가 권태롭게 기대고 있던 그 물푸레나무 지팡이는 점쟁이의 꾸부정한 지팡이를 연상시켰다. 미지에 대한 두려움의 감각이 권태의 중심부로 스며든다. 그것은 상징과 전조에 대한 공포이고, 버들가지로 엮은 날개를 달고 미궁에서 도망쳐 나왔다는, 자기와 똑같은 이름인 매 같은 남자*²²⁴ 에 대한 공포이며, 갈대펜으로 서판(書板)에 글을 쓰고 따오기처럼 좁은 머리에 끝이 뾰족한 달을 얹고 다니는 문인들의 신(神) 토트*²²⁵ 에 대한 공포였다.

---

*222 하인리히 코르넬리우스 아그립파 폰 네테스하임(1486~1535). 독일의 의사·철학자. 신비사상을 연구했다.
*223 엠마뉴엘 스웨덴보리(1688~1772). 스웨덴의 철학자·신비가.
*224 다이달로스를 가리킨다.

그는 이 신의 이미지를 생각하며 웃었다. 왜냐하면 그것은 술독이 오른 코에 가발을 쓴 판사가 팔을 뻗어 멀찌감치 내민 서류에 구두점을 찍고 있는 모습을 연상시켰기 때문이요, 자신이 이 신의 이름을 기억하고 있는 것은, 단지 그것이 아일랜드어의 욕과 비슷했기 때문이라는 걸 알고 있었기 때문이다. 어리석은 얘기이다. 하지만 자기가 태어났던, 기도와 사려분별의 집[*226]에서 영원히 떠나려 하고, 자기가 태어났던 생활의 질서와 영원히 작별하려 하는 것도 그런 어리석음 때문이 아닐까?

새들은 그 건물의 튀어나온 모퉁이를 넘어서 날카로운 소리를 내며, 저물어가는 하늘을 배경으로 검은색이 되어서 돌아왔다. 무슨 새일까? 그는 그 새들이 남쪽 나라에서 돌아온 제비일 거라고 생각했다. 그렇다면 나 또한 길을 떠나지 않으면 안 된다. 왜냐하면 저들은 언제나 떠났다가 돌아오는 새, 인간의 집 처마 끝에 덧없는 둥지를 틀고, 그리고 언제나 그 집을 버리고 날아가는 새이니까.

'우나와 알리일이여, 고개 좀 돌려봐,
오래도록 바라보고 싶으니까.
마치 제비가 풍랑이 이는 바다 위로 날아가기 전에
처마 밑 둥지를 바라보듯이'[*227]

바다의 파도소리를 닮은, 부드럽게 흐르는 기쁨이 기억을 찾아오자, 그는 마음속에서 바다 위의 퇴색한 하늘에 넘치는 정적의 고요한 평화를, 대양의 조용한 평화를, 흘러가는 바다 위의 어스름 속을 날아가는 제비들의 포근한

[*225] thoth(영어 발음은 '소스'). 고대 이집트의 지혜와 문학의 신. '신의 책의 주인'으로 여겨졌고, 신플라톤주의와 신비주의에서는 헤르메스 트리스메기스토스라고도 불렸다. 인간의 몸에 따오기 또는 비비의 머리, 보름달과 반달의 관을 쓴다. 《율리시스》 제9삽화에서 스티븐은 '도서관의 신 토트, 달의 관을 쓴 조신(鳥神)'을 상기하고 있다.

[*226] 아일랜드, 특히 중류의 가톨릭교도의 집을 가리킨다.

[*227] W.B. 예이츠의 시극 《캐슬린 백작부인》(1892)에서, 표제의 여주인공이 유모 우나와 시인인 친구 알리일에게 말하는 작별의 대사. 이 시극은 기근에 빠진 농민의 식량을 얻는 것을 조건으로, 캐슬린 백작부인이 악의 힘에 자신의 영혼을 파는 이야기이다. 1899년 5월 8일, 아일랜드 문예극장에서 상연되었다. 《율리시스》 제1삽화에서 스티븐은 그 시극 속의 노래를 죽어가는 어머니를 위해 노래한 것으로 회상하고 있다.

평화를 느끼고 있었다.

부드럽게 흐르는 기쁨이 언어 사이를 빠져나가, 부드럽고 긴 모음들이 소리도 없이 서로 부딪쳐서는 사라지고, 해변을 씻고 물러갔다가 다시 밀려와서, 그 파도머리에 하얀 방울을 계속 흔들어 소리를 잃은 종의 음악이 된 다음, 부드럽고 낮게 꺼져가는 외침으로 변했다. 그는, 선회하면서 돌진하는 새들과 머리 위 하늘의 파리한 공간에서 자신이 찾고 있던 조짐은, 조용하게 그리고 재빨리 작은 탑에서 날아온 새처럼 자기 마음에서 나타난 것이라고 느꼈다.

출발의 상징일까, 고독의 상징일까? *228 기억의 귓전에서 시가 울려오자, 국민극장*229이 개장하던 날 밤 홀의 정경이 회상의 눈앞에 떠올랐다. 그는 혼자 위층 가장자리에 앉아, 특별석에 앉은 더블린의 문화인들과 휘황한 조명을 받고 번쩍거리는 무대배경, 인형 같은 배우들을 권태로운 눈으로 바라보고 있었다. 그의 등 뒤에서는 건장한 경관들이 땀을 뻘뻘 흘리면서, 언제라도 행동을 취할 태세를 갖추고 있다. 홀 여기저기 흩어져 있는 그와 같은 학생들에게서 야유와 조롱과 욕설이 거세게 들끓었다.

"아일랜드를 욕보이는*230 거냐!"

"독일제(製)!"*231

"이건 모독이다!"

"우리는 신앙을 팔아넘긴 적이 없어!"

"아일랜드 여자는 그런 짓 안 해!"

"아마추어 무신론자는 꺼져!"

"애송이 불교 신자*232도 필요 없어!"

---

*228 캐슬린 백작부인의 말은 그 어느 쪽으로도 해석할 수 있다.

*229 아일랜드 문예극장이라고도 불린다. 아일랜드 연극 부흥을 위해 1899년에 예이츠와 그레고리 부인이 설립하고, 1902년에 아일랜드 국민연극협회로 계승되어, 1904년에는 애비극장을 창립하게 된다. 그러나 1899년 《캐슬린 백작부인》이 엔센트 음악당(콘서트홀)에서 상연되었을 때는, 스티븐이 회상하고 있는 물의를 일으켰다.

*230 살기 위해 영혼을 버린다는 줄거리에 대한 항의.

*231 19세기 말, 독일 제품이 세계시장을 석권한 것에 대해 경종을 울리는 저서인 어네스트 윌리엄스의 《독일제》(1896)에 엇걸고 있지만, 동시에 마르틴 루터가 대표하는 신교에 대한 비난이기도 하다(G).

머리 위의 창문에서 갑자기 쑥! 하는 빠른 소리가 들려와서, 열람실에 전등이 켜진 것을 알았다. 지금은 조용히 불이 켜져 있는, 원기둥이 늘어선 홀에 들어가서 계단을 올라간 뒤, 철컥거리는 소리가 나는 나무 회전문을 빠져나갔다.

사전류 근처에 크랜리가 앉아 있었다. 첫 페이지를 펼쳐놓은 두꺼운 책 한 권이 그의 앞 독서대 위에 놓여 있었다. 그는 의자에 등을 기대고, 마치 고해신부처럼 의학생의 얼굴에 귀를 향하고 있었다. 그 의학생은 그를 위해 신문의 체스란에 나온 문제를 읽어주고 있었다. 스티븐이 그 오른쪽에 앉자, 테이블 반대쪽에 앉아 있던 신부가 '태블릿'*233지를 화난 듯이 휙 덮어버리고는 일어섰다.

크랜리는 신부의 뒷모습을 온화한 표정으로 멍하니 바라보았다. 의학생은 목소리를 낮춰 계속 읽는다.

"왕의 네 칸 옆에 졸을 둔다."

"그만 가는 게 좋을 것 같아, 딕슨."*234 스티븐이 경고했다. "우릴 이르러 갔어."

딕슨은 신문을 접고 위엄 있게 일어나면서 말했다.

"아군은 질서정연하게 퇴각했노라."

"총과 가축도 함께." 스티븐은 크랜리가 펴 놓은 책을 가리키며 말했다. 거기에는 '소의 질병'*235이라고 적혀 있었다.

---

*232 예이츠의 동양사상을 기초로 한 신지학(神智學)에 대한 관심을 야유하는 말. 《율리시스》 제9삽화에서, 스티븐은 "도슨 회관의 강령술용(降靈術用) 깜짝 상자. '뚜껑을 연 이시스.' 우리는 놈들의 파리어 성전을 전당잡히려고 했었지" 하며 그들의 신지학을 냉소적으로 회상하고 있다.

*233 영국에서 발행된 보수적인 가톨릭계 주간지(G).

*234 《율리시스》 제8삽화에서 블룸은 이 의학생에게 벌에 물린 상처를 치료받은 적이 있다고 회상한다.

*235 Diseases of the Ox. 조이스의 더블린 시절에 대한 친구의 회상에 이런 삽화가 기록되어 있다. 어느 날 그는 지인인 농장경영자의 부탁으로 조사할 것이 있어서 도서관에 가서 책을 빌렸다. 그 책의 어떤 장의 제목이 '소의 질병'이었다. 그가 웃으면서 "이 제목은 어쩐지 우습군." 하고 말하자 도서관원도 웃으면서 동의했다. 열람실에서 읽고 있으니 조이스도 그 장의 제목을 알고 크게 웃었는데, 도서관 직원이 주의를 주어도 웃음을 그치지 않자, 결국 직원이 퇴실을 명령했다. 그 친구는 말한다. "가축의 질병' Borine Diseases이었으면 그렇게 우습지 않았을까?"(J.F. 번 《침묵의 세월》). ox는 pox(속어로 '매독')에 가깝다.

탁자 사이의 통로를 지나가면서 스티븐이 말했다.

"크랜리, 네게 할 얘기가 있어."

크랜리는 대답하지 않고 돌아보지도 않았다. 그는 자기 책을 카운터 위에 놓은 뒤 밖으로 나갔는데, 좋은 구두를 신은 그의 발이 마룻바닥 위에서 단조로운 소리를 냈다. 계단에서 그는 걸음을 멈추고 멍하니 딕슨을 바라보면서 거듭 말했다.

"왕에서 망할 놈의 넷째 칸에 졸을 두어야지."

"정 그렇다면 그렇다고 해두지 뭐." 딕슨이 말했다.

그의 목소리는 조용하고 억양이 없지만 태도는 우아하여, 통통하고 깨끗한 손가락에 끼고 있는 인장(印章) 반지를 이따금 드러내 보였다.

그들이 홀을 지나고 있을 때 키 작은 남자가 그들에게 다가왔다. 작은 모자 밑에서 면도하지 않은 얼굴이 반갑게 미소짓더니 뭐라 중얼거리는 소리가 들렸다. 그 눈은 원숭이 눈처럼 우울해 보였다.

"안녕하신가, 주장." 크랜리가 걸음을 멈추고 말했다.

"안녕하시오, 여러분." 수염이 덥수룩한 원숭이 얼굴이 말했다.

"3월치고는 따뜻한 편이군." 크랜리가 말했다. "이층에는 창문도 열어놨어."

딕슨은 웃으면서 반지를 빙글 돌렸다. 찡그리고 있는 원숭이 같은 검은 얼굴이 다정하게 미소짓더니, 인간 같은 입을 오므린 뒤 고양이가 기분이 좋을 때 내는 그런 소리를 냈다.

"3월치고는 제법 상쾌한데. 정말 날씨 한 번 좋다."

"주장, 위층에서는 두 분의 젊고 예쁜 숙녀들이 지루하게 기다리고 계시다네." 딕슨이 말했다.

크랜리는 웃으면서 친절하게 말했다.

"주장에게는 애인이 하나밖에 없어. 월터 스콧 경이 애인이지. 그렇지 않아, 주장?"

"요즈음은 무얼 읽고 계신가, 주장?" 딕슨이 물었다. "'라마무어의 새색시'?"[236]

---

[236] 월터 스콧 경(1771~1832)이 1819년 발표한 고딕소설.

"난 스콧을 좋아해" 그가 유연한 입술로 말했다. "정말 아름다운 얘기를 쓰는 작가야. 월터 스콧 경과 경쟁할 수 있는 작가는 아무도 없을걸."

그는 스콧에 대한 찬사에 맞춰 말라비틀어진 갈색 손을 조용히 흔들었다. 잽싸게 움직이는 얇은 눈꺼풀이 슬픈 듯한 눈 위에서 몇 번이나 깜박거렸다.

스티븐의 귀에 더욱 슬프게 들리는 것은 그의 말이었다. 품위 있는 악센트지만, 나지막하고 촉촉하게 젖어 있는 말투는 이따금 잘못 말할 때가 있다. 그런 말투를 들으면서 그는 그 소문이 사실일까 궁금했다. 이 메마른 몸에 흐르고 있는 맑은 피는 귀족의 피이며, 근친상간에 의해 태어났다고 하는 소문.

공원의 수목들은 비에 젖어 무겁고, 잿빛 방패처럼 누워 있는 호수에는 비가 질기게도 내리고 있다. 호수에는 한 떼의 백조들이 떠 있고 그 아래의 호수 물과 기슭은 백조들의 녹회색 오물로 지저분하다. 비에 젖은 잿빛과 말없이 젖어 있는 수목들, 방패처럼 지켜보는 호수, 그리고 백조들이 재촉이라도 한 것처럼 조용히 포옹하고 있는 두 사람은, 기쁨도 정열도 없이 서로 부둥켜안고 그의 한 손은 누이동생의 어깨에 감겨 있다. 회색 모직 코트가 어깨에서 허리까지 그녀를 비스듬히 감싸고 있고, 그녀의 금발 머리는 기쁜 듯이 부끄러워하면서 숙이고 있었다. 그의 적갈색 머리는 흐트러져 있고, 주근깨가 있는 손은 부드럽고 잘생긴 데다 힘마저 있다. 얼굴은? 아니, 얼굴은 보이지 않는다. 비에 젖어 향기로운 그녀의 금발머리 위로 오라비는 고개를 숙이고 있다. 주근깨가 있는, 강하고 잘생긴 그 애무의 손은 데이빈의 손이다.

그는 자신의 생각에, 또 그런 생각을 불러일으킨 작고 쭈그러든 사내에게 화를 내며 얼굴을 찌푸렸다. 밴트리 일당*237에 대한 아버지의 조롱이 기억 속에 떠올랐다. 그는 그 조롱을 멀리 밀쳐놓고 다시 자신의 음울한 생각에 몰두했다. 어째서 그것이 크랜리의 손이 아닌 것인가? 데이빈의 단순함과 순진함이 내 마음을 은밀하게 자극한 것인가?

그는 키 작은 사내와 헤어지는 건 크랜리에게 맡기고, 딕슨과 둘이서 홀을 가로질러 걸어갔다.

주랑 밑에서는 템플이 몇 명의 학생들에게 둘러싸여 있었다. 그 가운데 하

---

*237 파넬을 배신한 티모시 다니엘(1827~1914), 알렉산더 마틴 설리번(1830~84), 티모시 힐리(1855~1931) 등, 코크 주 밴트리 출신의 정치가들.

나가 소리쳤다.

"딕슨, 이리 와서 좀 들어봐. 템플이 기염을 토하고 있어."

템플은 집시 같은 검은 눈을 들어 그를 보았다.

"넌 위선자야, 오키프" 그가 말했다. "그리고 딕슨은 알랑쇠이고. 어때, 정말 멋진 표현이라고 생각하지 않니?"

그는 스티븐의 얼굴을 들여다보고 교활하게 웃으면서 같은 말을 되풀이했다.

"젠장, 그 표현이 마음에 드는걸. 알랑쇠라."

아래쪽 계단에 서 있던 건장하게 생긴 학생이 말했다.

"아까 그 여자 얘기나 해봐, 템플. 난 그 얘기가 듣고 싶어."

"그 녀석에게 정부가 있었던 건 확실해." 템플이 말했다. "게다가 그는 유부남이었다고. 그런데 사제들까지 모두 그 집에서 식사를 하곤 했으니. 모두들 한 입씩 얻어먹었을 거야."*238

"사냥말을 아끼느라 빌린 말을 타는 격이군." 딕슨이 말했다.

"말해 봐, 템플." 오키프가 말했다. "너 도대체 흑맥주를 몇 잔이나 마시고 왔니?"

"그건 너의 지적 수준을 폭로하는 말이야, 오키프." 템플이 노골적으로 멸시하며 말했다.

그는 휘청거리는 걸음으로 학생들 주위를 돌아오며 스티븐에게 말을 걸었다.

"포스터 집안이 벨기에 왕실*239이었다는 사실을 넌 알고 있었니?" 크랜리가 입구의 홀로 통하는 출입문에서 나왔다. 그는 모자를 뒤로 젖혀 쓰고 꼼꼼하게 이를 쑤시고 있었다.

"저기 만물박사가 오시는군." 템플이 말했다. "너 포스터 집안에 대한 얘기 알고 있니?"

그는 말을 끊고 대답을 기다렸다. 크랜리는 이쑤시개 끝으로 이에서 마구 파낸 무화과 씨를 곰곰이 들여다보고 있다.

---

*238 성행위를 의미한다(G/D).

*239 계보로 말하면 난센스이다. 1830년에 네덜란드에서 독립한 이래, 벨기에의 왕은 독일 작센 코부르크 공 프란츠의 아들로, 영국 빅토리아 여왕의 숙부인 레오폴드 1세(재위 1831~65), 이어서 그 아들 레오폴드 2세(재위 1865~1909)로 이어진다.

"포스터 집안은 플랜더스의 왕 볼드윈 1세의 후손이야." 템플이 말했다. "왕의 이름은 포레스터였다고 하는데 포레스터나 포스터는 같은 이름이거든.*240 볼드윈 1세의 후손인 프란시스 포스터 대위가 아일랜드에 정착하여 클란브라실 족의 마지막 족장 딸과 결혼했어.*241 그리고 블레이크 포스터 집안도 있는데 그건 다른 가계야."

"플랜더스의 왕, 볼드헤드(대머리)의 후손이지." 크랜리는 드러낸 이를 번쩍거리면서 다시 천천히 후비며 되풀이했다.

"그 모든 역사를 어디서 주워들었니?" 오키프가 물었다.

"난 너희 집안의 역사도 죄다 알고 있어." 템플이 스티븐을 향해 말했다. "기랄두스 캄브렌시스*242가 너희 집안에 대해서 어떻게 말했는지 알고 있니?"

"저 애도 볼드윈의 후손이니?" 결핵환자인 검은 눈에 키 큰 학생이 물었다.

"볼드헤드 쪽이야." 크랜리가 잇새를 빨아들이면서 되풀이했다.

"'아주 고귀하고 아주 오래된 집안'*243이지." 템플이 스티븐에게 말했다.

바로 그때 아래 계단에 서 있던 건장한 학생이 짧게 방귀를 뀌었다. 딕슨이 그를 향해 나직한 목소리로 말했다.

"방금 그건 천사가 말씀하신 거겠지?"

크랜리도 몸을 돌려 격한 어조로, 그러나 결코 화내지는 않으면서 말했다.

"고긴스, 너 같이 지저분한 놈은 난생처음 봤다, 알겠어?"

"그렇게 말할 줄 알았어." 고긴스는 끄떡도 하지 않고 응수했다. "그래서 누가 피해라도 봤니?"

"아니, 그건 학문적으로 '미래완료 시제'라고 말하는 그런 건 아닐걸." 딕

---

*240 엉터리 발언. 플랜더스 집안의 볼드윈 1세는 두 사람이 있는데, 한 사람은 예루살렘왕(재위 1100~1118)이고 또 한 사람은 콘스탄티노플 황제(재위 1204~05)이다. 또 숲의 남자(포레스터) 볼드윈은 플랜더스의 사기꾼으로 1226년 무렵 황제를 참칭하다가 프랑스인에게 처형되었다(G).

*241 난센스 같은 발언. 아일랜드의 족보취미와 아일랜드 부흥운동으로 과거에 대한 관심이 높아진 것에 대한 풍자(D).

*242 웨일스의 성직자, 연대기 작자 기랄두스 드 배리(1146무렵~1220). 《아일랜드의 지세》와 《아일랜드 침략사》 등의 저서가 있다.

*243 Prenobilis et perevetusta familia. 라틴어. 기랄두스의 《아일랜드 침략사》에서 피츠 스티븐('스티븐의 아들'이라는 뜻) 집안에 대해 한 말이며, 디덜러스 집안과는 관계없다.

슨이 선량하게 말했다.

"내가 뭐랬어, 저 친군 알랑쇠라니까." 템플이 좌우를 돌아보면서 말했다. "내가 그 별명을 붙여줬잖아."

"그래, 네가 붙였어. 우린 귀가 먹지 않았다고." 키 큰 결핵환자가 말했다.

크랜리는 여전히 자기 아래쪽에 서 있는 건장한 체격의 학생에게 인상을 찌푸리고 있었다. 그러더니 불쾌하다는 듯이 콧방귀를 뀌면서 계단 아래로 거칠게 밀어버렸다.

"저쪽으로 가지 못해?" 그는 난폭하게 말했다. "썩 꺼져, 이 똥통 같은 녀석. 넌 똥통이야!"

고긴스는 자갈 위로 껑충 뛰어내렸다가 곧 넉살 좋게 제자리로 돌아왔다. 템플이 스티븐을 돌아보면서 물었다.

"넌 유전법칙*244을 믿니?"

"술 취했어? 왜 그래? 무슨 소릴 하려고?" 크랜리는 이해가 안 간다는 표정으로 그를 향해 돌아섰다.

"지금까지 있었던 문장 가운데 가장 심오한 것은 동물학의 마지막 문장이야." 템플이 열렬한 어조로 말했다. "생식은 죽음의 시작이다."*245

그는 조심스럽게 스티븐의 팔꿈치를 건드리면서 말했다.

"넌 시인이니까 그 문장이 얼마나 심오한지 알겠지?"

크랜리는 기다란 집게손가락으로 가리켰다.

"저 친구 좀 봐." 그는 경멸을 담아 다른 학생들에게 말했다. "저 아일랜드의 희망을 좀 보라고!"

그의 말과 몸짓을 보고 모두들 웃었다. 템플이 용감하게 그를 향해 말했다.

"크랜리, 너는 늘 나를 비웃고 있지. 난 그걸 알고 있어. 하지만 나도 너에게 뒤지지 않아. 내가 너를 나 자신과 비교해서 어떻게 생각하고 있는지 아니?"

---

*244 19세기 말 인간의 생리와 행동을 둘러싼 논의에서는, 유전의 법칙을 우위에 두는 자와 환경의 법칙을 우위에 두는 자가 있었다(G).

*245 이것은 19세기 말의 동물학 논의에서는 일반적인 생각으로, 이를테면 리처드 하트위그의 《동물학》(1902)에서는, 생식은 '유기적 세계의 불가결한 속성으로, 죽음에 의한 상실을 보충하는 데 없어서는 안 된다'고 정의하고 있다(G).

"이것 봐." 크랜리가 점잖게 말했다. "너에겐 능력이 없어, 알아? 절대로 생각할 능력이 없다고."

"하지만 내가 너와 나를 비교해서 어떻게 생각하는지 알고나 있어?" 템플이 계속했다.

"확실하게 말해, 템플!" 계단 위에 서 있던 건장한 학생이 소리쳤다. "낱낱이 털어놔 보라고!"

템플은 좌우를 둘러보면서 갑자기 나약한 몸짓을 하며 이렇게 말했다.

"난 불알(ballocks) *246 같은 놈이야." 그는 절망적으로 고개를 저으면서 말했다. "난 그런 놈이고, 또 그 사실을 알고 있어. 내가 그렇다는 사실을 인정하겠어."

딕슨은 그의 어깨를 가볍게 두드리며 온화하게 말했다.

"그런 점이 너에게는 장점이야, 템플."

"하지만 저 녀석도 말이야." 템플은 크랜리를 가리키며 말했다. "녀석도 나와 마찬가지로 불알 같은 놈이라고. 다만 저 녀석은 그 사실을 모르고 있을 뿐이야. 내가 보기에, 우리 두 사람의 차이는 그것밖에 없어."

터져나온 웃음소리가 그의 말을 뒤덮었다. 그러나 그는 다시 스티븐을 향해 갑자기 열띤 어조로 말했다.

"불알이란 낱말은 정말 기막히게 재미있단 말이야. 영어에서 유일한 양수어(兩數語) *247일걸. 그거 알고 있니?"

"그런가?" 스티븐이 애매하게 대답했다.

그는, 상처받은 크랜리의 윤곽이 뚜렷한 얼굴이 인내의 미소로 밝게 빛나는 것을 지켜보고 있었다. 모욕을 꿋꿋하게 참고 견디는 오래된 석상 위에 퍼부은 구정물처럼, 그 야비한 말이 흘러내렸다. 스티븐이 주시하는 동안, 그가 모자를 벗고 인사하자 쇠로 만든 관*248 같은 이마에서 뻣뻣하게 서 있는 검은 머리카락이 드러났다.

---

* 246 지금은 사어(死語)이지만, 옛날에는 공손한 말이었던 것 같다(OED). 비유적으로는 '바보 같은 사람'이라는 뜻. 《젊은 예술가의 초상》을 〈에고이스트〉지에 게재할 때 몇몇 단어가 삭제되었는데, 이것도 그 하나. 단수로 사용.

*247 두 개를 나타내는 말. 세 개 이상을 나타내는 경우와는 다른 특수한 굴절어미를 가진다. 한 쌍으로 존재하는 자연물(눈, 귀 등)에만 양수형을 사용한다. breasts(유방), shoulders(어깨) 등도 양수어다.

그녀가 도서관 현관에서 나오더니 스티븐 너머로 크랜리의 인사에만 머리 숙여 답했다. 이 녀석도 그녀하고? 크랜리의 뺨에 가벼운 홍조까지 떠오르고 있지 않는가? 아니면 템플의 욕설에 얼굴이 붉어진 탓인가? 해가 기울어 가고 있어서 볼 수가 없었다.

이 친구의 내키지 않는 침묵, 가혹한 말, 내가 열심히 두서없이 고백하고 있으면 갑자기 난폭한 말을 하여 방해하는 일이 자주 있었던 건, 모두 그 때문이었던가? 스티븐 쪽에서는, 그것은 마음에 두지 않고 용서해 주고 있었다. 왜냐하면 그런 난폭함은 자기 쪽에도 있기 때문이다. 그때 어느 날 저녁에 있었던 일이 생각났다. 그는 말라하이드 근처의 숲 속에서 하느님께 기도를 올리기 위해 빌려 타고 온 고물 자전거에서 내렸다. 그는 자기가 거룩한 시간에 거룩한 곳에 와 있음을 알고 숲으로 둘러싸인 어두컴컴한 신전을 향해 황홀한 심정으로 두 팔을 쳐들고 기도했다. 그런데 두 사람의 순경이 어둑어둑한 길모퉁이를 돌아 나타나서, 그는 기도를 중단하고 얼마 전에 본 무언극에 나온 곡조를 휘파람으로 소리높이 불었다.

그는 물푸레나무 지팡이의 닳아빠진 끝으로 원기둥 밑 부분을 두드리기 시작했다. 내가 한 말*249이 크랜리에게 들리지 않았던 것일까? 하지만 좀 더 기다리자. 주위의 이야기 소리가 잠시 그치고 머리 위 창문에서 다시 쉭 하는 소리가 나지막하게 들려왔다. 그러나 대기 속에서는 아무 소리도 들리지 않았고 그가 그 동안 부질없는 눈길로 지켜보던 제비들은 이미 잠들어 있었다.

그녀가 황혼 속을 지나갔다. 그래서 부드럽게 쉭 하는 소리가 난 것 말고는, 대기 속은 고요에 잠겨 있었다. 그러니까 주위에 있는 말 많은 친구들도 모두 입을 다문 것이다. 어둠이 내리고 있었다.

'어둠이 허공에서 내리고 있네'*250

---

*248 전에는 568년에 이탈리아 북부에 정착한 고대게르만 민족이었던 랑고바르트인의 왕의 관으로 알려져 있었지만, 중세에는 배신자에게(뜨겁게 달군 것을 씌우는 등) 사용되었다 (G).
*249 아까 "크랜리, 네게 할 얘기가 있어"라고 말한 것.
*250 영국 작가 토마스 내쉬(1567~1601)의 시 '페스트 해의 연도(連禱)'(1592)의 제3련의 '빛이 하늘에서 내려오네'의 잘못된 인용. 스티븐은 곧 그것을 깨닫는다.

희미한 빛처럼 조용하게 타오르는, 전율하는 듯한 환희가 그의 주위에서 요정의 무리처럼 노닐었다. 하지만 어찌된 영문일까? 그녀가 저물어 가는 대기 속을 지나갔기 때문일까? 아니면 어두운 모음과 풍성한 류트 소리 같은 첫 음을 가진 시 때문일까?

그는 주랑 끝에 있는 더 어두운 곳을 향해 천천히 걸어갔다. 다만 뒤에 남은 학생들에게 자신이 생각에 빠져 있는 것을 감추기 위해 지팡이로 돌바닥을 조용히 두드리고 있었다. 그는 마음속으로 다울런드[251]와 버드,[252] 내쉬의 시대가 마음속에 떠오르는 대로 내버려 두고 있었다.

욕정의 어둠 속에서 열려 있는 눈, 밝아오는 동녘을 흐리게 하는 눈, 그 나른한 우아함은 정사(情事)의 감미로움이 아니고 무엇이랴? 그 어른거리는 빛은 스튜어트 집안의 침 흘리는 어떤 인물[253]이 쓰는 궁정 요강을 뒤덮은 거품의 빛이 아니고 무엇이랴? 그는 이 기억의 언어 속에서 호박색 포도주[254]와 아름다운 노래의 사라져가는 가락, 우아한 파반느 춤[255] 따위를 맛보았고, 기억의 눈을 통해서는 코벤트가든[256]의 숙녀들이 발코니에서 키스하는 입모양을 하며 구애하는 광경, 매독에 걸린 술집 계집들, 겁탈자에게 기꺼이 몸을 내맡긴 채 몇 번이고 허락하는 젊은 유부녀들을 보았다.

그가 마음속에 불러들인 이미지는 그에게 어떠한 기쁨도 주지 않았다. 그 이미지들은 은밀하고 자극적인 것이었지만 그녀의 모습과 뒤엉키지는 않았다. 그녀에 대해서는 그런 식으로 생각할 수 없다. 그녀에 대해 그런 식으로 생각하는 것은 잘못이다. 그렇다면 내 마음은 이미 신뢰할 수 없단 말인가? 크랜리가 이를 번쩍이면서 후벼낸 무화과씨처럼 하찮고 달짝지근하고 낡아빠진 문구.

---

*251 존 다울런드(1563무렵~1626). 영국의 류트 연주자, 작곡가.

*252 윌리엄 버드(1540무렵~1623). 영국 음악의 대들보로 일컬어지며, 마드리갈(16~17세기의 세속적인 가사에 의한 다성중창곡)뿐만 아니라, 교회음악도 작곡했다.

*253 제임스 1세(재위 1603~25). 그는 혀가 길어서 입 밖으로 나와 있었고 침을 흘리고 있었다(G).

*254 향유고래에서 채취하는 용연향이 들어 있기 때문이다.

*255 '파반느'란 16세기에 유럽에서 유행한 2박자와 4박자의 느린 궁정무곡.

*256 런던 중앙부의 발코니가 있는 광장. 스티븐이 가정하고 있는 시대는 아직 설계되기 전이었다.

그녀의 모습이 시내를 거쳐 집으로 향하고 있다는 것은 그도 막연하게 알고 있다. 그것은 사고도 환상도 아니었다. 그는 처음에는 막연하게, 그리고 점차 또렷하게 그녀의 체취를 맡았다. 그의 핏속에서 불안한 의식이 끓어올랐다. 그렇다. 그가 맡고 있는 것은 그녀의 몸, 야성적이고도 나른한 냄새, 그 위를 그의 음악이 욕정적으로 흐르는 미지근한 사지와, 그녀의 몸이 발산하는 냄새와 이슬이 스며든 그 은밀하고 부드러운 속옷.

그의 목덜미에 이가 한 마리 기어가고 있었다. 그는 엄지와 검지로 느슨한 칼라 속에 날쌔게 집어넣어 솜씨 좋게 이를 잡았다. 그는 쌀알처럼 부드럽고 터지기 쉬운 이를 엄지와 둘째손가락 사이에 끼운 채 잠시 동안 굴리다가 바닥에 떨어뜨린 뒤 그놈이 살아남을까 아니면 죽을까를 생각했다. 그때 코르넬리우스 아 라피데*257의 기묘한 학설이 생각났다. 이는 인간의 땀에서 생겨나는 것이며, 천지창조의 제6일에 다른 동물과 함께 창조된 것이 아니라는 주장이었다. 목덜미의 살갗이 가려운 탓에 마음까지 얼얼하고 벌게지는 것 같았다. 허름한 옷, 빈약한 영양, 이가 들끓고 있는 자기 육체의 생명. 그렇게 생각하자 그는 갑자기 발작적인 절망을 느끼고 눈을 감았다. 그러자 어둠 속에서 연약하게 빛나는 이의 몸뚱이가 허공에서 떨어지면서 몇 번이고 회전하는 것이 보였다. 그렇다. 하늘에서 떨어지는 것은 어둠이 아니다. 빛.

'빛이 허공에서 내려오네'*258

내쉬의 한 줄조차 정확하게 기억하지 못한 것인가. 그 한 구절이 일깨웠던 이미지는 모두 가짜였다. 나의 마음에서 나쁜 벌레가 기어 나왔다. 내가 생각하는 건 나태의 땀방울에서 태어난 이 같은 것.

그는 주랑을 지나 재빨리 학생들 쪽으로 돌아갔다. 좋다. 그깟 여자 가거나 말거나 내 알 바 아니다! 매일 아침 허리까지 몸을 씻는, 가슴에 검은 털이 난 멋진 운동선수와 연애하라지! 가게 내버려두는 거다.

크랜리는 호주머니 속에서 말린 무화과를 또 하나 끄집어내더니 소리내면

---

*257 플랜더스의 예수회 수사로 성서의 주석자(1567~1637). 그 《성서 대주석》에서 이, 파리, 구더기 등은 신이 창조한 것이 아니라 자연발생한 것이라고 해설하고 있다(G).

*258 Brightness falls from the air.

서 천천히 먹고 있었다. 템플은 졸음에 겨운 눈까지 모자를 푹 눌러쓰고 원기둥에 등을 기대고 앉아 있다. 땅딸막한 젊은이가 가죽가방을 겨드랑이에 낀 채 현관에서 나왔다. 그는 일행이 있는 쪽으로 걸어오면서 구두 뒤꿈치와 묵직한 우산 끝으로 포석을 두드리고 있었다. 그는 인사 대신 우산을 쳐들고 모두에게 말했다.

"안녕들 하신가, 친구들."

그는 다시 포석을 소리내며 두드린 뒤, 약간 신경질적으로 머리를 흔들면서 킥킥거렸다. 결핵을 앓고 있는 키 큰 의학생과 딕슨과 오키프는 아일랜드어로 얘기하면서 그에게는 대꾸하지 않았다. 그러자 그는 크랜리를 향해 말했다.

"안녕하냐고, 특히 너 말이다."

그는 우산으로 가리키면서 다시 한 번 킥킥거렸다. 여전히 무화과를 씹고 있던 크랜리가 소리내어 턱을 움직이면서 대답했다.

"안녕하냐고? 물론 오늘 저녁은 안녕하시지."

땅딸보는 진지한 눈길로 그를 보더니 점잖게 나무라듯이 우산을 가만히 흔들었다.

"역시 하나마나한 소리를 하려는 거겠지."

"으음." 크랜리는 반쯤 먹다 남은 무화과를 그 땅딸보의 입을 향해 먹으라는 듯이 들이댔다.

땅딸보는 그것을 받아먹지는 않았으나 여전히 유쾌한 기분으로 킥킥거리면서 기세를 얻으려는 듯이 우산을 흔들고는 정중한 어조로 말했다.

"그러니까 그건……"

그는 거기서 말을 중단하고 먹다 남은 무화과를 무뚝뚝하게 가리키면서 큰 소리로 말했다.

"그거 말이야."

"으음." 크랜리가 조금 전과 똑같이 말했다.

"네 의도가 뭐냐?" 땅딸보가 말했다. "'사실대로'*259 받아들이라는 거니? 아니면 말하자면 그렇다는 뜻이니?"

---

*259 ipso facto. 라틴어.

딕슨이 함께 얘기하고 있던 애들한테서 몸을 돌리며 말했다.

"고긴스가 널 기다리고 있어, 글린. 그 애는 너와 모이니안을 찾으러 아델피 호텔로 갔어. 여긴 뭐가 들었지?" 그는 글린이 안고 있는 가방을 톡톡 두드리며 물었다.

"답안지야." 글린이 대답했다. "애들이 나의 수업에서 뭔가 배우는 게 있는지 알아보기 위해 매달 시험을 치고 있어."

그도 역시 가방을 톡톡 두드리며 점잖게 기침을 한 뒤 웃었다.

"수업이라고!" 크랜리가 거칠게 말했다. "듣자하니 너같이 못난 원숭이에게 배우는 맨발의 아이들 얘기인가 본데, 애들이 안됐다!"

크랜리는 남은 무화과를 물어뜯고 나서 꼭지를 던졌다.

"나는 어린아이들이 나에게 오는 것을 막지 않아."*260 글린이 서글서글하게 말했다.

"망할 놈의 원숭이 같은 놈." 크랜리가 목소리에 힘을 담아 되풀이했다. "신을 모독하는 망할 놈의 원숭이!"

템플이 일어나서 크랜리 옆을 지나 글린에게 말했다.

"네가 방금 말한 그 대사 말이야." 그가 말했다. "어린아이들이 너에게 오는 것을 허락하겠다는 말, 신약성서에서 따온 말이냐?"

"가서 다시 잠이나 자, 템플." 오키프가 말했다.

"그렇다면 좋아." 템플은 여전히 글린을 향해 말을 계속했다. "만약 예수님이 아이들이 당신께 오는 것을 허락하셨다면, 어째서 교회에서는 세례를 받지 않고 죽은 아이들을 모두 지옥으로 보내는 거지? *261 어째서 그럴까?"

"넌 세례를 받았니, 템플?" 결핵환자가 물었다.

"예수님이 아이들을 모두 당신께 보내라고 하셨는데, 어째서 지옥으로 보내지는 아이도 있을까?" 템플은 글린의 눈을 탐색하듯이 살피면서 말했다.

글린은 기침을 하여 신경질적인 킥킥거림을 간신히 억제한 뒤, 우산을 돌리면서 한 마디 한 마디 조용히 말했다.

"네 말대로 정말 그렇다면, 무슨 이유로 그렇게 되는지 내가 물어보고 싶다."

---

*260 예수가 한 말. "어린 아이들이 내게 오는 것을 용납하고 금하지 말라"《마가복음》 10 : 14)

*261 지옥이 아니라 림보(또는 고성소(古聖所), 다음의 주 263 참조)에 간다. 고통은 없지만 원죄가 남아 있는 상태이기 때문에 슬픔에 찬 곳이다(G).

"그 이유는 교회가 모든 늙은 죄인들과 똑같이 잔인하기 때문이야." 템플이 말했다.

"너는 그 점에서 네 의견이 완전히 정통적이라고 할 수 있니, 템플?" 딕슨이 온화하게 물었다.

"성 아우구스티누스가 세례를 받지 않은 아이들이 지옥으로 간다고 한 것은"*262 템플이 대답했다. "그 사람도 잔인한 늙은 죄인이기 때문이야."

"맞는 말이야." 딕슨이 말했다. "하지만 내가 받은 인상은 그런 어린이를 위해 림보*263가 있다는 거야."

"그 애하고 논쟁하는 건 그만둬, 딕슨" 크랜리가 거칠게 말했다. "말도 하지 말고 바라보지도 말라고. 매애 매애 우는 염소를 끌고 가듯이 새끼줄로 묶어서 집으로 끌고 가."

"림보라고!" 템플이 소리쳤다. "그것도 멋진 발명이지, 지옥과 마찬가지로."

"하지만 고통은 없는 곳이야." 딕슨이 말했다. 그는 모두를 돌아보며 웃은 뒤 말했다.

"지금까지 내가 말이 많았는데 여기 있는 모두의 의견을 대변하는 것 같군."

"맞아." 글린이 단호한 어조로 말했다. "그 점에서는 아일랜드는 하나야."

그는 우산 끝으로 주랑의 돌바닥을 두드렸다.

"지옥이라." 템플이 말했다. "난 사탄의 늙은 마누라*264가 발명한 지옥에 경의를 표하겠어. 지옥은 로마적인 곳이지. 로마의 성벽처럼 튼튼하고 흉측한 곳이거든. 하지만 림보라니 그건 또 무슨 소리야?"

"이 녀석을 유모차에 태워, 크랜리." 오키프가 큰 소리로 말했다.

크랜리는 템플 쪽으로 날쌔게 한 발 다가가서는 발을 구르며 닭에게 하듯

---

*262 그는 실제로 그러한 발언을 했다(G).

*263 그리스도가 승천하기 전에 의인의 영혼이 머무는 곳으로, 나중에 천국에 갈 때까지의 휴식처. 아브라함의 품, 낙원이라고도 일컬어진다. 땅의 낮은 곳, 명부, 옥에 그리스도가 내려갔다고 되어 있는 것도 이곳이다. 세례를 받지 않고 죽은 유아와 성인은 원죄가 남아 있어서 천국에서도 행복을 얻을 수 없는데, 그들의 자연적인 영능으로 하느님을 알고 사랑하며 완전한 자연적 행복의 상태에 놓인다고 한 것이 신학자의 정설이며, 그 장소와 상태 모두 고성소(古聖所)라고 한다(《그리스도교 백과사전》).

*264 죄를 가리킨다. 밀턴의 《실락원》에서는, 사탄의 아내가 지옥의 문지기로 서 있다.

이 소리쳤다.

"쉿!"

템플은 잽싸게 피했다.

"림보가 뭔지 알아?" 그가 큰 소리로 말했다. "로스코먼*265에서는 그걸 뭐라고 부르는지 아냐고."

"쉿! 그만둬!" 크랜리가 소리를 지르면서 손뼉을 쳤다.

"엉덩이도 아니고 팔꿈치도 아닌, 툭 튀어나온 거기가 바로 림보지!" 템플이 조롱하듯이 소리쳤다.

"그 지팡이 좀 이리 줘." 크랜리가 말했다.

크랜리는 스티븐의 손에서 물푸레나무 지팡이를 난폭하게 빼앗아 들고 껑충껑충 계단을 내려갔다. 그러나 템플은 그가 따라오는 소리를 듣고 야생동물처럼 민첩하게 어둠 속으로 달아났다. 크랜리의 무거운 구둣발이 안마당을 가로질러 요란하게 추격하는 소리가 들리더니 이윽고 실망한 채 무거운 걸음걸이로 돌아오면서 자갈을 걷어차고 있었다.

성난 걸음으로 돌아온 크랜리는 분노가 담긴 거친 몸짓으로 지팡이를 스티븐의 손에 넘겼다. 스티븐은 그가 화를 내는 데는 다른 이유가 있다는 것을 알고 있었지만 모르는 척하고 그의 팔을 가볍게 잡으며 조용히 말했다.

"크랜리, 내가 할 이야기가 있다고 했잖아? 저쪽으로 가자."

크랜리는 잠시 그를 쳐다본 뒤 물었다.

"지금?"

"그래, 지금." 스티븐이 말했다. "여기선 얘기할 수 없어. 저리로 가."

그들은 말없이 안마당을 함께 가로질렀다. 현관 계단에서 누군가가 '지그프리트'*266의 새소리를 조용히 휘파람으로 부는 소리가 들렸다. 크랜리가 돌아보자 휘파람을 불던 딕슨이 소리쳤다.

"너희들 어디로 가? 그 게임은 어떡하고, 크랜리?"

그들은 조용한 밤공기 속에서, 아델피 호텔에서 열릴 당구시합에 대해 소

---

*265 아일랜드 중부 로스코먼 주의 주도.

*266 리하르트 바그너(1813~83)의 악극. 《니벨룽의 반지》 제2야(第二夜) 《지그프리트》(초연 1876) 제2막에서, 지그프리트는 용(龍) 파프너를 죽이고, 그 피를 묻혀 새의 언어를 알아 듣게 된다.

리 높이 담판을 벌이고 있었다. 스티븐은 혼자 걷기 시작하여 메이플 호텔과 마주 서 있는 킬데어 거리의 정적 속으로 들어가서, 그곳에 서서 다시 참을성 있게 기다렸다. 그 호텔의 이름,*267 흐릿한 색으로 반질반질하게 닦은 목재, 그리고 흐릿한 색의 차분한 정면이 점잖은 멸시의 눈초리처럼 그의 마음을 찔러왔다. 그는 불이 켜진 호텔 객실을 화난 듯이 노려본 뒤, 그 속에서는 아일랜드 귀족들의 윤택한 생활이 은밀하게 영위되고 있을 거라고 상상했다. 그들은 군 입대*268라든지 토지 관리 같은 문제를 생각하고 있으리라. 농부들은 시골길에서 그들을 만나면 인사를 한다. 그들은 프랑스 요리의 이름을 알고 있고, 딱딱하고 악센트가 높은 지방 사투리로 삯마차 마부들에게 명령을 내리리라.

어떻게 하면 그들의 의식에 타격을 줄 수 있을까? 지주들이 그들의 딸들을 임신시키기 전에, 그들보다 비천한 자손이 생기지 않도록 그 딸들의 상상력에 나의 신념의 그림자를 던지려면 어떻게 해야 할 것인가? 점점 짙어지는 어둠 속에서 그는 자기가 속한 민족*269의 욕망이 어두운 시골길이나 시냇가 나무 아래, 또는 여기저기 물이 고여 있는 수렁 근처에서 박쥐처럼 날아다니고 있는 것을 느꼈다. 데이빈이 밤길을 혼자 걷고 있을 때, 어느 여자는 문간에 서서 그에게 우유 한 잔을 권한 뒤 그를 침대로 유인하려고 했다. 데이빈이 비밀을 지켜줄 것 같은 온화한 눈빛을 하고 있었기 때문이리라. 하지만 나에게는 어떤 여인의 눈도 유혹해 온 적이 없다.

누군가가 우악스럽게 팔을 움켜잡았다. 그리고 크랜리의 목소리가 들렸다.

"우리도 가자."

그들은 말없이 남쪽으로 걸어갔다. 이윽고 크랜리가 말했다.

"허튼소리나 하는 바보 자식, 템플. 두고 봐, 언젠가 그 녀석이 죽나 내가 죽나 사생결단을 내고 말 테니."

그러나 그의 목소리는 더 이상 화나 있지 않았다. 스티븐은 그건 현관 밑에서 그녀가 인사한 것을 생각하고 있기 때문인지 궁금했다.

---

*267 메이플(단풍)은 '부르주아적인 속세의 행복'을 상징한다(《이미지심벌사전》).

*268 지주들에게는 영국군에 들어가는 것이 인기가 있었다. 전에는 사관이 되려면 상당한 비용이 들었지만, 1871년부터 임관을 매매하는 것은 금지되었다(G).

*269 가톨릭교도인 아일랜드인. 영국계 아일랜드인 신교도인 '그들'과 대비시켜서.

두 사람은 왼쪽으로 돌아서 계속 걸어갔다. 한동안 그렇게 걷다가 스티븐이 입을 열었다.

"크랜리, 나 오늘 저녁에 아주 기분 나쁜 말다툼을 했어."

"가족들하고?" 크랜리가 물었다.

"어머니하고."

"종교 때문에?"

"응." 스티븐이 대답했다.

잠시 있다가 크랜리가 물었다.

"너희 어머니, 연세가 어떻게 되니?"

"아직 노인이라고 할 정도는 아니야." 스티븐이 말했다. "나더러 부활절 성찬을 받으라고 하시더군."

"그래서 받기로 했니?"

"안 받을 거야." 스티븐이 말했다.

"왜?"

"난 아무것도 섬기지 않을 거야."*270 스티븐이 대답했다.

"전에도 그런 말 하지 않았어?" 크랜리가 온화하게 물었다.

"앞으로도 말할 거야." 스티븐이 불끈해서 말했다.

크랜리는 스티븐의 팔을 잡으면서 말했다.

"진정해. 넌 너무 쉽게 흥분해서 탈이야."

크랜리는 그렇게 말하면서 신경질적인 목소리로 웃었다. 그는 우정으로 넘치는 감동의 눈빛으로 스티븐의 얼굴을 바라보았다.

"넌 너 자신이 너무 흥분을 잘한다는 것 알고 있니?"

"그런 것 같아." 스티븐도 웃으면서 말했다.

최근에 서먹서먹했던 두 사람의 마음에 갑자기 거리가 사라진 것 같은 느낌이었다.

"너 성체를 믿니?"*271 크랜리가 물었다.

"안 믿어."

"그럼, 의심한다는 거니?"

---

*270 앞에 나온(제3장 *52)의 사탄이 한 말.
*271 빵과 포도주가 예수 그리스도의 살과 피로 전질변화(全質變化)한다는 생각.

"나는 믿지도 의심하지도 않아." 스티븐이 대답했다.

"많은 사람들이 의심하고 있어. 심지어 종교인들까지 의혹을 품고 있지. 하지만 그들은 그 의혹을 극복하거나 제쳐두고 있어. 그 점에 대한 너의 의혹이 너무 강한 거니?"

"나는 극복하고 싶은 마음도 없어." 스티븐이 대답했다.

크랜리는 약간 난처해져서 호주머니에서 무화과를 또 하나 꺼내어 막 먹으려는데 스티븐이 말했다.

"먹지 마. 입에 무화과가 가득해서야 이 문제를 얘기할 수 없잖아?"

크랜리는 가로등 밑에 서서 그 불빛으로 무화과를 자세히 살펴보았다. 그리고 두 콧구멍으로 냄새를 맡더니 한 조각 베어 물어본 뒤 도로 뱉어버리고는 무화과를 냅다 하수구로 던져버렸다.

"썩 꺼져라, 이 저주받은 자들이여, 나에게서 떠나 영원한 불 속에 들어가라!"*272

크랜리는 스티븐의 팔을 잡고 다시 걸으면서 말했다.

"마지막 심판의 날, 네가 그런 말을 듣게 될까 봐 겁나지 않니?"

"내가 믿는다고 치자. 내가 얻게 되는 게 뭘까?" 스티븐이 물었다. "학감과 함께 영원한 행복을 누릴 수 있다?"

"하지만 그 사람은 영광을 누리게 될 거야." 크랜리가 말했다. "기억해 둬."

"그럴 테지." 스티븐이 약간 빈정대는 투로 말했다. "빛나고, 민첩하고, 아픔을 느끼지 않고, 또 무엇보다 명민하니까."*273

"이상한 일이군." 크랜리가 냉정하게 말했다. "네가 믿지 않는다고 장담하는 그 종교에 실은 네 마음이 푹 젖어 있구나. 네가 대학에 들어오기 전에는 성체를 믿었니? 믿었겠지?"

"믿었어."

---

*272 〈마태복음〉 25 : 41에서 예수가 한 말. 제3장 *39 참조.

*273 bright, agile, impassible and, above all, subtle. 부활할 때 성인(聖人)에게는 네 가지 특성이 갖춰진다. 그것은 아픔을 느끼지 않는 '수고(受苦)불가능성'(impassibility), 태양처럼 빛나는 '원광(圓光)'(brightness/glory), 자유롭게 움직일 수 있는 '민첩성'(agility), 육체가 영혼의 지배를 받는 '명민성'(subtility)이다(《그리스도교 용어사전》).

"그래서 그때가 지금보다 더 행복했니?" 크랜리가 조용히 물었다.

"더러는 행복했고 더러는 불행하기도 했어. 그땐 내가 전혀 다른 사람이었으니까."

"전혀 다른 사람이었다니, 그게 무슨 소리야?"

"지금의 나, 당연히 그렇게 되어야 했던 내가 아니었다는 뜻이야."

"지금의 너, 당연히 그렇게 되어야 했던 너가 아니었다고?" 크랜리가 스티븐의 말을 되풀이했다. "하나 물어보자. 너, 어머니를 사랑하니?"

스티븐은 천천히 고개를 저었다.

"네가 말하는 의도를 모르겠어." 그는 짧게 대답했다.

"누군가를 사랑해 본 적이 없니?"

"여자 말이야?"

"그런 뜻이 아니야." 크랜리는 냉담한 목소리로 말했다. "네가 어떤 사람이나 사물에 대해 사랑을 느껴본 적이 있느냐는 거지."

스티븐은 친구와 나란히 걸으면서 길바닥을 멍하니 응시하고 있었다.

"난 하느님을 사랑해 보려고 노력했어." 이윽고 그가 입을 열었다. "지금 생각하니 그건 실패한 것 같아. 어려운 일이야. 난 순간순간마다 나의 의지를 하느님의 의지에 맞추려고 노력했어. 그 점에서는 늘 실패만 한 건 아니었는데. 어쩌면 지금도……"

크랜리가 말을 가로채며 물었다.

"너의 어머니는 그동안 행복하게 살아오셨니?"

"내가 어떻게 알겠니?"

"아이는 몇 명이니?"

"아홉인가 열인가." 스티븐이 대답했다. "몇 명은 죽었어."

"너의 아버지는……" 크랜리는 잠시 주저하다가 말했다. "너의 집안 사정을 알고 싶은 건 아니지만. 하지만 너의 아버지는 부유하게 사셨겠지? 네가 자라던 시절에 말이야."

"그래." 스티븐이 말했다.

"무슨 일을 하셨는데?" 크랜리가 잠시 사이를 두고 물었다.

스티븐은 아버지의 전력을 줄줄이 나열하기 시작했다.

"의학생, 조정 선수, 테너 가수, 아마추어 배우, 정당원, 소지주, 소투자가, 술꾼, 호인, 이야기꾼, 남의 비서, 양조회사의 어떤 자리, 세금징수관, 파산자, 그리고 지금은 자신의 과거나 찬미하면서 사는 사람이지."

크랜리는 스티븐의 팔을 더 세게 잡으면서 말했다.

"양조장이라니 재밌는데?"

"더 알고 싶은 게 있니?" 스티븐이 물었다.

"지금은 형편이 좋아?"

"그렇게 보여?" 스티븐이 퉁명스럽게 물었다.

"그렇다면 말이야." 크랜리가 생각에 잠기면서 말을 이었다. "넌 사치에 푹 빠져 자란 셈이구나."

크랜리는 그 말을 일부러 큰 소리로 말했는데, 그것은 자기가 그 말을 확신도 없이 사용하고 있음을 상대방이 알아주기를 바라는 표현으로, 전문용어를 사용할 때는 언제나 그렇게 하곤 했다.

"어머니가 고생을 많이 하셨겠구나. 더 이상 고생하시지 않도록 해드릴 생각은 없니? ……어떻게 생각해?"

"할 수 있다면야 하지." 스티븐이 말했다. "크게 어려운 일도 아닐 텐데."

"그렇다면 그렇게 하지 그래. 어머니가 원하시는 대로 해드리면 되잖아? 성체 같은 건 너에게는 아무것도 아닌 일이잖아. 넌 믿지 않으니까. 그건 하나의 형식일 뿐이야. 하지만 그렇게 해서 어머니 마음을 편하게 해드릴 수는 있지 않겠어?"

크랜리는 말을 끊었는데, 스티븐이 대답하지 않자 그대로 입을 다물었다. 이윽고 자신의 생각이 펼쳐지는 대로 그것을 입 밖에 내는 것처럼 이렇게 말했다.

"이 구린내 나는 거름통 같은 세상에서 다른 것은 모두 불확실해도 어머니의 사랑만은 그렇지 않아. 너의 어머니는 너를 세상에 태어나게 했고, 맨 처음 너를 배 속에 넣고 다니신 분이야. 어머니의 심경을 우리가 어떻게 알겠니? 하지만 어머니가 어떻게 느끼고 있든 그것이 적어도 진실인 것만은 분명해. 이건 틀림없는 사실이야. 우리의 사상이니 야심이니 하는 것이 다 무엇이니? 다 장난이지. 사상? 매애 매애 우는 염소 같은 템플 녀석에게도 사상이라는 게 있으니. 머캔도 사상은 있고, 걸어 다니는 얼간이들은 모두 자기에게 사상이 있다고 생각해."

상대의 말 이면에 있는 표현되지 않은 언어에 귀를 기울이고 있던 스티븐은 애써 대범한 듯이 말했다.

"내 기억이 맞는다면, 파스칼은 여성과 접촉하는 것이 두려워서 어머니가 자기에게 키스하는 것마저 허용하지 않았대."*274

"파스칼은 돼지야." 크랜리가 말했다.

"알로이시우스 곤자가도 같은 생각이었지." 스티븐이 말했다.

"그렇다면 그 사람도 돼지지."

"교회에서는 그를 성인이라고 부르는걸." 스티븐이 반대했다.

"다른 사람들이 그를 뭐라 부르건 상관없어." 크랜리가 단호하게 딱 잘라 말했다. "난 그를 돼지라고 부를 테니까."

스티븐은 마음속으로 할 말을 정연하게 준비한 뒤 말을 계속했다.

"예수님도 자기 어머니를 사람들 앞에서는 별로 대접하지 않았지만,*275 예수회의 신학자요 스페인의 신사였던 수아레즈*276는 예수를 위해 변명했어."

"혹시 이런 생각 해 본 적 없니?" 크랜리가 물었다. "예수님은 자기와는 다른 사람*277이었다고 말이야."

"그런 생각을 가장 먼저 한 사람은 아마도 예수 자신이었을걸."

스티븐의 대답에 크랜리는 어조를 더욱 강하게 해서 말했다.

"예수는 당대의 유대인들을 가리켜 하얗게 칠한 무덤*278 같다고 했었는데, 혹시 예수 자신이 그런 의식적 위선가였다는 생각은 해본 적 없느냐고 너에게 묻고 있는 거야. 좀 더 확실하게 말한다면, 예수는 악당이었을 거라고 생각한 적 없어?"

"그런 생각은 해본 적이 없어. 내가 알고 싶은 건 네가 나를 개종시키려고

─────────────

*274 블레이즈 파스칼(1623~62). 프랑스의 수학자, 물리학자, 철학자, 얀센주의자. 어머니의 키스를 거부했다고 한다(G).

*275 〈마가복음〉 3 : 31~35, 〈요한복음〉 2 : 1~4 참조.

*276 스페인의 예수회 수도사 프란시스코 수아레즈(1548~1617). 〈요한복음〉 2 : 4에서 포도주가 떨어졌다고 말하는 어머니에게, 예수는 '여자여, 나와 무슨 상관있나이까'하고 대치는데, 수아레즈는 원래의 아람어에서는 정중한 표현이라고 변호했다(G).

*277 십자가 위에서 예수가 한 자기불신의 말, "나의 하느님, 나의 하느님, 어찌하여 나를 버리셨나이까?"(〈마태복음〉 27 : 46)을 가리켜.

*278 하얗게 칠한 무덤 〈마태복음〉 23 : 27(제3장 *40 참조). 겉모습은 아름답지만 속은 더러운 것의 비유.

하느냐, 아니면 너 자신이 배교자(背敎者)가 되려고 하느냐 하는 점이야."

그가 크랜리의 얼굴을 보니 미소가 감돌고 있었다. 게다가 그것은 의미심장하게 보이려고 애쓰는 듯한 미소였다.

크랜리가 갑자기 솔직하고 분별심 있는 어조로 물었다.

"진심을 말해 봐. 내 말을 듣고 조금이라도 마음이 뜨끔했니?"

"조금은." 스티븐이 말했다.

"왜 뜨끔했을까?" 크랜리는 같은 어조로 계속했다. "우리의 종교가 허위이고 예수는 하느님의 아들이 아니라고 네가 확신한다면 말이야."

"확신 같은 건 전혀 없어." 스티븐이 말했다. "예수는 마리아의 아들이기보다 하느님의 아들인 것 같으니까."

"그럼 네가 성체를 받지 않겠다는 이유가 거기에 있는 거니?" 크랜리가 물었다. "즉, 그 점에 대해 확신이 없기 때문에, 그리고 성병(聖餅)은 단순한 빵이 아니라 하느님의 아들의 살과 피일지도 모른다고 느끼기 때문에? 그리고 그럴지도 모른다는 불안 때문에?"

"그래." 스티븐이 조용히 말했다. "난 그걸 느끼고 있고 또 그걸 두려워하고 있어."

"알았어." 크랜리가 말했다.

스티븐은 말문을 닫으려는 듯한 친구의 태도에 놀라 다시 논쟁을 시작하려고 말을 꺼냈다.

"난 무서워하는 게 많아. 개, 말, 총, 바다, 뇌우, 기계, 시골의 밤길."

"하지만 그 빵 한 조각을 무서워하는 이유는 뭔데?"

"난 내가 두렵다고 한 것들의 이면에 악의에 찬 현실이 있을 것이라고 생각해." 스티븐이 말했다.

"그렇다면 만약 네가 신성을 더럽히는 영성체*279를 한다면 가톨릭신자의 하느님이 너에게 죽음을 내려 널 지옥으로 보낼까 봐 두려운 거니?"

"가톨릭신자의 하느님이라면 당장에라도 그렇게 하려면 할 수 있겠지." 스티븐이 말했다. "난 그것보다도 2000년이라는 세월에 걸친 권위와 존경이 그 배후에 높이 쌓여 있는 하나의 상징에 대해 거짓된 찬미를 바칠 때 내 영

---

*279 죄를 고해하지 않고 영성체를 하는 것은 신성을 더럽히는 일이 된다. 이 경우, 죄는 스티븐이 종교를 거역하고 있는 일(G).

혼 속에 화학반응 같은 것이 일어나는 것이 두려워."

"넌 극단적인 위험에 처한다면 특별한 독신 행위를 범할 수 있겠어?" 크랜리가 물었다. "이를테면 형벌법 시대[280]에 태어났다면?"

"지나간 일에 대해서는 대답할 수 없어." 스티븐이 대답했다. "아마도 하지 않을 거야."

"그렇다면" 크랜리가 말했다. "넌 신교도가 될 용의가 없는 거군."

"난 신앙을 잃었다고 이미 말했어." 스티븐이 대답했다. "하지만 자존심마저 잃어버렸다고는 말하지 않았어. 논리적으로 정연한 부조리를 버리고 비논리적이고 복잡한 부조리를 받아들인다고 해서 그게 무슨 해방이 될 수 있겠니?"

그들은 펨브룩 구(區)[281]를 향해 계속 걸었다. 그들이 한길을 따라 천천히 걷고 있을 때 가로수와 여기저기 흩어져 있던 대저택의 불빛이 그들의 마음을 가라앉혀 주었다. 주위에 떠다니는 부유하고 안일한 분위기가 자신들의 빈곤을 위로해 주는 듯했다. 월계수 울타리 너머 어느 부엌의 창문에서 불빛이 깜박이고 있고, 칼을 갈면서 노래하는 하녀의 목소리가 들려왔다. 하녀는 몇 소절을 토막토막 끊어서 〈로지 오그래디〉[282]를 부르고 있었다.

크랜리는 걸음을 멈추고 귀를 기울이면서 이렇게 말했다.

"'한 여자가 노래하네.'"[283]

라틴어의 유연한 아름다움이 매혹적인 감촉으로 저녁의 어둠을 어루만졌다. 그 감촉은 음악이나 여인의 손길이 주는 감촉보다 더 가볍고 더 설득력이 있었다. 그들의 마음의 갈등은 가라앉았다. 교회의 공식의식에 나오는 여인의 모습이 어둠 속을 조용히 지나갔다. 흰옷을 입은 그 모습은 소년처럼 몸집이 작고 가냘프며 허리띠를 늘어뜨리고[284] 있다. 소년의 목소리처럼 가늘고 높은 그녀의 목소리가, 여성 파트의 첫 가사를 영창하는 것이 먼 합창

---

280 1697년부터 1829년까지, 아일랜드의 가톨릭교도는 다양한 제한을 받았는데, 그 시대를 가리켜 형벌법 시대라고 한다.

281 볼스브리지를 포함한 더블린 남동쪽 지구.

282 모드 니장테가 작사 작곡한 노래. 뮤직홀에서 인기가 높았다(G/D).

283 Mulier cantat. 라틴어.

284 스티븐이 여기서 상상하는 이미지는 19세기의 영국에서 그려진 성서의 광경을 방불케 하는데, 이것은 라파엘 전파(前派)와도 닮은 빌라넬의 창작에도 나타나 있었던 스티븐의 미적 전통을 반영한다(G).

대석에서 들려온다. 그것은 예수 수난곡의 암울한 규환(叫喚)을 꿰뚫는 최초의 노랫소리이다.

"'당신도 저 갈릴리 사람 예수와 함께 있었지요.'"*285

그러자 모든 사람의 마음이 감동하여 그녀의 노랫소리가 나는 쪽을 향했다. 그 목소리는 어린별처럼 빛나, '갈릴리'의 마지막 '리' 음에 강세를 주며 읊을 때는 더욱 맑게 빛나다가 그 선율이 사라질 무렵에는 다시 더욱 희미해졌다.

노래가 끝났다. 두 사람은 계속 걸었고, 크랜리는 강하게 악센트를 넣은 리듬으로 후렴의 끝 부분을 되풀이했다.

'우리가 함께 사는 나날들
오, 얼마나 행복할까
나는 아리따운 로지 오그래디를 사랑하고
로지 오그래디 또한 나를 사랑하네.'

"어때, 이런 게 너한테 딱 어울리는 진짜 시야." 크랜리가 말했다. "진짜 사랑이고."

그는 묘한 미소를 지으며 스티븐을 곁눈질한 뒤 말했다.

"넌 그걸 시라고 생각하니? 그 가사의 뜻은 알고?"

"난 우선 로지부터 만나고 싶어." 스티븐이 말했다.

"그녀를 찾아내는 건 어렵지 않아." 크랜리가 말했다.

그는 모자를 눈썹까지 내려쓰고 있었다. 그것을 밀어올리자, 스티븐은 나무그늘에서, 어둠 속에 윤곽이 드러난 파리한 얼굴과 커다란 검은 눈을 보았다. 그는 상당히 잘생겼고 몸은 강하고 단단하다. 아까는 어머니의 사랑에 대해 말했었지. 그렇다면 여자들의 고통, 여자들의 몸과 영혼의 연약함을 느끼고, 억세고 흔들림 없는 팔로 그녀들을 지켜줄 것이다. 그리고 마음을 그들 쪽으로 향할 것이다.

---

*285 Et tu cum Jesu Galilaeo eras. 라틴어. 베드로에 대한 여종의 발언(《마태복음》 26 : 69). 예수는 베드로에게 세 번 나를 부정할 거라고 말했는데, 그 첫 번째로서 베드로는 이 여종의 발언을 부인한다.

그렇다면 떠나는 수밖에 없다. 떠나야 할 때가 되었다. 한 목소리가 스티븐의 고독한 마음을 향해 조용히 말을 걸며 떠나라고 명령하고, 우정이 끝나가고 있음을 알려주었다. 그래, 떠나자. 난 타인과 다투는 건 할 수 없어, 난 나 자신의 역할을 알고 있어.

"아마도 난 떠날 거야." 그가 말했다.

"어디로?" 크랜리가 물었다.

"어디든 갈 수 있는 곳으로."

"그래, 이 나라에서 네가 사는 건 힘들지도 몰라. 하지만 그것 때문에*286 떠나려는 거니?"

"나는 가야만 해." 스티븐이 대답했다.

"하지만, 가고 싶지 않은데 쫓겨난다거나, 이단자, 낙오자라는 식으로 자신을 볼 필요는 없어." 크랜리가 계속해서 말했다. "세상에는 훌륭한 신자이면서도 너처럼 생각하는 사람들이 얼마든지 널려 있어. 놀랍지? 교회는 단순히 돌로 지은 건물도 아니고 성직자와 그들의 도그마도 아냐. 교회에 속하는 사람들 전체로 이루어진 것이거든. 네가 무엇을 하려는 건지는 모르겠지만. 하코트 거리의 역 밖에 서서 얘기하던 날 밤, 나에게 말했던 것이 너의 포부니?"

"그래." 스티븐은 추억과 장소를 연결하는 크랜리의 버릇에 자기도 모르게 미소지으면서 말했다. "네가 샐리갭에서 라라스로 가는 지름길을 놓고 도허티와 30분이나 언쟁을 벌였던 날 밤 말이야."

"그 바보 자식!" 크랜리가 조용히 경멸을 담아 말했다. "샐리갭에서 라라스로 가는 길에 대해 그 애가 뭘 알겠어? 말이 나왔으니 말인데, 그 애가 아는 게 도대체 뭐가 있지? 먹을 것만 밝히는 깡통 대가리 같은 자식!"

그는 오랫동안 큰 소리로 웃어젖혔다.

"그래서, 너 다른 것도 기억하니?" 스티븐이 말했다.

"그날 네가 한 얘기 말이야?" 크랜리가 물었다. "그래, 기억하고말고. 넌 네 정신이 구속되지 않는 자유로운 상태에서 그 자체를 표현할 수 있는 삶의 양식 또는 예술의 양식을 찾고 싶다고 했어."

---

*286 가톨릭의 가르침을 받아들일 수 없기 때문에.

스티븐은 감사의 뜻으로 모자를 벗었다.

"자유!" 크랜리가 되풀이했다. "하지만 그래도 넌 신을 모독하는 행위를 할 정도로 자유롭지는 못할걸. 말해 봐. 도둑질을 할 수 있어?"

"도둑질을 하느니 차라리 빌어먹겠다." 스티븐이 말했다.

"그래도 아무것도 먹을 게 없으면 도둑질을 할 거니?"

"넌 내가 재산권이란 임시적인 것이며 경우에 따라서는 도둑질도 불법이 아니라고 말하기를 바라겠지." 스티븐이 대답했다. "누구든지 그렇게 믿고 도둑질을 하는 거라고 말이야. 하지만 난 그런 대답은 하지 않겠어. 예수회의 신학자 후안 마리아나 데 탈라베라*287에게 물으면 이렇게 설명해 줄 거야. 어떤 상황에서는 합법적으로 군주를 죽여도 되는지, 독약을 탄 술잔을 건네도 되는지, 아니면 독을 국왕의 옷이나 말안장에 발라두어도 되는지. 나에게 묻는다면 차라리 타인에게 도둑을 맞아도 되는지, 도둑을 맞았다면 그 도둑에게 이른바 세속적인 응징*288을 내릴 것인지 어떤지 그런 거나 물어줘."

"그래서, 넌 어떻게 할 건데?"

"나로선 말이야." 스티븐이 말했다. "도둑을 응징하는 것도 도둑질을 당하는 것만큼이나 괴로울 것 같아."

"알겠어." 크랜리가 말했다.

그는 성냥개비를 꺼내어 이 사이를 청소하기 시작했다. 그러다가 불쑥 이렇게 말했다.

"예를 들어서 말이야, 너 처녀의 순결을 범할 수 있겠어?"

"이봐." 스티븐은 정중한 목소리로 말했다. "그거야 대부분의 젊은 사내들의 야심 아니겠니?"

"그럼 너의 견해는?" 크랜리가 물었다.

그 견해라는 말이, 마치 숯불 그을음처럼 불쾌한 냄새로 기를 꺾어서 스티븐의 뇌를 흥분시켰다. 머릿속이 온통 그 냄새로 자욱해지는 느낌이었다.

"이봐, 크랜리." 스티븐이 말했다. "넌 나에게 무엇을 하고 싶은지, 무엇

---

*287 스페인의 예수회 회원(1536~1624). 《전제군주》(1599)에서 국민주권과 폭군 살해를 변호했다.

*288 교회법에 의하면, 이단심문은 이단자를 세속의 심판에 맡길 수 있다. 세속의 심판이 더 무겁다.

을 하고 싶지 않은지 물었어. 내가 무엇을 하고 무엇을 하지 않을 것인지 너에게 말해주지. 난 내가 믿지 않는 것은, 그것이 가정이든 조국이든 교회이든 결코 섬기지 않겠어. 그리고 난 어떤 삶이나 예술 양식을 빌려 나 자신을 가능한 한 자유롭게, 가능한 한 완전하게 표현할 생각이야. 나 자신을 지키기 위한 단 하나의 무기로서, 침묵과 유랑, 그리고 교활한 지혜[289]를 사용해서 말이야."

크랜리는 스티븐의 팔을 잡고 리슨 파크 쪽으로 빙글 돌려세웠다. 그는 거의 능구렁이처럼 웃으면서 연장자다운 애정을 담아 스티븐의 팔을 잡은 손에 힘을 주었다.

"교활한 지혜를 쓰겠다고 했겠다!" 스티븐이 말했다. "네가 말이야? 가난한 시인인 네가?"

"네가 나에게 그런 고백을 하게 만들었어." 스티븐은 자기 팔을 누르는 힘에 전율을 느끼며 말했다. "전에도 너에게 많은 것을 고백했잖아?"

"그렇구나, 아들아.[290] 크랜리는 여전히 쾌활하게 말했다.

"넌 나에게 내 두려움을 고백하게 했어. 이젠 내가 무엇을 두려워하지 않는지도 말해 주지. 그건 외톨이가 되는 것, 타인에게 버림받는 것, 떠나야 한다면 어떠한 사람에게서도 떠나는 것, 그런 것들이야. 그리고 과오를 범하는 것도 두렵지 않아. 그것이 얼마나 큰 과오이든 또 평생 계속될 과오이든, 어쩌면 영원히 계속될 과오라도."

크랜리는 다시 진지해져서 걸음을 늦추며 말했다.

"외톨이, 완전한 고독, 그걸 두려워하지 않는다고? 그런데 넌 그 말의 뜻을 알고 있기나 하는 거니? 그건 다른 모든 사람들로부터 떨어져서 사는 것뿐만 아니라 친구가 하나도 없음을 의미한다고."

"그런 위험 정도야 감수할 용의가 있어." 스티븐이 말했다.

"친구 이상의 존재, 세상에서 가장 고귀하고 가장 진실한 친구 이상의 존재를 한 사람도 갖지 못하는데도?"

---

*289 이것은 오노레 드 발자크(1799~1850)의 소설 《시골의사》(1833) 또는 《화류계 여인의 영화와 몰락》(1838~47) 속에 나오는 말 '유랑, 은둔, 침묵'(카르토지오 수도회의 모토)에서 힌트를 얻었다고 한다. (《제임스 조이스》/G).
*290 고해신부가 고해자를 부르는 호칭.

그 말은 그 자신의 본성 깊은 속에 숨어 있는 심금을 울린 것 같았다. 그는 자기 자신에 대한 얘기를 하고 있는 것인가? 그렇게 되고 싶은 자신에 대한 얘기를 하고 있는 것인가? 스티븐은 한동안 말없이 크랜리의 얼굴을 바라보았다. 싸늘한 슬픔이 그 얼굴에 나타나 있었다. 크랜리는 자기 자신에 대해, 즉 자기가 두려워하는 자신의 고독에 대해 말한 것이다.

"넌 누구 이야기를 하고 있는 거니?" 마침내 스티븐이 물었다.

크랜리는 아무 대답도 하지 않았다.

* * *

3월 20일 반항에 대해 크랜리와 오랫동안 얘기하다. 그는 여전히 거드름을 피웠고 나는 고분고분했다. 그는 어머니를 사랑해야 한다는 것으로 나를 공격했다. 그의 어머니를 상상해 보았지만 아무것도 떠오르지 않았다. 언젠가 무심코 얘기하다가 그는 아버지가 예순한 살 때 자기를 낳았다고 말했다. 그분은 상상할 수 있다. 건장한 지주 타입. 희끗희끗한 무늬가 있는 옷. 넙적한 발. 지저분한 잿빛 수염. 어쩌면 개 경주*291쯤은 관람할 듯. 라라스의 드와이어 신부*292에게 규칙적으로 헌금을 하되 많이 하지는 않으리라. 땅거미가 내린 뒤에 이따금 처녀들에게 수작을 걸기도 하겠지. 하지만 그의 어머니는? 아주 젊었을까 아주 늙었을까? 아주 젊었을 리야 없지. 그렇다면 크랜리가 그런 식으로 말하지 않았을 테니까. 그러면 늙은 편일 텐데, 십중팔구. 그러니까 소박당했을 거야. 크랜리의 영혼이 절망하고 있는 것도 이해가 된다. 지쳐빠진 허리에서 나온 자식.

3월 21일 아침 간밤에 잠자리에서 생각한 일이지만 게으른 데다 돌발적인 생각이어서 덧붙이지 않았음. 정말 엉뚱한 생각. 지쳐빠진 허리라는 건 엘리사벳과 즈가리야*293의 허리. 따라서 크랜리는 선지자. *294 그가 주로 먹

---

*291 그레이하운드 또는 휘핏의 경주(G).

*292 라라스는 위클로의 지명이지만, 이 인물은 불명.

*293 세례자 성 요한의 부모. 두 사람 다 늙은 데다 엘리사벳은 불임이었지만, 대천사 가브리엘한테서 세례자 성 요한의 탄생을 고지받는다(《누가복음》 1·5~25).

*294 세례자 요한은 그리스도의 선지자이다(《마태복음》 3장 등 참조). 여기서 스티븐이 자신을 그리스도에 비기고 있는 것이 분명한 듯.

는 건 돼지의 복부 베이컨과 말린 무화과. 그것을 메뚜기와 석청(石淸)*295 으로 바꾸자. 게다가 그를 생각할 때마다 잿빛 커튼이나 베로니카*296에 새겨진, 준엄한 표정의 참수당한 머리*297 또는 데스마스크를 떠올린다. 교회에서는 그것을 특히 성도단두(聖徒斷頭)라고 부른다. 라틴문(門)에서의 성 요한*298 때문에 잠시 어리둥절. 저게 뭐지? 참수당한 선지자가 자물쇠를 비틀어 열려는 모습.

3월 21일 밤 편안해졌다. 마음이 편하고 걱정이 없다. 죽은 자로 하여금 죽은 자를 장사지내게 하라.*299 그래, 그리고 죽은 자로 하여금 죽은 자와 결혼하게 하라.*300

3월 22일 린치와 함께 체격이 큰 간호사를 뒤따라 갔다. 린치의 생각이었다. 내키지 않는다. 굶어서 비쩍 마른 그레이하운드 두 마리가 암소 한 마리를 쫓아가는 격.

3월 23일 그날 밤 이후 그녀를 보지 못했다. 어디가 아픈가? 아마 자기 어머니 숄을 어깨에 걸치고 난롯가에 앉아 있으리라. 하지만 심통을 부리고 있진 않겠지. 맛있는 오트밀 한 그릇 어때? 먹고 싶지 않아?

3월 24일 어머니와의 논쟁 시작. 의제는 B.V.M.*301 내가 젊은 남자여서 불리하다. 논쟁을 피하기 위해 마리아와 아들의 관계에 대해 예수와 아버지

---

*295 세례자 요한의 음식. "요한은 낙타털 옷을 입고 허리에 가죽띠를 띠고 음식은 메뚜기와 석청이었더라"(《마태복음》 3·4).

*296 예수가 십자가를 지고 처형장 골고다 언덕으로 가던 도중에 성 베로니카가 예수 얼굴의 땀을 닦아준 수건에 예수의 얼굴이 새겨진 그 천조각. '성안포(聖顔布)'라고도 한다.

*297 세례자 요한은 헤로데스 왕과 헤로디아의 결혼을 비난했기 때문에 헤로데스 왕에게 체포되어 투옥되었다. 그때 헤로데스왕의 딸 살로메가 왕 앞에서 멋진 춤을 추고 그 상으로 요한의 머리를 요구함으로써, 그는 참수당하게 된다(《마태복음》 14·1~12).

*298 복음서기자(記者) 요한은 로마의 라틴문에서 박해자들의 손아귀를 벗어날 수 있었다. 스티븐은 처음에는 크랜리를 복음서기자 요한으로 가정했지만, 지금은 그를 선지자인 세례자 요한으로 가정하고 있다(J).

*299 예수가 한 말. "죽은 자들로 자기의 죽은 자들을 장사하게 하고"(《누가복음》 9·60).

*300 장남이 죽자 그 아내는 차남의 아내가 되고, 차남도 죽고 결국 7남의 아내가 되었는데, 그 여자는 부활 때 누구의 아내가 될 것인가 하는 질문에, 예수는 "부활 때에는 장가도 아니 가고 시집도 아니 가고 하늘에 있는 천사들과 같으니라"고 대답한다(《마태복음》 22·30).

*301 Blessed Virgin Mary. 성모마리아.

의 관계를 주장하다. *302 종교는 산부인과 병원이 아니고, 어쩌고. 어머니는 관대하게 넘겨주었다. 내가 이상한 생각을 하고 있으며 책을 너무 많이 읽은 탓이라고 했다. 그건 아니다. 읽은 것도 적지만 이해한 것은 더욱더 적다. 어머니는 내 마음이 불안정해서 언젠가는 신앙으로 돌아올 거라고 했다. 그것은 죄악의 뒷문을 통해 교회에서 빠져나갔다가 회개의 천창(天窓)을 통해 다시 교회를 찾는 것을 의미한다. 회개할 수는 없다. 어머니께 그렇게 말하고 6펜스를 달라고 조르다. 3펜스를 얻다.

학교에 갔다. 작고 둥근 얼굴에 악당의 눈을 한 게치*303와 또 한바탕 논쟁. 이번에는 놀라 사람 브루노*304에 대해. 이탈리아어로 시작해서 이탈리아어가 섞인 영어로 끝남. 그는 브루노를 끔찍한 이단자라고 불렀다. 나는 그가 끔찍하게 화형당했다고 했다. 그도 약간 슬픈 빛을 보이며 그 점에는 동의. 그런 다음 그는 이른바 '베르가모식 쌀요리'*305를 만드는 법을 가르쳐 주었다. 부드럽게 '오' 소리를 낼 때 그는 마치 그 모음에 키스라도 하듯이 그 육감적인 입술을 내민다. 그는 키스해 본 적이 있을까? 그도 참회할 수 있을까? 그렇다, 참회할 수 있을 것이다. 악당 같은 둥근 눈에서 두 방울의 눈물, 한쪽 눈에 한 방울씩.

스티븐스 그린, 즉 나의 공원을 가로지르면서, 며칠 전 밤에 크랜리가 우리의 종교라고 부른 것을 창시한 것은 나의 동포가 아니라 그의 동포*306라는 것을 떠올린다. 제97보병연대*307 소속 병사 네 명이 십자가 밑에 앉아서

＊302 아버지인 하느님과 하느님의 아들인 예수의 관계는, 성모 마리아와 예수의 관계보다 중요하다는 것. 《율리시스》제9삽화에서, 스티븐은 '아버지란 유일한 생명의 아버지이므로 단 한 사람의 아들에게 이어지는 신비로운 신분이자 사도계승(使徒繼承)이다. 교회는 이 신비 위에 건설된 것이며, 교활한 이탈리아 지성이 유럽의 대중에게 던져준 마돈나상 위에 건설된 것이 아니다'라고 말했다.

＊303 찰스 게치. 실재 인물. 유니버시티 칼리지의 이탈리아어 강사, 예수회 회원.

＊304 조르다노 브루노(1548~1600). 나폴리 근교의 놀라에서 태어났다. 도미니코회 수도사였지만 이단 혐의로 곳곳을 방랑하다가 베네치아에서 체포된 뒤, 이단 심문에 회부되어 7년의 금고형 끝에 화형당했다.

＊305 risotto alla bergamasca. 베르가모는 이탈리아의 도시.

＊306 게티의 동포, 즉 이탈리아인.

＊307 영국의 얼스터 백작 연대. 〈요한복음〉19·23에 "군인들이 예수를 십자가에 못 박고 그의 옷을 취하여 네 깃에 나눠 각각 한 깃씩 얻었다"고 되어 있다. 외투는 그리스도교의 상징.

십자가에 못 박힌 분의 외투를 차지하기 위해 주사위를 던지고 있었다.

　도서관에 가다. 서평을 세 가지 읽어봤지만 아무 도움도 되지 않았다. 그녀는 아직 나오지 않았다. 나는 경고를 받고 있는 건가? 무슨 경고? 다시는 그녀가 도서관에 나오지 않는다는.

　블레이크의 시. *308

　'윌리엄 본드가 죽는 건 아닐까.
　용태가 매우 나빠진 것이 분명하니'

　아, 가엾은 윌리엄!

　언젠가 한번 로턴다 극장에서 디오라마*309를 구경한 적이 있다. 끝날 무렵 위대한 인물들의 초상화가 나왔는데 죽은 지 얼마 안 되는 윌리엄 유어트 글레드스턴*310의 초상화도 있었다. 오케스트라가 '오, 윌리, 우리는 당신이 그립소'*311를 연주했다.

　촌스러운 민족! *312

　3월 25일 아침　어지러운 꿈에 시달린 하룻밤. 가슴에서 그 꿈들을 떨쳐내고 싶다.

　길고 구불구불한 회랑. 바닥에서 검은 수증기가 뭉게뭉게. 돌에 새긴 전설적 왕들의 모습이 득실거린다. 지쳐 있다는 표시로 그들의 두 손은 무릎 위에 놓여 있고, 사람들의 과오가 검은 수증기처럼 눈앞에 피어오르는 것을 보는 눈은 슬픈 빛이다.

　동굴에서 나온 기이한 모습의 인간들이 앞으로 나온다. 키가 인간보다 작

---

*308 아래의 시는 영국 시인 윌리엄 블레이크(1757~1827)의 시 '윌리엄 본드'의 3행과 4행. 이 시는 표제인 주인공 윌리엄 본드의 사랑의 고뇌를 노래한다.

*309 프랑스의 루이 자크 망데 다게르(1787~1851)가 1822년에 발명한 것. 사진과 영화를 조합한 투시화.

*310 영국의 정치가(1809~98). 1868년부터 1894년에 걸쳐 네 번이나 수상이 된 자유당 당수. 아일랜드 자치법안을 성립시키기 위해 노력했지만, 아일랜드에서는 파넬을 배신한 위선자로 여겨지고 있기도 하다.

*311 미국의 작곡가 스티븐 포스터(1826~64)의 노래.

*312 지배자 영국에 아부하는 아일랜드의 비속함과, 그 속된 취미에 대한 스티븐의 혐오를 드러낸 말.

다. 한 사람 한 사람이 따로 있는 느낌도 없다. 얼굴에는 검은 줄무늬가 있고 인광(燐光)을 뿜어내고 있다. 그들은 나를 바라보면서 눈으로 나에게 무언가 물어보는 것 같다. 그들은 말이 없다.

3월 30일 오늘 저녁 크랜리는 도서관 현관에서 딕슨과 그녀의 동생에게 문제를 내고 있었다. 어머니가 자식을 나일강에 빠뜨린다. 아직도 어머니 타령이다. 악어가 아이를 붙든다. 어머니가 아이를 돌려달라고 하자, 악어는 자기가 그 아이를 잡아먹을 것인지 먹지 않을 것인지 알아맞히면 돌려주겠다고 했다.*313

레피두스라면 이렇게 말할 것이다. 이런 의식구조는 태양의 작용에 의해 진흙에서 태어난다*314고.

그런데 나의 의식구조는? 역시 같은 것이 아닐까. 그렇다면 나일강의 진흙 속에 던져 버려라!

4월 1일 위의 마지막 구절에는 반대.

4월 2일 존스턴 무니 앤드 오브라이언*315의 가게에서 그녀가 차를 마시고 과자를 먹는 것을 보다. 아니, 눈치 빠른 린치가 지나가다가 본 것이다. 그의 말에 의하면 크랜리가 거기 있었던 건 그녀의 동생에게 부탁받았기 때문이란다. 녀석은 자신의 악어를 데리고 왔을까? 녀석은 지금 밝게 빛나는 등불인가? 어쨌든 정체를 알았다. 확실히 알았다. 위클로의 밀기울을 재는 됫박 저편에서 조용히 빛나고 있다.*316

4월 3일 핀들레이터 교회 건너편 담배 가게에서 데이빈을 만나다. 그는 검은 스웨터를 입고 헐링 스틱을 들고 있다. 내가 떠나려고 한다는 소문이 사실이냐면서 그 이유를 물었다. 타라로 가는 가장 빠른 지름길은 홀리헤드를 '거쳐 가는 길'*317이라고 말해 주었다. 바로 그때 아버지가 나타났다. 소개. 아버지는 데이빈을 유심히 관찰했다. 아버지가 차라도 한 잔 하겠느냐고

---

*313 정답은 '먹으려 한다'이다. 이렇게 대답하면 악어는 아이를 먹을 수도 약속한 것을 지킬 수도 없기 때문에 머리가 혼란에 빠진다(G/D).

*314 《안토니와 클레오파트라》 제3막 제7장에서 레피두스가 한 말.

*315 비스킷 제조업자로, 더블린에 찻집을 몇 개 열고 있었다(G/D).

*316 예수가 한 말 "너희는 세상의 빛이라 산 위에 있는 동네가 숨겨지지 못할 것이요, 사람이 등불을 켜서 말 아래에 두지 아니하고 등경 위에 두나니 이러므로 집 안 모든 사람에게 비치느니라"(《마태복음》 5·14~15)를 근거로 하여. 크랜리는 위클로 출신.

권했지만 데이빈은 모임에 가는 길이라서 사양했다. 데이빈과 작별하자 아버지는 그 애가 훌륭하고 정직한 눈을 가졌다고 말했다. 내가 조정 클럽에 가입하지 않는 이유를 물었다. 생각해 보겠다고 대답해 두었다. 그리고 가슴이 찢어지는 듯한 심정이라고 얘기했다. 내가 법과에 진학하기를 바라는 것이다. 내 적성에 맞을 거란다. 갈수록 진흙, 갈수록 악어.

4월 5일 사나운 봄철. 어지러이 춤추는 구름. 오, 인생이여! 시커먼 물이 소용돌이치며 흐르는 늪에 사과나무가 화사한 그림자를 던진다. 수풀 속의 소녀들의 눈. 새치름하고 말괄량이 같은 계집아이들. 모두가 금발이나 다갈색 머리. 검은 머리는 하나도 없다. 검은 머리가 얼굴을 더 잘 붉힌다. 별일이지!

4월 6일 분명히 그녀는 옛날 일을 기억하고 있다. 린치의 말에 의하면 여자들은 모두 그렇다고. 그러므로 그녀는 어린 시절을 기억하고 있다—그리고 나의 소년시절도. 과거는 현재 속에 해소되고, 현재는 미래를 잉태하기 때문에 생명을 가진다. 린치의 말이 옳다면, 여성의 조상(彫像)은 언제나 옷을 입고 있어야 한다. 한 손은 난처한 듯이 엉덩이에 대고.

4월 6일 늦은 밤 마이클 로버츠는 잊었던 아름다움을 생각해낸다.[*318] 그리고 그의 두 팔이 그녀를 안을 때, 그는 이 세상에서 사라진 지 오래된 사랑스러움을 껴안는 것이다. 그렇지 않다. 전혀 아니다. 나는 아직 이 세상에 태어나지 않은 사랑스러움을 껴안고 싶다.

4월 10일 무거운 밤하늘 아래 희미하게, 아무에도 마음이 움직이지 않는 지쳐버린 애인처럼, 꿈에서 꿈이 없는 밤[*319]으로 옮겨간 도시의 정적 속에 도로 위에서 울리는 말발굽 소리. 다리에 가까워지자 발굽 소리도 그리 희미하지 않다. 어두운 창문 아래를 지나갈 때, 화살 같은 경적(警笛)에 정적이 찢어진다. 이제는 훨씬 멀리서 들린다. 무거운 밤중에 보석처럼 빛나는 발굽. 잠든 밤을 건너 어떤 여로의 끝으로? —어떤 마음으로? —어떤 소식을?

---

*317 타라는 고대 왕들의 정치 중심지로서 아일랜드의 상징, 또 홀리헤드는 웨일스의 항구. 아일랜드의 핵심을 이해하기 위해서는 거리를 두고 객체화해야 한다는 뜻.

*318 W.B. 예이츠의 《갈대밭의 바람》(1899) 수록 "마이클 로버츠는 잊었던 아름다움을 생각해낸다"를 가리킨다. 이하의 "그의 두 팔이 그녀를……껴안는 것이다"는 그 서두의 3행.

*319 예이츠의 《비전》(1926)에서는, 영혼에는 각성의 영혼, 꿈의 영혼, 꿈이 없는 영혼의 세 가지 상태가 있다고 씌어 있다.

4월 11일 간밤에 쓴 것을 읽다. 망막한 정서, 망막한 언어. 그녀가 이런 것을 좋아할까? 좋아할 거라고 생각한다. 그렇다면 나도 그것을 좋아해야지.

4월 13일 오랫동안 '턴디시(깔때기)'라는 말이 마음에 걸렸다. 사전을 뒤져보니 영어는 영어로되 유서가 깊은 영어란다. 학감이란 작자, '퍼넬(깔때기)'이라고! 그 자는 자기네 말을 가르치러 온 건가, 아니면 우리에게 배우러 온 건가? 어느 쪽이든 똥이나 퍼먹어라!

4월 14일 존 알폰서스 멀레난[320]이 아일랜드 서부[321]에서 돌아왔다(유럽과 아시아의 신문도 전재轉載 가능). 산속 오두막에서 노인을 만났다고 한다. 빨간 눈에 짧은 파이프를 물고 아일랜드어로 말했다. 멀레난도 아일랜드어를. 그런 다음 노인과 멀레난은 영어로 말했다. 멀레난은 그에게 우주와 별에 대한 얘기를 했다. 노인은 앉아서 얘기에 귀 기울이며 담배를 피우고 침을 뱉었다. 그리고 말했다.

"음, 이 세상 끝에는 아주 이상한 생물이 있는 게 틀림없어."

그 사내가 무섭다. 가장자리가 빨간 뿔 같은 눈이 무섭다. 난 오늘 밤 내내 동이 틀 때까지 그를 상대로 싸워야 한다. 그가, 아니면 내가 죽을 때까지. 그자의 탄탄한 목을 움켜잡고……결과는 어떻게 될까? 그자가 굴복할 때까지? 아니다. 그를 해치울 생각은 없다.

4월 15일 오늘 그라프튼 거리에서 그녀와 딱 마주쳤다. 인파 때문에 마주치고 만 것이다. 우리도 걸음을 멈췄다. 그녀는 왜 오지 않느냐고 묻고, 나에 대해 온갖 소문을 들었다고 한다. 이건 단순한 시간 끌기이다. 나에게 시를 쓰느냐고 물었다. 누구에 대한 시를 쓰겠느냐고 그녀에게 되물었다. 이 물음에 그녀가 더욱 당황하기에 미안한 짓을 했다 싶었다. 곧 밸브를 잠그고 단테 알리기에리가 발명하여 만국 특허를 얻은 정신적 영웅적 냉각장치[322]를 연다. 나에 대해, 나의 계획에 대해 주워섬긴다. 그러다가 갑자기 불행하

---

*320 불명. 이 인물이 전하는 서부의 노인을 둘러싼 이야기는 서부지역의 농민 영어, 나아가서는 농민극을 쓴 그레고리 부인(1852~1932)과 존 밀링턴 싱(1871~1909)의 문체의 모방이다(D).

*321 '진정한' 아일랜드, 적어도 지방색이 짙은 지대(J).

*322 단테의 《신생》에서 베아트리체에게 보내는 사랑을 모방한 플라토닉한 사랑.

게도 혁명가 같은 몸짓을 했다. 아마도 하늘에 콩을 던지는 듯한 모습이었을 것이 분명하다. 사람들이 우리를 본다. 그녀는 곧 악수하고 일어서면서 계획이 실행되기를 빈다고 말한다.

그건 우정으로 가득 차 있었다고 생각하는데, 아닌가?

그래, 오늘은 그녀가 마음에 들었다. 약간? 아니면 많이? 모르겠다. 그녀가 마음에 들었고 그것이 새로운 감정처럼 느껴졌다. 그러니 내가 생각했다고 생각한 것은 모두, 내가 느꼈다고 느낀 것은 모두, 지금까지 있었던 다른 일은 모두, 전부, 사실은……아, 포기해, 이 녀석아! 잠이나 자고 잊는 거다!

4월 16일 떠나자! 저 멀리!

팔과 목소리의 매혹. 하얀 팔처럼 뻗어나간 길, 그 굳은 포옹의 약속과 달을 배경으로 서 있는 높다란 배의 검은 팔, 그들이 애기하는 머나먼 나라의 이야기. 그 팔들은 뻗어나가면서 이렇게 말한다. 우리는 고독하다, 가자! 그러자 그것과 함께 목소리가 말한다. 우리는 너의 동족이라고. 그리고 혈족인 나를 소리쳐 부를 때, 그들로 가득 차 농밀해진 공기는, 출발 준비를 하고 환희에 차서 두려워하는 청춘의 날개를 진동시킨다.

4월 26일 어머니는 내가 새로 구한 중고 옷가지들을 수선하고 있다. 내가 고향과 친구들을 떠나 나 자신의 삶을 살면서, 인간의 마음이란 어떤 것인지, 그것은 또 무엇을 느낄 것인지 배우게 되길 기도하고 있다고 한다. 아멘. 부디 이루어지기를! 어서 오라, 인생이여! 나는 떠나리라, 현실의 경험과 백만 번이고 부닥쳐서 내 영혼의 대장간에서 아직 창조되지 않은 내 민족의 의식을 벼리어내기 위해.

4월 27일 그 옛날의 아버지여, 그 옛날의 예술가여, 영원토록 힘을 주소서.

'더블린' 1904년
'트리에스테' 1914년

Dubliners

더블린 사람들

이 책에서의 범례

◎ 원문이 이탤릭으로 적혀 있는 경우는 괄호 〈　〉로 묶어서 표시했다.

◎ 원문이 일반영어가 아닌 다른 외국어(대부분 아일랜드어＝겔어)로 적혀 있는 경우, 일부 예외를 제외하고, 그 원문을 한글로 표기한 뒤 괄호 안에 뜻을 적었다. 예　엘 아브(아일랜드에 승리를)

◎ 원어가 가진 뉘앙스를 전하고 싶을 때는 괄호 안에 원어를 한글로 표기했다. 예　우아(그레이스)

◎ 사실주의자 조이스는 더블린 사람들의 모습을 그 자신의 말을 빌리면 '깨끗하게 닦은 거울'처럼 있는 그대로, 언어를 아끼고 아낀 간결한 문체로 그려냈다. 그는 군더더기 설명을 하지 않는 작가이다. 그래서 더블린 시민이라면 쉽게 이해할 수 있는 사물도 우리 외국인은 잘 모르는 경우가 많다. 뿐만 아니라, 조이스는 복잡하고 난해한 작가인 만큼 이 초기 단편집에서도 그 편린을 볼 수 있다. 자국인도 작품의 표층 아래에 숨어 있는 언외의 의미를 놓치기 쉽다. 그래서 이 책은 독자의 참고를 위해 역주를 활용하는데, 독자는 거기에 구애되지 말고 필요에 따라 참고하기 바란다.

또 단편마다 붙인 해설도 하나의 견해에 지나지 않는 것으로 생각해주었으면 한다.

◎ 본문을 이해하는 데 직접적으로 필요하지 않은 고유명사(주로 대화문에 자주 나옴)의 설명은 될 수 있는 한 생략했다. 다만 지명에 대해서는 역주에 표기하지 않더라도 각 단편 앞의 지도에는 가능한 한 싣도록 했다. 장면이 고정된 '이블린', '하숙집', '위원회 회의실의 담쟁이 날' '어느 어머니'에는 지도가 없어서 그 4편에 나오는 지명은 주로 '자매' 앞의 지도에 표시했다.

◎《더블린 사람들》의 주인공들은 시내를 정말 많이 돌아다닌다. 조이스의 의도가 더블린이라는 도시 자체를 그리는 것이기도 하여, 주인공들에게 시내 곳곳을 걷게 할 필요가 있었다. 《더블린 사람들》의 리얼리즘은 철두철미하여, 독자가 지도를 옆에 두고 등장인물이 시내를 돌아다니는 길을 함께 더듬어 갈 수 있도록 되어 있다. 그래서 이 책의 주에서는, 주인공들과 함께 작품 속의 시내를 걸을 수 있도록 길을 상세히 설명하고, 각 단편 첫머리에 지도를 첨부했다. 주인공들이 시내를 이동하는 경로를 설명하는 역주에는 ☆표를 넣었다.

아일랜드 전도

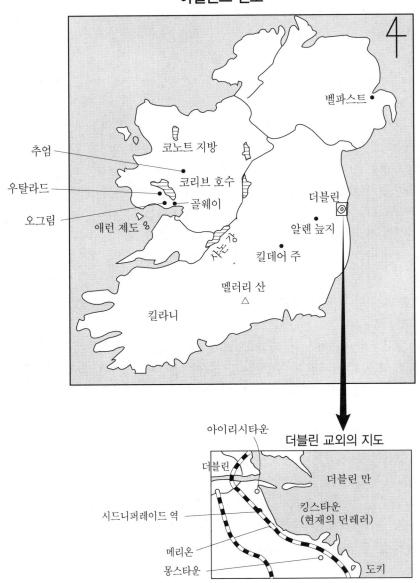

벨파스트•

코노트 지방

추엄
우탈라드
오그림

코리브 호수

골웨이

애런 제도

더블린

알렌 늪지

킬데어 주

멜러리 산
△

킬라니

4

아이리시타운

더블린

시드니퍼레이드 역

메리온
몽스타운

더블린 교외의 지도

더블린 만

킹스타운
(현재의 던레러)

도키

자매

이번에는 그 사람도 가망이 없었다. 벌써 세 번째 쓰러졌기 때문이다. 매일 밤 나는 그 집 앞을 지나가면서(마침 방학 때였다) 불이 켜진 네모난 창문을 살펴보았다. 아니나 다를까, 그 창문에는 매일 밤 불이 켜져 있었다, 늘 똑같이, 희미하고 고르게. 만일 그 사람이 죽었다면 어둡게 친 천 블라인드에 촛불이 비치고 있을 거라고 나는 생각했다. 시신의 머리맡에는 두 개의 촛불을 켜놓아야 한다는 것쯤은 나도 알고 있었기 때문이다. 그 사람은 나에게 '난 이제 얼마 못 살 거다' 하고 자주 말했다. 나는 부질없는 소리려니 했다. 그런데 지금은 그 말이 적중한 셈이다. 매일 밤 나는 그 창문을 응시하면서 '패럴리시스(중풍)'*¹라는 말을 나직하게 중얼거려보았다. 그럴 때마다 그것은 언제나, 마치 유클리드 기하학에 나오는 '그노몬'*²이라는 말과 교리문답서에 나오는 '시모니(성직 매매)'*³라는 말처럼 내 귀에 생경하게 울렸다. 하지만 지금은, 그것은 마치 뭔가 사악하고 죄 많은 존재의 이름처럼 나에게 들려온다. 그 말은 나를 공포 속으로 몰아넣지만, 그러면서도 그 옆에 더 가까이 다가가서 목숨을 빼앗으려는 그 놈의 끔찍한 소행을 지켜보고 싶은 생각이 굴뚝같다.

내가 저녁을 먹으러 아래층으로 내려가자, 코터 영감이 난롯가에 앉아서 담배를 피우고 있었다. 숙모가 내가 먹을 오트밀 죽을 국자로 퍼 담는 동안, 영감은 아까 하던 이야기를 계속하는 듯한 투로 말했다.

"아니야, 그 사람이 딱 부러지게 그랬다는 건 아니지만……하지만 어딘지

---

*1 중풍, 마비. paralysis. 정신적인 마비는 단편집 전체의 주제가 되어 있다.

*2 gnomon. 평행사변형의 한 각을 포함하는 그 닮은 꼴을 떼어낸 나머지 부분으로, 필요한 뭔가가 빠진 것을 암시한다.

*3 simony. 로마가톨릭교회의 교리에서, 교회 내에서의 지위나 권력을 금품 등으로 매매하는 행위를 말한다.

모르게 이상한 데가……꼬집어 말할 수는 없지만 기분 나쁜 데가 있더란 말이지요. 내 견해를 말씀드리자면……."

그는 파이프를 피우기 시작했다. 틀림없이 마음속으로 자기의 의견을 정리하고 있을 것이다. 지긋지긋한 바보영감 같으니라고! 우리가 처음으로 영감을 알게 되었을 무렵에는, 그의 이야기도 나름대로 제법 재미있었다—불순 알코올이 어떻고, 증류기의 나선관이 어떻고 하는 얘기였다. 그러나 나는 이내 싫증이 나고 말았다. 영감에게도, 영감의 끝없이 이어지는 양조장에 대한 긴 이야기에도.

"거기에 대해서는 내 나름대로 의견이 있다오." 영감이 말했다. "아마 그건 특수한……경우 가운데 하나인데……하지만 뭐라고 설명하기는 어렵고……."

그는 자신의 이론이 무엇인지 밝히지 않고 다시 파이프를 피우기 시작했다. 삼촌은 내가 빤히 바라보고 있는 것을 알고 나에게 말했다.

"글쎄, 애야. 네 오랜 친구가 세상을 떠났다는구나. 네가 들으면 섭섭하겠지만."

"누가요?" 내가 물었다.

"플린 신부님 말이다."

"그분이 돌아가셨어요?"

"여기 계신 코터 영감님이 방금 그러시네. 그 집 앞을 지나오셨단다."

나는 모두들 나를 바라보고 있는 것을 알고 계속 먹기만 했다. 마치 그런 소식에는 전혀 관심이 없다는 듯이. 삼촌이 코터 영감에게 설명해주었다.

"이 아이하고 그분은 아주 친한 사이였지요. 그 양반이 이 아이한테 많은 것을 가르쳐주었으니까요. 아무튼 그 양반은 이 아이한테 큰 기대를 걸고 있었던 모양이에요."

"하느님, 그분의 영혼에 자비를 베푸소서." 숙모가 경건하게 말했다.

코터 영감은 잠시 나를 바라보았다. 나는 그가 반짝이는 새까만 뱁새눈으로 나를 빤히 응시하고 있는 것을 알고 있었으나, 그를 만족시켜 주고 싶지 않아서 접시에서 눈을 들지는 않았다. 코터 영감은 다시 파이프를 빨기 시작하더니 나중에는 난로 쇠살대에 무례하게 침을 뱉었다.

"나 같으면 내 아이가 그런 사람하고 말을 섞게 놔두진 않을 것 같소만."

4

조지 교회

④

⑤

⑧

①

리피 강

리피 강

중앙우체국

⑪

③

데임 가(街)

트리니티 대학

⑨

더블린 성

⑥

⑫

②

⑩

⑦

스티븐 녹지공원

[자매] ① 그레이트브리튼 가 ② 미스 가

[이블린] 노스월 부두 지도는 '어떤 만남'의 첫머리

[하숙집] ③ 플리트 가 ④ 하드윅 가 ⑤ 말버러 가

[위원회 회의실의 담쟁이 날] ⑥ 위클로 가 ⑦ 에인저 가 ⑧ 메리 골목 ⑨ 서픽 가 ⑩ 도슨 가

[어느 어머니] ⑪ 오먼드 강변 ⑤ 말버러 가 ⑫ 그래프턴 가

그가 말했다.

"그게 무슨 말씀이에요, 코터 영감님?" 숙모가 물었다.

"무슨 말인가 하면, 아이들에게는 좋지 않다 이겁니다. 내 생각에는 아이들은 또래의 개구쟁이들하고 어울려 뛰놀게 해야지, 그렇지 않으면, ……그렇지 않소, 잭?" 코터 영감이 말했다.

"그건 바로 제 원칙이기도 해요. 아이는 아이들의 분수를 지켜야 한다 이거지요. 저기 저 장미십자회원*4에게 귀에 못이 박히도록 하는 소리가 바로 그거예요, 제발 운동 좀 하라고. 글쎄요, 내가 꼬마였을 때는 춘하추동 하루도 거르지 않고 아침마다 냉수욕을 했지요. 그 습관이 지금까지 쭉 이어져 오고 있어요. 교육은 정말 중요한 것인데……. 영감님께 양고기 다리 한 점 드리지 그래." 삼촌이 숙모에게 말했다.

"아니오, 난 됐어요." 코터 영감이 말했다.

숙모가 방충 찬장*5 안에서 접시를 꺼내 와 식탁 위에 올려놓았다.

"그런데 그게 왜 아이들한테 좋지 않다고 생각하세요, 코터 영감님?" 숙모가 물었다.

"아이들한테 좋지 않다는 건, 아이들은 감수성이 몹시 예민하기 때문이지요. 아이들이 그런 식으로 사물을 바라보면 말이오, 그 영향은……." 코터 영감이 말했다.

나는 오트밀 죽을 입 안에 잔뜩 밀어 넣었다. 분노의 소리가 터져 나올 것 같았기 때문이다. 지긋지긋한 딸기코 천치 영감탱이 같으니!

밤이 이슥해질 때까지 나는 잠을 이루지 못했다. 코터 영감이 나를 어린애라고 불러서 부아가 나긴 했지만, 나는 그가 하다 만 말에서 의미를 이끌어내느라고 더욱 골머리를 앓고 있었다. 캄캄한 내 방에서는 다시 중풍환자의 고통스러운 잿빛 얼굴이 보이는 것 같았다. 그래서 담요를 머리끝까지 뒤집어쓰고 크리스마스에 대해 생각하려고 애썼다. 하지만 그 잿빛 얼굴은 여전히 나를 따라왔다. 그 얼굴은 뭐라고 중얼거리고 있었다. 나는 그 얼굴이 뭔가 고백하고 싶어한다는 것을 알았다. 내 영혼이 어딘가 기분 좋은 부도덕한 지역으로 물러가는 듯한 느낌이 들었다. 거기서도 그 얼굴이 역시 나를 기다리고 있었다. 그는 중얼거리는 목소리로 고백하기 시작했다. 내가 이상하게 생각한 것은 그 얼굴이 왜 언제나 웃고 있는가, 그 입술은 왜 침으로 저렇게 젖어 있는가 등이었다. 하지만 바로 다음 순간, 그가 중풍으로 죽었다는 것이 생각나면서 나도 희미하게 미소짓고 있는 것이 느껴졌다, 마치 내가 그 성직 매매자에게 죄의 소멸을 선언하기라도 하듯이.*6

---

*4 Rosicrucian. 비교(秘敎)와 마술을 연구하는 비밀결사회원. 주인공이 방에서 너무 공부만 하다가 꿈의 세계에 빠지는 것과, 노신부의 방에서 종교의 오의(奧義)를 은밀하게 배우고 있는 것에 대한 빈정댐.

*5 파리, 쥐로부터 식품을 지키기 위한 찬장으로 문이 그물망으로 되어 있어서 바람이 잘 통한다.

이튿날, 아침을 먹은 뒤 나는 그레이트브리튼 가(街)*7의 그 작은 집을 보러 갔다. 그것은 '포목점'이라는 막연한 이름으로 등록되어 있는 수수한 가게였다. 이 가게의 포목류라고 해야 주로 어린애들 털신과 우산이고, 평일에는 '우산 고칩니다' 하는 팻말이 진열창에 매달려 있다. 지금은 덧문을 닫아두었기 때문에 팻말이 보이지 않았다. 출입문 노커에는 크레이프 천으로 만든 조화가 리본과 함께 묶여 있었다. 초라한 두 여인과 전보배달 소년이 그 조화에 핀으로 꽂혀 있는 카드를 읽고 있었다. 나도 다가가서 읽었다.

1895년 7월 1일
제임스 플린 신부님
(미스 가*8 소재 성 캐서린 성당 전(前) 사제)
향년 65세.
편히 잠드소서.

그 카드를 읽고 나서야 그가 죽었다는 사실이 비로소 실감되었다. 그러자 난처하게도 발걸음이 떨어지지 않는 것이었다. 그가 만일 죽지 않았으면 나는 가게 뒤의 그 작고 컴컴한 방에 들어가서, 난롯가 안락의자에 앉아 거의 질식할 듯이 머리끝까지 두툼한 외투를 덮어쓰고 있는 그를 만날 수 있었을 텐데. 어쩌면 숙모는 신부님께 갖다드리라고 나에게 하이 토스트*9 한 갑을 주었을 것이고, 그 선물이 그를 그 몽롱한 졸음에서 깨어나게 했을 것이다. 담배 봉지를 뜯어 그의 새까만 코담배 케이스에 옮겨 담는 것은 언제나 내 몫이었다. 그에게 맡기면 손을 하도 떨어서 코담배의 절반은 마룻바닥에 흘려버릴 것이기 때문이다. 그가 덜덜 떨리는 커다란 손을 코에 가져갈 때도 코담배 가루가 손가락 사이로 작은 구름처럼 흘러내려 그의 두툼한 외투 앞

---

*6 '죄장소멸 선언(absolution)'은 재치권(裁治權)을 가진 사제 이상의 성직자가 죄와 그 죄에 대한 벌을 사면하는 선언.

*7 현재의 파넬 가. 19세기 말에는 작은 가게와 집과 셋집들이 늘어서 있었는데, 그 일대는 더블린에서도 특히 가난한 사람들이 살고 있었다고 한다.

*8 이 거리에 성 캐서린 로마가톨릭교회가 있다. 교회구민의 대부분은 슬럼가에 사는 가난한 사람들이다.

*9 아일랜드제 코담배의 상표.

자락에 떨어지기 일쑤다. 낡아빠진 사제복이 빛바랜 초록색으로 보이는 것은, 이렇게 코담배 가루가 끊임없이 떨어졌기 때문일지도 모른다. 왜냐하면 그의 빨간 손수건은 언제나 그렇듯이 일주일치 정도의 코담배 진을 터는 것만으로도 시커메지기 마련이어서, 그런 손수건으로 흘러내린 담배 가루를 말끔히 털어내는 것은 어림없는 일이었기 때문이다.

나는 집 안으로 들어가서 그를 보고 싶었지만 문을 두드릴 용기가 나지 않았다. 나는 쇼윈도에 나붙은 연극 광고를 하나도 빠뜨리지 않고 다 읽으면서 거리의 햇빛이 드는 쪽을 따라 천천히 걸어갔다.*10 나도 그렇고 날씨 또한 애도의 분위기와는 거리가 먼 것같이 느껴져 기묘한 생각이 들었다. 오히려 그의 죽음에 의해 내가 무언가로부터 풀려난 듯한 해방감을 느끼는 나 자신을 발견하고 곤혹스럽기까지 했다. 그건 놀라운 일이었다. 전날 밤 아저씨가 말했듯이 그분은 나에게 정말 많은 것을 가르쳐주었기 때문이다. 그는 로마의 아일랜드 대학을 나와서 나에게 라틴어의 정확한 발음을 가르쳐주었다. 로마의 지하묘지*11며 나폴레옹 보나파르트에 대한 이야기*12를 해주었고, 미사의 여러 가지 의식의 의미와 사제가 입는 다양한 복식의 의미를 설명해주었다. 나에게 대답하기 어려운 질문을 던져놓고는 혼자 좋아했는데, 예를 들면 이런저런 경우에는 어떻게 해야 옳은가, 아니면 이런저런 죄는 대죄(大罪)인가 소죄(小罪)인가,*13 그렇지 않으면 단순한 실수에 지나지 않는가 하는 것들이었다. 그의 질문 덕분에, 나는 그때까지 단순하기 짝이 없는 행위인 줄만 알았던 교회의 관습이 사실은 매우 복잡하고 신비하다는 것을 알게 되었다. 영성체*14이든, 고해실의 비밀이든, 사제의 책무라는 것이 나에게는 어쩌면 그렇게도 막중하게 보였던지 뒤라서 감히 그런 일을 하겠다고 나설

---

*10 walked away slowly along the sunny side of the street. 's'의 두운을 반복한 리드미컬한 문체. 노신부에게서 해방되어 들떠 있는 소년의 마음이 전해온다.

*11 로마 교외의 성 세바스찬 성당 지하에 있으며, 초기 그리스도교도가 박해를 피하기 위해 만든 로마의 지하무덤이다.

*12 《젊은 예술가의 초상》 제1장에 나폴레옹이 "나의 인생에서 가장 기뻤던 날은 처음으로 영성체를 받던 날이었다"라고 말한 것으로 되어 있다. 실제로는 전설인 듯하다.

*13 가톨릭 신학에서는 전자는 정신적인 죽음을 의미하며 지옥에 떨어지는 영원한 죄에 해당한다. 후자는 신을 거역하는 행위이지만 용서받을 수 있는 경미한 죄를 의미한다고 한다.

*14 그리스도의 몸과 피를 상징하는 빵과 포도주를 신자에게 나눠주는 의식.

용기가 있었는지 놀랍기만 했다. 그래서인지 종교 지도자들이, 우체국에서 발행한 인명부*15만큼이나 두껍고 신문에 나오는 법률공고만큼이나 깨알 같은 글씨로 인쇄된 책들을 써서, 이렇게 얽히고설킨 모든 문제를 명쾌하게 밝혀놓았다는 그의 설명을 들었을 때 나는 조금도 놀라지 않았다. 가끔 그런 생각을 하게 되면 나는 대답을 못하거나 기껏 대답한다는 것이 바보같이 더듬거리게 마련이었는데, 그럴 때마다 그는 싱긋이 웃으면서 고개를 두어 번 끄덕이곤 했다. 이따금 그는 나에게 외우라고 한 미사의 응답*16을 정말 외웠는지 시험하기도 했다. 그때 내가 막히지 않고 술술 외워대면, 그는 진중한 표정으로 빙그레 웃고는 이따금 커다랗게 다진 코담배를 한움큼씩 콧구멍에 번갈아 집어넣으면서 고개를 끄덕였다. 그는 미소를 지으면서 변색한 커다란 이를 드러내고 혀를 아랫입술 위에 곧잘 올려놓았는데, 그의 그런 버릇은 내가 그를 잘 알기 전, 처음 사귀기 시작했을 때는 나를 거북하게 만들었다.

나는 햇볕을 따라 길을 걸으면서 코터 영감이 한 말을 머리에 떠올리고는 꿈속에서 그 뒤에 어떻게 되었는지 기억해보려고 애썼다. 축 늘어진 벨벳 커튼과 흔들리는 고풍스러운 램프를 본 것까지는 기억이 났다. 나는 아주 먼 곳, 풍습이 전혀 다른 어떤 나라에 있었던 것 같은 느낌이 들었다—아마도 페르시아*17에 있었던 거라고 나는 생각했다. 그러나 그 꿈의 끝은 기억이 나지 않았다.

저녁에 숙모는 나를 데리고 상가를 방문했다. 해가 진 뒤였다. 그러나 서향집의 유리창에는 거대한 뭉게구름의 짙은 황금빛이 반사되고 있었다. 내니 노파가 현관에서 우리를 맞이했다. 숙모는 노파에게 소리를 지르는 건 볼썽사나운 짓이다 싶어서인지 악수만 하는 것으로 조문 인사를 대신했다. 노파는 올라가 보겠느냐고 묻는 표정으로 위를 가리켰고, 숙모가 고개를 끄덕이자 앞장서서 좁은 층계를 뒤뚱거리며 올라가기 시작했다. 노파의 숙인 머

---

*15 알렉산더 톰 사에서 발행한 주민의 이름과 주소, 시내에 있는 건물의 주소를 총망라한, 1500페이지에서 2000페이지에 이르는 인명부. 조이스가 애용했다.

*16 미사에서 식을 집행하는 사제와 성가대 또는 신도 사이에서, 서로 주고받는 교창성가(交唱聖歌) 또는 응창구(應唱句).

*17 빅토리아 왕조의 도덕이 엄격한 세계에서 중동은 낭만적이고 신비한 곳으로 간주되었다.

리가 난간기둥보다 약간 높을까 말까 했다. 첫 층계참에서 노파는 걸음을 멈추고 열려 있는 빈소 문을 향해 우리에게 재촉하듯이 손짓을 했다. 숙모가 먼저 들어갔다. 노파는 내가 들어가기를 주저하는 것을 보고 나에게 거듭 손짓을 하였다.

나는 발끝으로 살그머니 안으로 들어섰다. 빈소에는 블라인드의 레이스 장식을 통해 황혼녘의 황금빛 햇살이 가득 들어오고 있어서, 촛불은 오히려 가냘프고 파리한 불빛으로 보였다. 그는 관에 안치되어 있었다. 내니 노파가 하는 대로 따라서 우리 셋은 침대 발치에 꿇어앉았다. 나는 기도를 하는 척했지만 노파의 중얼대는 소리 때문에 정신이 흩어져서 생각을 집중할 수가 없었다. 노파의 치마 뒤 후크가 엉성하게 채워져 있는 것과, 노파가 신고 있는 헝겊신 뒤축이 한쪽으로만 닳아 있는 것이 눈에 들어왔다. 그 늙은 사제도 관 속에 드러누워 웃고 있을 거라는 엉뚱한 생각이 들었다.

그러나 그게 아니었다. 우리가 자리에서 일어나 침대 머리맡에 갔을 때 보니 그는 웃고 있지 않았다. 거기에 누워 있는 사람은 엄숙하고 중후하며, 제단에 나갈 때의 제복을 입고, 커다란 두 손으로 성배*18를 힘없이 잡고 있었다. 커다란 얼굴은 무척 험상궂은 잿빛이고, 콧구멍은 시커먼 동굴 같으며, 얼굴 주위에 흰 수염이 듬성듬성 나 있었다. 빈소 안에는 짙은 향기가 진동했다. 꽃향기였다.

우리는 성호를 긋고 밖으로 나왔다. 아래층의 작은 방에는 일라이저가 정장을 입고 신부가 쓰던 안락의자에 앉아 있었다. 내가 손을 더듬으며 구석에 있는 늘 앉던 의자 쪽으로 가는 동안, 내니는 찬장에 가서 셰리주*19 병과 포도주 잔 몇 개를 꺼내왔다. 노파는 그것을 테이블 위에 늘어놓고 우리에게 권했다. 그런 다음 언니가 시키는 대로 셰리주를 잔마다 가득 따라서 우리에게 돌렸다. 나한테는 크림크래커도 좀 먹어 보라고 계속 권했지만, 그걸 먹으면 시끄러운 소리가 날 것 같아서 사양했다. 그녀는 나의 거절에 약간 실망한 듯이 조용히 소파 쪽으로 가서 자기 언니 뒤에 앉았다. 입을 여는 사람은 아무도 없었다. 우리는 모두 불 없는 벽난로만 바라보고 있었다.

일라이저가 한숨을 다 쉴 때까지 기다리던 숙모가 입을 열었다.

---

*18 그리스도의 피를 상징하는 포도주를 담는 의식용 잔.
*19 그리스도의 피와 살의 상징이라는 해석이 있다.

"아, 결국 신부님은 더 좋은 세상으로 가셨군요."

일라이저는 다시 한숨을 내쉬더니 동의의 표시로 고개를 끄덕거렸다. 숙모는 포도주 잔 다리를 만지작거리다가 한 모금 홀짝 마셨다.

"신부님은······편안히 가셨나요?" 숙모가 물었다.

"그럼요, 아주 편히 가셨고말고요, 부인. 숨이 언제 끊어졌는지조차 몰랐을 정도니까요. 아주 선종하셨지요. 하느님, 감사합니다." 일라이저가 말했다.

"그리고 모든 게······?"

"오루크 신부님*20이 지난 화요일에 오셔서 오라버니에게 종부성사*21를 해드리고 다른 준비도 말끔히 해주셨지요."

"그럼 그분은 그때 이미 알고 계셨겠군요?"

"모든 걸 각오하고 계셨지요."

"제 눈에도 아주 각오하신 것 같은 모습이더군요." 숙모가 말했다.

"염(殮)을 위해 부른 여인네도 그러더군요. 마치 주무시고 계신 것 같았다고요. 그렇게 평온하고 모든 걸 놓아버린 듯이 보일 수가 없더라면서요. 그분이 그토록 아름답게 선종하실 줄은 아무도 몰랐을 거예요."

"네, 정말 그래요." 숙모가 말했다.

그녀는 셰리주를 한 모금 더 홀짝이고 말했다.

"그런데 미스 플린, 어쨌거나 두 분은 신부님을 위해 있는 정성을 다하셨으니 조금도 여한이 없으시겠어요. 정말이지 두 분 다 그분에게 엄청나게 잘 해드렸으니까요."*22

일라이저가 옷 무릎의 주름을 매만지면서 말했다.

"아, 불쌍한 제임스 오라버니! 우리는 비록 가난하지만 우리가 할 수 있는 일은 최선을 다했다는 걸 하느님도 알고 계실 거예요. 오라버니가 살아 계시는 동안 아쉬움이라고는 조금도 느끼게 하고 싶지 않았으니까요."

내니*23는 소파 베개에 머리를 기대고 금방이라도 잠이 들 것처럼 보였다.

---

*20 Father O'Rourke. 로마가톨릭에서는 사제를 신부라고 한다. 아일랜드에서는 'O'가 붙는 성이 많으며 '~의 자손'이라는 뜻이다.

*21 1895년 7월 1일은 월요일이므로, 화요일에 종부성사(죄가 용서되어 천국에 인도되기를 기도하는 의식)를 올린 것은 6일 전이 된다.

*22 아일랜드 가정의 관습에 따라, 자매가 장남을 헌신적으로 돌본 것을 말한다.

*23 363페이지 '내니 노파가 현관에서' 이하의 언동으로 보아 귀가 먼 것으로 추정된다.

"내니도 참 가엾어요." 일라이저가 내니 노파를 바라보면서 말했다. "아주 녹초가 되고 말았어요. 모든 일을 우리가 다 했으니까요. 내니하고 저하고 말이에요. 염해 줄 사람을 불러오는 일에서부터 염할 준비를 하고 입관 준비에다 성당에서 드릴 미사 채비에 이르기까지. 오루크 신부님이 계시지 않았으면 아무것도 제대로 해내지 못했을 거예요. 그분이 우리에게 모든 조화와 성당에서 두 개의 촛대를 갖다 주시고, 〈프리먼스 제너럴〉*24 신문에 낼 부고도 써주시고, 또 묘지와 가엾은 오라버니의 보험에 필요한 모든 서류를 도맡아 처리해주셨거든요."

"정말 고마운 분이군요." 숙모가 말했다.

일라이저는 두 눈을 지그시 감고 천천히 고개를 끄덕이면서 말했다.

"옛말에도 포도주와 친구는 묵을수록 좋다는 말이 있잖아요. 뭐니 뭐니 해도 끝까지 믿을 수 있는 친구는 흔치 않으니까요."

"정말 그래요. 게다가 그분은 저세상에 가서도 두 분 자매님과 두 분이 그동안 그분에게 쏟으신 정성을 결코 잊지 않으실 거예요." 숙모가 말했다.

"아, 가엾은 제임스 오라버니! 오라버니는 우리에게 큰 짐이 되지는 않았어요. 살아 계실 때도 지금처럼 집 안에서 좀처럼 인기척을 느낄 수 없었으니까요. 그래도 그분이 머나먼 나라로 영영 떠나신 건 틀림없지요, 아주 영원히……." 일라이저가 말했다.

"모든 게 끝나고 난 뒤에야 그 사람이 없다는 사실이 허전해지는 법이죠." 숙모가 말했다.

"하긴 그래요. 이제는 더 이상 쇠고기 수프를 갖다드릴 필요도 없고 부인도 코담배를 보내실 필요가 없어졌군요. 아, 불쌍한 제임스 오라버니!"

그녀는 지난날의 회상에 잠긴 것처럼 잠시 말을 멈췄다가 다시 불쑥 말을 이었다.

"그런데 말이에요, 저는 최근에 오라버니가 어쩐지 이상해졌다는 걸 눈치채고 있었어요. 수프를 갖다드릴 때마다 오라버니는 성무일과서(聖務日課書)를 마룻바닥에 떨어뜨린 채, 의자에 등을 기대고 앉아 입을 벌리고 계시지 않겠어요."

---

*24 Freeman's General. 〈프리먼스 저널(Freeman's Journal)〉(시민용 민족독립계 일간신문)이 맞다.

그녀는 손가락 하나를 코에 갖다 대고 이마를 찌푸렸다. 그러다가 다시 말을 계속했다.

"하지만 그러면서도 오라버니는 늘 입버릇처럼 말씀하셨지요. 여름이 가기 전에 날씨가 좋은 날을 하루 잡아, 우리 셋이 아이리시타운*25에 가서 우리가 태어난 그 옛집을 다시 한 번 둘러보자고요. 오루크 신부님이 오라버니에게 얘기해준 적이 있는 그 소리가 나지 않는다는 최신식 마차, 류머티즘에 걸린 타이어*26가 달린 그런 마차를, 길 건너편 조니 러시 마차 대여점에서 싸게 빌려 우리 셋이 어느 일요일 저녁때 드라이브를 하자고 했지요. 오라버니는 꼭 그러겠다고 벼르고 계셨는데…… 불쌍한 제임스 오라버니!"

"주님, 그분의 영혼에 자비를 베푸소서!" 숙모가 중얼거렸다.

일라이저는 손수건을 꺼내 눈물을 닦더니 그것을 다시 호주머니에 넣고 한동안 말없이 빈 벽난로를 바라보았다.

"오라버니는 언제나 매사에 완벽을 기하는 분이셨어요. 사제라는 직책이 오라버니에게는 너무 과중했나 봐요. 그래서 오라버니의 인생이 망가져버렸다고나 할까요."

"그래요. 신부님은 실의에 빠져 계셨지요. 누구라도 보면 알 수 있거든요." 숙모가 말했다.

그 작은 방에 무거운 침묵이 흘렀다. 나는 그 침묵을 틈타 테이블에 다가가 내 몫으로 따라놓은 셰리주를 맛본 뒤 구석에 있는 내 의자로 조용히 돌아갔다. 일라이저는 깊은 명상에 잠긴 것처럼 보였다. 우리는 그녀가 침묵을 깨뜨릴 때까지 경의를 표하며 기다렸다. 오랜 침묵 끝에 그녀가 천천히 입을 열었다.

"오라버니가 깨뜨린 그 성배……그것이 시작이었답니다. 물론 다들 괜찮다고 했지요. 그 안에 든 것은 아무것도 없었다면서 말이에요. 하지만 그래도 오라버니는…… 주위에선 다들 복사(服事)*27의 잘못이라고 했지만, 가엾은 제임스 오라버니는 너무나 결백한 성품이라서, 하느님, 그분에게 자비

---

*25 그 무렵 노동자들이 살았던 빈민가. 더블린 교외 지도 참조.

*26 rheumatic wheels. 노파는 최신유행의 '공기주입 타이어(pneumatic wheels)'를 잘못 알고 '류머티즘(rheumatic)'이라고 발음했다.

*27 미사를 집전하는 사제를 돕는 복사는 소년이 맡았다.

를 베푸소서!"

"그랬던 거예요? 저도 무언가 들은 게 있어서……." 숙모가 말했다.

일라이저가 고개를 끄덕였다.

"그 일로 오라버니는 큰 타격을 받았답니다." 그녀가 말했다. "그 일이 있은 후로 오라버니는 혼자서 의기소침하게 지내기 시작했어요. 누구에게도 말을 건네지 않고 혼자 배회하면서 말이에요. 그러던 어느 날 밤 어디 가야 할 곳이 생겼는데, 어디서도 오라버니를 찾을 수가 없는 거예요. 다 같이 주위를 샅샅이 뒤져봤지만 그래도 어디서도 모습을 발견할 수 없었답니다. 그때 마침 교구사무장이 성당 안을 뒤져보자고 제안을 하더군요. 그래서 사람들이 열쇠를 가져와 성당 문을 열고, 사무장과 오루크 신부님, 또 거기 있던 다른 신부님이 등불을 가져와서 오라버니를 찾기 시작했어요. ……그랬더니 오라버니는 두 눈을 부릅뜨고 혼자 조용하게 웃는 모습으로 어두컴컴한 자기 고해실에 꼿꼿이 앉아 있더라지 뭡니까?"

그녀는 무언가에 귀를 기울이는 듯이 갑자기 말을 멈췄다. 나도 덩달아 귀를 기울였다. 그러나 집 안에서는 아무 소리도 들리지 않았다. 나는 다만, 그 늙은 신부는 우리가 조금 전에 보았던 것처럼 조용히 관 속에서 엄숙하고 험상궂은 얼굴로, 가슴에 텅 빈 성배를 안고 누워 있다는 것만 알고 있을 뿐이었다.

일라이저가 다시 말을 이었다.

"커다란 눈을 부릅뜨고 소리 없이 웃는 듯한 모습으로……. 그래서 물론 그때 그 모습을 보고 모두들 생각하게 된 거지요, 그분은 어디가 좀 잘못되었다고 말이에요……."

해설

조이스는 15편의 단편에서 더블린의 모습을 네 가지 측면에서 보여주었다. 즉 〈소년기〉 3편, 〈청년기〉 4편, 〈성년기〉 4편, 〈사회생활〉 3편('죽은 사람들'은 나중에 추가되었다)의 순서로 배열하고, 대부분을 '용의주도하게 말을 아끼는 문체'로 썼다. 〈소년기〉의 첫 번째인 '자매(Sisters)'는 1904년 8

월 13일자 《아일랜드 농장신문》에 실린 것이다. 15편 가운데 첫 번째 창작으로, 1906년에 손질을 가해 약 두 배 분량으로 늘려서 6월 무렵에 완성했다. '죽은 사람들'을 제외한 14편째의 완성이다. 즉 '자매'는 조이스가 《더블린 사람들》을 한눈에 볼 수 있게 하는 자세로 고쳐 써서 단편집 전체의 주제를 단적으로 소개한 작품이라고 할 수 있다.

첫 단락에서는 '중풍, 마비(paralysis)', '그노몬(gnomon)', '성직매매(simony)' 같은 말이 나열된다. 이 세 낱말은 사람들의 육체와 정신, 종교의 쇠약과 결부된다. 그것은 작가가 1906년 출판업자에게 단편집에 대해 써보낸 편지에서, '나의 의도는 우리나라의 정신사의 한 장을 쓰는 것이며, 더블린을 무대로 택한 것은 이 도시가 마비의 중심으로 생각되었기 때문'이라고 설명한 것과도 관계가 있다. '그노몬'은 평행사변형에 필요한 뭔가가 빠진 형태로, 소년이 신부에 대한 존경심을 잃은 것과, 신부가 소명을 다하지 못한 것을 암시한다는 해석이 있다.

이 단편을 읽고 의문으로 느끼는 것은 제목을 붙이는 방법에 대해서일 것이다.

이 이야기는 화자인 소년의 눈에 비친 외부세계와 그의 내면세계를 줄곧 다루고 있다. 이 소년이 신부 집의 창문을 올려다보는 것에서 작품이 시작되어, 어린이의 눈으로 보아온 어른 세계의 외관과 현실의 차이를 인식하는 데서 끝난다. 또 이 이야기는 주인공의 눈높이에서 그려지는데, 그것이 뚜렷하게 나타나 있는 것은 363페이지 장면(상가에서 조문할 때 소년의 눈높이에서 노파를 보는 장면)이다. 그렇게 보면 '소년의 지적인 자각'이나 '소년의 정신적 개안'이라는 식으로 제목을 달아도 좋지 않을까. 또 등장인물 6명이 보고 들은 것과 대화, 추억을 통해, 노신부가 성배를 파손한 사건 때문에 신경쇠약에 걸리고, 그때부터 실의에 차서 불우하게 죽어가는 과정이 밝혀진다. 플린 신부는 무지한 소년에게 전문지식을 가르치면서 기뻐하고, 성직자에 대한 기대도 어느 정도 하고 있었다. 그러나 노인의 성벽이라고 할 수 있는 그의 선의는 소년에게 외면당하고 있었던 것 같다. 마지막 몇 페이지에서는 동생인 일라이저가 생전에 신부가 보여준 기이한 행동에 대해 얘기하는데, 그로서 그의 신앙 상실과 사회로부터의 깊은 소외가 드러난다. 그런 관점에서는 신부가 작품에 직접 등장하지는 않아도 '노신부의 죽음'이라고 해도 좋지 않았을까.

그렇다면 왜 '자매'일까? 자매는 일생을 희생하여 오빠를 돌보았고, 그가 상궤를 벗어난 행동을 한 뒤부터는 상당한 부담을 느꼈다고 작가는 강조하고 싶었던 것인지도 모른다. 그렇다 해도, 두 자매는 이야기 줄거리의 전개에서 보면, 조연도 못되는 목격자나 증인의 역할에 지나지 않는다. 그러나 그녀들이야말로 그리스 비극에서의 합창대(주로 여성들)의 성격을 띠고 있다고 할 수 있다. 주인공이나 드라마에서 일정한 거리를 두고, 이따금 냉정하게 내용을 설명하면서 관객을 그 세계로 유도하는 합창대. 아이스킬로스와 소포클레스의 비극에는 합창대의 이름을 그대로 제목에 따오는 경우도 있었다.

어떤 만남

우리에게 미국 서부극을 소개한 것은 조 딜런이었다. 그에게는 《유니언 잭》, 《용기》,*1 《반 페니의 경이》의 지난호 잡지로 구성된 약간의 장서가 있었다. 매일 저녁 학교가 파하면 우리는 그의 집 뒤뜰에 모여서 인디언 전쟁 놀이를 했다. 그와 그의 게으름뱅이 뚱뚱보 동생 리오가 마구간의 건초 다락을 지키고 있으면, 우리는 그곳을 기습하여 함락하는 쪽이 되었다. 그렇지 않으면 풀밭에서 정정당당하게 맞서서 싸웠다. 그러나 제아무리 악착같이 싸워도 포위공격에서나 맞싸움에서 우리는 한 번도 이겨본 적이 없었고, 모두 조 딜런의 일방적인 승전 춤으로 막을 내렸다. 그의 부모님은 매일 아침 8시에 가디너 가의 성당 미사에 참석했는데,*2 그의 집 현관에는 딜런 부인의 화장품 냄새가 늘 은은하게 풍겼다. 그러나 조 딜런은 자기보다 나이도 어리고 겁도 많은 우리에게 거칠게 싸움을 걸곤 했다. 그가 낡은 물병 덮개를 머리에 쓰고 주먹으로 깡통을 두들기면서 "야! 야카, 야카, 야카!"*3 고함을 지르며 정원 주변을 껑충껑충 뛰어다닐 때는 어딘지 모르게 인디언처럼 보였다.

그런 그가 사제가 되라는 하느님의 부르심을 받았다는 얘기를 들었을 때는 아무도 곧이들으려 하지 않았다. 그러나 그것은 사실이었다.

우리들 사이에는 일종의 반항정신이 팽배해 있었고, 그런 속에서는 교양이니 체질이니 하는 차이 같은 건 전혀 문제되지 않았다. 우리는 똘똘 뭉쳤다. 어떤 아이는 대담하게, 어떤 아이는 장난삼아, 또 어떤 아이는 거의 오

---

*1 19세기 말, 영국에서 간행된 '건전하고 저속하지 않은 이야기'를 특징으로 하는 소년용 잡지. 《용기》는 세 소년들이 다니면서 여러 외국을 모험을 하는 이야기.

*2 19세기 말 신앙심 깊은 신자들은 매일 아침 성당에 갔다. 가디너 가에 예수회의 성 프란시스 사비에르 교회가 있었다.

*3 인디언이 종교의식 등에서 동의를 표하는 엄숙한 외침.

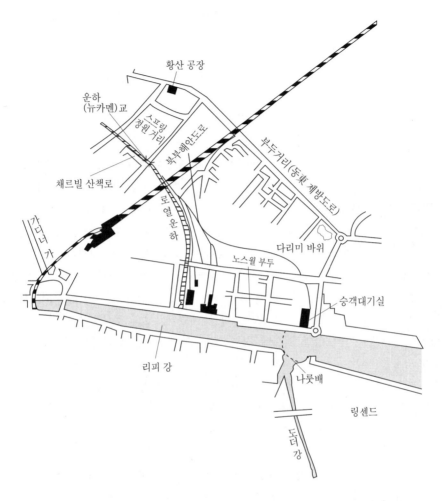

들오들 떨면서. 그런데 이 마지막 부류, 즉 공부벌레로 보이거나 나약해 보이는 것이 두려워서 마지못해 인디언이 된 아이들 속에 나도 끼어 있었다. 서부극 문학 속의 모험물은 내 성격에 맞지 않지만, 적어도 도피*4할 문을 열어준 것만은 분명했다. 나는 때때로 너절한 차림새에 성격은 거칠지만 얼굴만은 예쁘장한 소녀들이 가끔 등장하는 미국의 탐정소설류를 더 좋아했다. 그런 이야기에는 문제될 내용이 없는 데다 문학적인 면도 좀 있었지만 학교*5에서는 이상하게도 비밀리에 돌려보곤 했다. 어느 날 버틀러 신부가

---

*4 도피는 《더블린 사람들》의 주제의 하나.

네 쪽에 걸친 로마사를 암송해오라고 한 숙제를 검사하고 있었을 때, 눈치 없는 리오 딜런이 《반 페니의 경이》를 가지고 있다가 적발되었다.

"이 페이지야, 아니면 이 페이지? 이 페이지라고? 자, 딜런, 일어서!"

"그 날이 아직……"

"계속해! 어떤 날이었지?"

"그 날이 아직 밝기 전에……"*6

"공부해 왔니? 아, 그 호주머니에 든 건 뭐지?"

리오 딜런이 그 잡지를 넘겨줄 때 모두들 심장이 오그라들었지만 시치미를 뚝 뗐다. 버틀러 신부가 이마를 잔뜩 찌푸리며 책장을 넘겼다.

"무슨 이따위 쓰레기가 있어? 《아파치의 추장》! 하라는 로마사 공부는 하지 않고 기껏 읽는다는 것이 이따위 쓰레기인가? 이따위 몹쓸 것이 또다시 이 학교에서 내 눈에 띄었다가는 가만두지 않겠다. 이런 걸 쓴 인간은 모르긴 몰라도 술 한 모금 때문에 이런 글 나부랭이를 갈겨대는 형편없는 삼류 글쟁이일 거야. 너희들처럼 교양 있는 학생들이 이런 쓰레기 같은 것이나 읽다니, 기가 찰 노릇이구나! 너희들이, 혹시…… 국립 초등학교*7 학생이라면 이해할 수 있다만. 자, 딜런, 분명히 말해두겠는데, 제발 한눈팔지 말고 열심히 공부해라, 그렇지 않으면…….."

진지한 수업 시간 중에 들은 이 꾸지람 때문에 내가 생각했던 서부극의 영광은 몹시 퇴색해버렸고, 게다가 리오 딜런의 당황하고 잔뜩 부어오른 얼굴을 보았을 때는 한 가닥 양심의 가책마저 느껴졌다. 그러나 학교의 구속력이 저 멀리 사라지자, 나는 또다시 격렬한 흥분을, 그 혼란기의 이야기만이 나에게 줄 것으로 생각되는 도피를 갈망하기 시작했다. 저녁때의 전쟁놀이도 나에게는 아침나절의 판에 박은 학교생활과 마찬가지로 지겨워지고 말았다. 나 자신에게 진짜 모험이 일어나기를 갈망했기 때문이다. 그러나 진짜 모험은 집에만 있는 사람에게는 결코 일어나지 않는다. 그런 모험은 반드시 밖에 나가 찾아야 한다고 나는 생각했다.

---

*5 중류층 자녀들이 다니는 예수회 계통의 벨비디어 칼리지일 것이다.

*6 카이사르 《갈리아 전기》의 한 구절.

*7 정부가 후원하여 종교와 관계없는 영국식 교육을 하는 국립 초등학교. 가톨릭 교육자들은 자녀의 신앙심을 약화시킨다고 걱정했다.

여름방학이 가까워올 무렵, 나는 최소한 하루만이라도 학교생활의 지겨움에서 벗어나보기로 결심했다. 리오 딜런과 마호니라는 아이와 나는 학교를 하루 빼먹기로 계획했다. 우리는 각자 6펜스*⁸씩 모았다. 그리고 아침 10시에 커낼 브리지에서 만나기로 약속했다. 마호니의 누나가 그를 위해 결석계를 써주기로 했고, 리오 딜런은 자기 형에게 아프다고 말해달라고 부탁할 생각이었다. 우리는 워프 로(路)를 따라 걸어 내려가다가 배들이 정박한 곳에 이르면, 거기서 나룻배를 타고 리피 강을 건너서 다시 걸어 내려가 비둘기의 집(피전 하우스)*⁹를 구경하기로 일정을 짰다. 리오 딜런은 버틀러 신부나 학교 관계자를 혹시 만나면 어떻게 하느냐고 걱정했다. 그러나 마호니가 아주 재치 있게 되물었다. 버틀러 신부가 무슨 할 일이 없어 그 시간에 피전 하우스에 나타나겠느냐는 것이었다. 그 말에 우리는 마음이 놓였다. 나는 다른 두 친구한테서 6펜스씩 걷고, 동시에 내 몫 6펜스는 그들에게 보여줌으로써 거사의 첫 단계에 종지부를 찍었다. 거사 전날 밤 마지막 점검을 할 때는, 모두 왠지 모르게 흥분을 감출 수가 없었다. 우리는 웃으면서 악수를 나눴다. 마호니가 말했다.

"그럼 내일 보자, 동지들!"

그날 밤 나는 잠을 설쳤다. 아침에 다리에 맨 먼저 도착한 사람은 나였다. 가장 가까운 곳에 살았기 때문이다. 정원 구석, 아무도 가지 않는 잿구덩이 옆 잡초가 무성한 풀밭에 책을 숨겨놓고, 운하의 둑을 따라 서둘러 갔다. 6월 첫째 주, 온화하고 청명한 아침이었다. 나는 다리 난간의 갓돌 위에 걸터앉아 전날 밤 흰 점토를 열심히 칠하여 깨끗하게 손질해둔 화사한 운동화에 스스로 감탄하거나, 유순한 말들이 장사꾼들을 잔뜩 태운 철도마차*¹⁰를 끌고 언덕 위로 올라가는 광경을 지켜보기도 했다. 산책로 양쪽에 늘어선 키 큰 나무들의 가지는 모두 어린 연둣빛 잎사귀로 화사하게 빛나고 있고, 햇빛이 그 잎사귀들 사이를 뚫고 비스듬히 물 위에 비치고 있었다. 다리의 화강

---

*8 그 시절 일반 가정 자녀의 1, 2주일치 용돈.

*9 Pigeon House. 더블린 만에서 튀어나온 방파제(리피 강의 남쪽 둑을 연장한 것) 끝에 있는 발전소의 이름. 18세기에 그 관리원이었던 J. 피전(보통명사로 '비둘기')에서 유래한다.

*10 말이 끄는 궤도차는 20세기를 전후하여 노면전차로 대체되었다. 이 단편의 무대배경은 1890년대의 전반에서 중반까지이다.

암이 따뜻해지기 시작했다. 나는 머릿속에 떠오르는 멜로디에 맞춰 두 손으로 그 돌을 가볍게 두드리기 시작했다. 나는 무척 행복했다.

5분 내지 10분가량 거기 앉아 있노라니 마호니의 회색 옷*11이 다가오는 것이 보였다. 그는 웃는 얼굴로 언덕을 올라와 다리 위의 내 옆자리에 기어 올라왔다. 기다리는 동안 그는 안주머니에서 비죽이 나와 있는 새총을 꺼내 자기가 직접 개조한 몇 군데를 자세히 설명해주었다. 그걸 왜 가져왔느냐고 물었더니 새들을 좀 골탕먹이고 싶어서란다. 마호니는 거침없이 은어를 썼는데 버틀러 신부를 분젠 버너*12라고 불렀다. 우리는 15분이 넘도록 기다렸으나 리오 딜런은 나타날 기색이 없었다. 마호니가 마침내 다리에서 뛰어내리면서 말했다.

"우리끼리 가자. 뚱보 그 녀석 겁먹고 꽁무니 뺄 줄 알았어."

"그럼 그 녀석의 6펜스는……?" 내가 말했다.

"그야 벌금이지 뭐. 그럴수록 우리에겐 더 좋은 것 아냐? 1실링이 아니라 1실링하고도 6펜스니."

우리는 북부해안도로*13를 걸어서 황산 공장까지 간 뒤, 거기서 오른쪽으로 돌아 부두거리를 걸어갔다. 마호니는 우리가 사람들의 시야에서 벗어나기가 무섭게 인디언 흉내를 내기 시작했다. 그가 돌을 장전하지 않은 새총을 휘두르며 누더기 옷*14을 입은 소녀들을 쫓아가자, 역시 누더기 차림의 두 소년이 기사도 정신에서 우리에게 돌멩이를 던지기 시작했다. 그는 그들을 공격하자고 제안했고 나는 소년들이 너무 어리다고 반대했다. 그래서 그냥 걸어가고 있노라니 누더기 부대는 마호니의 얼굴이 까무잡잡한 데다 모자에 크리켓 클럽의 은배지*15가 달려 있어 우리를 신교 신자로 오인하고 우리 등

---

*11 마호니는 이 학교를 빼먹는 날에 교복을 입고 온 것이다.

*12 Bunsen Burner. 화학실험용 가스버너. Burner와 Butler는 소리가 비슷해서, 'b'의 두운을 사용한 신소리일 것이다.

*13 ☆운하교 → 북부해안도로를 북동방향으로 → 막다른 삼거리의 교차점 → 우회전하여 해변의 부두거리(동제방도로)를 남동방향으로 → 리피강 하구. 출발점에서 목적지가 동남쪽 방향에 있는데도 남쪽 코스를 택하지 않고 멀리 둘러서 북쪽 코스(사람이 적게 다니는 해안도로)를 선택했다. 학교를 빼먹는 것이 드러나지 않도록 하기 위해서일 것이다. 지도 참조.

*14 '누더기 학교'라는 뜻이 있다. 가톨릭과 신교가 각각 경영하며, 빈민가정 자녀들에게 교육과 먹을 것을 제공했다.

*15 당시 크리켓과 승마를 하는 것은 부자들이었고 주로 신교도였다.

뒤에 대고 '강보에 싸인 자들! 강보에 싸인 자들!'*16 하고 고함을 질러댔다. 스무딩 아이언 수영장 입구에 왔을 때 포위전을 계획해 보았지만 잘 되지 않았다. 포위전을 제대로 하려면 적어도 셋은 있어야 하기 때문이다. 우리는 리오 딜런이 형편없는 겁쟁이라고 흉을 보고, 오후 세 시*17에 라이언 선생님에게 몇 대나 매를 맞을지 추측하는 것으로 그에게 분풀이를 했다.

그러는 사이 우리는 강*18 근처에 도착했다. 양쪽으로 높은 돌벽이 에워싸고 있는 소란한 거리를 어슬렁거리기도 하고, 크레인과 발동기의 활약상을 구경하기도 하고, 때로는 과적한 짐마차 마부들이 선뜻 비키지 않는다고 우리에게 내지르는 고함소리를 듣는 동안 시간이 금세 흘러가고 말았다. 부두에 도착하니 정오였다. 인부들이 모두 점심을 먹고 있는 것 같아 우리도 커다란 건포도빵을 두 개 사서 강가의 어떤 금속 파이프에 올라앉아서 먹었다. 더블린 항구에서 이루어지는 교역 광경을 구경하니 기분이 매우 좋았다. 양털처럼 꼬불꼬불한 연기로 멀리서도 쉽게 알아볼 수 있는 화물운반선, 링센드 앞바다에 있는 갈색 어선단, 맞은편 부두에서 짐을 내리는 중인 흰 돛을 단 대형 범선들. 마호니는 저 커다란 배를 하나 집어타고 바다로 도망친다면 얼마나 신나겠느냐고 했고, 나 또한 그 높은 돛대를 쳐다보면서 여태까지 학교에서 건성으로 접한 지리가 구체적인 모습으로 눈앞에 다가오는 것이 보였다고 할까, 보이는 것처럼 느껴졌다. 학교와 집이 우리로부터 멀어지는 것 같고 우리에 대한 그런 것들의 영향력도 약해지는 것 같았다.

우리는 나룻배를 타고 리피 강을 건너기로 했다. 뱃삯을 내고 배에 올라타니, 노동자 두 명과 가방을 든 키 작은 유대인 한 명도 타고 있었다. 우리는 엄숙할 정도로 진지했지만, 그 짧은 항해 중에 딱 한 번 서로 눈이 마주치자 웃음을 터뜨리고 말았다. 나룻배에서 내린 뒤, 아까 건너편에서 보았던 돛대

---

*16 Swaddlers. 프로테스탄트에 대한, 가장 더러운 욕. 감리교(프로테스탄트의 일파)의 선교사가 〈누가복음〉 속의 '아기가 강보에 싸여'(2 : 12)를 설교하고 있을 때, 그것을 불쾌하게 듣고 있던 가톨릭교도 한 사람이 조롱으로 Swaddler('swaddle'은 '아기 기저귀')라고 부른 것에서 유래한다.

*17 JM은, 벨비디어 칼리지에는 오후 3시에 학생이 체벌을 받는 전통이 있으며, 그리스도가 십자가에 못 박힌 시간과 관련이 있을지도 모른다고 했다.

*18 리피(Liffey) 강. 더블린 서남 20킬로미터의 위클로 산맥에서 발원하여 시내를 관통하면서 더블린 만에 흘러든다. 조이스에게 이 강은 생애를 통해 모국과 생명의 상징이었다.

가 셋 달린 우아한 범선에서 짐을 내리는 작업을 가까이에서 지켜보았다. 어떤 구경꾼이 그 배는 노르웨이 선박이라고 했다. 나는 배의 고물 쪽으로 가서 거기에 적힌 배 이름을 해독해보려고 했지만 실패하고, 다시 돌아와 외국인 선원들을 살펴보았다. 초록색 눈을 가진 사람이 없는지 내 눈으로 확인하고 싶었던 것이다. 그것은, 나에게는 어떤 터무니없는 생각이 있었기 때문이다…… 선원들의 눈은 푸른색도 있고, 회색도 있고 검은 색도 있었다. 눈이 초록색이라고 할 만한 선원은 단 한 사람이었는데, 키가 큰 그 사내는 널빤지가 내려올 때마다, 부두의 군중을 절로 웃게 만드는 밝은 목소리로 외치고 있었다.

"좋아요! 좋아!"

이런 구경에도 싫증이 나자 우리는 링센드[19] 쪽으로 어슬렁어슬렁 내려가기 시작했다. 날씨가 무더워졌다. 식료품 가게의 진열장에는 색이 바랜 과자들이 곰팡내를 풍기며 진열되어 있었다. 우리는 과자와 초콜릿을 좀 사서 부지런히 먹으면서 어부 가족들이 모여 사는 복잡한 거리를 어슬렁거리며 돌아다녔다. 우유가게가 보이지 않아 노점에 가서 라즈베리 레모네이드를 한 병씩 샀다. 그것을 마시고 기운이 난 마호니는 고양이를 쫓아 골목길을 달렸지만 고양이는 넓은 들판으로 도망가고 말았다. 우리는 둘 다 좀 피곤했다. 그래서 들판에 도착하자 곧장 경사진 강둑으로 향했다. 그 등성이에서는 도더 강[20]이 내려다보였다.

시간이 너무 늦은 데다 피곤하기도 해서 우리는 비둘기의 집을 구경하려던 계획을 실행할 수 없을 것 같았다. 우리의 모험이 발각되지 않으려면 세상없어도 네 시 전까지는 집에 가야 했다. 마호니가 아쉬운 표정으로 새총을 들여다보고 있기에 기차를 타고 집에 가자고 제안했더니 그는 이내 활기를 되찾았다. 해가 구름 뒤로 숨어버리자 우리에게 남은 건 지겹다는 생각과 먹을 것 부스러기뿐이었다.

들판에는 우리 말고는 아무도 없었다. 한동안 말없이 강둑 위에 누워 있자

---

[19] 리피 강 하구 남안의 가난한 어촌. 이름에서는 막다른 곳이 연상되지만, 켈트어 어원에서는 'the point of the tide(전환점)'이며, 영국 본토와 대륙으로 가는 승선지이다.

[20] 리피 강의 지류. 불안정한 상태의 주인공이 보는 것은 그 이름 'dodder(비틀거리는)'이라는 뜻 그대로 구불구불 흘러가는 강.

니 한 사나이가 들판 맨 끝에서 다가오는 것이 보였다. 나는 처녀들이 운수를 점친다는 초록색 풀줄기를 씹으면서 나른하게 그를 지켜보았다. 사나이는 강둑을 따라 천천히 다가왔다. 한 손은 엉덩이에 대고 다른 한 손은 지팡이를 들었는데 그 지팡이로 잔디밭을 가볍게 두드리면서 걸어온다. 그는 푸른빛이 도는 거무죽죽한 색의 허름한 양복을 입고 펠트 중산모를 쓰고 있었다. 콧수염이 온통 흰색이어서 상당히 나이 들어 보였다. 우리 발치를 지나갈 때 그는 우리를 흘끗 바라보고는 가던 길을 계속 갔다. 우리가 눈으로 그를 좇고 있으니 한 50걸음쯤 걸어갔을 때 몸을 돌려 가던 길을 되돌아오기 시작했다. 그는 줄곧 지팡이로 땅을 두드리면서 우리를 향해 매우 천천히 걸어왔는데, 어찌나 천천히 걷는지 그가 풀밭에서 무엇을 찾고 있는 게 아닐까 하는 생각이 들 정도였다.

남자는 우리가 있는 곳과 같은 높이까지 올라와서 걸음을 멈추더니, 우리에게 안녕, 하고 인사를 했다. 우리가 대답을 하자 그는 우리 옆 비탈에 매우 조심스럽게 천천히 앉았다. 그는 날씨 얘기부터 꺼내더니, 올여름은 굉장히 무더운 여름이 될 것 같다느니, 자기가 어렸을 때, 그러니까 아주 오래전에 비하면 기후가 엄청나게 변했다고 덧붙였다. 그는 사람의 일생에서 가장 행복한 시절은 두말할 나위 없이 학창 시절이라면서, 다시 젊어질 수만 있다면 모든 것을 기꺼이 다 바치겠노라고 말했다. 그가 그런 감정을 쏟아내는 동안, 우리는 약간 지루해졌지만 묵묵히 듣고 있었다. 그런 다음 그는 학교와 책에 대해 얘기하기 시작했다. 그는 우리에게 토머스 무어의 시나 월터 스콧 경과 리턴 경[21]의 작품을 읽어보았느냐고 물었다. 내가 그가 들먹이는 책을 모두 다 읽은 척했더니 그는 이렇게 말했다.

"아, 자네도 나처럼 책벌레인가 보군." 그러고는 눈을 휘둥그레 뜨고 우리를 바라보고 있는 마호니를 가리키면서 이렇게 덧붙였다. "저 친구는 아니야. 저 친구는 노는 것만 좋아할 것 같아."

그는 자기 집에 월터 스콧 경과 리턴 경의 모든 작품이 다 있다면서 아무

---

[21] 모두 낭만주의적 경향을 가진 작가. 무어(1779~1852)는 아일랜드의 국민시인으로 《아일랜드 가요집》이, 스콧(1771~1832)은 영국의 시인이자 소설가로, 역사소설 《아이반호》가 유명하다. 리턴 경(1803~73)은 영국 소설가로, 통속적인 역사소설을 썼고 사회의 부도덕을 주제로 한 작품이 있다.

리 읽어도 싫증을 느껴본 적이 없다고 했다. 물론 리턴 경의 작품에는 소년들이 읽어서는 안 될 것도 더러 있다고 말하기도 했다. 마호니는 소년들이 읽어서는 안 되는 이유가 뭐냐고 물었다. 마호니의 그 질문은 나를 안절부절 못하게 하고 고통스럽게 했다. 그 사람이 나도 마호니처럼 머리가 멍청하다고 생각할까 봐 두려웠다. 하지만 그 사람은 빙그레 웃을 뿐이었다. 그의 입안의 누런 이 사이가 크게 벌어진 것이 보였다.*²² 그는 우리에게 누가 더 여자 친구가 많으냐고 물었다. 마호니는 여자 친구가 넷이라고 가볍게 대답했다. 그 사람은 나에게도 몇 명이나 있느냐고 물었다. 나는 하나도 없다고 대답했다. 그랬더니 그는 내 말을 믿으려 하지 않고 틀림없이 하나는 있을 거라고 우겼다. 나는 입을 다물었다.

"그럼 아저씨는 몇 명이나 있어요?" 마호니가 당돌하게 그 사람에게 물었다.

그는 아까처럼 빙그레 웃고는 자기가 우리만 했을 때는 여자 친구가 굉장히 많았다면서, 사내아이라면 누구나 예쁜 애인이 하나쯤은 있는 법이라고 했다.

그런 문제에 대한 그의 태도로 미루어 보아 나이 치고는 믿기지 않을 만큼 편견이 없다는 생각이 들었다. 나는 마음속으로 그가 사내아이와 여자 친구에 대해 하는 말이 그럴듯하다고 생각했다. 하지만 그의 입에서 나오는 말은 아무래도 좋은 느낌이 들지 않았다. 그가 무엇이 무서운 듯이, 아니면 급작스레 한기를 느끼는 듯이 한두 번 몸을 떠는 것을 보고 왜 그러는 건지 궁금하기도 했다. 그가 얘기하는 것을 계속 듣고 있으니 그의 말씨가 품위가 있음을 알 수 있었다. 그는 우리에게 소녀들에 대한 얘기를 시작하더니, 소녀들의 머리카락은 정말 멋지고 부드럽다느니 두 손은 참으로 보드랍다느니 하다가, 또 일단 알고 나면 소녀들은 처음 보기와는 달리 모두 다 썩 좋은 것은 아니라고 말했다. 사랑스러운 어린 소녀와 그녀의 예쁘고 하얀 손, 그 아름답고 보드라운 머리카락을 바라보는 것보다 더 좋은 것은 이 세상에 없다고도 했다. 나는 그가 이미 외워둔 말을 되풀이하고 있거나, 아니면 그의 마음이 자기 이야기 중의 어떤 낱말의 매력에 이끌려서 같은 궤도를 천천히 빙빙 돌고 있다는 인상을 받았다. 때로는 그는 누구나 다 아는 사실을 언급

---

*22 이가 빠지는 것은 육체의 쇠약을 암시하며, 누런색은 조이스에게는 퇴폐와 비열함을 나타내는 색이다.

할 뿐이라는 투로 말하는가 하면, 때로는 목소리를 낮춰 무슨 곡절이라도 있는 것처럼, 누가 엿들어서는 안 될 비밀이야기라도 하는 듯한 기색이었다. 그는 부분적으로 말을 바꾸었고, 그 말을 단조로운 목소리로 에워싸면서 같은 말을 몇 번이고 되풀이했다. 나는 그의 이야기에 귀를 기울이면서 비탈 아래쪽을 응시하고 있었다.

한참이 지나서야 그의 독백이 멈췄다. 그는 천천히 일어서더니 1분가량 아주 잠깐만 어딜 갔다 와야 한다고 말했다. 나는 시선을 돌리지 않았지만, 내 눈에는 그가 우리 곁을 떠나 천천히 걸어서 들판의 저쪽 끝으로 가는 모습이 보였다. 그가 가버린 뒤에도 우리는 여전히 말이 없었다. 몇 분의 침묵이 흐른 뒤, 마호니가 소리쳤다.

"야, 저기 좀 봐! 저 영감 하는 짓 좀 보라니까!"

내가 대답도 하지 않고 눈도 들지 않고 있으니 마호니가 다시 외쳤다.

"어휴……아주 망측한 변태 영감쟁이야!"

"우리에게 이름을 묻거든 넌 머피라고 해, 난 스미스라고 할 테니까."[*23]
내가 말했다.

우리는 더 이상 아무 말도 하지 않았다. 내가 일어나 가버릴까 말까 여전히 망설이고 있을 때 그 남자가 돌아와서 우리 옆에 다시 앉았다. 그가 앉자마자 마호니는 아까 달아난 고양이를 발견하고 벌떡 일어나 그것을 쫓아 들판을 가로질러 달려갔다. 남자와 나는 그 추격전을 지켜보았다. 고양이가 다시 달아나자 마호니는 고양이가 기어오른 벽을 향해 돌멩이를 던지기 시작했다. 그러다가 그는 그것도 그만두고 들판 맨 끝에서 정처 없이 어슬렁거리기 시작했다.

잠시 사이를 둔 뒤 남자가 나에게 말을 걸었다. 내 친구가 매우 버르장머리 없는 아이라면서 학교에서 자주 매를 맞지 않느냐는 것이었다. 나는 화가 나서, 우리는 국립학교 학생이 아니라서 그런 '매를 맞는' 일 같은 건 없다고 대답하려고 했다. 그러나 계속 입을 다문 채 잠자코 있었다. 그는 아이들 체벌 문제에 대한 화제를 꺼냈다. 그의 마음은 자기 이야기의 매력에 다시 홀린 듯, 그 새로운 중심의 주위를 천천히 빙빙 도는 것 같았다. 그는 사내

[*23] 친구는 아일랜드에 흔한 성을, 자신은 앵글로색슨계에 흔한 성을 각자 가명으로 사용할 것을 제안한 것이다.

아이들이 저 지경이 되면 매로 다스려야 한다, 그것도 얼얼할 정도로 실컷 때려야 한다고 했다. 사내아이가 버르장머리가 없고 말을 듣지 않을 때는 화끈한 매질보다 더 효과 있는 것은 없다는 것이었다. 손바닥을 때리거나 따귀를 갈기는 것으로는 기별이 가지 않는다, 그런 아이에게 필요한 것은 얼얼한 매질뿐이라는 것이었다. 나는 그 말에 깜짝 놀라 나도 모르게 그의 얼굴을 힐끗 올려다보았다. 그러자 그의 짙은 녹색 눈과 시선이 마주쳤다. 그 눈은 실룩실룩 움직이는 이마 밑에서 나를 빤히 응시하고 있었다. 나는 다시 눈길을 돌려버렸다.

남자는 독백을 계속했다. 조금 전의 그 대범한 태도는 어디론가 날아가 버린 것 같았다. 그는 만일 어떤 사내아이가 여자애들에게 말을 걸거나 그 아이에게 애인이 있는 것을 알게 된다면 마구 매질을 해 줄 거라고 했다. 그렇게 해야 여자애한테 다시는 말을 붙이지 않을 거라는 것이었다. 사내아이가 애인이 있으면서도 거짓말을 한다면, 그때는 이 세상의 어느 누구도 여태껏 맞아보지 못한 매질을 퍼부을 거라고 호언했다. 남자는[24] 자기 같으면 그런 소년에게 어떻게 매질을 할 것인지 나에게 설명했다, 마치 복잡한 수수께끼라도 푸는 것처럼. 이 세상 무엇보다도 그것을 좋아한다고 그는 말했다. 그리고 그의 목소리는 그가 그 수수께끼 속으로 단조롭게 나를 안내해 가는 동안, 애정이 담겨 있다고 해도 좋은 목소리가 되어, 자신을 이해해 달라고 호소하는 것 같았다.

나는 그의 독백이 다시 멎을 때까지 기다렸다. 그러다가 그가 말을 끊자 나는 벌떡 일어섰다. 나는 마음의 동요를 그가 눈치채지 못하도록 신발을 다시 제대로 신는 척하면서 몇 분을 끌다가 이제 그만 가봐야 한다면서 그에게 작별인사를 했다. 침착하게 비탈을 올라가긴 했지만 그가 내 발목을 잡을지도 모른다는 공포에 사로잡혀 심장이 벌렁벌렁 뛰었다. 둑 꼭대기에 도착하자 나는 오던 쪽으로 몸을 돌려 그는 쳐다보지도 않고 들판에 대고 큰 소리로 외쳤다.

"머피!"

---

[24] 이 남자는 '자매'의 플린 신부와 매우 닮았다. 두 사람은 육체의 쇠약이 두드러지고, 옷과 치아도 비슷하다. 소년들의 친구가 되기를 원하고, 플린 신부의 경우는 가톨릭교회의 미사의식, 이 노인의 경우에는 매질의 의식을 가르치면서 자기 만족을 느낀다.

내 목소리에는 억지로 강한 척하는 어투가 풍겼고, 내 약은 잔꾀가 스스로 부끄러워졌다. 나는 그의 이름을 다시 부르지 않을 수 없었다. 그제야 마호니는 나를 보고 큰 소리로 대답했다. 그가 들판을 가로질러 나를 향해 뛰어올 때 내 심장이 얼마나 뛰던지! 그는 마치 나를 구출하러 오는 것처럼 달려왔다. 그래서 나는 깊이 뉘우쳤다. 왜냐하면 마음속으로 항상 그를 약간 무시하고 있었기 때문이다.

해설

'어떤 만남(An Encounter)'은 조이스가 동생과 학교를 빼먹고 놀았을 때의 체험을 토대로 한 단편으로, 15편 가운데 아홉 번째로서 1905년 9월 중순에 탈고했다.

톰 소여와 허클베리 핀의 모험 같은 모험과 자유를 원하지만, 주인공이 현실에서 만나는 것은 변태자로 대표되는 추한 어른의 세계이다. 이야기 끝에 주인공은 자아에 눈을 뜨고 자기의 무력한 상태를 깨닫는다. 이 작품의 갑작스러운 정신적 현현(에피파니)—조이스가 선호한 말. 저급한 언어와 몸짓 또는 잊을 수 없는 마음의 감동 속에 그때까지 숨어 있었던 것의 본질이 갑자기 나타난다는 관념—이 여기서 일어난다. 지금까지 무시하고 있었던 친구에게 도움을 청함으로써, 타인과의 유대를 발견하고 모욕과 약은 잔꾀를 자기의 치욕으로 인정한다. 여기에 일종의 정화가 있으며, 이 자각에 도달한 소년에게서 일말의 인간미와 구원을 느낄 수 있다.

노인은 주인공을 정신적으로 자각시키는 인물이고, 'An Encounter'란 이 노인과의 우연한 만남이다. 그 이상으로, 주인공의 내부에 싹튼 자아의 인식, 즉 자기와의 만남이기도 하다. 노인과의 만남은 어른의 세계에 들어가는 데 필요한 인간성장의 의식이라고 볼 수도 있다. 그러면 '어떤 만남'이라는 제목은 《젊은 예술가의 초상》의 마지막에서, 주인공 스티븐이 "나는 떠나리라, 현실의 경험과 백만 번이고 만나서 내 영혼의 대장간에서 아직 창조되지 않은 내 민족의 의식을 벼리어내기 위해"라고 선언했을 때 사용된 말과 무관하지 않다.

이 단편에 여섯 번이나 나오는 녹색에는 의미가 있다. 녹색의 눈을 한 선원은 그 목소리로 구경꾼을 즐겁게 해주고, 짙은 녹색 눈의 노인은 비역질을 하는 변태자이다. 녹색이 아일랜드의 상징이고, 작자가 온 나라가 타락의 심연에 빠져 있다는 의도로 창작한 것을 아울러 생각한다면, 녹색은 이 나라와 더블린의 마비를 암시한 것이라고 할 수 있다. 되풀이해 나타나는 녹색도, 모험을 향해 출발할 때는 '연둣빛'이었던 것이 '푸른빛이 도는 거무죽죽한 색'을 거쳐 마지막에는 '짙은 녹색'으로 변화해 간다.

변태성 노인은 수수께끼에 싸여 있다. '남자(a man)', '그 남자(the man)'로 언제나 적혀 있다. 어떤 특정한 인물이라기보다 뛰어난 교양과 새디스트적인 잔인성을 아울러 가진 문명사회의 전형적인 인물일지도 모른다. 주인공의 정신을 얼어붙게 하는 인물이지만 이해하고 친구가 되어 주기를 바라는 인간 본래의 욕망과 고독도 아울러 지니고 있다.

애러비

　노스리치먼드 가[1]는 막다른 길이어서 크리스천브러더스 학교[2]에서 아이들을 집에 보내는 시간 말고는 언제나 조용한 거리였다. 이 막다른 골목 끝에 사람이 살지 않는 이층집 한 채가 네모반듯한 대지 위에 이웃집들과 동떨어져 자리잡고 있었다. 그 거리의 다른 집들은 집안의 품위 있는 삶을 의식하면서, 서로 갈색의 태연자약한 얼굴로 마주보고 있었다.

　전에 우리 집에 세들어 살던 사람은 사제였는데, 그는 뒤쪽 응접실에서 죽었다. 오랫동안 통풍이 되지 않아서 방마다 곰팡내 나는 공기가 무겁게 깔려 있고, 부엌 뒤쪽의 빈 방에는 쓸모없는 낡은 서류가 어질러져 있었다. 나는 그 폐지들 사이에서 낱장이 말려 올라가고 습기가 찬 몇 권의 페이퍼백을 찾아냈다. 월터 스콧의 《수도원장》, 《경건한 성체배령자》 그리고 《비도크의 회상록》[3]이었다. 나는 그중에서도 맨 나중 것이 가장 마음에 들었는데 그 이유는 책장이 노래서였다. 집 뒤의 잡초가 무성한 정원 한복판에 사과나무 한 그루와 관목이 몇 그루 우거져 있는데, 그 관목 가운데 어느 한 그루 밑에서 나는 세상을 떠난 세입자의 녹슨 자전거 펌프를 발견했다. 그는 매우 자비로운 사제였다. 그는 유언을 통해 남은 돈은 모두 자선기관에 기증하고 가구는 모두 여동생에게 물려주었다.

　해가 짧은 겨울이 되자 우리가 저녁을 채 다 먹기도 전에 땅거미가 찾아왔

---

*1 더블린 시내 북동부에 있으며, 북부순환도로에서 북쪽으로 들어가는 골목길로, 중류층의 주택지. 여기서부터 이 문단은 거리와 집들이 의인화되어 있다.

*2 가난한 가정의 열두 살에서 열일곱 살 자녀들을 교육하는 가톨릭계 남자학교로, 거리 입구 부근에 있었다.

*3 《수도원장》은 스콧(378페이지 *21 참조)이 1820년에 쓴 낭만적인 역사소설. 《경건한 성체배령자》는 영국인 P. 베이커가 쓴 성체배령에서의 명상과 대망을 그린 저서(1813년). 《비도크의 회상록》은 프랑스의 사설탐정 E.F. 비도크의 1828년 작품으로 되어 있지만, 대필 작가의 작품인 듯하다.

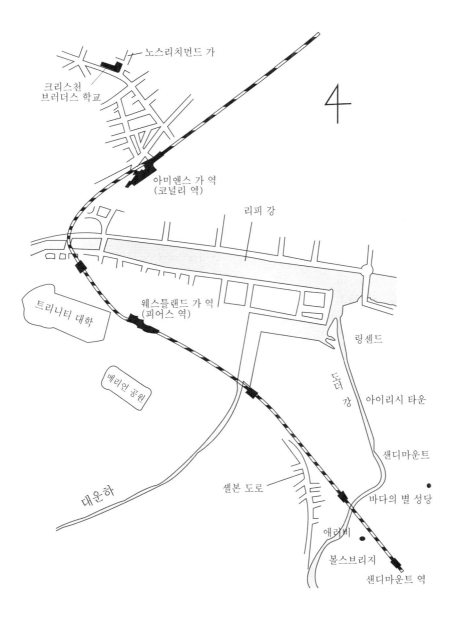

노스리치먼드 가

크리스천
브러더스 학교

아미앵스 가 역
(코널리 역)

리피 강

트리니티 대학

웨스틀랜드 가 역
(피어스 역)

메리언 공원

링센드

돋더
강

아이리시 타운

샌디마운트

셸본 도로

바다의 별 성당

대운하

애러비

볼스브리지

샌디마운트 역

4

다.*4 우리가 거리에 하나둘 모일 때면 집들은 벌써 어두컴컴하게 보였다. 우리 위의 드넓은 하늘은 늘 변하는 보랏빛이었고, 거리의 가로등은 그 하늘을 향해 희미한 등불을 쳐들고 있는 것 같았다. 차가운 공기가 살갗을 찌르면, 우리는 몸이 후끈거릴 때까지 신나게 놀았다. 우리가 내지르는 고함소리가 조용한 거리에 메아리쳤다. 우리가 달리기 시합을 할 때는, 맨 먼저 집 뒤의 어둡고 질퍽거리는 골목에 들어가서, 거기서 오두막집*5들이 난폭한 패거리들처럼 호된 공격을 가하려고 두 줄로 늘어서 있는 사이를 빠져나가 그 집들 뒤로 나오면, 어둡고 물방울이 뚝뚝 떨어지는 정원에서도 잿구덩이의 악취가 피어오르고 있고, 그 다음에는 어둡고 악취가 나는 마구간—그곳에서는 마부가 말의 털을 쓰다듬으면서 빗질을 하거나, 죔쇠가 달린 마구를 흔들어 음악을 연주하고 있다—으로 나오는 것이었다. 우리가 원래의 거리로 돌아오면 집집의 부엌 창문에서 새어나온 불빛이 반지하실 출입구*6를 환히 비추고 있었다. 삼촌이 거리 모퉁이를 돌아오는 것이 보이면 우리는 컴컴한 데 숨어서 그가 집 안으로 들어갈 때까지 지켜보았다. 때로는 망간*7의 누나가 저녁을 먹으러 오라고 동생을 부르러 현관 앞 계단에 나타날 때도, 역시 그늘 속에서 그녀가 거리를 아래위로 살펴보는 모습을 지켜보았다. 우리는 그녀가 그냥 그대로 머물러 있는지 아니면 안으로 들어가 버리는지 확인하기 위해 기다려야만 했다. 그러다가 그녀가 그대로 머물러 있으면, 우리는 체념하고 어둠 속에서 나와 망간네 집 계단을 향해 걸어갔다. 그녀는 반쯤 열린 문으로 새나오는 불빛 속에 몸의 윤곽을 드러낸 채 우리를 기다리고 있었다. 그녀의 동생은 항상 누나의 말을 한 번에 순순히 듣는 법이 없었다. 나는 망간의 누나를 쳐다보면서 울타리 옆에 서 있었다. 그녀의 옷이 몸이 움직일 때마다 흔들리고, 풍성하게 많은 머리도 덩달아 좌우로 살랑거렸다.

나는 아침마다 거리를 향한 거실 바닥에 누워 그녀의 집 문을 지켜보았다. 블라인드를 창틀에서 1인치도 안 되는 데까지 내렸기 때문에 내가 보일 걱정

---

*4 위도가 높은 더블린에서는 겨울에는 낮이 짧아서 3시쯤 되면 벌써 어두컴컴하다. 또한 당시에 중류 이하의 계층에서는 하루 가운데 중요한 식사인 'dinner'는 점심식사였다.

*5 그 무렵 가난한 사람들의 허름한 오두막들이 밀집한 골목이었다고 한다.

*6 부엌은 반지하에 있고 길에서 몇 계단 올라간 현관은 일층과 이층의 중간에 있었다.

*7 아일랜드의 낭만파 시인 J.C. 망간(1803~49)에서 따온 이름. 조이스는 어린 시절 이 시인에게 심취한 적이 있다.

은 없었다. 그녀가 현관 계단에 모습을 드러내면 나는 가슴이 두근거렸다. 나는 현관으로 달려가서 책을 집어들고 그녀 뒤를 따라 나섰다. 그녀의 갈색 옷을 입은 모습에서 눈을 떼지 않고 우리의 길이 갈라지는 지점에 가까워지면, 나는 걸음을 재촉하여 그녀를 앞질렀다. 이런 일이 아침마다 반복되었다. 두세 마디 주고받은 것 말고는 그녀와 얘기를 한 적은 한 번도 없었지만, 그녀의 이름은 나의 어리석은 피에 집합을 명령하는 일종의 소환장 같았다.

그녀의 모습은 로맨스*8와는 아무 관계도 없는 곳까지 나를 따라다녔다. 토요일 저녁 숙모가 장을 보러 가면 나는 따라가서 짐 꾸러미를 들어줘야 한다. 술에 취한 사내들이나 흥정하는 아낙네들과 부딪히면서 가스등이 흔들거리는 길을 빠져나가면, 노동자들의 욕지거리, 소금에 절인 돼지볼살 통을 지키고 선 점원들의 날카로운 연도(連禱)*9 같은 외침소리, 거리의 음악사들— 오도노반 로사*10에 대한 '모두 다 오라', 아니면 우리 조국의 항쟁을 담은 민요*11를 불러대는 영창조(詠唱調)의 코맹맹이 노랫소리들이 난무했다. 나에게 그런 소음들은 한 점에 집약되어 하나의 삶의 감각이 되었다. 나는 원수의 무리 사이로 나의 성배*12를 안전하게 운반해 가고 있는 것 같은 느낌이었다. 그녀의 이름이 나 자신도 이해할 수 없는 이상한 기도와 찬미가 되어 이따금 내 입술에서 새나왔다. 나의 두 눈은 가끔 눈물에 젖었고(그 이유는 알 수 없었다), 때로는 심장에서 범람한 홍수가 내 가슴속으로 콸콸 흘러 들어가는 것 같기도 했다. 앞일에 대해서는 거의 생각하지 않았다. 나는 그녀에게 앞으로 말을 걸 수 있을지조차 알지 못했고, 그녀에게 말을 건다 해도 나의 심란한 열애의 감정을 어떻게 표현해야 할지도 몰랐다. 그러나 나의 몸은 하프*13 같았고, 그녀의 말과 몸짓은 현을 빠르게 켜는 손가락 같았다.

---

*8 '로맨스'는 원래 '로맨스어로 쓴 중세기사 무용담'이라는 뜻. 현실과 로맨스는 '어울리지 않는다=적대적이다(hostile)'.

*9 연도 'litany'는 사제가 기도문구를 하나하나 외울 때마다 회중이 그에 대해 짧은 문구로 응답하는 형식의 기도를 말한다.

*10 J. 오도노반(1831~1915)은 아일랜드의 독립을 지향하는 과격한 정치운동가. 그를 찬양하면서 시사문제를 다룬 속요의 첫 부분.

*11 당시의 애국의식을 높이는 유행가.

*12 유래는 그리스도가 최후의 만찬에서 사용한 잔이라 하며, 성찬과 미사 때 그리스도의 피로 상징되는 포도주를 담는 잔을 말한다. '자매'에서 죽은 사제가 가지고 있었다.

*13 아일랜드의 국민적 악기로, 나라의 상징이다.

어느 날 저녁 나는 사제가 숨을 거둔 뒤쪽 응접실에 들어가 보았다. 비가 내리는 어두컴컴한 저녁인 데다 집 안은 아무 소리도 없이 고요했다. 깨진 유리창을 통해 비가 지면을 때리는 소리가 들려왔다. 끊임없이 내리는 가느다란 빗방울이 물에 잠긴 화단에서 뛰놀고 있었다. 멀리서 가물거리는 등불과 불 켜진 창문에서 새나온 빛이 내 아래쪽에서 희미하게 반사되고 있었다. 거의 아무것도 보이지 않는 것이 다행으로 생각되었다. 내 모든 감각이 자신을 숨기려 하는 것 같았다. 그러한 감각에서 나 자신이 이탈해버릴 것 같은 느낌이 들어서 두 손을 부들부들 떨릴 정도로 꼭 잡고 수없이 속삭이고 있었다, '오, 내 사랑! 오, 내 사랑!'

마침내 그녀가 나에게 말을 걸어왔다. 그녀가 나에게 첫마디를 건넸을 때 나는 너무 당황하여*14 뭐라고 대답해야 좋을지 몰라 쩔쩔 맸다. 그녀가 나에게 물은 것은 '애러비'*15에 갈 거냐는 것이었다. 간다고 했는지 안 간다고 했는지 기억이 나지 않는다. 그녀는 굉장한 바자*16일 거라면서 꼭 가보고 싶다고 말했다.

"그런데 왜 못 가?" 내가 물었다.

그녀는 말을 하면서 은팔찌를 뱅글뱅글 돌렸다. 그녀가 갈 수 없는 이유는 바로 그 주일에 그녀가 다니는 수녀원 학교에서 피정(避靜)*17을 하기로 예정되어 있어서라고 했다. 그녀의 남동생과 다른 두 소년은 모자를 서로 뺏으면서 놀고 있었고 나만 혼자 난간에 기대 서 있었다. 그녀는 창살 끝을 잡고 내 쪽으로 머리를 기울이고 있었다. 우리 집 맞은편 가로등에서 나온 불빛이 그녀 목덜미의 하얀 곡선을 비추고 그 목을 덮고 있는 머리카락으로 내려간 다음, 더욱 아래로 내려가서 난간을 잡고 있는 그녀의 손을 비춰주었다. 불빛은 그녀의 옷 한쪽을 타고 내려와, 편안한 자세로 서 있는 그녀의 보일락

---

* 14 confused. 《더블린 사람들》에는 주인공이 이성을 의식하고 동요할 때 이 말이 자주 사용되고 있다. 이하 이 말에 대한 언급은 생략한다.

* 15 제목의 의미가 여기서 밝혀진다. 1894년 5월 14일(월)부터 19일(토)까지 더블린 시 남동쪽 볼스브리지에서 실제로 열린 자선시장의 명칭. 이 말은 '아라비아'의 시어이자 고어로, 신비와 로맨스의 세계를 연상시킨다. 그 무렵 서양사람들은 동방에 대한 동경이 강했다.

* 16 bazaar. 원래는 페르시아어로, 나중에 영어가 되었다.

* 17 retreat. 가톨릭 용어. 며칠 동안 속세를 떠나 수도원 등에 들어가서 명상과 기도에 전념하면서 수행하는 것.

말락하는 속치마의 하얀 가장자리를 비추기도 했다.

"넌 좋겠다." 그녀가 말했다.

"만약 가게 되면 뭐 좀 사다줄게." 내가 말했다.

그날 저녁 이후 얼마나 많은 어리석은 공상이 자나 깨나 내 마음속을 휘저어버렸던가! 나는 그 사이에 끼어 있는 그 지겨운 날들을 없애버리고 싶었다. 학교 수업에도 짜증만 났다. 밤에는 침실에서, 낮에는 교실에서 그녀의 모습이 나와 내가 열심히 읽으려는 책장 사이에 나타났다. 내 영혼이 정적에 잠겨 즐기고 있으면 '애러비'라는 낱말의 철자가 내 마음속에 나타나 나에게 어떤 동방의 마법을 거는 것 같았다. 나는 토요일 밤에 바자에 갈 수 있도록 허락해달라고 졸랐다. 숙모는 깜짝 놀라면서 그 바자가 제발 프리메이슨*18 같은 행사가 아니기를 바랐다. 나는 수업 중에 선생님의 질문에도 제대로 대답하지 못했다. 나는 선생님의 얼굴이 온화한 표정에서 엄한 표정으로 변해가는 것을 지켜보았다. 선생님은 내가 태만의 길로 들어서는 것이 아닌가 걱정했다. 나는 생각이 갈팡질팡 흩어져서 집중을 할 수가 없었다. 성실하게 살아야 한다는 것이 견디기 힘들었다. 그것이 나와 내 욕망 사이를 가로막고 있어서 나에게는 어린애 장난, 그것도 추하고 단조로운 어린애 장난으로만 보였다.

토요일 아침, 나는 삼촌에게 저녁에는 꼭 바자에 가고 싶다고 상기시켰다. 삼촌은 현관 옷걸이에서 정신없이 모자 솔을 찾다가 퉁명스럽게 답했다.

"그래, 알고 있다."

삼촌이 현관에 있어서 나는 앞쪽 거실에 가서 창가에 벌렁 드러누울 수가 없었다. 나는 어두운 기분으로 집에서 나와 학교를 향해 느릿느릿 걸어갔다. 공기가 엄청나게 차가웠고 나는 벌써부터 마음이 불안해졌다.

저녁때가 되어 밥을 먹으러 집에 돌아가 보니 삼촌은 아직 돌아오기 전이었다. 아직 이른 시간이었다. 나는 얼마동안 벽시계를 쳐다보며 앉아 있다가 째깍거리는 시계 소리에 짜증이 나서 방에서 나왔다. 층계를 올라가 2층에 다다랐다. 어느 방이고 다 천장이 높고 추운 데다 휑뎅그렁하고 음울한 것이 오히려 나에게 해방감을 안겨주었다. 나는 노래를 부르면서 이 방 저 방을

---

*18 로마가톨릭 교회는 프리메이슨을 매우 위험한 조직으로 생각하고 금지령을 내리고 있었다.

돌아다녔다. 앞쪽 창문에서 친구들이 길에서 놀고 있는 모습이 보였다. 그들이 지르는 고함소리가 약해서 거의 알아들을 수가 없었다. 차가운 유리창에 이마를 기대고 그녀가 살고 있는 어두컴컴한 집을 건너다보았다. 거기에 한 시간이나 서 있었을까, 보이는 것이라고 해야, 상상력이 빚어내는 그 갈색 옷을 입은 모습이고, 그것도 곡선을 그리는 목덜미, 난간에 놓인 그 손, 옷 속에서 살짝 보이는 속치마 가장자리에 가로등 불빛이 살그머니 닿아 있는 모습이었다.

다시 아래층으로 내려가자 머서 부인이 난롯가에 앉아 있었다. 이 수다쟁이 노파는 전당포를 하던 남편과 사별했으며, 어떤 종교적인 목적에서 헌 우표를 모으고 있었다.[19] 나는 그녀가 차를 마시며 나누는 잡담을 참고 들어줘야 했다. 저녁식사 시간이 한 시간이 지나도록 삼촌은 돌아오지 않았다. 결국 머서 부인은 가겠다면서 자리에서 일어났다. 그녀는 더 이상 기다릴 수 없어 미안하다면서 시간이 여덟 시가 넘은 데다 차가운 밤공기가 몸에 좋지 않아서 밤늦게 외출하는 것을 좋아하지 않는다고 했다. 그녀가 가고 나자 나는 주먹을 불끈 쥐고 방 안을 이리저리 걷기 시작했다. 숙모가 말했다.

"너에겐 미안하지만, 오늘밤 바자회 가는 건 연기해야 할까 보다."

아홉 시에 삼촌이 열쇠로 현관문 여는 소리가 들려왔다. 혼자서 뭔가 중얼거리는 소리가 들리더니, 이내 옷걸이가 오버코트의 무게로 흔들거리는 소리가 들렸다. 나는 그 소리들이 무엇을 의미하는지 알고 있었다.[20] 삼촌이 저녁식사를 하고 있을 때 나는 바자에 갈 수 있도록 돈을 달라고 졸랐다. 삼촌은 까맣게 잊고 있었다.

"모두들 잠자리에 들어서 첫 단잠을 자고 났을 시간인데?" 삼촌이 말했다.

나는 웃지도 않았다. 숙모가 강력하게 말했다.

"돈을 줘서 보내지 그러세요? 이렇게 늦도록 기다리게 해놓고는."

삼촌은 깜박 잊어버려서 정말 미안하다면서 '공부만 하고 놀지 않는 아이는 바보가 된다'는 오랜 속담은 맞는 말이라고 했다. 어디에 가느냐고 다시 물어서 내가 두 번째로 얘기했더니, 삼촌은 〈아랍인이 애마(愛馬)에게 고하

---

*.19 헌 우표를 가톨릭교회에 보내면, 교회는 그것을 돈으로 바꿔 해외전도활동 자금으로 썼다.
*.20 삼촌이 약속을 잊어버린 것을 그의 언동과 소리를 통해 주인공이 알게 되는 모습이 완곡하게 표현되어 있다. 삼촌은 토요일에 받는 주급으로 술을 마시고 온 것이다.

는 작별인사)*²¹를 아느냐고 물었다. 내가 부엌에서 나올 때 숙모를 향해 그 시의 첫 연을 막 낭송하려는 참이었다.

나는 2실링짜리 은화 한 닢*²²을 손에 꼭 쥐고 기차역을 향해 버킹엄 가를 쏜살같이 걸어 내려갔다.*²³ 가스등이 환히 밝혀진 거리가 쇼핑하는 사람들로 북적거리는 광경을 보자, 내 나들이의 목적이 무엇인지 머리에 떠올랐다. 나는 텅 빈 기차의 삼등객실에 몸을 실었다. 애가 탈 정도로 늑장을 부리던 기차가 서서히 역을 빠져나가기 시작했다. 기차는 황폐한 집들 사이로, 또 불빛이 반짝거리는 강물 위로 기어가듯 나아갔다. 웨스틀랜드 가(街) 역*²⁴에 도착하자 승객들이 떼를 지어 객차 문마다 몰려왔다. 그러나 역무원들이 이 열차는 바자행 임시열차라면서 그들을 밀어내 버렸다. 나는 그 텅 빈 객차에 내내 혼자였다. 몇 분 뒤 기차는 임시로 만든 목조 플랫폼 옆에 멈춰섰다. 도로에 나가서 불빛에 비춰진 시계를 보고 10시 10분 전임을 알았다. 내 앞에 거대한 건물이 서 있고 그 마법의 이름이 눈에 띄게 내걸려 있었다.

6펜스짜리 어린이용 입구가 하나도 보이지 않았다. 나는 바자가 끝나버릴까 봐 걱정하면서, 피곤해 보이는 문지기에게 1실링을 건네고 회전문으로 얼른 들어갔다. 나는 높이의 반쯤 되는 곳에 회랑이 둘러쳐진 거대한 홀 안에 들어가 있었다. 거의 모든 매장은 문이 닫혀서 홀은 대부분 어둠에 잠겨 있었다. 예배가 끝난 뒤에 성당 안에 감도는 것과 비슷한 정적이 느껴졌다. 나는 조심조심 바자 한복판으로 걸어 들어갔다. 아직도 열려 있는 매장 주변에 몇 안 되는 사람들이 모여 있었다. '카페 샹탕'이라는 글자가 착색전구로 써져 있고, 그 휘장 앞에서 두 남자가 쟁반에 담긴 돈을 세고 있었다. 나는 동전이 떨어지면서 내는 소리에 귀를 기울였다.

나는 내가 왜 여기에 왔는지 간신히 생각해내고 어느 매장에 가서 도자기 꽃병과 꽃무늬가 들어있는 찻잔 세트를 살펴보았다. 매장 입구에서 젊은 여자 하나가 두 명의 젊은 신사와 웃으면서 얘기를 나누고 있었다. 나는 그들

---

* 21 아일랜드 시인 C. 노턴(1808~77)이 쓴, 어느 아라비아인이 돈 때문에 판 애마를 잊지 못하고 그 행방을 찾아 헤맨다는 로맨틱한 시.
* 22 1849년 이후 영국권에서 유통된 은화. 어린이의 하루 용돈치고는 상당한 금액이다.
* 23 ☆노스리치먼드 가의 집→모퉁이를 세 번 돌아 언덕길 위→그 완만한 길을 500미터쯤 남남동으로 내려가면→아미앤스 가 역(현재의 코닐리역).
* 24 남쪽 번화가에서 남동부 교외로 귀가하는 손님은 대부분 이 역에서 탄다.

의 영국식 억양을 알아차리고 그들의 대화에 무심코 귀를 기울였다.

"어머, 난 그런 말을 한 적 없는데요!"[25]

"오, 그래 놓고서도!"

"아니, 정말 하지 않았다니까요!"

"그녀가 그렇게 말한 것 맞죠?"

"맞아요. 나도 들었어요."

"어머, 그럴 리가……거짓말!"

그 젊은 여자는 내가 있는 것을 보고 나에게 다가와서 사고 싶은 것이 있느냐고 물었다. 그 목소리는 사라고 권하는 투가 아니었다. 일종의 의무감에서 나에게 말을 거는 것 같았다. 나는 매장의 컴컴한 입구 양쪽에 동양의 보초병처럼 서 있는 거대한 항아리를 겸손한 자세로 바라보면서 중얼거렸다.

"아뇨, 됐어요."

젊은 여자는 꽃병의 위치를 하나 바꿔 놓고는 젊은 신사들이 있는 곳으로 돌아갔다. 그들은 같은 얘기를 다시 하기 시작했다. 젊은 여자는 어깨 너머로 나를 흘끗흘끗 쳐다보았다.

나는 그 자리에 있어봤자 아무 소용이 없는 줄 알면서도 그녀 가게의 상품에 대한 나의 관심을 더욱 그럴 듯하게 보이려고 그 매장 앞에서 어정거렸다. 그러다가 천천히 몸을 돌려 바자 한복판으로 걸어갔다. 호주머니 속에서 1페니 짜리 동전 두 개를 떨어뜨리자 6펜스짜리 동전에 부딪쳤다.[26] 회랑 한쪽 끝에서 불을 끈다고 외치는 목소리가 들려왔다. 홀 위쪽이 완전히 어둠에 잠겨버렸다.

나는 그 어둠을 올려다보면서 나 자신이 허영심에 사로잡혀 그 조롱거리가 되어버린 인간임을 발견했다. 내 두 눈은 괴로움과 분노로 불타고 있었다.[27]

---

*25 JM에 따르면, 소년에게는 익숙하지 않은 개신교 중류층의 악센트가 사용되었다고 한다.

*26 입장료와 기차삯을 빼면 쓸 수 있는 돈은 4펜스.

*27 I saw myself as a creature driven and derided by vanity ; and my eyes burned with anguish and anger. 두운, 의인화, 대조법 등의 기교를 부린 문장.

해설

'애러비(Araby)'는 제작 순서로는 열한 번째 작품으로 1905년 10월에 집필되었다. 15편의 단편 중에서 〈소년기〉 이야기 3편은 1인칭 단수 과거형으로 얘기되며, 어린이의 눈으로 주위 세계를 관찰한 것이다. 조이스는 인생에서 소년 시절에 만나는 커다란 사건을 세 가지 준비했다. 하나는 가까운 사람의 죽음이고, 두 번째는 엄격한 학교를 빼먹은 하루이며, 세 번째는 연상의 처녀에 대한 첫사랑이다. 주인공들은 종교와 죽음을, 외적세계를, 사랑과의 관계를 통해 인생의 의의와 반(反)낭만적인 현실세계를 깨닫고, 작품의 마지막에서 인간으로 성장해 간다. 1인칭 화자(話者)의 어조는 '자매'와 '어떤 만남'에서는 주인공인 소년이 사용하는 표현이 비슷한데, '애러비'에서는 소년답지 않은 풍부한 어휘와 비유를 많이 사용하고 있다.

주인공이 아무리 조숙한 문학소년이라 해도 작품 전체를 지배하는 표현은 열 살이 조금 넘은 소년답지 않은 것뿐이다. 어른, 그것도 문학적 능력이 뛰어나고 지성을 갖춘 어른의 것이라고 할 수 있을 듯하다. 주인공이 성장하여 어른이 된 뒤, 그때까지 체득한 고상한 문체로 어린 시절의 체험을 이야기로 재현하는 수법이다. 주인공의 체험도, 화자가 오랜 세월 동안 미묘하게 왜곡하거나 이야기로 만들면서 각색해버리기 쉽다. 1인칭 회고조의 이야기는 화자가 꾸며낸 이야기이거나 자서전체(自敍傳體)로 가공하여 완전히 지어낸 이야기라고도 할 수 있다. '애러비'의 기본틀은 중세의 성배전설 이야기이다. 그 힌트가 되는 것은 이 책 364페이지에서 368페이지에 걸친 문단에 있다. 거기서 그는 성배를 지키면서 가공의 적군 사이를 누비며 나아가는 기사 같은 기분에 빠져 있다. '연도', '영창', '기도', '찬미', '열애=경모' 같은 종교 관련어도 나온다. 전설에서는 서양으로 건너간 성배가 행방불명이 되자 그것을 찾아나서는 것이 기사의 최고 소명이었다. 그 기사는 로맨틱한 탐구 여행에 나섰다가 실패하고, 이야기 마지막에서 인생에서는 현실을 직시하고 자신의 능력에 맞는 추구가 필요하다는 것을 인정한다.

'애러비'를 중세 성배 이야기에 대입해 보자. 많은 기사들이 타인의 손에서 자란 것처럼 소년도 삼촌 부부에게 양육된다. 다음에 소년이 애타게 연모하는 소녀가 등장하는데 소년은 소녀를 숭배할 뿐이다. 중세 로맨스에서는 고귀한 숙녀는 기사보다 우월하고, 범해서는 안 되는 신성한 존재이다. 그리고 소녀가 주인공에게 말을 걸어옴으로써 바자에 가서 그녀에게 줄 선물을 사오기로 약속한다. 성배 찾기 이야기에서는 기사는 성배를 가지고 돌아오면, 고귀한 여성과 결혼하거나 그녀를 차지할 수 있다. 마지막에는 애러비로 여행(약간의 거리를 기차로 갈 뿐)을 한다. 소년의 눈에는 그 바자는 속된 것으로 비치고, 작품의 마지막에서 그는 이상으로 추구하는 세계가 환영에 지나지 않는 것을 깨닫는다. 화자는 성충동에 눈을 뜨기 시작한 소년기에 한 평범한 소녀를 우상으로 보고 세속적인 바자를 신비화하여, 정열을 불태우며 그것을 추구했지만 결국 허망하게 끝나는 체험을 했다. 세월이 흘러 달곰씁쓸했던 체험을 모두 통찰할 수 있는 관점에서 냉정하게 이야기할 때, 화자는 중세 기사이야기를 틀로 사용할 것을 떠올린 것으로 생각된다.

이블린

그녀는 창가에 앉아서 땅거미가 가로수길로 쳐들어오는 것을 지켜보고 있었다. 머리를 창문 커튼에 기대고 있으니 먼지 낀 크레톤 천 냄새가 코에 스며든다. 그녀는 피곤했다.

지나가는 사람은 거의 없었다. 가장 안쪽에 사는 남자가 집으로 가기 위해 지나갔다. 그 콘크리트 포장도로를 따라 뚜벅뚜벅 발소리가 울리더니, 새로 지은 빨간 집 앞의 석탄재가 깔린 좁은 보도에 이르러서는 저벅저벅 하는 소리가 들려왔다. 한때 그곳은 내내 공터여서 저녁마다 다른 집 아이들과 어울려 놀곤 했었다. 그러던 것이 벨파스트에서 온 남자[*1]가 그 공터를 사서 집을 몇 채 지었다. 그들이 사는 작은 갈색 집[*2]이 아니라 지붕이 번쩍거리는 밝은 벽돌집들이었다. 그 거리에 살던 아이들은 전에는 그 공터에서 함께 자주 뛰놀았다. 드바인네 아이들, 워터네 아이들, 던네 아이들, 절름발이 꼬마 키오, 그리고 그녀와 그녀의 오빠 언니들. 그러나 어니스트는 한 번도 같이 놀지 않았다. 너무 커버렸기 때문이다. 그녀의 아버지는 늘 오얏나무 작대기를 들고 나타나서 아이들을 공터에서 집으로 몰아넣곤 했다. 하지만 꼬마 키오가 맡아 놓고 망을 보고 있다가 그녀의 아버지가 나타나면 소리를 질러 알려주었다. 그래도 그때가 그들에게는 오히려 행복했던 시절 같았다. 그녀의 아버지도 그때는 지금만큼 고약하지 않았다. 게다가 그녀의 어머니도 살아 있지 않았던가. 그건 참 오래전 일이었다. 그녀와 오빠 언니들은 모두 장성했고 어머니는 세상을 떠났다. 티지 던도 죽었고 워터네는 잉글랜드로 돌아갔다. 모든 건 변한다. 이제는 그녀도 다른 사람들처럼 어디론가 떠날 작정

---

*1 외지인이나 아일랜드 북부에서 온 신교도를 가리킨다고 한다. 벨파스트는 아일랜드 북동해안에 있는 커다란 공업도시로 신교도의 거점이다. 아일랜드 전역 지도 참조.

*2 《스티븐 히어로》에 '아일랜드의 마비를 그야말로 구체화한 것 같은 이러한 갈색 벽돌집들'이라고 나오는데, 갈색은 더블린을 특징짓는 색이다.

이었다, 자신이 살던 집을.*3

집! 그녀는 방을 둘러보면서 친숙한 물건들을 다시 한 번 훑어보았다. 그토록 오랜 세월 동안 일주일에 한 번씩은 먼지를 털어온 물건들이었다. 그런데 도대체 이 모든 먼지가 다 어디서 나오는 건지 이상해서 견딜 수가 없었다. 아마 두 번 다시 볼 일이 없을 것이다. 설마 이 친숙한 물건들과 헤어지게 될 줄은 꿈에도 생각하지 못했지만. 그래도 부서진 풍금 위 벽에, 성녀 마르가레트 마리 알라코크*4가 약속을 받는 장면이 새겨진 채색 판화와 나란히 걸려있는, 저 누렇게 변색된 사진 속의 신부 이름을 그녀는 몇 년 동안 내내 모르고 있었다. 그는 그녀 아버지의 학창 시절 친구였다. 손님에게 사진을 보여줄 때마다 아버지는 늘 그 옆을 지나가면서 슬쩍 이렇게 말하곤 했다.

"그 친구 지금은 멜버른*5에 있다오."

그녀는 집을 버리고 떠나는 것을 승낙하고 말았다. 그건 현명한 판단이었을까? 그녀는 그 문제의 양면성을 저울질해보려고 애썼다. 집에 그대로 있으면 어쨌거나 잘 곳과 먹을 것은 걱정이 없다. 게다가 주변에는 평생을 알고 지낸 사람들도 있다. 물론 그녀는 집에서도 일터에서도 열심히 일을 해야 한다. 그녀가 사내와 눈이 맞아서 달아났다는 것을 가게*6에서 알게 되면 뭐라고 수군거릴까? 아마 바보라 그러겠지. 그녀의 자리도 구인광고로 이내 채워질 것이고. 거번 양이 좋아할 거야. 그 여자는 늘 그녀를 못살게 들볶았으니까, 특히 옆에 들어줄 사람들이 있을 때는 더욱 더.

"힐 양, 이 손님들이 기다리고 계신 것 안 보여?"

"빨랑빨랑 좀 해. 힐 양, 제발."

그까짓 가게 떠난다고 그리 서운할 건 없었다.

---

*3 '…home./Home!' 조이스의 특징 가운데 중요한 말을 강조하기 위해, 단락을 지어서 그 마지막과 처음에 같은 단어를 배치하는 수법이 있다. 여기서는 주인공이 자신에게도 '변화가 일어나는' 것을 당연한 과정으로 느끼면서 집을 강하게 머리에 떠올릴 때 이 수법이 사용되어 있다.

*4 1647~90 프랑스의 수녀. 신비체험을 하고 수녀회를 일으킨 뒤 그 활동을 나라 전역에 확대했다. '약속'이란 그리스도가 그녀의 신비체험을 통해 신자에게 주는 '12개조의 약속'을 말한다.

*5 호주 남동부 빅토리아주의 주도. 당시 아일랜드의 몇몇 사제들은 멜버른에 이주해 있었다.

*6 the Stores. 식품, 의류 등의 각종 생활필수품을 파는 가게.

미지의 머나먼 나라에서 꾸릴 새 보금자리에서는 이렇지 않을 것이다. 게다가 그녀 이블린*7은 버젓이 결혼하게 될 테니까. 그렇게 되면 사람들은 존경심을 가지고 그녀를 대해줄 것이다. 그녀는 어머니가 받았던 그런 대접은 결코 받지 않으리라. 나이가 열아홉이 넘었지만 지금도 아버지한테서 종종 폭력의 위협을 느끼고 있다. 가슴 울렁증이 있는 것도 다 그 때문임을 잘 알고 있다. 그들이 한창 자랄 때만 해도 아버지는 해리와 어니스트는 자주 때렸지만 그녀를 때린 적은 한 번도 없었다. 딸이었기 때문이다. 그러나 요사이 아버지는 으름장을 놓으면서 죽은 엄마를 대신해 혼찌검을 내주겠다고 떠들기 시작했다. 게다가 지금은 그녀를 보호해줄 사람이 아무도 없었다. 어니스트는 죽고 없고, 성당 실내장식*8 일을 하고 있는 해리는 1년 내내 시골 어딘가에 내려가 있었다. 게다가 토요일 밤마다 돈 문제로 어김없이 일어나는 실랑이에는 입도 벙긋하기 싫을 정도로 넌더리가 나기 시작했다. 그녀는 항상 자신의 봉급 전액*9—7실링—을 내놓았고, 해리도 있는 힘껏 부쳐왔다. 그러나 문제는 아버지에게서 조금이라도 돈을 타내는 데 있었다. 그는 평소에 그녀가 돈을 물 쓰듯이 낭비한다느니, 머리가 텅 비어 있다느니, 그가 땀 흘려 번 돈을 길거리에 뿌리라고 그녀에게 줄 수는 없다느니 하면서 온갖 욕지거리를 다 퍼부었다. 그건 토요일 밤이면 어김없이 술에 만취하기 때문이었다. 그렇게 애를 먹이다가 결국은 돈을 주면서 일요일 저녁거리를 사러 나갈 거냐고 다그쳤다. 그러면 그녀는 서둘러 밖으로 나가 손에 검은 가죽 지갑을 꼭 쥐고 북적대는 사람들 사이를 헤치고 다니면서 장을 보아 먹을거리를 잔뜩 안고 밤늦게 집으로 돌아오는 수밖에 없다. 그녀는 살림을 꾸려야 하고, 그녀에게 맡겨진 어린 두 아이를 제시간에 학교에 보내고, 또 제시간에 밥을 먹이면서 돌보느라 고단하게 살고 있었다. 그것은 고된 일이요 고된 생활이지만, 이제 그것을 버리고 나간다고 생각하니 그렇게 불행한 생활은 아니었다는 느낌이 들기 시작했다.

---

*7 she, Eveline. 여기서 주인공 이름은 이블린 힐이라는 것이 밝혀진다. 이 이름은 에덴 동산에서 쫓겨난 이브를 연상시키며, '해질녘(이브닝)'의 신소리이기도 하다.

*8 JM에 따르면, 당시 거액의 돈이 가톨릭교회의 장식에 투자되어, 파리의 고용주의 일은 순조롭게 돌아가고 있었다고 할 수 있다.

*9 당시에 직업을 가진 아일랜드 여성의 임금은 낮아서, 주인공이 급료 전액을 내놔도 일가의 보조적 수입에 지나지 않는다.

그녀는 프랭크*10와 함께 새로운 삶을 개척하려 하고 있었다. 프랭크는 매우 친절하고 사내답고 착한 사람이다. 그와 함께 밤배를 타고 달아나서 그의 아내가 되어 부에노스아이레스*11에 가서 함께 살 작정이었다. 그곳에서는 그의 집이 그녀를 기다리고 있었다. 처음으로 그를 만났을 때가 기억에 생생하다. 그는 그녀가 늘 다니는 대로변의 어떤 집에서 하숙을 하고 있었다. 2, 3주 전이었다. 그는 앞에 챙이 있는 모자를 머리 뒤로 젖혀 쓰고, 헝클어진 머리카락이 구릿빛 얼굴 위로 흘러내린 모습으로 대문 앞에 서 있었다. 그때부터 두 사람은 급속히 가까워졌다. 그는 매일 저녁 가게 밖에서 그녀를 만나 집까지 바래다주었다. 그는 그녀를 데리고 가서 〈보헤미아의 처녀〉*12를 구경시켜 주었는데, 생전 처음 앉아보는 극장 특별석에 그와 나란히 앉았을 때는 가슴이 두근거렸다. 그는 음악을 굉장히 좋아했고 노래도 좀 하는 편이었다. 그들이 연애를 한다는 소문이 널리 퍼졌다. 그가 뱃사람을 사랑하는 처녀에 대한 노래*13를 부를 때마다 그녀는 늘 기뻐서 어쩔 줄을 몰랐다. 그는 농으로 곧잘 그녀를 귀염둥이*14라고 불렀다. 처음에는 애인이 생긴 것에 가슴이 벅찼지만, 그러다가 점점 그가 정말로 좋아지기 시작했다. 그는 먼 나라에 대한 이야기를 많이 해주었다. 그는 캐나다로 운항하는 앨런 기선회사*15의 한 선박에서 월 1파운드를 받는 갑판 청소원으로 해상 생활을 시작했다. 그는 그녀에게 자기가 지금까지 탄 배 이름과 여러 정기편의 이름을 얘기해주었다. 마젤란 해협을 항해한 적도 있고, 그 무시무시한 파타고니아 원주민*16에 대한 이야기도 들려주었다. 부에노스아이레스에서 운 좋게 한밑천을 잡아서 잠시 휴가를 보내기 위해 고국에 다니러 왔다는 것이었다. 드디

---

*10 형용사 'frank'는 '숨기는 데가 없는', '순직한', '관대한'이라는 뜻.

*11 'Buenos Ayres'는 스페인어로 '좋은 공기'라는 뜻. 당시에 이 아르헨티나의 수도는 번영하는 부유한 도시로 평판이 높아서 유럽에서 많은 사람들이 이민왔다.

*12 The Bohemian Girl. 더블린 출신의 M. 발페(1808~70)의 로맨틱한 연애가극으로 1843년 작.

*13 the lass that loves a sailor. 영국의 극작가이자 작사작곡가인 C. 디브딘(1745~1814)의 가요곡의 제목에서 차용.

*14 Poppens. 인형이나 귀여운 아이를 뜻하는 'popper' 또는 'poppin'을 변형한 말로, 조이스가 지어낸 유아어일 것이다.

*15 리버풀에서 북미로 가는 정기항로를 가진 선박회사.

*16 Patagonians. 아르헨티나 남부의 대지에 사는 흑인. 세계에서 가장 키가 큰 종족으로 알려져 있었다.

어 그녀의 아버지가 두 사람 사이를 간파하고 그와는 말도 하지 못하도록 금지령을 내렸다.

"뱃놈들 속은 내가 훤히 꿰뚫고 있지." 그가 말했다.

어느 날 아버지는 프랭크와 말다툼을 했고 그 일이 있은 뒤로 그녀는 연인을 몰래 만나야만 했다.

땅거미가 가로수길에 깊이 내려앉았다. 그녀의 무릎 위에 놓인 두 통의 하얀 편지가 부옇게 흐려보였다. 한 통은 해리에게, 한 통은 아버지에게 보내는 편지였다. 어니스트를 가장 좋아했지만 해리도 역시 좋아했다. 아버지가 최근 들어 부쩍 늙어버린 것을 그녀는 알고 있었다. 아버지는 그녀가 없으면 쓸쓸해 할 것이다. 이따금 무척 다정하게 굴 때도 있다. 며칠 전에도 그녀가 하루 몸져누워 있었을 때, 유령 이야기를 읽어주기도 하고 난로에서 토스트를 만들어주기도 했다. 또 언젠가 어머니가 살아 있었을 때는 다 함께 호스 동산*17으로 소풍을 간 적이 있었다. 그때 아버지가 어머니의 보닛을 쓰고 아이들을 웃기려 했던 일이 아직도 기억에 생생하다.

시간은 점점 다가오는데, 그녀는 창가에 계속 앉은 채, 머리를 창문 커튼에 기대고 먼지 낀 크레톤 천 냄새를 들이마시고 있었다.*18 가로수길 저 멀리서 손풍금 타는 소리*19가 들려왔다. 귀에 익은 곡조였다. 하필이면 바로 그날 저녁에 그 곡이 들려와서, 어머니와의 약속, 즉 가능한 한 끝까지 집안을 지키겠다던 약속을 상기시키다니, 참으로 야릇한 일이다. 어머니가 병으로 신음하던 마지막 밤이 생각났다. 그녀는 다시 현관 맞은편의 그 어둡고 축축한 병실에 있고, 밖에서 손풍금으로 연주하는 이탈리아의 슬픈 곡조를 듣고 있는 듯한 기분이 들었다. 그때 아버지는 손풍금 연주자에게 6펜스*20를 주어 쫓아버렸다. 아버지가 어깨에 힘을 주고 병실로 돌아오면서 이런 말을 하던 장면이 눈에 선하다.

"빌어먹을 이탈리아 놈들 같으니! *21 여기까지 건너오고 말이야!"

---

*17 더블린만을 품고 있는 북쪽의 곶에 있는 언덕. 조이스 작품에 자주 등장한다.

*18 화자의 시점에서 첫머리와 같은 묘사지만, 미묘하게 변화해 있다.

*19 거리의 악사가 핸들을 돌려서 연주했다.

*20 팁은 보통 1페니나 2페니였으므로, 거리의 악사에게 주는 것치고는 후한 금액이다.

*21 그때 아일랜드에 온 이탈리아 이민은 대부분 유랑 연예인, 배우, 기술자였다. 이민에 대한 현지민의 태도를 주인공에게 인식시켰을지도 모른다.

그녀가 생각에 잠겨 있노라니 어머니가 살아온 한평생의 애처로운 모습이 그녀의 뼈 속까지 마술을 걸어왔다. 끝내 실성으로 마감한, 그 흔해 빠진 희생으로 점철된 한평생. 그녀는 바보스러울 만큼 집요하게 쉬지 않고 뇌까리던 어머니의 목소리가 들리는 것 같아 몸이 떨려왔다.

"데레본 세론! 데레본 세론!"*22

그녀는 갑자기 공포에 질려 자리에서 벌떡 일어났다. 달아나야 해! *23 그녀는 달아나야 한다! 프랭크가 그녀를 구해줄 것이다. 그녀에게 생명을 불어넣어 줄 것이다, 아마 사랑도 같이. 그녀는 살고 싶을 뿐이다. 어째서 그녀라고 불행하게 살아야 한단 말인가? 그녀에게는 행복할 권리도 있다. 프랭크가 그녀를 두 팔로 붙잡고 품속에 꼭 안아 줄 것이다. 그가 그녀를 구해줄 것이다.

*

그녀는 더블린 항 노스월 부두*24 승선장에서 웅성대는 인파 속에 서 있었다. 그가 그녀의 손을 잡고 그녀에게 말하고 있다는 것은, 그것도 항해에 대해 몇 번이나 되풀이해서 뭔가 말하고 있다는 것은 알고 있었다. 승선장은 갈색 배낭을 멘 병사들로 빼곡하게 차 있었다. 그곳의 넓은 문을 통해 배의 시커먼 덩어리가 얼핏 보였다. 그것은 안벽(岸壁) 옆에 정박해 있고 현창에 불이 켜져 있었다. 그녀는 아무 대답도 하지 않았다. 뺨에 핏기가 가시면서 차가워지는 것이 느껴졌다. 고뇌로 인한 혼란 상태 속에서, 그녀는 하느님에게 자신이 갈 길을 인도해달라고, 자신이 해야 할 일을 가르쳐 달라고 기도했다. 그때 여객선은 밤안개 속에 목멘 소리로 길게 기적을 울렸다. 만일 그녀가 지금 떠난다면, 내일이면 부에노스아이레스를 향해 배를 타고 가느라고 프랭크와 함께 바다 위에 떠 있으리라. 그들은 배표를 이미 끊어놓았다.*25 그가 그녀를 위해 해놓은 이 모든 일을 이제 와서 외면할 수 있을까?

---

* 22 Derevaun Seraun! 어머니의 지리멸렬한 헛소리. 그 이상한 소리의 울림은 주인공을 절망에 빠뜨리기에 충분하다.

* 23 이미 나왔다. '어떤 만남'의 주4. 도피는 《더블린 사람들》의 주제의 하나.

* 24 리피 강 북안에 있다. '어떤 만남' 지도 참조.

* 25 JM에 따르면 예약선은 20시발 리버풀행이었다. 프랭크의 말을 신뢰한다면 그곳에서 부에노스아이레스행 배로 바꿔 타게 된다.

고뇌가 그녀의 몸에 구토를 일으켜, 그녀는 쉴 새 없이 입술을 달싹거리며 묵묵히 열렬하게 기도를 올렸다.

종소리가 그녀의 가슴에 울렸다. 그녀는 느꼈다, 그가 손을 꼭 잡는 것을.

"갑시다!"

세상의 모든 파도가 갑자기 그녀의 가슴에서 몸부림을 치는 것 같았다. 그는 그 속으로 그녀를 끌고 들어가려 하고 있다. 물에 빠뜨려 죽게 만들려는 것이리라. 그녀는 두 손으로 쇠난간을 붙잡았다.

"가자니까!"

안 돼! 안 돼! 안 돼! 그럴 수 없어. 그녀의 두 손이 미친 듯이 쇠난간에 매달렸다. 바다 한복판에서 그녀는 비통한 비명을 지르고 있었다.

"이블린! 이비!"

그는 개표구를 뛰어넘어 돌진하면서 그녀에게 어서 따라오라고 외쳤다. 길을 막지 말라고 사람들이 고함을 쳐댔지만 그는 들은 척도 하지 않고 여전히 그녀를 향해 소리를 질러댔다. 그녀는 힘없이 새하얀 얼굴을 그에게 돌렸다, 마치 몸이 마비된 동물처럼. 그녀의 눈에는 사랑의 표시도, 작별의 표시도, 그를 그로 알아보는 표시조차도 없었다.

해설

'이블린(Eveline)'은 〈청년기〉를 다룬 제2기의 첫 작품이다. 제작 순서로는 '자매'에 이어지는 두 번째 작품이고, 1904년 9월 10일자 《아일랜드 농장 신문》에 실렸으며, 나중에 개작되었다. 〈소년기〉의 이야기에 이어서 읽어보면 전작까지의 문체와의 차이가 눈에 확 띈다. 〈소년기〉 이야기 3편은 1인칭 이야기로서 풍부한 이미지와 세련된 표현으로 보아 교양 있는 어른이 자신의 소년시절을 회상하며 얘기하는 수법이었다. '애러비'가 특히 장식이 많고 지성이 넘치는 문체로 시종일관했기 때문에, '이블린'에서 확 바뀐 문체에 놀라지 않을 수 없다. 작품 전체의 6분의 5는 화자가 그녀의 마음속을 전하고 있다.

여기서는 이블린이 일상적으로 자주 사용하는 언어를 매개로 하여, 그녀의 심리상태를 3인칭 과거 시제로 얘기하는데, 같은 표현과 어구가 계속되고 구어도 섞인 세련되지 않은 문체가 눈에 띈다. 구문도 'and', 'but' 등을 사용한 단조로운 중문이 많다. 또 과거는 '곧잘……하곤 했다' used to가 몇 번이나 서술되고, 때로는 'used to'와 'usually'의 중복문이 화자에 의한 기술(記述)로 등장한다. 이 수법은 장면의 전개를 지연시킬 뿐만 아니라, 정돈되지 않은 졸문이라는 인상을 주게 된다. 그러나 이 단편의 특징은 지성이 없는 이블린의 마음의 움직임 자체를 리얼하게 그려낸다는 데 있다. 그리고 장황한 주인공의 내면묘사를 통해, 독자는 그녀가 과연 갑자기 생긴 연인과 야반도주할 수 있을까 하는 서스펜스야말로 이 작품의 주제라는 것을 알게 된다. 이 긴박감은 마지막까지 지속되다가 결국 실행하지 않는다는 것을 알게 되면, 독자는 그제야 납득한다. 그리고 그녀가 사랑의 도피를 할 수 없다는 복선이 곳곳에 깔려 있었음을 깨닫는다.

이 작품은 직접화법에 의한 발화(發話)와 화자가 자기의 어조로 끼어드는 상황설명을 제외하면, 화자가 주인공의 내면을 3인칭 과거시제로 표출하고 있다. 이 경우, 간접화법이 가진 객관성을 부여하면서, 문장의 구조 속을 주인공이 사용하는 구어로 바꿔, 장소와 시간에 관한 '이곳', '지금' 등을 사용한다. 주인공의 사고와 의식이 1인칭 현재시제로 전개되어, 그녀의 마음이 그대로 육성으로 들려오는 듯한 분위기를 자아낸다. 이 수법은 '죽은 사람들'까지 이어진다.

레이스가 끝난 뒤

레이스는 1903년 7월 2일 더블린 남서쪽 교외에서 열렸다. 전장 370마일의 국제자동차경주가 모델이다. 끝난 뒤 참가한 차가 결승점에서 더블린으로 돌아오는 데서 이야기는 시작된다. 경주의 목적은 자동차의 성능과 디자인을 선전하기 위한 것. 완주한 차는 12대 가운데 4대였다.

네이스 도로의 움푹 팬 차도를 따라 일정한 속도로 총알처럼 달려온 자동차들이 더블린 시내를 향해 질주하고 있었다. 인치코어*1의 고개 마루턱에는 결승점을 향해 전속력으로 달리는 자동차를 보려는 구경꾼들이 무리를 지어 모여 있었다. 빈곤과 무기력의 이 길 위에서 유럽 대륙은 그 풍요와 근면성을 유감없이 과시했다. 이따금 구경꾼들은 학대받고 고마워하는 사람들답게 환호성을 질러댔다. 그러나 그들이 보내는 성원은 푸른색 자동차, 즉 그들의 친구인 프랑스인들의 자동차를 향한 것이었다.

게다가 프랑스인들은 사실상 승자였다. 그들의 팀은 실질적인 성적을 거두고 있었다. 그들은 2위와 3위에 입상했지만 우승한 독일차를 몬 선수는 벨기에 사람으로 알려져 있었다. 따라서 푸른색 차들이 고개 마루턱에 나타날 때마다 다른 차보다 갑절의 환호성을 받았고, 환호성이 터질 때마다 차에 탄 사람들은 미소를 짓거나 고개를 끄덕였다. 이처럼 물 찬 제비 같은 차들 가운데 하나에 네 명의 젊은이가 타고 있었다. 그들의 사기는 현재, 표현력이 그토록 풍부한 프랑스어로도 다 형용할 수 없을 만큼 한껏 고조되어 있는 것 같았다. 실제로 그 네 젊은이는 기뻐서 어쩔 줄 모르고 있었다. 그들은 자동차 소유자인 샤를 세구엥, 캐나다 출신의 젊은 전기 기사 앙드레 리비에르, 빌로나라고 하는 몸집이 거대한 헝가리인, 그리고 도일이라는 말쑥한 차

*1 서쪽 교외. 지금은 더블린 시에 합병. 당시 중하류층의 작은 집들이 많았다.

더블린 근교

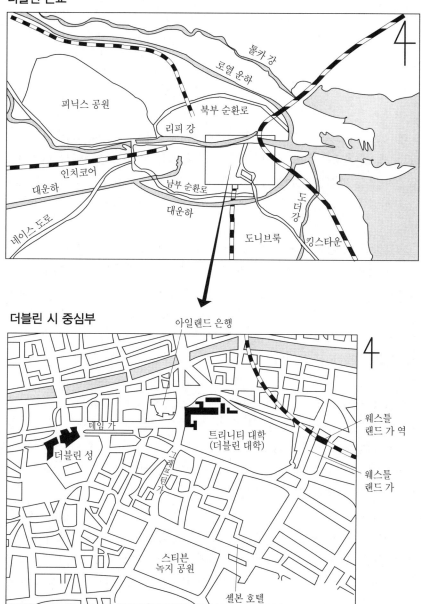

피닉스 공원

톨카 강

로열 운하

북부 순환로

리피 강

인치코어

대운하

남부 순환로

대운하

네이스 도로

도니브룩

도더강

킹스타운

더블린 시 중심부

아일랜드 은행

데임 가

더블린 성

그래프턴 가

트리니티 대학
(더블린 대학)

웨스틀 랜드 가 역

웨스틀 랜드 가

스티븐 녹지 공원

셸본 호텔

림새의 젊은이였다. 세구엥이 기분이 좋은 것은 뜻밖에도 선금을 받고 예약 주문을 몇 건 받았기 때문이고(그는 파리에서 자동차 제조회사를 시작할 참이었다), 리비에르가 기분이 좋은 것은 그 회사의 지배인으로 곧 임명될 터였기 때문이다. 그 두 젊은이(그들은 사촌지간이었다)에게는 프랑스차가 성공한 것만으로도 기쁜 일이었다. 빌로나가 기분이 좋은 것은 매우 근사한 점심을 먹었기 때문인데, 그는 천성이 워낙 낙천적이기도 했다. 그러나 이들 가운데 네 번째 젊은이는 너무 흥분한 나머지 행복이고 뭐고 아무것도 모를 지경이었다.

그는 대략 스물여섯 살가량, 부드러운 연갈색 콧수염에 눈은 선량해 보이는 회색빛을 띠고 있었다. 그의 아버지는 열렬한 국민당원*²으로 세상에 나왔지만 일찌감치 방향을 바꾸고 말았다. 그는 킹스타운에서 푸줏간을 시작하여 돈을 벌었다. 그러다가 더블린 시내와 근교에 정육점을 열어 재산을 몇 배나 불렸다. 그는 또 몇 건의 경찰 납품 계약*³을 따낼 만큼 운이 틔어 마침내 더블린 언론계에서 호상(豪商)이라 부를 정도로 부자가 되었다. 그는 아들을 잉글랜드에 보내 가톨릭 계통의 큰 대학에서 교육을 받게 한 뒤, 더블린 대학*⁴에 다시 보내 법률공부를 시켰다. 지미는 공부를 그다지 열심히 하지 않고 한때는 방탕한 생활에 빠지기도 했다. 그는 돈도 있고 인기도 많았다. 호기심에서 음악 서클과 자동차 서클 활동에 자신의 시간을 할애했다. 그러다가 세상 물정을 좀 배우라는 아버지의 뜻에 따라 케임브리지*⁵에서 한 학기를 보냈다. 그의 아버지는 아들의 무절제한 행실을 꾸짖으면서도 내심으로는 그것이 은근히 자랑스러워서 외상값을 모두 갚아준 뒤에 그를 집으로 불러들였다. 그가 세구엥을 만난 것은 케임브리지에서였다. 그들은 아직까지는 그저 알고 지내는 정도에 지나지 않았으나, 지미에게는 그토록 세상

---

* 2 영국에서의 정치적인 독립을 지향하는 아일랜드의 당파그룹으로, 민족독립운동의 지도자 파넬의 열광적인 지지자.

* 3 경찰의 숙소와 교도소에 식재료를 배급하는 계약으로, 큰 벌이가 되었다. 그때의 경찰은 영국의 지배하에 있었으므로 이전의 적에게 식재료를 배급하여 재산을 이룬 셈이 된다.

* 4 일명 트리니티 대학. 리피 강 남쪽에 있다. 1591년 창설된 격식 높은 신교계통의 대학으로, 19세기 후반에 가톨릭 학생도 입학할 수 있게 되었다.

* 5 JM에 따르면, 그 무렵 케임브리지나 옥스퍼드에 자제를 입학시킨 것은 관록을 쌓고, 교내 기숙사에서 유망한 친구를 사귀게 하는 것이 목적.

물정에 밝고 또 프랑스에서 가장 큰 호텔을 몇 개나 소유한 것으로 알려진 사람과 어울려 지내는 것은 큰 기쁨이었다. 이런 인물은 (그의 아버지가 동의한 것처럼) 설령 지금은 그리 매력적인 상대가 아니라 해도 알아둬서 나쁠 게 없었다. 빌로나도 재미있는 친구이자 훌륭한 피아니스트였다. 그러나 불행히도 그는 매우 가난했다.

자동차는 환희에 넘치는 젊은이들을 태우고 유쾌하게 달렸다. 두 사촌은 앞자리에 앉고 지미와 그의 헝가리인 친구는 그 뒤에 앉았다. 기분이 좋기로 말하면 단연 빌로나가 최고였다. 그는 몇 마일을 달리는 동안 굵직한 저음으로 계속 콧노래를 흥얼거렸다. 프랑스 청년들이 어깨너머로 웃음소리와 가벼운 농담을 계속 날려보내서, 뒷자리에 앉은 지미는 그들의 빠른 말을 알아듣기 위해 자주 몸을 앞으로 구부려야 했다. 그것은 그에게는 전적으로 유쾌한 일만은 아니었다. 그 말뜻을 능숙하게 추측해서 세찬 바람이 불어오는 앞을 향해 적당한 대답을 큰소리로 외쳐야 했기 때문이다. 게다가 빌로나의 콧노래도 모두에게 방해가 되었고 자동차 소음은 말할 것도 없었다.

쾌속으로 공간을 누비는 것은 사람의 기분을 우쭐하게 만든다. 유명세를 타도 그렇고 돈이 많아도 그렇다. 그 세 가지가 갖춰져 있었으니 지미가 흥분하는 것도 당연한 일이었다. 그날 그가 이 유럽대륙의 청년들과 동승한 것은 그의 많은 친구들에게 목격되었다. 체크포인트에서 세구엥은 그를 한 프랑스 선수에게 소개해 주었다. 그래서 그가 엉겁결에 인사랍시고 뭐라고 중얼거린 데 대한 답례로 햇볕에 그을린 그 선수는 희디흰 치열을 드러내며 반짝 웃어주었다. 그런 영광을 얻은 뒤에, 팔꿈치로 서로 옆구리를 찌르면서 의미심장한 표정을 짓고 있는 세속적인 구경꾼들 사이로 되돌아오는 것은 아주 기분좋은 일이었다. 그리고 돈문제에서도, 사실 그는 거액의 돈을 마음대로 주무를 수 있었다. 세구엥은 모르긴 몰라도 그 정도를 거액으로 치지 않겠지만, 지미는 일시적인 실수를 저지르는 일은 있어도, 천성은 견실한 본능을 부모로부터 물려받았기에 그만한 돈을 모으려면 얼마나 많은 피땀을 흘려야 하는지 잘 알고 있었다. 그걸 알고 있었으므로, 전에 다소 빚을 진 적도 있고 무절제한 것처럼 보였어도 늘 적절한 선에서 억제해 온 것이다. 그리고 더욱 고도의 지성을 갖춘다는 약간의 충동만이 문제였던 경우에도 돈에 숨어 있는 피땀을 그토록 의식하고 있었으니, 자기 재산의 대부분을 걸려고 하는 지금에야 오죽 더 하겠는가! 그것은 그에게는 중대한 문제였다.

물론 그 투자는 안전하고, 세구엥은 몇 푼 안 되는 아일랜드 자금을 사업 자본에 끼워주는 것은 오직 우정 때문이라는 인상을 그럴듯하게 풍기고 있었다. 지미는 사업 문제에 관한 한 아버지의 용의주도성을 존경하고 있었고, 이번에도 투자를 먼저 제안한 사람은 아버지였다. 자동차 사업을 하면 돈을 벌 수 있어, 그것도 아주 왕창! 더군다나 세구엥은 누가 봐도 부티가 났다. 지미는 자기가 앉아 있는 이 당당한 차가 며칠 분의 노동에 해당하는지 환산하기 시작했다. 이 시골길을 얼마나 멋들어지게 질주해왔느냐 말이다! 이 자동차 여행은 마법의 손가락으로 생명의 진정한 맥박을 정확하게 짚어냈고, 인간의 신경구조는 이 신속한 푸른 동물의 나는 듯한 주행에 당당하게 화답하려고 했다.

그들은 데임 가*6를 달려갔다. 거리는 전에 없이 교통량이 많아서 자동차 경적과 성급한 전차 운전수들이 마구 흔들어대는 종소리로 소란했다. 아일랜드 은행 옆에서 세구엥이 차를 세우자 지미와 그의 친구가 뛰어내렸다. 엔진이 부르릉거리는 자동차에 경의를 표하기 위해 적잖은 구경꾼들이 인도에 몰려들었다. 일행은 그날 저녁 세구엥의 호텔*7에서 함께 저녁식사를 하기로 되어 있었다. 그 사이를 이용해 지미와 그의 집에 묵고 있는 그의 친구는 집에 가서 옷을 갈아입고 나올 예정이었다. 두 젊은이가 구경꾼들을 헤치고 앞으로 나아갈 때 자동차는 서서히 그래프턴 가*8를 향해 빠져나갔다. 그들은 차에서 내려 걷는 것에 대해 어딘지 모르게 아쉬움을 느끼면서 북쪽을 향해 걸어갔다. 도심은 여름의 저녁안개에 뿌옇게 싸여 있고, 그들의 머리 위에는 파르스름한 빛의 공이 점점이 매달려 있었다.

지미의 집에서는 이날 저녁의 만찬은 중요한 행사였다. 그의 부모님은 짜릿한 전율과 함께 일종의 자부심 같은 것을 느꼈다. 다시 말해, 뭐라 꼬집어 말하기 어려운 일종의 설렘 같은 것이었다. 외국의 대도시 이름에는 적어도 그런 효과가 있다. 지미도 정장을 차려입으니 매우 말쑥하게 보였다. 그가

---

*6 리피 강 바로 남쪽의 짧은 거리. ☆자동차는 서쪽 교외의 인치코어에서 리피 강 남쪽의 강과 거의 평행한 길을 동쪽을 향해 달린 뒤, 지금은 데임 가를 동쪽으로 향하고 있다.

*7 스티븐 녹지공원(22에이커의 커다란 공원) 북쪽 거리에 면한 격식 높은 셸본 호텔.

*8 트리니티 대학 서쪽에서 남북으로 고급상점이 늘어선 번화가.

현관에 서서 정장용 넥타이의 나비매듭을 마지막으로 매만지고 있으니, 그의 아버지는 아들에게 돈으로는 쉽게 살 수 없는 소양을 이것저것 키워준 것에 사업상으로도 만족을 느끼고 있었을지도 모른다. 그렇기 때문에 그의 아버지는 빌로나에게 친절하게 대했고, 그의 태도에는 외국의 교양에 대한 진심어린 존경심이 묻어났다. 그러나 집주인의 이런 세심한 배려도 헝가리 사람에게는 아마 통하지 않았을 것이다, 이미 그의 머릿속에서 맹렬하게 어른거리고 있는 것은 만찬이었기 때문이다.

만찬은*9 흠잡을 데 없이 훌륭했다. 지미가 판단하건대 세구엥은 정말 세련된 취향의 소유자였다. 만찬에는 지미가 세구엥과 함께 케임브리지에서 만난 적이 있는 라우스라는 젊은 영국인도 함께 했다. 젊은이들은 촛불 모양의 전등이 켜진 아늑한 방에서 만찬을 들었다. 그들은 청산유수처럼 거침없이 대화를 나눴다. 상상력에 불이 붙은 지미는 프랑스인들의 발랄한 젊음이 영국인의 단정하고 확고한 매너와 우아한 조화를 이룬다고 생각했다. 자기가 생각해도 그 이미지는 우아하다고 생각했다. 정말 그랬다. 그는 만찬 주최자인 세구엥의 대화를 이끌어가는 솜씨에 반하고 말았다. 다섯 젊은이들은 취미가 다양했고, 입도 경쾌하게 놀리고 있었다. 빌로나가 약간 어리둥절해 하는 영국인에게, 진심으로 존경을 담아, 영국 마드리갈 곡*10의 아름다움을 설명하고, 옛날 악기들이 사라진 것을 개탄했다. 리비에르는 다소 허풍을 떨며 지미에게 프랑스 기술자들의 우수성을 설명해주겠다고 나섰다. 헝가리인이 그 낭랑한 목소리로 낭만파 화가들이 그리는 류트가 진짜와 전혀 닮지 않았다고 조롱하며 모두를 압도하기 시작하자, 세구엥은 좌중을 정치 문제 쪽으로 유도했다. 그거라면 모두가 참여할 수 있는 화제였다. 지미는 정치에 관대한 분위기 속에서는 자기 내부에 숨어 있던 아버지의 열정이 몸 안에서 조금씩 되살아나는 것을 느꼈다. 그는 휴면상태에 있던 라우스까지 자극하고 말았다.*11 방안의 열기가 두 배로 뜨거워지자 세구엥의 역할도 시시각각 어려워졌다. 개인적인 원한이 생길 위험마저 생겼다. 눈치 빠른 주최

---

*9 '……dinner/The dinner' 단락을 사이에 두고 마지막과 처음에 같은 단어를 배치하는 수법에 대해서는 '이블린'의 *3 참조.

*10 16~17세기에 유행한 5성부(聲部)의 무반주 다성(多聲) 합창곡.

*11 아일랜드의 자치를 추구하는 열변이 원인.

자는 때를 놓치지 않고 전 인류를 위해 건배하자고 제의했고,*12 건배가 끝나자 그는 의미심장하게 창문을 활짝 열어젖혔다.

그날 밤 더블린 시는 수도(首都)의 가면을 쓰고 있었다.*13 다섯 젊은이들은 향기로운 담배 연기를 피어올리면서 스티븐 녹지공원을 이리저리 돌아다녔다. 그들은 웃통을 벗어 어깨에 걸치고 걸으면서 큰 소리로 유쾌하게 떠들어댔다. 사람들이 그들에게 길을 비켜주었다. 그래프턴 가 모퉁이에서 땅딸막한 한 사내가 또 다른 뚱뚱한 사내가 모는 차에 멋쟁이 숙녀 두 명을 태워주고 있었다. 숙녀들을 태운 차가 떠나자 그 땅딸막한 사내가 일행을 보았다.

"앙드레!"

"팔리 아닌가!"

둑이 터진 것처럼 말들이 쏟아져 나왔다. 팔리는 미국사람이었다. 무슨 얘기를 나누는 건지 알아듣는 사람은 아무도 없었다. 요란하게 떠드는 사람은 빌로나와 리비에르였고 흥분하지 않은 사람은 아무도 없었다. 그들은 왁자하게 웃으면서 마차에 올라탔다. 이제 부드러운 색조로 어우러지고 있는 군중 옆을 지나 즐거운 종소리에 맞춰 달려갔다. 웨스틀랜드 가 역*14에서 기차를 타자, 지미의 느낌으로는 몇 초밖에 지나지 않은 것 같았는데 벌써 킹스타운 역*15에서 걸어 나오고 있었다. 역무원이 지미에게 인사를 했다. 그는 노인네였다.

"안녕히 가십시오!"

평화로운 여름밤이었다. 킹스타운 항구가 검은 거울처럼 그들의 발아래 펼쳐져 있었다. 그들은 서로 팔짱을 끼고 〈카데 루셀〉*16을 합창하며, 후렴을 부를 때마다 발을 구르면서 항구를 향해 나아갔다.

---

*12 JM에 따르면 정치문제 등으로 장내가 떠들썩할 때, 흥분을 가라앉히기 위한, 아무도 반대할 수 없는 선창이었다고 한다.

*13 당시 아일랜드는 영국령으로 수도는 런던이었다. 기쁨에 들뜬 지미가 세구엥, 라우스 등과 대등하게 교제하는 기분을 반영한 말.

*14 이 거리 동쪽에 역이 있고, 일행은 공원에서 나와 그래프턴 가 모퉁이(공원의 북서쪽)에서 팔리를 만난 뒤, 서둘러 마차를 타고 동북쪽에 있는 이 역으로 간다.

*15 웨스틀랜드 가 역에서 남동쪽 10킬로미터 조금 안 되는 지점에 있으며, 당시의 기차로는 15분에서 20분 정도 걸렸다고 한다.

*16 1790년대에 인기를 얻었던 프랑스 술꾼들의 노래. 젊은 사관후보생 루셀의 기행과 우둔함을 놀리는 내용.

"헤이! 헤이! 헤이! 그건 정말이야!"

그들은 물가의 비탈면에 대두었던 보트를 타고 미국인의 요트를 향해 저어갔다. 그곳에는 밤참과 음악과 트럼프가 기다리고 있었다. 빌로나는 확신에 찬 목소리로 말했다.

"기분 좋다!"

선실에는 요트용 피아노가 있었다. 빌로나는 팔리와 리비에르를 위해 왈츠를 한 곡 쳤다. 팔리는 신사역을 맡고 리비에르는 숙녀역을 맡았다. 그 뒤를 이어 남자들이 모두 기발한 모습으로 즉흥 스퀘어 댄스[*17]판을 벌였다. 얼마나 즐거웠는지! 지미는 진심으로 그들과 어울렸다. 이것이 최소한 세상 물정을 익히는 일이다. 그러다가 팔리가 숨이 차서 "그만!" 하고 외쳤다. 하인이 가벼운 밤참을 차려 내오자 젊은이들은 그저 형식적으로 둘러앉았다. 그래도 술은 마셨다. 그것도 격식 차리지 않고 자유분방하게. 그들은 아일랜드, 잉글랜드, 프랑스, 헝가리, 미국, 이 모든 나라의 번영을 위해 축배를 들었다. 지미는 연설을, 그것도 꽤 긴 연설을 했는데, 연설이 중단될 때마다 빌로나가 '옳소! 옳소!'를 연발했다. 그가 자리에 앉자 박수소리가 요란하게 터져 나왔다. 멋진 연설이었음이 분명했다. 팔리가 그의 등을 치면서 큰 소리로 웃었다. 얼마나 유쾌한 친구들인가! 얼마나 좋은 동료들인가!

카드놀이! 카드! 테이블이 정리되었다. 빌로나는 슬그머니 피아노로 돌아가서 그들을 위해 즉흥 자작곡을 쳤다. 다른 사람들은 한 게임 한 게임 계속하면서 대담하게 위험한 도박에 뛰어들었다. 그들은 하트 퀸과 다이아몬드 퀸의 건강을 위해 건배했다. 지미는 어쩐지 관객이 별로 없다는 느낌이 들었다. 모처럼 기지가 번득이고 있는데. 게임이 고조에 달하자 어음이 오가기 시작했다. 지미는 누가 돈을 따고 있는지 정확하게는 몰랐지만, 자기가 잃고 있다는 것만은 알았다. 그러나 그것은 자신의 잘못이었다. 자꾸만 카드를 잘못 내어 다른 사람들이 그의 차용증을 대신 계산해주어야 할 정도였으니까. 그들은 정말 신나는 친구들이었지만 이젠 판을 그만두었으면 싶었다. 밤이 늦어 있었다. 누군가가 이 요트 '뉴포트[*18]의 여왕'을 위해 건배하자,

---

[*17] 두 사람씩 짝을 지어 네 사람이 마주보고 추는 춤. 일반적으로 피겨는 일련의 동작과 선회를 주로 하는 운동을 말한다. 여기의 댄스는 다섯 명이 추는, 형식에 얽매이지 않는 즉흥적인 춤.

이어서 다른 누군가가 끝마무리로 한판 크게 벌이자고 제안했다.

피아노 소리도 멈췄다. 빌로나는 갑판 위에 나가 있는 모양이었다. 무시무시한 승부였다. 그들은 이 게임이 끝나기 직전에 일단 중지하고 행운을 위해 건배했다. 지미가 보기에 그 마지막 판은 라우스와 세구엥의 혈전이었다. 아, 얼마나 흥분된 일인가! 지미도 흥분했다. 그는 물론 질 것이다. 도대체 얼마나 많은 차용증을 남발하고 말았던가? 청년들은 자리에서 벌떡 일어나 몸짓까지 섞어 떠들어대면서 마지막 승부에 도전했다. 라우스가 이겼다. 선실은 젊은이들의 환성으로 떠나갈 듯했다. 카드판은 정리되었고 그들은 각자가 딴 것을 거둬들이기 시작했다. 팔리와 지미가 가장 많이 잃었다.

그는 아침이 되면 후회하리라는 것을 알고 있었지만 지금 당장은 쉬게 된 것이 좋았고, 자신의 어리석은 행동을 덮어주는 몽롱한 의식의 혼탁상태가 기뻤다. 그는 탁자 위에 팔꿈치를 괴고 두 손으로 머리를 안은 채 관자놀이의 맥박을 헤아렸다. 선실 문이 열렸다. 그의 눈에 들어온 것은 헝가리인이 어슴푸레한 한 줄기 빛 속에 서 있는 모습이었다.

"자 여러분, 날이 밝았어요!"

해설

'레이스가 끝난 뒤(After the Race)'는 〈아일랜드 농장신문〉에 '자매', '이블린'에 이어 세 번째로 1904년 12월에 발표되었다.

이야기의 주제는 외국인에 대해 지방도시 사람들이 품는 동경과 열등의식이다. 주인공의 외국인에 대한 동경은 추종과 선망이 되어 작품의 마지막까지 이어진다. 그 좋은 예는 지미 도일의 시각에서 본 세구엥에 대한 평가일 것이다. 작중 다섯 군데에서 볼 수 있는데, 선망하는 마음을 담은 자기만의 억측에 지나지 않는다. 외국인에 대한 그의 열등의식은 반대로 자국인에 대한 우월감으로 나타난다. 우리가 '애러비'와 '이블린'의 주인공들과 달리 그에게 동정심이 들지 않는다면, 그것은 동포에 대한 이 우월감 때문에 그에

＊18 미국의 피서지. 그때 유행하던 요트 조종자들의 집합지였다.

대한 감정이입을 방해받고 있기 때문이 아닐까?

이 작품은 아일랜드 역사와 당시의 국제정세를 암시한 우화성이 강하다. 첫머리의 문단은 오랫동안 영국의 압정을 감수하며 복종해 온 옛날부터의 아일랜드의 모습—모순어법(상반되는 의미의 말을 조합하여 표현효과를 올리려는 어법)을 이용한 '학대받고 고마워하는 자들(the gratefully oppressed)'은 《더블린 사람들》 속에서 유명한 말—을 야유를 담아서 표현했다고 해석할 수 있다. 구경꾼은 '정(靜)'으로 표현되어 있다. 영국의 지배에서 프랑스가 해방해 줄 거라는 기대가 구경꾼들에게 환성을 지르게 한다. 이것도 멀리 스튜어트왕조 시대부터 계속되는, 스스로는 행동하지 않는 아일랜드인이 같은 가톨릭국가인 프랑스에 의지하려는 응석이라고 할 수 있다.

국제정세 문제를 언급해 보자. 작품 종반에서 '라우스가 이겼다(Routh won)'라는 두 단어만으로, 지미의 돈은 간단하게 영국인 라우스(보통명사로 '풍부, 다량'이라는 뜻)의 호주머니 속에 들어가버린다. 마지막 승부는 라우스와 세구엥 사이에서 벌어지는데, 이것은 역사상 영불간의 전쟁이 되풀이되어 온 것과 같으며, 양국은 당시에도 대립하고 있었다. 부유한 팔리도 크게 지지만, 신흥국 미국은 재정은 풍부해도 국제적으로는 힘이 약했다. 지미는 마지막 승부 때는 싸움 속에 휩쓸리면서도 방관자에 지나지 않는다.

'레이스가 끝난 뒤'가 당시 국제관계를 간략하게 그려낸 작품이라고 해석할 수 있다면, 헝가리인은 왜 등장하는 것일까? 헝가리는 오랫동안 타국(오스만투르크와 오스트리아)의 지배와 간섭을 받은 농업중심의 가난한 나라로서 아일랜드와 비슷하다. 자국 음악에 자긍심과 애착을 강하게 가지고 있는 나라로서 정치는 지배당해도 예술은 지배당하지 않았다는 점도 조이스는 중시했을 것이다. 이런 점에서 음악가 빌로나(Villona)가 어울리며, 마지막까지 도박의 여운에서 헤어나지 못하는 일행에게 대자연의 새벽을 알리는 것도 빌로나가 어울린다. 헝가리어(옛날 마자르어)에서 동사 villon은 '빛나다'를, 명사 villony는 '전등, 등불'을 의미하기 때문에, 이 인명과 그의 마지막 말은 관계가 밀접하다. 다만 지미가 빌로나의 고지를 듣고서 그의 정신이 눈을 뜨게 되어 구원을 받을지 어떨지는 의문인 채 이 단편은 끝난다.

두 멋쟁이

8월의 따뜻한 잿빛 저녁이 도심에 내려앉아 있고 거리마다 여름의 기억을 간직한 듯한 온화하고 따뜻한 공기가 감돌고 있었다. 거리마다 일요일의 휴식을 위해 덧문을 내린 채 화려한 색채의 군중으로 북적거리고 있었다. 불이 켜진 진주처럼, 가로등이 높다란 전신주 꼭대기에서 그 아래의 살아 움직이는 직물(織物) 같은 군중을 비추고 있었다. 그 직물 같은 인파는 끊임없이 모양과 색깔을 바꾸면서, 따뜻한 잿빛 저녁 공기 속에 한결같이 쉴 새 없이 웅성거리고 있었다.

두 젊은이가 러틀랜드 광장 언덕을 따라 내려왔다. 한 사람은 이제 막 긴 이야기를 마치는 중이었다. 인도의 가장자리를 따라 걷던 또 한 젊은이는 상대방의 거친 동작 때문에 이따금 차도로 밀려났지만 그래도 재미있다는 듯이 귀를 기울이고 있었다. 땅딸막하고 혈색 좋은 얼굴이다. 그는 요트 모자를 이마 뒤로 한껏 젖혀 썼고, 상대방의 이야기에 따라 끊임없이 변하는 표정이 물결처럼 코와 눈 그리고 입에서 얼굴 전체로 가득 퍼져나갔다. 웃음으로 들썩거리는 그의 몸에서는 너털웃음 소리가 떠들썩하게 꼬리를 물고 터져 나왔다. 교활한 즐거움으로 반짝이는 그의 눈은 끊임없이 동행의 얼굴을 힐끔거렸다. 그는 투우사처럼 한쪽 어깨 위에 벗어 걸친 가벼운 레인코트를 한두 번 다시 걸쳤다. 그의 반바지와 하얀 장화, 그리고 경쾌하게 걸친 레인코트가 젊음을 나타내고 있었다. 그러나 몸매로 말하면 허리께가 절구통 같고, 머리칼은 숱이 적은 데다 잿빛이며, 얼굴도 그 풍부한 표정의 물결이 사라지자 초췌한 피부가 그대로 드러났다.

그는 동행의 이야기가 끝난 것을 확인하자, 꼬박 30초가량이나 소리를 죽이고 웃어댔다. 그리고는 말했다.

"정말! …… 끝내주는 얘기(비스킷)*¹로군!"

그의 목소리엔 활기가 빠진 것 같았다. 그래서 자신의 말에 힘을 실어주기

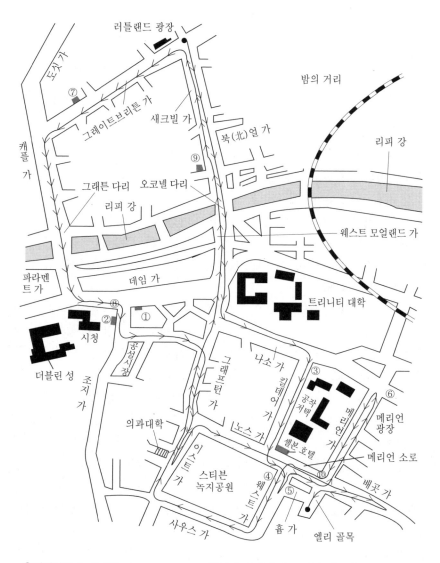

① 워터하우스 시계탑   ⑥ 콜리 일행이 타는 전차 정류장

② 핌 백화점   ⑦ 간이식당

③ 킬데어 가 클럽   ⑧ 레너헌이 두 친구를 만난 장소

④ 콜리가 건너가는 쇠사슬   ⑨ 술집

⑤ 콜리의 상대 여자가 기다리는 장소   ⑩ 콜리를 기다리는 장소

→ 는 레너헌이 전반은 콜리와 함께, 후반은 혼자서 걸어온 길

위해 유머를 섞어서 덧붙였다.

"아마 전무후무한 얘기일 걸, 말하자면 '최고의 비스킷'이란 얘기지!"

그는 이렇게 말한 뒤 진지한 표정으로 입을 다물었다. 그의 혀는 지칠 대로 지쳐 있었다. 도싯 가에 있는 술집에서 오후 내내 수다를 떤 뒤였기 때문이다. 대부분의 사람들은 레너헌을 일종의 거머리*²로 보았는데, 평판이 그럼에도 그의 재치와 말솜씨 덕에 그의 친구들은 공동전선을 펼쳐서 그를 쫓아버리려고 했지만 늘 실패로 끝나고 말았다. 그는 술집에 가면 거기에 모인 술꾼들에게 넉살좋게 다가가 한쪽에서 약삭빠르게 어기죽거리다가 어느새 술판에 슬쩍 끼어들곤 했다. 그는 노름을 좋아하는 건달로, 재미있는 이야기와 익살 5행시며 수수께끼를 무궁무진하게 알고 있었다. 또 아무리 무례한 처사를 당해도 끄떡도 하지 않을 만큼 무신경했다. 그가 호구지책이라는 그 엄혹한 과제를 어떻게 수행하는지는 아무도 몰랐지만, 레너헌이라고 하면 막연하게 경마 승률표*³가 떠올랐다.

"그런데 그 여잔 어디서 낚았나, 콜리?" 그가 물었다.

콜리는 혓바닥으로 재빠르게 윗입술을 축였다.

"어느 날 밤 데임 가*⁴를 어슬렁어슬렁 걸어가는데 워터하우스 벽시계 밑에서 반반하게 생긴 계집애 하나가 눈에 띄지 않겠나. 내가 안녕하시오 하고 먼저 인사를 건넸지. 그래서 우리는 운하*⁵를 끼고 함께 산책을 시작했어. 그 여자 말로는, 자기는 배곳 가*⁶의 어느 집에 하녀로 있다더군. 그날 밤 그녀의 허리를 감고 좀 안아줬지. 그리고 다음 일요일에는 데이트. 우리는 그때 도니브룩*⁷까지 갔는데 그녀를 들판으로 데리고 들어갔지. 그 여자, 전

---

*1 That takes the biscuit. 'That takes first prize'를 의미하는 기발한 문구. 레너헌이 상대를 추켜세울 때의 입버릇이다.

*2 leech. 등쳐먹는 자. 이 환형동물은 한번 물면 떨어지지 않는다.

*3 《율리시스》 제7삽화(이 장편소설은 18장으로 구성되며, 작자는 각장마다 '○ episode'라 명명했다. 이 책도 이하 각장을 제○삽화로 한다)에서, 신문사 내에서 〈스포츠〉지에 실리는 승률표를 가지고 나타나 수수께끼와 익살 5행시를 알려줌.

*4 이 거리는 비즈니스 거리. 거리를 따라 시계, 귀금속 가게(지도①. 작품에서 언급되는 시내의 지명에는 순서대로 번호를 붙이며, 이하 ①로 생략한다)가 늘어서 있고, 시계탑 아래는 만남의 장소였다.

*5 시 남쪽의 완만한 곡선의 대운하. '레이스가 끝난 뒤' 지도 참조.

*6 유행의 첨단을 걷는 가게와 고급 주택이 있었다. 현재의 하(下)배곳 가.

에는 우유배달 다닌 데라나⋯⋯. 호박이 덩굴째 굴러들어온 격이지 뭐. 매일 밤 담배 갖다 주겠다, 왕복 전차 요금 다 내주겠다, 어느 날 밤에는 경을 치게 좋은 시가를 두 대나 갖다 주지 뭔가—아, 그녀의 주인 꼰대가 즐겨 피우던 거라나⋯⋯그 진짜배기 최상품을 말이야. 난 그러다가 임신이라도 하면 어떡하나 겁이 덜컥 나더군. 하지만 아마 빈틈없이 무슨 수를 쓰는 모양이야."

"아마 자네가 결혼해줄 거라고 생각한 모양이지." 레너헌이 말했다.

"난 실업자라고 그랬어. 전에는 핌*8에서 근무한 적이 있노라고 말했을 뿐이야. 그 여잔 내 이름도 몰라. 나도 약아서 이름은 밝히지 않았지. 하지만 내가 제법 그럴듯한 집안의 아들인 줄 알고 있을 거야." 콜리가 말했다.

레너헌이 소리를 죽이고 다시 웃었다.

"여태까지 쓸 만한 얘기를 많이 들었지만, 자네 얘기가 단연 최고 걸작이야." 그가 말했다.

콜리의 활보는 그 찬사에 으쓱해 하고 있음을 나타내고 있었다. 그가 우람한 체구를 마구 뒤흔드는 바람에 그의 친구는 인도에서 차도로 몇 발자국 가볍게 떠밀렸다가 다시 제자리로 돌아가곤 했다. 콜리는 경찰 간부의 아들로, 자기 아버지의 체구와 걸음걸이를 쏙 빼닮았다. 그는 두 팔을 옆구리에 늘어뜨리고, 등은 꼿꼿하게 세우고, 고개를 좌우로 흔들면서 걸었다. 그의 머리는 크고 둥근 데다 개기름이 번지르르해서 날씨에 상관없이 늘 땀을 흘렸다. 비스듬하게 쓴 크고 둥그런 모자는 구근(球根)에서 또 하나의 구근이 자라난 것처럼 보였다. 그는 마치 퍼레이드에 참가한 것처럼 항상 전방을 응시하며 걸었다. 그래서 거리에서 누군가를 쳐다보고 싶을 때는 엉덩이부터 상반신 전체를 돌려야만 했다. 그는 현재 일정한 직업이 없는 건달이었다. 일자리가 나기만 하면 어느 한 친구가 당장 그에게 연락해주기로 되어 있었다. 그가 자주 사복 차림의 경찰관과 열심히 뭐라고 얘기를 주고받으면서 함께 걸어가는 모습이 사람들 눈에 자주 띄었다.*9 온갖 사건의 내막을 꿰뚫고 있

---

*7 더블린에서 대운하를 건넌 남동부에 있는 마을. '레이스가 끝난 뒤' 지도 참조. 중세부터 정기시가 열렸지만, 싸움과 엽색으로 풍속을 해친다 하여 19세기 후반에 폐지되었다.
*8 가구, 카펫, 양복 등 고급품을 파는 유명한 백화점.
*9 무직인 콜리는 경찰에 유력한 정보를 파는 밀고자로서 용돈을 벌고 있었다.

는 데다 최종적인 판단 내리기를 좋아했다. 그는 혼자 떠들기만 하고 동료의 얘기에는 귀를 기울이지 않았다. 그의 화제는 주로 자기 자신에 관한 것이었다. 그가 아무개에게 뭐라고 했고, 또 아무개는 그에게 뭐라고 했으며, 그래서 사태를 해결하기 위해 그는 무슨 말을 했노라 하는 식이었다. 그가 이런 대화를 전달할 때는 피렌체 사람들처럼 자기 이름의 첫 글자에 기음(氣音)을 넣어 홀리라고 발음했다.

레너헌은 친구에게 담배를 한 대 권했다.*10 두 젊은이가 인파를 뚫고 걸어갈 때, 콜리는 이따금 몸을 돌려 지나가는 처녀들에게 미소를 던졌지만, 레너헌의 시선은 두 겹의 달무리에 둘러싸인 희미한 보름달에 고정되어 있었다. 그는 황혼의 잿빛 그림자가 달 표면을 가로질러 가는 것을 열심히 지켜보았다. 마침내 그가 말했다.

"하지만……콜리, 자넨 너끈히 잘해낼 수 있을 것 같아 보이는데, 어때?"

콜리는 한쪽 눈을 찡끗해 보이는 것으로 대답을 대신했다.

"쉽게 넘어올 여자 같던가? 여자란 알 수 없는 거야." 레너헌이 미심쩍은 듯이 물었다.

"그 여잔 걱정할 것 없어. 그런 애 주무르는 건 누워서 떡 먹기니까. 나한테 홀딱 반해 있다고 보면 돼." 콜리가 말했다.

"자넨 정말 로사리오*11 같은 놈이로군, 그야말로 난봉꾼이란 말이야, 역시!" 레너헌이 말했다.

약간 빈정대는 투가 그의 비굴한 태도를 가려주었다. 그는 자존심을 지키기 위해 자신의 아부가 조롱으로도 해석될 수 있는 여지를 남겨두는 버릇이 있었다. 그러나 콜리는 그것을 눈치챌 만큼 섬세한 위인은 못 되었다.

"반반한 하녀 하나쯤 손아귀에 넣는 거야 식은 죽 먹기지. 내가 하는 대로만 해봐." 그가 단언했다.

"온갖 여자들을 다 섭렵해본 사람 같은 말투로군." 레너헌이 말했다.

"처음에 내가 사귄 계집애들은 말이야, 남부 순환로*12에 저녁 산책 나온

---

*10 《율리시스》 제7삽화에서, 신문사 안에서 사람들에게 담뱃불을 붙여주면서 자기도 한 대씩 얻어 피웠다. 담배는 남의 환심을 사기 위한 소도구.

*11 Lothario. 영국의 계관시인이자 극작가인 니컬러스 로의 운문비극 《아름다운 회개》(1703)에 등장하는 제노바(이탈리아 북부의 도시)의 젊은 바람둥이의 이름에서 유래한다.

계집애들이었어. 난 고것들을 전차에 태우고 이리저리 끌고 다녔지, 차비는 물론 내가 내고. 아니면 악단 연주도 들으러 갔고 연극구경도 시켜주고, 초콜릿이나 사탕 같은 것도 열심히 사주었어. 그 여자들한테 나도 어지간히 돈을 쓴 편이야." 콜리는 흉금을 터놓고 말했다. 마치 자신의 말을 믿지 않는다는 것을 의식하고 설득하려는 것처럼.

그러나 레너헌은 그 말을 충분히 믿을 수 있었다. 그는 진지한 표정으로 고개를 끄덕였다.

"그런 수작은 나도 알고 있어. 그런 건 얼간이나 하는 짓거리거든."

"내가 골 빈 사람인가, 그따위 실속 없는 짓이나 하게." 콜리가 말했다.

"나도 마찬가지라니까." 레너헌이 말했다.

"그 가운데 딱 하나가 좀 다른 것이 있었지." 콜리가 말했다.

그는 혀로 윗입술을 핥았다. 그 추억이 그의 눈을 초롱초롱 빛나게 했다. 그도 이제는 거의 안개에 가려버린 달의 창백한 원반을 응시하면서 생각에 잠긴 것 같았다.

"그 여잔……좀 괜찮은 편이었는데." 그는 아쉬운 듯이 말하고는 다시 입을 다물었다. 그러다가 이렇게 덧붙였다.

"그 여자, 지금은 화류계에 있어. 어느 날 밤 두 사내와 이륜마차를 같이 타고 얼 가*13로 가는 걸 내 눈으로 봤으니까."

"아마도 자네 때문에 그리 된 게 아닌가 싶은데." 레너헌이 말했다.

"나 말고도 고 년 꽁무니를 따라다니는 놈팡이들이 한둘이 아니었어." 콜리가 차분하게 말했다.

이번에는 레너헌이 믿기지 않는 표정이었다. 그는 고개를 가로저으면서 빙그레 웃었다.

"자네, 설마 날 놀리는 건 아니겠지, 콜리." 그가 말했다.

"내가 미쳤다고 거짓말을 하겠나, 하느님이 다 내려다보시는데! 게다가 그 여자가 내게 직접 해준 말인데?" 콜리가 말했다.

레너헌은 비장한 몸짓을 했다.

---

*12 남부 순환로('레이스가 끝난 뒤' 지도 참조)는 완만한 곡선을 이룬 주요도로. 대운하 바로 안쪽을 거의 평행하게 달리며, 아가씨들에게 인기가 높은 산책로였다.

*13 북(北)얼 가(지도 참조) 동쪽에 당시 적선지대가 있었다.

"야비한 배신자 같으니!" 그가 말했다.

트리니티 대학의 울타리*14를 따라 걸어갈 때 레너헌은 차도로 훌쩍 뛰어내려 시계탑을 올려다보았다.

"20분이 지났군." 그가 말했다.

"시간은 충분해. 그 여잔 틀림없이 와 있을 거야. 난 항상 그 여자를 좀 기다리게 하는 편이거든." 콜리가 말했다.

레너헌이 가만히 웃으면서 말했다.

"보통이 아닌데 콜리, 여자 다루는 법을 제대로 아는구나."

"여자들의 잔꾀쯤이야 내가 그 꼭대기에 앉아 있지." 콜리가 인정했다.

"하지만 말이야, 자네 오늘 매끈하게 잘해 낼 자신 있나? 자네도 알다시피 이런 일이란 여간 주의를 요하는 일이 아니란 말이야. 여자들이란 원래 그런 문제에는 아무튼 몸을 도사리게 되어 있거든. 알아? ……어때?" 레너헌이 다시 말했다.

그의 반짝반짝 빛나는 작은 눈이 상대의 얼굴에서 걱정 말라는 듯한 표정을 찾으려고 살폈다. 콜리는 끈덕지게 달라붙는 파리라도 쫓아버리려는 듯 고개를 이리저리 흔들면서 이맛살을 찌푸렸다.

"잘해낼 자신 있어, 두고 보라니까."

레너헌은 더 이상 아무 말도 하지 않았다. 괜히 친구의 성미를 건드려 썩 꺼지라느니 그따위 설교는 집어치우라느니 하는 말은 듣고 싶지 않았기 때문이다. 약간의 요령이 필요했다. 그러나 콜리의 이마는 금방 원래대로 펴졌다. 그의 생각은 다른 데에 가 있었다.

"정말 괜찮은 계집애야. 내가 보기에는 정말 그래." 그는 품평을 하듯이 말했다.

그들은 나소 가*15를 걸어가다가 킬데어 가로 접어들었다. 클럽*16 현관에서 멀지 않은 곳에 하프*17 연주자가 빙 둘러선 몇 안 되는 청중을 상대로

---

*14 ☆러틀랜드 광장에서 남하→오코넬 다리→이 신교계 대학의 정면 서쪽 울타리를 따라 다시 남하.

*15 ☆대학의 남서쪽 끝까지 남하→동서로 달리는 나소 가→도중에 남쪽으로 꺾어서 대저택이 늘어선 킬데어 가.

*16 킬데어 거리 클럽은 아일랜드 주재 잉글랜드인과 영국 정부의 해외대표자 또는 돈 많은 신교도들의 회원제 고급사교클럽. 두 사람에게는 이질적인 세계.

차도에 서서 연주를 하고 있었다. 그는 성의 없이 현을 뜯으면서, 새로운 청중이 올 때마다 재빨리 힐끔거리기도 하고, 지겨운 듯이 하늘을 힐끗 올려다 보기도 했다. 하프 역시, 그 덮개가 무릎 근처까지 흘러내린 것도 아랑곳하지 않고, 구경꾼들의 시선에도 주인의 손길에도 다 같이 지친 것처럼 보였다. 한 손으로는 저음부로 '오, 모일의 바다여, 고요하라'*¹⁸를 연주하고, 다른 손으로는 한 절 한 절 선율을 뒤따라 재빠르게 고음부를 연주했다. 그윽하고 풍부하게 울려 퍼지는 선율이었다.

두 젊은이는 등 뒤에서 들려오는 구슬픈 음악을 들으면서 말없이 길을 걸어갔다. 스티븐 녹지공원*¹⁹ 입구에 도착하자 횡단보도를 건넜는데, 거기서는 전차의 소음, 가로등 불빛, 그리고 인파 때문에 침묵을 지키려야 지킬 수가 없었다.

"저기 와 있군!" 콜리가 말했다.

흄 가 모퉁이에 젊은 여자가 하나 서 있었다. 푸른 옷에 하얀 밀짚모자.*²⁰ 갓돌 위에 올라서서 한손으로 양산을 흔들고 있었다. 레너헌의 얼굴에 갑자기 생기가 돌았다.

"어디 한번 보자, 콜리." 레너헌이 말했다.

콜리는 친구에게 흘끔 곁눈질을 했다. 그의 얼굴에 불쾌한 웃음이 떠올랐다.

"자네, 남의 일에 재를 뿌릴 작정인가?" 그가 물었다.

"바보 같은 소리 마! 소개 따윈 바라지도 않아. 그저 얼굴이나 한 번 보자는 것뿐이야. 잡아먹진 않을 테니 걱정 마." 레너헌이 거침없이 말했다.

"아, 그저 한번 보기만 한다고? 그렇다면…… 내가 요령을 일러주지. 내가 다가가서 말을 걸 테니까 자네는 옆으로 지나가는 척하면서 보면 돼." 콜리가 다시 싹싹한 목소리로 말했다.

"좋았어!" 레너헌이 말했다.

---

*17 국민적 악기 아이리시 하프는 자국의 영광과 자긍심을 상징하며, 그 가락에는 사람들의 심금을 울리는 힘이 있었다. 시와 민요에서는 학대 받거나 폭행을 당한 여성으로 그려지는 일이 있었다.

*18 T. 무어의 《아일랜드 가요》 속, 2절 각 8행으로 이루어진 〈피오누알라의 노래〉의 첫머리로, 마법에 걸려 몸을 움직일 수 없는 처녀를 노래한 시의 첫머리.

*19 ☆킬데어 가를 남하→녹지공원 북쪽도로를 횡단.

*20 성모 마리아의 색인 푸른색과 흰색.

콜리의 한쪽 발이 쇠사슬[21]을 타넘었을 때 레너헌이 큰 소리로 외쳤다.

"그리고 난 뒤엔? 어디서 만나?"

"10시 반에," 콜리는 한쪽 발을 마저 내디디면서 대답했다.

"어디서?"

"메리언 가 모퉁이로 같이 돌아올 거야."

"그럼 잘해 봐." 레너헌이 작별인사를 했다.

콜리는 대답하지 않았다. 그는 고개를 좌우로 흔들면서 길[22]을 어슬렁어슬렁 건너갔다. 그의 우람한 몸집과 태평스러운 걸음걸이, 그리고 장화를 내딛는 육중한 소리가 어딘지 모르게 정복자를 연상시키는 데가 있었다. 그는 젊은 여자에게 다가가서 인사도 없이 바로 이야기를 나누기 시작했다. 그녀는 양산을 더욱 빨리 돌리면서 발뒤꿈치를 축으로 몇 번이나 몸을 회전시켰다. 한두 번 그가 그녀에게 바짝 몸을 붙여서 무슨 말인가 하자, 그녀는 웃으면서 고개를 숙였다.

레너헌은 몇 분 동안 그들을 유심히 지켜보았다. 그러다가 쇠사슬을 따라 빠른 속도로 잠시 걸어가다가 도로를 비스듬히 가로질렀다. 홈 가 모퉁이에 다가가자 향수 냄새가 진하게 풍겨왔다. 그는 호기심이 가득한 눈초리로 젊은 여자의 외모를 잽싸게 훑어보았다. 그녀는 일요일에만 입는 나들이옷을 입고 있었다. 푸른 서지 스커트는 허리께에 검은 가죽 벨트가 매어져 있었다. 벨트의 커다란 은색 버클이 몸 중앙을 조르듯이 하얀 블라우스의 보드라운 천을 클립처럼 단단히 죄고 있었다. 그리고 진주조개 단추가 달린 짧은 검은색 재킷에 길고 검은 털목도리를 두르고 있었다. 얇은 망사로 만들어 붙인 칼라의 끄트머리는 일부러 흩트려놓았고, 가슴에는 커다란 붉은 꽃묶음이 꽃대가 위로 향하도록[23] 핀으로 꽂혀 있었다. 레너헌의 두 눈은 그 통통하고 아담한 근육질 몸을 흡족한 듯이 살펴보았다. 한눈에 알 수 있는 튼튼한 건강미가 그녀의 얼굴, 즉 발그레하게 살찐 뺨과 수줍음을 모르는 듯한 푸른 눈에 넘쳐흘렀다. 그녀의 이목구비는 투박했다. 커다란 콧구멍, 만족스

---

*21 ④광대한 면적의 스티븐 녹지공원의 바깥 주변에 산책로가 이어져 있고, 그 보도와 주위의 각 거리 사이에 쇠사슬이 있었다.

*22 ☆공원 동쪽 길을 횡단→홈 가 서쪽 모퉁이(⑤).

*23 보통은 꽃대가 아래로 향하도록 꽂는다.

러운 웃음을 머금고 헤 벌어져 있는 입, 두 개의 뻐드렁니. 그 옆을 지나가면서 레너헌이 모자를 벗어 아는 척을 하자 콜리는 약 10초쯤 뒤 허공을 향해 건성으로 답례를 했다. 그것은 막연하게 한 손을 쳐들고 무슨 의미나 있는 듯이 모자의 각도를 바꿔놓는 동작에 지나지 않았다.

레너헌은 셸본 호텔까지 걸어가서 걸음을 멈추고 기다렸다. 얼마쯤 그러고 있으니 두 사람이 자기 쪽으로 오는 것이 보였다. 그들이 오른쪽으로 돌자*24 그는 하얀 신발을 경쾌하게 내딛으면서 메리언 광장 한쪽을 따라 그들 뒤를 따라갔다. 그는 그들의 보폭에 맞춰 천천히 걸어가면서 콜리의 머리가 젊은 여인의 얼굴을 향해, 축을 중심으로 회전하는 커다란 공처럼 끊임없이 돌아가는 것을 지켜보았다. 그는 그 두 사람이 도니브룩 행(行) 전차*25 승강단을 밟는 것을 확인할 때까지 눈을 떼지 않았다. 그제야 그는 몸을 돌려 온 길로 되돌아가기 시작했다.

혼자가 되자 그의 얼굴은 훨씬 나이 들어 보였다. 지금까지의 활기가 그를 두고 어디론가 사라져버린 것 같았다. 그는 공작저택 잔디밭*26의 철책을 따라 한 손으로 울타리를 훑으면서 걸어갔다. 하프 연주자가 얼마 전에 연주한 곡조가 그의 움직임을 지배하기 시작했다. 바닥이 폭신폭신한 구두를 신은 발이 멜로디를 연주하고, 손가락은 철책을 한가롭게 쓸면서, 각 선율의 음절에 따라 변주 음계를 울리는 것 같았다.

그는 지루한 듯이 스티븐 녹지공원 주변을 돌아다니다가 그래프턴 가로 들어섰다.*27 그의 눈은 지나가는, 온갖 요소들을 지닌 사람들을 주의 깊게 바라보았지만, 그저 시무룩한 눈이었다. 그는 한때 그를 유혹해 마지않았던 모든 일들이 시큰둥하게만 보여, 도발하는 듯한 곁눈질에도 반응을 보이지 않았다. 수다를 떨고 없는 얘기*28도 꾸며내어 남을 재미있게 해줘야 한다는 건 잘 알고 있었다. 하지만 머리도 목구멍도 텅 비어 있어서 그렇게 힘든 일

---

*24 ☆공원 동쪽길을 북상→삼거리에서 우회전→다음 네거리(콜리가 레너헌에게 지정한 재회 장소)에서 좌회전→메리언 가를 북상. 동쪽의 메리언 광장 일대는 당시에 가장 매력 있는 주택지의 하나였다고 한다.

*25 광장 북쪽길의 동쪽에 있는 전차정류소에서 선다. 동남 방면으로 가는 전차.

*26 렌스터 공작(잉글랜드계 아일랜드인)의 광대한 저택(당시, 왕립 더블린 협회의 본부) 뒷마당의 잔디밭.

*27 ☆공원의 동, 남, 서쪽길을 돈 뒤, 서쪽길과 이어진 그래프턴 가의 번화가를 북상.

은 도저히 할 수 없을 것 같았다. 콜리를 다시 만날 때까지 시간을 어떻게 보낼 것인가 하는 문제가 그의 머리를 약간 괴롭혔다. 그는 줄곧 걷는 것밖에 시간을 보낼 방법이 생각나지 않았다. 러틀랜드 광장 모퉁이에 이르자 왼쪽으로 꺾었다.*²⁹ 그 어둡고 조용한 거리에 오니 마음이 한결 편안해졌다. 그 거리의 음산한 분위기가 그의 기분에 딱 들어맞았다. 그는 마침내 어느 초라한 가게 진열장 앞에서 걸음을 멈췄다. 그 위쪽에는 〈간이식당〉*³⁰이라는 하얀 글씨가 활자체로 씌어 있었다. 진열장 유리에는 '진저비어'와 '진저에일'이라는 흘려 쓴 광고 두 개가 붙어 있었다. 커다란 하늘색 접시에는 햄 한 조각이 놓여 있고, 그 옆에 있는 접시에는 아주 작은 건포도 푸딩 한 조각이 담겨 있었다. 그는 그 음식을 한동안 뚫어지게 들여다보다가 거리 좌우를 조심스레 살핀 뒤, 재빨리 가게 안에 뛰어들었다.

그는 배가 고팠다. 인색한 두 바텐더에게 간살을 부려서 겨우 얻어먹은 비스킷*³¹ 몇 개 말고는 아침식사 이후 여태껏 먹은 것이 아무것도 없었기 때문이다. 그는 두 여공(女工)과 한 남자 기계공과 마주보는, 식탁보도 씌우지 않은 나무 테이블에 가서 앉았다. 단정치 않아 보이는 아가씨가 주문을 받으러 왔다.

"완두콩 한 접시에 얼마지?" 그가 물었다.

"1페니 반이에요, 손님." 여종업원이 말했다.

"콩 한 접시*³² 갖다 줘. 진저비어 하나하고."

그가 식당 안에 들어선 순간 그들의 대화가 뚝 끊겼기 때문에, 그는 점잖아

---

*28 레너헌의 이야기에서 유명한 것은 《율리시스》 제7삽화의 '부인, 저는 아담입니다. 그리고 엘바를 보기 전에는 가능했습니다' Madam, I'm Adam. And Able was I ere I saw Elba이다. 이 돌림문은 "미쳤습니다. 나는 미쳤습니다. Mad am, I mad am 엘바섬을 보기 전까지는 불가능하지 않았습니다"라고도 읽을 수 있다.

*29 ☆그래프트 가를 북상→새크빌 가를 다시 북상→이야기가 시작된 러틀랜드 광장 북동쪽 모퉁이에 도착→왼쪽으로 꺾어 그레이트브리튼 가('자매'에서는 '어둡고 조용한 거리'로 묘사되었다)를 남서행.

*30 Refreshment Bar. ⑦노동자 계급을 대상으로 하는 싸구려 식당. 'refreshment'는 '가벼운 식사'이며, 본뜻은 '(휴식, 음식물 등에 의한) 원기회복'.

*31 비스킷은 레너헌의 입버릇.

*32 비참한 저녁식사. 삶아서 간을 한 건조완두는 싼 값에 포만감을 주고, 진저비어는 생강의 풍미가 강한 비(非)알코올음료.

보이는 풍채와는 어울리지 않도록 일부러 말을 거칠게 했다. 얼굴이 화끈 달아올랐다. 그는 태연하게 보이도록 모자를 머리 뒤로 젖혀 쓰고 테이블 위에 팔꿈치를 괴었다. 기계공과 두 여공은 그를 자세히 뜯어보고 나서야 다시 목소리를 낮춰 얘기하기 시작했다. 여종업원은 후추와 식초를 친 따끈따끈한 콩 한 접시와 포크, 그리고 진저비어 한 병을 가져왔다. 게걸스럽게 음식을 먹은 그는 맛이 어찌나 좋았던지 가게 이름을 머리에 새겨두었다. 그는 콩을 다 먹은 다음 진저비어를 홀짝거리면서 한동안 콜리의 데이트를 생각했다. 상상 속에서 그는 한 쌍의 연인들이 어두컴컴한 길을 따라 걸어가는 모습을 지켜보았다. 콜리가 굵고 정력적인 목소리로 멋진 남자처럼 구슬리는 말이 들리고, 젊은 여자의 입가에 소리 없이 번지는 웃음도 보이는 것 같았다. 이런 환상은 그 자신의 지갑과 기력이 얼마나 빈곤한지를 절실하게 느끼게 했다. 그는 이제 건달짓을 하는 데도, 끼니때가 무서울 정도로 쪼들리게 살아가는 데도, 잔머리 굴리면서 약은 수작을 부리는 데도 모두 지쳐버렸다. 그는 11월이면 서른한 살[*33]이 된다. 그때까지 제대로 된 일자리 하나 잡을 수는 없을까? 내 가정을 꾸릴 수는 없을까? 따뜻한 난로 옆에 둘러앉아 맛있는 저녁을 먹을 수 있다면 얼마나 좋을까 생각해보았다. 그는 그때까지 친구와 여자들과 어울려 거리를 실컷 쏘다니면서 놀아봤다. 그는 그런 친구들의 가치가 어떤 것인지 잘 알고 있었다. 여자들도 마찬가지였다. 세파에 시달린 경험은 그의 마음속에 세상에 대한 반감을 불러일으켰다. 그러나 모든 희망이 다 사라진 것은 아니었다. 식사를 하고 나자 식사를 하기 전보다 기분이 한결 좋아졌다. 인생에 지친 기분도 덜하고 무기력한 것도 전만큼은 아니었다. 만일 약간의 현금을 가진 마음씨 곱고 순박한 처녀를 만날 수만 있다면, 어느 살기 좋은 변두리에 자리 잡고 행복하게 살 수 있을지도 모르는 일이었다.

그는 단정치 못해 보이는 소녀에게 2페니 반을 지불하고 식당에서 나와 다시 어슬렁거리기 시작했다. 캐플 가에 들어가서 시청 쪽으로 걸어갔다.[*34] 그러다가 데임 가로 굽어들었다. 조지 가 모퉁이에서 그는 두 친구를 만나 걸음을 멈추고 그들과 얘기를 나누었다. 그는 걷기만 하다가 잠시 휴식을 취

---

*33 1923년 신문조사에서 아일랜드 남성의 평균 결혼연령은 35세.
*34 ☆그레이트브리튼 가를 남서행→막다른 골목에서 왼쪽으로→캐플 가 남하→그래튼 다리→
파라멘트 가→막다른 곳에서 왼쪽으로→데임 가를 동행→조지 가와의 교차점(⑧).

할 수 있는 것이 기뻤다. 그의 친구들은 그에게 콜리를 만난 적이 있는지, 있다면 가장 최근에 만난 것은 언제인지 물었다. 그는 하루 종일 콜리와 지냈노라고 대답했다. 그의 친구들은 별로 말이 없었다. 그들은 인파 속에서 눈에 띄는 어떤 모습들을 멍하니 바라보면서 간혹 촌평을 하기도 했다. 한 친구가 한 시간 전에 웨스트모얼랜드 가에서 맥을 보았다고 말했다. 그 말에 레너헌은 자기는 전날 밤에 이건 술집에서 맥과 같이 있었다고 말했다. 웨스트모얼랜드 가에서 맥을 보았다던 그 젊은이는 맥이 당구시합에서 돈을 좀 땄다던데 그게 사실이냐고 물었다. 레너헌은 모르는 일이었다. 홀러헌이 이건의 술집*35에서 모두에게 술을 샀다고 그는 말했다.

10시 15분 전에 친구들과 헤어진 그는 조지 가를 따라 걸어 올라갔다.*36 공설시장에서 왼쪽으로 꺾어 그래프턴 가에 들어섰다. 젊은 남녀의 인파는 다소 뜸해졌다. 길을 따라 올라가노라니 많은 무리와 커플들이 작별인사를 나누는 소리가 들려왔다. 그는 의과대학의 시계탑이 있는 데까지 갔다. 시계가 막 10시를 치고 있었다. 그는 콜리가 예정보다 일찍 돌아올까 봐 서둘러 스티븐 공원 북쪽을 따라 걸음을 재촉했다.*37 메리언 가 모퉁이에 도착하자, 그는 가로등 그림자 속에 자리 잡고 서서 아껴두었던 담배 한 개비를 꺼내 불을 붙였다. 가로등 기둥에 기대고 서서 콜리와 그 젊은 여자가 돌아올 지점에 시선을 고정했다.

그의 마음속에 다시 온갖 생각이 고개를 쳐들기 시작했다. 콜리는 성공적으로 잘해냈을까. 지금쯤 그녀에게 얘기를 꺼냈을까, 아니면 마지막 순간까지 미뤄둘 생각일까. 그는 자신의 처지뿐만 아니라 친구의 처지도 되어 그 고통과 전율을 모두 음미해 보았다. 그러나 콜리가 천천히 머리를 돌리던 모습이 떠오르자 다소 마음이 가라앉았다. 콜리 정도면 딱 부러지게 잘해냈을 거라는 생각이 들었다. 그러다가 문득, 콜리가 어쩌면 그녀를 다른 길로 집에 바래다주고 자기를 따돌려버린 건지도 모른다는 생각이 들었다. 그의 두

---

*35 이건 술집(⑨)이나 맥, 홀러헌, 당구 등은 작품과 아무 관계가 없다.

*36 ☆데임 가에서 우회전→조지 가 남하→더블린 공설시장 바로 앞에서 좌회전→시장 북쪽길을 동행하여 막다른 데서 우회전→그래프턴 가 남하.

*37 ☆그래프턴 가→공원 서쪽길→의과대학 시계탑 아래→길을 거꾸로 돌아와서 공원 북서쪽 모퉁이에서 우회전→북쪽길을 동행하여 약속장소. 세 시간 정도 시간을 보내고 다시 돌아온 셈이다.

눈이 거리를 샅샅이 훑었다.*38 그들이 오는 기척은 전혀 없었다. 의과대학 벽시계를 쳐다본 지 30분이나 지나 있었다. 콜리가 그따위 짓을 할까? 그는 마지막 담배에 불을 붙이고 신경질적으로 빨기 시작했다. 광장 저쪽 모퉁이에 전차가 설 때마다 시선을 모으고 살펴보았다. 그들은 다른 길로 돌아가 버린 것이 분명했다. 담배를 만 종이가 터지자 그는 욕을 하면서 길바닥에 내팽개쳐버렸다.

바로 그때 두 사람이 자기 쪽으로 다가오는 것이 보였다. 그는 너무 반가워서 펄쩍 뛰고는, 가로등 기둥에 몸을 딱 붙이고 그들의 걸음걸이에서 결과를 읽어내려고 했다. 그들은 둘 다 빠른 걸음으로 걷고 있었다. 젊은 여자는 종종걸음으로 걷고 있고, 콜리는 그녀 옆에서 성큼성큼 걷고 있었다. 서로 말을 나누는 것 같지는 않았다. 결과에 대한 예감이 송곳처럼 그의 마음을 찔렀다. 콜리가 실패할 줄 알았다. 일이 틀어진 것이 분명했다.

그들이 배곳 가로 접어들자,*39 그는 즉시 그들과 반대쪽 보도를 택하여 그들을 따라갔다. 그들이 걸음을 멈추자 그도 따라 멈췄다. 그들은 잠시 얘기를 나누더니 여자는 어느 집 지하실 입구로 통하는 계단을 밟고 내려갔다. 그때 콜리는 집 앞의 계단에서 약간 떨어져 보도 가장자리에 그대로 서 있었다. 몇 분이 흘렀다. 그 집 현관문이 열렸다, 서서히 그리고 조심스럽게. 어떤 여자가 현관 돌계단을 뛰어 내려와서 헛기침을 했다. 콜리가 몸을 돌려 여자 쪽으로 갔다. 그의 우람한 몸집에 가려 그녀의 모습이 몇 초 동안 보이지 않았다. 이윽고 그녀가 다시 모습을 드러내어 계단을 뛰어 올라갔다. 여자가 모습을 감추자 현관문이 닫혔다. 콜리는 스티븐 녹지공원을 향해 빠른 걸음으로 걷기 시작했다.

레너헌도 같은 방향으로 걸음을 재촉했다. 가랑비가 몇 방울 떨어졌다. 그는 그 비를 일종의 경고로 받아들였다. 여자가 들어가 버린 집을 흘끗 돌아보고 자기가 눈에 뜨이지 않았는지 확인한 뒤, 차도를 가로질러 부리나케 뛰어갔다. 불안과 질주 때문에 숨이 턱에 닿았다. 그는 큰 소리로 불렀다.

---

*38 등치기꾼인 레너헌이 온 신경을 집중하여 대상을 살필 경우, 주어를 'He'가 아니라 'His eyes'로 한 것은 여기까지 다섯 군데다.

*39 ☆메리언 가 남하→ 레너헌 앞에서 좌회전하여, 고급상점과 조지왕조 양식의 저택이 늘어선 배곳 가를 동행. 그 거리에 그녀가 일하는 저택이 있다.

"어이, 콜리!"

콜리는 누가 자기를 부르는지 보려고 잠시 고개를 돌리더니 아까처럼 계속 걸어갔다. 레너헌은 한 손으로 어깨에 걸친 레인코트를 누르면서 그를 바짝 따라 뛰어갔다.

"이봐, 콜리!" 그가 다시 외쳤다.

그는 친구와 나란히 되자 친구의 얼굴을 뚫어지게 쳐다보았다. 그 얼굴에서는 아무런 표정도 찾아볼 수 없었다.

"어때? 잘됐어?" 그가 물었다.

그들은 엘리 골목*40 모퉁이에 이르렀다. 콜리는 여전히 아무런 대꾸도 없이 서둘러 왼쪽으로 꺾어 골목길로 들어갔다. 그의 표정은 엄숙하면서도 침착했다. 레너헌은 숨을 헐떡거리면서 친구를 바짝 따라 갔다. 이제 하는 수 없다는 듯이 그 목소리에 위협조가 배어 있었다.

"말 안할 건가? 그 여잘 어떻게 해봤느냐 말이야!"

콜리는 첫 번째 가로등 밑에서 걸음을 멈추고 무서운 표정으로 앞쪽을 쏘아보았다. 그리고 무거운 몸짓으로 한손을 불빛을 향해 내밀고는 히죽 웃으면서, 가만히 주시하는 제자의 눈앞에서 그것을 천천히 펼쳐 보였다. 작은 금화 한 닢*41이 손바닥에서 빛나고 있었다.

해설

'두 멋쟁이(Two Gallants)'는 1906년 2월까지 13번째 작품으로 완성되었다. 조이스는 동생에게 보내는 편지(1906년 7월)에서 "〈두 멋쟁이〉—일요일의 인파, 킬데어 가의 하프, 그리고 레너헌—는 아일랜드적인 풍경"이라고 썼다.

'일요일의 인파'는 첫 문단에서 볼 수 있다. 여름의 끝을 고하는 우수에 찬 분위기와 해질녘 일요일의 혼잡한 거리 풍경을, 두운법과 동어반복 등의 효과를 이용하여 시적인 표현으로 묘사하고 있다.

*40 역사상 많은 명사들이 살았던 고급주택지.
*41 1파운드 금화(20실링). 그 무렵 하녀의 연수입은 4파운드에서 8파운드.

거리의 악사가 길에서 연주하는 '킬데어 가의 하프'의 풍경은 작품 속에서 이채를 띤다. 대화를 주로 한 문체가 화자의 지문에 의해 지성이 넘치는 문체로 바뀌면서, 두 사람 다 하프의 슬픈 연주로 침묵에 잠긴다. 거리와 하프의 역사적 의미를 알면 이 삽화의 의의가 더욱 깊어진다.

레너헌은 《더블린 사람들》의 주인공 가운데 가장 한심스러운 인물이다. 다만 조이스는 이 인물을 도덕적 관점에서 부정적으로 그리려 한 것은 아니었다. 아일랜드 남성의 한 경향으로서 이런 인물을 특색있는 풍경의 하나로 지목했다고 해석하고 싶다.

이야기 후반에 작품의 특징이 눈에 띈다. 주인공은 간이식을 먹고 길에 서서 얘기를 하는 것 말고는 그저 시내를 배회할 뿐이다. 그것을 이야기하는 데 많은 공간이 할애되었고 바로 그것이 작자의 의도라고 할 수 있다. "그는 줄곧 걷는 것밖에 시간을 보낼 방법이 생각나지 않았다"는 모습을 리얼하게 서술하려면, 거기에 맞춘 문체로 쓸 필요가 있었다. 변화하는 광경에 대한 느낌의 서술이 없는 것은 주인공에게 그것을 즐길 여유가 없었고, 오가는 남녀한테서 소외감만 의식할 뿐이었기 때문이다. 그의 발걸음은 상대가 걸은 것과 거의 같고, 되풀이는 인생을 목적 없이 헤매는 모습과 겹쳐진다.

'두 멋쟁이'는 제목부터가 고풍스럽다. 리얼리즘 문학을 내세운 조이스는 《삼총사》 같은 인기문학 속에 숨어 있는 멋쟁이의 본질을 자기 작품을 통해서 폭로했다고 할 수 있다. 멋쟁이들은 굳은 우정의 끈으로 이어져 있어서 마음의 접촉과 대화의 묘미가 독자를 즐겁게 해준다. '두 멋쟁이'에서는 서로 타산적으로 맺어진 주종관계와 비슷할 뿐만 아니라, 작품의 마지막에서 콜리가 여자한테서 갈취하여 레너헌에게 보여주는 금화는 로맨스 문학의 공허함을 지적하는 것이다. 줄거리 전개, 인물 설정, 그리고 제목에서 로맨스 문학에 대한 패러디를 느낄 수 있다.

하숙집

무니 부인은 푸줏간 집 딸이었다. 그녀는 모든 것을 속에 간직해 둘 수 있는 여자, 즉 심지가 굳은 여자였다. 그녀는 아버지 밑에서 일하던 점원과 결혼하여 스프링 공원*¹ 근처에 정육점을 하나 차렸다. 그러나 무니 씨는 장인이 세상을 떠나자마자 망조가 들기 시작했다. 그는 폭음을 일삼고 돈궤를 뒤지더니 마침내 빚더미에 올라앉았다. 그에게 금주를 맹세시켰지만 아무 소용없었다. 며칠이 못 가서 어김없이 다시 술을 마시기 때문이다. 툭하면 단골손님 앞에서 아내와 싸우거나 질 나쁜 고기를 사들여 장사를 망쳐버리곤 했다. 어느 날 밤엔 식칼을 들고 아내에게 덤벼들어 그녀는 이웃집에 가서 잘 수밖에 없었다.

그때부터 두 사람은 별거생활에 들어갔다. 그녀는 신부님을 찾아가서 자녀의 양육을 책임진다는 조건으로 별거를 허락받았다.*² 그녀는 남편에게 돈은 말할 것도 없고 먹을 것과 잠잘 방 한 칸도 주지 않았다. 그래서 그는 어쩔 도리 없이 주지사 밑에서 일하는 집달리*³가 되었다. 그는 허리가 구부정하고 왜소한 체구의 초라한 주정뱅이로, 하얀 얼굴에 하얀 콧수염을 기르고, 작은 눈 위에는 붓으로 그린 듯이 하얀 눈썹이 얹혀 있었다. 눈에는 핏발이 서 있어 마치 붉은 살이 노출된 상처 같았다. 그의 일과는 하루 종일 집달리실에 앉아서 일감이 떨어지기를 기다리는 것이었다. 무니 부인은 정육점을 처분한 돈을 독차지하여 하드윅 가*⁴에 하숙집을 차리고 당당한 여주인이 되

---

*1 짧은 스프링 공원 거리('어떤 만남' 지도 참조) 북쪽을 향하고 있다.

*2 가톨릭에서는 이혼은 허락되지 않으며 별거도 교회의 허가가 필요하다.

*3 직무는 소환장, 체포장을 송달하거나 빚을 거둬들이는 일. 그때의 더블린의 모든 직업 가운데 가장 멸시받는 직업이었다.

*4 시 북쪽에 있는 짧은 거리('자매' 지도 참조). 조이스 작품의 대부분은 이 일대가 배경으로 되어 있어서 '조이스 컨트리'라고 일컬어진다. 하드윅은 결혼계약을 규정한 법령을 만든 사람의 이름이다.

었다. 그녀의 하숙집에는 리버풀*5이나 맨 섬에서 온 관광객들과 때로는 흥행장에 드나드는 '연예인들'*6로 구성된 뜨내기손님이 많았다. 상주하는 하숙생은 시내 중심가에 근무하는 회사원들이었다. 그녀는 하숙집을 빈틈없이 엄격하게 운영하면서 외상을 주어야 할 때, 엄하게 굴어야 할 때, 그리고 모르는 척 눈감아 주어야 할 때를 귀신같이 알고 있었다. 한솥밥을 먹는 그 집의 모든 젊은이들은 그녀를 '마담'이라고 불렀다.

무니 부인의 젊은 하숙생들은 식비와 방세로 일주일에 15실링을 냈다(저녁 식사 때의 맥주나 흑맥주는 제외하고). 그들은 취미와 직업에 공통점이 많았고 바로 그런 점 때문에 서로 매우 가깝게 지냈다. 경마에서 인기 있는 말과 승산 없는 말의 승률을 두고 서로 입씨름을 벌이기도 했다. 마담의 아들인 잭 무니는 플리트 가의 어느 위탁판매점 점원이었는데, 불량배라는 소문이 있었다. 그는 군인들의 음담패설을 즐겨 늘어놓았고, 꼭두새벽에야 귀가하는 것이 보통이었다. 친구들을 만나면 그들에게 들려줄 걸쩍지근한 농담거리가 항상 준비되어 있었고, 흥미로운 화제, 이를테면 우승이 예상되는 말이나 인기 연예인에 대해서는 모르는 것이 없었다. 그는 주먹질도 잘했고 우스꽝스러운 노래도 곧잘 불렀다. 일요일 밤에는 무니 부인네 거실에서 친목모임이 자주 열렸다. 그럴 때면 흥행장에 나가는 '연예인'들이 기꺼이 참여해 주는데, 셰리던은 왈츠와 폴카를 연주하고 즉석 반주를 하기도 했다. 마담의 딸 폴리 무니도 노래를 곧잘 불렀다. 그녀는 이런 노래를 불렀다.

'나는야……못된 계집애.
시치미 떼지 마세요.
잘 아시면서 뭘 그래요.'

폴리는 몸매가 호리호리한 열아홉 살 처녀였다. 가볍고 부드러운 머리카락에 입은 작고 도톰했다. 눈은 잿빛 바탕에 희미한 녹색을 띠고 있었다. 그런 눈으로 다른 사람과 이야기할 때는 위쪽으로 살짝 치뜨는 버릇이 있어서,

---

*5 영국에서는 런던에 버금가는 무역항으로, 더블린행 연락선이 오간다.
*6 경희극이나 음악 등의 쇼에 출연하는 유랑예능인은 남녀로 구성되는 가운데, 이 하숙에서는 남자들만 들었다. 남녀는 다른 숙소를 잡는 것이리라.

다른 사람들 눈에는 작고 고집 센 마돈나처럼 보였다. 무니 부인은 처음에는 딸을 어느 곡물상 사무실에 타자수로 내보냈으나, 평판이 좋지 않은 집달리가 이틀이 멀다 하고 사무실로 찾아와 딸과 말 좀 하게 해달라고 졸라대는 바람에 다시 딸을 집으로 불러들여 집안일을 시키기로 했다. 폴리는 성격이 아주 활달해서, 쓸 만한 젊은이들과 자유롭게 교제하는 것을 허락해 줄 심산이었다. 더욱이 젊은이들이란 젊은 여자가 가까이 있는 분위기를 좋아하는 법이다. 물론 폴리는 젊은이들과 허물없이 지냈지만, 무니 부인은 워낙 판단이 빨라서 젊은이들이 단지 심심풀이로 그럴 뿐이라는 것을 알고 있었다. 진실성이 있는 녀석은 하나도 없었다. 그런 상태가 오래 계속되어 무니 부인이 폴리를 다시 타자수로 내보낼까 생각하기 시작하던 차에, 폴리와 어떤 젊은이 사이에 무슨 일이 벌어지고 있음을 눈치 챘다. 그녀는 그 둘을 주시하면서 입 밖에 내지는 않고 있었다.

폴리는 자신이 감시 받고 있음을 알고 있었다. 그러나 그녀의 어머니가 계속 침묵을 지키고 있는 데는 분명히 뭔가 이유가 있었다. 어머니와 딸 사이에 노골적인 공모나 노골적인 양해가 있었던 것은 아니었지만, 하숙생들이 그 일에 대해 숙덕거리기 시작해도 무니 부인은 여전히 아무 말도 하지 않았다. 폴리의 기색이 약간 이상해지기 시작하고, 그 젊은이도 뭔가 분명히 동요하기 시작했다. 마침내 때가 무르익었다고 판단하고 무니 부인이 개입하기 시작했다. 그녀는 식칼로 고기를 다루듯이 도덕적인 문제를 다루었다. 이번 경우에는 진작부터 마음이 정해져 있었다.

어느 쾌청한 초여름의 일요일 아침이었다. 무더운 하루가 될 것 같았지만 그래도 시원한 산들바람이 불고 있었다. 하숙집의 창문이라는 창문은 죄다 열려 있어, 밀어올린 창틀 아래로 레이스 커튼이 바람을 받아 거리를 향해 하늘하늘 부풀어 있었다. 조지 교회의 종탑*⁷에서는 끊임없이 종소리가 울려 퍼지고, 예배자들이 혼자서, 또는 무리지어 교회 앞의 작은 원형광장*⁸을 지나갔다. 그들의 목적은 장갑*⁹ 긴 손에 들고 있는 작은 책뿐만 아니라 침착

---

*7 '자매' 지도 참조. 신교 교회의 '종탑'은 표면적으로는 온화한 용어이지만 원래는 전쟁과 관련이 있으며, 중세에 성채를 포위할 때 사용한 이동할 수 있는 나무망루를 가리킨다. 조지는 말 위에서 용을 퇴치하고 공주를 구한 용기 있는 영웅으로, 영국의 수호성인이다.

*8 circus. 고대 로마에서는 전차 경주와 검투사 시합이 열렸던 원형경기장.

한 그 태도에서도 알 수 있다. 하숙집에서는 아침 식사가 끝난 참이었다. 식당의 테이블은 온통 접시로 뒤덮여 있고, 그 어느 것에도 달걀노른자 자국이 달라붙고 베이컨의 비계와 껍질 조각이 남아 있었다. 무니 부인은 밀짚을 채운 안락의자에 앉아 가정부 메리가 설거지하는 것을 지켜보았다. 그녀는 메리에게 화요일에 빵 푸딩*10을 만드는 데 쓸 수 있도록 빵 껍질과 부서진 빵 부스러기를 모아놓으라고 시켰다. 메리가 식탁을 말끔히 치우고 빵 부스러기도 다 모은 뒤, 설탕과 버터 보관용 찬장도 안전하게 자물쇠를 채워놓고 나자, 무니 부인은 간밤에 폴리와 나눴던 대화를 돌이켜보기 시작했다. 상황은 그녀가 예측한 그대로였다. 그녀는 솔직하게 질문했고 폴리도 솔직하게 대답했다. 물론 둘 다 다소 어색한 데가 전혀 없는 것은 아니었다. 그것은, 그녀는 그런 소식을 너무 대범하게 받아들이거나, 아니면 알면서도 모르는 척해온 것을 드러내 보이고 싶지 않았고, 폴리는 폴리대로 그런 종류의 남녀 관계에 대한 언급은 언제나 그녀를 어색하게 만들 뿐만 아니라, 순진하면서도 알 건 다 아는 그녀가 어머니의 관대함 뒤에 도사리고 있는 의도를 간파하고 있음을 들키고 싶지 않아서였다.

무니 부인은 깊은 생각에 잠겨 있다가 문득 조지 교회의 종소리가 그친 것을 깨닫고, 벽난로 위의 작은 금박 시계를 반사적으로 쳐다보았다. 11시 17분이었다. 도런 씨와 담판을 짓고 말버러 가*11 교회의 정오 약식 미사 시간에 충분히 대어 갈 수 있는 시간이었다. 그녀는 이길 자신이 있었다. 우선 사회적 여론이 그녀 편이었다. 그녀는 억울한 일을 당한 어머니였기 때문이다. 신의를 지킬 줄 아는 사람으로 믿고 한 지붕 밑에서 살게 했는데, 그 남자는 그녀의 친절한 호의를 무참히 짓밟고 말았다. 나이가 서른너덧 살이니 젊다는 것이 핑계가 될 수는 없었다. 몰라서 그랬다는 것은 더더욱 말이 안

---

*9 신교의 인습적 의례로서 예배에 갈 때는 장갑을 꼈다.

*10 작게 자르거나 잘게 찢은 빵에 우유, 달걀, 과일 등을 넣고 단맛과 향을 가미하여 굽거나 찌는 후식용 과자.

*11 '자매' 지도 참조. 이 가톨릭 수도대주교 임시대성당에서는 일요일은 신자들이 바쁜 날인 것을 고려하여, 점심 미사는 하루 미사의 마지막으로 20분 정도에 끝나는 짧은 미사이다. 말버러 Marlboroug는 대불전쟁과 아일랜드 원정군을 지휘했던 영국의 군인. '조지', '종탑', '원형광장', '탈출로(loophole)'와 함께 원래 전쟁과 관련이 있으며, 그런 점에서 무니와 도런의 대결로 이끌어가는 작자의 준비가 있다.

된다. 그는 세상 물정을 알 만큼 아는 사람이니까. 그는 한마디로 폴리의 어리고 순진함을 이용했을 뿐이었다. 그건 뻔한 사실이었다. 문제는 '그 남자가 어떻게 보상을 할 것인가'였다.

이 경우에는 반드시 보상이 있어야 해. 남자가 보기에는 하나도 문제될 것이 없다. 잠시 즐길 만큼 즐긴 뒤, 아무런 일도 없었던 것처럼 시치미를 뗄 수도 있으니까. 하지만 여자는 세상의 손가락질을 피할 길이 없다. 어떤 어머니들은 이런 일을 몇 푼의 돈을 받고 땜질해버리는 것으로 만족해 버린다. 그녀도 그런 경우를 더러 알고 있었다. 하지만 그녀는 절대로 용납할 수 없었다. 그녀에게 딸의 잃어버린 순결에 대한 보상은 오직 한 가지밖에 없었다. 그것은 바로 결혼이었다.

그녀는 다시 한 번 자신의 패를 검토해 본 다음, 메리를 2층의 도런 씨 방에 올려 보내 그녀가 할 얘기가 있다고 전하게 했다. 이길 자신이 있었다. 그는 진국 같은 젊은이였고, 다른 녀석들처럼 난봉기가 있거나 목청만 커다랗게 떠드는 사람도 아니었다. 만일 상대가 셰리던 씨나 미드 씨, 아니면 밴텀 라이언스였다면 일처리가 훨씬 어려웠을 것이다. 그 남자는 세상에 소문이 나면 태연한 척할 수 없을 거라고 보았다. 그 집의 하숙생들은 그 일을 대강이나마 모르는 사람이 없게 되어, 있는 일 없는 일 다 지어다 갖다 붙이는 자도 있을 정도였다. 게다가 그 남자는 13년 동안이나 가톨릭계 대형 주류상에서 근무해왔기 때문에, 세상에 알려지면 어쩌면 일자리를 잃을 수도 있었다. 반면에 만일 그 남자가 동의만 한다면 그것으로 모든 일은 해결될 터였다. 무엇보다 그가 봉급을 많이 받는다는 걸 그녀는 알고 있었고, 또 모아둔 돈도 제법 되는 것 같았다.

이제 곧 11시 반! 그녀는 자리에서 일어나 거울에 비친 자신의 모습을 살펴보았다. 그녀는 혈색 좋은 커다란 얼굴에 나타난 결연한 표정에 만족하고, 그녀가 알고 지내는 사람 가운데 딸을 치우지 못해 애태우는 몇몇 어머니들을 떠올렸다.

도런 씨는 이 일요일 아침 너무나 불안해서 견딜 수가 없었다. 그는 면도를 두 번이나 시도했으나 손이 너무 떨려 포기할 수밖에 없었다. 사흘이나 깎지 못한 불그스름한 턱수염이 턱 가장자리를 텁수룩하게 뒤덮고 있었고, 2, 3분마다 안경에 김이 서려 안경을 벗어 들고 손수건으로 닦아야만 했다.

전날 밤에 자기가 한 고해성사를 되짚어본 것이 심한 두통의 원인이었다. 그 사제는 두 사람의 관계에 대해 우스꽝스러울 정도로 세세한 점까지 꼬치꼬치 캐묻더니 결국 그의 죄를 하도 침소봉대하는 바람에, 속죄라는 빠져나갈 구멍이 주어지는 것만으로도 감지덕지해야 할 판이었다. 어이없는 짓을 저지르고 말았다. 그녀와 결혼을 하든지 아니면 도망치는 길 말고 무슨 뾰족한 수가 있겠는가? 뻔뻔스럽게 잡아 뗄 수는 없는 노릇이었다. 이번 일은 틀림없이 소문이 날 것이고, 그렇게 되면 그의 사장 귀에도 들어갈 것이 뻔했다. 더블린은 정말 좁은 도시다.*¹² 다른 사람들의 일까지 손바닥 들여다보듯이 다 알고 지내는 곳이다. 그러자 덜컥 그의 심장이 멎는 것만 같았다. 그의 상상력이 작용하여, 늙은 레너드 씨가 귀에 거슬리는 목소리로 '도런을 불러주게' 하고 큰 소리로 말하는 것이 들리는 것 같았기 때문이다.

오랜 직장생활이 모두 허사로 돌아간다! 그토록 근면하고 성실하게 일해 온 것이 하루아침에 물거품이 되고 만다! 물론 젊은 나이에 객기에 사로잡혀 방종한 생활을 한 적도 있다. 술집에서 술친구들에게 자기는 종교에 관해서는 자유로운 사고를 가지고 있다고 떠벌리면서 신의 존재를 부정하기도 했다. 그러나 그것은 모두 지나간 일, 이제는 다 끝난 일이다……거의. 그는 아직도 〈레이놀즈 신문〉*¹³을 매주 구독하고 있지만 종교상 의무에는 꼬박꼬박 참석하고, 1년의 대부분은 규칙적인 생활을 하고 있다. 그에게는 살림을 차릴 만한 충분한 돈도 있었다. 문제는 그게 아니었다. 무엇보다 가족들이 그녀를 깔볼 것이다. 뭐니 뭐니 해도 평판이 좋지 않은 아버지가 있는데다 어머니의 하숙집도 나쁜 소문이 돌기 시작했다. 그는 잘못 걸려들었다는 생각이 들었다. 친구들이 이 일을 수군거리며 웃어댈 것은 얼마든지 상상할 수 있었다. 그녀가 다소 천박한 것은 사실이었다. 예를 들면, '나는 보았었댔거든요'라고 하거나 '만약 내가 알았었댔다면'이라고 엉터리 말을 하는 것이다. 그러나 그가 진정 사랑하기만 한다면 그까짓 어법쯤이야 무슨 문제이겠는가? 그때의 그녀의 행동에 대해 좋아해야 할지 경멸해야 할지 도무지 갈피를 잡을 수가 없었다. 물론 그도 같이 저지른 일이었다. 본능이 그에게

---

*12 더블린에서 탈출한 조이스 자신의 감상이기도 하다. 당시의 인구는 30~40만 명, 현재는 50만 명이 넘는다.

*13 런던의 급진적인 일요신문으로 정치란은 조잡하다. 폭로기사 위주.

얽매이지 말고 결혼하지 말라고 강하게 충동질했다. 결혼하면 너는 그길로 끝장이라고 그것은 말하고 있었다.

그가 셔츠와 바지 바람으로 어찌할 바를 모른 채 침대에 걸터앉아 있으니, 그녀가 문을 살짝 두드리고 들어왔다. 그녀는 자기 어머니에게 그 일을 남김없이 털어놓았고, 또 그녀의 어머니가 오전 중에 그와 얘기를 나누고 싶어한다고 죄다 얘기해주었다. 그녀는 울음을 터뜨리면서 두 팔로 그의 목을 감고 말했다.

"오, 밥! 밥! 전 이제 어떡해야죠? 도대체 전 어떡해야 하냐구요?"

그녀는 죽고 싶다고 말했다.

그는 울지 말라고 타이르며, 모든 일이 잘 풀릴 테니 걱정하지 말라고 맥빠진 소리로 위로했다. 그는 자신의 셔츠 사이로 그녀 가슴의 동요를 느꼈다.

그런 일이 일어난 것은 전적으로 그의 탓만은 아니었다. 독신자 특유의 호기심에 찬 끈질긴 기억력으로 똑똑히 기억하고 있었다. 그녀의 옷자락이며 숨결이며 손가락이 스쳤던 최초의 그 우발적인 애무를. 어느 날 밤늦게 그가 잠을 자려고 옷을 벗고 있을 때 그녀가 방문을 톡톡 두드렸다, 약간 주저하듯이.*14 그녀의 촛불이 강풍에 꺼졌기 때문에 그의 촛불로 불을 붙이고 싶다는 것이었다. 그녀가 목욕하는 날 밤이었다. 그녀는 무늬가 찍힌 플란넬 천으로 만든 헐렁한 가운을 입고 있었다. 그녀의 하얀 발등이 모피슬리퍼 밖으로 반짝거렸고 향수를 뿌린 피부 속에서는 혈관이 따스하게 달아올라 있었다. 그녀가 초에 불을 댕겨 촛대를 바로 세우자 그녀의 손과 손목에서 향수 냄새가 은은하게 피어올랐다.

그가 꽤 늦게 귀가하는 날 밤이면 밤마다 그의 저녁 식사를 데워주는 사람은 바로 그녀였다. 모두가 잠든 집에서 깊은 밤에 자기 곁에 그녀 혼자 있다는 것을 느끼면, 그는 무엇을 먹고 있는지조차 모를 지경이었다. 게다가 그녀의 그 섬세하고 자상한 마음씨! 밤에 좀 쌀쌀하거나 비가 오고 바람이라

---

*14 푸치니의 오페라 《라보엠(La Boheme)》(1896년 토리노 초연) 제1막의 패러디. 무대는 파리 뒷골목의 어느 다락방. 주인공이 방에 있는데, 문을 노크한 젊은 여성이 촛불이 꺼졌으니 불을 붙이고 싶다고 말한다. 그 자리에서 두 사람 사이에 사랑이 싹트지만 병약한 그녀는 주인공과 결혼하지 못한 채 죽어간다.

도 부는 날이면 어김없이 펀치가 담긴 잔이 그를 위해 준비되어 있었다. 어쩌면 그녀와 함께라면 행복하게 살 수 있지 않을까······.

그들은 각자 촛불을 들고 까치발로 2층에 같이 올라가서는 세 번째 층계참에서 내키지 않는 작별인사를 나누곤 했다. 그들은 키스도 자주 했다. 그는 생생하게 기억하고 있다, 그녀의 두 눈, 손의 감촉, 그리고 자신의 황홀감을······*15

그러나 황홀감은 사라지게 마련. 그는 그녀가 하던 말을 되뇌면서 자기 자신에게 적용해보았다. '난 이제 어떡해야죠?' 독신자의 본능은 그에게 꽁무니를 빼라고 경고했다. 그러나 죄는 이미 저질러졌다. 그의 명예심도 그런 대죄에 대해서는 반드시 보상*16이 있어야 한다고 그에게 말했다.

그가 그녀와 함께 침대에 걸터앉아 있을 때 메리가 문간에 와서 마님이 응접실에서 그를 만나고 싶어한다고 전했다. 그는 어느 때보다 더욱 무기력하게 자리에서 일어나 웃옷과 조끼를 입었다. 옷을 차려입자 그는 폴리에게 다가가 그녀를 위로했다. 잘 해결될 테니 걱정 말라고. 그리고 침대에 엎드려 흐느껴 울면서 '오, 하느님!' 하고 조용히 신음하는 그녀를 남겨두고 방을 나왔다.

계단을 내려가는 동안 안경에 김이 서려서 벗어 들고 닦지 않을 수 없었다. 그는 지붕을 뚫고 올라가 골치 아픈 얘기를 다시는 듣지 않아도 될 다른 나라로 훨훨 날아가 버리고 싶은 생각이 간절했지만 어떤 보이지 않는 힘에 떠밀려 한 걸음 한 걸음 아래층으로 내려갔다. 그의 사장과 마담이 무자비한 얼굴로 낭패한 그의 몰골을 노려보는 것 같았다. 마지막 계단에서 그는 잭 무니와 마주쳤다. 잭은 '배스 맥주'*17 두 병을 가슴에 안고 식품 저장실에서 올라오는 길이었다. 그들은 냉랭하게 인사를 나눴다. 사랑에 빠진 남자의 눈길은 1, 2초 가량 상대의 살찐 불도그 같은 얼굴과 굵고 짧은 두 팔에 머물렀다. 그가 맨 아래 계단에 이르러 위를 힐끗 올려다보았더니 잭이 모퉁이

---

*15 이 수법에 대해서는 '이블린'의 *3 참조.

*16 reparation. 이 말을 무니 부인은 세 번 사용하는데 도덕상의 보상으로서 금전 등의 물질적인 배상을 얻으려 하는 데 비해, 도런은 이 말을 두 번 사용하는데 종교상의 속죄로서 사용하고 있다.

*17 갈색의 강한 아일랜드 맥주의 일종. '배스'는 주조회사의 상표.

방 문 앞에서 그를 쳐다보고 있었다.

느닷없이 그는 어느 날 밤의 일이 떠올랐다. 흥행장에 나가는 '연예인'의 한 사람으로, 몸집이 자그마한 금발의 런던내기가 폴리에게 지나칠 정도로 빈정거리는 말을 한 것이다. 그날 밤 친목모임은 잭이 폭력을 휘두르는 바람에 난장판이 될 뻔했다. 모두가 달려들어 그를 진정시키려고 애썼다. 전에 없이 해쓱해진 그 '연예인'은 끝까지 미소를 지으면서 결코 악의가 있었던 것은 아니라고 되풀이했다. 그러나 잭은 앞으로 어떤 놈이든 자기 누이동생에게 그따위 수작을 거는 놈이 있으면 염병할 그놈의 목덜미를 물어 뜯어놓을 테니 그리 알라고 하면서 고래고래 고함을 질러댔다.

*

폴리는 침대에 걸터앉아 한동안 울고 있었다. 그러다가 곧 눈물을 훔치고 일어나 거울 앞으로 갔다. 수건 끝을 주전자에 담가 시원한 물로 눈을 닦았다. 그리고 거울에 비친 자신의 옆모습을 쳐다보면서 귀 위의 머리핀을 매만졌다. 그런 다음 다시 침대로 가 발치에 앉았다. 그녀는 한참동안 베개를 뚫어져라 쳐다보았다. 베개를 보고 있노라니 마음속에 은밀하고도 즐거웠던 기억들이 되살아났다. 그녀는 서늘한 철제 침대 난간에 목덜미를 기대고 공상에 잠겼다. 그녀의 얼굴에는 어떠한 동요의 흔적도 보이지 않았다.

그녀는 참을성 있게, 거의 즐거워 보일 정도로 아무런 불안도 없이 기다리고 있었다. 추억은 점차 미래의 희망과 꿈으로 옮겨갔다. 그 희망과 꿈은 너무나 복잡하게 뒤얽혀 있어서, 그녀의 시선이 고정되어 있는 그 하얀 베개도 더 이상 보이지 않고, 자기가 무엇을 기다리고 있는지조차 그녀의 마음에서 사라졌다.

마침내 어머니가 부르는 소리가 들렸다. 그녀는 벌떡 일어나 계단 난간으로 달려갔다.

"폴리! 폴리!"

"네, 엄마?"

"애야, 내려온. 도런 씨가 하실 말씀이 있대."

그제야 그녀는 자기가 무엇을 기다리고 있었는지 생각이 났다.

해설

'하숙집(The Boarding House)'은 1905년 7월 트리에스테에서 다섯 번째 작품으로서 완성되었다. 전체적인 통제가 끝까지 무너지지 않고 짜임새가 있어서 쉽게 읽히는 작품이다.

'첫머리'는 무니 부인에게 시점을 두고, 그녀의 책략이 얘기된다. 그녀는 '문'(moon '멍하니 지내다', '목적 없이 돌아다니다')과 무니(moony '멍청한')에서 연상되는 여성과는 거리가 멀다. 도런의 성격을 간파하여 빠져나갈 수 없는 상황을 만들고, 그와의 대결을 일요일 오전으로 선택한 것도 참회와 관련하여 심리적인 압박을 주려는 전략이다.

'중간'에는 밥 도런에게 시점을 두고 그의 당혹감이 얘기된다. 도덕과 세상에 대한 체면이 무니 부인에게는 비속과 책략의 구실인데 비해, 그것들이 그에게는 두려움과 비굴함의 탈출구가 된다. 그의 이름 도런 'Doran'은 '하다' do와 '달아난' ran의 조합이며, 또한 아일랜드어로 도런은 '국외생활자'나 '외국에서 온 사람'을 의미한다. 그러나 그는 환경에 얽매여 자유롭게 움직이지 못하고 무니부인의 손아귀에 빠져든다.

'마지막'의 시점인물은 폴리이다. 그녀가 이야기에 첫 등장할 때 흥행장의 곡목 같은 노래를 부른다. 노래 문구가 암시하듯이, 촛불을 소도구로 사용하여 도런을 도발하고 목적을 이룬다. 도런이 방에서 나갈 때 독자는 폴리와 함께 남겨지며, 그 동안 아래층에서는 무니부인과 도런의 면담이 진행되고, 무니부인의 간책과 최후통첩이 이루어지고 있다. 그러나 독자는 두 사람 사이에서 얘기가 어떻게 전개되는지 추측할 수 있다. 직전에 폴리가 도런 앞에서 보여준 언동은 모두 그녀를 유리하게 이끌고, 그가 방에서 나갈 때의 마지막 중얼거림 '아, 하느님(O My God!)'으로 자기가 저지른 죄로 두려움에 떠는 그에게 마지막 칼을 꽂는다.

무니부인의 마지막 말은 직접화법으로 부각시켜 도런의 전면적인 굴복을 짐작하게 한다. 이와 같이 치밀하게 깔린 복선을 통해 진행 중인 면담은 생략하고, 독자에게 그것을 추측하게 한다. 그럼으로써 훨씬 강한 인상을 주는 것이 작자의 의도였던 것이다.

'하숙집'은 이야기 전체가 유머러스하고, 무니부인의 편견과 거기에 이어지는 도런의 낭패한 모습은 특히 우스꽝스럽기까지 하다. 15편 가운데 하나 정도는 이렇게 단순명쾌하고 희극적인 작품이 있어도 좋지 않을까. '하숙집' 은 〈청년기〉네 작품의 마지막으로, 도런이 결혼에 이르는 과정을 그린 점에서 보면 〈성년기〉이야기로 이끄는 매개가 된다. 다음 두 작품 '작은 구름'과 '대응'의 주인공들을 도런이 결혼한 뒤의 모습으로 볼 수도 있다.

작은 구름

8년 전 그는 노스월 부두에서 친구를 전송하면서 성공을 기원했다. 갤러허는 성공을 거두었다. 그것은 외국물이 몸에 배인 태도, 잘 빠진 트위드 양복, 그리고 거침없는 말투로 보아 금방 알 수 있었다. 그런 재능을 가진 친구도 드물었거니와 그만한 성공을 거두고도 사람이 망가지지 않는 경우는 더욱 드물었다. 갤러허는 심성이 따뜻한 사람이라서 노력이 결실을 맺는 것도 당연한 일이었다. 그런 친구가 있다는 것은 자랑스러운 일이었다.

점심시간 이후로 리틀 챈들러의 머리는 갤러허를 만날 일, 갤러허의 초대, 그리고 갤러허가 살고 있는 대도시 런던에 대한 생각으로 꽉 차 있었다. 사람들은 그를 리틀 챈들러라고 불렀는데, 그 이유는 그가 평균 신장보다 그저 약간 작을 뿐인데도 어딘지 모르게 사람들에게 키가 작은 사람이라는 인상을 주어서였다. 그의 손은 하얀 데다 조그마하고 체격은 허약해 보이며, 목소리는 온화하고 태도는 세련되었다. 그는 자신의 비단결 같은 금발과 콧수염을 극진하게 보살폈고 손수건에는 은은하게 향수를 뿌리기도 했다. 손톱의 반달은 완전무결했고, 미소를 지을 때면 어린애같이 하얀 치열이 언뜻 드러나 보였다.

그는 킹스인*1에 있는 자기 책상 앞에 앉아 지난 8년의 세월이 가져다준 변화를 생각해보았다. 그가 여태까지 초라하고 궁상스러운 모습으로만 알아왔던 친구가 런던 언론계의 총아가 된 것이다. 그는 이따금 지루한 글쓰기를 멈추고 몸을 돌려 사무실 창밖을 내다보았다. 늦가을 저녁놀이 잔디밭과 산책로를 뒤덮고 있었다. 그 빛은 벤치에서 꾸벅꾸벅 졸고 있는 너저분한 차림의 보모들과 꼬부라진 노인들에게 기분 좋은 금빛 소나기를 퍼붓고 있었다.

---

*1 주인공은 이 날 점심식사 때까지 친구와 잠깐이나마 만났던 것 같다. 친구의 복장과 말씨에 대해 언급할 수 있는 것은 그 때문이다.

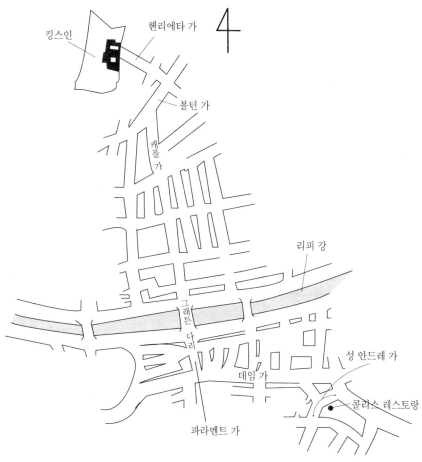

챈들러가 걸어간 길

킹스인 → 헨리에타 가 → 볼턴 가 → 캐플 가 → 그래튼 다리 → 파라멘트 가 → 데임 가 → 성 안드레 가 → 콜러스 레스토랑

그리고 그것은 모든 움직이는 자들, 이를테면 자갈길을 따라 소리를 지르며 달려가는 어린아이들과 공원을 가로질러 지나가는 모든 사람들 위에서 어른 거리며 흔들리고 있었다. 그는 그런 광경을 지켜보면서 인생에 대해 생각했다. 그리고(인생을 생각하면 언제나 그렇듯이) 그는 슬퍼졌다. 잔잔한 외로움이 그의 마음을 사로잡았다. 운명에 저항하며 몸부림치는 것이 정말 부질없는 짓이라는 생각이 들었다. 그것은 오랜 세월이 그에게 남겨준 지혜의 무

거운 짐이었다.*²

　그는 집 서가에 꽂혀 있는 시집들을 머리에 떠올렸다. 총각 시절에 사 모
은 것으로, 현관 옆 작은 방에 앉아 있는 밤이면 자주 서가에서 한 권을 꺼
내 아내에게 그럴듯한 대목을 읽어주고 싶은 충동을 느끼곤 했다. 그러나 그
는 수줍음 때문에 항상 그러지를 못했다. 그래서 시집들은 서가에 고스란히
그대로 꽂혀 있었다. 이따금 그는 시 구절을 혼자 암송하는 것으로 위안을
삼았다.

　퇴근 시간이 되자 그는 자리에서 일어나 자기 책상과 동료 직원들에게 꼼
꼼하게 작별인사를 했다. 그는 킹스인의 중세풍 아치문을 깔끔하고 단정한
모습으로 빠져 나와 헨리에타 가*³의 언덕길을 빠른 걸음으로 내려갔다. 황
금빛 저녁놀이 이울어 가고 공기는 싸늘해져 있었다. 거리에는 땟물이 흐르
는 아이들이 무리를 지어 우글거리고 있었다. 그들은 차도 한복판에 서 있거
나 뛰어다니는가 하면, 열려 있는 현관문으로 통하는 돌계단에 기어오르거
나 문지방에 생쥐들처럼 쪼그리고 앉아 있기도 했다. 리틀 챈들러는 그 아이
들은 거들떠보지도 않았다. 그는 그 하찮은 벌레 같은 아이들 사이를 요리조
리 빠져나가 그 옛날 더블린의 귀족들이 흥청망청 살았다던 그 음산한 유령
저택들이 늘어선 곳을 더듬어 갔다.*⁴ 과거를 떠올리고 감상에 젖는 일은 없
었다. 그의 마음은 눈앞의 기쁨으로 충만해 있었기 때문이다.

　그는 콜리스 레스토랑*⁵에 가본 적은 없었으나 그 명성은 익히 알고 있었
다. 그가 알기로 그곳은 극장이 끝난 뒤 사람들이 가서 굴을 먹고 리큐어를
마시는 곳이었다. 그리고 그곳 웨이터들은 프랑스어와 독일어를 쓴다는 말을
들은 적도 있었다. 언젠가 밤에 빠른 걸음으로 그곳을 지나가던 그는 입구
앞에 택시들이 서더니 화려하게 차려입은 숙녀들이 멋쟁이 신사들의 부축을

＊2　'지혜(wisdom)'이라는 말은 구약성서 속의 '지혜의 문학'을 연상시키며, 여기에는 인생의
　　덧없음과 운명에 저항하는 것의 무의미함이 얘기되어 있다. '후세 사람들에게 전하다＝남
　　기다' bequeath는 유언장의 법률용어로 '재산을 유증하다'.

＊3　작품 당시, 이 완만한 언덕길은 싼 아파트가 밀집한 지대였다.

＊4　거리(어느 공작부인의 이름에서 유래. 현재는 폐허)는 18세기 무렵까지는 귀족들의, 더블
　　린에서 가장 고급 저택이 늘어서 있었다. 거기에 맞춘 말과 어구('귀족(nobility)'과 '난장판
　　(roister)'은 엘리자베스 왕조 시대의 고어)로 묘사되어 있다.

＊5　실재한 인기 있는 고급 레스토랑 겸 바.

받으며 차에서 내려 안으로 들어가는 광경을 본 적이 있었다. 숙녀들은 화려한 드레스에 갖가지 숄로 장식하고 있었다. 얼굴은 분으로 화장을 하고, 치맛자락이 땅에 닿기라도 하면 기겁한 아탈란타*6처럼 드레스 자락을 들어올렸다. 그는 언제나 고개를 돌려 쳐다보지도 않고 그냥 지나쳤다. 심지어 대낮에도 그곳을 빠른 걸음으로 지나치는 것이 그의 습관이었고, 어쩌다 밤늦도록 시내에 있게 되면 언제나 불안과 흥분을 느끼면서 갈 길을 재촉했다. 그러나 때로는 공포의 원인을 일부러 찾는 일도 있다. 짐짓 가장 어둡고 가장 좁은 거리만 골라서 대담하게 걸어가노라면, 발길 주변에 깔리는 침묵이 그를 괴롭혔고, 말없이 배회하는 사람들의 모습이 그를 불안케 했다. 그리고 때때로 순식간에 스쳐가는 나지막한 웃음소리도 그를 나뭇잎처럼 떨게 했다.

그는 캐플 가*7를 향해 오른쪽으로 꺾었다. 런던 언론계의 이그나티우스 갤러허! *8 8년 전에 뉘라서 그것을 상상할 수 있었겠는가? 하지만 이제 와서 지난날을 돌이켜보니, 친구에게 장차 대성할 수 있는 조짐들이 여러 가지 있었던 것이 생각났다. 사람들은 다들 이그나티우스 갤러허는 망나니라고 했다. 물론 그는 그 당시 건달패들과 어울려 다니면서 닥치는 대로 술을 마시고 사방에서 돈을 꾸어 썼다. 결국은 어떤 불미스러운 사건, 다시 말해 모종의 금전 문제에 휘말려 들었다. 적어도 그것이 그가 도주한 이유라고 보는 의견이 있었다. 그러나 그의 재능을 부인하는 사람은 아무도 없었다. 이그나티우스 갤러허에게는 언제나 모르는 사이에 상대방을 끌어당기는 데가 있었다. 심지어 그가 거지꼴인 데다 돈 마련할 길이 막막할 때도 그 넉살좋은 표정은 조금도 달라지지 않았다. 리틀 챈들러는 이그나티우스 갤러허가 궁지에 몰렸을 때 하던 말 한마디가 머리에 떠올랐다(그 말을 떠올리면 자랑스러운 기분이 들어 그의 뺨이 살짝 상기되곤 했다).

*6 그리스 신화에 나오는 발이 빠른 미녀. 자신과 경주하여 이긴 사람과 결혼하겠다고 약속하자, 청년 히포메네스는 여신에게서 받은 세 개의 황금사과를 경주하는 길에 던져서, 놀란 아탈란타가 그것을 줍는 사이에 그녀를 앞질러 경주에 이기고 그녀를 차지했다.

*7 ☆킹스인(영국왕 헨리8세에서 유래) 건물 → 헨리에타 가를 동남동 → 볼턴 가 네거리에서 우회전 → 캐플 가

*8 Ignatius. 라틴어로 '불(fire)'이라는 뜻. 스페인의 가톨릭 성직자이자 예수회 창시자이며, 전투적 선교자였던 로욜라(1491~1556)의 세례명과 같다. 'Gallaher'는 아일랜드어의 'Gallchobar(대회원조)'에서 파생한 말.

"좀 쉬어 가자고, 안 그래, 친구들? 머리에 피가 잘 돌게 하는 내 생각 모자는 어디 있지?"[9] 그는 태평하게 그렇게 말했다.

정말 이그나티우스 갤러허답다. 빌어먹을, 그러니 그에게 감탄할 수밖에! 리틀 챈들러는 걸음을 재촉했다. 난생 처음으로 스쳐지나가는 다른 사람들보다 자기가 우월한 느낌이 들었다. 난생 처음으로 그의 영혼은 활기 없고 촌스러운 캐플 가에 반감을 느꼈다. 의문의 여지가 없다, 성공하고 싶으면 떠나는 수밖에 없다는 것은. 더블린에서 할 수 있는 일은 하나도 없으니까. 그는 그래튼 다리를 건너가면서[10] 리피 강 아래 저지대 부두 쪽을 내려다보면서 거기에 밀집한 빈민들의 초라한 집들을 측은하게 생각했다. 그 집들은 그의 눈에는 강둑을 따라 떼를 지어 모여든 부랑자들처럼 보였다. 먼지와 검댕투성이의 남루한 코트를 입고, 저녁놀의 장관을 넋을 잃고 바라보면서 밤의 첫 냉기가 밀려오면 그제야 자리에서 일어나 몸을 떨면서 어디론가 사라질 때까지 꼼짝않고 있는 자들이다. 그는 그러한 착상을 표현하는 한 편의 시를 쓸 수 있겠다는 생각이 들었다. 갤러허가 아마도 그를 위해 그것을 런던의 어떤 신문에 실어줄지도 모른다. 무언가 독창적인 시를 쓸 수 있지 않을까? 그는 어떤 생각을 표현하고 싶은 건지 분명하진 않았지만 시적인 순간이 그를 사로잡았다는 생각 하나만으로도 희망에 부푼 어린아이처럼 온몸에 생기가 샘솟았다. 그는 활기차게 발걸음을 옮겼다.

그 한 걸음 한 걸음이 그를 런던에 다가가게 하고, 그 자신의 민숭민숭한 비예술적인 삶에서 멀어지게 했다. 한 줄기 빛이 그의 마음의 지평선 위에서 명멸하기 시작했다. 그의 나이 서른둘, 그리 많은 나이는 아니었다. 그의 기질은 바야흐로 원숙기에 이르렀다고 할 수 있으리라. 그에게는 시로 표현하고 싶은 온갖 분위기와 인상이 얼마든지 있었다. 그런 것을 자신의 내부에서 느낄 수 있었다. 그는 자신의 영혼을 저울에 올려, 그것이 시인의 영혼인지 확인해 보려고 애썼다. 우울이 자신의 기질의 바탕이라고 그는 생각했다. 그러나 그것은 신념과 체념, 그리고 소박한 기쁨이 되풀이됨으로써 색조가 가

---

[9] C. 디킨스의 장편소설 《우리 모두의 친구》(1865)에서 교활한 웨그의 말에 "나리, 저에게 생각모자를 씌워 주십시오"가 있다.

[10] ☆캐플 가를 남하→그래튼 다리→파라멘트 가를 약간 남하→데임 가를 동행→성 안드레 가에 있는 콜리스 레스토랑

라앉는 우울이었다. 만일 그가 한 권의 시집에 그것을 표현할 수 있다면 사람들은 아마도 귀를 기울여 줄 것이다. 그는 대중적인 인기는 끌지 못하리라, 그는 그것을 알고 있었다. 대중을 사로잡을 수는 없지만 같은 정신을 가진 소수의 계층은 공감해줄지도 모른다. 아마도 영국 비평가들은 그의 시의 우울한 시풍에서 그를 켈트파*11 시인으로 인정해 줄 것이다. 그렇다면 이쪽에서 그것을 은근히 암시하는 말을 집어넣자. 그는 자신의 저서가 받게 될 서평에 나옴직한 문장과 구절을 마음속으로 지어보기 시작했다. '챈들러 씨는 평이하고도 우아한 시재(詩才)를 타고났다. ······애틋한 슬픔이 시의 전편에 배어있다. ······켈트파의 특징.' 그의 이름이 좀 더 아일랜드적이지 않은 것이 유감이었다. 어쩌면 성 앞에 어머니 이름을 끼워 넣는 것이 나을지도 모른다. 토머스 맬런 챈들러, 아니 T. 맬런 챈들러가 더 나을까. 그는 이 문제에 대해 갤러허와 상의해볼 생각이었다.

그는 생각에 골몰한 나머지 길을 지나쳐서 다시 되돌아가야 했다. 콜리스 레스토랑에 가까워지자 조금 전부터의 흥분이 다시 밀려왔다. 그는 주저하면서 문 앞에 섰다. 이윽고 마음을 정한 그는 문을 열고 안으로 들어갔다.

바의 불빛과 소음 때문에 그는 잠시 문간에 서 있었다. 주위를 둘러보았으나 수많은 붉고 푸른 포도주잔의 광채 때문에 눈이 어렸다. 바는 손님들로 만원인 것 같았고, 그 손님들이 자기를 호기심에 찬 눈초리로 관찰하고 있는 듯한 느낌이 들었다. 그는 재빨리 좌우를 훑어보았다(중요한 볼일로 온 것처럼 보이기 위해 미간을 약간 찌푸리면서). 그러나 시야가 다소 밝아지자 몸을 돌려 자기를 쳐다보는 사람은 아무도 없는 것을 발견했다. 그리고 아니나 다를까, 거기에 이그나티우스 갤러허가 있었다. 카운터에 등을 기대고 서서 두 다리를 크게 벌리고.

"여어, 토미, 이 친구, 왔군 그래! 뭘로 할까? 자넨 뭘 들었으면 좋겠어? 난 위스키를 마시고 있어, 물 건너 것보다는 여기 것이 훨씬 낫거든. 소다는? 리시아는? 광천수는 필요 없지? 나도 마찬가지야. 맛을 버리거든

*11 19세기 말 아일랜드에서 민족정신의 각성과 문예부흥운동이 일어나, 거기에 동조한 문학자들을 '켈트파'라고 불렀다. 켈트는 기원전 600년 무렵부터 잇따라 도래하여 정착한 민족으로, 아일랜드에 그 후손들이 많다. 주인공의 시각에서 보는 광경에 대한 표현묘사는 '켈트의 박명(아일랜드 문예부흥의 별칭)'을 의식한 것이라는 해석이 있다.

……. 이봐, '가르송(웨이터)', 위스키 작은 것으로 두 잔 가져와, 냉큼……
그래, 지난번 마지막으로 본 뒤로 어떻게 지냈나? 맙소사, 우리도 어지간히
늙어가고 있군그래! 나도 나이 먹은 표가 많이 나지? 응, 어때? 정수리 부
근이 허옇다거나 숱이 줄어들었다거나, 어때?"

이그나티우스 갤러허는 모자를 벗고 머리를 짧게 깎은 커다란 두상을 보
여주었다. 말끔하게 면도를 한 그의 얼굴은 생기가 없고 창백해 보였다. 눈
은 푸른빛이 도는 잿빛 때문인지 건강하지 않게 보이는 창백한 안색을 더욱
두드러지게 하면서, 화려한 오렌지색*12 넥타이 위에서 뚜렷하게 빛나고 있
었다. 이렇게 서로 경쟁하는 듯한 안색과 눈빛 사이에서 입술은 매우 길쭉하
고 볼품도 없는 데다 핏기가 없었다. 그는 머리를 숙이고 맞장구라도 쳐주기
를 바라는 듯이 두 개의 온화한 손가락으로 정수리의 성긴 머리카락을 만졌
다. 리틀 챈들러는 그렇지 않다는 뜻으로 고개를 가로저었다. 이그나티우스
갤러허는 다시 모자를 썼다.

"사람 골병들기 딱 좋지. 언론계 생활이란 게 말이야, 기삿거리를 찾아 눈
만 뜨면 동분서주하지만 허탕을 치는 일이 비일비재해. 그런데 기삿감에는
항상 새로운 뭐가 있어야 한다는 게 철칙이거든. 빌어먹을 교정쇄며 식자공
들, 그놈의 꼬락서니를 단 며칠이라도 보지 않으니 살 것 같아. 정말이지,
고국에 돌아오니 이루 말할 수 없이 기쁘군. 쥐꼬리 같은 휴가지만 보약 같
다고 할까. 사랑하는 더러운 더블린*13에 돌아오니 기분이 한없이 편하단 말
이야. ……아, 왔군, 토미, 물은? 됐으면 말해."

리틀 챈들러는 자신의 위스키에 물을 많이 타도록 내버려두었다.

"자넨 어떻게 마셔야 잘 마시는 건지 모르고 있군그래, 이 사람아. 난 스
트레이트로 마셔." 이그나티우스 갤러허가 말했다.

"평소엔 거의 술을 입에 대지 않아. 어쩌다가 옛 친구를 만나면 반 잔 정
도나 할까, 그게 전부야." 리틀 챈들러가 조심스럽게 말했다.

"자, 그럼 건배할까, 우리를 위해, 그리고 옛 시절과 옛 친구들을 위해."

---

*12 아일랜드에서는 18세기 말에 신교가 비밀결사 오렌지당을 창설했는데, 그때부터 그 당원
　　은 오렌지색 리본을 매고 가톨릭과 싸웠다. 가톨릭교도가 많은 더블린에서 이 색의 넥타
　　이를 하고 있으면 신교의 비밀당원으로 의심받는다.

*13 dear dirty Dublin. 아일랜드의 여류작가 S. 모건의 조어(造語). 조이스가 좋아한 말.

이그나티우스 갤러허가 쾌활하게 말했다.

그들은 잔을 서로 부딪치고 건배했다.

"오늘 옛날 패거리들을 몇 명 만났지. 오하라는 별로 안 좋아 보이던데 그 녀석 뭘 하나?" 이그나티우스 갤러허가 물었다.

"아무것도 하는 일 없어, 그 친군 볼 장 다 본 것 같아."

"하지만 호건은 좋은 자리에 있나 보던데, 안 그래?"

"맞았어, 그 친구, 농지관리위원회*14에 나가고 있어."

"어느 날 밤 런던에서 그 친구를 만난 적이 있는데 아주 잘 나가는 듯이 보이더군……. 오하라는 참 안됐어! 아마 술 때문이겠지?"

"다른 이유도 있지." 리틀 챈들러가 짤막하게 말했다.

이그나티우스 갤러허는 웃었다.

"토미, 그리고 보니 자넨 조금도 변하지 않았군. 일요일마다 내가 숙취로 머리가 빠개지고 혓바늘이 돋은 듯이 입안이 깔깔해져 있으면 어김없이 나에게 설교를 늘어놓던 그 진지한 사람 바로 그대로야. 자네도 조금은 세상을 둘러보고 싶다고 생각하지 않나. 어디든 나가본 데 없어, 짧은 여행이라도?"

"맨 섬에 가본 적은 있어." 리틀 챈들러가 말했다.

이그나티우스 갤러허가 껄껄 웃었다.

"맨 섬이라! 가려거든 런던이나 파리에 가볼 일이지. 굳이 선택한다면 파리가 낫지. 자네한테 많은 도움이 될 거야."

"자넨 파리에 가보았나?"

"가보고말고! 제법 돌아다녀 봤지."

"그래, 소문대로 그렇게 아름다운 곳이던가?" 리틀 챈들러가 물었다.

그가 위스키를 홀짝홀짝 마시는 데 비해 이그나티우스 갤러허는 쭉쭉 잔을 비웠다.

"아름답냐고?" 이그나티우스 갤러허는 잠시 그 말뜻을 생각하면서 술맛을 음미했다. "그렇게 아름답지는, 않아. 물론 아름답기야 하지……. 그래도 파리의 삶이지, 정작 중요한 건 말이야. 아, 밝고 활기가 넘치고 짜릿하기로는…… 파리만한 도시가 없어."

---

*14 지주한테서 소작인에 대한 농지 양도를 다룬 '아일랜드 토지양도 재판소'. 소작인이 대지주한테서 토지를 살 때는 뒷돈이 오갔다.

위스키 잔을 다 비운 리틀 챈들러는 약간 애를 쓴 끝에 웨이터의 시선을 붙드는 데 성공했다. 그는 같은 것을 다시 주문했다.

"물랭루주*15에도 가보았어." 이그나티우스 갤러허는 웨이터가 술잔을 치우기를 기다렸다가 말을 이었다. "예술가들이 모여드는 보헤미안 카페도 있는 대로 다 가보았지. 정말 끝내주더군! 토미, 자네같이 경건한 친구들은 갈 곳이 못되지만."

리틀 챈들러는 웨이터가 잔을 두 개 들고 돌아올 때까지 아무 말도 하지 않았다. 그런·다음 친구의 잔에 자기 잔을 가볍게 부딪쳐 조금 전 건배에 답례했다. 그는 약간 환멸을 느끼기 시작했다. 갤러허의 말투와 자기의 생각을 강요하는 방식이 비위에 거슬렸던 것이다. 친구에게는 그가 전에 보지 못했던 역겨운 그 무엇이 있었다. 그러나 그것은 아마도 런던 언론계의 북새통과 경쟁의 와중에서 치열하게 살아온 결과에 지나지 않을 것이다. 옛날 그대로의 개인에게 갖춰진 매력이 이 새롭고 번지르르한 태도의 이면에 아직도 남아 있었다. 그리고 뭐니 뭐니 해도 갤러허는 나름대로 열심히 살아왔고, 세상을 알 만큼 아는 것이 사실이었다. 리틀 챈들러는 부러운 눈초리로 친구를 쳐다보았다.

"파리에선 모든 것이 즐거워. 그들은 인생은 즐기는 것이라고 믿고 있다네." 이그나티우스 갤러허가 말했다. "자네는 그렇게 생각하지 않나? 인생을 제대로 즐기고 싶으면 두 말 말고 파리로 가는 거야. 그리고 그거 알아? 거기 사람들은 아일랜드 사람이라면 사족을 못 써.*16 내가 아일랜드 출신이라고 했더니 나를 완전히 잡아먹으려고 하더군, 나 참."

리틀 챈들러는 술잔에서 네댓 모금 홀짝거렸다.

"어쨌어, 그게 사실인가, 파리가 어지간히……부도덕하다는 소문이?" 그가 말했다.

이그나티우스 갤러허는 오른손으로 성호를 긋는 시늉을 했다.*17

"부도덕하지 않은 곳이 어디 있겠어. 물론 파리에 아슬아슬한 여자들이

---

*15 당시의 여행자들에게는 외설스러운 곳으로 간주되고 있었다.

*16 양국의 관계는 '레이스가 끝난 뒤'의 해설에서 언급했다.

*17 JM은, 경건한 신자는 부도덕한 일을 남 앞에서 얘기할 경우, '가톨릭교도가 취하는 몸짓(성호를 긋고 자기호오)'을 한다고 이 대목을 설명했다.

있는 건 사실이야. 예를 들어 학생들 무도회*18 같은 데를 가 봐. '코코트들'*19이 본색을 드러내기 시작하면 그야말로 난장판이 되지. 고년들이 어떤 것들인지 자네도 알 텐데?"

"얘기는 들은 적 있어." 리틀 챈들러가 말했다.

이그나티우스 갤러허는 위스키 잔을 다 비우고 고개를 끄덕였다.

"아, 사람마다 생각이 다 다르겠지만 말이야, 내가 보기에는 파리 여자를 당할 여자는 없어. 스타일로 보나 정력으로 보나."

"그렇다면 문란한 도시라는 말이 맞는군그래. 내 말은 런던이나 더블린에 비해서 말이네만." 리틀 챈들러는 조심스럽게 주장했다.

"런던이라! 오십보백보야. 호건한테 물어봐, 이 친구야. 그 친구가 런던에 왔을 때 내가 데리고 다니면서 시내 구경을 좀 시켜주었지. 그의 말을 들으면 자네 눈이 등잔 만해질 걸. ……토미, 그 위스키 맹물 만들지 말고 쭉 들이켜."

"아냐, 실은……."

"그러지 말고 어서 마셔. 한 잔 더 한다고 어떻게 될까봐 그래? 어느 걸로? 같은 걸 다시 하는 게 어때?"

"그럼……그러지 뭐."

"'프랑수아,*20 같은 걸로 한 잔 더. ……담배 하겠나, 토미?"

이그나티우스 갤러허는 시가갑을 꺼냈다. 두 친구는 시가에 불을 붙여 술이 나올 때까지 말없이 뻐끔거렸다.

"내 생각에는 말이야." 이그나티우스 갤러허는 잠시 뒤 자신을 가리고 있던 담배 연기로부터 모습을 드러내면서 말했다. "아주 묘한 세상이야. 부도덕하다고! 그런 사례는 귀가 아프도록 들었지—아니, 지금 내가 무슨 헛소리를 하고 있지? —말하자면 내가 직접 아는 것도 있다는 얘기야, 부도덕한 ……사례들을 말이야……."

---

*18 파리의 레스토랑이나 카페의 무도회는 성적 부도덕의 온상이라는 평판을 받으며, 많은 학생들이 모여들어 창녀들과 어울렸다고 한다.

*19 행실이 나쁜 여자, 창녀.

*20 François. 빼기면서 프랑스어풍으로 부르고 있지만, JM에 따르면 당시 콜리스 레스토랑의 소유자 가운데 한 사람의 이름이 프랑수아였다고 한다.

이그나티우스 갤러허는 생각에 잠긴 채 담배를 빨아대다가 차분한 역사가의 말투로 외국에 만연하고 있는 퇴폐의 실상들을 친구를 위해 얘기하기 시작했다. 여러 나라 수도의 타락상을 몇 가지 얘기한 그는 승리의 영광*21은 베를린에 안기고 싶은 모양이었다. 그가 장담할 수 없는 사례도 몇 가지 있었지만(그의 친구들한테서 간접적으로 들은 얘기라서), 나머지 사례들은 그가 직접 경험한 것들이었다. 그는 지위와 신분도 가차 없이 폭로했다. 대륙의 수도원의 내막*22을 폭로하는가 하면, 상류사회에서 유행 중인 음란 행위를 몇 가지 실례를 들어 설명한 다음, 영국의 어느 공작부인에 관한 일화—그가 실화라고 믿는 이야기였다—를 자세히 얘기했다. 리틀 챈들러는 아연 실색했다.

"글쎄, 우리가 지금 있는 이곳은 그런 일과는 담을 쌓은 곳이니 이곳 생활이 고리타분하고 무미건조할 수밖에." 이그나티우스 갤러허가 말했다.

"자넨 여기가 참으로 따분하겠군. 그토록 많은 곳을 직접 다 보고 왔으니 말이야!" 리틀 챈들러가 말했다.

"글쎄, 그래도 여길 오니 마음이 푹 놓이기는 해. 그리고 뭐니 뭐니 해도 흔히 하는 말로 고국이 제일 아닌가, 안 그래? 고국에 대한 일말의 감회가 없을 순 없지. 그게 인지상정이니까……. 그건 그렇고 자네 얘기나 좀 해주게. 호건 말이 자넨…… 결혼생활의 기쁨을 맛보고 있다던데, 2년 전이었다고?" 이그나티우스 갤러허가 말했다.

리틀 챈들러는 얼굴을 붉히며 미소 지었다.

"그래, 지난 5월로 만 12개월이 됐지."

"늦었지만 진심으로 축하하네. 자네 주소를 알아야지, 알았더라면 그때 축하를 했을 텐데."

이그나티우스 갤러허가 손을 내밀자 리틀 챈들러는 그 손을 마주 잡았다.

"자, 토미, 자네와 자네 부인이 인생의 모든 기쁨을 맛보고, 이 친구야, 돈도 많이 벌어야지. 그리고 내가 자네를 쏘아 죽일 때까지 오래 오래 살기 바라네. 이것이 진실한 친구, 죽마고우의 바람이야, 무슨 말인지 알겠지?"

---

*21 JM에 따르면, 19세기 말의 베를린은 방종한 밤문화와 동성애에 관대한 것으로 유명한 도시였다.

*22 남녀 수도원에서의 치정관계와 성행위는 빅토리아 왕조 호색문학의 주제의 하나였다.

"알고 있어." 리틀 챈들러가 말했다.

"아이는?" 이그나티우스 갤러허가 물었다.

리틀 챈들러는 다시 얼굴을 붉혔다.

"하나 있어."

"아들인가, 딸인가?"

"아들이야."

이그나티우스 갤러허는 큰 소리가 나도록 친구의 등을 쳤다.

"브라보! 내 그럴 줄 알았어. 토미가 어떤 친군데."

리틀 챈들러는 미소 지은 뒤 어쩔 줄 모르는 표정으로 자신의 잔을 응시하면서 어린애같이 새하얀 앞니 세 개로 아랫입술을 깨물었다.

"자네, 돌아가기 전에 우리 집에서 하루 저녁 지냈으면 하는데. 내 아내도 자넬 보면 반가워할 거야. 같이 음악도 좀 듣고 또⋯⋯."

"정말 고맙긴 하지만, 좀 더 일찍 만났으면 좋았을 걸. 난 내일 밤이면 떠나거든." 이그나티우스 갤러허가 말했다.

"그럼 오늘밤이라도⋯⋯?"

"정말 미안하네. 실은 동행한 다른 친구가 있어서 말이야. 그 친구도 똑똑한 젊은이지. 같이 조촐한 카드 파티에 가기로 약속이 되어 있어. 그것만 아니라면⋯⋯."

"아, 그렇다면야⋯⋯."

"하지만 누가 아나? 이번에 일단 길을 터놓았으니 내년에도 훌쩍 건너올지도 몰라. 그때까지 즐거움을 미뤄두는*23 걸로 하세나." 이그나티우스 갤러허가 사려 깊게 말했다.

"그럼 좋아. 다음번에 오면 꼭 우리와 하루 저녁을 같이 지낸다, 약속한 거야, 그렇지?" 리틀 챈들러가 말했다.

"그래, 약속했어. 내년에 오게 되면 꼭 '파롤 도뇌르*24(명예를 걸고 하는 맹세)'야.'" 이그나티우스 갤러허가 말했다.

---

*23 only a pleasure deferred. 아일랜드 신문계의 전문용어.

*24 parole d'honneur. 명예를 걸고 맹세하다. 군대용어로 포로의 항복선언. 포로는 전쟁 중에 석방이 허락되어도 상황에 따라 수용소로 돌아올 것을 맹세해야 했다. 갤러허는 석방되어 런던으로 가지만, 구치소인 더블린으로 약속대로 돌아오겠다고 맹세한 것이다.

"그럼 이 약속을 다짐하는 의미로 딱 한 잔만 더 하세." 리틀 챈들러가 말했다.

이그나티우스 갤러허는 커다란 금시계를 꺼내 들여다보면서 말했다.

"이게 마지막이지? 왜냐하면 알다시피 약속이 있어서."

"오, 그렇지, 물론이네." 리틀 챈들러가 말했다.

"그럼 좋아. '다흐 언 다리스(문 앞에서 나누는 한 잔)'로 꼭 한 잔만 더 하세. 이 말은 정말 위스키 한 모금만 더 하자는 뜻의 멋진 모국어란 말이야." 이그나티우스 갤러허가 말했다.

리틀 챈들러는 술을 주문했다. 조금 전에 얼굴에 떠올랐던 홍조가 그의 온 얼굴에 번져 있었다. 사소한 일에도 그는 시도 때도 없이 곧잘 얼굴이 붉어졌다. 그런데 이제는 몸까지 후끈 달아오를 정도로 흥분해 있었다. 작은 잔으로 위스키 석 잔의 기운이 머리끝까지 차오른 데다 갤러허의 독한 시가가 그의 마음을 어지럽히고 있었다. 그는 워낙 몸이 약해서 섭생에 주의하는 사람이었기 때문이다. 8년 만에 갤러허를 만나, 빛과 소음으로 꽉 찬 콜리스에 함께 앉아서 갤러허의 이야기에 귀를 기울이고, 또 갤러허의 방랑생활과 의기양양한 승리의 삶을 잠시나마 함께 한다는 그런 모험이, 그의 섬세한 성격의 균형을 깨뜨리고 말았다. 그는 자신의 삶과 친구의 삶의 차이를 뼈저리게 느끼고 불공평하다는 생각이 들기 시작했다. 갤러허는 집안으로 보나 학벌로 보나 자기보다 한 수 아래였다. 자기에게 기회만 있었으면 친구가 해놓은 일보다 훨씬 나은 일을 해낼 자신이 있다, 그런 겉만 번지르르한 기자 생활보다 훨씬 격이 높은 그 무엇을 말이다. 그의 앞길을 가로막은 것, 그것은 도대체 무엇이었던가? 그건 바로 그 자신의 소심한 성격 탓이었다! 무슨 수를 써서라도 자신이 올바르다는 것을 증명하고 싶었다, 자기도 남자라고 주장하고 싶었다. 갤러허가 자기의 초대를 거절한 속셈을 알 것 같았다. 갤러허는 우정을 내세워 그에게 생색을 내고 있는 데 지나지 않는다, 마치 고향에 돌아옴으로써 아일랜드에 생색을 내듯이.

바텐더가 두 사람에게 술을 가져왔다. 리틀 챈들러는 잔 하나를 친구 쪽으로 밀어주고 다른 잔을 호기롭게 집어 들었다.

"누가 알아?" 두 사람이 잔을 쳐들었을 때 그가 말했다. "자네가 내년에 여기 오게 되면 내가 이그나티우스 갤러허 내외에게 건강과 행복을 비는 기뺨을 누리게 될지."

이그나티우스 갤러허는 술을 마시면서 술잔 너머로 의미심장하게 한쪽 눈을 찡긋 감았다. 술을 마시고 난 그는 큰 소리로 입맛을 다시면서 술잔을 내려놓고 말했다.

"제발 그런 빌어먹을 걱정은 안 해도 돼, 친구. 난 우선 재미 볼 건 실컷 다 보고 인생이며 세상맛도 어느 정도 안 뒤에, 그때 가서 자루에 머리를 집어넣든지 할 거야,*25 집어넣을 때 넣더라도 말이야."

"언젠가는 자네도 그렇게 될 걸." 리틀 챈들러가 차분하게 말했다.

이그나티우스 갤러허는 오렌지색 넥타이와 잿빛이 도는 푸른 눈을 친구에게 똑바로 향했다.

"자넨 그렇게 생각하나?" 그가 물었다.

"자네도 자루에 머리를 집어넣게 될 거야." 리틀 챈들러는 단호하게 같은 말을 되풀이했다. "신붓감이 나타나기만 하면 사내자식들이 다 그러는 것처럼."

그는 다소 열을 올려 말해버리고는 자기도 모르게 속마음을 드러내고 만 것을 깨달았다. 그러나 뺨이 더욱 빨개지긴 했지만 그렇다고 해서 친구의 시선에 주눅이 들지는 않았다. 이그나티우스 갤러허는 잠시 그를 쳐다보다가 말했다.

"설사 그런 일이 일어난다 하더라도 침을 질질 흘리면서 여자 꽁무니를 따라다니거나 몸이 달아 알랑방귀나 뀌는 그따위 짓거리는 하지 않을 거야. 난 돈과 결혼할 생각이거든. 내 상대는 은행에 두둑한 예금을 갖고 있는 여자뿐, 그렇지 않은 여잔 나에게는 쓸모가 없어."

리틀 챈들러는 고개를 가로저었다.

"왜 이래, 이 친구, 농담 아니야." 이그나티우스 갤러허가 열을 올리며 말했다. "무슨 말인지 모르겠나? 내가 입만 뻥긋하기만 하면 당장 내일이라도 여자와 현찰이 한꺼번에 손안에 들어온다는 말이야. 못 믿겠어? 글쎄 그럴 수도 있겠지. 수백 명이나 되는—아니지, 무슨 소릴 하는 거야—수천 명이

---

*25 put my head in the sack. 피할 수 없는 궁지에 빠지다. 'to put one's head into the noose'의 패러디. 451페이지에서 갤러허가 "호건 말이 자넨⋯⋯"이라고 한 것은 '자루 속에 머리를 집어넣다'고 말하려 한 건지도 모른다.

나 되는 돈 많은 독일여자와 유대인 여자들이 썩어나갈 만큼 돈을 안고 그저 좋다고 달려올 테니까. ……조금만 기다려봐, 친구. 내 솜씨가 어느 정돈지 두고 보란 말이야. 난 한다 하면 하는 놈이거든, 정말이야. 어디 두고 보라니까."

그는 잔을 입으로 가져가 술을 다 들이켜고는 큰 소리로 껄껄 웃었다. 그런 다음 생각에 잠긴 듯 앞만 응시하더니 전보다 가라앉은 목소리로 말했다.

"하지만 난 서두르지 않을 거네. 여자들? 기다리라지. 난 한 여자한테 얽매이고 싶은 생각은 추호도 없거든. 알아듣지?"

그는 입으로 술맛을 보는 시늉을 하더니 얼굴을 찡그리면서 말했다.

"김이 좀 빠진 것 같군."

*

리틀 챈들러는 현관 옆방에 앉아 아기를 안고 있었다. 돈을 아끼려고 하녀를 두지 않았으나 애니의 여동생 모니카가 아침저녁으로 한 시간씩 와서 집 안일을 도와주었다. 그러나 모니카도 집으로 돌아간 지 이미 오래되었다. 9시 15분 전이었다. 리틀 챈들러는 저녁 식사시간이 지나서야 집에 돌아왔다. 게다가 애니의 부탁으로 뷸리 매장*26에서 커피콩 한 봉지를 사오는 것도 까맣게 잊고 그냥 왔다. 당연히 그녀는 기분이 좋지 않았고 묻는 말에도 퉁명스럽게 대꾸했다. 차 같은 것 마시지 않아도 된다고 말했지만 모퉁이 가게가 문 닫을 시간이 가까워지자 직접 나가서 차 4분의 1파운드와 설탕 2파운드를 사오기로 했다. 그녀는 자고 있는 아기를 잽싸게 그의 팔에 안겨주면서 말했다.

"여기요, 깨지 않게 잘 봐요."

하얀 도자기 갓을 씌운 조그마한 램프*27가 테이블 위에 놓여 있고, 그 불빛이 비틀린 뿔로 된 액자 속의 사진을 비추고 있었다. 애니의 사진이었다. 리틀 챈들러는 그 사진을 쳐다보다가 굳게 다문 얇은 입술에 시선이 멈췄다. 그녀는 어느 토요일에 그가 선물로 사다준 연푸른 여름 블라우스를 입고 있

---

*26 아일랜드에서 1840년 설립된 전통을 자랑하는 홍차 체인점.

*27 보통명사 'chandler'에 '양초 제조판매인(candle-maker)'이라는 뜻이 있다. 그렇다면 챈들러는 '작은 빛을 제공하는 사람(a provider of little light)'이라는 뜻도 된다.

었다. 그는 그것을 10실링 11펜스를 주고 샀다. 그러나 그것을 사느라고 그는 이루 말할 수 없는 고초를 겪었다! 그날 얼마나 마음고생을 했던지! 가게 안에 사람이 아무도 없을 때까지 문 앞에서 기다리고, 카운터 앞에 서서 점원 아가씨가 자기가 보는 앞에서 숙녀용 블라우스를 쌓고 있는 동안 애써 평정을 가장하고, 계산대에서 돈을 치르고, 거스름돈 몇 페니를 받는 것을 잊어버려 계산대에 다시 불려가고, 마지막으로 가게에서 나올 때는 얼굴이 빨개진 것을 감추려고, 포장이 잘 되었는지 끈이 잘 묶여 있는지 확인하는 척을 해야 했다. 그 블라우스를 가지고 돌아오니, 애니는 그에게 키스를 하면서 무척 예쁘고 멋지다고 했지만, 가격을 듣고는 블라우스를 테이블에 내던지며 고까짓 것 하나에 10실링 11펜스나 받는 건 순전한 사기라고 소리쳤다. 처음에 그녀는 그걸 환불하고 싶어 했지만 한 번 입어보더니 특히 소매가 마음에 든다면서 그에게 키스를 하고는 자기를 생각해주어 정말 고맙다고 말했다.

흥! ……

그가 사진 속의 두 눈을 차갑게 응시하자 그 눈도 차갑게 그에게 응수했다. 확실히 눈은 예쁘고 얼굴 자체도 예뻤다. 그러나 거기에는 어딘지 모르게 다라운 데가 있었다. 왜 저토록 무의식적으로 정숙한 척하는 것일까? 차분한 눈이 그를 더욱 짜증나게 했다. 그것은 그를 받아들이려 하지 않고 그에게 도전하는 눈이었다. 거기에는 아무런 정열도 없고, 아무런 기쁨도 없었다. 갤러허가 돈 많은 유대인 여자에 대해 하던 말이 생각났다. 그 동양적인 검은 눈에는 얼마나 뜨거운 열정과 육감적인 욕망이 넘치고 있을 것인가! ……그는 생각했다. 그런데 어찌하여 사진 속의 저 눈과 결혼하고 만 것일까?

그는 그렇게 묻고 나자 문득 정신이 들어 초조하게 방 안을 둘러보았다. 그가 할부로 사들인 예쁜 가구에서도 어딘지 모르게 다라운 인상이 느껴졌다. 그것은 애니가 직접 고른 것이어서 그것을 보면 그녀가 떠오르고 만다. 그것 역시 깔끔하고 예쁘장했다. 자신의 생활에 대한 막연한 분노가 그의 내부에서 꿈틀거렸다. 이 코딱지 같은 집에서 달아날 수는 없을까? 갤러허처럼 용감하게 살아보기에는 너무 늦었을까? 런던으로 갈 수 있을까? 아직 갚아야 할 가구 할부금이 남아 있는데. 책을 한 권 써서 출판만 할 수 있다면 그에게도 길이 열릴지 모른다.

바이런의 시집 한 권이 눈앞의 테이블 위에 놓여 있었다. 그는 아기가 깨지 않도록 왼손으로 시집을 가만히 펼쳐서 맨 처음에 수록된 시를 읽기 시작했다.

'바람은 잠잠하고 저녁 땅거미 고요한데,
숲속에는 산들바람마저 잠들었네,
나 돌아와 내 사랑 마거릿의 무덤 보며,
내 사랑하는 주검 위에 꽃을 뿌리네.'*28

그는 잠시 멈추었다. 그는 방 안의 자기 주변에서 시의 리듬을 느꼈다. 이 시는 어쩌면 이다지도 슬프단 말인가! 나도 이런 시를 쓸 수 있을까, 내 영혼의 슬픔을 이렇게 시로 표현할 수 있을까? 그는 표현하고 싶은 것이 너무나 많았다. 예를 들면, 몇 시간 전에 그래튼 브리지를 건너면서 느꼈던 그런 감정 말이다. 그런 기분으로 다시 돌아갈 수 있다면…….

아기가 깨어나 울기 시작했다. 그는 책에서 눈을 떼고 아기를 달랬으나 아기는 울음을 그치지 않았다. 아기를 안고 좌우로 흔들어도 보았지만 아기의 울음소리는 점점 더 날카로워져만 갔다. 그는 아기를 더 빨리 흔들면서 눈으로는 둘째 연을 읽기 시작했다.

'이 좁은 무덤 속에 그녀의 육신이 누워 있네,
그 육신은 한때……'

소용이 없었다. 시를 읽을 수가 없었다. 아무것도 할 수가 없었다. 아기의 울음소리가 그의 고막을 찔렀다. 안 돼, 도저히 안 돼! 그는 무기 징역수였다. 두 팔이 분노로 떨리더니 갑자기 아기의 얼굴을 들여다보면서 소리쳤다.*29

"그쳐!"

---

*28 인용한 시는 '젊은 귀부인의 죽음에 부쳐서'에 있다. 이 감상시는 G.G. 바이런(1788~1824)이 열네 살 때 사촌 마거릿 파커를 추도하여 쓴 것이다.

*29 '……he shouted : /Stop! /The child stopped……' 주인공이 '그쳐!'를 말로 표현하자, 아이가 그것을 몸으로 표현했다.

아기는 순간 울음을 그쳤다가, 놀라서 발작을 일으키더니 악을 쓰듯이 다시 울기 시작했다. 그는 의자에서 급히 일어나 아기를 안고 허둥지둥 방 안을 왔다 갔다 했다. 애처롭게 흐느껴 울던 아기는 4, 5초 동안 숨이 넘어가다가 다시 울음을 터뜨렸다. 그 울음소리가 방의 얇은 벽에 반향을 일으켰다. 그는 아기를 달래려고 안간힘을 썼지만 아기는 더욱더 발작적으로 울기만 했다. 아기가 잔뜩 얼굴을 찡그리며 떨고 있는 것을 보자 마음이 불안해지기 시작했다. 그는 아기가 쉬지 않고 일곱 번이나 계속해서 흐느껴 우는 것을 헤아리다가 가슴이 덜컥하여 아기를 가슴에 껴안았다. 이러다가 혹시 죽으면! ……

그때 문이 갑자기 열리더니 젊은 여자가 숨을 헐떡이면서 뛰어 들어왔다.

"왜 그래요? 왜 그래요?" 그녀가 소리쳤다.

엄마의 목소리를 들은 아기가 다시 발작적으로 울음을 터뜨렸다.[30]

"아무 일도 아냐, 애니! …… 아무 일도 아냐…… 그냥 울기 시작했어……."

그녀는 꾸러미를 바닥에 내동댕이치고 아기를 남편한테서 낚아챘다.

"당신, 애한테 무슨 짓을 한 거예요?" 그녀는 남편의 얼굴을 쏘아보면서 소리쳤다.

리틀 챈들러는 잠시 동안 그녀의 시선을 견디다가 그 눈 속에 증오가 도사리고 있는 것을 알고 심장이 오그라드는 것 같았다. 그는 말을 더듬기 시작했다.

"아무 일도 아냐……. 아기…… 아기가 울기 시작해서……. 아무리 해도……. 아무 짓도 하지 않았어……. 무슨 짓이라니?"

그녀는 그에게는 눈길도 주지 않고 방 안을 왔다 갔다 하면서 아기를 꼭 껴안고 중얼거렸다.

"내 아가! 내 귀여운 아가! 놀랐니, 아가야? ……오 괜찮아, 괜찮아, 아가야! 까꿍! 까꿍! ……아이 착하지! 이 엄마에게 세상에 둘도 없는 어린 양 같은 내 아가! [31] ……까꿍!"

---

[30] 주인공에 비해, 갓난아기 쪽이 그 목소리를 듣고 어머니라는 것을 안다.
[31] 애정을 표시하는 말. 〈요한복음〉에 "보라, 세상 죄를 지고 가는 하느님의 어린양이로다"(1 : 29)라고 했는데, 하느님의 어린 양, 곧 그리스도를 가리킨다.

리틀 챈들러는 얼굴이 수치심으로 빨갛게 물드는 것을 느끼면서 뒷걸음쳐서 램프 불빛 뒤로 물러섰다. 귀를 곤두세우고 있으니 아기의 발작적인 울음소리가 점점 잦아들고 있었다. 그의 눈에 회한의 눈물이 고이기 시작했다.

해설

'작은 구름(A Little Cloud)'은 제3기 〈성년기〉를 다룬 최초의 작품으로, 제작순서로는 13번째 작품에 해당하며, 1906년 4월 무렵에 완성되었다. 작자 자신이 마음에 들어한 단편으로 〈'작은 구름'의 한 페이지는 나의 어떤 시보다 나에게 많은 기쁨을 준다〉고 했다.

이야기의 압권은 옛 친구에 대한 주인공의 마음의 반응을 주제로 한 '중간'에 있다. 전체의 반 이상을 차지하는 여기서는 직접화법의 묘사가 많다. 갤러허의, 상대를 내려다보는 듯한 말―과장스러운 표현, 업계 용어와 프랑스어, 현지에서도 쓰지 않는 방언, 진부한 말이나 항간의 저속한 관용어, 재회한 옛 친구에게 연발하는 '이 사람아' '토미' 등―이 눈에 띈다. 귀향자는 옛 친구를 불러내, 대도시에 만연한 난잡한 행위를 스스로 체험한 것처럼 의기양양하게 얘기하여 상대를 놀라게 하고는 기뻐한다. 이 광경은 귀향자와 재향자가 재회하는 전형으로 읽을 수 있다.

대화 장면의 앞뒤를 장식하는 '처음(옛 친구와의 재회장소에 도착할 때까지)'과 '끝(집안에서의 장면)'에는 공통점이 있다. 모두 화자가 주인공의 내면묘사를 군데군데 삽입하면서 서술하고 있다. 그러나 주인공의 사고를 표출하는 문체는 대조적이다. '처음'에는 저녁녘의 로맨틱한 표현, 옛날 귀족들과 고급바의 손님인 귀부인들에 대한 고풍스러운 표현, 공원 안을 배회하는 사람들과 빈민가를 뛰어다니는 아이들에 대한 표현, 강을 따라 밀집해 있는 집들에 대한 의인화한 표현이 그것이다. 다만 관용구와 고어, 시적 용어를 혼합한 표현에 지나지 않는다. 그 사고(思考)에서도 그가 상식의 범위에 얽매이는 소인배라는 것을 알 수 있다. '끝'에서 주인공은 자신의 가정의 폐쇄적인 상황을 뚜렷하게 의식하고, 탈출의 꿈이 허망한 환영일 뿐임을 깨닫는다. 문학적인 마음이 되지 못한 그의 표현과 이미지는 시적이지 않다. 대조적으로 그의 아내가 아기를 달랠 때의 말에서 시적 뉘앙스를 느낄 수 있다. 독자가 문학적 재능을 그녀에게서 느꼈다면 대단한 아이러니가 아닌가.

이 단편의 키워드는 'little'일 것이다. 이 말은 작품 15편에서 210번 사용되었으며, '작은 구름'에서는 57번(리틀 챈들러에서는 39번)으로 월등하게 많다. 이 말이 작품의 사소한 부분까지 침투해있는 좋은 예를 하나 든다면, 마지막 장면에서 그의 아내가 아기를 달랠 때 순간적으로 말하는 "내 아가! 내 귀여운 아가! ……이 엄마에게 세상에 둘도 없는 어린 양 같은 내 아가!" My little man! My little mannie! ……Mamma's little lamb of the world! 속에 있다. 주인공의 별명이 세 번이나 사용되면, 아내의 은근한 야유가 되고 만다.

제목의 유래는 〈열왕기상〉 "바다에서 사람 손바닥만 한 작은 구름이 올라옵니다"(18 : 44)엘 있다는 설이 있다. 엘리야가 단비를 예언하고, 하인을 산꼭대기에 올려 보내 상황을 살피게 했을 때 그 하인이 하는 보고인데, 실제로 큰 비가 내린다. 그럼 '작은 구름'이 주인공에게 어떻게 구원의 단비를 가져다 줄 것인가는 독자 개개인이 글을 읽은 뒤에 느낄 것이다.

'작은 구름'은 소극적인 언동으로 상대의 기세에 눌리는 주인공과 적극적인 언동으로 우쭐거리는 부주인공의 관계에서 줄거리가 전개된다. 이 관계는 '두 멋쟁이'의 두 사람과 비슷하다. 두 작품 다 친구 사이의 대화는 대부분 직접화법으로 기술되고, 장면 설정과 인물구성이 연극조이며, 시간도 길다. 두 작품의 대화의 장면을 도표로 나타내어 유사성을 살펴보자.

대화 장면의 두 작품의 대비

두 멋쟁이		작은 구름	
레너헌	콜리	챈들러	갤러허
자기를 낮추는 쪽	으스대는 쪽	자기를 낮추는 쪽	으스대는 쪽
상대에게 끌려간다	자기페이스로 끌어들인다	상대에게 끌려간다	자기페이스로 끌어들인다
언동 소극적	언동 적극적	언동 소극적	언동 적극적
말수가 적다	말수가 많다	말수가 적다	말수가 많다
자기얘기 하지 않음	내내 자기자랑	자기얘기 하지 않음	내내 자기자랑
1인칭단수 적음 (12)	많음 (35)	1인칭단수 적음 (11)	많음 (75)

상대이야기를 잘 들음	일방적으로 떠듦	수동적인 청자	일방적으로 떠듦
상대이야기에 흥미	상대이야기에 무관심	상대이야기에 흥미	상대이야기에 무관심
2인칭 단수 적다(12)	적다(8)	2인칭 단수 적다(12)	많다(53)
콜리의 이름을 4번 말함	상대의 이름을 말하지 않음	상대의 이름을 말하지 않음	토미라고 8번 말함
질문 9회	질문 3회(실질은 한번)	질문 7회	질문 27회로 많음
눈에 띄지 않는 거동	과장된 거동	눈에 띄지 않는 거동	과장된 거동

	길이	상황	문체	길이	상황	문체
기	짧다	해질녘의 도시풍경 걷는 장면 화자의 객관묘사. 주인공 등장안함	시적 산문	길다	해질녘의 도시풍경 걷는 장면 주인공의 내면묘사(자유간접화법) 많다	시적 산문
승	길다	길 위, 친구들의 대화 상하관계 있음. 직접화법 많음	희극풍	길다	바, 친구끼리의 대화 상하관계 있음. 직접화법 많음	희극풍
전	길다	시중에서의 명상과 우울 주인공의 내면묘사가 많다	평범한 산문	길다	실내에서의 명상과 우울 주인공의 내면묘사가 많다	평범한 산문
결	짧다	(친구와의) 대면 주인공이 상대의 반응에 신경쓴다	평범한 산문	짧다	(아내와의) 대면 주인공이 상대의 반응에 신경쓴다	평범한 산문

대응

전화벨이 요란하게 울렸다. 파커 양이 전성관(傳聲管)*1 있는 데로 가자 험악한 목소리가 북아일랜드 억양으로 귀청을 찢을 듯이 소리쳤다.

"패링턴을 이리로 올려보내!"

파커 양은 타자기 있는 데로 되돌아가서 책상에 앉아 뭔가 쓰고 있는 사내에게 말했다.

"앨린 씨가 2층으로 올라오시래요."

사내는 들릴락 말락 하게 '빌어먹을!'이라고 중얼거리면서 의자를 뒤로 밀치고 자리에서 일어섰다. 일어서니 그는 키도 크고 몸집도 컸다. 기력이 없어 보이는 그의 얼굴은 짙은 포도주색이었고 눈썹과 콧수염은 금발이었다. 눈은 약간 튀어나온 듯하고 흰자위는 탁해 보인다. 그는 카운터 상판을 들어 올리고 고객들 옆을 지나 무거운 걸음으로 사무실에서 나갔다.

그는 힘겹게 2층으로 올라가 두 번째 층계참에 이르렀다. 거기 있는 문에 '앨린 씨'라고 새겨진 놋쇠 명패가 붙어 있었다. 힘이 들고 짜증이 나 헉헉거리면서 걸음을 멈춘 그는 곧 문을 노크했다. 날카로운 목소리가 외쳤다.

"들어와요!"

사내는 앨린 씨의 방으로 들어갔다. 이와 때를 같이하여 앨린 씨, 즉 말끔하게 면도한 얼굴에 금테 안경을 쓴 키 작은 남자가 서류 더미 위로 고개를 들었다. 머리 자체가 연분홍색인 대머리여서 마치 서류 위에 커다란 달걀이 하나 얹혀 있는 것처럼 보였다. 앨린 씨는 숨 돌릴 틈도 주지 않고 말했다.

"이봐요, 패링턴! 이게 어떻게 된 일이오? 내가 왜 이렇게 밤낮 잔소리를 해야 하나? 어쩌자고 보들리와 커원 간의 계약서 사본을 만들지 않은 거요? 네 시까지는 세상없어도 마쳐야 한다고 했는데."

---

*1 전화가 보급되었던 초기에 건물 등에서 사용된 내부통신용 전성관.

4

리피 강

더블린 항만청

멀리건 주점

웨스트모얼랜드 가

오코넬 다리

풀벡 가

플리트 가

동(東)에식스 가

템플 바

데임 가

더블린 성

유스터스 골목

웨스트모얼랜드 가

트리니티 대학

파운즈 가

그래프턴 가

데이비번 주점

* 샌디마운트와 셸본 도로는 '애러비'의 지도 참조.

"하지만 셸리 씨 말씀은……."

"'셸리 씨 말씀은……'이라니. '셸리 씨 말씀'이 아니라 내가 하는 말이나 제발 귀담아 들어요. 일을 피하려고 항상 요 핑계 조 핑계 대지 말고. 분명히 말하는데 그 계약서 사본이 오늘 저녁까지 작성되지 않으면 이 문제를 공동 사장 크로스비 씨에게 알리겠어요……. 내 말 알아들었소?"

"예."

"분명히 알아들은 거죠? ……좋아요, 그렇다면 사소한 문제 한 가지만 더! 당신한테 말하는 건 벽에 대고 말하는 것과 같으니까. 분명히 명심해 두시오, 당신의 점심시간은 한 시간의 반이지 한 시간하고 반이 아니란 말이

오. 대관절 당신은 몇 코스짜리 점심을 먹고 싶은 건지 그걸 알고 싶구면……. 내 말대로 할 거요, 이제?"

"예."

앨린 씨는 서류 더미 위로 다시 고개를 숙였다. 사내는 크로스비 앤드 앨린 법률사무소[*2]의 업무를 관장하는 그 반짝이는 대머리를 뚫어지게 쳐다보면서 그것이 얼마나 깨어지기 쉽겠는지 가늠해보았다. 발작적인 분노가 잠시 그의 목구멍까지 치밀어 올랐다가 이윽고 사라지자, 심한 갈증의 감각만이 남았다. 그 감각을 깨달은 사내는 밤새도록 술이나 실컷 들이켜고 싶은 기분이 들었다. 이 달도 중순이 지났으니 만일 그가 사본을 제때에 작성해놓기만 하면 앨린 씨가 임시지급 전표를 끊어줄지도 모를 일이었다. 그는 서류 더미 위로 숙인 그 머리를 쳐다보면서 내내 서 있었다. 갑자기 앨린 씨가 뭔가 찾는 듯이 서류를 온통 헤집기 시작했다. 그러다가 그는 사내가 그때까지 그 자리에 있는 줄 몰랐다는 듯이 다시 고개를 번쩍 들면서 말했다.

"뭐요! 하루 종일 거기 우두커니 서 있을 작정이오? 말이야 바로 하지, 패링턴, 당신은 너무 태평이야!"

"전 기다리고 있었……."

"알았소, 기다릴 필요 없어요. 제발 내려가서 할일이나 하시오."

사내는 무거운 걸음으로 문을 향해 걸어갔다. 그가 사장실에서 막 나가려는데 앨린 씨가 등 뒤에서 저녁까지 계약서 사본을 작성해두지 않으면 그 문제를 크로스비 씨에게 알리겠다고 외치는 소리가 들려왔다.

사내는 아래층 사무실의 자기 책상으로 돌아와서 베껴야 할 서류가 몇 장이나 남았는지 세어보았다. 그는 펜을 들어 잉크에 적셨으나, 그가 아까 쓰다 만 '어떤 경우에도 앞에서 언급한 버나드 보들리는……'을 멍한 얼굴로 계속 들여다보기만 했다. 해가 저물어 가고 있으니, 몇 분 뒤면 사무실 가스등에 불이 켜지리라, 그때 가서 쓰면 되겠지 싶었다. 우선 목구멍의 갈증부터 풀고 싶었다. 그는 책상에서 일어나 아까처럼 카운터 상판을 들어 올리고 사무실을 빠져나갔다. 그가 빠져나갈 때 사무장이 의심스러운 눈초리로 그

[*2] 이 작품에서는 창작상의 인물 크로스비와 실재인물 C.W. 앨린—의뢰사건의 서류작성 같은 법률사무를 보는 하급변호사로, 《율리시스》에서는 데임 가와 유스터스 골목 교차점의 동북쪽 모퉁이에서 사무소를 열고 있다—이 공동으로 사무소를 경영한다.

를 쳐다보았다.

"아무 일도 아닙니다, 셸리 씨." 사내는 손가락으로 자기가 가려는 목적지를 가리키면서 말했다.

모자걸이를 흘깃 쳐다본 사무장은 빠진 모자가 없다는 것을 알고 아무 말도 하지 않았다. 층계참까지 오자마자 사내는 호주머니에서 흑백 체크무늬 모자를 꺼내 머리에 쓰고는 재빨리 삐꺽거리는 계단을 뛰어 내려갔다. 정문으로 나가 길모퉁이를 향해 처마를 따라 안쪽으로 살금살금 걸어가더니 별안간 어떤 출입구 안으로 뛰어 들었다. 마침내 오닐 주점*3의 어두컴컴한 구석방에 무사히 도착한 그는 술집 안이 들여다보이는 조그마한 창문에 짙은 포도주색 또는 고기색으로 달아오른 얼굴을 들이대고 큰 소리로 외쳤다.

"어이, 팻, 스타우트*4 한 잔, 냉큼!"

바텐더가 그에게 흑맥주 한 잔을 가져왔다. 사내는 그것을 단숨에 들이켜고 나서 캐러웨이 씨앗*5을 달라고 했다. 그는 계산대 위에 술값을 올려놓고는 바텐더가 컴컴한 데서 더듬거리며 그것을 찾도록 내버려두고 들어왔을 때와 마찬가지로 슬그머니 그 구석방에서 빠져나갔다.

짙은 안개가 낀 어둠이 2월의 땅거미보다 더 빨리 내려앉았고, 유스터스 가의 가로등에는 불이 켜져 있었다. 사내는 시간 안에 사본 작성을 끝낼 수 있을지 걱정하면서 주택가 옆을 지나 사무실 입구에 도착했다. 계단에 발을 올려놓자 짙은 향수 냄새가 코를 찔렀다. 그가 오닐 주점에 나가 있는 사이에 델라코어 양이 온 것이 분명했다. 그는 모자를 벗어 호주머니 속에 도로 찔러 넣고*6 아무 일도 없었던 것처럼 사무실에 다시 들어갔다.

"앨린 사장님이 아까부터 찾던데, 어디 갔다 오는 거예요?" 사무장이 엄격한 목소리로 말했다.

사내는 칸막이 앞에 서 있는 두 명의 고객을 흘끗 쳐다보며 그들이 있어서 대답하기 곤란한 척했다. 그러나 고객은 둘 다 남자였기 때문에 사무장은 소

---

*3 실재인물 J.J. 오닐은 유스터스 가와 동(東)에식스 가의 교차점 남서쪽 모퉁이에서 홍차와 포도주상을 경영하며 선술집도 운영했다.

*4 하층 노동자용 싸구려 흑맥주. 한 잔에 반 파인트.

*5 매운 향미가 강한 작은 열매. 냄새를 지우는 효과도 있다.

*6 빅토리아 왕조 후반에는 풍기가 엄격하여, 외출할 때는 이웃집에 가더라도 남자는 모자 여자는 장갑을 끼고 긴 스커트를 입었다.

리 내어 웃었다.

"그런 수작 누가 모를 줄 알고. 하루에 다섯 번이나 그러는 건 좀……. 어쨌든 지체 말고 델라코어 사건 통신문 사본을 사장님께 갖다드려요."

스타우트를 단숨에 들이켜고 계단을 헐레벌떡 뛰어 올라온 데다 손님들 앞에서 이런 잔소리까지 듣자 사내는 머릿속이 뒤죽박죽이 된 것 같았다. 막상 하라는 일을 하려고 책상 앞에 앉았지만, 다섯 시 반 전까지 계약서 사본 작성을 끝내는 건 도저히 불가능하다는 것을 깨달았다. 어둡고 구중중한 밤이 다가오고 있었다. 그는 휘황찬란한 가스등 불빛과 쨍그랑거리는 술잔 소리를 들으면서 친구들과 술을 마시며 술집에서 밤을 보내고 싶은 마음이 굴뚝같았다. 그는 델라코어 관련 서류를 꺼내들고 사무실 밖으로 나갔다. 앨린 씨가 마지막 편지 두 장이 빠진 것을 제발 눈치채지 못하기를 바라면서.

축축하고 얼얼한 향수 냄새가 사장실 가는 길 내내 풍기고 있었다. 델라코어 양은 유대인 특유의 모습을 한 중년 여자였다. 앨린 씨는 그녀 또는 그녀의 돈에 반해 있다는 소문이 있었다. 그녀는 사무실에 자주 왔는데 한 번 오면 꽤 오래 머물렀다. 지금도 향수 냄새를 풍기면서 그의 책상 옆에 앉아 양산 손잡이를 만지작거리고, 모자에 꽂힌 커다란 검은 깃털을 흔들고 있다. 앨린 씨는 의자를 빙글 돌려 그녀와 마주 보고, 오른발을 왼쪽 무릎 위에 가볍게 얹어놓고 있다. 사내는 문서를 책상 위에 올려놓고 공손하게 인사를 했으나, 앨린 씨도 델라코어 양도 그 인사에는 눈길도 주지 않았다. 앨린 씨는 손가락으로 문서를 톡톡 치더니 그것을 그를 향해 튀겼다, '됐어, 가도 좋소'라고 말하듯이.

사내는 아래층 사무실로 돌아와서 자기 책상 앞에 다시 앉았다. '어떤 경우에도 앞에서 언급한 버나드 보들리는……'이라는 미완성 구절을 뚫어지게 응시하고 있노라니 마지막 세 낱말이 하필이면 같은 글자로 시작되고 있어 참 이상하다는 생각이 들었다. 사무장*7은 그렇게 타자를 치다가는 우편 마감시간까지 편지를 모두 다 치지 못하겠다면서 파커 양을 재촉하기 시작했다. 사내는 잠시 동안 타자치는 소리에 귀를 기울이다가 사본 작성을 끝내기 위해 일을 시작했다. 그러나 그의 머리는 개운치 않았고 마음은 자꾸만 술

---

*7 20세기 초 법률서류는 모두 손으로 써서 복사했지만, 편지는 타자기를 사용할 수 있었다.

집의 불빛과 소음을 향하고 있었다. 따끈한 펀치가 생각나는 저녁이었다. 그는 사본 작성을 하느라고 전력을 다 했지만 시계가 다섯 시를 쳤을 때 아직 써야 할 분량이 14쪽이나 남아 있었다. 빌어먹을! 그는 시간 안에 일을 끝낼 수가 없었다. 큰 소리로 욕을 퍼붓거나 주먹으로 무언가를 사정없이 내리치고 싶었다. 얼마나 울화가 치밀었던지 '버나드 보들리'라고 써야 할 것을 '버나드 버나드'라고 써서 한 장을 처음부터 다시 써야 했다.

그는 자신의 완력으로 혼자서 사무원 전부를 단숨에 날려버릴 수 있을 것 같았다. 뭔가 일을 저지르고 싶고, 밖으로 뛰쳐나가 닥치는 대로 때려 부수고 싶어서 온몸이 근질거렸다. 지금까지 받아온 굴욕적인 냉대가 그를 격분시켰다. ……경리에게 은밀하게 미리 달라고 부탁해볼까? 아니야, 그 친구는 안 돼, 절대 안 돼. 그자가 미리 줄 리가 없지……. 그는 어디로 가면 술친구를 만날 수 있는지 알고 있었다. 레너드, 오헬로런, 노지 플린 같은 친구들 말이다. 감정적인 그의 기압계가 폭풍우의 도래를 예고하고 있었다.

그는 어찌나 상상에 몰두했던지 자기 이름이 두 번이나 불리고 나서야 겨우 대답했다. 앨린 씨와 델라코어 양이 카운터 바깥에 서 있고, 다른 직원들은 무언가를 기대하면서 일제히 돌아보고 있었다. 사내는 책상에서 일어났다. 앨린 씨는 편지 두 장이 빠졌다면서 욕설을 퍼붓기 시작했다. 사내는 거기에 대해서는 전혀 아는 바가 없으며 자기는 정확하게 사본을 작성했다고 대답했다. 앨린 씨의 장광설이 끝없이 계속되었다. 그것이 어찌나 신랄하고 혹독했던지 사내는 자기 앞의 그 난쟁이 같은 자의 대갈통을 주먹으로 내리치고 싶은 충동을 참느라 안간힘을 썼다.

"다른 두 통의 편지에 대해서는 전혀 아는 바가 없습니다." 그는 얼빠진 얼굴로 말했다.

"'전혀—아는 바가—없다'고? 물론 당신은 아는 바가 없겠지." 앨린 씨는 동의를 구하듯이 자기 옆의 숙녀를 흘끗 쳐다보면서 덧붙였다. "당신 날 바보로 아는 거야? 나를 정말 바보로 생각하는 거냐고!"

사내는 숙녀의 얼굴에서 앨린의 그 작은 달걀형 머리로 시선을 옮겼다가 다시 원래대로 돌아갔다. 그러다가 거의 자신도 모르는 사이에 멋들어진 말이 입에서 튀어나왔다.

"그걸 저에게 물으시는 건 정당하지 않은 것 같은데요."

직원들의 호흡이 멎는 것 같았다. 모든 이들이 꽤나 놀라워했다(주변 사람들 못지않게 이 말을 한 당사자조차 놀랐다). 통통하고 붙임성 있게 생긴 델라코어 양은 이를 드러내고 웃기 시작했다. 앨린 씨는 얼굴이 들장미 색으로 물들고, 입은 난쟁이 특유의 격분으로 씰룩거렸다. 그는 사내의 코앞에서 주먹을 휘둘러댔는데, 그것은 마치 무슨 전기로 움직이는 기계의 손잡이처럼 부르르 진동하는 것 같았다.

"이 무례한 놈! 이 무례한 놈! 여러 말 할 것 없이 당장 해고해버리고 말겠어! 두고 봐! 나에게 한 무례한 행동을 사과하거나, 아니면 즉각*8 회사에서 나가! 여기서 나가란 말이야! 그게 싫으면 사과해!"

*

그는 사무실 맞은편 출입구에 서서 경리 담당이 혼자 밖으로 나오는지 살피고 있었다. 직원들이 모두 나간 뒤, 마지막으로 경리가 사무장과 함께 밖으로 나왔다. 그가 사무장과 같이 있을 때는 이야기해봤자 아무 소용없는 일이었다. 사내는 자신의 처지가 참으로 난처하다는 생각이 들었다. 앨린 씨에게는 이미 자신의 무례함에 대해 어쩔 수 없이 사과했지만, 그래도 사내는 앞으로 사무실이 바늘방석이 되리라는 것을 알고 있었다. 그는 앨린 씨가 자기 조카를 앉히기 위해 사무실에서 꼬마 피크를 집요하게 괴롭히던 수법이 떠올랐다. 그는 화가 나서 목이 타도록 복수심을 느꼈고, 자기 자신에 대해, 또 다른 모든 사람에게도 짜증이 났다. 앨린 씨는 그에게 단 한 시간의 휴식도 허락하지 않을 것이다. 그렇게 되면 그의 인생은 지옥 바로 그것이 되고 만다. 그는 이번에 완전히 바보짓을 한 것이었다. 왜 말조심을 하지 않았을까? 그러나 그와 앨린 씨는 애초부터 사이가 좋지 않았다. 어느 날 그가 히긴스와 파커 양을 웃기느라고 앨린 씨의 북아일랜드 말투를 흉내내는 것을 앨린 씨가 듣고 만 것이다. 그것이 시작이었다. 그는 히긴스에게 돈을 좀 변통해달라고 부탁할 수도 있지만 히긴스는 가진 돈이 없을 게 뻔했다. 두 집살림을 하는 사람이니까.

그는 술집의 안락함이 그리워서 우람한 온몸이 온통 근질거리는 것 같았

---

*8 instanter. 원래는 법률용어. 앨린이 사용하는 말로서 어울린다.

다. 아까부터 안개 때문에 몸에 한기를 느끼고 있었다. 그는 오닐 주점의 팻에게 돈을 좀 빌릴 수 없을까 생각했다. 그러나 그에게선 1실링 이상은 빌릴 수 없으리라. 1실링이라면 아무짝에도 쓸 데가 없다. 하지만 무슨 수를 써서라도 돈을 마련해야 했다. 갖고 있던 마지막 동전은 흑맥주를 한잔하는 데 써버렸다. 이제 조금만 있으면 너무 늦어서 어디를 가더라도 돈을 구할 수 없으리라. 그가 시곗줄을 만지작거리고 있을 때 불현듯 플리트 가에 있는 테리켈리 전당포가 머리에 떠올랐다. 바로 그거야! 왜 진작 그 생각을 하지 못했을까?

그는 템플 바의 좁은 골목길을 빠른 걸음으로 걸어가면서*9 오늘 저녁 신나게 놀아볼 작정이니 다른 녀석들은 모두 꺼져버리라고 혼자 중얼거렸다. 테리켈리의 점원은 '5실링'을 주겠다고 했으나 위탁자는 6실링*10을 요구하며 물고 늘어졌다. 결국은 6실링을 고스란히 받게 되었다. 그는 은화를 엄지손가락과 다른 손가락 사이에 끼워 작은 원통 모양을 만들어 들고는 콧노래를 부르면서 전당포를 빠져나왔다. 웨스트모얼랜드 가*11는 직장에서 퇴근하는 젊은 남녀들로 붐볐고, 남루한 옷차림의 신문팔이 소년들은 석간신문의 이름을 외쳐대며 이리저리 뛰어다녔다. 사내는 인파를 헤치면서 자랑스러운 만족감으로 그 광경을 쭉 훑어보고, 직장 여성들을 고용주처럼 빤히 쳐다보았다. 그의 머리는 노면전차의 종소리와 가공선(架空線)을 스치는 트롤리의 소리로 가득했고, 그의 코는 벌써 펀치에서 모락모락 피어오르는 냄새를 맡고 있었다. 걸어가면서 그는 오늘의 사건을 술친구들에게 뭐라고 말할지 미리 생각해보았다.

"그래서, 난 그 녀석 얼굴을 흘낏 쳐다보았지—아주 침착하게 말이야—그리고 여자도 꼬나봤지. 그러다가 다시 한번 그 녀석을 꼬나봤어—천천히 말이야. 난 '그걸 나에게 묻는 건 정당하지 않은 것 같은데요' 하고 말해 줬지."*12

---

*9 ☆사무소의 동쪽 모퉁이에서 좌회전→막다른 삼거리를 우회전해서 동행. 전당포는 플리트 가에 실재했다.

*10 오닐 주점의 흑맥주라면 72잔 마실 수 있어 술값으로는 상당한 금액.

*11 ☆플리트 가를 동행→남북으로 달리는 웨스트모얼랜드 가를 우회전하여 남하→그래프턴 가 중간쯤에서 좌회전하여 듀크 가에 들어선다.

*12 I don't think that~. 실제의 말대답에서는 경칭을 나타내는 'sir'를 삽입하여 'I don't think, sir, that~'이라고 말했다.

노지 플린이 데이비번 주점의 단골 좌석인 구석자리에 앉아 있다가, 그 이야기를 듣자 여태껏 들어본 중에서 가장 통쾌한 얘기라며 패링턴에게 작은 잔으로 위스키를 한 잔 샀다. 패링턴도 답례로 한 잔 샀다. 잠시 뒤에 오헬로런과 패디 레너드[13]가 들어오자 똑같은 이야기를 그들에게도 되풀이했다. 그랬더니 오헬로런은 좌중에 독한 위스키를 큰 잔으로 한 잔씩 내며 자기가 파운즈 가의 캘런 회사에서 근무하면서 거기 사무장에게 말대꾸를 했을 때의 이야기를 했다. 그러나 그 말대답은 패링턴의 말대꾸처럼 그리 재치 있는 것은 아니었다고 스스로 인정하는 수밖에 없었다. 대화체 전원시에 등장하는 우직한 목동들의 말투를 흉내낸 것이었기 때문이다.[14] 이 말을 듣고 패링턴은 친구들에게 얼른 잔을 비우고 한 잔씩 더 하라고 말했다.

그들이 저마다 독약을 주문하고 있을 때 나타난 사람은 다름 아닌 히긴스였다! 말할 것도 없이 그도 그들 틈에 끼어들지 못할 이유가 없었다. 사내들이 그에게 그 사건에 대해 그가 본대로 얘기해 보라고 조르자 그는 아주 신바람이 나서 거기에 응했다. 왜냐하면 다섯 개의 독한 위스키 잔이 옹기종기 모여 있는 것을 보자 기분이 한껏 좋아졌기 때문이다. 그가 앨린 씨가 패링턴의 면전에서 주먹을 들이대는 장면을 시범해 보일 때는 모두 폭소를 터뜨렸다. 그런 다음 그는 "그런데 이쪽은 뭐 뉘 집 개가 짖느냐 하는 식이지요." 그러면서 패링턴의 말을 흉내냈다. 그러는 동안 패링턴은 빙그레 웃으면서 이따금 콧수염에 매달린 술 방울을 아랫입술을 움직여 빨아들이면서 멍하고 탁한 눈으로 좌중을 둘러보았다.

술이 한 순배 돌고나자 얘기가 끊겼다. 오헬로런은 돈이 있었으나, 다른 두 사람에게는 땡전 한 푼도 없어 보였다. 그래서 일행은 다소 아쉬워하면서 주점을 떠났다. 듀크 가 모퉁이에서 히긴스와 노지 플린은 왼쪽으로 비스듬히 방향을 틀었고, 다른 세 사람은 몸을 되돌려 시내로 향했다.[15] 추운 거리에는 부슬비가 내리고 있었다. 그들이 더블린 항만청 건물에 도착했을 때,

---

＊13 《율리시스》에서 그와 노지 플린은 이 가게의 단골손님이었다.

＊14 《햄릿》 4막 7장에서 거트루트는, 양치기들은 교양이 없어서 재치있는 말로 표현할 수 없었음을 지적한다. 오헬로런의 경우도, 양치기들의 말투를 흉내낸 직접적인 표현일 뿐 패링턴처럼 재치 있는 말대꾸가 아니었음을 가리킨다.

＊15 ☆데이비번 주점→그래프턴 가와의 교차점에서 북상→리피 강 남쪽의 강변거리와의 교차점에서 우회전→강변거리를 동쪽으로 내려가서 다음 모퉁이에 있는 '스카치위스키 주점'에 온다.

패링턴이 스카치위스키 주점에 가자고 제안했다. 주점은 주당들로 만원이었고 애기소리와 잔 부딪는 소리로 시끄러웠다. 세 사내는 문간에서 구슬픈 목소리로 팔아달라고 칭얼대는 성냥팔이들을 밀치고 들어가 계산대 구석에 진을 치고 빙 둘러 앉았다. 그들은 이야기를 나누기 시작했다. 레너드는 그들에게 티볼리 극장*16에서 곡예사이자 코미디 전담 '연예인'으로 출연 중인 웨더스라는 젊은이를 소개했다. 패링턴은 모든 사람에게 술을 한 잔씩 샀다. 웨더스는 아폴리나리스*17를 탄 아일랜드 위스키를 작은 잔으로 한 잔 하겠다고 했다. 주머니 사정을 잘 알고 있던 패링턴은 모두에게 아폴리나리스를 탄 위스키로 하겠느냐고 물었다. 그러나 일당들은 팀에게 이구동성으로 독한 걸로 마시고 싶다고 했다. 대화가 무르익어 갔다. 오헬로런이 한 차례 내고 패링턴이 한 차례 더 내자 웨더스는 이건 아일랜드 사람 치고도 너무 대접이 지나치다며, 그들을 무대 뒤로 데리고 가서 멋진 아가씨들을 소개해주겠다고 약속했다. 오헬로런은 자기와 레너드는 가겠지만 패링턴은 마누라가 있는 몸이라 가지 않을 거라고 말했다. 그러자 패링턴은 흐릿하고 탁한 눈으로 일당을 흘겨보면서 자기가 놀림을 당하고 있다는 걸 눈치챘다는 표시를 했다. 웨더스는 자기 돈으로 모두에게 한 모금씩 돌아갈까 말까한 양의 술을 내고는 나중에 풀벡 가의 멀리건 주점에서 다시 만나자고 약속했다.

스카치위스키 주점이 문을 닫자 그들은 멀리건 주점으로 몰려갔다.*18 안쪽 별실로 들어가자 오헬로런이 뜨거운 물을 탄 독한 위스키를 사람 수대로 주문했다. 모두들 거나하게 취하기 시작했다. 패링턴이 한 순배 더 돌리려 하는데 웨더스가 들어왔다. 그는 천만다행히도 이번에는 쓴 맥주 한 잔만 시켜 패링턴의 마음을 크게 놓이게 했다. 군자금이 얼마 남지 않았지만 아직 술자리를 계속할 만큼은 있었다. 얼마 있지 않아 커다란 모자를 쓴 젊은 여자 둘하고 체크무늬 양복을 입은 젊은 남자 하나가 들어와 바로 옆자리에 앉았다.

---

*16 극장 이름은 로마 교외에 있는 유원지에서 유래. 노래와 춤의 길거리 연예가 전문. ☆스카치위스키 주점이 있는 강변거리를 따라 동쪽으로 내려가면, 다음 길모퉁이에 당시 실제로 있었다.

*17 거품이 나는 고급 알칼리성 광천수.

*18 ☆스카치위스키 주점에서 동남동 방향으로 조금만 가면, 동서로 달리는 풀벡 가 북쪽에 멀리건 주점이 있다. 데이비번 주점과 함께 지금도 대성황. 조이스의 작품으로 유명해져서 관광명소가 되었다.

웨더스는 그들에게 인사를 건넨 뒤 일행에게 티볼리 극장에서 나온 동료들이라고 소개했다. 패링턴의 눈은 끊임없이 한 젊은 여자에게 쏠리고 있었다. 그녀의 외모에는 어딘지 모르게 시선을 끄는 데가 있었다. 광택이 나는 푸른 모슬린으로 만든 무척 커다란 스카프를 모자 둘레에 감아 턱 밑에서 커다란 나비매듭으로 매고 있었다. 그리고 팔꿈치까지 올라오는 샛노란 장갑을 끼고 있었다. 패링턴은 그녀가 매우 자주, 그리고 매우 우아하게 움직이는 통통한 팔을 황홀한 눈초리로 응시했다. 잠시 뒤 그녀의 눈길과 마주치자 그는 그 커다란 흑갈색 눈에 더욱더 빠져들지 않을 수 없었다. 계속 곁눈질하는 눈의 표정이 그의 마음을 사로잡고 말았다. 여자는 한두 번 그를 흘끗 쳐다보더니 일행이 별실에서 나갈 때 그의 의자를 스치고 지나가면서 런던 억양으로 이렇게 말했다. "어머, 죄송해요." 그는 그녀가 별실에서 나가는 모습을 지켜보면서, 그녀가 자기를 한 번 더 돌아봐주기를 기대했지만 그 기대는 실망으로 끝났다. 그는 돈이 떨어진 것을 저주하고, 그들에게 여러 차례 술을 낸 것, 특히 웨더스에게 낸 아폴리나리스를 탄 위스키를 저주했다. 그가 싫어하는 것을 한 가지 든다면, 그것은 공짜로 술을 얻어먹는 사람이었다. 그는 하도 분통이 터져서 친구들이 무슨 얘기를 하고 있는지도 몰랐다.

패디 레너드가 자기를 부르는 소리를 듣고서야 그는 그들이 힘자랑 이야기를 하고 있음을 알았다. 웨더스가 모든 사람에게 알통을 보여주면서 어찌나 자랑을 해대는지 다른 두 친구가 패링턴에게 조국의 명예를 지켜달라고 부탁을 했다. 그래서 패링턴은 소매를 걷어올리고 자신의 알통을 모두에게 보여주었다. 두 사람의 팔이 검사되고 비교된 끝에 마침내 팔씨름을 하기로 결정되었다. 테이블을 치운 뒤, 두 사나이는 팔꿈치를 탁자 위에 대고 손을 맞잡았다. 패디 레너드가 '시작!'이라고 구령을 하면 각자 상대방의 팔을 테이블 위에 눕히는 시합이다. 패링턴은 매우 진지하고 단호한 표정이었다.

팔씨름이 시작되었다. 약 30초가 지나 웨더스가 상대방의 팔을 천천히 테이블 위에 눕혔다. 패링턴의 짙은 포도주색 얼굴이 한층 더 짙게 물들었다. 이런 애송이 녀석한테 진 데 대한 분노와 굴욕 때문이었다.

"팔에 몸무게를 실으면 안 되지. 정정당당하게 하자고."*19 그가 말했다.

---

*19 아까 주인공은, 앨린이 '노'라고밖에 대답할 수 없는 양자택일의 질문("날 바보로 아는 거야?")을 하는 것은 정당하지 않다고 말했다.

"누가 정정당당하지 않아요?" 상대방이 말했다.

"자, 다시 한 번 해. 삼판양승이니까."

시합이 다시 시작되었다. 패링턴의 이마에는 핏줄이 솟고, 창백한 웨더스의 안색은 새빨갛게 변했다. 그들의 손과 팔이 긴장으로 부들부들 떨렸다. 오랜 고투 끝에 웨더스가 다시 상대방의 팔을 서서히 테이블 위로 가져갔다. 구경꾼들 속에서 칭찬의 중얼거림이 새 나왔다. 테이블 옆에 서 있던 바텐더가 승리자를 향해 빨강머리를 끄덕이면서 눈치 없이 아는 척했다.

"아! 그런 게 바로 기술이죠!"

"네까짓 놈이 뭘 안다고 주둥일 놀려? 되지 못하게 무슨 참견이야?" 패링턴이 바텐더 쪽으로 몸을 돌리며 험악하게 말했다.

"자, 그만!" 오핼로런이 패링턴의 표정이 험악하게 변한 것을 알고 말했다. "다들 계산이나 하세,*20 딱 한 모금만 더 하고 그만 일어나야지."

잔뜩 골난 표정을 한 사내가 오코넬 다리 한쪽*21에 서서 샌디마운트 행 소형 노면전차가 자기를 집으로 데려다 주기를 기다리고 있었다. 그는 타오르는 분노와 복수심으로 온몸이 부글부글 끓는 것 같았다. 그는 굴욕과 불만을 느꼈다. 그의 수중에 있는 돈이라고는 동전 두 닢밖에 없었다. 그는 모든 것이 저주스러웠다. 사무실에서 화를 자초했고, 시계는 저당 잡혀 날려버렸으며, 돈은 몽땅 다 써버린 뒤였다. 그런데도 그는 언제 술을 마셨더냐는 듯이 정신이 말똥말똥했다. 그는 다시 목이 칼칼해지기 시작하며, 뜨거운 열기가 가득한 술집으로 되돌아가고 싶은 생각이 간절했다. 그런 애송이 녀석에게 두 번이나 져서 힘깨나 쓰는 사내라는 평판도 잃어버리고 말았다. 그의 가슴은 분노로 터질 것 같았다. 그 커다란 모자를 쓴 여자가 그를 스치고 지나가면서 '죄송해요!'라고 말한 것을 생각하니 울분이 치밀어 숨이 막힐 것만 같았다.

전차가 그를 셸본 도로*22에서 내려놓자, 그는 막사의 컴컴한 담벼락을 따라 거구를 옮겨 갔다. 그는 집에 돌아가는 것이 견딜 수 없이 싫었다. 옆문

---

*20 일동은 두 사람의 승패에 돈을 걸고 있었다.

*21 ☆오코넬 다리를 건너면 바로 있는 전차정류장에 와 있다. 샌디마운트는 더블린 중심지에서 동남동으로 5킬로미터 떨어진 해안에 있는 마을로, 조이스의 작품에 자주 등장한다.

*22 셸본 도로는 '애러비' 지도 참조. 도로 남쪽에 영국군 보병부대의 병영이 있다. 그 남쪽에 패링턴이 사는 중류하층계급의 주택지가 있다.

을 통해서 들어가 보니 부엌에는 아무도 없고, 부엌의 불도 꺼져가고 있었다. 그는 2층에 대고 고함을 질렀다.

"에이다! 에이다!"

아내는 얼굴이 뾰족하고 체격이 조그만 여자로, 남편이 맨 정신일 때는 남편을 괴롭히고, 남편이 취해 있을 때는 그에게 괴롭힘을 당하는 처지였다. 그들에게는 아이가 다섯이었다. 어린 아들 하나가 계단을 뛰어 내려왔다.

"누구냐?" 사내는 어둠 속을 들여다 보면서 물었다.

"저예요, 아빠."

"제가 누구냐? 찰리냐?"

"아뇨, 아빠, 톰이에요."

"엄마는 어디 있어?"

"성당*23에 가셨어요."

"흥 잘한다……. 그래, 내 저녁은 챙겨놓더냐?"

"네, 아빠. 제가……."

"램프나 켜라. 어쩌자고 이렇게 굴속같이 해놓고 있는 거야? 다른 애들은 자고?"

사내는 어린 아들이 램프에 불을 켜는 동안 의자에 털썩 주저앉았다. 그는 아들의 단조로운 억양을 흉내내며 혼잣말처럼 중얼거리기 시작했다. "성당에, 성당에 갔다, 이 말씀이지!" 램프에 불이 켜지자 그는 주먹으로 테이블을 쾅 내리치며 고함을 질렀다.

"내 저녁은 어디 있냐?"

"제가, 이제부터…… 만들어볼게요, 아빠." 어린 아들이 말했다.

사내는 노발대발하여 벌떡 일어서서 불을 가리켰다.

"저 불로 말이냐! 네가 저 불을 꺼뜨렸지! 한 번만 더 그랬단 봐라, 내 기어코 그 버르장머리를 고쳐놓고 말 테니까!"

그는 문 쪽으로 한 발짝 다가가서 문 뒤에 세워져 있는 지팡이를 움켜잡았다.

"불을 꺼뜨리면 어떻게 되는지 내가 버르장머리를 고쳐주마!" 그는 자유롭게 팔을 휘두를 수 있도록 소매를 잔뜩 걷어올리며 말했다.

---

*23 여기서는 저녁 미사에 간 것이다.

어린 아들은 "아, 아빠!" 소리를 내지르고는 울상을 지으면서 테이블 주위로 달아났다. 그러나 사내는 따라가서 아이의 웃옷을 움켜잡았다. 어린 아들은 필사적으로 사방을 둘러보았지만 달아날 데가 없다는 것을 알고 무릎을 꿇었다.

"요놈, 다음에 또 불을 꺼뜨렸단 봐라! 맛을 보여줄 테니! 요 고약한 놈!" 사내는 지팡이로 아이를 사정없이 내리쳤다.

어린 아들은 지팡이로 넓적다리를 맞을 때마다 아파서 비명을 질렀다. 아이는 두 손을 허공에서 맞잡고 공포에 떨리는 목소리로 부르짖었다.

"아, 아빠! 때리지 마세요, 아빠! 그럼 제가…… 제가 아빠를 위해 '아베마리아'*24를 불러드릴게요……. 아빠를 위해 제가 '아베마리아'를 불러드릴게요, 아빠, 절 때리지 않으시면…… '아베마리아'를 불러드릴게요."

해설

'대응(Counterparts)'은 제작순으로서는 여섯 번째로, 1905년 7월에 완성되었다. 지방의 억양이 강한 사람이 도시에 나가 오랜 세월이 지나면 거의 표준어와 같은 말을 쓰게 되어도 억양은 끝까지 사라지지 않는다. 자기가 없는 자리에서 자기의 말투를 흉내내고 웃음거리로 삼은 사실을 알고, 그 당사자인 상사가 흉내낸 부하직원을 어떤 태도로 대하는지가 작품의 중요한 포인트가 된다.

흉내를 잘 내는 사람을 주인공으로 함으로써 추상적인 제목의 중요성이 의미를 띠게 된다.

법률용어로 'counterpart'는 '두 통 작성한 것 가운데 다른 한 통'을 말하며, 주인공은 법률서류를 충실하게 손으로 베껴 쓰는 일종의 복사기라고 할 수 있다. 그것이 반영되어선지, 작품 전체에 언어의 반복(복사)이 많다. 패링턴은 전에는 앨린의 말을 흉내내었고, 이 날은 자기가 말대답한 말을 길을 가면서 되풀이하며, 집에 돌아간 뒤에는 아이의 억양이 없는 말을 흉내낸다.

---

*24 〈아베마리아〉 성모마리아에게 바치는 기도로, 가톨릭교회에서는 '천사축사'라고 한다.

앨린은 그가 자기의 억양을 흉내낸 것에 대한 보복이라도 하듯이, 몇 번이나 그의 말을 되풀이한다. 술집에서는 동료가, 패링턴이 앨린에게 한 말대답을 흉내낸다. 앨린은 패링턴에게, 패링턴은 아이에게, 각각 상대의 말을 두 번, 세 번 되풀이한다. 마지막 장면에서는 아이가 자기의 말을 되풀이하고 있다. 다만 이상의 모든 말은 처음 한 말과 미묘하게 차이가 나는 경우가 많다. 패링턴이 서류를 미묘하게 잘못 베껴 쓰는 것과 관련이 있을지도 모른다.

원래 'counterpart'는 '인물 또는 사항이 복제처럼 보이도록 서로 대응하는 것'을 말한다. 이것을 대인관계에 적용해 보면, 앨린과 패링턴의 관계는 패링턴과 아들 톰의 관계와 대응하고 있다. 술집과 교회에서 영혼의 위안을 찾는 패링턴과 아내 에이다, 그리고 남자들이 관심을 보내는 런던 억양을 쓰는 젊은 여배우와 델라코어는 '대응하는 인물'이다.

열다섯 편 가운데 가장 음습한 내용을 가진 '대응'의 형식에 착안하여, 마지막 장면을 다시 읽어보자. 주인공은 자기가 초래한 격분과 욕구불만을 어린 자식을 배출구 삼아 발산시킨다. 그가 힘없는 어린아이에게 폭력을 휘두르는 마지막의 가슴 아픈 장면은 읽는 사람을 구원할 길 없는 절망감에 빠뜨린다. 그렇게 되기 전에, 작자는 시점을 그때까지의 주인공한테서 그의 아들로 옮기고, 아버지를 위해 필사적으로 기도하는 어린 자식의 자세와 대사로 작품을 끝맺었다. 소년은 만취와 분노의 죄악에 빠져 있는 아버지를 위해, 마리아의 거룩한 눈길이 그 아버지에게 따뜻하게 향해지도록 갸륵한 기도를 바치려고 한다. 조이스는 톰이 '아베마리아'를 세 번 부르게 하고 작품을 끝냄으로써 그 말에 여운을 가져다주었다. 어린 아들의 기도로 주인공이 부권(父權)을 회복하는 이 장면은 읽는 사람의 심금을 울린다. 이 주인공은 직무도 제대로 수행하지 못하면서 술에 빠지고, 아버지로서도 실격인 마이너스 이미지만으로 묘사되어 있다. 화자 자신도, 이 작품의 전반과 종반에서는 주인공을 '그 사내(the man)', '어떤 사내(a man)'라고만 쓰고 한 번도 이름으로 부르지 않았다. 이러한 마이너스 이미지가 어린 아들의 기도와 대사로 정화되는 것은 아닐까. 이 결말은 등장인물의 내면에 들어가지 않은 화자에 의한 객관적 묘사이지만 작품 전체의 카타르시스라고 할 수 있으리라. 이상과 같이 '대응'은 작품의 형식에 주목하여 읽으면, 내용에서 받는 어두운 인상과는 다른 진정한 모습을 볼 수 있는 좋은 예가 된다.

진흙

여감독[1]이 원생들의 저녁 식사가 끝나면 곧 나가도 된다고 허락을 내렸기 때문에 마리아는 저녁 외출을 눈이 빠지게 기다렸다. 부엌은 반짝반짝[2] 빛나고 있었다. 요리사의 말로는 커다란 구리 가마솥에 얼굴을 비춰볼 수 있을 정도였다. 불은 새빨갛게 타오르고 있고, 보조 탁자 위에는 매우 커다란 건포도빵이 네 덩어리 놓여 있었다. 그 건포도빵은 썰지 않은 것처럼 보였지만, 가까이 다가가서 보니 모두 같은 크기로 두껍게 썰려 있어서 저녁 식사 때 금방 모두에게 나눠줄 수 있도록 준비되어 있다. 마리아가 직접 썰어놓은 것이었다.

마리아는 정말이지 아주 아주 조그마한 사람이었지만, 코는 매우 길고 턱도 매우 길었다.[3] 그녀는 약간 코맹맹이 소리로 '맞아요, 그럼요.'라든지, '안돼요, 그러면' 하는 식으로 여자들이 빨래를 하다가 말다툼이 벌어지면 늘 그녀가 불려 가는데, 그때마다 그녀는 화해를 잘 시키곤 했다. 언젠가 여감독이 이렇게 말한 적도 있었다.

"마리아, 당신은 정말 평화를 이루는 사람이야!"[4]

부감독과 관리위원 가운데 두 사람도 그 칭찬을 같이 들었다. 게다가 진저무니는 마리아만 없었으면 다림질[5]을 맡고 있는 그 멍청이에게 무슨 짓인들 못 하겠느냐고 입버릇처럼 말하곤 했다. 모든 사람들이 마리아를 그토록 좋

---

[1] matron. 일반적으로 공공시설 등의 여자 감독.

[2] spick and span. 이 말은 세탁소 광고에서 자주 볼 수 있다.

[3] Maria was a very, very small person indeed but she had a very long nose and a very long chin. 특징 있는 용모를 동화조(童話調) 문체로 묘사했다. 동어반복은 유아어의 특징.

[4] 이 말은 예수의 산상수훈에 있는, '행복하여라, 평화를 이루는 사람들! 그들은 하느님의 자녀라 불릴 것이다'(《마태오 복음서》5 : 9)에 의해 일반화되었다.

[5] 당시에는 스토브에 다리미를 적당한 온도로 달궈서 다림질을 했다. 'dummy'는 농아자에 대한 속어.

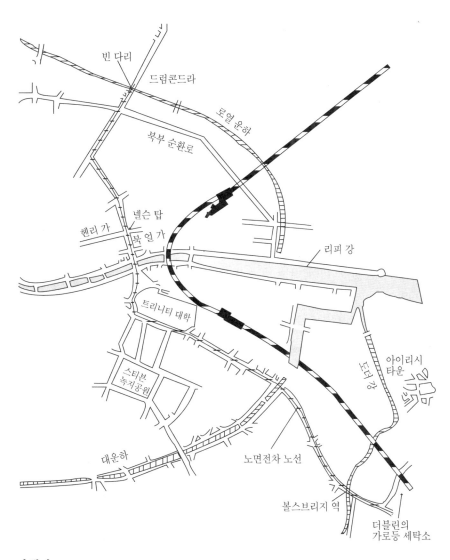

아했다.

　여자들은 6시에 저녁 식사를 하게 되어 있어서 그녀는 7시 전에는 외출할 수 있을 것이다. 볼스브리지에서 넬슨 탑까지 20분, 넬슨 탑에서 드럼콘드라까지 20분, 물건 사는 데 20분. 8시까지는 그곳에 닿을 수 있을 것 같았다. 그녀는 은고리가 달린 지갑을 꺼내 '벨파스트의 선물'이라고 적힌 글자를 다시 읽어보았다. 그녀는 그 지갑을 말할 수 없이 좋아했는데 그것은 조가 5년 전에 앨피와 함께 성령강림절의 월요일*6 여행으로 벨파스트에 갔다 왔을 때 사다준 것이었기 때문이다. 지갑 속에는 반 크라운짜리 은화 두 개*7와 동전 몇 개가 들어 있었다. 전차삯을 내고도 5실링은 충분히 남을 것이다. 아이들이 다같이 노래를 부르는 가운데 얼마나 멋진 저녁을 보내게 될지! 그녀는 조가 제발 술에 취해 들어오지 않기만 바랐다. 그는 술이 조금만 들어가면 사람이 홱 변해 버리곤 했다.

조는 가끔 그녀에게 자기 집에 와서 같이 살자고 했다. 그러나 그녀는 자기가 방해가 될 것 같기도 하고(물론 조의 아내는 언제나 그녀에게 친절했지만) 세탁소 생활에도 이미 충분히 익숙해져 있었다. 조는 착한 사람이었다. 조를 키운 사람은 그녀였다. 그리고 앨피도. 그래서 조는 종종 이렇게 말하곤 했다.

"엄마는 그냥 엄마야, 하지만 마리아는 진짜 어머니지."

집안이 풍비박산이 나자 두 아이가 그녀에게 '더블린의 가로등'*8 세탁소에 지금의 일자리를 구해주었는데, 그녀도 그것을 마음에 들어 했다. 그녀는 여태까지 신교도들에 대한 감정이 아주 나쁜 편이었지만 이제는 그들이 아주 좋은 사람들이라고, 말수가 적고 융통성이 없긴 하지만 그래도 함께 살아가기에는 무척 좋은 사람들이라고 생각했다. 그녀는 온실에서 화초도 길렀는데 그것을 돌보는 것을 무척 좋아했다. 사랑스러운 야생 고사리와 소귀나무도 길렀다. 그래서 누구든 그녀를 찾아오는 사람이 있기만 하면 언제나 온실에서 꺾꽂이 가지를 한두 개씩 가지고 와 선물로 주었다. 그런 그녀가 좋아하지 않는 것이 하나 있었는데 그것은 온 벽에 걸려 있는 종교에 관한 작은 책자*9였다. 그래도 감독은 대하기가 무척 편하고 아주 점잖은 사람*10이었다.

요리사가 그녀에게 준비가 다 되었다고 말하자 그녀는 원생들 방으로 가

---

*6 부활절 뒤 제7일요일은 성령강림을 기념하여 성령강림절이라고 하며, 그 이튿날인 월요일은 휴일이다.

*7 반 크라운 은화 두 개면 마리아에게는 상당한 액수.

*8 신교 여성관리위원들이 운영하는 여성 갱생시설. 볼스브리지 지구(신교가 월등히 많은 지구)에 있으며, 알코올중독 여성과 창녀들이 수용되어 세탁일을 한다.

*9 신교의 종교와 도덕 문제를 다룬 소책자류. 갱생 중인 여성들은 빨래일 외에 이것을 읽는 것이 의무였다. 개종시킬 목적도 있었다.

서 밧줄을 당겨 커다란 종을 치기 시작했다. 잠시 뒤 원생들이 속치마에 김이 모락모락 나는 손을 닦거나, 역시 김이 나는 벌건 팔뚝 위로 블라우스 소매를 끌어내리면서 삼삼오오 짝을 지어 들어오기 시작했다. 그들은 커다란 머그컵 앞에 자리잡고 앉았다. 요리사와 벙어리가 미리 큼직한 양철통에 우유와 설탕을 섞어 만들어놓은 뜨거운 홍차를 가득 따라주었다. 마리아는 건포도빵을 나눠주는 일을 맡아서 여자들에게 각각 네 조각씩만 분배되도록 주의를 기울였다. 식사를 하는 동안 웃음과 우스갯소리가 와자지껄 끊이지 않았다. 리지 플레밍은 마리아가 틀림없이 반지를 집을 거라고 말했다. 이 말은 플레밍이 벌써 몇 년이나 만성절(萬聖節) 전야*11 때만 되면 빼먹지 않고 하는 말이지만, 마리아는 그런 말을 들으면 마지못해 웃음을 터뜨리며 자기는 반지도 남자도 원치 않는다고 말할 뿐이었다. 그녀가 웃을 때면 잿빛이 도는 녹색 눈이 실망한 듯한 수줍음으로 반짝거리고, 코끝은 거의 턱 끝에 닿을 지경이었다. 그러다가 진저 무니가 차가 들어 있던 머그컵을 쳐들고 마리아의 건강을 위해 건배하자고 제안하자, 다른 여자들은 각자의 머그컵을 테이블 위에서 움직여 덜그럭거리는 소리를 냈다. 무니는 유감이지만 건배를 하면서도 맥주를 한 모금도 마실 수 없다니! 하면서 푸념했다. 그래서 마리아는 코끝이 거의 턱에 닿도록 다시 한 번 웃으면서 가냘픈 몸이 금방이라도 산산조각이 나도록 흔들어댔다. 무니가 무슨 악의가 있어 고의적으로 한 말이 아님을 잘 알고 있었기 때문이다. 물론 그녀는 무니를 좀 천박한 여자라고 생각은 하고 있었지만.

그러나 여자들이 저녁식사를 끝내고 요리사와 벙어리가 저녁상을 치우기 시작하자 마리아는 얼마나 기뻤던지! 그녀는 자신의 작은 침실로 들어가서 다음 날 아침에 미사가 있다는 것을 기억해내고 자명종 바늘을 7시에서 6시

---

*10 '종교 문제를 떠나서'라는 뜻이 들어 있다. 주인공은 가톨릭교도이면서 신교계 세탁소 부엌에서 일하는 하녀.

*11 성인들의 영혼을 찬미하는 11월 1일의 전야를 말한다. 오래된 켈트족의 달력에서는 10월 31일 밤은 모든 성령과 마녀가 출몰하여 많은 물건들이 분실된다고 하며, 마녀들의 잔치가 열린다고 했다. 아이들도 이날 밤에는 여러 가지 유희를 하고 운명을 점치기도 한다. 점술 놀이에서는 건포도빵에 반지와 호두를 넣고 구워서 나누는데, 아일랜드 미신에서는 그 빵 조각 속에 반지가 들어 있는 사람은 1년 안에 (또는 가장 먼저) 결혼한다고 전해지고 있다.

로 돌려놓았다. 그런 다음 작업복 치마와 실내화를 벗은 뒤, 나들이 치마를 꺼내 침대 위에 펼쳐놓고, 깜찍한 외출용 구두는 침대 발치 옆에 두었다. 그녀는 블라우스도 갈아입었다. 그리고 나서 거울 앞에 서자, 그녀는 자기가 어린 소녀였을 때는 일요일 아침이면 언제나 미사에 가기 위해 복장을 매만졌던 일이 생각났다. 그리고 전에는 늘 성장했던 작은 몸을, 그녀는 기묘한 애정을 담아 바라보았다. 비록 나이는 많지만 아직도 예쁘고 아담한 몸이라고 생각했다.

그녀가 바깥으로 나오자 거리는 비에 젖어 번들거렸다. 낡은 갈색 비옷을 입고 나오기를 잘했다 싶었다. 전차는 만원이었다. 그녀는 전차 맨 끝에 있는 등받이도 없는 작은 의자에, 모든 승객과 마주 보면서 발가락이 겨우 바닥에 닿는 자세로 앉을 수밖에 없었다. 그녀는 마음속으로 이제부터 하려는 모든 일의 순서를 생각하면서, 남의 신세를 지지 않고 자립해 살면서 수중에 자기 돈을 갖고 있는 것이 얼마나 다행한 일인가를 생각했다. 모두에게 멋진 저녁이 된다면 얼마나 좋을까. 틀림없이 그렇게 될 거야. 다만 앨피와 조가 서로 말을 하지 않고 지내는 것이 못내 안타까울 뿐. 그 둘은 지금은 툭하면 싸우지만 어렸을 때는 세상에 둘도 없는 친구였는데. 하지만 인생이란 그런 거니까.

그녀는 넬슨 탑*¹²에서 전차에서 내려 인파 사이로 재빨리 빠져나갔다. 그녀는 다운스 제과점으로 들어갔다. 손님이 어찌나 많은지 한참을 기다린 끝에 겨우 주문을 할 수 있었다. 그녀는 비싸지 않은 과자 여남은 가지를 섞어 담은 불룩한 봉지를 안고 가까스로 제과점에서 나왔다. 그리고 또 무엇을 더 살까 궁리했다. 그녀는 정말 멋들어진 것을 사가지고 가고 싶었다. 사과와 견과류*¹³는 틀림없이 잔뜩 있겠지. 무엇을 사야 할지 생각해 내는 것은 힘들었다. 그러다가 겨우 생각해낸 것이 케이크였다. 그녀는 건포도 케이크를 사기로 마음먹었다. 그러나 다운스 제과점의 건포도 케이크는 표면에 입힌 아몬드 설탕옷이 얇아 보여서 헨리 가에 있는 다른 가게로 건너갔다.*¹⁴ 거기

---

*12 약 40미터쯤 되는 넬슨 제독(1758~1805)의 기념탑은 새크빌 가(현재의 오코넬 가) 한 복판에 우뚝 서 있었다. 다운스 제과점은 넬슨 탑 동쪽의 북 얼 가를 몇 걸음 간 곳에 있다. 1966년 아일랜드 애국자에 의해 파괴되었다.

*13 모두 만성절 전야에 먹는다.

서 그녀는 마음에 드는 것을 고르느라 꽤 뜸을 들였다. 카운터 안에서 멋진 모습으로 서 있는 점원 아가씨는 그녀가 너무 시간을 끄는 바람에 약간 짜증이 났는지, 웨딩케이크를 사려는 것이냐고 물었다. 그 말에 마리아는 얼굴을 붉히면서 점원 아가씨에게 미소를 지어 보였다. 그러나 점원 아가씨는 그것을 긍정으로 받아들이고, 결국 건포도 케이크를 두툼하게 한 덩어리 썰어 포장해주면서 말했다.

"2실링 4펜스입니다, 손님."

그녀는 드럼콘드라 행 노면전차 안에서 젊은 청년들이 아무도 자기를 쳐다보지 않는 것 같아서 계속 서서 가야 하나 보다고 생각했다. 그런데 뜻밖에도 중년 신사 한 사람이 그녀에게 자리를 양보했다. 건장하게 생긴 신사로, 갈색 중산모를 쓰고 있었다. 턱이 각진 붉은 얼굴에 콧수염이 희끗희끗하게 자라고 있다. 마리아는 그를 육군대령 같은 느낌의 신사라고 생각하고, 자기 앞만 똑바로 보고 있는 얌체 같은 젊은 애들보다 훨씬 더 친절하다고 느꼈다. 그 신사는 만성절 전야와 비 오는 날씨에 대해 그녀와 얘기를 나누기 시작했다. 그는 그녀가 갖고 있는 봉지에는 꼬마들이 좋아할 게 가득할 거라고 추측하고 꼬마들은 꼬마일 때 신나게 노는 것이 너무도 당연한 일이 아니냐고 했다. 마리아는 그의 말에 맞장구를 치면서 점잖게 고개를 끄덕이거나 헛기침을 하기도 했다. 그는 그녀에게 무척 친절했다. 그래서 그녀는 커낼 브리지*15에서 내릴 때 그에게 고맙다고 고개를 숙이며 인사했다. 그러자 그도 그녀에게 고개숙여 인사하면서 모자를 살짝 들고 선량하게 미소지었다. 그녀는 비를 맞으면서 작은 머리를 숙이고 공동주택을 따라 언덕길을 올라가면서, 설사 술을 한 잔 걸쳤다 해도 저렇게 쉽게 알아볼 수 있으니, 역시 신사는 다르다고 생각했다.

조의 집에 도착하자 모두들 "아, 마리아가 왔구나!" 하면서 반갑게 맞이해 주었다. 조는 직장에서 퇴근하여 집에 와 있었고 아이들은 죄다 나들이옷을 입고 있었다. 이웃집에서 키가 큰 소녀 둘이 놀러와서 게임을 하던 중이었다. 마리아는 장남인 앨피에게 다 같이 나눠 먹으라고 과자 봉지를 건넸

---

*14 ☆다운스에서 나가 북 얼 가를 서쪽으로 돈 뒤, 오코넬 대로 서쪽의 헨리 가에 가서, 어느 제과점에 들어갔다. 이 일대는 더블린의 번화가로, 쇼핑객으로 붐비는 곳이다.

*15 로열 운하에 걸쳐 있는 빔교. 다리 북쪽의 둑에서 북쪽으로 가는 언덕길을 올라갔다.

다. 도넬리 부인은 이렇게 많은 과자를 가져오시다니 정말 고맙다고 말하고 아이들에게도 인사를 하도록 시켰다. "감사합니다. 마리아!"

그러나 마리아는 애들 아빠와 엄마를 위해서도 특별한 것을 사 왔는데 틀림없이 좋아할 거라면서 건포도 케이크를 찾기 시작했다. 그녀는 다운스 제과점의 봉지도 찾아보고, 비옷 호주머니도 뒤져본 뒤, 현관의 옷걸이까지 찾아보았지만 어디에도 건포도 케이크는 없었다. 그래서 아이들에게 혹시 누가—물론 잘못 알고 그랬겠지만—먹어버리지 않았느냐고 물었더니, 아이들은 한결같이 아니라고 대답하면서 만일 자기들이 훔쳐 먹었다는 의심을 받는다면 다른 케이크도 먹지 않겠다는 표정을 지었다. 모두가 제각각 이 수수께끼에 대한 해법을 한마디씩 했다. 도넬리 부인은 마리아가 전차에 두고 내린 것이 분명하다고 말했다. 마리아는 콧수염이 희끗희끗한 그 신사에게 자기가 당황했던 일을 떠올리고는 창피하고 속상한 데다 실망까지 겹쳐 얼굴을 붉혔다. 뜻밖의 선물로 깜짝 놀라게 해주려던 계획이 물거품이 되고 말았다는 생각, 그리고 2실링 4펜스를 날려버렸다는 생각에 금방이라도 눈물이 쏟아질 것 같았다.

하지만 조는 그런 건 중요한 일이 아니니 신경 쓰지 말라며 그녀를 난롯가에 앉혔다. 그는 무척이나 친절했다. 사무실에서 있었던 일들을 빠짐없이 이야기해주고, 그가 지배인에게 재치 있게 받아친 말대꾸를 되풀이해서 들려주었다. 마리아는 조가 받아쳤다는 그 말대꾸에 왜 그가 그토록 고소해하는지 잘 알지 못하나, 그 지배인은 매우 오만불손하고 사귀기 힘든 사람일 거라고 말했다. 조가 말하기를 그를 상대하는 방법을 알고 대하기만 하면 그렇게 고약한 사람은 아니며, 비위를 먼저 건드리지만 않으면 아주 점잖은 양반이라고 했다. 도넬리 부인이 아이들을 위해 피아노를 쳐주자 아이들은 거기에 맞추어 춤을 추면서 노래를 불렀다. 그때 이웃집에서 온 두 소녀가 호두를 돌렸다. 모두들 호두까기를 찾기 시작했으나 아무도 그것을 찾지 못하자, 조는 화가 나서 호두까기도 없이 마리아가 무슨 수로 그 여문 호두를 까먹겠느냐고 다그쳤다. 그러나 마리아는 자기는 호두를 좋아하지 않으니 자기 때문에 신경 쓸 필요는 없다고 말했다. 그러자 조가 흑맥주를 한 병 하는 것이 어떻겠느냐고 물었다. 도넬리 부인은 집에 붉은 포도주도 있으니 그것이 더 좋다면 그것을 드시라고 했다. 마리아는 그들에게 더 이상 권하지 말

앉으면 좋겠다고 말했지만, 조는 막무가내였다.

　그래서 마리아는 그가 하고 싶은 대로 하도록 내버려두었다. 그들은 불 옆에 앉아 옛날이야기로 꽃을 피웠고, 마리아는 그의 동생 앨피를 두둔하는 말을 하는 것이 좋겠다고 생각했다. 그러나 조는 만일 두 번 다시 동생과 말을 하는 일이 있다면 천벌을 받아 죽어도 좋다고 소리소리 질렀다.*16 그래서 마리아는 괜히 그런 말을 꺼내서 미안하다고 사과했다. 도넬리 부인은 남편에게 피를 나눈 형제를 그런 식으로 말하다니 그런 창피가 또 어디 있겠느냐면서 핀잔을 주었다. 그래도 조가 앨피는 자기 동생이 아니라고 우겨서 그 때문에 한바탕 말싸움이 벌어질 뻔했다. 그러나 조는 오늘은 특별한 날인 만큼 화를 내고 싶지 않다면서 아내에게 흑맥주를 더 따르라고 부탁했다. 이웃집 두 소녀들이 이미 만성절 전야의 놀이를 몇 가지 준비해 두어서, 이내 조금 전의 즐거운 분위기로 되돌아갔다. 아이들이 그토록 즐거워하고 조와 그의 아내도 무척 기분이 좋아보여서, 마리아도 무척 기뻤다. 이웃집 소녀들이 테이블 위에 접시를 몇 개 올려놓고 아이들에게 눈가리개를 씌운 뒤 테이블로 데리고 갔다. 한 아이는 기도책을 집었고 다른 셋은 물을 집었다.*17 그리고 이웃집 두 소녀 가운데 하나가 반지를 집어들자, 도넬리 부인은 얼굴이 새빨개진 소녀를 향해 마치 '난 다 알고 있지!' 하는 듯이 손가락을 흔들어 보였다. 다음에 모두들 우겨서 마리아에게 눈가리개를 씌우고 테이블로 데리고 가서 그녀가 무엇을 집는지 보자고 했다. 그들이 눈가리개를 씌우는 동안 마리아는 코가 거의 턱에 닿도록 웃고 또 웃었다.

　그들은 떠들썩하게 웃고 농담을 하면서 그녀를 테이블로 데리고 갔다. 그녀는 하라는 대로 한 손을 허공에 내밀었다. 그 손을 허공에 이리저리 휘젓다가 어느 접시 위에 내려놓았다. 손가락이 뭔가 부드럽고 축축한 것에 닿자,*18 아무도 입을 열지 않고 눈가리개도 풀어주지 않아서 그녀도 좀 놀랐다. 잠시 침묵이 흘렀다. 그러다가 곧 허둥대면서 움직이는 소리와 서로 속삭이는 소리가 들려왔다. 누군가가 정원이 어쩌고 하는 말을 했고, 마침내

---

*16 장남에게 동생의 이름을 붙여줄 정도였지만, 불화의 원인은 불명.

*17 이 만성절 전야의 놀이는 개인의 운명을 점치는 것. 각각의 접시에 담긴 반지는 결혼, 기도책은 수도원, 물은 생명, 흙은 죽음을 의미한다.

*18 제목의 진흙 clay을 가리킨다. 상류가정에서는 보통 진흙을 꺼려했다.

도넬리 부인이 이웃집 한 소녀에게 몹시 엄격하게 무슨 말을 하면서 그것을 당장 내다버리라고 했다. 이번 게임은 무효라면서. 마리아는 그제야 뭔가 잘못되었다는 것을 알고, 그 일을 한 번 더 되풀이하지 않을 수 없었다. 이번에는 기도책을 집었다.

그 뒤에 도넬리 부인은 아이들을 위해 매클라우드 양의 무곡*19을 연주했고, 조는 마리아에게 포도주를 한 잔 들라고 권했다. 그들은 이내 다시 즐거운 분위기를 되찾았고, 도넬리 부인은 마리아가 기도서를 집었으니 이 해가 다가기 전에 수녀원에 들어가게 될지도 모른다고 말했다. 마리아는 조가 그날 밤처럼 즐거운 이야기와 회상에 젖어 자기에게 그토록 잘해주는 것을 본 적이 없었다. 그녀는 모두들 하나같이 자기에게 매우 잘해주었다고 말했다.

마침내 아이들이 놀다 지쳐 졸기 시작하자, 조는 마리아에게 가기 전에 짤막한 옛날 노래를 한 곡 불러줄 수 없겠느냐고 부탁했다. 도넬리 부인도 '그렇게 해요, 마리아!' 하고 졸랐다. 그래서 마리아는 마지못해 일어서서 피아노 옆에 섰다. 도넬리 부인은 아이들에게 조용히 하고 마리아의 노래를 귀담아들어보라고 일렀다. 그러고 전주곡을 치고는 '자, 마리아!' 하면서 재촉했다. 마리아는 얼굴을 몹시 붉히면서 가늘게 떨리는 목소리로 노래를 부르기 시작했다. 그녀는 〈내 살던 꿈 꾸었네〉*20를 불렀다. 그런데 2절에 이르자 그녀는 다시 1절을 되풀이해서 불렀다.

> '내 살던 꿈 꾸었네, 대리석 궁전에서
> 하인과 시종들을 양옆에 거느리고,
> 그 궁전에 모인 모든 이에게
> 나는 희망이요 자랑이었네.
> 셀 수도 없는 부에
> 유서 깊은 가문의 이름을 자랑할 수 있었건만,
> 그보다 더 기쁜 꿈 있었으니
> 그것은 영원히 변치 않는 그대의 사랑이었네.'

---

*19 댄스용의 전통적인 무곡. 매클라우드 양은 불명.

*20 M.W. 발페의 〈보헤미안 처녀〉에서 여주인공이 제2막에서 부르는 유명한 가곡. 이 가극은 '이블린'에 언급(398페이지 *12 참조)되어 있다.

그러나 아무도 그녀의 실수를 지적하려 하지 않았다.[*21] 그녀가 노래를 끝내자 조는 가슴이 벅찰 정도로 감동했다. 그는 옛날처럼 좋은 시절은 이제 없으며, 누가 뭐래도 자기에게는 그 옛사람 발페의 음악처럼 좋은 음악도 없다고 말했다. 그의 두 눈은 눈물로 가득 차서 자기가 찾고 있는 것도 눈에 보이지 않았다. 결국 아내에게 병따개가 어디 있는지 찾아봐달라고 부탁해야 했다.

해설

이 작품은 1904년 11월에 '크리스마스 이브'라는 제목으로 쓰기 시작하여, 창작순으로는 '자매', '이블린', '레이스가 끝난 뒤'에 이은 네 번째 작품이다. 그 뒤에 여러 번 고쳐 쓴 끝에 1906년 11월 무렵에 '진흙(Clay)'으로 완성되었다.

'진흙'은 빅토리아 왕조까지의 전통소설의 자취를 간직한 작품으로, 줄거리 전개와 인물 조형에 일관성이 있으며 상징성도 분명하다. 주인공이 우연이지만 죽음을 상징하는 진흙을 집거나, 만성절 전야에 얽힌 미신처럼 작품의 곳곳에서 케이크, 호두까기, 병따개가 사라진다. 마녀가 출몰한다는 미신에 따라 해석하면, 세 번이나 등장하는 '코끝이 거의 턱 끝에 닿을 정도'라고 표현한 그녀의 웃는 표정에서는 늙은 마녀가 날카롭게 웃는 이미지를 느끼게 하고, 그녀의 용모를 동화조로 묘사하는 문장에서는 동화 속에 등장하는 마녀를 연상하며 읽을 수 있다.

이 작품은 주인공의 내면묘사가 많기 때문에 그녀의 말투가 속출하는데, 여성이 애용하는 '무척' 'very' '점잖은' 'nice', 여성의 감정을 과장스럽게 표현하는 '굉장히' 'so', 'such', '그리고' 'and', '하지만' 'but', '그런 다음' 'then' 등이 유난히 많이 보인다.

[*21] 주인공이 다시 1절을 부른 것은, 열렬한 사랑을 구하는 제2절을 독창할 수 없어서가 아니라, 노래에 익숙하지 않은 그녀가 2절을 몰랐거나 잊어버렸기 때문일 것이다. 그런 경우, 1절을 다시 한 번 되풀이해서 부르는 것은 누구에게나 있을 수 있는 일이다.

가슴 아픈 사고

제임스 더피 씨가 채플리조드*¹에 살고 있는 것은, 첫째는 더블린 시민이기는 하지만 될 수 있는 대로 도심에서 멀리 떨어져 살고 싶었고, 둘째는 더블린의 다른 교외는 모두 천박하고 현대풍이며 또 허세만 잔뜩 부리는 것 같아서였다. 그는 오래된 음산한 주택에 살고 있었다. 그의 방에서는 폐업한 증류주 양조장*²을 들여다보거나 더블린 한복판을 흘러가는 얕은 강*³ 상류를 바라볼 수 있었다. 그 방에는 카펫도 깔려 있지 않고 방의 높다란 벽에는 그림 하나 걸린 것이 없었다. 방 안에 있는 살림살이는 모두 그가 직접 산 것들이었다.*⁴ 검은색 철제 침대, 철제 세면대, 등나무의자 네 개, 옷걸이, 석탄통, 난로망과 부지깽이, 그리고 책상형 서류함이 놓여 있는 네모난 테이블. 벽의 일부를 안으로 파서 거기에 하얀 나무로 선반을 설치하여 서가로 이용했다. 침대에는 하얀 침대보가 덮여 있고 발치에는 검정과 붉은 색의 무릎담요가 걸쳐져 있었다. 세면대 위에는 조그마한 손거울이 하나 걸려 있었고, 낮에는 하얀 갓을 씌운 램프가 벽난로 위에 유일한 장식품으로 걸려 있다. 하얀 나무 선반에 꽂힌 책들은 크기에 따라 아래에서 위로 정렬되어 있다. 워즈워스*⁵ 전집이 맨 아래 선반의 한쪽 끝에 꽂혀 있고, 공책 표지에 쓰는 천으로 제본한 《메이누스 교리문답서》*⁶가 맨 위 선반의 한쪽 끝에 꽂

---

*1 교외의 삼류 주택지. 전설에서는 아서 왕 전설의 기사 트리스탄과의 비련으로 유명한 이졸데의 탄생지. 지명의 유래는 '이졸데의 예배당(Chapel of Iseult)'.

*2 이 양조장은 실재했다.

*3 리피 강은 채플리조드 근처에서는 얕다.

*4 가구가 딸린 집이 아니라 집세가 싼 아파트.

*5 조이스는 자연을 노래한 이 낭만파 시인(1770~1850)과 셰익스피어와 셸리를 영국의 3대 작가로 들었다.

*6 가톨릭 교리 입문서라고 할 수 있는 소책자. 더블린 서북쪽 24킬로미터 메이누스 마을에 있는 신학교에서 1883년에 발행.

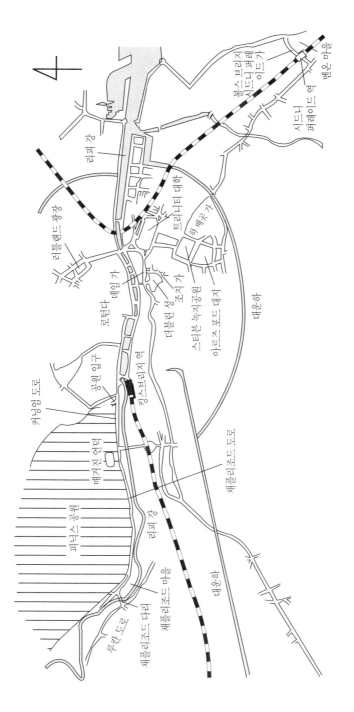

혀 있다. 책상 위에는 항상 필기도구가 놓여 있고, 책상 안에는 무대 지시가 자줏빛 잉크로 쓰인 하우프트만의 〈미하엘 크라머〉*7 번역 초고와 놋쇠 핀으로 묶은 작은 종이 묶음도 들어 있다. 이따금 그 종이에 문장을 써넣고, 냉소적인 기분에 빠질 때는 바일 빈스*8의 광고문 제목을 오려서 맨 첫 장에 풀로 붙여놓기도 했다. 책상 뚜껑을 열면 안에서 은은한 향기가 뿜어져 나왔다. 그것은 산 지 얼마 안 되는 삼나무 연필이나 고무풀 병, 또는 거기에 넣어두고 까맣게 잊어버린 농익은 사과이기도 했다.

더피 씨는 육체적 또는 정신적 무질서를 드러내는 것이면 무조건 혐오했다. 중세의 의사가 보았더라면 아마도 그를 토성의 체질이라고 했을 것이다.*9 그가 살아온 세월을 고스란히 얘기해주는 듯한 그의 얼굴은 더블린 거리의 색깔처럼 갈색을 띠고 있었다. 길쭉하고 커다란 머리에는 버썩 말라 보이는 검은 머리카락이 나 있고 황갈색 콧수염은 무뚝뚝해 보이는 입을 완전히 가리지는 못했다. 광대뼈 또한 그의 얼굴을 거칠어 보이게 했다. 그러나 눈에는 거친 기색이 없어서, 황갈색 눈썹 밑에서 세상을 바라보는 그 눈은 타인에게 결점이 있어도 그것을 벌충해주는 소질을 찾으려고 항상 애를 쓰지만 번번이 실망만 느끼고 마는 사람의 인상을 풍겼다. 그는 자신의 육체에서 조금 거리를 두고, 자기 자신의 행위를 의심스러운 듯이 곁눈질하면서 살고 있었다. 그에게는 이따금 마음속으로 삼인칭 주어와 과거형 술어로 자기 자신에 대한 짧은 문장을 지어보는 기묘한 자서전적 버릇이 있었다. 그는 거지에게 동냥을 준 적이 한 번도 없었고, 튼튼한 개암나무 지팡이를 짚고 항상 꼿꼿한 자세로 걸었다.

그는 오랫동안 배곳 가에 있는 어느 민영은행의 지배인으로 근무해 왔다.

---

*7 1900년에 독일 자연주의의 창시자 G. 하우프트만(1862~1946)이 발표한 비극. 미술학교 교사인 크라머는 예술적 재능이 풍부한 아들에게 기대를 걸지만, 그 나태한 아들은 실연을 당하고 자살해 버린다. 아들의 죽음에 직면하여 자기의 이상실현의 좌절을 통감하는 내용. 더피와 크라머에게는 인간을 사랑하지 않는 은둔자라는 공통점이 있다. 흰색과 검은색은 예배의식의 색으로, 더피의 방은 수도승의 독방을 연상시킨다.

*8 담즙과다증(분노와 우울에 관계가 있다고 알려진 체질)에 대한 식물성의 특허약 이름.

*9 JM에 따르면, 중세 의학에서는 인간의 기질은 천체의 영향에 좌우된다고 한다. 이를테면 토성의 영향을 받고 태어난 사람은 담즙 과다로 우울하고 음침한 기질을 나타낸다고 하며, 음악으로 그 고통을 일시적으로 경감시킬 수 있다고 했다.

매일 아침 채플리조드에서 노면전차를 타고 출근해서, 정오에는 댄버크 주점*10에 가서 점심을 먹었다. 저장맥주 한 병과 작은 접시에 담은 칡가루 비스킷이었다. 네 시면 일에서 해방된다. 그는 조지 가*11에 있는 대중식당에서 저녁 식사를 했다. 그곳은 더블린에서 돈깨나 있다는 젊은 패거리들이 출입하지 않아서 안심이 되는 데다 계산서에서도 정직성이 분명히 느껴지는 곳이었다. 저녁 시간은 여주인이 피아노 치는 걸 듣거나 교외를 산책하는 것으로 보냈다. 그는 모차르트를 좋아해서 가끔씩은 오페라나 연주회에 가기도 한다. 그런 것이 그의 생활에서 유일한 낙이었다.

그에게는 마음을 나눌 동료나 친구도 없고 교회나 신앙심과도 거리가 멀었다. 그는 오직 자기만의 정신생활을 보내면서 타인과는 전혀 교류하지 않고, 크리스마스 때 친척들을 방문하고 또 그 친척들이 죽으면 묘지까지 배웅하는 것이 전부였다. 그는 이 두 가지 사회적 의무는 체면 때문에 마지못해 이행했으나 시민 생활을 규제하는 다른 관습에는 더 이상 양보하지 않았다. 경우에 따라서는 은행을 털 수도 있다고 생각하기도 하지만, 그런 경우는 한 번도 찾아오지 않았기 때문에 그의 삶은 그저 평탄하게 굴러 갈 뿐이었다— 한마디로 모험 없는 밋밋한 이야기와 같았다.

어느 날 저녁 그는 로턴다 극장*12에서 두 명의 여자 옆에 앉아 있었다. 극장 안은 청중도 별로 없고 조용하여 공연의 실패를 예고하는 비참한 기운이 감돌고 있었다. 그의 옆에 앉은 여자가 텅 빈 장내를 한두 번 두리번거리더니 말했다.

"오늘밤엔 손님이 이렇게 없으니 어떡하면 좋아요! 텅 빈 객석을 향해 노래를 해야 하다니, 가수들이 얼마나 맥이 빠지겠어요."

그는 이 말을 자기에게 이야기를 청하는 것으로 받아들였다. 그는 그녀의 조금도 스스럼이 없어 보이는 태도에 놀랐다. 그녀와 대화를 나누는 동안 그는 그녀를 기억 속에 영원히 담아두려고 애썼다. 그녀 옆에 앉은 젊은 처녀가 그녀의 딸이라는 것을 알고, 그는 그녀가 자기보다 한두 살가량 아래일 거라고 판단했다. 젊었을 때는 미인이었을 것이 틀림없는 그녀의 얼굴은 지

---

*10 포도주상 다니엘 버크 회사에서 운영하는 바와 경양식을 겸한 가게.
*11 상업지구의 번화한 이 거리에는 싸구려 식당이 여러 개 있었다.
*12 Rotunda. '원형건물'로, 연극이나 음악을 위한 공회당을 말한다.

금도 지성을 간직하고 있었다. 이목구비가 무척 뚜렷한 달걀형 얼굴이었다. 짙푸른 빛을 띤 두 눈은 무척 차분해 보였다. 그녀의 시선은 처음에는 도전적인 기색이지만, 이윽고 동공이 홍채 속으로 서서히 빨려들어 가는 것처럼 보이면서 처음의 시선이 흩어지면, 한 순간 신경과민 같은 기질을 드러낸다. 동공은 금방 원래대로 되돌아오고, 반쯤 드러난 본성은 다시 사려분별 속으로 숨어버린다. 그리고 그녀의 아스트라칸 재킷이 당당한 젖가슴을 도드라지게 보여주어서 더욱 도전적인 인상을 띠고 있다.

그는 몇 주 뒤에 얼스포트 테라스*13의 어느 연주회에서 그녀를 다시 만났다. 그때 그녀의 딸이 다른 데 정신을 팔고 있는 틈을 타서 그녀와 친해지게 되었다. 그녀는 한두 차례 자기 남편에 대해 언급했지만 그녀의 어조로 보아 경고하는 것 같아 보이지는 않았다. 그녀의 이름은 시니코 부인이었다. 남편의 고조할아버지는 레그혼*14 출신이었다. 남편은 더블린과 네덜란드를 왕래하는 무슨 상선의 선장이며, 아이는 하나였다.

우연히도 세 번째 만났을 때 그는 용기를 내어 다음에 만날 약속을 했다. 그녀는 약속 장소에 나왔다. 이것을 시작으로 두 사람은 여러 번 만났다. 그들은 항상 저녁때 만나 가장 조용한 곳을 골라 함께 산책을 했다. 그러나 더피 씨는 떳떳치 못한 행동은 싫어서 그들이 남의 눈을 피해 만나야 하는 상황임을 깨닫고 그녀에게 우겨서 자기를 그녀의 집에 초대하도록 했다. 시니코 선장은 그가 자기 딸에게 마음이 있어서 오려니 생각하고 거듭되는 그의 방문을 환영했다. 그는 아내를 자기의 쾌락의 회랑에서 완전히 제외시켜 버렸기 때문에 설마 누군가가 그녀에게 관심을 갖게 되리라고는 생각도 하지 않았다. 남편은 자주 집을 비우고 딸은 딸대로 음악 레슨을 위해 자주 외출하기 때문에 더피 씨는 이 여성과 교제를 즐길 기회가 많았다. 그도 그녀도 지금까지 이런 모험을 경험한 적이 없어서, 양쪽 다 뭔가 부적절한 행동을 하고 있다는 의식이 전혀 없었다. 그는 조금씩 자기의 생각을 그녀의 생각에 얽어매기 시작했다. 그녀에게 책을 빌려주고 여러 가지 생각을 불어넣으면서 그의 지적 생활을 함께 공유했다. 그녀는 그의 모든 말에 귀를 기울였다.

때로는 그녀는 그의 이론에 대한 보답으로 자신이 직접 체험한 사례를 털

*13 고지대의 서쪽 끝에 음악과 회의 등에 사용된 국제전시회장이 있었다.
*14 이탈리아 북서부의 항구도시 리보르노를 말한다.

어놓기도 했다. 그녀는 거의 어머니 같은 심정으로 그에게 본성을 숨기지 말고 활짝 열어놓으라고 재촉했다. 말하자면 그녀는 그의 고해성사를 들어주는 고해신부가 된 셈이었다. 그는 한동안 아일랜드 사회당*15의 모임에 참석한 적이 있다는 이야기를 털어놓았는데, 그때 그가 느낀 점은 희미한 석유램프가 켜진 다락방에 모인 스무 명가량의 진지한 노동자들 가운데 자기만이 특이한 존재라는 생각이 들더라는 것이었다. 당이 세 파로 분열되어 각각 다른 지도자 밑에 다른 다락방을 쓰게 되자, 그는 더 이상 참석하지 않았다. 그가 말하기를 노동자들이 토론할 때는 무척 겁을 많이 내면서도, 임금 문제에 대해 그들이 보여주는 관심은 지나칠 정도라는 것이었다. 그가 느끼기에 그들은 험악한 얼굴의 현실주의자요, 그들로서는 엄두도 낼 수 없는 여가가 낳은 엄밀함에 분개하고 있는 사람들이었다. 그리고 앞으로 몇 세기 동안 더블린에서는 어떠한 사회적 혁명도 일어날 것 같지 않다고 말했다.

그녀는 그에게 자신의 생각을 글로 쓰지 않느냐고 물었다. 뭣 때문에요? 그는 짐짓 냉소를 띠면서 그녀에게 반문했다. 단 1분도 일관된 사고를 하지 못하고 미사여구만 늘어놓는 자들과 경쟁하라고요? 도덕은 경찰관에게 내맡기고 예술은 흥행사에게 내맡기는, 그따위 우둔한 중류계급의 비판에 먹잇감이 되라고요?

그는 종종 더블린 교외*16에 있는 그녀의 아담한 시골집으로 찾아가서 둘만의 저녁을 보냈다. 두 사람의 생각이 서로 융화하자 그들은 전과는 달리 생활과 밀착된 문제를 화제로 이야기를 나누게 되었다. 그녀와의 교제는 외래종 식물을 감싸주는 따뜻한 흙과 같았다. 그녀는 어두워져도 램프에 불을 켤 생각을 하지 않고 어둠이 그들 위에 그대로 내려앉도록 내버려두는 일이 많았다. 어둡고 조심스러운 방, 고립된 두 사람, 언제까지나 두 사람 귀에 울리고 있는 음악, 그러한 것들이 그들을 하나로 결합시켰다. 그 결합이 그의 마음을 고양시키고 성격상의 거친 모서리를 부드럽게 갈아주어, 정신생활에 풍부한 정감을 불어넣었다. 그는 자신도 모르게 자기 자신의 목소리에 귀를 기울일 때가 종종 있었다. 그는 그녀의 눈에는 자기가 천사의 상처럼

---

*15 1896년 결성된 아일랜드 사회주의 공화당. 생활양식의 향상에 대해 학습회를 여는 연구 단체에 지나지 않았으며, 정치적으로는 무력했다. 본부가 더피의 집과 가까웠다.

*16 메리언에 부유한 중류계급의 주택이 늘어서 있다.

우뚝 서있는 것으로 보일 거라고 생각했다. 그리하여 그가 상대의 열렬한 성질을 더욱 자기 쪽으로 끌어당길 때, 누군지 알 수 없는 이상한 목소리, 아무래도 그 자신의 것인 듯한 목소리가, 영혼의 고독은 치유할 수 없다고 주장하는 것이 들려왔다. 우리는 자기 자신을 줄 수가 없다고 그 목소리는 말했다. 우리는 우리만의 것이니까. 이런 두 사람의 이야기가 몇 번인가 계속된 끝에, 어느 날 밤 시니코 부인은 평소에 볼 수 없었던 극도로 흥분한 기색을 보이더니 그의 손을 격정적으로 부여잡고 자기의 뺨에 갖다 댔다.

더피 씨는 소스라치게 놀랐다. 그녀가 그의 말을 그런 식으로 해석한 것에 환멸을 느꼈다. 그는 일주일 동안 그녀를 찾지 않았다. 그러다가 그는 편지를 써서 그녀에게 만나달라고 청했다. 두 사람의 마지막 만남이 타락한 고해실의 영향을 받아서 마음이 어지러워져서는 안 된다고 생각했기에, 두 사람은 공원 입구 근처에 있는 조그마한 제과점에서 만났다. 쌀쌀한 가을 날씨였다. 그러나 그 추위에도 그들은 거의 세 시간가량이나 공원길을 오르내리면서 걸었다. 그들은 교제를 그만두기로 합의했다. 모든 인연은 슬픔과 이어지는 인연이라고 그는 말했다. 공원에서 나온 그들은 말없이 전차정류장을 향해 걸어갔다. 그러나 거기서 그녀가 심하게 몸을 떨기 시작해서, 또 다시 그녀가 자제력을 잃을까봐 두려워서, 그는 서둘러 작별인사를 하고 그녀 곁을 떠났다. 며칠 뒤 그는 자신의 책과 악보가 들어있는 소포를 하나 받았다.

4년이 흘렀다. 더피 씨는 원래의 평온한 생활로 되돌아가 있었다. 그의 방은 여전히 그의 질서정연한 정신을 증명하고 있었다. 몇 개의 새로운 악보가 아래층 방의 보면대를 채우고, 서가에는 니체의 책 두 권, 《차라투스트라는 이렇게 말했다》와 《즐거운 지식》이 나란히 꽂혀 있었다. 그는 책상 안에 들어있는 종이다발에 글을 쓰는 일도 좀처럼 없었다. 시니코 부인을 마지막으로 만난 지 두 달 뒤에 그가 쓴 글귀 가운데 다음과 같은 것이 있었다. 남자와 남자 사이에 사랑이 불가능한 것은 거기에 성적 관계가 있어서는 안 되기 때문이며, 남자와 여자 사이에 우정이 불가능한 것은 거기에 성적 관계가 있기 때문이다.*17 그는 그녀를 만나게 될까 봐 연주회도 멀리했다. 그사이에 그의

---

*17 독일의 철학자, 시인 F.W. 니체(1844~1900) 작 《차라투스트라는 이렇게 말했다》(1883~85)의 '친구에 대하여' 후반을 의식하여 쓴 경구. 니체의 철학 사상은 1890년 후반부터 급격하게 영국에 퍼졌다고 한다.

아버지는 세상을 떠났고 은행의 부하 직원들도 은퇴했다. 그러나 그는 여전히 아침마다 전차를 타고 시내에 들어갔고, 저녁마다 조지 가에서 소박한 저녁 식사를 하고 디저트 대신 석간신문을 읽은 뒤 걸어서 집으로 돌아갔다.

어느 날 저녁 그는 콘비프와 양배추를 입에 넣으려다 말고 손길을 멈췄다. 그의 시선은 물병에 기대놓고 읽던 석간신문의 어느 기사에 못 박혀 있었다. 그는 집어넣으려던 음식을 접시에 도로 내려놓고 그 기사를 주의 깊게 읽었다. 그러고 나서 그는 물을 한 잔 마신 다음 접시를 한쪽으로 밀어붙이고, 신문을 반으로 접어 양 팔꿈치 사이에 두고 몇 번이고 되풀이해서 그 기사를 읽었다. 양배추가 식어서 희끄무레한 기름이 접시에 고이기 시작했다. 여점원이 그에게 와서 혹시 음식이 잘못되었느냐고 물었다. 그는 아주 맛있었다고 대답하고 간신히 서너 입을 더 먹었다. 그러고 나서 그는 계산을 마치고 밖으로 나갔다.

그는 11월의 땅거미 속을 빠른 걸음으로 걸어갔다. 튼튼한 개암나무 지팡이로 규칙적으로 길바닥을 두드리면서, 몸에 딱 맞는 두꺼운 더블코트 옆주머니에서는 담황색 〈석간 메일〉지[*18]가 삐쭉하게 고개를 내밀고 있었다. 공원 입구에서 채플리조드로 이어지는 한적한 도로에 접어들자 그는 속도를 늦췄다. 지팡이로 땅을 두드리는 소리도 점점 기운이 빠지고, 불규칙적으로 내쉬는 거의 탄식에 가까운 그의 숨결도 차가운 대기 속에서 얼어붙는 것 같았다. 그는 집에 도착하자마자 곧장 침실로 올라가 주머니에서 신문을 꺼내 창문을 통해 들어오는 희미한 불빛 아래서 그 기사를 다시 읽었다. 그는 소리내어 크게 읽는 것이 아니라 사제가 '밀송(密誦)'[*19]을 올릴 때 그러듯이 입술만 달싹이면서 읽었다. 그 기사는 다음과 같았다.

시드니 퍼레이드역에서 43세 여성 사망
가슴 아픈 사고

오늘 더블린 시립병원에서 부검시관(검시관 레버릿 씨의 부재로 인해)이 어제 저녁 시드니 퍼레이드 역에서 사망한 에밀리 시니코 부인(43세)의 시

---

*18 영국에 우호적인 더블린의 우익계 일간지.
*19 가톨릭 용어. 미사에서 사제가 낮은 목소리로 외는 기도.

체를 검시했다. 조사에 따르면 사망한 여성은 선로를 건너려다가 킹스타운에서 오던 10시 완행열차 기관차에 치여 머리와 오른쪽 갈비뼈 부상으로 사망했다.

기관사 제임스 레넌은 15년 동안 철도회사에 재직해왔다고 진술했다. 그에 의하면, 차장의 호각 소리를 듣고 곧 열차를 출발했는데, 1, 2초 뒤에 커다란 고함소리를 듣고 정차시켰다. 열차는 그때 서행 중이었다.

역무원 P. 던은 기차가 막 출발하려는 순간 한 여성이 선로를 횡단하려는 것을 목격했다고 증언했다. 여성 쪽으로 달려가며 고함을 질렀으나 그가 도착하기 전에 여성은 이미 기관차의 완충기에 치여 지면에 쓰러졌다고 한다.

배심원—부인이 쓰러지는 것을 보았습니까?

목격자—네.

크롤리 경사의 증언에 따르면, 그가 현장에 도착했을 때 고인은 이미 숨진 상태로 플랫폼에 누워 있었다. 그는 시체를 기다림 방으로 옮겨놓고 구급차가 도착하기를 기다렸다고 한다.

57E번[20] 순경이 이를 확인했다.

더블린 시립병원 외과 부과장인 핼핀 박사는 고인은 아래쪽 갈비뼈 두 개가 부러지고 오른쪽 어깨에 심한 타박상을 입었다고 진술했다. 오른쪽 머리 부분의 외상은 넘어지면서 생긴 것이라고 한다. 이러한 부상은 보통 사람의 경우라면 치명상은 아니라면서, 그의 소견으로는 사인은 쇼크와 급성심부전 때문인 것 같다고 했다.

H.B. 패터슨 핀리 씨는 철도회사를 대표하여 이번 사고에 대해 깊은 유감의 뜻을 표시했다. 회사 측에서는 사람들이 구름다리를 통하지 않고 선로를 건너는 것을 방지하기 위해 역마다 경고문을 부착하고 건널목에는 자동식 특허 개폐기를 설치하는 등, 항상 만반의 대비를 해왔다. 사망자는 밤늦게 플랫폼에서 플랫폼으로 선로를 횡단하는 습관이 있었으며, 이번 사고의 다른 정황을 보더라도 철도회사 직원들에게는 잘못이 없는 것으로 생각한다고 진술했다.

시드니 퍼레이드의 레오빌에 거주하는 사망자의 남편 시니코 선장도 증언

---

*20 이 약식 호칭의 정식명은 남동 더블린 E지구 57번.

대에 섰다. 그는 사망자가 자기 아내라고 진술했다. 그는 사고 당일 아침에 로테르담에서 돌아왔기 때문에 사고 당시에는 더블린에 있지 않았다. 그들은 결혼한 지 22년이 되었는데 그 동안 원만하게 살았으나, 약 2년 전부터 아내에게 술을 마시는 버릇이 생겼다고 했다.

메리 시니코 양은 최근에 어머니가 밤에 술을 사러 나가는 습관이 있었다고 말했다. 증인은 자주 어머니를 설득하여 금주동맹에 가입하도록 권했다고 진술했다. 증인이 귀가한 것은 사고가 발생한 지 한 시간 뒤였다.

배심원은 의학적 증거에 따라 평결을 하여 기관사 레넌은 아무런 잘못이 없는 것으로 결정했다.

부검시관은 이번 사고는 매우 가슴 아픈 사고라면서 시니코 선장과 그의 딸에게 깊은 애도의 뜻을 표했다. 그는 철도회사에 대해서는 앞으로 이와 비슷한 사고가 발생하는 것을 막기 위해 강력한 대책을 강구하라고 권고했다. 이번 사건에서는 누구에게도 책임은 없었다.[21]

더피 씨는 신문에서 눈을 들어 창문 너머로 쓸쓸한 저녁 풍경을 내다보았다. 강물은 텅 빈 양조장 옆으로 말없이 흘러가고, 이따금 루칸 도로의 어느 집에서 한 줄기 불빛이 새어나왔다. 이렇게 끝나다니! 그녀의 죽음을 알리는 기사의 모든 내용이 그를 화나게 했고, 그토록 신성하게 간직하며 누구에게도 말하지 않았던 것을 그녀에게 죄다 털어놓았다고 생각하니 더욱 울분이 터졌다. 진부한 문구, 공허한 동정, 흔해빠진 통속적인 죽음의 상세한 내용을 숨기려고 얼버무린 취재기사의 조심스러운 언어, 그런 것들이 그를 역겹게 했다. 그녀는 자신의 품위를 떨어뜨렸을 뿐 아니라 그의 품위까지 손상시켰다. 그의 눈에는 그녀의 악덕, 그것도 비참하고 악취가 코를 찌르는 추악한 영역이 보이는 것 같았다. 그런 사람을 영혼의 동반자로 생각하다니! 그는 깡통과 빈 병을 들고 비틀거리고 다니면서 술집 주인에게 채워달라고 애걸하는 것을 본 적이 있는 그 불쌍한 알코올 중독자들이 머리에 떠올랐다. 맙소사, 이 무슨 종말이란 말인가! 분명한 것은 그녀에게는 살아갈 자격이 없었다는 것이다. 강한 의지가 없이 쉽사리 습관의 제물이 되어 문명에 깔려

---

*21 495페이지부터 여기까지는 1903년 11월 16일자 〈석간 메일〉지의 열차사고 기사를 참고한 것. 기사는 기관사, 신호담당, 담당자의 증언에 따라 작성한 것.

버린 패잔자의 한 사람이었다.*22 하지만 이토록 참혹하게 몰락해버릴 줄이야! 그녀에 대해 어쩌면 그토록 철저하게 잘못 생각할 수 있었던 것일까! 그는 그날 밤 그녀가 보여준 감정의 폭발을 기억하고, 그것을 과거 어느 때보다 냉혹하게 해석했다. 이제는 일말의 주저도 없이 그는 자기가 취한 행동이 옳았다고 인정했다.

불빛이 희미해지고 기억이 이리저리 배회하기 시작하자, 그는 그녀의 손이 자기 손을 만진 것 같은 느낌이 들었다. 처음에 그의 화를 돋운 충격이 이제는 그의 신경을 건드리기 시작했다. 그는 서둘러 코트와 모자를 걸치고 밖으로 나갔다. 현관을 나서자마자 느낀 차가운 공기가 코트 소매 속으로 스며들어왔다. 채플리조드 브리지의 주점에 다다르자 그는 안으로 들어가서 따뜻한 펀치를 한 잔 시켰다.

주인은 굽실거리며 그의 주문을 받았지만 굳이 자기쪽에서 말을 걸지는 않았다. 술집에는 대여섯 명의 노동자가 모여 앉아 어떤 지주가 킬데어주*23에 소유하고 있는 재산 총액이 얼마나 되는지에 대해 얘기하고 있었다. 그들은 이따금 1파인트 짜리 대형 술잔으로 술을 마시면서 담배를 피워댔다. 그러면서 뻔질나게 마룻바닥에 침을 뱉기도 하고, 때로는 뱉은 침에 묵직한 구둣발로 톱밥을 끌어다가 문지르기도 했다. 더피 씨는 의자에 앉아 그들을 유심히 쳐다보거나 얘기하는 말은 듣지도 않으면서 그들을 물끄러미 쳐다보았다. 얼마 뒤에 그들이 주점에서 나가자 그는 펀치를 한 잔 더 시켰다. 그 펀치를 놓고 그는 꽤 오래 앉아 있었다. 술집 안은 매우 조용했다. 술집 주인은 카운터에 팔다리를 쭉 뻗고 기대어 하품을 하면서 〈석간 헤럴드〉*24를 읽고 있었다. 이따금 바깥에서 전차가 한적한 도로를 따라 지나가는 소리가 들려왔다.

그녀와 함께했던 지난날을 추억하며, 그가 방금 생각해낸 그녀의 상반된 두 가지 모습을 번갈아 머리에 떠올리면서 앉아 있노라니, 그녀는 죽었고 이미 이 세상에 존재하지 않는 하나의 추억이 되어버렸다는 사실이 실감났다.

---

*22 니체가 생각함직한 말.

*23 더블린 시 서남쪽에 있으며, 20세기 초에는 풍요로운 농촌이 대부분이었던 주. 아일랜드 전역의 지도 참조. 대지주인 잉글랜드계 아일랜드인의 고향이었다.

*24 〈석간 메일〉보다 대중적인 석간신문.

마음이 뒤숭숭해지기 시작했다. 그렇게 하지 않고 달리 어떻게 할 수 있었을지 자문해보았다. 그녀와 함께 기만의 희극을 계속할 수도 없었고, 공개적으로 함께 살 수도 없었다. 그는 자기가 최선이라고 생각하는 행동을 했을 뿐이었다. 그런 그가 무엇을 잘못했다는 말인가? 그녀가 가고 없는 지금에야 분명히 이해할 수 있는 것은, 밤이면 밤마다 그 방에 홀로 앉아 지낸 그녀의 삶이 얼마나 고독했을까 하는 것이었다. 그의 삶도 고독할 것이다, 그도 죽어서 이 세상에 존재하지 않게 되어 하나의 추억이 될 때까지 내내—하기는 누군가가 그를 기억이라도 해준다면 말이지만.

그가 주점에서 나온 것은 아홉 시가 넘어서였다. 차갑고 음울한 밤이었다. 그는 맨 처음 발견한 문에서 공원에 들어가 앙상한 나무가 늘어선 길을 따라 걸어갔다. 4년 전에 그들이 함께 거닐었던 쓸쓸한 오솔길을 지나갔다. 어둠 속에서 그녀가 바로 옆에 있는 것 같았다. 이따금 그녀의 목소리가 귓전에 들리고 그녀의 손이 자신의 손을 만지는 것 같이 느껴지기도 했다. 가만히 서서 귀를 기울였다. 왜 그녀에게 삶을 허락하지 않았을까? 왜 그녀에게 사형을 선고했던가? 그는 자신의 도덕심이 산산이 부서지는 것을 느꼈다.

매거진 언덕*25 꼭대기에 다다르자 그는 걸음을 멈추고 강물을 따라 더블린을 바라보았다. 시내에는 불빛이 추운 밤을 발갛고 아늑하게 밝혀주고 있었다. 눈길을 돌려 비탈을 내려다보니 그 기슭의 공원 담장 아래에 몇몇의 사람 그림자가 누워 있는 것이 보였다. 그렇게 남몰래 사랑을 나누는 타락한 연인들을 보자 그는 절망감에 사로잡혔다. 그는 우직하기만 한 자기의 삶이 원망스러웠다.*26 자신이 삶의 향연에서 추방된 존재라는 느낌이 들었다. 한 사람이 그를 사랑한 것 같은데 그 사람의 삶과 행복을 거부해버렸다. 다시 말해 그는 그녀에게 불명예를, 치욕스러운 죽음을 선고해 버렸다. 저 아래 담장 옆에서 누워 있는 자들이 그를 가만히 응시하면서 냉큼 꺼져주기를 바라고 있다는 것을 알았다. 그를 필요로 하는 자는 아무도 없었고, 그는 삶의 향연에서 추방되어 있었다. 시선을 옮기자, 잿빛으로 희미하게 빛나는 강물

---

*25 공원 안의 남동쪽에 있으며, 강과 시내를 내려다보는 나지막한 언덕. '무기고'에서 유래.

*26 이 주인공의 자기현현은 500년마다 자기 몸을 불태워 재생한다는 불사조의 이름을 가진 공원에서 일어난다. 또 이 공원은 트리스탄이 자기의 사랑이 이루어질 수 없다는 걸 알고 절망하여 은둔한 장소라고 하며 '트리스탄의 숲'의 유적으로서 전설이 되었다.

이 더블린 쪽으로 구불구불 흘러가고 있었다. 강 건너편에서 화물열차 하나가 킹스브리지 역에서 구불거리며 나가는 것이 보였다. 마치 한 마리의 벌레가 머리에서 불을 뿜으며 어둠 속을 기를 쓰면서 꿈틀거리고 기어 나오는 것만 같았다. 기차는 시야에서 서서히 사라졌다. 그러나 기차가 사라진 뒤에도 귀 속에 울리는 것은, 기관차의 기를 쓰는 듯한 저음이 수없이 되뇌는 그녀 이름의 음절이었다.

그는 온 길로 되돌아갔다. 그의 귓전에는 기관차의 리듬이 여전히 울리고 있었다. 기억이 얘기해주는 것이 과연 사실일까 그는 의심하기 시작했다. 한 그루의 나무 밑에서 걸음을 멈추고 리듬이 사라지기를 기다렸다. 어둠 속에서 그녀가 바로 옆에 있는 것도, 그녀의 목소리가 그의 귀에 닿는 것도 느껴지지 않았다. 그는 귀를 곤두세우고 몇 분을 더 기다렸다. 아무 소리도 들리지 않았다. 밤은 더할 나위 없이 고요했다. 다시 한 번 귀를 기울였다. 역시 고요했다. 그는 혼자임을 느꼈다.

해설

작품의 평가를 둘러싸고 작가와 독자 사이에 의견이 엇갈리는 경우가 있다. '가슴 아픈 사고(A Painful Case)'가 그런 경우다. 조이스는 이 단편을 1905년 7월에 15편 가운데 일곱 번째로 완성했는데, '레이스가 끝난 뒤'와 함께 최악의 작품으로 꼽으며 전체를 개작하고 싶어 했다. 그에 비해 일반 독자들은 15편 가운데 가장 친근하게 여기고 있으며, 대부분의 《영국단편소설선》에 수록되고 텔레비전과 라디오에서 드라마화되었다. 그렇다면, 작가가 왜 이 단편을 최악의 작품으로 생각했는지 의문이 생긴다. 자작품에 대한 작가의 평가를 전면적으로 받아들일 필요는 없을지도 모른다. 그렇다 해도 이 작품의 경우, 어떻게 생각하면 좋을까.

조이스의 단편에는 어디부터랄 것도 없이 시작되어 사건다운 일도 일어나지 않고, 끝나는 것 같지도 않게 끝나는 이야기가 많다. 그에 비해 '가슴 아픈 사고'는 주인공의 죽음이라는, 조이스 작품에서는 '커다란 사건(case)'이 일어난다. 그리고 이 커다란 사건을 주제로 작품 전체가 이야기가 가져야 할 일관성을 충족시키고 있다. 또 '이블린'에서 이 작품에 이르는 많은 이야기에서, 지성이 있다고 생각할 수 없는 인물을 주인공에 앉히고, 문체를 각 이야기의 주인공과 내용에 어울리도록 바꿔왔다. 그런데 이 '가슴 아픈 사고'에서는 지식인을 주인공으로 하고, 상대도 중산계급 이상의 여성으로 하여 작품 전체가 고상한 문체로 바뀐 것이다.

첫머리의 네 문단은 조이스 작품에서는 보기 드물게 전통적인 도입을 보여준다. 첫 문단에서 묘사된 방은 주인공의 성격을 암시하고 있다. 주인공은 3인칭 과거시제로 자기를 객관시하여 자서전식으로 집필하고 있으며, 그런 그가 이 이야기를 쓰고 있는 듯한 냉철한 문체로 일관하고 있다. 그러다가 시니코 부인과의 교제가 시작되자, 더블린 중류계급 이상의 여성이 사용하는 말씨가 끼어든다. 이 여성과의 장면은 멜로드라마 같은 요소가 짙고 감상적인 내용(이를테면 두 사람이 헤어지는 것도, 주인공이 사고기사를 읽는 것도 우울한 가을이다)을 반영한 문체로 묘사된다. 그 다음에는 개인의 감정이 배제된 신문기사조 문체로 시종하고 있다. 그리고 후반의 "이 무슨 종말이란 말인가!"부터는 작품 전반부의 주인공의 태도와는 대조적으로 그의 생생한 감정을 드러낸 의식을 보여주는 문체가 된다. 마지막 문단은 주인공이 영혼 깊은 곳에서 천애고독함을 실감하는데도, 원문에서는 모든 문장에서 주어를 '그'로, 술어를 과거시제로 통일하여, 읽는 이의 가슴을 파고드는 감상성이 고조된다. 이 종반부에는 이야기의 연속성을 끊어 독자를 어리둥절하게 하는, 조이스 작품에서 늘 볼 수 있는 특징은 없다.

조이스는 친구도 교회도 신앙도 없고, 중류계급의 문학적 가치를 인정하지 않으며, 성적 고독을 경험하고, 니체에 흥미를 느껴 그 철학에 기초한 태도를 취하고, 《미하엘 크라머》를 번역하며 음악에서 위안을 찾았다. 그에게 있어서, 같은 이름(제임스)의 주인공을 묘사하는 것이 참으로 훌륭한 자기희화가 되고 말았다는 점도 무시하기 어렵다.

조이스가 이 작품에 불만을 나타내는 편지를 동생에게 보낸 것은 창작한 이듬해인 1906년 여름이었다. 그때까지의 틀을 깨는 실험소설을 지향하여 《율리시스》(1922)를 구상하기 시작한 무렵이다. 그 시기의 조이스에게는 전통적인 구성의 창작은 마음에 차지 않았을 것이다. 어쨌든 '가슴 아픈 사고'는 그때까지의 개인의 이야기에 유종의 미를 주는 작품이고, 마지막의 '그는

혼자임을 느꼈다'라는 문장은, 개인을 묘사한 이야기, 즉 '이블린'부터의 8작
품의 결말로서 적절한, 모든 주인공을 대변한 말이 되었다.

위원회 회의실의 담쟁이 날*1

잭 노인은 판지 조각으로 타다 남은 석탄 부스러기를 긁어모아 허옇게 꺼져가는 돔 모양의 석탄 더미 위에 골고루 뿌렸다. 석탄 더미가 석탄 부스러기로 얇게 덮이자 그의 얼굴은 어둠 속으로 사라졌지만, 그가 불에 다시 부채질을 시작하자 웅크리고 앉은 그의 그림자가 반대쪽 벽면에 떠오르면서 그의 얼굴이 다시 불빛 속에 천천히 드러났다. 깡마르고 수염이 더부룩한 노인의 얼굴이었다. 촉촉한 푸른 눈이 불을 지켜보며 깜빡거렸고, 축축한 입이 때때로 헤벌쭉 벌어졌다가 다시 닫힐 때는 한두 번 기계적으로 우물거렸다. 석탄 부스러기에 불이 붙자 그는 판지 조각을 벽에 기대놓고 한숨을 쉬고 나서 말했다.

"이제 좀 낫군요, 오코너 씨."

오코너 씨는 잿빛 머리의 젊은 남자로, 얼굴이 온통 지저분한 부스럼과 여드름 투성이였다. 그는 막 궐련을 피우려고 잎담배를 보기 좋게 원통 모양으로 말았으나, 노인이 말을 걸어오자 뭔가 생각하면서 말았던 담배를 도로 풀었다. 그러더니 또 뭔가 생각에 빠져 잎담배를 다시 말기 시작하더니, 잠시 생각한 뒤에 마음을 정하고 종이에 침을 발랐다.

"티어니 씨는 언제 돌아온다던가요?" 그는 짐짓 갈라진 듯한 목소리로 물었다.

"아무 말도 하지 않던데요."

---

*1 Ivy Day. 담쟁이 날은 아일랜드의 유명한 민족주의 정치가인 C.S. 파넬(1846~91)을 추모하는 행사를 했던 날(10월 6일)을 뜻한다. 담쟁이는 불멸과 영생, 부활의 상징으로서 작품에서는 파넬의 도덕성을 비난하는 인물이나 그를 절대적으로 숭배하는 인물이나 모두 잠재의식 속에는 파넬에 대한 생각(긍정적이든 부정적이든)이 바탕에 깔려 있다. 다시 말해서 그들의 마음속에 파넬은 살아 있는 존재로 남아 있다. 지금도 10월 6일에 가장 가까운 일요일에 소수의 헌신적인 파넬 지지자들이 한낮에 파넬의 무덤이 있는 글래스네빈 묘지에 그를 기념하는 짧은 연설을 하는 기념식을 열고 있다.

오코너 씨는 궐련을 입에 물고 호주머니를 뒤지기 시작했다. 그는 얄팍한 판지 카드 다발을 꺼냈다.

"성냥을 갖다드리지." 노인이 말했다.

"괜찮아요, 이거면 됩니다." 오코너 씨가 말했다.

그는 카드 한 장을 골라 거기에 인쇄된 글자를 읽었다.

시의회 의원 선거

왕립거래소 선거구.[2]

빈민 구제 관리위원[3] 리처드 J. 티어니, 왕립거래소 선거구 선거에서 깨 끗한 한 표와 지원을 부탁드립니다.

오코너 씨는 티어니 씨의 선거 사무장을 통해 선거구의 일부를 맡아 책임 지고 선거 운동을 해준다는 조건으로 고용되었으나, 날씨도 좋지 않고 신발 에 물이 샌다는 이유로 위클로 가의 위원회 회의실에서 관리인 영감 잭과 함 께 난롯가에 앉아 하루의 대부분을 보내고 있었다. 그들은 짧은 해가 저버린 뒤에도 줄곧 그러고 앉아 있었다. 그날은 10월 6일, 바깥은 음산하고 추웠 다.

오코너 씨는 명함을 한 줄로 길게 찢어서 불을 붙여 궐련에 댕겼다. 그러 자 그의 웃옷 깃에 꽂힌 검은 광택이 나는 담쟁이 잎이 불빛을 받아 반짝거 렸다. 노인은 그의 모습을 유심히 지켜보다가 판지 조각을 다시 집어들고, 상대가 담배를 피우고 있는 동안 천천히 불에 부채질을 시작했다.

"아, 정말 그래요. 자식들을 어떻게 키워야 하는 건지 진짜 난감하네요." 노인이 얘기를 계속했다. "글쎄, 그놈이 저 꼴이 되리라고 누가 생각이나 했 겠소. 크리스천 브러더스 학교에도 보내보고 그 녀석을 위해 내가 할 수 있 는 일은 다 했는데, 그 녀석이 저렇게 술이나 퍼마시며 싸질러 다니기만 하 니. 그놈을 좀 사람답게 키워보려고 무던히도 애를 썼건만."

그는 지친 표정으로 판지를 제자리에 놓았다.

---

[2] 데임 가에 있는 작은 금융거래소 선거구(區). 당시 시 행정부의 중심지구.

[3] 빈민법안에 따라 교구마다 고액납세자 중에서 선출된 구빈위원이 게으른 자로 하여금 정규 직업을 가지도록 관리했다.

"내가 노쇠하지만 않았어도 그놈의 버르장머리를 뜯어 고쳐놓겠는데. 내가 그놈을 당해낼 기운만 있어도 작대기를 들고 그놈 뒤로 가서 등짝을 실컷 후려쳤으면 속이 시원할 텐데—전에도 여러 번 그랬듯이 말입니다. 그런데 애미라는 여자가 이러쿵저러쿵하면서 녀석의 간을 키운답니다……."

"그게 바로 아이들을 망치는 지름길이지요." 오코너 씨가 말했다.

"맞습니다, 그렇다고 녀석이 어디 고마운 줄이나 압니까? 되레 시건방만 늘지요. 그놈이 내가 한 잔 걸친 걸 알기만 하면 나를 깔아뭉갭니다. 자식 놈이 아비한테 그따위로 나가니 도대체 이놈의 세상이 어떻게 되려고 그러는 건지 원." 노인이 맞장구를 쳤다.

"나이가 몇이죠?" 오코너 씨가 물었다.

"열아홉이요." 노인이 대답했다.

"어디 취직이라도 좀 시켜보지 그러세요?"

"옳으신 말씀, 학교를 중퇴한 뒤부터 술고래 망나니로 지내온 녀석한테 무슨 말인들 안 했겠어요. 이제 널 그냥 먹여 살리지 않겠다. 내가 말했죠. 네 힘으로 밥벌이할 길을 찾아라. 하지만 뻔할 뻔자죠, 일자리를 구하면 구하는 대로 더 볼 만하더군요. 몽땅 마셔버리거든요."

오코너 씨는 동정의 표시로 고개를 끄덕였고, 노인은 입을 다물고 난로를 응시했다. 그때 누가 사무실 문을 열면서 소리쳤다.

"안녕들 하슈! 무슨 프리메이슨 비밀회의라도 하는 건가?"

"누구시오?" 노인이 물었다.

"어두운 데서 무엇들 하시오?" 사람은 보이지 않고 목소리만 들렸다.

"하인스 아닌가?" 오코너 씨가 물었다.

"맞았어. 이렇게 어두운 데서 뭘 하는 거야?" 하인스 씨가 난로 불빛 속으로 다가서며 물었다.

그는 연갈색 콧수염을 기른 키가 크고 호리호리한 젊은이였다. 모자챙에는 작은 빗방울이 매달려 있고 짧은 윗도리 깃은 세워져 있었다.

"그래, 맷, 요즘은 어떤가?" 그가 오코너 씨에게 말했다.

오코너 씨는 고개를 옆으로 저었다. 노인은 난롯가를 떠나 방안을 비틀비틀 걸어가서 초 두 자루를 들고 와 난롯불에 하나씩 불을 댕긴 뒤 테이블로 가져왔다. 그러자 살풍경한 실내가 보이기 시작했고, 기분 좋게 타오르던 난롯불도 그 색깔을 완전히 잃어버렸다. 사무실 벽에는 선거 연설문이 한 장 붙어 있을 뿐이었다. 실내 한복판에는 조그마한 테이블이 하나 놓여 있고 그 위에 서류가 쌓여 있었다.

하인스 씨는 벽난로에 몸을 기댄 채 물었다.

"그 양반이 돈은 좀 주던가?"

"아직. 그 친구가 오늘 저녁 궁지에 빠진 우리를 제발 못 본 척하지 말기만 바랄 뿐이네."

오코너 씨가 말하자 하인스 씨가 소리 내어 웃었다.

"오, 틀림없이 줄 거야. 걱정 말게." 그가 말했다.

"그 친구가 일을 제대로 추진할 생각이 있다면 정신을 차려 만사를 빨리 빨리 처리해야 하는데 말이지." 오코너 씨가 말했다.

"어떻게 생각하세요, 잭 영감님?" 하인스 씨가 빈정거리는 투로 노인에게 물었다.

노인은 난롯가의 자기 자리로 돌아가면서 말했다.

"어쨌든 돈이 없는 사람은 아니니까요. 아무래도 다른 땜장이*4와는 다르지요."

"다른 땜장이라니?" 하인스 씨가 물었다.

"그야 물론 콜건." 노인이 경멸조로 말했다.

"콜건이 노동자라서 그렇게 말하는 거요? 선량하고 정직하게 살아가는 벽돌공과 술집 주인이 무슨 차이가 있어서, 안 그래요? 노동자도 다른 모든 사람과 마찬가지로 시정(市政)에 참여할 당당한 권리가 있지 않소―그래, 힘깨나 쓰는 자리에 있는 친구들 앞에서는 언제나 손바닥을 닳도록 비벼대는 그 쓸개 빠진 자칭 신사들보다는. 그렇지 않은가, 맷?" 하인스 씨가 오코너 씨에게 동의를 구했다.

"자네 말이 맞아." 오코너 씨가 말했다.

"한쪽은 한 입으로 두 말 하지 않는 소탈하고 정직한 사람이지. 그는 노동자 계급을 대표해서 출사표를 던졌어. 그런데 자네가 미는 이 후보는 무슨 다른 이권을 노리고 있을 뿐인 것 같아."

---

*4 보통 돌아다니면서 철물류의 부서진 부분을 수리하는 일을 하며, 아일랜드에서는 거지, 부랑자, 집시를 가리킨다.

"물론 노동자 계급의 대변자도 있어야지." 노인이 말했다.

"노동자란 죽어라고 일만 하고 욕만 얻어먹지요. 하지만 모든 생산은 노동에서 나오잖아요. 노동자는 자기 자식과 조카와 사촌들에게 수입 좋은 일자리를 구해주려는 그 따위 짓은 하지 않지요. 노동자는 독일계 군주*5의 비위를 맞추려고 더블린의 명예에 똥칠을 하는 그런 짓거리는 하지 않을 겁니다." 하인스 씨가 말했다.

"거 무슨 소리요?" 노인이 물었다.

"에드워드 왕이 내년에 여기에 오면 환영 연설을 하겠답시고 야단법석인데 그걸 모르고 계세요? 외국 왕에게 우리가 머리를 조아릴 필요가 어딨다고요?"

"우리 후보는 그런 연설에 찬성하지 않을 거야. 그 양반은 명색이 국민당*6 공천으로 출마한 사람이니까." 오코너 씨가 말했다.

"그럴까? 어디 두고 보세. 그 친구가 그럴지 안 그럴지. 그 친구를 좀 알아서 하는 소린데, 사기꾼 디키 티어니*7 아닌가?" 하인스 씨가 물었다.

"아무렴! 조, 자네 말이 맞을지도 몰라. 어쨌거나 그 친구가 돈이나 잔뜩 가지고 나타났으면 좋겠는데." 오코너 씨가 말했다.

세 사람은 입을 다물었다. 노인은 타다 남은 석탄 부스러기를 더 긁어모으기 시작했다. 하인스 씨는 모자를 벗어 흔들어서 빗방울을 털고는 윗도리 깃을 접어 내렸다. 깃을 내리니 깃에 단 담쟁이 잎이 드러났다.

"이 양반이 살아 계신다면, 환영 연설 따위는 입 밖에 내지도 못할 텐데." 그는 담쟁이 잎을 가리키며 말했다.

"그건 그래." 오코너 씨가 말했다.

"그때가 정말 좋았지! 그 시절엔 활기가 넘쳤으니까." 노인이 말했다.

방안은 다시 조용해졌다. 그때 키가 작달막한 사내가 코를 훌쩍이고 귀는 온통 발갛게 얼어서 부산스럽게 문을 밀고 안으로 들어왔다. 그는 부리나케 난로 옆으로 걸어와서 마치 불꽃이라도 일으키려는 것처럼 두 손을 비벼댔다.

---

*5 영국의 에드워드 7세(재위 1901~10)는 어머니 빅토리아 여왕의 재위가 길었기 때문에 60세에 즉위. 아버지 알버트 공은 독일 왕실 출신.

*6 아일랜드 독립을 지향하는 당파 그룹. 405페이지 *2 참조.

*7 Tricky Dicky Tierney. [i]음의 효과에 주의하기 바란다.

"돈이 안 되네요, 여러분." 그는 말했다.

"여기 앉으시오, 헨치 씨." 노인이 자기 의자를 내주며 말했다.

"아, 괜찮아요, 잭, 그냥 계세요." 헨치 씨가 말했다.

그는 하인스 씨에게 무뚝뚝하게 고개를 끄덕여 보이고는 노인이 비워준 의자에 앉았다.

"안지어 가에는 가봤는가?" 그가 오코너 씨에게 물었다.

"가봤지." 오코너 씨는 메모해둔 걸 찾느라 호주머니를 뒤지면서 말했다.

"그라임스 씨를 찾아가 봤어?"

"물론이네."

"그래서? 그 양반은 어떻던가?"

"약속을 하려고 하지를 않아. 그 양반 말로는 '내가 어느 쪽에 투표할 건지 누구에게도 말하고 싶지 않소'라는 거야. 하지만 그 양반은 믿어도 될 것 같아."

"무슨 근거로?"

"그 양반이 추천인들이 누구냐고 묻더군. 그래서 얘기를 쭉 해줬지. 버크 신부님 이름도 들먹이면서. 내 생각엔 걱정 안 해도 될 것 같아."

헨치 씨는 코를 훌쩍이며 난로 위에서 두 손을 무서운 속도로 비비기 시작했다. 그러다가 그가 말했다.

"제발 부탁 좀 합시다, 잭, 석탄 좀 갖고 오시구려. 남은 게 좀 있을 테니까."

노인은 사무실 밖으로 나갔다.

"도무지 통하지가 않아. 내가 그 알량한 작자에게 돈을 부탁했더니 그 작자가 뭐라는 줄 알아? '아, 그건 말이오 헨치 씨, 이번 일이 잘되기만 하면 여러분의 노고를 잊지 않을 테니 안심하시오.' 이러는 거야. 더럽고 아니꼬운 땜장이 같으니! 정말이지, 제 버릇 개 못 준다더니." 헨치 씨는 고개를 가로저으며 말했다.

"내가 뭐랬어, 맷? 사기꾼 디키 티어니라고 했잖아." 하인스 씨가 말했다.

"정말, 그런 사기꾼도 없을 거야. 그 작자 아무 이유도 없이 그렇게 쪼끄만 돼지 새끼 눈깔을 하고 있겠나. 망할 놈의 자식 같으니! 대장부답게 돈은 선뜻 내놓지 못하고 기껏 한다는 소리가 '아, 그런데 헨치 씨, 패닝 씨한테 얘길 좀 해야겠어요……. 돈을 너무 많이 써버려서'? 비열하고 쩨쩨하며 염병할 놈! 그 작자는 늙은 아비가 메리 골목길에서 헌옷 가게를 하던 시절은 까맣게 잊었나 봐." 헨치 씨가 말했다.

"그런데 그게 사실인가?" 오코너 씨가 물었다.

"사실이고말고. 그런 애기 들은 적 없어? 사람들은 일요일 아침만 되면 술집이 문을 열기 전에 그 가게로 조끼나 바지를 사러 몰려가곤 했지—흥! 하지만 사기꾼 디키의 늙은 아비는 가게 한쪽 구석에 항상 수상한 것이 든 시꺼먼 술병을 감춰두고 있다가 그것도 같이 팔았지.*8 이제 무슨 말인지 알겠나? 그래, 바로 그거야. 그 작자는 바로 그런 곳에서 태어났다는 말이지." 헨치 씨가 말했다.

노인은 석탄 몇 덩어리를 가지고 돌아와 난로 여기저기에 내려놓았다.

"거 정말 골치 아픈 일이로군. 돈도 선뜻 내놓지 않으면서 어떻게 자기를 위해 일해 줄 거라고 생각할 수 있을까?" 오코너 씨가 말했다.

"난들 무슨 뾰족한 수가 있는 것도 아니고, 집에 가면 현관에 집달관들이 진을 치고 있을 텐데 말이야." 헨치 씨가 말했다.

하인스 씨는 소리 내어 웃고는 어깨의 힘으로 벽난로에 기댔던 몸을 일으켜 세우고 나갈 채비를 했다.

"에드워드 왕이 오면 모든 게 잘 풀리겠지. 그럼, 여러분, 소생은 이만. 나중에 또 봅시다, 다들 잘 계시오."

그는 천천히 사무실 밖으로 나갔다. 헨치 씨도 노인도 아무 말이 없었다. 그러나 사무실 문이 막 닫히려는 순간, 시무룩한 표정으로 난로만 지켜보고 있던 오코너 씨가 갑자기 큰 소리로 외쳤다.

"잘 가게, 조."

헨치 씨는 잠시 기다렸다가 출입문 쪽을 향해 고개를 끄덕였다.

"그런데 말이야, 저 친구 여기 뭘 하러 오는 거야? 대관절 저 친구가 바라는 게 뭐지?" 그가 난로 너머로 말했다.

"불쌍한 조! 그 친구도 돈이 떨어진 거야, 우리처럼." 오코너 씨는 난로에 담배꽁초를 던지면서 말했다.

---

*8 개점 전에 검은 병에 든 위스키를 밀매하고 있다는 뜻. 영국권에서는 술집의 개점과 폐점 시간이 법률로 정해져 있었다.

헨치 씨가 요란하게 코를 들이마시고는 침을 푸짐하게 내뱉는 바람에 난 롯불이 무슨 항의라도 하듯 소리를 내면서 거의 꺼질 뻔했다.

"내 개인적인 의견을 솔직하게 말한다면, 아까 그 친구는 저쪽 진영에서 보낸 사람이다 싶어. 말하자면 콜건의 스파이다 이거야. '슬쩍 가서 녀석들이 어떻게 하고 있나 탐색 좀 해봐. 자네라면 의심하지 않을 테니까' 하고 말이야, 무슨 말인지 알겠지?" 그가 말했다.

"하지만 불쌍한 조는 좋은 녀석이야." 오코너 씨가 말했다.

"저 친구 아버지는 점잖고 존경할 만한 분이었지. 가엾은 래리 하인스 영감! 살아 생전에 좋은 일도 많이 하셨는데! 그런데 유감천만이지만 저 친구는 아버지에 비하면 19캐럿*9 값어치도 못하는 것 같아. 제기랄, 사람이 돈에 쪼들리는 거야 이해하지만, 빈대 붙는 놈은 용납이 안 돼. 조금이라도 사내다운 데가 있어야 하지 않겠어?" 헨치 씨도 시인했다.

"그 친구가 여기에 나타나면 어쩐지 반가운 느낌이 없어요. 자기 편 일이나 할 일이지 왜 여기 와서 첩자질이나 합니까." 노인이 말했다.

"그건 아닌 것 같은데요." 오코너 씨는 궐련을 말 종이와 잎담배를 꺼내면서 자기 생각은 좀 다르다는 듯이 말했다. "내 생각에는 조 하인스는 정직한 사람이다 싶어요. 그리고 펜을 쥐어주면 재능을 발휘할 사람이기도 하죠. 그가 쓴……그 글 기억나나?"

"그런 식으로 말한다면, 그 힐사이더와 페니어 회원*10 중에도 재주가 뛰어난 자들이 있지. 그따위 비열한 녀석들에 대한 내 개인적인 견해를 솔직히 말해볼까? 그들의 절반은 더블린 성에 고용된 자들이라고 봐."*11 헨치 씨가 말했다.

"그거야 알 수 없는 일이지요." 노인이 말했다.

"하지만 내가 보기에는 틀림없는 사실이에요. 그들은 총독부 앞잡이들이지요……. 하인스가 꼭 그렇다는 건 아니고…… 아, 아니지, 내가 보기에는

---

*9 완전한 순금은 24캐럿.

*10 아일랜드의 독립을 테러수단과 무력혁명에서 찾는 단체. '산중턱의 은신처에 몸을 숨긴 것'과 '아일랜드 전설상의 무사단 피아나'에서 유래.

*11 아일랜드 독립운동에 대한 영국 쪽 스파이라는 뜻. 그 시절의 더블린 성에는 영국 정부의 지명을 받은 아일랜드 총독의 관저와 정치기관이 있었다.

그 친구는 그……보다는 한 수 위인 것 같아. 하지만 사팔뜨기 눈을 한 어떤 비열한 귀족이 하나 있는데—내가 지금 말하려는 애국자 양반이 누군지 알지?" 헨치 씨가 말했다.

오코너 씨가 고개를 끄덕였다.

"굳이 말한다면 그 양반은 서 소령*12의 직계 후손이지! 그래, 국보급 애국자라고나 할까! 단돈 4펜스에 자기 조국을 팔아먹을 놈이니까—능히 그러고도 남지! —그러고도 무릎을 꿇고 전능하신 그리스도에게 팔아먹을 나라를 주셔서 고맙다고 감사기도를 드릴 놈이야."

문에서 노크 소리가 났다.

"들어와요!" 헨치 씨가 말했다.

가난한 성직자나 궁핍한 배우처럼 보이는 사람이 문간에 나타났다. 작달막한 몸집에 입고 있는 까만 옷에는 단추가 꼭 조이게 채워져 있었다. 옷깃이 성직자의 것인지 속인의 것인지는 분간하기가 어려웠다. 그것은 초라한 프록코트 칼라가 목 있는 데까지 세워져 있었기 때문인데, 천을 씌우지도 않은 코트 단추가 촛불의 불빛을 반사하고 있었다. 그는 검정색 펠트로 만든 딱딱하고 둥근 모자를 쓰고 있었다. 빗방울로 반짝이는 그의 얼굴은 두 개의 붉은 반점이 광대뼈임을 표시해주는 부분을 제외하고는 습기 찬 노란 치즈*13처럼 보였다. 그는 유달리 얇고 긴 입을 갑자기 벌려 실망을 표하는 동시에 유달리 밝고 푸른 눈을 크게 떠서 기쁨과 놀라움을 표시했다.

"아니, 키온 신부님! 신부님이 어떻게? 들어오세요!" 헨치 씨가 의자에서 벌떡 일어나면서 말했다.

"아, 아니, 아니, 아닙니다!" 키온 신부는 재빨리 말하고는 마치 어린애에게 말하고 있는 것처럼 입술을 오므렸다.

"들어와 좀 앉으시죠?"

"아니, 아니, 아닙니다! 방해를 하고 싶은 생각은 조금도 없습니다. 그저 패닝 씨가 계시나 해서……" 키온 신부는 겸손하고 관대하며 부드러운 목소

---

*12 1764~1841. 더블린 경찰서장으로 있을 때, 밀고자와 스파이를 이용하여 독립운동 지도자들을 체포하는 데 비정한 검거로 악명을 떨쳤던 배신자의 전형.

*13 아일랜드에서는 노란 치즈색 얼굴과 붉은 광대뼈는 알코올 중독자에게서 볼 수 있는 현상이라고 한다.

리로 말했다.

"그 사람은 지금 '블랙 이글'에 있을 겁니다. 하지만 잠깐 들어와 앉지 그러세요?" 헨치 씨가 말했다.

"아니, 아니, 괜찮습니다. 그저 잠깐 볼일이 있어서요. 정말 감사합니다." 키온 신부가 말했다.

그는 문간에서 물러났다. 그러자 헨치 씨가 촛대를 하나 들고 문간까지 따라 나가 그가 아래층으로 내려가는 길을 비춰주려고 했다.

"아, 이러지 마세요, 제발."

"네, 하지만 계단이 너무 어두워서요."

"아니, 아니, 잘 보여요……. 감사합니다, 정말."

"이제 괜찮으시겠어요?"

"괜찮고말고요, 감사합니다……. 감사합니다."

헨치 씨는 촛대를 들고 돌아와 그것을 탁자 위에 놓았다. 그는 다시 난롯가에 앉았다. 잠시 침묵이 흘렀다.

"이보게, 존." 오코너 씨가 또 다른 명함으로 담배에 불을 붙이면서 말했다.

"응?"

"저 사람 정확하게 뭘 하는 사람이지?"

"난들 어찌 알겠어." 헨치 씨가 말했다.

"내가 보기엔 패닝과 저 양반은 매우 각별한 사이인 것 같아. 그들은 카바나 주점*14에서 자주 함께 어울리거든. 그가 신부이긴 한가?"

"음, 그런 것 같긴 한데……. 말하자면 검은 양*15이지 싶어. 다행히 그런 자가 많지는 않지만 더러 있지……. 그 사람도 어떤 의미에서는 불행한 사람이야……."

"그럼 어떻게 먹고살지?" 오코너 씨가 물었다.

"그것도 수수께끼야."

"어떤 성당이나 교회, 아니면 기관 같은 데……소속되어 있나?"

---

*14 시청과 더블린 성의 정북쪽에 있었던, 주로 정치가들이 모이는 실재 주점.

*15 black sheep. 하얀 양 속에 가끔 나타나는 검은 양. 주변에 누를 끼치는 말썽꾼을 가리킨다.

"아냐, 자기 멋대로*16 저렇게 그냥 돌아다니나 봐…… 미안한 소리지만, 난 흑맥주가 온 건 줄 알았지." 헨치 씨가 덧붙여 말했다.

"말이 나온 김에 술 한 잔 할 수 없을까?" 오코너 씨가 물었다.

"나도 목이 칼칼한데." 노인이 말했다.

"내가 그 형편없는 녀석에게 세 번이나 부탁을 했다니까. 흑맥주 한 다스만 올려 보내달라고. 방금도 다시 부탁을 했는데 그 녀석은 와이셔츠 바람으로 카운터에 기대서 시의원 카울리하고 무슨 얘긴지 쑥덕거리느라 거들떠보지도 않더군." 헨치 씨가 말했다.

"왜 재촉하지 그랬어?" 오코너 씨가 물었다.

"글쎄올시다, 그 작자가 시의원 카울리와 속닥거리고 있는데 가까이 가기가 좀 뭣하더군. 그래서 시선이 마주칠 때까지 기다리다가 '별건 아니지만 내가 방금 부탁한 건……' 하고 운을 떼었더니 '아무 걱정 마세요, 헨치 씨' 하고 받아넘기더라고. 원, 세상에! 그 난쟁이 똥자루 같은 녀석은 무슨 부탁을 받았는지조차 다 까먹고 있었던 거야."

"그 동네에 무슨 꿍꿍이속이 벌어지고 있어요. 어제 서퍽 가 모퉁이를 지나가다 보니 그놈들 셋이 거기서 뭔가 열심히 꾸미고 있더군." 오코너 씨가 생각에 잠긴 표정으로 말했다.

"그놈들이 무슨 허튼 수작을 부리고 있는지 알 만해. 요새는 누구나 시장 한 번 해먹으려면 시의원들한테 돈을 뿌려야 한단 말이야. 그래야만 그자들이 시장으로 뽑아주거든, 빌어먹을! 나도 시의원이 한 번 되어볼까 심각하게 생각 중인데, 어떻게 생각하나? 내가 그 자리에 어울릴 것 같은가?" 헨치 씨가 말했다.

오코너 씨가 큰 소리로 웃었다.

"돈을 뿌리는 일뿐이라면……."

"그렇게 되면 시장 관저에 떡하니 마차를 타고 행차하시게 되는 거지. 여기 계신 잭 영감님이 분칠한 가발을 쓰고 내 뒤에 시립(侍立)한 가운데 나는 온통 모피로 몸을 감싸고 말이야—어때?" 헨치 씨가 말했다.

"그때는 나를 개인비서로 써 주게, 존."

---

*16 성직의 의무도 없고, 교회 조직에도 속하지 않았다는 뜻. 성직을 박탈당했을지도 모른다.

"그래야지. 그리고 키온 신부를 내 개인 신부로 삼고. 그래 다 같이 가족 잔치를 한바탕 벌이는 거야."

"정말 헨치 씨는 그 사람들보다 훨씬 더 잘해내실 겁니다. 어느 날 내가 시장 공관에 수위로 근무하는 키건 영감하고 얘기를 나눈 적이 있어요. '그래, 새로 들어온 주인은 어떻던가, 팻? 요새는 연회도 그리 많은 것 같지도 않던데' 하고 말을 건넸더니 그 영감 하는 말이 '연회는 무슨! 그 양반은 기름걸레 냄새만 맡고 살려고 하는 걸요' 이러더군. 그러면서 그 영감이 내게 뭐라고 했는지 아시오? 맙소사, 도무지 믿을 수가 있어야지." 노인이 말했다.

"뭐라고 했는데요?" 헨치 씨와 오코너 씨가 동시에 물었다.

"그 영감이 이러더군요. '더블린 시장*17이라는 양반이 저녁거리로 달랑 뼈가 붙어 있는 고기 한 근만 사오라고 시키는 처지를 어떻게 생각하시오? 높은 양반이 산다는 꼴이 그래서야 되겠어요?' 이 말에 내가 '저런, 저런!' 하고 탄식을 했더니 '시장 관저 안으로 들어오는 건 달랑 고기 한 근뿐이라니까요' 하더군요. 그래서 내가 또 말했지요, '아이구 저런! 이번에 도대체 어떤 자가 그 자리에 앉으려고 할까?'"

이때 출입문에서 노크 소리가 나더니 소년 하나가 머리를 디밀었다.

"뭔가?" 노인이 물었다.

"'블랙이글'에서 왔어요." 소년은 이렇게 말하고 비스듬히 안으로 들어와 병소리가 딸그락대는 바구니를 마룻바닥에 내려놓았다.

노인은 소년이 병을 바구니에서 탁자로 옮겨놓는 것을 거들어주면서 숫자를 확인해 보았다. 병을 다 옮기고 나자 소년은 바구니를 팔에 걸치고 물었다.

"빈 병 있어요?"

"무슨 빈 병?" 노인이 물었다.

"마시지도 않았는데 무슨 놈의 빈 병이냐?" 헨치 씨가 말했다.

"빈 병이 있느냐고 물어보라고 하던데요."

"내일 다시 와." 노인이 말했다.

---

*17 당시의 시장은 하층계급 출신으로, 파넬에 대한 흔들림 없는 충성심으로 알려져 있었다.

"애야! 오패럴 주점에 뛰어가서 병따개 좀 빌려오너라—헨치 씨가 부탁하더라고, 1분만 쓰고 돌려드린다고 그래. 바구니는 거기 두고." 헨치 씨가 말했다.

소년이 밖으로 나가자 헨치 씨는 기분 좋은 듯이 두 손을 비벼대면서 말했다.

"아, 글쎄, 그 친구도 결국 그렇게 나쁜 녀석은 아니군그래. 어쨌거나 약속은 지켰으니까."

"술잔이 없는데요." 노인이 말했다.

"아, 그건 걱정할 것 없어요, 잭. 자고로 병째 마시는 사람이 우리 말고도 천지랍니다." 헨치 씨가 말했다.

"술을 마실 수 있는 것만으로도 감지덕지지." 오코너 씨가 말했다.

"그 친구 나쁜 녀석은 아니야. 패닝 씨 말이라면 꼼짝을 못해서 그렇지. 좀 쪼잔할 때가 있지만 근본은 괜찮은 사람이라니까." 헨치 씨가 말했다.

소년이 병따개를 가지고 돌아왔다. 노인이 세 병을 따고 병따개를 소년에게 건네주려 할 때 헨치 씨가 소년에게 말했다.

"너도 한 잔 할래?"

"주신다면요." 소년이 말했다.

노인은 마지못해 한 병을 더 따서 소년에게 건네주면서 물었다.

"너 몇 살이니?"

"열일곱*18인데요." 소년이 대답했다.

노인이 더 이상 아무 말 하지 않자 소년은 병을 받아들고 헨치 씨를 향해 말했다. '선생님, 정말 감사합니다.' 그는 한 병을 다 들이켜고 빈 병을 탁자 위에 내려놓고는 소매로 입을 훔쳤다. 그런 다음 병따개를 들고 뭐라고 인사말을 중얼거리면서 가재걸음으로 방을 나갔다.

"술은 저렇게 시작되는 거라오." 노인이 말했다.

"바늘 도둑이 소 도둑 되는 셈이죠 뭐." 헨치 씨가 말했다.

노인이 아까 따두었던 세 병을 나누어주자 세 사람은 동시에 병째로 마시기 시작했다. 술을 다 마신 뒤에는 각자 벽난로 위 손이 닿는 곳에 빈 병을

---

*18 아일랜드에서는 술을 마실 수 있는 것은 열여덟 살부터이다.

올려놓고는 흡족한 듯이 길게 숨을 내쉬었다.

"아, 그러고 보니 오늘 참 많은 일을 했군." 헨치 씨가 잠시 뒤에 말했다.

"그래?"

"그럼. 도슨 가에서 그 친구를 위해 한두 군데를 확보해놨거든, 크로프턴하고 둘이서. 우리끼리니까 하는 말이지만 크로프턴은(물론 사람이야 점잖은 건 사실이지만) 선거운동원으로는 아무짝에도 못쓸 젬병이야. 사람을 만나면 꿀 먹은 벙어리거든. 내가 이야기를 하고 있으면 그 친구는 멍하니 서서 사람들 얼굴만 쳐다보고 있는 거야."

이때 두 사내가 사무실 안으로 들어왔다. 그중 하나는 몸집이 아주 뚱뚱했는데, 입고 있는 푸른 서지 옷이 불룩한 배에서 금방이라도 흘러내릴 것처럼 보였다. 어린 수송아지 얼굴과 표정이 비슷한 커다란 얼굴에, 빤히 쳐다보는 푸른 눈, 콧수염은 반백이었다. 다른 사내는 훨씬 더 젊고 호리호리한 체격으로, 말끔하게 면도를 한 홀쭉한 얼굴이었다. 그는 아주 높은 더블칼라의 옷을 입고 챙이 넓은 중산모를 쓰고 있었다.

"여, 크로프턴! 호랑이도 제 말하면 온다더니……." 헨치 씨가 뚱뚱한 사내에게 말했다.

"술은 어디서 났어요? 암소가 새끼라도 낳았나요?"*19 젊은 사내가 물었다.

"역시 라이언스야, 술 냄새부터 먼저 맡는 걸 보니." 오코너 씨가 웃으면서 말했다.

"선거 운동한다는 양반들이 이러깁니까? 크로프턴과 나는 이 추위에 비까지 맞아가면서 표를 모으고 있는데?" 라이언스 씨가 말했다.

"이런 젠장, 당신들 둘이서 일주일 동안 얻는 표를 나 혼자서 단 5분 만에 모아서 보여주지." 헨치 씨가 받아쳤다.

"맥주 두 병 더 따요, 잭." 오코너 씨가 말했다.

"어떻게 따요, 따개가 없는데?" 노인이 말했다.

"잠깐만요, 잠깐만! 이런 묘기 본 적 있소?" 헨치 씨가 벌떡 일어섰다.

그는 탁자에서 병 두개를 집어 들고 난롯가로 가서 벽난로의 시렁 위에 얹

---

*19 암소가 새끼를 낳으면 젖이 나오는 것처럼 맥주가 손에 들어온 것인가, 축하할 일이라도 있는 것인가라는 뜻.

어놓았다. 그런 다음 난로 옆에 다시 앉아 자기 병에서 한 모금 더 마셨다. 라이언스 씨는 테이블 가장자리에 걸터앉아 모자를 목 뒤로 젖힌 다음 다리를 건들거리기 시작했다.

"어느 게 내 병인가요?" 그가 물었다.

"이걸세, 친구." 헨치 씨가 말했다.

크로프턴 씨는 상자에 걸터앉아 벽난로 시렁 위의 다른 한 병을 뚫어져라 쳐다보았다. 그는 두 가지 이유로 말이 없었다.[*20] 첫 번째는, 그것만으로도 충분한 이유가 되지만 특별히 할 말이 없어서였고, 두 번째는 이 동료들이 자기보다 못하다고 생각해서였다. 그는 원래 보수당 후보인 월킨스의 선거운동원이었다. 그러나 보수당[*21]에서 후보자를 사퇴시키고 마뜩찮은 두 후보 중에서 그나마 나은 후보를 골라 국민당 후보를 지지하기로 되었을 때 그는 티어니 씨를 위해 일하도록 고용된 것이었다.

2, 3분이 지나자 다 되었다는 듯이 〈폭! 〉하는 소리가 들리더니 라이언스 씨의 병에서 코르크 마개가 날라갔다. 라이언스 씨는 테이블에서 뛰어내려 난로 쪽으로 가서 병을 꺼내들고 테이블로 돌아왔다.

"방금 그 이야기를 하던 중이었네, 크로프턴. 우리가 오늘 상당히 표를 확보해놓았다는 것을 말이야." 헨치 씨가 말했다.

"그게 누굽니까?" 라이언스 씨가 물었다.

"글쎄, 첫째는 파크스를 들 수 있고, 두 번째는 앳킨슨, 그리고 도슨 가의 워드.[*22] 그도 둘째가라면 서러워할 노신사로 인품이 고결한 골수 보수당원이라네! '하지만 당신들의 후보자는 국민당원 아닌가요?' 하고 그 사람이 묻기에 내가 이렇게 말했지. '그분은 훌륭한 인물입니다. 이 나라에 이익이 되는 일이라면 무슨 일이든지 다 찬성이시죠. 고액 지방세 납세자이기도 하고요.'[*23] 그리고 '그분은 시내에 엄청난 부동산이 있고 사업체도 세 개나 있어서 지방세를 깎아 내리는 것이 그분 자신에게도 유리하지 않겠습니까? 그분

[*20] 이 이야기는 대사와 객관 묘사로 일관하는데, 이 대목만은 등장인물의 내면이 그려져 있다. 작가가 의도하여 표현한 것인지는 불명.

[*21] 영국 보수당과 동맹을 맺은 소수당.

[*22] 세 사람 다 이름이 영국계인 것에서 신교도로 해석할 수 있다. 그렇다면 순수한 보수당원들을 확보한 것이니 자랑으로 여기고 있는 셈이다.

[*23] 유산계급에 불리한 발언은 하지 않겠다는 뜻.

은 존경을 한 몸에 받는 저명한 시민이랍니다.' 그리고 '게다가 그분은 구빈위원이고, 좋은 것이든 나쁜 것이든 또 좋지도 나쁘지도 않은 것이든, 어느 정당에도 속해 있지 않아요.' 이렇게도 말했는데, 그런 자들에게는 바로 이런 식으로 말해야 한다네."

"그럼 왕에 대한 환영 연설은 어떻게 보십니까?" 라이언스 씨는 술을 마신 다음 입맛을 다시면서 물었다.

"내 말을 잘 들어보게. 우리에게 필요한 건 내가 워드 영감님께 말한 것처럼, 자본이야. 왕이 여기로 온다는 건 이 나라에 돈이 흘러 들어오는 것을 의미하지. 더블린 시민들은 그것으로 덕을 보게 될 거라고. 저 아래 부둣가에 즐비한 공장들을 봐, 죄다 놀고 있잖아! 나라에 얼마나 되는 돈이 생길지 생각해 보라고, 낡은 산업, 제조소나 조선소, 공장들을 가동시킬 때의 얘기지만. 우리가 원하는 것은 자본이라네." 헨치 씨가 말했다.

"하지만 존, 우리가 왜 영국 왕을 환영해야 하나? 파넬 자신도……."[24] 오코너 씨가 말했다.

"파넬은 죽고 없잖아. 그래서 내 생각은 이렇다네. 여기에 온다는 이 친구는 노모 때문에 왕위에 오르지 못하다가 백발이 되어서야 간신히 즉위했지. 그는 세상 물정에 밝은 사람인 데다 우리에게도 호의를 갖고 있어. 말하자면 그는 밝고 선량한 친구로, 거만한 구석이라곤 눈곱만큼도 없다네. 그는 그저 이렇게 혼잣말이나 하겠지. '선왕께서는 이 야만적인 아일랜드 사람들을 만나보러 가신 적이 한 번도 없다.[25] 좋아, 내가 직접 가서 그들이 어떻게 생겼는지 살펴봐야지'. 그런데 이렇게 친선방문차 여기에 오겠다는 사람을 모욕하자는 거지? 어때? 내 말이 틀린가, 크로프턴?" 헨치 씨가 말했다.

크로프턴 씨는 고개를 끄덕였다.

---

*24 에드워드 7세가 왕세자였던 1885년 아일랜드를 방문했을 때 파넬이 공식 환영회에 반대한 것을 가리킨다.

여기서 파넬의 이름이 나온다. 그는 조국의 자치권 획득을 위해 싸우다가, 조국 독립의 한 걸음 앞에서 친구 아내와의 간통이 문제가 되어, 그에 대한 책임을 지고 1890년 정계에서 은퇴하여 이듬해에 급사했다. 그의 실각에는 국민당원의 배신과 가톨릭교회의 규탄(그는 신교도)이 크게 작용했다.

*25 실제로는 네 번 방문했다. 헨치의 말로는, 형식적인 공식방문이었기 때문에 국민과 그 생활 실정은 접하지 못했다는 뜻이 된다.

"하지만 어쨌든 간에, 에드워드 왕의 사생활이 아시다시피 그다지……." 라이언스 씨가 따지듯이 말했다.

"지난 일은 지난 일이야. 난 개인적으로 그 사람을 존경해. 그는 자네나 나처럼 지극히 평범하고 낙천적인 사내일 뿐이야. 그는 술 한 잔 하는 거 좋아하고, 아마 난봉기도 좀 있을 테고, 게다가 훌륭한 스포츠맨이기도 하지. 제기랄, 우리 아일랜드 사람들은 페어플레이를 해서는 안 되나?" 헨치 씨가 말했다.

"구구절절 다 옳은 말씀이오. 하지만 파넬의 경우 좀 생각해봐요." 라이언스 씨가 말했다.

"대관절 두 사람이 어디가 어떻게 닮았다는 건가?" 헨치 씨가 물었다.

"내 말은 우리에게는 우리의 이상이 있다는 겁니다. 그런데 왜 이제 와서 그런 사람을 환영해야 한단 말이오? 파넬이 그런 짓을 한 뒤에도 우리를 이끌어가는 데 적임자라고 생각하시오? 그렇다면 에드워드 7세는 무슨 이유로 환영하는 건가요?"*26 라이언스 씨가 말했다.

"오늘은 파넬의 기일이라네, 그러니까 괜히 악감정을 돋울 그런 말은 자제하세. 파넬이 죽어버린 지금, 우리는 모두 그 사람을 존경하고 있지—심지어 보수당원까지도." 오코너 씨가 크로프턴 씨를 돌아보면서 덧붙였다.

폭! 하고 소리를 내면서 뒤늦게 크로프턴 씨의 맥주병에서 마개가 날아갔다. 크로프턴 씨는 앉아 있던 상자에서 일어나 난롯가로 갔다. 그는 자신의 노획물을 손에 들고 돌아오면서 낮고 굵은 목소리로 말했다.

"우리 당은 존경하고 있네, 그는 신사였으니까."

"자네 말이 맞아, 크로프턴!" 헨치 씨가 격한 어조로 말했다. "그 사람이 야말로 말썽꾸러기 같은 영국의원들의 버릇을 바로잡을 수 있는 유일한 사람이었지. '앉아, 이 개새끼들아! 내 말 안 들려, 이 똥개 같은 놈들!' 그 양반은 바로 그런 식으로 그들을 다뤘지. 들어와, 조! 들어오라니까!" 헨치 씨는 문간에 나타난 하인스 씨를 보고 큰 소리로 외쳤다.

하인스 씨가 천천히 사무실 안으로 들어왔다.

"맥주 한 병 더 따시죠, 잭. 아 참, 병따개가 없는 걸 잊고 있었군! 자,

---

*26 왕세자 시절 에드워드 7세는 사생활에서 온갖 추문이 끊이지 않았던 것으로 유명하다.

병을 이리 줘요, 내가 난로 위에 얹어 놓을 테니까." 헨치 씨가 말했다.

노인이 그에게 술병을 또 하나 건네주자 그는 그것을 벽난로 시렁 위에 얹어놓았다.

"앉게, 조. 우린 방금 대장님 이야기를 하던 중이었어." 오코너 씨가 말했다.

"그럼, 그럼!" 헨치 씨가 맞장구를 쳤다.

하인스 씨는 테이블 끝에 라이언스 씨와 나란히 앉았지만 아무 말이 없었다.

"한 사람은 있지, 어쨌든. 그 사람을 배신하지 않은 사람 말이야. 맹세코 말하지만 난 자네를 위해 변호하겠네, 조! 아무렴, 자넨 사내답게 끝까지 그에게 충실했어!" 헨치 씨가 말했다.

"어이, 조, 자네가 쓴 그것 좀 들려줘봐—생각나나? 자네 아직도 그거 기억하고 있나?" 오코너 씨가 갑자기 말했다.

"아, 그래, 그것! 그거 좀 들려줘봐. 어디 그것 한 번 들어본 적 있나, 크로프턴? 자, 어디 한 번 들어봐요, 아주 훌륭하지." 헨치 씨가 말했다.

"자, 어서 시작해봐, 조." 오코너 씨가 재촉했다.

하인스 씨는 그들이 말하는 글이 어떤 글인지 금방 기억이 나지 않는지 잠시 생각한 끝에 이렇게 말했다.

"아, 그것 말이군……. 그래, 굉장히 오래된 건데."

"어서 시작해 보라니까!" 오코너 씨가 말했다.

"쉬, 쉿, 자, 조!" 헨치 씨가 말했다.

하인스 씨는 잠시 더 머뭇거렸다. 그러다가 쥐 죽은 듯이 고요한 가운데 모자를 벗어 테이블 위에 올려놓고 일어섰다. 그는 마음속으로 그 낭송을 연습하고 있는 것 같았다. 상당히 사이를 둔 뒤 그는 제목을 말했다.

파넬의 죽음

1891년 10월 6일

그는 한두 번 목청을 가다듬고 나서 암송하기 시작했다.

그는 가셨네. 우리의 무관(無冠)의 왕*²⁷은 가셨네.
오, 에린이여, 슬픔과 비탄으로 애도하라.
그는 숨을 거두고 누워 있나니
세상의 잔인한 위선자들 무리에 껴여.

그가 수렁에서 영광으로 끌어올린
비열한 개들의 손에 살해되어 누워 계시니
에린의 희망과 에린의 꿈은
우리의 왕을 화장하는 장작더미와 함께 사라지누나.

궁전이든 초가집이든 오두막집이든
그 어디에 있든지 에린의 가슴은
슬픔에 흐느끼고 있네.
조국의 운명을 개척하실 그가 가셨기에.

그는 에린의 이름을 만방에 떨치고,
초록색 깃발을 영광스럽게 휘날리며*²⁸
이 나라의 정치가, 시인 그리고 전사들의 명성을
세계 방방곡곡에 드높이려 하였네.

그는 꿈꾸었네(아, 어차피 꿈은 꿈이로다!)
자유의 여신을. 그러나 목숨을 바쳐
그 우상을 움켜잡으려 한 바로 그때,
배신자들이 그가 사랑하는 모든 것에서 그를 갈라놓았네.

부끄러운 줄 알라, 비열한 겁쟁이들아
구세주를 치고 키스로서 그를 배신하고,

---

*27 이 별명을 붙인 것은 그의 보좌관으로 나중에 그를 배신한 티모시 힐리.
*28 초록색은 아일랜드의 상징이고, 에린은 아일랜드의 옛이름.

결코 그의 친구일 수 없는
아첨하는 오합지졸 사제들*²⁹에게 팔아넘긴 자들이여!

영원한 치욕의 불길이 불태워버리기를
그자들의 기억을.
자존심으로 그자들을 물리치신 이의 거룩한 이름을
애써 더럽히고 깎아내리려 발버둥치던 그자들의 기억을.

그는 용자답게 쓰러졌노라,
끝까지 고귀하게 굽히지 않고.
그리하여 죽음이 그를 하나되게 하였네,
에린의 지난날의 영웅들과.

어떤 다툼의 소리도 그의 잠을 깨우지 말라!
그는 고요히 잠들어 계시니.
어떤 인간적 고뇌도 어떤 높은 야망도
그를 영광의 정상으로 내몰 수 없으리라.

그들은 바라는 대로 그를 꺾었네.
그러나 들어라 에린이여, 그의 영혼은
다시 일어나리라, 새날의 먼동이 틀 때,
화염에서 일어나는 불사조처럼.

그렇다, 우리에게 자유의 세상이 찾아올 새벽에.
그날이 오면 에린은 틀림없이
〈환희〉에 바치는 잔으로 건배하리라,
동시에 하나의 슬픔, 파넬의 추억에도.

---

*29 *24 참조.

하인스 씨는 다시 테이블에 앉았다. 그가 낭송을 마치자 잠시 침묵이 흐르다가 박수갈채가 쏟아졌다. 라이언스 씨도 박수를 쳤다. 그 갈채는 한동안 계속되었다. 박수가 끝나자 청중은 모두 술병을 들고 아무 말 없이 술을 들이켰다.

폭! 코르크 마개가 하인스 씨의 술병에서 날아갔다. 그러나 하인스 씨는 모자를 벗은 채 상기된 얼굴로 테이블 위에 그대로 앉아 있었다. 그에게는 술을 권하는 그 소리가 들리지 않은 것 같았다.

"훌륭하네, 조!" 오코너 씨는 감동을 숨기려고 담배 종이와 쌈지를 꺼내며 말했다.

"어떤가, 크로프턴, 훌륭하지 않아? 어때?" 헨치 씨가 큰 소리로 물었다.
크로프턴 씨는 정말 훌륭한 작품이라고 말했다.

해설

＊이 작품은 1902년 10월 6일 저녁 무렵에, 시회의원 선거를 위한 선거사무실—위클로 가(이하, 시내의 지명은 '자매'의 지도 참조)에 있는 작은 오피스빌딩의 한 회의실—에서의, 운동원들의 대화가 주체요 내용이다. 대화체가 아닌 부분은 객관적 묘사로 일관하며, 극에서의 지문의 성격을 가진다. 이 단편은 시간과 장소의 일치의 법칙이 지켜져 있는 1막 1장극이다.

잭 노인…………국민당 공인후보자 티어니의 선거사무실 관리인.

매시 오코너……패기가 부족하고 우유부단한 국민당원. 의사진행 담당 역할을 하고 있다.

조 하인스………보도기자로 파넬의 숭배자. 티어니의 대립후보를 지지.

존 헨치…………국민당원으로 현실주의적인 운동원.

키온 신부………복장에서는 신부를, 행동에서는 서툰 연극배우를 연상시킨다.

술집 점원

크로프턴………영국에 우호적인 보수당원. 이번에 티어니의 운동원이 되었다.

라이언스⋯⋯⋯파넬의 도덕문제를 비난하는 국민당원. 융통성이 없는 운동원.

'위원회 회의실의 담쟁이 날(Ivy Day in the Committee Room)'은 1905년 8월 여덟 번째로 완성되었다. 여기서부터 세 작품은 더블린의 사회생활(정치, 예술, 종교)을 그리는 가운데 이 작품은 정치에 초점을 맞춘 것이다.

이 작품의 주제는 배신이다. 이 문제는 잭 부자, 티어니 부자, 하인스 부자, 빅토리아 여왕과 에드워드 모자 등의 관계에서 화제가 시작되어, 대화 속에서 그 아들들이 비난을 받고 있다. 아버지에게서 아들로 세대가 교체되면 거기에 진보가 나타난다. 그러나 현실적으로는 바로 그 부활의 날(담쟁이 날)에 그들의 타락상이 잇따라 폭로된다.

이 주제는 '위엄 있는 아버지'인 파넬과 그의 못나고 어리석은 자식이라고 할 수 있는 후계자들의 관계를 통해 이야기 속에서 부각된다. 이 이야기는 주역도 없고, 종잡을 수 없는 대화로 일관하는 가운데, 파넬을 암시적으로 활용하여 작품에 유기적인 통일을 주었다고 할 수 있다. 여기서는 국민당원의 대부분이 지난날의 당수 파넬의 신념과 명예를 헐뜯고 있다. 헨치는 파넬의 재생 가능성을 품은 불길에 침을 뱉고, 영국왕의 내방을 찬성한다. 라이언스는 헨치와 마찬가지로 담쟁이 이파리를 달지 않고, 파넬의 도덕성만 비난한다. 파넬이 정치적 지위에서 사실상 쫓겨난 장소는 런던의 국회의사당 안 '선거사무실' 제15호실이었다. 그의 후계자들은 담쟁이의 날에 더블린의 '선거사무실'에서 배신하는 죄를 재연하게 된다.

난롯불과 난롯불에 데운 맥주병 마개가 튀어오르는 소리가 중요한 의미를 가진다. 불은 무대에서의 조명 역할을 한다. 잭 노인이 촛불을 켜서 방안을 밝히자 정치담이 시작되고, 더블린 정치의 퇴폐상과 배신이 폭로된다. 그 불은 하인스의 시에 있듯이, 파넬의 유해를 화장한 불과, 불사조로서 그가 그 재에서 소생하기 위한 불을 연상시킨다. 이것은 작품의 처음에서, 오코너가 담배를 피우기 위해 선전용 카드에 불을 붙일 때 '웃옷 깃에 꽂힌 검은 광택이 나는 담쟁이 잎이 불빛을 받아 반짝거렸다'라는 말에 포석으로 깔려 있었다. 그러나 파넬의 고귀한 정신을 계승하는 자가 적은 현실에서는, 불은 미약하게 흔들리기만 할 뿐, 파넬을 재생시켜 아일랜드를 부활로 이끄는 힘은 없고, 위원회에서 보내준 맥주병 마개를 뽑는 걸 도와줄 힘밖에 없다. 그 불에서 튀어나오는 것은 불사조가 아니라 맥빠진 느낌의 소리에 지나지 않으며, 난롯불 앞에 앉아있는 사람들의 공허한 정치담을 비웃는 듯한 느낌을 줄 뿐이다.

이 이야기에는 희미한 구원과 희망이 전혀 없는 것은 아니다. 등장인물의 대부분이 파넬에 등을 돌리는 가운데 하인스만은 파넬을 숭배하는 마음을 간직하고 있다. 그런 그가 애도시를 암송하자 사무실 안의 무거운 분위기도 어느 정도 누그러진다. 이 시는 전편에 애수가 감돌고 있는데, 그것이 이 작품을 야유로 끝맺는 씁쓸한 뒷맛에서 구원해주고 있다. 불도 미약하고 미덥지 않지만 마지막까지 꺼지지 않고 남아 있다. 헨치가 침을 뱉자, 의인화된 불은 '항의하는 듯한 소리'를 낸다. 불씨가 있는 한, 거기에 부채질을 하면 다시 타오를 때가 올지도 모른다. 그것은 나라가 부활할 때이고, 이 작품은 그럴 가능성을 남긴 채 막이 내린다.

어느 어머니

'아일랜드 승리'*¹ 협회의 사무차장 홀로헌 씨는 일련의 음악회에 관한 준비를 하느라고 손에 지저분한 서류 조각을 잔뜩 들고 호주머니에도 그런 것을 잔뜩 쑤셔 넣고서 한 달 가까이 더블린 거리를 바쁘게 돌아다니고 있었다. 그는 한쪽 다리를 절었기 때문에 그의 친구들은 그를 절름발이 홀로헌이라고 불렀다. 그는 쉴 새 없이 거리를 오르내리며 몇 시간씩 길모퉁이에 서서 취지를 설명하고 그 결과를 메모했다. 그러나 결국 그 모든 것을 준비한 사람은 커니 부인이었다.

데블린 양이 커니 부인이 된 것은 홧김에서였다. 그녀는 일류 수녀원 학교에서 교육을 받았고 거기서 프랑스어와 음악을 배웠다. 선천적으로 얼굴이 창백한 데다 태도마저 뻣뻣해서 학교 때 친구가 별로 없었다. 결혼 적령기가 되자 그녀는 어쩔 수 없이 여러 집의 파티에 드나들게 되었는데 거기서 그녀는 연주 솜씨와 상아처럼 고상한 태도 덕분에 칭송의 대상이 되었다. 그녀는 사교장의 소양이라는 차가운 울타리 안에 고고하게 앉아서 어떤 구혼자가 나타나 그 울타리 안에 과감하게 뛰어들어, 자기에게 화려한 삶을 제공해주기를 기다리고 있었다. 그러나 그녀가 만난 청년들은 하나같이 수준 미달이어서 그녀는 남몰래 터키 캔디*²나 실컷 오물거리며 자신의 낭만적인 소망을 어루만지면서 그들에게 고무적인 낌새를 일체 보여주지 않았다. 그러나 그녀가 결혼 적령기의 한계점에 이르고 또 친구들이 그녀에 대해 험담을 하기 시작하자, 커니 씨와 결혼함으로써 그들의 입을 잠재워버렸다. 커니 씨는 오먼드 부두*³의 제화업자였다.

---

*1 Eire Abu. 이 아일랜드어는 애국자의 열광적인 슬로건. 당시 더블린에는 이런 민족주의 문화단체가 여럿 있었다.

*2 과즙을 젤리처럼 굳혀서 설탕을 입힌 과자.

*3 리피 강 북안의 거리의 일부. '자매' 지도 참조.

그는 아내보다 나이가 훨씬 많았다. 그의 화제는 진지하기만 했는데 그 말은 이따금 그의 텁수룩한 갈색 턱수염 사이에서 새나온다. 결혼한 지 1년이 지나자 커니 부인은 이런 남자가 낭만적인 사람보다 살아가기에 더 편하다는 것을 알아차렸지만 그렇다고 낭만적인 이상을 결코 버린 것은 아니었다. 그는 술을 입에 대지도 않고 검소한 데다 신앙심 또한 깊었다. 그는 매달 첫 금요일마다 영성체*4를 받으러 성당에 갔는데 가끔 아내와 같이 갈 때도 있지만 혼자 갈 때가 더 많았다. 하지만 그녀는 신앙심이 결코 줄어든 것도 아니고, 남편에게는 언제나 좋은 아내였다. 낯선 집에 초대를 받아 간 파티에서, 그녀가 눈썹을 조금만 치켜뜨면 그는 자리에서 벌떡 일어나 떠날 채비를 했고, 그가 기침 때문에 고생을 할 때면 그녀가 남편의 발에 오리털 이불을 덮어주고, 독한 럼 펀치를 만들어주었다. 그는 또 그대로 말하자면 모범적인 아버지였다. 어느 보험공제조합에 매주 약간의 부금을 부어 두 딸이 스물네 살이 되면 각각 100파운드의 결혼 지참금을 받을 수 있도록 해두었다. 그런가 하면 큰딸 캐슬린을 명문 수녀원 학교에 보내 거기서 프랑스어와 음악을 배우게 하고, 그 다음에는 왕립음악원에 진학시켜 비싼 학비를 대주었다. 해마다 7월이 되면 커니 부인은 기회가 있을 때마다 친구들에게 이렇게 말하곤 했다.

"우리 집 양반이 우리를 데리고 스케리스에 가서 몇 주 놀다 오려고 준비하고 있어요."

스케리스가 아닐 때는 호스나 그레이스톤즈*5였다.

아일랜드 문예부흥운동*6이 활발해지기 시작하자 커니 부인은 딸 이름 캐슬린*7을 이용해 먹기로 결심하고, 아일랜드어 교사를 집으로 불러들였다. 캐슬린과 그녀의 동생은 친구들에게 아일랜드를 상징하는 그림엽서를 보냈고, 친구들도 그 답례로 역시 아일랜드를 상징하는 다른 그림엽서를 보내왔

---

*4 더블린의 가톨릭교회는 매월 첫 번째 금요일에 이 의식을 올렸다. 9개월 동안 연속하여 이것을 받은 신자는 불의의 죽음을 피할 수 있다고 했다.

*5 더블린 북쪽과 남쪽에 실재하는 고급 피서지.

*6 자국의 민족정신 각성과 표현을 위해, 아일랜드 출신 W.B. 예이츠와 J.M. 싱 등이 중심이 되어 시작한, 아일랜드 고유의 문예부흥과 독립을 지향하는 운동. 아일랜드어는 일상어로서 사용되지 않는데, 그 부활도 운동 목표의 하나였다.

*7 캐슬린 니 홀로헌은 아일랜드의 전통적인 상징이다. 시인 예이츠가 같은 인물을 주인공으로 한 희곡을 발표하자 그 이름이 유명해졌다.

다. 커니 씨가 온 가족을 데리고 임시 주교좌 성당*⁸에 가는 특별한 일요일*⁹에는, 미사가 끝난 뒤 대성당 거리 모퉁이에 사람들이 옹기종기 모여 있곤 했다. 모두 커니 집안의 친구들이었다—음악 친구들, 국민당 친구들. 한바탕 와자하게 잡담을 나누고 나면 모두 일제히 악수를 나누며, 그렇게 많은 손들이 한꺼번에 교차하는 것을 보고 웃음을 터뜨리면서 아일랜드어로 작별인사를 나눴다. 그러는 동안 캐슬린 커니 양의 이름이 사람들의 입에 자주 오르내리기 시작했다. 소문으로는 그녀는 음악적 재능이 뛰어나고 매우 고상한 아가씨이며 더군다나 아일랜드어 운동의 신봉자라는 것이었다. 커니 부인은 그런 평가를 듣고 매우 만족했다. 그리하여 어느 날 홀로헌 씨가 그녀를 찾아와서 그의 협회가 에인션트 음악당*¹⁰에서 개최할 예정인 네 차례의 성대한 음악회에 그녀의 딸을 반주자로 출연시키고 싶다는 제의를 했을 때 그녀는 조금도 놀라지 않았다. 그녀는 그를 응접실로 데리고 들어가 자리에 앉혀놓고 술병과 은제 비스킷 통을 내왔다. 그녀는 행사의 세부계획까지 미주알고주알 따지면서 조언도 하고 그만두라고 설득하기도 했다. 마침내 계약서가 작성되고, 캐슬린은 네 번의 대음악회에서 반주자로 출연하되 그 출연료로 8기니*¹¹를 받기로 했다.

홀로헌 씨는 광고 문안 작성과 프로그램 곡목 순서 같은 미묘한 문제에는 서툴렀기 때문에 커니 부인의 도움을 받지 않을 수 없었다. 그녀는 요령이 뛰어났다. 어떤 연예인 이름은 대문자로 쓰고 어떤 연예인 이름은 소문자로 써야 하는지도 훤히 알고 있었다. 그녀는 제1테너는 미드 씨의 희극적인 노래 다음에 나오려 하지 않을 거라는 것까지 알고 있었다. 청중의 관심을 지속적으로 유지하기 위해 그녀는 전통적인 애창곡들 사이에 별로 인기 없는 곡들을 끼워 넣기도 했다. 홀로헌 씨는 미심쩍은 문제에 관하여 그녀의 조언을 청하기 위해 매일같이 그녀를 찾아갔다. 그녀는 한결같이 친절하게 조언했다—아니, 가정적이라고 해도 좋을 정도였다. 그녀는 그에게 술병을 밀어

---

*8 임시 주교좌 성당은 공사나 수리 중에 성당의 대용으로 사용된다. 말버러 가에 있는 도리아식 건축 교회는 더블린 가톨릭교회의 총본산이다.

*9 성령강림절, 부활절, 삼위일체 축일 등을 말한다.

*10 음악과 연극이 상연되는 곳으로, 문예부흥의 초기극이 상연되었다.

*11 8파운드 8실링. 음악가와 변호사 등에 대한 사례의 값이었다.

주면서 이렇게 말했다.

"자, 마음껏 드세요, 홀로헌 씨!"

그리고 그가 스스로 따라서 술을 마시고 있으면 그녀는 이렇게 말했다.

"마음 푹 놓으세요! 조금도 염려하실 필요 없으니까요!"

모든 일이 순조로웠다. 커니 부인은 캐슬린의 드레스 앞섶에 대려고 브라운 토머스 상회에서 예쁜 분홍색 샤르뫼즈*12 비단을 샀는데, 그 값이 수월찮았다. 그러나 이럴 때의 다소의 지출은 얼마든지 정당화되고도 남음이 있었다. 그녀는 마지막 음악회의 2실링*13짜리 입장권을 열두 장쯤 사서 그렇게 하지 않으면 올 리가 없는 친구들에게 돌렸다. 그녀에겐 잊고 빠뜨린 일이 아무것도 없었고, 그녀 덕분에 모든 준비가 다 갖춰졌다.

음악회는 수요일, 목요일, 금요일, 그리고 토요일에 열릴 예정이었다. 그런데 딸과 함께 수요일 밤에 에인션트 음악당에 도착한 커니 부인은 모든 일이 돌아가는 꼴이 도무지 마음에 들지 않았다. 상의에 반짝이는 하늘색 배지를 단 몇 안 되는 젊은이들이 현관에 빈들거리며 서 있었다. 그들 중 야회복을 차려입은 사람은 하나도 없었다. 그녀는 딸과 함께 그 옆을 지나치다 열려 있는 홀 문을 통해 흘끗 안을 들여다보고는 그제야 안내원들이 왜 저렇게 어정거리고 있는지 그 이유를 알 수 있었다. 처음에 그녀는 시간을 잘못 안 게 아닌가 싶었다. 아니었다. 시간은 분명히 8시 20분 전이었다.

무대 뒤의 분장실에서 그녀는 협회 사무국장 피츠패트릭 씨에게 소개되었다. 그녀는 미소를 머금고 그와 악수를 나눴다. 그는 자그마한 체구에 얼굴은 희고 멍한 표정을 하고 있었다. 자세히 보니 그는 부드러운 갈색 펠트 모자를 아무렇게나 비스듬하게 쓰고 말씨는 억양이 밋밋했다. 그는 한손에 프로그램을 들고 있었는데, 그녀와 얘기를 나누는 동안 그는 그 한쪽 끝을 짓씹어 흐물흐물하게 만들었다. 그는 기대에 어긋나는 사태를 그다지 심각하게 여기지 않는 눈치였다. 홀로헌 씨는 몇 분마다 매표소의 상황을 알리러 분장실을 들락거렸다. '가수들'은 초조한 듯 자기네끼리 수군거리면서 이따금 거울을 흘끗거리거나 악보를 말았다 폈다 했다. 시간이 거의 8시 30분이

---

*12 상표명으로, 새틴처럼 광택 있는 비단 직물. 토머스 상회는 창업 100년 이상 되는 고급양재점.

*13 최상은 아니어도 입장료로서는 비싼 편.

다 되어가자 관람석의 몇 안 되는 사람들이 왜 빨리 시작하지 않느냐고 투덜거리기 시작했다. 피츠패트릭 씨가 들어와서 분장실 안을 멍하니 둘러보고는 미소 지으면서 이렇게 말했다.

"그럼 여러분, 이제 시작하는 것이 좋을 것 같군요."

커니 부인은 지극히 밋밋한 그의 마지막 음절*14에 재빨리 경멸의 눈초리를 보낸 뒤 딸에게 격려하듯 말했다.

"준비됐니, 애야?"

그녀는 기회를 봐서 홀로헌 씨를 따로 불러내어 도대체 일이 어떻게 돌아가는지를 말해보라고 다그쳤다. 홀로헌 씨는 자기도 어떻게 된 영문인지 모르겠노라고 했다. 그러면서 하는 말이 위원회에서 네 번이나 음악회를 기획한 것이 잘못이다, 네 번은 너무 많다는 것이었다.

"게다가 '가수들'은 또 왜 저래요! 물론 최선을 다하는 거겠지만, 솔직하게 말해 저 수준 가지고는 안 돼요." 커니 부인이 말했다.

홀로헌 씨도 '가수들'이 신통치 않다는 것은 인정했다. 그러면서 위원회에서는 앞의 세 번의 음악회는 적당히 하도록 내버려두고, 마지막 토요일 밤에는 아껴두었던 일류 스타들을 총동원하기로 결정했다고 말했다. 커니 부인은 아무 말도 하지 않았지만 시시한 곡목들이 무대에서 차례차례 진행되고 있는 데다 홀 안의 얼마 안 되는 청중마저 수가 점점 줄어드는 것을 보자, 이따위 음악회를 위해 단돈 얼마라도 쓴 것이 억울해지기 시작했다. 일이 돌아가는 꼴이 어쩐지 마음에 들지 않았고, 피츠패트릭 씨의 멍한 미소도 그녀를 몹시 짜증나게 했다. 그러나 그녀는 아무 말도 하지 않고 일이 어떻게 끝나나 인내심을 가지고 지켜보기고 했다. 음악회는 10시 조금 전에 끝났고 사람들은 모두 서둘러 집으로 돌아갔다.

목요일 밤의 음악회에는 청중은 좀 늘어났지만, 커니 부인은 장내가 무료 입장자로 가득 차 있음을 대번에 알아차렸다. 청중은 음악회가 마치 비공식적인 마지막 총연습인 양 제멋대로 행동했다. 피츠패트릭 씨는 즐거워 보였다. 그래서인지 그는 커니 부인이 자신의 일거수일투족을 화난 눈초리로 주시하고 있다는 것을 전혀 눈치채지 못하는 기색이었다. 그는 무대막 가장자

---

*14 원문에서 '시작하다' open the ball의 'ball'을 단조로운 목소리로 'baaaalll'이라고 발음했을 것이다.

리에 서서 이따금 머리를 내밀기도 하고, 발코니 구석에 있는 두 친구와 웃음을 교환하기도 했다. 그날 저녁 커니 부인은, 위원회에서 금요일 음악회는 취소하고 대신 토요일 밤에 많은 관객이 들도록 전력을 다하려 한다는 사실을 알게 되었다. 그 얘기를 듣고 그녀는 당장 홀로헌 씨를 찾기 시작했다. 그녀는 어느 젊은 숙녀에게 주려고 레몬수 한 잔을 들고 급하게 절뚝거리면서 지나가는 그를 붙들고 그게 사실이냐고 물었다. 아니나 다를까 그것은 사실이었다.

"물론 그렇다고 해서 계약이 달라지는 것은 아니겠죠, 계약에는 네 번이라고 명시되어 있으니까요." 그녀가 말했다.

홀로헌 씨는 바쁜 척하면서 그녀에게 그런 문제는 피츠패트릭 씨에게 물어보라고 말했다. 커니 부인은 약간 불안해지기 시작했다. 그녀는 무대막에 있는 피츠패트릭 씨를 불러내어, 자기 딸은 네 번의 음악회에 출연하기로 하고 서명을 했으니 두말할 것도 없이 계약서에 명시된 조건에 따라 협회에서 공연을 몇 번 하든 관계없이 애초에 정한 금액을 반드시 받아야 한다고 말했다. 문제점을 금방 이해하지 못한 피츠패트릭 씨는 그 어려운 문제에 즉답할 능력이 없다는 듯이 그 문제를 위원회에 상정해보겠다고 말했다. 커니 부인은 화가 치밀어 얼굴이 경련하기 시작했고, "그 '위인회'*15인지 뭔지 하는 건 도대체 누구인가요?" 하고 따지고 싶은 것을 가까스로 참았다.

그렇게 말하는 것은 숙녀답지 못하다는 것을 알고 있었던 것이다.

금요일 아침에는 일찍부터 어린 소년들이 광고지 다발을 잔뜩 안고 더블린의 주요 거리마다 그것을 뿌리고 다녔다. 모든 석간신문에 음악 애호가들에게 다음날 저녁으로 예정된 음악의 향연을 상기시키는 과장광고가 요란하게 실렸다. 커니 부인은 다소 안심이 되긴 했으나 그래도 미심쩍게 여기는 부분은 남편에게 일러주는 것이 좋겠다고 생각했다. 그는 주의 깊게 귀담아 듣더니 토요일 밤에 자기도 같이 가는 것이 좋겠다고 말했다. 그녀는 찬성했다. 그녀가 남편을 존경하는 것은, 중앙우체국*16을 존경하는 것과 마찬가지

---

*15 패트릭은 'Committee'[kəmíti＝코미티] [위원회]를 'Cometty'[kəméti＝코메티]라고 발음했다. 경멸과 야유조의 말투가 된다.

*16 더블린의 지리상 중심으로 간주되며, 시내와 각지 사이의 거리는 그 우체국에서의 마일로 계산되었다고 한다. '자매' 지도 참조.

로 크고, 안전하고, 또 확고하기 때문이었다. 그의 재능에는 한계가 있다는 것은 알고 있었지만, 남성으로서의 추상적인 가치만은 높이 평가했다. 그런 그가 같이 가주겠노라고 하니 그녀는 속으로 반가웠다. 그녀는 이래저래 안을 짜보았다.

마침내 대음악회의 밤이 왔다. 커니 부인은 남편과 딸과 함께 음악회가 예정된 시각보다 45분 일찍 에인션트 음악당에 도착했다. 운수 사납게도 그날 저녁에는 비가 내렸다. 커니 부인은 딸의 옷과 악보를 남편에게 맡기고 홀로 헌 씨와 피츠패트릭 씨를 찾아 온 건물을 누비고 다녔다. 그러나 둘 다 찾을 수가 없었다. 그녀는 안내원들에게 위원회 사람 중에 어느 누구라도 홀 안에 있느냐고 물었다. 그랬더니 한참 애쓴 끝에 어느 안내원이 베언 양이라는 키가 작달막한 여자를 데리고 나왔다. 커니 부인은 그녀에게 사무국 사람을 한 사람 만났으면 좋겠다고 설명했다. 베언 양은 그들이 곧 올 것으로 안다면서 자기가 도와줄 일은 없느냐고 물었다. 커니 부인이 살피는 듯한 눈길로 약간 나이 들어 보이는 그 얼굴을 바라보자, 그녀는 짐짓 신뢰와 열의가 넘치는 표정을 지었다. 그래서 부인은 이렇게 대답했다.

"아뇨, 괜찮아요!"

그 자그마한 여자도 만원이 되었으면 좋겠다고 말했다. 그녀는 비가 내리는 바깥을 내다보고 있었는데 비에 젖은 우울한 거리가 그녀의 찌푸린 얼굴에서 모든 신뢰와 열의의 표정을 죄다 지워버리는 것 같았다. 그러다가 그녀는 나직하게 한숨을 쉬면서 말했다.

"아, 정말 우린 최선을 다했어요, 맹세코."

커니 부인은 분장실로 되돌아갈 수밖에 없었다.

'가수들'이 속속 도착하고 있었다. 베이스와 제2테너는 이미 와 있었다. 베이스인 더건 씨는 몸집이 호리호리한 청년으로 검은 콧수염이 드문드문 나 있었다. 그는 시내에 있는 어느 사무실 수위의 아들이었다. 그는 어렸을 때 소리가 울려 퍼지는 사무실 홀에서 목청을 길게 뽑아 베이스로 노래 연습을 했다. 그런 비천한 신분에서 출세하여 마침내 일류 '가수'가 된 것이다. 그는 그랜드오페라에 출연한 적도 있었다. 어느 날 밤, 어느 오페라 가수가 병에 걸렸을 때, 퀸스 극장*17에서 공연하는 오페라 〈마리타나〉의 왕 역할을 대신 맡았다. 그는 풍부한 감정과 성량으로 노래를 불러 청중들의 열렬한 갈채를 받았다. 그러나 애석하게도 무심코 장갑긴 손으로 한두 번 코를 문지르는 바람에 그 좋은 인상을 망쳐버리고 말았다. 그는 겸손한 데다 말도 별로 없었다. '여러분'을 '여러문'이라고 발음하더라도 어찌나 조용하게 말하는지 듣는 사람이 그것을 눈치 채지 못할 정도였다. 성대를 보호하기 위해 우유보다 강한 음료는 절대로 마시지 않았다. 제2테너인 벨 씨는 체구가 작은 금발의 남자로, 해마다 페시 코일 음악제[18]에 출전하여 상을 겨루고 있는데, 네 번째 도전에서 처음으로 동메달을 땄다. 그는 지극히 신경질적이고 다른 테너 가수들에 대한 질투심도 이만저만이 아니지만, 넘쳐흐를 듯한 붙임성으로 그 신경질적인 질투심을 용케도 숨기고 있었다. 그에게는 음악회가 얼마나 괴로운 시련인지를 모든 사람들에게 알리지 않고는 성에 차지 않았다. 그래서 그는 더건 씨를 보자 그에게 다가가서 물었다.

"당신도 출연하세요?"

"네." 더건 씨가 말했다.

벨 씨는 그 고행자 동지를 보고 웃으면서 손을 내밀었다.

"악수나 합시다!"

커니 부인은 이들 두 청년 옆을 지나 무대 가장자리로 가서 장내를 둘러보았다. 좌석은 빠른 속도로 채워지고 있었고, 청중석에는 유쾌하게 웅성거리는 소리가 들려오고 있었다. 그녀는 도로 돌아와서 남편과 소곤소곤 얘기를 나누었다. 그들의 대화가 캐슬린에 관한 것임은, 두 사람 다 이따금 딸 쪽을 향해 시선을 던지고 있는 것에서 명백했다. 딸은 같은 국민당 친구인 콘트랄토 가수 힐리 양과 나란히 서서 잡담을 나누고 있었다. 혼자 온 듯한 낯선 여성이 창백한 얼굴로 분장실 안을 걸어갔다. 여자들은 날카로운 눈초리로 깡마른 몸에 딱 맞게 입은 빛바랜 푸른 드레스를 지켜보았다. 누군가가 그녀는 소프라노로 출연하는 마담 글린이라고 했다.

---

*17 퀸스 극장은 그 시절 더블린 3대 극장의 하나. 《마리타나》는 아일랜드 출신의 작곡가 W. V. 월리스가 쓴 가극. 1845년 이후 계속 인기를 얻었으나 조이스 시대에는 케케묵은 것이 되었다.

*18 Feis Ceoil. 아일랜드의 음악 진흥을 위해 1897년부터 해마다 더블린에서 열리는 음악제. 1904년 에인션트 음악당에서 열렸을 때 조이스도 참가하여 3등상인 동메달을 땄지만, 그는 그 메달을 리피 강에 버렸다고 했다. 애국심이 강한 그 음악제를 엄격하고 편협한 것으로 보고 조이스는 경멸했다.

"어디서 저런 여자를 주워왔는지 모르겠어. 이름도 듣도 보도 못한 여자 잖아." 캐슬린이 힐리 양에게 말했다.

힐리 양은 웃을 수밖에 없었다. 그때 홀로헌 씨가 절뚝거리며 분장실에 들어오자 두 젊은 여인은 저 낯선 여자가 누구냐고 물었다. 홀로헌 씨는 런던에서 온 마담 글린이라고 했다. 마담 글린은 분장실 한쪽에 자리 잡고 서서, 둘둘 만 악보를 가슴 앞에 어색하게 들고, 이따금 놀란 듯한 시선을 여기저기 옮기고 있었다. 구석의 어둠이 그녀의 빛바랜 드레스를 잘 숨겨 주었지만, 그런 반면 그것이 쇄골 뒤에 파고들어 거기의 작은 골*¹⁹을 두드러져 보이게 했다. 홀에서는 웅성거리는 소리가 점점 더 커지기 시작했다. 제1테너와 바리톤이 동시에 도착했다. 그들은 둘 다 멋진 옷차림에, 풍채는 당당하고 표정은 만족스러웠다. 두 사람은 그 자리에 풍요로운 분위기를 가져다 주었다.

커니 부인은 딸을 그들에게 데리고 가서 화기애애하게 얘기를 나눴다. 그녀는 그들과 친하게 지내고 싶었다. 그러나 예의를 지키려 안간힘을 쓰면서도 그녀의 눈은 절뚝거리며 이리저리 돌아다니는 홀로헌 씨를 쫓기에 바빴다. 그와 눈이 마주치자 그녀는 지체 없이 그들에게 양해를 구한 뒤 그를 따라 밖으로 나갔다.

"홀로헌 씨, 잠깐 말씀드릴 게 있어요." 그녀가 말했다.

그들은 복도의 한적한 곳으로 갔다. 커니 부인은 자기 딸이 언제 출연료를 받게 되느냐고 물었다. 홀로헌 씨는 그 문제의 책임자는 피츠패트릭 씨라고 말했다. 커니 부인은 피츠패트릭 씨에 대해서는 자기가 알 바 아니며, 그녀의 딸은 8기니를 받기로 하고 계약서에 서명을 했으므로 그 액수는 반드시 받아야 한다고 했다. 홀로헌 씨는 그 문제는 자기 소관이 아니라고 계속 말했다.

"왜 그게 당신 소관이 아니에요? 걔한테 계약서를 갖다 준 사람이 당신이 아니면 누구죠? 어쨌든 그게 당신 소관이 아니라면 내 소관이 분명하니까 내가 도맡아 처리해야겠군요." 커니 부인이 따졌다.

"피츠패트릭 씨한테 말씀드리는 게 좋을 겁니다." 홀로헌 씨가 냉담하게

---

*19 cup. 여기서는 쇄골. 여윈 여성이 나이를 먹으면 이 피부의 움푹 꺼진 골이 눈에 띈다.

말했다.

"피츠패트릭 씨에 대해서는 내 알 바 아니라니까요. 나에게는 계약서가 있으니 무슨 일이 있어도 그 계약서대로 이행되어야 해요." 커니 부인이 되풀이했다.

그녀가 분장실로 돌아왔을 때 그녀의 뺨은 약간 상기되어 있었다. 분장실에는 활기가 넘쳤다. 외출복 차림을 한 두 사내가 벽난로를 차지하고 서서 힐리 양과 바리톤 가수와 스스럼없이 잡담을 나누고 있었다. 그 두 사내는 〈프리먼〉지의 기자와 오매든 버크 씨였다. 〈프리먼〉의 기자는 어느 미국인 사제가 맨션 하우스에서 하기로 되어 있는 강론을 취재해야 하기 때문에 음악회를 기다릴 수 없다는 사실을 알려주러 온 것이었다. 그는 누가 기사를 작성하여 〈프리먼〉사의 자기 앞으로 보내주면 자기가 그것을 신문에 실어주겠다고 말했다. 그는 그럴듯한 목소리에 행동거지도 신중한 백발의 사내였다. 손에는 불 꺼진 시가를 들고 있었는데, 그 시가의 향내가 그의 주변에 감돌고 있었다. 그는 음악회니 '가수'니 하는 것들이 하도 지겨워서 잠시도 머물러 있고 싶은 생각이 없었지만, 그저 벽난로에 몸을 기댄 채 그대로 있었다. 힐리 양이 그 앞에 서서 얘기를 하며 웃어대고 있었기 때문이다. 그녀가 그토록 애교를 떠는 데는 이유가 있을 거라고 의심할 정도로는 나이를 먹은 편이지만, 그런 기회를 이용하여 즐기고 싶을 만큼 젊은 구석이 전혀 없는 것도 아니었다. 그녀의 체온과 향긋한 체취, 그리고 살빛이 그의 오감을 자극했다. 그는 눈앞에서 천천히 오르내리는 그녀의 젖가슴이 이 순간만큼은 자기를 위해 오르내리고 있으며, 웃음과 좋은 향기와 의미심장한 눈짓도 자기에게 바치는 것이라고 생각하면서 기분 좋게 즐기고 있었다. 더 이상 머무를 수 없는 시간이 되자 아쉬운 표정으로 그녀에게 작별인사를 했다.

"오매든 버크가 소개기사를 쓸 거요. 그러면 내가 실리도록 주선해 드리지요." 그는 홀로헌 씨에게 해명했다.

"정말 감사합니다, 헨드릭 씨. 틀림없이 실어주시는 걸로 알겠습니다. 그럼, 가시기 전에 뭘 좀 드시지 않겠어요?" 홀로헌 씨가 말했다.

"그럴까요." 헨드릭 씨가 말했다.

두 사람은 꼬불꼬불한 복도를 지나 컴컴한 계단을 올라가서 어느 으슥한 방에 도착했는데, 안에서는 시중꾼 하나가 몇몇 신사들에게 술병을 따주고 있었다. 그 신사들 가운데 하나가 바로 오매든 버크 씨로 그는 본능적으로 그 방을 발견했다. 그는 인상이 좋은 나이 지긋한 신사로, 그 당당한 몸을 커다란 비단 우산으로 지탱하여 균형을 잡는다. 그의 요란한 서부지방풍의 이름은 그의 미묘한 재정문제를 지탱하여 균형을 잡아주는 정신적인 우산 노릇을 하기도 했다. 그는 널리 존경받는 인물이었다.

홀로헌 씨가 〈프리먼〉지 기자를 접대하는 동안 커니 부인이 어찌나 열을 올리며 남편에게 떠들어대는지 그는 목소리를 좀 낮추라고 말하지 않을 수 없었다. 분장실에 있던 다른 사람들의 대화는 어색한 분위기였다. 첫 출연자인 벨 씨는 악보를 들고 준비가 되어 있었지만 반주자가 얼씬도 하지 않았다. 뭔가 잘못된 것이 분명했다. 커니 씨는 턱수염을 만지작거리면서 앞을 응시하고 있는 반면, 커니 부인은 캐슬린의 귀에 대고 가라앉은 목소리로 뭔가 강조하고 있었다. 홀에서 손뼉을 치고 발을 구르며 재촉하는 소리가 들려왔다. 제1테너와 바리톤 가수, 그리고 힐리 양은 동시에 일어서서 차분하게 차례를 기다리고 있었는데, 벨 씨는 청중이 혹시 그가 늦게 온 것으로 착각하지 않을까 걱정되어 신경이 극도로 예민해져 있었다.

홀로헌 씨와 오매든 버크 씨가 분장실에 들어왔다. 홀로헌 씨는 순간적으로 그 자리의 침묵을 눈치챘다. 그는 커니 부인에게 가서 간곡하게 사정을 얘기했다. 그들이 얘기를 주고받는 동안 연주회장 안에서 웅성대는 소리는 더욱 커져갔다. 홀로헌 씨는 얼굴이 새빨개지면서 흥분한 기색이 역력했다. 그는 장황하게 말을 늘어놓았지만 커니 부인은 간간이 퉁명스럽게 대꾸할 뿐이었다.

"딸아인 나가지 않아요. 그 애는 세상없어도 8기니를 받아야 해요."

홀로헌 씨는 청중이 손뼉을 치고 발을 구르고 있는 장내를 절박한 표정으로 가리켰다. 그는 커니 씨와 캐슬린에게 애원했다. 그러나 커니 씨는 계속 턱수염만 만지작거리기만 하고 캐슬린은 새 구두코를 꼼지락거리면서 시선을 내리깔고 있을 뿐이었다. 그것은 그녀의 잘못이 아니었다. 커니 부인이 되풀이했다.

"그 아인 돈을 받지 않고는 나가지 않을 거예요."

한바탕 빠른 말로 입씨름을 벌이던 홀로헌 씨는 절름거리면서 얼른 밖으로 나갔다. 분장실 안은 소리 하나 없었다. 그 침묵에서 오는 긴장이 약간 고통스러워지자 힐리 양이 바리톤에게 말을 걸었다.

"이번 주에 팻 캠벨 부인*20을 보셨어요?"

바리톤은 그녀를 직접 보지는 못했지만 아주 잘 지낸다는 말은 듣고 있었다. 대화는 더 이상 진행되지 않았다. 제1테너는 고개를 숙이고 허리 앞에 늘어진 금사슬의 고리를 세기 시작했다. 미소를 띤 얼굴로 아무 가락이나 흥얼거려 전두동(前頭洞)의 울림을 살피면서. 모든 사람들이 이따금 커니 부인을 훔쳐본다.

청중석의 소음이 거의 분노의 함성에 가까워졌을 때, 피츠패트릭 씨가 분장실에 뛰어들었다. 뒤를 이어 홀로헌 씨가 숨을 헐떡거리며 따라 들어왔다. 홀에서는 손뼉 치는 소리와 발 구르는 소리에 휘파람 소리까지 간간이 들려왔다. 피츠패트릭 씨는 지폐를 몇 장 손에 쥐고 있었다. 그는 넉 장을 세어 커니 부인 손에 쥐어주면서 나머지 반은 휴식시간에 받게 될 거라고 말했다. 커니 부인이 말했다.

"4실링이 부족해요."*21

그러나 캐슬린은 스커트를 모아 잡고 포플러 잎*22처럼 떨고 있는 첫 번째 출연자를 향해 '자, 나가시죠, 벨 씨' 하고 말했다. 가수와 반주자가 함께 무대로 나갔다. 홀 안의 소음이 차츰 가라앉았다. 몇 초 동안 침묵이 흘렀다. 이윽고 피아노 소리가 들리기 시작했다.

음악회 전반부는 마담 글린의 노래를 제외하고는 매우 성공적이었다. 이 가련한 여인은 〈킬라니〉*23를 불렀는데 가늘고 헐떡이는 듯한 목소리였다. 억양과 발성도 틀에 박힌 구식 창법이었지만, 자기 딴에는 그것이 노래에 우아미를 더해준다고 믿고 있었다. 게다가 마치 케케묵은 무대의상을 넣어둔 장롱 속에서 불쑥 튀어나온 듯한 모습이어서 싸구려 객석에서는 그녀의 우는 듯한 고음을 야유하기도 했다. 그러나 제1테너와 콘트랄토는 박수갈채를 받았다. 캐슬린은 아일랜드 가곡을 몇 곡 연주하여 아낌없는 갈채를 받았다.

---

*20 영국의 유명한 여배우로, 지방이나 해외로 널리 순회하고 다녔다.

*21 계약의 반은 4기니(4파운드 4실링).

*22 포플러는 약간의 바람에도 잎이 흔들려, 별명이 '떠는 나무'다.

*23 M.W. 발페의 감상적인 민요 가운데 특히 이 노래가 인기를 끌어 널리 애창되었다. 킬라니(아일랜드 전역 지도 참조)에는 가까운 곳에 풍광이 수려한 호수와 많은 전설을 낳은 로스 성이 있다.

1부는 아마추어 연극의 각본을 쓰는 젊은 여성의 감동적인 애국시 낭독으로 막을 내렸다. 이것도 당연히 갈채를 받고도 남음이 있었다. 1부가 끝나자 사람들은 흡족한 표정으로 휴식을 위해 밖으로 나갔다.

그동안 분장실은 벌집을 쑤신 것처럼 온통 흥분의 도가니였다. 한쪽 구석에는 홀로헌 씨, 피츠패트릭 씨, 베언 양, 시중꾼 두 사람, 바리톤 가수, 베이스 가수, 그리고 오매든 버크 씨가 모여 있었다. 오매든 버크 씨는 이번 음악회는 자기가 여태껏 본 것 중에서 가장 수치스러운 공연이었다고 말했다. 캐슬린 커니 양이 더블린에서 음악가로 활동하는 건 이것으로 끝이라고도 했다. 바리톤은 커니 부인의 행동을 어떻게 생각하느냐는 질문을 받았다. 그는 아무 말도 하고 싶어 하지 않았다. 그는 이미 출연료를 받았고*24 다른 사람들과 원만하게 지내고 싶었던 것이다. 그러나 그는 커니 부인이 '가수들'을 좀 배려했어야 하지 않았겠느냐는 말은 빠트리지 않았다. 안내원과 사무국 직원들은 휴식 시간에 출연료 문제를 어떻게 해야 할 것인가 하는 문제를 두고 열띤 토론을 벌였다.

"나는 베언 양의 의견에 동의합니다. 한 푼도 주지 마세요." 오매든 버크 씨가 말했다.

분장실의 다른 한쪽에는 커니 부인, 그녀의 남편, 벨 씨, 힐리 양, 그리고 애국시를 낭송한 젊은 여성이 모여 있었다. 커니 부인은 위원회가 자기를 모욕적으로 대했다고 떠들었다. 시간과 비용을 아낌없이 쏟아 부었는데 이런 대접이 돌아올 줄은 몰랐다는 것이다.

그들은 가냘픈 여자애 하나만 상대하면 그만이려니 하고, 그 애를 마구 짓밟아도 될 거라고 생각한 거예요, 하지만 그렇게 생각하다가는 큰 코 다친다는 걸 똑똑히 가르쳐 주겠어요. 이쪽이 만약 남자였더라면 감히 이런 처사를 하지는 않았을 걸요. 하지만 문제 없어요, 딸애가 받을 권리가 있는 것을 당당하게 받도록 해 주고 말겠어요. 절대로 바보 취급 당하지 않을 테니까요. 만약 그들이 마지막 한 푼까지 다 주지 않는다면 온 더블린에 소문을 내고 다니겠어요. 물론 '가수들'에게 미안한 마음이 없는 건 아니지만, 그러지 않고는 달리 뾰족한 수가 없잖아요? 그녀가 제2테너에게 이렇게 하소연하자

---

*24 음악회와 연극이 흥행에 실패해도, 일류 예능인은 계약대로 돈을 받는 것이 보통이었다.

그는 그녀가 받은 대접이 온당한 것으로 보이지는 않는다고 말했다. 그녀는 힐리 양에게도 하소연했다. 힐리 양은 내심 저쪽 편에 끼고 싶었지만 그럴 수가 없었다. 그녀는 캐슬린의 절친한 친구인 데다 커니 집안에 늘 초대를 받고 있었기 때문이다.

1부가 끝나자 피츠패트릭 씨와 홀로헌 씨는 커니 부인에게 가서 나머지 4기니는 다음 주 화요일에 열리는 위원회 회의가 끝난 뒤에 지불하겠으며, 만일 그녀의 딸이 2부에서 연주를 하지 않는다면 위원회에서는 계약 파기로 간주하고 한 푼도 지급하지 않을 것이라고 말했다.

"위원횐지 뭔지 난 코빼기도 본 적 없어요." 커니 부인이 화를 내면서 말했다. "우리 딸은 계약서를 갖고 있어요. 그 아인 4파운드 8실링*25을 손에 받아 쥐어야지, 그렇지 않으면 한 발짝도 저 무대 위에 올려놓지 않을 겁니다."

"정말 놀랐습니다, 커니 부인. 당신이 우릴 이런 식으로 대할 줄은 꿈에도 몰랐어요." 홀로헌 씨가 말했다.

"당신은 나를 어떻게 대했는데요?" 커니 부인이 물었다.

그녀의 얼굴에는 노기가 등등했고 당장이라도 두 손으로 누구든 후려칠 것 기세였다.

"난 당연한 권리를 요구하고 있을 뿐이에요." 그녀가 말했다.

"그래도 체면을 좀 생각하셔야지요." 홀로헌 씨가 말했다.

"그럴까요, 정말? ……우리 딸이 언제 돈을 받게 되느냐고 물어도 제대로 대답 한 마디 들을 수 없는데도요?"

그녀는 고개를 빳빳이 치켜들고 거만한 목소리로 말했다.

"당신이 사무국장에게 말씀하셔야지요. 그건 내 소관이 아니잖아요. 난 한 번 한다 하면 목에 칼이 들어와도 하고 마는 사람이에요."

"당신은 점잖은 숙녀인 줄 알았는데요." 홀로헌 씨가 그렇게 말하더니 저쪽으로 훌쩍 가버렸다.

그 뒤 커니 부인의 행동은 사방에서 비난을 받았다. 모든 사람들이 위원회의 처사에 찬성했다. 그녀는 분한 나머지 핼쑥해진 얼굴로 문간에 서서 자기

---

*25 나머지 8실링. 일반적으로 이런 계약은 예상일 뿐, 음악회가 재정적으로 실패하면 일류 출연자를 제외하고는 계약보다 낮게 지급되는 것이 보통이다.

남편과 딸과 온갖 몸짓과 손짓을 동원하여 언쟁을 벌였다. 그녀가 2부가 시작될 때까지 기다린 것은, 사무국 직원들이 다시 자기에게 얘기를 걸어올 거라는 기대를 안고 있었기 때문이었다. 그러나 힐리 양이 친절한 마음에서 한두 번 정도 반주를 대신 맡아주었다. 커니 부인은 바리톤 가수와 반주자가 무대에 나갈 수 있도록 길을 비켜주지 않으면 안 되었다. 그녀는 분노한 나머지 석상처럼 잠시 뻣뻣하게 서 있다가 노래의 첫 음절이 귀에 들려오자 딸의 코트를 집어 들고 남편에게 말했다.

"마차를 잡아요!"

그는 얼른 밖으로 나갔다. 커니 부인은 코트로 딸을 감싸고 남편을 따라나갔다. 그녀는 문간을 지나갈 때 걸음을 멈추고 홀로헌 씨의 얼굴을 노려보면서 이렇게 말했다.

"당신과는 아직 끝나지 않았어요."

"하지만 나는 다 끝났는걸요." 홀로헌 씨가 말했다.

캐슬린은 얌전하게 어머니를 뒤따라갔다. 홀로헌 씨는 살갗이 불타는 것 같아서 몸을 식히려고 실내를 왔다 갔다 하기 시작했다.

"정말 대단한 숙녀야! 오, 정말 대단한 숙녀야!" 그가 말했다.

"자네는 잘 대처한 거야, 홀로헌." 오매든 버크 씨는 일이 잘 끝났다는 듯이 우산에 거대한 몸을 기대고 서 있었다.

해설

'어떤 어머니(A Mother)'는 창작 순으로는 15편 가운데 열 번째로 1905년 9월 무렵에 완성되었다. 다른 작품에 비해 자연주의의 색채가 강하고, 줄거리도 단순하여 쉽게 읽힌다.

조이스가 〈사회생활〉 편에서 제시한 세 작품은 무대가 거의 한 곳에 고정되어 위원회 회의실이나 주인공의 병실(나아가서는 교회), 연주회장의 분장실이다. '어떤 어머니'는 음악회장에서의 인간상을 보여주면서 더블린의 사회사정을 그려내고 있다. 그것은 '어떤 어머니'를 내용면에서 공통점이 많은 '하숙집'과 비교하면 명백해진다. 두 작품 모두 주인공이 여자의 몸으로 가

장 역할을 하면서 가족을 절대적인 권한으로 지배하고, 딸의 장래를 좌지우
지하는 힘을 끝까지 유지한다. '하숙집'은 인간상에 초점이 두어져 어머니의
강력한 권한이 작품 전체를 지배하는 가운데 등장인물들의 개성이 부각되어
있다. 그에 비해 '어떤 어머니'의 후반에서는, 화자는 냉소적인 말투로 무대
뒤 광경을 묘사하고, 이야기가 막바지에 가까워지면 커니 부인은 주역에서
멀어져 등장인물의 한 사람이 된다. 그녀가 가버린 뒤에는, 협회 측 두 사람
의 짧은 대화로 이 이야기는 끝난다. 작자가 여기서 그리고 싶어 한 것은,
20세기 초 음악계 상황이며 주인공은 그 매개에 지나지 않는다.

협회가 음악회를 기획한 명목은 자국의 문예부흥과 민족주의를 고취하는
것이었다. 문예부흥운동과 그 배후에 있는 민족독립운동이 당시 대중문화에
그다지 큰 영향을 주지 않았다는 것을 이 작품에서 읽을 수 있다. 오히려
'어떤 어머니'는 예술성이 부족한 음악회를 소재로 하나의 예술작품을 완성
하고자 한 작자의 의도가 강하게 느껴진다.

은총

그때 화장실*¹에 있던 두 신사가 그를 일으켜 세우려고 했지만 그는 꿈쩍도 하지 않았다. 그는 굴러 떨어진 계단 발치에 몸을 웅크리고 쓰러져 있었다. 그들은 간신히 그를 돌려 눕혔다. 모자는 몇 미터가량 나가 떨어져 있고, 옷은 그가 얼굴을 처박고 엎어져 있는 마룻바닥의 오물과 구정물로 뒤범벅이 되어 있었다. 눈을 감고 신음소리를 내면서 숨을 몰아쉬었다. 입가에서는 가느다란 핏줄기가 똑똑 떨어졌다.

이 두 신사와 바텐더 한 사람이 그를 안고 계단을 하나하나 올라가서, 술집 바닥에 다시 눕혔다. 채 2분도 되지 않아 사람들이 둥그렇게 그를 에워쌌다. 술집 지배인은 그는 누구이며 누가 그와 같이 있었는지 에워싼 사람들에게 물었다. 그가 누군지 아는 사람은 아무도 없었지만 바텐더 가운데 하나가 그 양반에게 작은 잔으로 럼주 한 잔을 갖다주었다고 말했다.

"이 양반, 혼자던가?" 지배인이 물었다.

"아닙니다, 신사 두 분과 같이 있었어요."

"그럼 그 사람들은 어딨어?"

아무도 아는 사람이 없었다. 그때 누군가가 말했다.

"바람을 좀 쐬게 해요. 기절한 것 같으니."

둥그렇게 에워쌌던 구경꾼들이 잠시 뒤로 물러섰다가 다시 고무줄처럼 제자리로 돌아왔다. 메달 같은 검은 핏덩어리가 사내의 머리 근처 모자이크식 바닥에 엉겨 있었다. 지배인은 그 사내의 얼굴에 핏기가 하나도 없는 것에 놀라 순경을 불러오게 했다.

사람들이 그의 칼라를 떼어내고 넥타이도 풀어주었다. 그랬더니 그는 잠시 눈을 떴다가 깊은 한숨을 내쉬고는 다시 눈을 감았다. 그를 계단으로 끌

*1 술집 지하 또는 반지하에 있는 남자용 화장실.

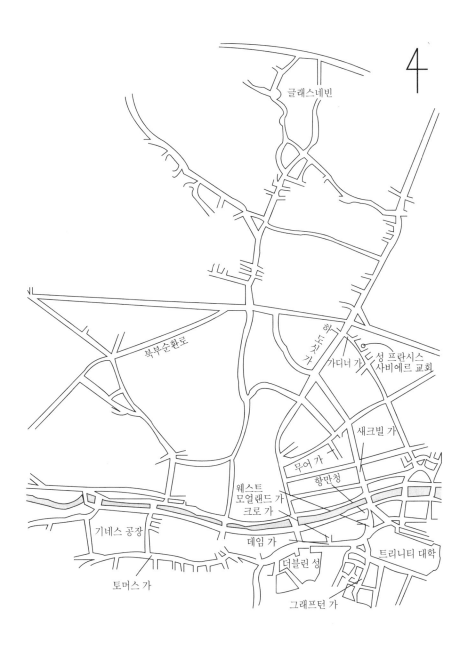

4

글래스네빈

북부순환로

하도치가

가디너 가

성 프란시스
사비에르 교회

새크빌 가

무어 가

항만청

웨스트
모얼랜드 가

크로 가

기네스 공장

데임 가

트리니티 대학

더블린 성

토머스 가

그래프턴 가

어울린 신사 가운데 한 사람은 그의 찌그러진 실크해트를 손에 들고 있었다. 지배인은 다시금 그 부상자가 누구이며, 친구들은 어디로 갔는지 누가 아는 사람이 없느냐고 되풀이해서 물었다. 술집 문이 열리더니 비대한 몸집의 순경이 하나 들어왔다. 골목길을 따라 순경을 뒤따라온 군중이 문밖에 모여서서 유리창을 통해 안을 들여다보려고 옥신각신하고 있었다.

지배인은 자기가 아는 대로 순경에게 경위를 설명하기 시작했다. 순경은 땅딸막하고 무표정한 얼굴의 젊은이로 얘기를 가만히 듣고 있었다. 그는 고개를 천천히 좌우로 움직여, 지배인에게서 마룻바닥에 누워 있는 사람에게 시선을 옮겼다. 마치 무슨 속임수에 넘어갈까봐 경계하는 것처럼. 그러다가 그는 장갑을 벗고 허리춤에서 작은 수첩을 꺼내 연필심에 침을 바르고 기록할 준비를 했다. 그는 시골 억양으로 의심스럽다는 듯이 물었다.

"그 사람은 누구요? 이름과 주소는?"

사이클 복장을 한 청년[*2]이 빙 둘러선 구경꾼들을 헤치고 앞으로 나섰다. 그는 재빨리 부상자 옆에 무릎을 꿇고 앉더니 물부터 가져오라고 했다. 순경도 도우려고 무릎을 꿇었다. 젊은이는 가져온 물로 부상자의 입에서 피를 닦아낸 다음 브랜디를 좀 가져오라고 했다. 순경이 그 주문을 명령조로 반복하자 바텐더가 브랜디 잔을 들고 달려왔다. 젊은이는 부상자의 목구멍에 브랜디를 흘려 넣었다. 몇 초가 지나자 그는 눈을 뜨고 주위를 둘러보았다. 그는 빙 둘러선 사람들의 얼굴을 쳐다보고 비로소 영문을 알아차렸는지 일어나려고 애를 썼다.

"이제 괜찮으세요?" 사이클 복장의 청년이 물었다.

"그럼요, 아무것도 아니에요." 부상자는 일어서려고 애쓰면서 말했다.

그는 부축을 받고 일어섰다. 지배인이 병원에 대해 말하자 구경꾼 가운데 몇몇 사람도 그렇게 하는 것이 좋겠다고 조언했다. 찌그러진 실크해트가 부상자의 머리에 씌워졌다. 순경이 물었다.

"어디 사시오?"

사내는 아무 대답도 하지 않고 콧수염을 비비 꼬기 시작했다. 그는 자신이 당한 사고를 대수롭지 않게 보는 눈치였다. '아무 일도 아니에요, 그저 약간

[*2] 자전거 경주복을 입은 트리니티 대학 의학생일 것이다.

의 사고일 뿐입니다.' 그는 매우 탁한 목소리로 말했다.

"어디 사시오?" 순경이 거듭 물었다.

사내는 사람들에게 마차를 좀 불러달라고 했다. 그 문제로 사람들이 승강이를 하고 있을 때, 피부가 하얗고 키가 크며 기민해 보이는 신사가 노란색 얼스터코트를 입고 술집 저 끝에서 다가왔다. 그 자리의 광경을 보고 그가 외쳤다.

"여보게, 톰, 아니! 이게 어찌된 일인가?"

"아이야, 아우것도 아이네." 사내가 말했다.

새로 온 남자는 눈앞의 가련한 몰골을 훑어본 다음 순경에게 몸을 돌리며 말했다.

"걱정 마시오, 경관. 내가 저 사람을 집에 데려다 주리다."

순경이 자신의 헬멧에 경례를 붙이면서 대답했다.

"알겠습니다. 파워 씨!"

"자, 가세, 톰. 뼈는 다치지 않았겠지. 어떤가? 걸을 수 있겠나?" 파워 씨가 친구의 팔을 부축하면서 말했다.

사이클 복장의 청년이 그 사내의 다른 한쪽 팔을 부축하자 구경꾼들은 양편으로 갈라섰다.

"어떡하다 이 지경이 됐소?" 파워 씨가 물었다.

"계단에서 굴러 떨어지셨어요." 사이클 복장의 청년이 말했다.

"정말 신세 마니 져소, 절믄이." 다친 사람이 말했다.

"별말씀을."

"우리 딱 하 자만 더……?"

"다음에요. 다음에."

세 사람이 술집을 나서자 구경꾼들도 문을 나와 골목길로 흩어졌다. 지배인은 순경을 계단으로 데려 가서 현장검증을 받았다. 그들은 그 양반이 발을 헛디딘 것이 분명하다는 데 의견이 일치했다. 손님들은 카운터로 돌아가고 바텐더는 바닥에서 핏자국을 닦아내기 시작했다.

그들이 그래프턴 가로 나오자 파워 씨가 휘파람을 불어 이륜마차를 세웠다. 부상자는 안간힘을 써서 다시 말했다.

"정말 신세 마니 져서요. 또 만나시다. 내 이르믄 커넌이오."

사고의 충격과 통증이 느껴지기 시작하자 그는 술이 좀 깨는 것 같았다.

"천만에요." 청년이 말했다.

그들은 악수를 했다. 커넌 씨를 마차에 태우고 파워 씨가 마부에게 갈 곳을 일러주는 동안, 커넌 씨는 청년에게 고마움의 뜻을 표하면서 간단하게 같이 한잔하지 못하는 것을 유감스러워했다.

"다음에 하지요." 청년이 말했다.

마차는 웨스트모얼랜드 가를 향해 달렸다.[*3] 항만청 본부 건물 앞을 지날 때 시계탑이 9시 반을 가리키고 있었다. 날카로운 동풍이 리피 강 하구에서 불어와 그들의 몸을 때렸다. 커넌 씨는 추워서 몸을 웅크렸다. 그의 친구가 그에게 어쩌다가 사고가 났는지 말해보라고 졸랐다.

"마하 수 어서, 나 혀으 다처서."

"어디 보세."

또 한 사람이 마차 짐칸[*4] 위로 몸을 내밀고 커넌 씨의 입 속을 들여다보았으나 아무것도 보이지 않았다. 그는 성냥을 켜서 조개껍데기처럼 오므린 두 손으로 그것을 가린 뒤, 커넌 씨가 순순히 벌린 입 안을 다시 들여다보았다. 마차가 흔들리자 성냥불이 그의 벌린 입 안에서 펄럭거렸다. 아랫니와 잇몸에 피가 엉겨 범벅이 되어 있고 혀끝이 조금 잘려 나간 것 같았다. 성냥불이 꺼졌다.

"엉망인데." 파워 씨가 말했다.

"괜찮네, 암거도 아니야." 커넌 씨는 입을 다물고 지저분한 외투 깃을 목까지 끌어올렸다.

커넌 씨는 지방을 돌아다니는 외판원으로 그것을 위엄 있는 직업으로 믿는 보수적인 사람이었다. 그는 꽤 고상한 실크해트에 각반을 차고나서야 시내에 모습을 드러냈다. 이 두 가지 장신구만 차리면 무슨 일이든지 언제나 척척 풀렸다고 그는 곧잘 말했다. 그는 자신의 나폴레옹으로 숭배하는 그 위대한 블랙화이트[*5]의 전통을 이어받아, 이따금 그에 대한 전설적인 위업을

---

*3 이하 지도 참조 ☆술집을 나가 서행→그래프턴 가로 나가 마차로 북상→웨스트모얼랜드 가 북상→새크빌 가 북상.

*4 그 시절 아일랜드에서는 두 사람의 손님이 등을 맞대고 타는 경(輕)이륜마차가 있었는데 그 등을 맞댄 자리 사이에 짐칸이 있었다.

얘기하거나 흉내내어, 그에 대한 기억을 새롭게 상기했다. 현대식 사업 방식에 따라 크로 가에 작은 사무실을 하나 냈는데 그 사무실 창의 블라인드에는 런던중앙동부국구*6라는 주소와 함께 그의 회사 이름이 적혀 있었다. 이 조그만 사무실의 벽난로 위에는 납으로 만든 작은 깡통 대상(隊商)*7이 정렬해 있고, 창문 앞 테이블에는 도자기 사발이 네댓 개 놓여 있었는데, 사발마다 거무죽죽한 액체가 항상 반쯤 차 있었다. 커넌 씨는 이 사발에 담긴 홍차를 맛보았다. 그는 차를 한 모금 입에 머금고 그것으로 입천장을 흠뻑 적신 다음, 곧바로 벽난로 받침쇠에 내뱉었다. 그러고는 동작을 멈추고 조용히 그 맛을 음미했다.

파워 씨는 그보다 훨씬 젊은 사람으로, 더블린 성에 있는 왕립 아일랜드 경찰청 본부*8에 근무하는 경찰관이었다. 그의 사회적 출세를 그리는 상승 곡선은 친구가 몰락하는 하강 곡선과 서로 교차했다. 그러나 커넌 씨의 몰락은, 그가 성공의 절정에 달해 있었을 때 그를 알고 지냈던 몇몇 친구들이 아직도 그를 뛰어난 인물로 간주하고 있기 때문에, 그다지 문제가 되지 않았다. 파워 씨도 그런 친구들 가운데 하나였다. 그러나 그가 커넌에게 품는 설명할 수 없는 부담감은 친구들 사이에서는 웃음거리가 되고 있다. 그는 선량한 젊은이였다.

마차가 글래스네빈 도로의 조그만 집 앞에 멈췄다. *9 커넌 씨는 부축을 받아 집 안으로 들어갔다. 그의 부인이 그를 침대에 눕히는 동안 파워 씨는 아래층 부엌에 앉아 아이들에게 어느 학교에 다니는지 몇 학년인지 물어보았다. 아이들은 딸 둘에 아들 하나였는데 아버지가 인사불성이고 어머니도 옆

---

*5 실존 인물인지, 창작된 인물인지는 불명.

*6 《율리시스》 제17삽화에서 커넌은 런던의 중앙동부상업지구에 있는 실재한 차(茶) 회사 대리상으로 언급되어 있다.

*7 '대상(battalion)'과 '정렬했다=군대를 정렬시켰다' was drawn up 같은 전쟁용어가 《더블린 사람들》에 많은 것은, 독립분쟁과 종교적 내분이 늘 가까이 있었기 때문이다.

*8 당시 영국 정부의 지명을 받는 아일랜드 총독의 관저와 정치기관이 있었다. 그 내부에 있는 왕립 아일랜드 경찰본부는 총독의 통제 하에 나라 전체의 치안유지를 담당한다. 이곳에 근무하는 것은 세상 사람들의 선망의 대상이 된다. 앞에 나온 순경이 근무하는 더블린 경찰청과는 다르다.

*9 ☆새크빌 가 북상→북북서로 향하는 길→글래스네빈 마을. 이 마을에는 프로스펙트 묘지가 있고, 그 묘지로 통하는 길을 글래스네빈 도로라 불렸다.

에 없다는 것을 알고 그를 상대로 심하게 장난을 치기 시작했다. 그는 아이들의 행동거지와 말버릇에 놀라 걱정을 하면서 생각에 잠겼다. 얼마 뒤에 커넌 부인이 부엌으로 들어오면서 소리를 질렀다.

"이게 무슨 꼴이람! 아이고, 저 양반 어느 날 갑자기 쥐도 새도 모르게 죽고 말 거예요. 아무리 봐도 그럴 수밖에 없어요. 금요일부터 계속 마셔댄걸요."

파워 씨는 조심스럽게, 자기에게는 책임이 없으며, 순전히 우연하게 그 현장에 있었다고 설명했다. 커넌 부인은 파워 씨가 비록 소액이긴 하지만 여러 차례 다급할 때 돈을 빌려주었던 건 물론이고, 부부 싸움 때도 화해를 잘 시켜주던 일을 생각하고 이렇게 말했다.

"오, 파워 씨. 그런 말씀 하실 필요 없어요. 선생님이 저 양반의 진정한 친구란 걸 제가 왜 모르겠어요. 저 양반이 어울려 다니는 다른 친구들과는 완전히 다르죠. 그 사람들이 저이를 찾는 건, 저 양반이 처자를 내팽개치고 술 마시고 다닐 수 있는 돈이 있을 때뿐이죠. 흥, 잘난 친구들! 오늘 밤엔 누구랑 같이 있었는지 궁금하군요."

파워 씨는 고개를 옆으로 저을 뿐 아무 말도 하지 않았다.

"이거 죄송해서 어떡하죠. 집엔 대접할 것이 하나도 없으니. 하지만 잠깐만 기다려주시면 저 모퉁이의 포가티 씨 가게에 아이를 보낼게요." 그녀는 말을 계속했다.

파워 씨는 일어섰다.

"저이가 오늘은 돈을 좀 갖고 오려나 하고 기다리고 있었지요. 그런데 저 양반은 도대체 가정은 안중에도 없나 봐요."

"오, 저런! 그러면 커넌 부인, 우리가 저 친구 버릇을 고쳐보도록 하지요. 이 문제를 마틴과 상의해보겠습니다. 그 친구는 한다면 하는 사람이니까요. 머잖은 밤에 같이 와서 그것에 대해 이야기 나누지요." 파워 씨가 말했다.

그녀는 그를 문까지 배웅했다. 마부는 추위를 잊으려고 길바닥에서 발을 동동 구르면서 양팔을 휘두르고 있었다.

"저 양반을 집에 데려다주셔서 정말 감사합니다." 그녀가 말했다.

"천만에요." 파워 씨가 말했다.

그는 마차에 올라탔다. 마차가 움직이기 시작하자 그는 그녀를 향해 밝게 모자를 쳐들면서 말했다.

"우리가 그를 새사람으로 만들어보지요, 안녕히 계십시오, 커넌 부인."

*

커넌 부인은 당혹한 눈초리로 마차가 시야에서 사라질 때까지 지켜보았다. 그러다가 시선을 거두고 집으로 들어가 남편의 호주머니를 뒤졌다.

그녀는 활달하고 현실적인 중년여성이었다. 얼마 전에 은혼식 파티에서 파워 씨의 반주로 남편과 왈츠를 추어 부부애를 새롭게 다진 바 있었다. 연애하던 시절에는 그녀의 눈에도 커넌 씨는 상당히 멋있는 남자로 보였다. 그래서 지금도 어디선가 결혼식이 있다는 소식이 들리면 성당 문으로 달려가 한 쌍의 신랑 신부를 쳐다보면서, 지난 날 자기도 샌디마운트의 바다의 별 성당*10에서 쾌활하고 혈색 좋은 남자의 팔에 기대어 걸어나온 것을 즐거운 마음으로 생생하게 회상하곤 했다. 그때 남편은 프록코트와 라벤더색 바지를 말쑥하게 차려입고 다른 팔 손에 실크해트를 우아하게 쥐어 양팔의 균형을 잡고 있었다. 3주일 뒤에는 벌써 아내로서의 생활이 따분한 것임을 알고, 더 뒤에는 더 이상 견딜 수 없다는 생각이 들기 시작했을 때는 이미 아이 엄마가 되어 있었다. 어머니 역할은 그녀에게는 극복할 수 없을 정도로 어려운 것은 아니었고, 25년 동안 남편을 위해 알뜰하게 살림을 꾸려왔다. 위의 아들 둘은 독립해 나갔다. 하나는 스코틀랜드 글래스고의 포목상에서 근무하고, 또 하나는 벨파스트*11의 차(茶)상회에서 점원으로 있다. 둘 다 착한 아들이어서 정기적으로 편지를 보내고 때때로 집에 돈도 부쳤다. 다른 아이들은 아직도 학교에 다니고 있다.

커넌 씨는 다음 날 자기 사무실로 편지를 보내고 자리에 그냥 누워 있었다. 그녀는 남편에게 진한 쇠고기 수프를 끓여주고는 호되게 그를 나무랐다. 그가 종종 폭음을 하는 것은 그날 그날의 날씨 같은 것으로 여겨 포기하고, 술병이라도 났을 때는 정성을 다해 간호하고, 또 아침은 무슨 일이 있어도

---

*10 '애러비' 지도 참조. 성모 마리아는 선원들의 보호자로서 바다의 별이라고 불렸다. 주인공은 결혼을 기회로 신교에서 가톨릭으로 개종했다.

*11 '이블린'에 기출. 글래스고와 함께 신교가 강한 도시로, 그곳에서 일하는 커넌의 아들들은 아버지와 마찬가지로 경건한 가톨릭교도라고 할 수 없을 것이다.

거르지 않도록 신경 썼다. 세상에는 이보다 못한 남편도 수두룩했다. 그는 아이들이 장성한 뒤로는 폭력을 휘두르는 법이 없었고, 사소한 주문이라도 받기 위해 토머스 가*12 끝까지 예사로 걸어서 왕복한다는 것을 그녀는 알고 있었다.

이틀 밤이 지나 그의 친구들이 문병하러 왔다. 그녀는 그들을 사람 몸 냄새가 가득한 남편의 침실로 안내하여 벽난로 옆 의자에 앉도록 권했다. 커넌 씨의 혀는 이따금 따끔따끔 아파서, 낮 동안에는 약간 짜증이 났지만 지금은 통증이 많이 가라앉은 상태였다. 그는 베개에 기대어 침대 위에 앉아 있었다. 부기가 빠지지 않은 두 뺨에 감도는 약간의 혈색은 아직 꺼지지 않은 잉걸불을 연상시켰다. 그는 손님들에게 방이 지저분해서 미안하다고 말했지만, 동시에 역전의 용사다운 자부심이 되살아나 다소 거만한 태도로 그들을 쳐다보았다.

그는 자기가 어떤 음모의 희생자라는 것을 꿈에도 모르고 있었다. 그것은 친구인 커닝엄 씨, 매코이 씨, 파워 씨가 어미 응접실에서 커넌 부인에게 밝힌 음모이다. 그 음모의 발상은 파워 씨가 했으나, 그 추진은 커닝엄 씨에게 맡겨졌다. 커넌 씨는 원래 신교 집안에서 태어나 비록 결혼 당시에 가톨릭으로 개종하기는 했지만 20년 동안 성당 근처에는 발을 디밀어본 적도 없었다. 게다가 그는 가톨릭 신앙을 헐뜯는 걸 좋아했다.

커닝엄 씨는 이런 일에는 아주 적임자였다. 그는 파워 씨의 연상의 동료였다. 그 자신의 가정생활은 그다지 행복하지 않았다. 사람들은 그를 무척 동정했는데, 그것은 그가 남 앞에 도저히 내놓을 수 없는 고질적인 주정뱅이 여자와 결혼한 것 때문이었다. 그는 아내를 위해 여섯 번이나 살림을 새로 장만해주었는데, 그때마다 그녀는 살림살이를 남편 이름으로 잡혀 먹었다.

모든 사람이 이 가엾은 마틴 커닝엄을 존경했다. 그는 분별력이 뛰어난 데다 영향력과 두뇌까지 갖춘 사람이었다. 그의 인간에 대한 날카로운 통찰력과 타고난 예민함은, 즉결재판소의 온갖 사건들을 오랫동안 다루면서 더욱 단련되고, 일반철학이라는 물에 여러 번 몸을 담가 적당한 굳기로 담금질이 되어 있었다. 그는 아는 것이 많았다. 그의 친구들은 그의 의견을 존중했고,

---

*12 커넌의 크로 가의 가게에서 1.5킬로미터 정도 서쪽. 이 거리 끝에 기네스맥주 양조장이 있고, 당시 그곳을 찾는 사람은 누구든지 흑맥주 한 병을 무료로 받았다.

그러고 보니 얼굴도 셰익스피어를 닮았다고 생각했다.

그 음모를 듣고 커넌 부인이 말했다.

"모든 걸 알아서 해주세요, 커닝엄 씨."

25년에 이르는 결혼생활 끝에, 그녀의 환상은 대부분 사라지고 거의 남아 있지 않았다. 종교도 그녀에게는 일종의 습관에 지나지 않았고, 남편 연배의 남자들은 죽을 때까지 크게 변하지 않는다고 생각했다. 그녀는 이번 사고만 하더라도 기묘하게도 잘 터졌다고 말하고 싶을 정도였다. 그러나 심보가 고약한 여편네로 보이기 싫어서 신사들에게 커넌 씨의 혀가 좀 짧아진다고 해서 문제될 게 뭐 있겠느냐고 말해주고 싶은 생각이 간절했으나 꾹 참았다. 그러나 커닝엄 씨는 유능하고 종교에도 성실한 사람이었다. 그 계획은 어쩌면 효과가 있을지도 모르고, 적어도 해가 될 리는 없었다. 그녀의 신앙은 그리 특별한 것도 아니었다. 성심(聖心)을 가톨릭의 모든 기도 가운데 가장 널리 영험이 있는 것으로 굳게 믿고, 일곱 성사(聖事) 역시 인정하고 있었다.*13 그녀의 신앙은 그녀의 집안일 때문에 제한을 받았지만, 그녀도 절박해지면 밴시*14든 성령이든 다 믿을 수 있었다.

신사들은 친구의 사고에 대해 이야기하기 시작했다. 커닝엄 씨는 언젠가 이와 비슷한 경우를 본 적이 있다고 말했다. 일흔 살 먹은 어느 노인이 간질병 발작 중에 자기 혀를 살짝 깨물었는데, 혀가 다시 돋아나서 아무도 깨문 흔적을 알아볼 수 없었다는 것이었다.

"글쎄, 난 일흔이 아니니까." 환자가 말했다.

"맙소사, 그것도 말이라고 하나?" 커닝엄 씨가 말했다.

"이제 아픈 건 좀 어떤가?" 매코이 씨가 물었다.

매코이 씨는 한때 꽤 이름을 날린 테너 가수였다. 지난날 소프라노 가수였던 그의 아내는 지금도 몇 푼 안 되는 레슨비를 받고 어린이들에게 피아노를 가르치고 있었다. 그의 인생행로는 두 지점 사이의 최단 거리*15로 간 것이

---

*13 로마가톨릭교회에서 '창에 찔린 그리스도의 심장'을 그리스도의 사랑과 희생의 상징으로서 기념하기 위한 의식. '성사'는 세례, 견진, 성세, 고해, 병자, 신품, 혼배의 7성사.

*14 죽을 사람이 있는 집 창문 밑에 노파의 모습으로 나타나서 구슬픈 울음소리로 알리는 전설 속의 요정.

*15 '두 점 사이의 최단 거리는 직선'은 유클리드가 한 말.

아니어서, 짧은 기간이었지만 하루하루 힘들게 버텨온 적도 한 두 번이 아니었다. 그는 전에 미들랜드 철도회사 사무원, 〈아이리시 타임즈〉[16]와 〈프리먼스 저널〉[17] 광고 외판원, 어느 석탄 회사 위탁 외판원, 사설탐정, 집달관 사무소[18] 서기 등을 거쳐 최근에는 시검시관(市檢屍官)의 비서가 되어 있었다. 그는 이 새 직책 때문에 커넌 씨의 경우에 직업적인 관심을 기울이지 않을 수 없었다.

"통증? 심하지는 않아. 그렇지만 왜 이리 느글거리지. 자꾸 토할 것만 같아." 커넌 씨가 대답했다.

"그건 술 때문이야." 커닝엄 씨가 단호하게 말했다.

"아니야, 마차 타고 오다가 감기에 걸린 것 같아. 목구멍으로 뭐가 자꾸 넘어와. 가래인지 아니면……." 커넌 씨가 말했다.

"점액이야." 매코이 씨가 말했다.

"목구멍 안에서 자꾸만 올라오려고 그래, 느글거리는 것이."

"그래, 맞아. 거기가 흉강[19]이라는 데지." 매코이 씨가 말했다.

그는 이의 있느냐는 듯한 표정으로 커닝엄 씨와 파워 씨를 동시에 쳐다보았다. 커닝엄 씨는 재빨리 고개를 끄덕였고, 파워 씨는 이렇게 말했다.

"뭐, 그렇지, 끝이 좋으면 다 좋은 거야."[20]

"자네한텐 정말 고맙게 생각하네." 환자가 말했다.

파워 씨는 손사래를 쳤다.

"나 말고도 다른 두 사람이 더 있었는데……."

"같이 있었던 사람들이 누군데?" 커닝엄 씨가 물었다.

"어떤 젊은이가 하나 있었는데 이름은 몰라. 제기랄, 그 친구 이름이 뭐였지? 키가 작달막하고 머리는 엷은 갈색이었는데……."

"그리고 또 한 사람은?"

"하퍼드."

---

*16 더블린 일간신문. 신교계로 영국에 우호적이다.

*17 가톨릭계로 민족주의운동 지지. 여러 작품에서 언급.

*18 소환장과 체포장을 송달하고, 세입자한테서 받지 못한 집세를 걷고, 빚을 갚지 않는 사람의 사유재산을 몰수하는 기관이었다.

*19 흉곽 내부의 폐, 심장이 있는 부분.

*20 셰익스피어 희극의 제목.

"아하." 커닝엄 씨가 말했다.

커닝엄 씨의 이 말에 사람들은 모두 입을 다물었다. 커닝엄 씨에게는 비밀 정보원이 여럿 있다는 것을 알고 있었기 때문이다. 이 경우, 냉담하게 '아하' 할 때는 도덕적인 의미가 들어 있다. 하퍼드 씨는 때때로 소규모로 조직되는 분견대에 가담한다. 그 집단은 일요일 정오가 지날 무렵 시내를 빠져나가, 될 수 있는 한 빨리 변두리 술집에 도착하여, 그곳에서 진짜 여행자[*21]로서의 자격을 얻는다. 그러나 그의 동료 여행자들은 그의 출신을 결코 모르는 체해주지 않았다. 그는 인생의 첫걸음을 수상한 돈놀이꾼으로 내딛어, 노동자들에게 소액의 돈을 높은 이자로 빌려주는 일을 했다. 그 뒤에 리피 대부 은행[*22]의 골드버그 씨라는 키는 작지만 몸집은 매우 뚱뚱한 양반과 동업자가 되었다. 그는 기껏해야 유대인의 율법을 믿는 정도에 지나지 않았으나, 가톨릭교도인 그의 동료들은 그들이 직접 또는 대리인을 통해 그의 가혹한 빚 독촉에 시달릴 때마다, 그를 아일랜드계 유대인이라느니 문맹이라느니 하면서 욕을 퍼부었고, 그의 백치 아들을 두고는 고리대금업 때문에 천벌을 받은 거라고 수군거렸다. 그렇지 않을 때는 그들은 그의 좋은 점을 잘 알고 있었다.

"그 친구 도대체 어디로 사라진 거야." 커넌 씨가 말했다.

그는 사건의 상세한 내용은 어물쩍 그냥 넘어갔으면 싶었다. 그는 친구들이 무슨 착오가 있어서 하퍼드 씨와 그가 서로 길이 어긋나버렸다고 생각해주기를 바랐다. 하퍼드 씨의 술버릇을 훤히 알고 있는지라 아무 말도 하지 않았다. 파워 씨가 다시 말했다.

"끝이 좋으면 다 좋은 거야."

커넌 씨는 즉시 화제를 바꿨다.

"참 훌륭한 젊은이야, 그 의학도 말이야. 그 친구가 없었더라면……." 그가 말했다.

"맞았어, 그 친구가 없었더라면, 벌금을 선택할 여지도 없이 바로 7일간의 구류처분을 받았을 거야." 파워 씨가 말했다.

[*21] 당시에 법률로 음주가 금지되어 있는 시간에도, 술집에서 진짜 여행자(전날의 숙박지가 8 킬로미터 이상 떨어져 있는 자)에게는 예외적으로 주류를 파는 것이 허용되어 있었다.
[*22] 가공의 고리대금업. 가난한 더블린에서는 이런 종류의 금융업자가 많았다.

"그렇고말고, 바로 그거야, 지금 생각하니 순경이 한 사람 있었어. 참 좋은 젊은이 같더군. 도대체 어쩌다 그랬을까?" 커넌 씨가 기억을 되살리려 애쓰면서 말했다.

"보나마나 자네가 곤드레만드레가 되어서 그랬겠지, 톰." 커닝엄 씨가 정색을 하고 말했다.

"그건 틀림없어." 커넌 씨도 정색을 하고 말했다.

"자네가 그 경관의 입을 막아준 거로군, 잭." 매코이 씨가 말했다.

파워 씨는 자기가 세례명으로 불린 것이 그리 탐탁지 않았다. 그는 성미가 까다로운 사람은 아니었지만, 매코이 씨가 최근에 자기 부인의 있지도 않은 지방공연을 위해서라며, 사방을 들쑤시며 트렁크와 여행용 가방을 구하러 다닌 사실을 잊지 않고 있었다. *23 그는 자신이 농락을 당했다는 사실보다 그런 비열한 수작을 부린다는 것에 더욱 분개했다. 그래서 그는 커넌 씨가 그 문제를 마치 물어보기라도 한 것처럼 상세히 대답해주었다.

그 순경에 대한 이야기를 듣고 난 커넌 씨는 몹시 분개했다. 그는 시민의식이 투철했으며, 시 당국과는 서로 명예를 존중하면서 살고 싶었기 때문에, 그가 촌뜨기 집단이라고 부르는 자들에게 사소하나마 무례한 일을 당한 것이 화가 나서 이렇게 말했다.

"그래, 우리가 그러라고 세금을 내는 건가? 저 무식한 핫바지들을 먹이고 입히려고……. 아무렴, 무식한 핫바지이고말고."

커닝엄 씨가 껄껄 웃었다. 그는 근무시간에만 더블린 성의 공무원이었다.

"그렇지 않고 별 수 있겠어, 안 그래, 톰?" 그가 맞장구를 쳤다.

그리고 심한 사투리를 흉내내어 명령조로 말했다.

"65번, 앵배추 받으라우!"

모두가 웃음을 터뜨렸다. 어떻게든 대화에 끼어들 기회를 노리던 매코이 씨는 그 얘기는 난생처음 듣는 척했다. 커닝엄 씨가 설명했다.

"이건 글쎄, 사람들 말로는 그건 멋대가리 없이 키만 멀쑥하게 큰 그 촌놈들, 그러니까 멍청한 얼간이들을 훈련소에서 특별훈련을 시킬 때의 얘기라더군. 교관이 그놈들을 벽에 일렬횡대로 세워놓고 접시를 들고 있게 한다는

---

*23 그로모은 가방류를 저당 잡히거나 돈으로 바꿨을 것이다. 《율리시스》 제5삽화에서도 언급되어 있다.

거야.”

그는 괴상한 몸짓까지 하면서 실감나게 얘기했다.

“식사 때 얘긴데 말이야. 교관 앞 식탁에 양배추가 들어있는 우라지게 큰 그릇하고, 삽이라고 할 만한 우라지게 큰 스푼을 올려놓는다는 거야. 교관이 그 스푼으로 양배추 한 덩어리를 떠서 식당 맞은편으로 휙 던지면 그 불쌍한 녀석들은 기를 쓰고 그걸 접시에 받아야 하는 거지. 바로 그때 교관이 ‘65번 배추 받으라우’ 한다는 거야.”

모두가 다시 배꼽을 잡고 웃었다. 그러나 커넌 씨는 아직도 분이 다 풀리지 않았다. 그는 신문사에 투서를 하겠다는 말까지 했다.

“시골에서 올라온 짐승들*24이 사람을 우습게 알고 좌지우지하려고 든단 말이야. 마틴, 물론 자네에게는 그놈들이 어떤 인간들인지 말할 필요도 없겠지.”

커닝엄 씨는 적당히 동의의 표시를 했다.

“세상만사가 다 그런 거지, 뭐, 나쁜 사람이 있는가 하면 좋은 사람도 있고.”

“그건 그래, 좋은 사람도 더러 있다는 건 나도 인정해.” 커넌 씨가 만족한 듯이 말했다.

“그따위 녀석들과는 상종을 하지 않는 것이 상책일 것 같아. 내 견해는 그래!” 매코이 씨가 말했다.

커넌 부인이 방으로 들어와 테이블 위에 쟁반을 놓으면서 말했다.

“많이들 드세요.”

파워 씨는 호스트 역할을 하려고 자리에서 일어서면서 그녀에게 의자를 권했다. 그녀는 아래층에서 다리미질을 하던 중이라면서 사양했다. 그리고 파워 씨의 등 뒤로 커닝엄 씨와 서로 고개를 끄덕인 뒤 방에서 나가려고 했다. 그때 남편이 그녀를 불렀다.

“여보, 내게는 뭐 없어?”

“어머, 당신한테? 당신에겐 따귀나 한 대 올려드릴까!” 커넌 부인이 매섭

─────────────

*24 Yahoo. 스위프트의 《걸리버 여행기》(1726) 제4편에 나오는, 인간의 모습을 한 비천한 짐승. 천박하고 비열한 인물을 얘기할 때 이 말이 사용되었다. 더블린 경찰청 소속 경관은 체격이 큰 시골출신이 많았는데, 그 태도와 풍채가 토박이 시민들의 원성을 샀다.

게 쏘아붙였다.

그녀의 남편이 뒤에서 소리쳤다.

"이 가련한 서방님한테는 아무것도 없단 말인가!"

그가 어찌나 우스꽝스러운 표정과 목소리로 말하던지 왁자하게 웃고 떠들면서 흥겹게 흑맥주병을 돌렸다.

신사들은 각자의 잔에 술을 따라 마시고 잔을 테이블 위에 놓은 다음 잠시 뜸을 들였다. 그러다가 커닝엄 씨가 파워 씨 쪽으로 고개를 돌리면서 아무 일도 아닌 것처럼 물었다.

"목요일 밤이라고 했지, 잭?"

"목요일, 맞아." 파워 씨가 말했다.

"알았어!" 커닝엄 씨가 재빨리 받았다.

"매컬리 주점*25에서 만나기로 하지. 거기가 제일 편리한 델 테니까." 매코이 씨가 말했다.

"절대로 늦어선 안 돼. 틀림없이 사람들이 입구까지 꽉 들어찰 테니까 말이야." 파워 씨가 열을 내어 말했다.

"그럼 7시 반에 만나세." 매코이 씨.

"좋았어! 매컬리에서 7시 반!" 커닝엄 씨.

잠시 얘기가 끊겼다. 커넌 씨는 친구들의 비밀 이야기에 자기도 끼어들 수 없을까 눈치를 살피면서 기다렸다. 그러다가 그가 물었다.

"무슨 일인데?"

"아, 아무것도 아냐. 목요일에 뭘 좀 해볼까 해서, 대수로운 일은 아니야." 커닝엄 씨가 말했다.

"오페라 맞지?" 커넌 씨가 말했다.

"아니, 아니. 그저 별거 아닌…… 정신적인 문제일 뿐이야." 커닝엄 씨가 일부러 에두르는 투로 말했다.

"그래?" 커넌 씨가 말했다.

얘기는 다시 끊겼다. 잠시 뒤에 파워 씨가 솔직하게 털어놓았다.

"사실은 톰, 우린 피정*26을 할 계획이네."

---

*25 하(下) 도싯 가 끝에 실제로 있었던 술집.
*26 축일 등에 단기간 수도원에 들어가서 종교상의 수행에 전념하는 일.

"그래, 바로 그거야. 여기 잭하고 나하고 또 매코이하고 말이야―더러워진 단지를 씻듯이 더러워진 우리 정신을 좀 청소해볼까 해서 말일세." 커닝엄 씨가 말했다.

그는 소박한 힘을 담아서 그런 비유를 들었고, 또 그런 자신의 목소리에 용기를 얻어 말을 이어 나갔다.

"보다시피 우린 모두 너나 할 것 없이 영락없는 건달패 아닌가. 정말 너나 할 것 없이 말이야." 그는 무뚝뚝하면서 배려심이 느껴지는 목소리로 되풀이하고는 파워 씨를 돌아보았다. "자, 건달임을 고백해!"

"고백하네." 파워 씨가 말했다.

"나도 고백하네." 매코이 씨가 말했다.

"그래서 우리 모두 함께 때 묻은 단지를 한 번 씻어보자는 거야." 커닝엄 씨가 말했다.

그에게 무슨 생각이 퍼뜩 떠오른 것 같았다. 그는 갑자기 환자에게 몸을 돌리며 말했다.

"톰, 방금 문득 생각한 건데, 어때? 자네도 참가하겠나? 자네가 들어와 주면 4인1조의 릴*27을 출 수 있을 텐데."

"그거 좋은 생각이군, 우리 넷이 같이 말이지?" 파워 씨가 말했다.

커넌 씨는 말이 없었다. 그 제안은 그의 마음에 그리 솔깃한 것은 아니었지만, 어떤 신앙적인 힘이 그를 위해 작용하기 시작하고 있는 것을 느꼈기 때문에, 자기의 체면을 유지하려면 완고한 태도를 취하는 것이 좋을 것 같았다. 한동안 그는 대화에 끼어들지 않고, 친구들이 예수회원*28들에 대해 토론하고 있는 것에 귀를 기울였다, 온화하면서도 적의를 품은 태도로.

"나도 예수회를 나쁘다고 보지는 않아. 그들은 교육이 잘된 교단이지. 게다가 선의를 가지고 하고 있는 것 같더군." 그는 마침내 대화에 끼어들며 말했다

"그들은 교회 가운데 가장 규모가 큰 교단이기도 해, 톰. 예수회 총장은 서열이 교황 바로 다음이니까."*29 커닝엄 씨가 열을 올리며 말했다.

─────────────

*27 경쾌한 댄스용의 전통적인 무곡.

*28 에스파냐인 이그나티우스 로욜라가 1534년에 창립한 '예수회'에 속하는 수도사. 이 회의 특징은 엄격하고 지성을 필요로 하며, 피정을 하는 것이다.

"그건 틀림없어. 무슨 일이든 순조롭게 제대로 하려면 예수회를 찾아야 한다니까. 그들은 영향력이 막강한 친구들이거든. 한 가지 예를 들어보면……." 매코이 씨가 말했다.

"예수회는 훌륭한 인간 집단이지." 파워 씨가 말했다.

"예수회란 교단에는 참 묘한 데가 있어. 교회의 다른 교단에선 하나같이 한두 번씩 개혁을 치렀지만 예수회만은 아직 한 번도 개혁을 치른 적이 없단 말이야.*30 이건 한 번도 부패한 적이 없다는 말 아니겠어." 커닝엄 씨가 말했다.

"그게 사실인가?" 매코이 씨가 물었다.

"사실이고말고. 그건 역사상의 사실이야." 커닝엄 씨가 말했다.

"게다가 그들의 성당도 한 번 보라고. 거기에 나오는 신자들을 보란 말이야." 파워 씨가 말했다.

"예수회는 상류 계급의 요구를 만족시키거든." 매코이 씨가 말했다.

"물론이지." 파워 씨가 말했다.

"맞아, 내가 그들에게 호감을 가지는 이유도 바로 거기에 있어. 교구 사제 가운데 무지하고 거만한 자들도 있지만……." 커넌 씨가 말했다.

"그들도 다 좋은 사람들이야. 각자 나름대로 말이야. 아일랜드 성직자라면 전 세계적으로 알아주지 않나고."*31 커닝엄 씨가 말했다.

"아무렴, 그렇지." 파워 씨가 말했다.

"유럽대륙의 사제들 중에는 이름값도 못하는 자들도 있지만, 그런 자들과는 차원이 달라." 매코이 씨가 말했다.

"자네 말이 맞을지도 몰라." 커넌 씨가 태도를 누그러뜨리면서 말했다.

"물론 내 말이 맞지. 산전수전 다 겪은 내가 설마 사람 보는 눈이 없을라고." 커닝엄 씨가 말했다.

신사들은 다시 돌아가면서 술을 들이켰다. 커넌 씨는 마음속으로 무엇을

---

*29 예수회 총장은 로마가톨릭 교권제도에서는 권력자이긴 하지만 정규 역할은 아니며, 커닝엄 개인의 의견일 뿐이다.

*30 예수회는 개혁은 하지 않았지만, 자주 정치, 종교상의 공격과 억압에 복종하여 그 성격을 바꾼 끝에, 1814년에 완전한 복권을 이루어 정점에 도달했다.

*31 커닝엄 개인의 의견.

저울질하고 있는 것 같았다. 그는 커닝엄 씨의 말에 깊은 인상을 받았음이 분명했다. 평소에 커닝엄 씨의 사람 보는 눈과 관상을 읽는 능력을 높이 평가했기 때문이다. 그는 커닝엄 씨에게 상세한 내용을 말해달라고 부탁했다.

"아, 그거? 그건 그냥 피정일 뿐이네. 퍼든 신부님이 주재해 주실 건데, 사업가들을 대상으로 말이야." 커닝엄 씨가 말했다.

"신부님은 우릴 너무 엄격하게 다루지는 않을 걸, 톰." 파워 씨가 설득조로 말했다.

"퍼든 신부? 퍼든 신부라고?" 환자가 말했다.

"그래, 자네도 잘 알 텐데, 톰. 멋지고 유쾌한 양반이지! 우리처럼 세상 물정에도 밝은 분*32이라네." 커닝엄 씨가 단호하게 말했다.

"아…… 그래. 그러니까 알 것 같아, 얼굴은 좀 불그레하고 키가 훤칠하고."

"맞았어, 바로 그 양반이야."

"혹시 아는가, 마틴…… 설교를 잘하는지?"

"음, 글쎄…… 설교하고는 좀 다르다고 할까, 상식선에서 나누는 친구간의 허물없는 대화 같은 거지."

커넌 씨는 생각에 잠겼다. 매코이 씨가 말했다.

"톰 버크 신부*33야말로 대단한 분이었지!"

"아, 톰 버크 신부 말인가. 그분은 타고난 웅변가였지 톰. 자네 그분 설교 들어본 적 있나?" 커닝엄 씨가 말했다.

"나더러 들어본 적 있냐고! 물론 있고말고! 들어본 적이……." 환자는 발끈해서 말했다.

"그렇지만 그분은 신학자로서는 별로라던데." 커닝엄 씨가 말했다.

"그래?" 매코이 씨가 받았다.

"아, 물론 틀린 말을 하는 것은 아니고, 다만 설교 내용이 이따금 아주 정

---

*32 a man of the world. 이 말에는 종교적인 의미로서 '신을 더럽히는 속물(a worldly or irreligious person)'이라는 뜻이 있으며, '시편'에 "여호와여 이 세상에 살아 있는 동안 그들의 분깃을 받은 사람들에게서 주의 손으로 나를 구하소서"(17 : 14)라고 되어 있다.

*33 도미니크 수도회의 토마스 N. 버크(1830~83). 톰 신부로 알려진 설교가. 종교가라기보다 설교가로서 조국인 영국과 미국에서 널리 이름을 떨쳤다.

통적인 교리는 아닐 때가 있다는 거야."

"아! …… 그분은 대단한 분이었어." 매코이 씨가 말했다.

"언젠가 딱 한 번 그분의 설교를 들어본 적이 있지. 설교 제목은 까먹었지만. 크로프턴*34하고 나하고 뒤쪽의…… 관람석*35이라고 할까…… 그러니까……." 커넌 씨가 말했다.

"신도석 말이지?" 커닝엄 씨가 말했다.

"그래, 맞았어. 뒤쪽 문 가까이 있었지. 무슨 내용이었는지는 다 까먹었지만……. 아, 그래, 교황에 대한 얘기였어. 돌아가신 교황*36 말이야. 생생하게 기억나는군. 정말 훌륭했어, 그 웅변 스타일이 말이야. 그리고 그 목소리! 정말 목소리 하나 끝내주더군! 톰 신부는 교황을 '바티칸의 죄수'*37라고 부르더군. 우리가 밖으로 나올 때…… 크로프턴이 나에게 말하기로는……."

"하지만 그는 오렌지 당원*38 아닌가? 크로프턴 말이야." 파워 씨가 말했다.

"물론 그렇지, 그런데 굉장히 온건한 오렌지 당원이기도 해. 그 뒤에 둘이서 무어 가의 버틀러 주점에 갔는데—정말이지, 나 거기서 진짜 감동받았어, 솔직히—그때 그가 한 말을 난 똑똑히 기억하고 있어. 그가 이러더군. '커넌, 우리는 각각 다른 제단에서 예배하는군. 하지만 우리의 믿음은 하나라네.' 표현이 어찌나 기가 막히던지 감동하지 않을 수 없었어."

"듣고보니 정말 의미심장한 말이군그래. 톰 신부가 설교를 하는 날에는 성당에 신교 신자들이 구름처럼 몰려들었다니까." 파워 씨가 말했다.

"어느 쪽이든 큰 차이가 없어. 우린 다 같이 믿으니까……." 매코이 씨가 말했다.

그는 잠시 머뭇거리다가 말을 이었다.

---

*34 '위원회 회의실의 담쟁이 날'에서, 보수당원이면서 국민당 선거운동원을 하고 있었다.

*35 'body'나 'nave' '(교회의) 신도석'이라는 교회용어가 아니라, 극장용어를 사용.

*36 로마 교황 레오 13세.

*37 1870년에 이탈리아 국왕군이 로마교황군을 격파하여, 그때의 교황 피우스 9세(뒤에 나옴)에게 영유가 허락된 것은 로마 안의 사방이 벽으로 에워싸인 바티칸 시국뿐이었다.

*38 친영적인 비밀정치결사의 일원. '온건한 오렌지 당원'이라고 한 것은, 가톨릭 신부의 설교에 감동하거나 '위원회 회의실의 담쟁이 날'에서 국민당 후보자의 선거운동원을 지낸 사실에서 보아 과격한 오렌지당원이 아니라 거기에 동조하는 단순한 신교도로 생각한 것이다.

"……구세주 그리스도를 말이야. 다만 그들은 교황과 성모 마리아를 믿지 않을 뿐이지."*39

"하지만, 두말할 것도 없이, 우리의 종교가 최고의 종교지. 옛날부터 전해 내려오는 근원적인 종교." 커닝엄 씨는 온화하게 그러나 효과적으로 말했다.

"암, 여부가 있나." 커넌 씨가 열을 올려 말했다.

커넌 부인이 침실 문 앞에 나타나 알렸다.

"손님이 오셨어요!"

"누군데?"

"포가티 씨예요."

"오, 들어와요! 들어와!"

창백한 타원형 얼굴이 불빛 속으로 들어왔다. 길게 늘어진 금빛 콧수염이 그리는 호(弧)는, 기분 좋게 놀라는 듯한 두 눈 위에 호를 그리는 눈썹에도 되풀이 되어 있었다. 포가티 씨는 조그마한 식품가게 주인이었다. 그는 한때 시내에서 허가를 받아 술집을 경영하다가 실패한 적이 있다. 이유는 자금 조달 문제로 허덕이다가 어쩔 수 없이 2류 양조업자들과 제휴하고 말았기 때문이다. 그는 글레스네빈 도로변에 구멍가게를 하나 차렸다. 그곳에서는 자신의 태도가 동네 주부들의 환심을 살 수 있을 거라고 은근히 자신하고 있었다. 그는 상당히 품위 있게 처신하면서, 어린아이들에게는 칭찬을 잘해주고 말을 할 때는 또박또박 발음했다. 교양도 없지 않았다.

포가티 씨는 반 파인트짜리 특제 위스키를 선물로 가져왔다. 그는 정중하게 커넌 씨의 안부를 묻고, 선물을 탁자 위에 내려놓은 다음 다른 사람들과 나란히 자리를 잡고 앉았다. 커넌 씨는 자기와 포가티 씨 사이에 약간의 식품값이 외상으로 남아 있다는 것을 알기 때문에 그 선물이 더더욱 고마웠다. 그는 말했다.

"역시 친구가 최고야. 그걸 좀 따보지 않겠나, 잭?"

파워 씨가 다시 나섰다. 잔을 부신 다음 위스키를 다섯 개의 잔에 조금씩 따랐다. 이 위스키의 새로운 술기운이 그들의 대화에 활기를 불어넣었다. 의자 끝에 엉덩이만 걸친 포가티 씨는 각별한 관심을 가지고 대화를 경청했다.

---

*39 로마와 아일랜드의 가톨릭과 달리, 신교는 가톨릭의 교황의 존재는 물론이고 미사와 연옥을 인정하지 않으며, 마리아 신앙도 없다.

"교황 레오 13세*⁴⁰는, 이 시대의 등불 가운데 하나였지. 그의 이상은 말이야, 로마가톨릭과 그리스정교의 통합이었어. 그것이 그의 필생의 목표였지." 커닝엄 씨가 말했다.

"그는 유럽 최고의 지성인 가운데 하나라는 말을 나도 여러 번 들은 적이 있어. 교황이라는 점을 떠나서 말이야." 파워 씨가 말했다.

"맞아, 그런 분이었지. 최고의 지식인까지는 아니더라도 말이야. 그 사람의 모토는, 물론 교황으로서지만, '룩스 위의 룩스'*⁴¹였지―'빛 위의 빛'이란 뜻이지." 커닝엄 씨가 말했다.

"아니야, 아니야, 그 점에선 자네가 틀린 것 같아. 그분의 모토는 '룩스 인 테네브리스'*⁴³였을 거야. '어둠 속의 빛'이라는 뜻으로 말이야." 포가티 씨가 진지한 표정으로 말했다.

"아, 그래, '테네브라이'*⁴³가 맞아." 매코이 씨가 말했다.

"미안하지만 그게 아니야. '룩스 위의 룩스'였다니까 그래. 그리고 그의 전임자인 교황 비오 9세*⁴⁴의 모토는 '크룩스 위의 크룩스'*⁴⁵―다시 말해,

---

*40 재위 1878~1903. 근대 역사상 가장 저명한 교황이자 학자, 시인으로서 정치적 수완을 발휘했다. 그의 가장 큰 관심은 종교상의 통일로, 로마교회와 그리스교회의 통일뿐만 아니라, 영어권교회의 재결합을 주창했다. 이탈리아 국가와의 투쟁에서 패하여 바티칸 궁전에 유폐되었다.

*41 Lux upon Lux(빛 위의 빛). 이것은 오류이며, 교황 레오 13세의 모토는 '천국의 빛(Lumen in Coelo)'. 영어가 결합된 라틴어에 대한 언급은 뒤에도 계속된다.

*42 Lux in Tenebris(암흑에서의 빛). 이 출전은 '빛이 어둠에 비치되 어둠이 깨닫지 못하더라' 《요한복음》 1 : 5)이다. 여기서의 in은 라틴어.

*43 Tenebrae(암흑). 부활제 전주(前週)의 성목요일, 성금요일, 성토요일에 하는 그리스도 수난기념 의식. 그 명칭은, 삼각형의 촛대에 밝힌 열다섯 개의 촛불을 하나씩 꺼서 실내를 점점 어두워지게 하는데, 마지막 하나가 꺼지면 암흑 속에서 기도를 외는 데서 유래한다. 이윽고 촛불을 하나 켜고 참석자는 침묵 속에 퇴장하는 것이 가톨릭교 의식의 특징이다.

*44 '비오 9세' 재위 1846~78. 레오 13세의 전임자. 재위 중 최대의 사건은 '성모 무원죄 회태'(성모 마리아는 회임의 순간부터 원죄를 면했다)를 선언하고(1854년) 바티칸 공의회(1869~70)에서 '교황 무류설(無謬說)' (교황이 교황좌에서 신앙과 도덕상의 문제에 대해 내리는 결정에는 절대로 오류가 있을 수 없다는 설)을 포고한 일이다. 1870년 이탈리아 군대가 로마를 점거한 뒤부터 교황의 세속권은 땅에 떨어졌고, 그는 평생 바티칸 궁전에서 칩거했다. 주40 참조.

*45 Crux upon Crux(십자가 위의 십자가). 비오 9세의 모토는 '십자가에서의 십자가(Crux de Cruce)'가 맞다.

'십자가 위의 십자가'—였지. 이것은 두 교황의 교황직의 차이를 보여주고 있어." 커닝엄 씨가 잘라 말했다.

그 추론은 좌중의 인정을 받았다. *46 커닝엄 씨는 말을 계속했다.

"교황 레오는 위대한 학자요 시인이었어."

"그분의 얼굴은 아주 강인한 인상을 풍겼지." 커넌 씨가 말했다.

"맞았어, 그분은 라틴어로 시를 쓰기도 했어." 커닝엄 씨가 맞장구를 쳤다.

"그게 정말인가?" 포가티 씨가 물었다.

매코이 씨는 흐뭇한 표정으로 위스키를 맛보고는 고개를 저어 이중의 의사표시를 하면서 말했다.

"농담 아니야, 정말이라니까."

"우린 그런 건 배운 적 없잖아, 안 그래. 톰? 우리가 주 1페니 짜리 학교*47에 다니던 때 말이야." 파워 씨는 매코이 씨처럼 위스키를 마시면서 말했다.

"많은 선량한 인간이 주 1페니짜리 학교에 다녔지, 겨드랑이에 토탄 덩어리를 끼고*48 말이야. 옛날 교육제도가 가장 좋았어, 소박하고 정직한 교육이었으니까. 겉만 번지르한 현대적인 교육제도와는 차원이 다르지……." 커넌 씨가 거드름을 피우면서 말했다.

"지당한 말씀." 파워 씨가 말했다.

"불필요한 것은 하나도 없었지," 포가티 씨가 말했다.

그는 말을 마치고 근엄한 표정으로 술을 마셨다.

"어디선가 읽었는데, 레오 교황이 사진의 발명에 관해 쓴 시*49가 한 수 있다더군—물론 라틴어로 쓴 거였지." 커닝엄 씨가 말했다.

"사진에 대해서라고!" 커넌 씨가 탄성을 질렀다.

"그렇다니까." 커닝엄 씨가 말했다.

그도 잔을 들이켰다.

---

*46 위의 *41과 *45에서 보았듯이, 레오 13세와 비오 9세의 모토는 서로 다르다.

*47 빈민가정용의 초등학교로, 수업료가 주 1페니였다.

*48 학교에 가지고 가서 연료로 사용하기 위해.

*49 '사진술'이라는 시가 있으며, 완성도는 좀 부족.

"글쎄 말이야, 사진이란 생각할수록 신기한 거 아니겠어?" 매코이 씨가 말했다.

"오, 그야 물론이지. 위대한 정신은 뭘 볼 줄 아는 눈이 있는 거야⋯⋯." 파워 씨가 말했다.

"어느 시인은 '위대한 정신은 광기와 종이 한 장 차이'*50라고 하지 않았던가." 포가티 씨가 말했다.

커넌 씨는 뭔가 골똘하게 생각하고 있었다. 신교의 교리 속에 뭔가 골치 아픈 문제가 있지 않은지 생각해내려고 애쓰다가, 결국 커닝엄 씨에게 말을 걸었다.

"어떤가, 마틴. 교황 가운데 일부는—물론 현재의 교황*51이나 그의 전임자를 두고 하는 말은 아니지만, 옛날 교황*52들 가운데 일부는—뭐 썩 그렇게⋯⋯완전하다고는 할 수 없는 교황도 있었잖아?"

잠시 침묵이 흘렀다. 커닝엄 씨가 말했다.

"아, 그야 물론이지, 개중에는 나쁜 사람도 있게 마련이지⋯⋯. 하지만 놀라운 건 바로 이거야. 그분들 중에 단 한 사람도, 제아무리 지독한 술주정뱅이라 하더라도, 제아무리⋯⋯ 철저한 개망나니라 하더라도, 교황이 교황의 권위에 따라 그릇된 교리를 단 한마디라도 설교한 사람은 없다는 거야. 정말 놀라운 일 아닌가?"

"옳거니." 커넌 씨가 말했다.

"바로 그거야, 왜냐하면 교황이 교황의 권위에 따라 말씀하실 때는 절대로 무류(無謬)이기 때문이야." 포가티 씨가 설명했다.

"맞았어." 커닝엄 씨가 말했다.

"그렇지, 교황의 절대무류설이라면 내가 잘 알지. 지금도 기억하고 있는데, 그건 내가 젊었을 때⋯⋯. 아니, 그게 언제였더라?"

포가티 씨가 말을 가로막았다. 그는 술병을 들고 다른 사람들에게 좀더 들

---

*50 J. 드라이든의 풍자시 속에 '위대한 기지는 광기와 동맹을 맺고 있다'가 있고, 스토아학파 철학자 세네카의 말에 '천재와 광기는 종이 한 장 차이'가 있다.

*51 1903년 교황에 선출된 비오 10세.

*52 르네상스기 교황은 그리스도교의 청빈, 정결, 복종의 서원을 어기는 악행을 일삼았다고 한다.

라고 권했다. 매코이 씨는 한 순배 쭉 돌리기엔 술이 부족하다는 걸 알고 자기는 첫잔을 아직 다 비우지 못했다면서 사양했다. 다른 사람들은 그러지 말라면서도 다들 술을 받았다. 술잔에 떨어지는 위스키의 음악 같은 경쾌한 소리가 기분 좋은 간주곡처럼 들렸다.

"자네 무슨 얘길 하던 중이었나, 톰?" 매코이 씨가 물었다.

"교황의 절대무류설에 대해서. 그것이야말로 교회사 전체를 통해 가장 큰 사건이었어." 커닝엄 씨가 말했다.

"어떻게 된 사건인데, 마틴?" 파워 씨가 물었다.

커닝엄 씨는 굵은 손가락을 두 개 들어 보였다.

"어떤 사건인가 하면 말이야, 추기경, 대주교, 주교들로 구성된 추기경회*53에서 다른 사람들은 모두 찬성했지만 두 사람만이 맹렬하게 반대한 사건이지. 그 두 사람을 제외하고는 만장일치였는데 말이야. 그런데 안 되고 말았어! 두 사람은 절대로 받아들일 수 없다는 거야!"

"허!" 매코이 씨가 말했다.

"그 한 사람은 독일인 추기경인데, 이름은 돌링……아니 다울링인지…… 아니면……"

"다울링은 독일 사람의 이름이 아니야. 그것만은 틀림없어." 파워 씨가 웃음을 터뜨리면서 말했다.

"어쨌든 그 위대한 독일 추기경*54이 그들 중 한 사람이고 그리고 다른 한 사람은 존 맥헤일*55이었지."

"뭐라고? 추엄*56의 존이라고?" 커넌 씨가 큰 소리로 되물었다.

"자네 그거 확실해? 난 다른 한 사람은 이탈리아인이거나 미국인일 줄 알았는데…….*57 포가티 씨가 미심쩍은 듯이 물었다.

---

*53 모든 추기경으로 구성된 교황의 최고자문기관으로, 교황을 선출한다.

*54 이름이 J. 데링거라고 하며, 추기경이 아니라 사제이고, 커닝엄의 주장과 달리 바티칸 공의회에는 참석하지 않았다. 1871년 파문당했다.

*55 1791~1881. 아일랜드 출신 추엄 대주교로, 영국 지배에 맹렬히 반대하고 자국 문화와 언어를 열렬하게 옹호했다. 바티칸 공의회가 시작되자, 그는 '교황무류설'의 교리화를 정면으로 반대하여 회의 당초에는 반대표를 던졌다. 그러나 회의 막바지에 대다수가 찬성투표로 돌아서 그 교리가 승인되자, 그 자리에서 굴복했다.

*56 여기에 가톨릭의 총본산 세인트 자를라트 대성당이 있다.

"추엄의 존, 그 사람이 틀림없어." 커닝엄이 되풀이해서 말했다.

그가 술을 마시자 다른 사람들도 따라 마셨다. 그는 말을 계속했다.

"세계 골골샅샅에서 모여든 모든 추기경, 주교, 대주교 전원과 이 투견과 악마 두 사람[58]이 격렬하게 대치하자,[59] 마침내 교황 자신이 벌떡 일어나 교황의 절대무류설을 가톨릭교회의 교리로 한다고 교황의 권위에 따라 선언한 거야. 그러자 바로 그 순간, 지금까지 그토록 반대에 반대만 거듭해오던 존 맥헤일이 벌떡 일어나 사자[60] 같은 목소리로 '크레도!' 하고 외쳤지 뭔가.

"'믿습니다!'라는 말이군." 포가티 씨가 말했다.

"'크레도!' 그 말은 그의 신앙심을 표현한 거지. 그는 교황이 발언한 순간에 복종했으니까." 커닝엄 씨가 말했다.

"그럼 다울링은 어떻게 됐나?" 매코이 씨가 물었다.

"그 독일 추기경은 끝까지 복종할 생각이 없었어. 그는 교회를 떠났지."[61]

커닝엄 씨의 이야기는 듣는 사람들의 가슴속에 가톨릭교회의 거대한 이미지를 심어주었다. 그의 굵고 갈라진 듯한 목소리에서 신앙이니 복종이니 하는 말들이 나오자, 모두들 그 목소리에 오싹한 기분을 느끼고 있었다. 커넌 부인이 젖은 손을 닦으며 방안에 들어왔을 때 실내의 분위기는 자못 엄숙했다. 그녀는 침묵을 방해하지 않고 조용히 침대 발치로 가서 난간에 몸을 기댔다.

"난 존 맥헤일을 한 번 본 적이 있어. 내가 살아 있는 한 그 일을 잊지 못할 거야." 커넌 씨가 말했다.

＊57 이 설은 어느 정도 맞다. 제4회 바티칸공의회에서 '교황 무류설'의 교리를 이탈리아인 A. 리초 주교와 미국인 D. 피츠제럴드 주교를 제외하고 나머지는 모두 찬성했다. 그들은 교리에 반대표를 던졌으나 개표 뒤에는 교리에 따랐다.

＊58 이것은 잘못으로, 실제로는 리초와 피츠제럴드.

＊59 실제로는 J 맥헤일은 '교황 무류설'의 교리가 승인되자 반대 의사를 거두고 쉽사리 굴복했으며, 결정 때는 회의에 결석했다고 한다. '크레도(Credo)'는 라틴어로 '나는 믿는다(believe)'는 뜻.

＊60 강경한 관점을 고수하고 뛰어난 개성을 발휘했기 때문에 맥헤일은 '세인트 자를라트의 사자'라 불리고 있었다.

＊61 자신의 의지가 아니라 파문당해서 떠났다.

그는 확인을 구하려는 듯 자기 아내 쪽으로 고개를 돌렸다.

"왜, 내가 당신에게 자주 얘기했잖아?"

커넌 부인은 고개를 끄덕였다.

"존 그레이 경*62 동상 제막식 때였어. 에드먼드 드와이어 그레이*63가 허튼소리를 지껄이며 연설을 하고 있는데, 거기에 이 노인네가 참석한 거야.*64 정말 괴팍하게 생긴 노인네가 짙은 눈썹 아래로 그를 지긋이 쳐다보고 있었지."

커넌 씨는 눈살을 찌푸리며 마치 성난 황소처럼 고개를 숙이고는 아내를 노려보았다.

"맙소사!" 그는 찌푸렸던 눈살을 도로 펴면서 강한 어조로 외쳤다. "난 사람의 얼굴에 그런 눈이 달린 건 첨 봤어. 마치 '네 이놈, 내가 네놈의 속을 환히 들여다보고 있다, 요 애송이야' 하는 것 같았지. 그 노인네 눈은 어쩌면 그렇게 매의 눈을 쏙 빼닮았을까."

"그레이 가문에는 쓸 만한 사람은 하나도 없었어."*65 파워 씨가 말했다.

다시 대화가 중단되었다. 파워 씨는 커넌 부인 쪽으로 몸을 돌리더니 느닷없이 쾌활하게 말했다.

"그런데, 커넌 부인. 우리가 여기 계신 바깥양반을 선량하고 경건하며 하느님을 두려워할 줄 아는 로마가톨릭 신자로 만들어볼 작정입니다."

그는 거기에 모인 사람들이 다 포함된다는 표시로 팔을 크게 휘둘렀다.

"우리 모두 함께 피정에 참가해서 죄를 고백하려고 합니다—분명히 우리에겐 그럴 필요가 절실하게 있습니다."

"난 상관 말게." 커넌 씨가 다소 신경질적으로 웃으면서 말했다.

커넌 부인은 순간적으로 자신의 만족감은 숨기는 것이 올바른 처신이라고

---

*62 1816~75. 〈프리먼스 저널〉의 경영자 겸 편집자, 신교도 애국자. 아일랜드 자치를 지지하는 영국 하원의원이었다.

*63 J. 그레이의 차남으로 〈프리먼스 저널〉 경영자. 그는 실제로는 아버지의 동상 제막식에서 연설하지 않았다.

*64 가톨릭 대주교 맥헤일이 신교도인 J. 그레이 동상 제막식에 참석한 것은 더블린 사람들에게 큰 충격이었을 것이다.

*65 그레이 집안이 신교도였던 것에 대한 편견과, 그 집안의 정치 자세가 용의주도해서 언제나 비난의 대상이었던 것을 암시하는 말.

생각했다. 그래서 그녀는 이렇게 말했다.

"당신의 고해에 귀를 기울여야 할 가엾은 신부님이 안됐군요."

커넌 씨의 표정이 홱 달라져서 퉁명하게 말했다.

"내 말이 듣기 싫으면, 그 신부님…… 다른 일이나 보시라지. 난 그저 사소하게 내 신세타령이나 좀 하고 싶을 뿐인데. 뭐 내가 그리 못된 사람도 아니고 말이야……."

커닝엄 씨가 재빨리 끼어들었다.

"우리 모두 악마와 인연을 끊는 거야.*66 악마의 소행과 죄를 잊지 말고 우리 다 같이 말이야."

"사탄아, 물러가라!"*67 그렇게 말한 포가티 씨가 너털웃음을 터뜨리면서 모두를 쳐다보았다.

파워 씨는 아무 말이 없었다. 그는 완전히 주도권을 뺏긴 느낌이었다. 그러나 흐뭇한 내색이 그의 얼굴에 역력했다.

"우리가 해야 할 일은 촛불을 양손에 들고 서서 세례 때의 서약을 다시 하는 것뿐이야."*68 커닝엄 씨가 말했다.

"아, 그런데 톰, 촛불은 잊지 말고 꼭 가져오게. 무슨 일이 있더라도." 매코이 씨가 말했다.

"뭐라? 초를 갖고 가야 한다고?" 커넌 씨가 말했다.

"아, 그렇다니까." 커닝엄 씨가 말했다.

"그건 안 돼, 절대로." 커넌 씨가 자르듯이 말했다. "그렇게까지는 할 수 없어. 해야 할 일은 얼마든지 할 용의가 있어. 피정도 하고 고해성사도 하고, 또…… 그런 것들은 죄다 한다고. 하지만…… 촛불만은 안 돼! 안 되고

---

*66 세례 의식에서 사제가 "당신(들)은 악마의 손길과 유혹을 물리치겠습니까"하고 물으면 "버리겠습니다" 하고 대답하는 것(《성인의 그리스도교 입문식》 가톨릭 중앙협의회, 1976년).

*67 Get behind me, Satan. 인용 방법에 의문이 남는다. 황야에서 사탄의 힘과 타협하다가, 그 주권을 인정하라는 사탄의 유혹에 대해 예수는 주권은 어디까지나 신에게만 있는 것이라 하며 '사탄아, 물러가라'(《마태복음》 4 : 10)고 말한다. 또 그 사탄의 말을 예수는 베드로 한테서 듣고, 베드로를 사탄과 동일시하여, "물러가라, 사탄이여"(《마태복음》 16 : 23)라고 말한다.

*68 커넌에 대해 확인 선언을 암시한 것이다. 피정의 마지막 날 밤에 관습적으로 하는 의식인데, 유아세례 때 그 아이의 대부가 주재한다.

말고, 촛불만은 정말 싫어!"

그는 익살맞게 근엄한 표정을 지으면서 고개를 설레설레 저었다.

"저 양반 한다는 소리 좀 들어보세요!" 그의 아내가 말했다.

"촛불*69만은 안 돼. 난 정말 그따위 환등놀이*70 같은 짓은 질색이라고." 커넌 씨는 자기의 말이 청중에게 먹히기 시작했음을 의식하고 계속 고개를 설레설레 내저었다.

모두들 배꼽을 쥐고 웃었다.

"어이구, 참 훌륭한 가톨릭 신자 한 분 나셨네!" 그의 부인이 말했다.

"촛불은 안 된다니까! 그것만은 안 돼!" 커넌 씨는 고집스럽게 되풀이했다.

*

가디너 가*71에 있는 예수회 성당의 수랑(袖廊)*72은 거의 만원이었다. 그런데도 신사들은 끊임없이 옆문으로 들어와서, 평수사의 안내를 받아 발끝으로 살금살금 측랑을 걸어가서 앉을 빈자리를 찾아 앉았다. 신사들은 모두 옷차림이 단정하고 몸가짐도 흐트러짐이 없었다. 성당 안의 등불이 검은 옷과 하얀 깃의 집단—군데군데 트위드 옷이 섞여 있어서 변화를 주고 있었다—과 검은 반점이 얼룩덜룩한 초록색 대리석 기둥, 그리고 슬퍼 보이는 유화(油畫)를 비추고 있었다. 신사들은 긴 의자에 앉아서, 바지를 무릎 위로 약간 끌어 올리고 모자를 떨어지지 않게 올려놓았다. 그들은 반듯하게 등을 기대고 앉아 높은 제대 앞에 걸려 있는 아스라한 붉은 빛*73의 점을 의식에 임하는 얼굴로 응시했다.

설교단에서 가까운 한 의자에 커닝엄 씨와 커넌 씨가 앉아 있었다. 그 뒤의 의자에는 매코이 씨가 혼자 앉았고 그 뒤의 의자에는 파워 씨와 포가티 씨가 앉았다. 매코이 씨는 아는 사람들과 같은 의자에 앉으려고 자리를 찾았

---

*69 가톨릭에서는 생명과 광명을 주는 신의 상징.

*70 19세기 후반, 서부에 있는 어느 교구 교회의 외벽에 성모 마리아의 모습이 나타났다는 소문이 있었다. 사제가 슬라이드용 환등기를 사용하여 벽에 비춘 거라는 비난이 쏟아졌다.

*71 이 성 프란시스 사비에르 성당은 중류계급의 가톨릭교도들에게 인기가 높았다. '어떤 만남'에서 딜런 부부가 아침미사를 보러 다녔던 곳.

*72 십자형 교회당의 왼쪽(또는 오른쪽) 팔에 해당하는 부분.

*73 성체등(聖體燈).

으나 뜻대로 되지 않았다. 그래서 일행이 주사위 5의 다섯 개의 점*74처럼 앉게 되었을 때, 재밌는 우스갯소리를 해보려 했으나 그것도 제대로 되지 않았다. 이러한 시도가 다 수포로 돌아가자 그는 곧 단념해버렸다. 그런 그에게도 성당 안의 경건한 분위기는 느껴졌고, 또 그런 그조차 종교적인 자극에 반응하기 시작했다. 커닝엄 씨는 귓속말로 커넌 씨에게 고리대금업자 하퍼드 씨가 약간 떨어진 곳에 앉아 있고, 또 선거인 명부 작성 책임자요 더블린 시장 메이커인 패닝 씨*75는 설교단 아래쪽에 그 선거구에서 새로 선출된 시의원 하나와 바짝 붙어 앉아 있다고 일러주었다. 오른쪽에는 전당포를 3개나 운영하는 마이클 그라임스 노인*76과 시청 직원 사무실에 자리가 내정되어 있는 댄 호건의 조카가 앉아 있었다. 그 앞쪽에는 〈프리먼스 저널〉지의 편집장인 헨드릭 씨*77와 커넌 씨의 옛 친구이자 한때 잘나가던 거물급 사업가였던 가련한 오캐럴이 앉아 있었다. 점차 낯익은 사람들을 알아보게 되자 커넌 씨는 마음이 편안해지기 시작했다. 아내가 수선해준 모자는 무릎 위에 올려놓았다. 그는 한두 번 한손으로 소맷부리를 끌어내리고 다른 한손으로는 무릎에 올려둔 모자챙을 가볍게, 그러나 단단히 붙들고 있었다.

상체에 하얀 법복을 걸친 풍채가 당당한 사람이 설교단을 향해 힘겹게 올라가는 것이 보였다. 그와 동시에 웅성거리던 신자들은 저마다 손수건을 꺼내 그 위에 조심스럽게 무릎을 꿇고 앉았다. 커넌 씨는 남이 하는 대로 따라 했다. 사제의 모습은 이제 설교단 속에서 일어나서, 크고 붉은 얼굴이 얹혀 있는 거구의 3분의 2가량을 난간 위로 드러내고 있었다.

퍼든 신부*78는 무릎을 꿇고, 붉은 빛의 점을 향해 몸을 돌린 뒤 두 손으로 얼굴을 가리고 기도를 올렸다. 잠시 뒤 그는 얼굴에서 손을 떼고 자리에

---

*74 quincunx. 그리스도가 십자가에 박혔을 때 입은 다섯 군데의 상처를 연상시키며, 이렇게 자리를 잡는 것은 주를 십자가에 못 박히는 죄를 범하는 것이 된다.

*75 유권자의 선거인 명부 작성을 맡아 정치가에게 영향을 미치는 사람. 패닝은 '위원회 회의실의 담쟁이 날'에서는 시의원선거 입후보자의 선거운동 출납담당, 여기서는 시장 메이커.

*76 '위원회 회의실의 담쟁이 날'에서 운동원들의 대화에 딱 한번 그 이름이 나왔다. 호건은 '작은 구름'에서 몇 번 언급되었지만 동일인물인지는 알 수 없다.

*77 '어느 어머니'에 등장.

*78 Purdon. 이 말은 '죄를 용서하는 것' pardon을 암시하지만, 퍼던 'Purdon' 가라고 하는, 리피 강 북쪽 적선지대의 중심지에 있는 옛 지명에서 차용한 것이다.

서 일어섰다. 신자들도 따라 일어났다가 긴 의자에 다시 앉았다. 커넌 씨는 모자를 원래대로 무릎 위에 도로 올려놓고는 주의 깊은 얼굴로 설교자를 바라보았다. 설교자는 정교하고도 호방한 동작으로 법복의 넓은 소맷자락을 한쪽씩 걷어 올리면서, 거기에 줄지어 앉아 있는 신자들의 얼굴을 천천히 훑어보았다. 그러더니 그가 말했다.

"'이 세상의 자녀들이 자기 시대에서는 빛의 자녀들보다 영리하다. *79 내가 너희에게 말한다. 불의한 재물로 친구들을 만들어라. 그래서 재물이 없어질 때에 그들이 너희를 영원한 거처로 맞아들이게 하라.'*80

퍼든 신부는 우렁차고도 확신에 찬 목소리로 성경 구절의 의미를 설명하기 시작했다. 그는 이 구절이 성경 전체에서 정확하게 해석하기가 가장 어려운 구절 가운데 하나라고 말했다─얼핏 보아서는 예수 그리스도가 다른 데서 설교한 고매한 도덕성과 모순되는 것처럼 보일지도 모릅니다, 그러나 이 원문은 세속적인 삶을 보낼 운명을 타고 났으면서도 자기의 삶을 속물 같은 방식으로는 살고 싶지 않은 사람들을 지도하기 위해 특별히 고쳐 쓴 것이라고 전부터 생각해 왔습니다. 그것은 사업가와 전문 직업인을 위한 구절입니다. 예수 그리스도는 우리 인간의 본성을 샅샅이 이해하고 있고, 또 이렇게도 이해해 주고 계십니다, 모든 인간이 신앙적인 삶에 부름을 받는 것은 아니다, 명백하게 대다수의 사람은 속세 속에서, 그리고 어느 정도까지는 속세를 위해서 사는 수밖에 없다고 말입니다. 그리하여 이 구절 속에서, 그리스도는 그 사람들에게 충고를 하기 위해, 그들 앞에 신앙생활의 모범으로서 제시하신 것이 바로 맘몬의 숭배자들, 즉 모든 인간 중에서도 신앙 문제에 가장 관심이 없는 사람들이었습니다. *81

그는 청중에게 또 이렇게 말했다─오늘 밤 이 자리에 있는 것은 무슨 겁을 주려는 것도 아니요 허황한 목적이 있어서가 아니라, 다만 세상 물정에

＊79 〈누가복음〉(16 : 8~9)에 따르면, 그리스도가 부정한 청지기를 예로 들어 결론으로서 말한 교훈. 빛의 아들들이란 빛에 비춰진 선인.

＊80 그리스도는 이 세상의 부는 일시적인 것이라 해도, 그것을 충실히 다루어야만 진정한 것을 만날 수 있다고 가르친다. 이 이야기의 끝맺음은 "너희는 하느님과 재물을 함께 섬길 수 없다."(〈누가복음〉 16 : 13)이다.

＊81 "너희는 하느님과 재물을 겸하여 섬길 수 없느니라"의 가르침에 어긋난다. 맘몬은 악과 부패의 근원.

밝은 한 남자로서 같은 동료들에게 이야기하고 싶어서라고. 그는 사업가들*82에게 이야기하러 나왔으니 사무적으로 거침없이 이야기하겠노라고 했다. 비유를 들어 말한다면, 그는 그들의 영적인 회계사이기 때문에 청중 하나하나가 빠짐없이 각자의 장부, 즉 영적 생활의 기록부를 활짝 펴놓고 양심과 정확하게 일치하는지 따져보고 싶다고 말했다.

예수 그리스도는 무서운 감독자가 아닙니다. 그분은 우리의 자잘한 잘못을 이해하고 가엾게도 타락한 우리 본성의 약점을 이해하고, 이 세상의 온갖 유혹을 이해하고 있었습니다. 우리는 우리가 모르는 사이에 유혹에 빠진 적이 있을 수도 있고, 우리 모두 때때로 유혹에 빠졌습니다. 우리에게는 허물이 있을지도 모릅니다, 아니 누구에게나 허물은 있습니다. 그러나 딱 한 가지만 청중 여러분에게 부탁할 것이 있습니다. 그것은 바로 하느님께 사나이답게 솔직하고 당당해지라는 것입니다. 만일 여러분의 장부가 모든 점에서 일치한다면 이렇게 말하는 것입니다.

"'자, 나는 장부를 확인해보았고 이미 모든 것이 잘돼가고 있어.'"

그러나 어떤 착오가 발견된다면, 그 사실을 인정하고 솔직하고 당당하게 이렇게 말하십시오.

"'내 장부를 살펴보았더니 여기와 여기가 잘못되어 있었어. 그러니 하느님의 은총으로 여기와 여기를 수정하여 내 장부를 바로잡아야겠다.'"

해설

'은총(Grace)'은 창작순으로는 열두 번째로 1905년 10월부터 12월까지 집필되었다. 제목에서 암시하듯이 사회생활을 하는 사람들의 종교정신에 초점이 모아져 있다.

이야기의 대부분은 친구들이 주인공 커넌을 문병하는 장면이다. 여기에는 극적요소가 강하다. 등장인물 여섯 명의 대화체가 주를 이루며, 그들의 내면에는 거의 들어가지 않는다. 종교 담론을 주로 한 진지한 내용이지만, 한 마

---

*82 이 발언은 성직매매의 죄.

디 한 마디를 음미하면서 읽노라면 유머러스한 맛을 느낄 수도 있다. 독자들은 그 친구들이 펼치는 교정 작전을 처음부터 끝까지 눈앞에서 볼 수 있다. 주모자인 파워는 문병을 오자마자 두 번쯤 '끝이 좋으면 다 좋은 것'이라고 혼잣말을 한다. 이 '우리의 계획에 의해 진지한 가톨릭교도로 회개하는 것이니 좋은 일이 아니고 무엇이냐'는 파워의 함의를 다른 사람은 다 알고 있다. 당사자인 커넌만 꿈에도 모른다. 그리고 '모두는 배꼽을 쥐고 웃었다'에서 독자는 교정작전을 성공시킨 다섯 사람과 같은 처지가 되어 음모의 희생자를 바라본다. 이 장면은 극적 아이러니(관객은 알지만 등장인물 자신은 모르는 효과가 활용되어 있다.

'은총'이라는 제목에서 독자들은, 교회 장면에서 주인공이 하느님의 은총으로 원죄를 씻고 정화되어 재탄생하는 모습을 예상하기 쉽다. 그러나 이 단편에는 그런 클라이맥스는 없다. 물질적 번영이 하느님의 보상이라고 설파하는, 상인용으로 손색없는 설교만 있고, 그 설교에 대한 화자의 견해도 없다. 신부의 설교에서 다소의 빚을 안고 있는 커넌이 계산서를 청산함으로써, 적어도 한때는 그 더러움이 정화될 거라고 예상할 수 있다. 그런 의미의 은총이기 때문에, 이야기에서 네 번 정도 물질적 번영과 결부된 뉘앙스로 사용되어 있다.

마지막 장면의 초점 이동은, '은총'이 커넌이라는 개인이 아니라 더블린이라는 도시를 그린 것임을 보여준다. 퍼던의 설교가 대부분 간접화법으로 처리된 것도 같은 취지의 표현이다. 조이스가 그리고 싶은 것은 퍼던으로 대표되는 종교계 전체의 실정일 것이다. 작가의 주관을 넣어 비판하지 않고, 신앙과 관련된 현상을 있는 그대로 그리는 것이 목적이었다. 리얼하게 그리는 것, 즉 리얼리즘이 더블린의 현실에 대한 신랄한 수준 높은 비평인 셈이다.

조이스의 수법에 신화와 고전의 틀을 통해 작품을 쓰는 것이 있다. '은총'에서 이 경향이 두드러진다.

서두에서 커넌이 지하 화장실 바닥에 굴러 떨어져 부상을 입는 것은 '지옥'으로 떨어지는 것을 의미한다. 침실 장면은 '연옥'(《가톨릭교》 천국과 지옥 사이에 있으며, 죽은 사람이 천국에 들어가기 전에 그 영혼이 불에 의해 죄를 정화하는 장소)에 해당한다. 이야기 마지막에서 시민들이 영혼의 구원을 찾아서 모여드는 교회는 '천국'에 해당한다. 《신곡》의 마지막 제33가에서 단테가 신에게 올리는 기도, "당신의 은총을 갈구하니/마지막 축복을 향해 눈을/더 높이 올리도록 그에게 힘을 내려 주소서."(천국편)는 장엄하였다. 그에 비해 '은총'의 끝맺음은 "하느님의 은총으로 여기와 여기를 수정하여 내 장부를 바로잡아야겠다"며 신의 은총을 보통 사람들이 활용하기에 편하게끔 이용하고 있다.

'은총'은 《신곡》보다 '욥기'의 영향이 강하다고 보는 견해도 있다. 욥은 참담한 불행에 빠져 악성 피부병에 시달린다. 그를 위로하러 오는 친구의 수와 커넌의 문병자 수는 같은 세 사람이고, 엘리후와 포가티가 뒤늦게 문병하러 온다. 욥의 문병 자리에서 논의되는 것은 깊은 종교적 체험으로 뒷받침된 신의론(神義論)인데, 커넌의 침실에서는 천박하고 경솔한 신학론만 펼쳐진다. 결말에서 욥이 신의 은총을 발견하는 데 비해, 신부의 설교만 있고 커넌의 참회에 대해서는 언급이 없다. '은총'은 《신곡》과 '욥기'의 틀을 빌렸지만 실질적으로는 그 패러디이고, 단테와 욥의 편력에 대한 우스꽝스러운 뒤집기라고 해석할 수 있으리라.

신사와 모자라는 말이 눈에 띈다. '신사'라는 말이 12번 나오는 것은 등장인물의 대부분이 전형적인 신사이기 때문일까. 그리고 모자는 신사의 상징이다. 실크해트는 커넌을 대표하며 사회적 위신과 체면 유지를 상징한다. 그와 운명을 함께 하는 모자에 대한 마지막 묘사는 '모자를 원래대로 무릎 위에 올려놓고 주의 깊은 얼굴로 설교자를 바라보았다'이다.

죽은 사람들

관리인의 딸 릴리[*1]는 글자 그대로 발이 땅에 닿을 새가 없었다. 한 신사를 아래층 사무실 뒤에 있는 조그만 식기실로 안내하여 외투 벗는 것을 막 도와주고 난 순간, 현관문 초인종이 귀에 거슬리는 소리를 내며 울려서 다음 손님을 맞이하러 바닥에 아무것도 깔려 있지 않은 복도를 부리나케 달려가지 않을 수 없었다. 그녀로서는 여자 손님들까지 시중들지 않는 것이 천만다행이었다. 그것은 케이트와 줄리아가 미리 2층의 욕실을 숙녀용 탈의실로 개조해둔 덕분이었다. 케이트와 줄리아는 그곳을 지키면서 잡담을 하고 깔깔거리면서 법석을 피우다가, 앞서거니 뒤서거니 계단 꼭대기까지 걸어가서 난간 너머로 아래를 내려다보고는 큰 소리로 릴리를 불러 누가 왔느냐고 물어보곤 했다.

모컨 자매가 해마다 여는 댄스파티는 언제나 성대한 행사였다. 그들을 아는 모든 사람이 거기에 참석했다. 집안 친척들, 집안의 오랜 친구들, 줄리아 성가대 단원들, 이제는 어엿한 성인이 된 케이트의 제자들, 그리고 메리 제인의 제자들도 더러 참석했다. 파티가 실패로 끝난 적은 한 번도 없었다. 여러 해를 두고, 또 누구의 기억 속에서도, 그 파티는 멋진 성공의 연속이었다. 그것은 오빠 팻이 세상을 떠난 뒤, 케이트와 줄리아가 하나뿐인 조카딸 메리 제인을 데리고, 그들이 살던 스토니 배터의 집을 떠나 어셔스 아일랜드[*2]의 어둡고 음산한 집으로 이사 온 이후 줄곧 이어져 왔다. 일층에서 곡물상을 하는 풀럼 씨한테서 그 집 2층을 세낸 것이었다. 그러니까 줄잡아도 30년이 족히 넘었다. 그 무렵 짧은 옷을 입은 어린 소녀였던 메리 제인이 지금은 집안의 어엿한 기둥이었다. 그것은 해딩턴 거리[*3]

[*1] 일반적으로 보통명사 릴리(하얀 백합)는 순결과 행복의 상징. 장례식과 부활의 상징이기도 하다.

[*2] 시내 지도 ③참조. 이하 ③으로 생략. 이 제방을 따라 모컨의 집이 있다.

①애스턴 강변

②아담과 이브 성당

③어셔스 아일랜드

④웰링턴 기념비

⑤에인션트 음악당

⑥왕립음악원

⑦왕립대학

⑧오코넬 다리

⑨구 로열극장

⑩그레섬 호텔

⑪게이어티 극장

⑫항만관리청

⑬15에이커 들판

⑭스토니 배터

⑮다니엘 오코넬 동상	⑯트리니티 대학
⑰배철러 가	⑱해딩턴 거리 성당
⑲백 골목	⑳빌리 왕의 동상
㉑헨리 가	㉒4법정 재판소
㉓로열 극장	㉔와인터번 가

＊3 상류층을 대상으로 하는 가게가 늘어선 이 거리에 가톨릭의 성 마리아 성당이 있고, 그곳
   에서 메리 제인이 오르간을 연주하고 있다.

의 교회에서 오르간을 맡고 있었기 때문이다. 그녀는 왕립음악원*4 출신으로 해마다 에인션트 음악당*5 2층에서 제자들의 연주회를 개최했다. 제자들의 대다수가 킹스타운과 댈키*6선(線) 방면에 사는 부유한 가정의 자녀들이었다. 메리 제인의 고모들도 나이는 많지만 저마다 역할을 분담하고 있다. 줄리아는 완전히 백발이 되었지만 아직도 아담과 이브 성당*7의 제1소프라노를 맡고 있고, 케이트는 몸이 너무 노쇠하여 거동이 불편했지만 그래도 안쪽 방에서 구식 스퀘어 피아노로 초보자들에게 음악 레슨을 하고 있었다. 그리고 관리인의 딸인 릴리가 가정관리사 일을 맡아보았다. 생활은 검소했지만 세 사람 다 잘 먹어야 한다는 주의였다. 뭐든지 최고급이어야 하는데, 이를테면 뼈가 붙어 있는 최상품 등심에 3실링짜리 고급차, 병에 든 최고급 흑맥주만 먹었다. 그러나 릴리가 주문을 잘못 처리하는 일이 좀처럼 없어서 세 마님과 아주 원만하게 지냈다. 세 마님은 좀 까탈스럽지만, 그 이상은 아니었다. 그러나 딱 한 가지 그녀들이 견딜 수 없어 하는 것은 릴리의 말대답이었다.

그들이 오늘 같은 밤에 야단법석을 떠는 데는 물론 그럴 만한 충분한 이유가 있었다. 게다가 밤 열 시가 지난 지 오래인데도 가브리엘과 그의 아내가 꼴도 보이지 않았다. 또 그들은 프레디 멀린스가 고주망태가 되어 나타나지 않을까 걱정이 태산 같았다. 그들은 세상없어도 메리 제인의 제자들에게만은 그의 취한 꼴을 보여주고 싶지 않은 데다, 무엇보다 그 꼴이 되면 다루기가 아주 어려운 위인이기 때문이었다. 프레디 멀린스는 항상 늦게 오는 사람이니까 그렇다 치지만, 가브리엘이 왜 나타나지 않는지 궁금해서 견딜 수가 없었다. 그래서 두 자매는 2분이 멀다 하고 난간으로 나가 릴리에게 가브리엘이나 프레디가 왔느냐고 물어보았다.

"어머나, 콘로이 선생님." 릴리가 가브리엘에게 문을 열어주며 말했다. "케이트 마님과 줄리아 마님이 선생님이 안 오시는 게 아닌가 하고 걱정을 태산같이 하셨어요. 안녕하세요, 콘로이 부인."

---

*4 '어느 어머니'의 캐슬린 커니도 이곳을 졸업했다.

*5 '어느 어머니'의 음악회 무대였다.

*6 킹스타운은 항구도시로 해안휴양지. 댈키는 해안도시. 이 구간은 더블린 교외의 고급주택지. 더블린 교외의 지도 참조(이하 '지도 참조'로 생략한다).

*7 성 프란시스 수도회의 별명.

"보나마나 그러셨을 테지." 가브리엘이 말했다. "두 분 다 우리 어부인께서 치장을 하시는 데 장장 세 시간이나 걸린다는 걸 깜빡하셨나보군."

그는 매트 위에 올라서서 고무덧신에서 눈을 털었다. 그러는 사이 릴리는 그의 아내를 데리고 계단 발치로 가서 위를 향해 소리쳤다.

"케이트 마님, 콘로이 부인이 오셨어요."

이 말에 케이트와 줄리아가 뒤뚱거리면서 어두컴컴한 계단 아래로 당장 걸어 내려왔다. 두 자매는 가브리엘의 아내에게 키스를 하고는 추워서 얼어 죽을 뻔했겠다고 말하면서 가브리엘은 같이 오지 않았느냐고 물었다.

"여기 왔어요, 우편물처럼 정확하게, 케이트 이모님! 올라가세요. 곧 따라 올라갈 테니까요." 가브리엘이 어둠 속에서 큰 소리로 말했다.

세 여인이 소리 내어 웃으면서 숙녀 탈의실을 향해 2층으로 올라가는 동안 가브리엘은 계속해서 열심히 신발의 눈을 털었다. 가벼운 눈송이가 그의 외투 어깨 위에 망토처럼 덮여 있고, 고무덧신 앞부리에도 장식처럼 내려앉아 있었다. 외투 단추가 눈으로 얼어붙은 프리즈 모직물*8의 단춧구멍에서 힘들게 빠져나오자, 그때까지 갇혀 있던 차갑고도 향긋한 바깥 공기가 외투 틈새와 주름 사이에서 빠져나왔다.

"또 눈이 오나요, 콘노로이 선생님?" 릴리가 물었다.

그녀는 앞장서서 식기실로 안내하여 그가 외투 벗는 것을 도와주었다. 가브리엘은 그녀가 그의 성(姓)을 콘노로이라고 세 음절로 발음하자 빙그레 미소를 짓고는 그녀를 흘끗 쳐다보았다. 몸매가 호리호리한 한창 피어나는 처녀인데도 안색은 창백하고 머리카락은 건초 같은 색을 띠고 있었다. 식기실의 가스등 때문에 그녀는 더욱더 창백하게 보였다. 가브리엘은 그녀가 꼬마일 때 맨 아래 층계에 앉아 헝겊 인형을 안고 놀던 때부터 알고 있었다.

"그래, 릴리. 밤새도록 내릴 것 같아."

그는 식기실 천장을 올려다보았다. 위층에서 발을 구르거나 질질 끌고 다니는 소리에 흔들리고 있었다. 잠시 피아노 소리에 귀를 기울이다가 처녀에게로 눈길을 돌리자, 그녀는 선반 끝에서 그의 외투를 정성껏 개키고 있었다.

───────────────
*8 한 면만 보풀을 세운 거친 방모직물.

"그런데, 릴리." 그가 다정한 목소리로 물었다. "아직도 학교에 다니니?"

"네? 아니에요, 선생님. 학교를 마친 지 일 년도 넘는걸요."

"아, 그래, 그렇다면." 가브리엘이 쾌활하게 말했다. "너와 네 낭군님의 결혼식에 우리도 곧 참석하게 되겠구나, 그렇지?"

처녀는 어깨 너머로 그를 흘깃 돌아보면서 몹시 신랄하게 대꾸했다.

"요새 남자들은 하나같이 말은 비단 같아서 사람을 어떻게 우려먹나 그것만 생각한다니까요."

가브리엘은 무슨 잘못이라도 저지른 듯이 얼굴이 빨개졌다. 그는 그녀를 쳐다보지도 못한 채 고무덧신을 차서 벗어버리고 목도리로 자기의 에나멜 가죽구두를 부지런히 닦았다.

그는 건장하고 키가 큰 젊은이였다. 그의 두 뺨에 생긴 홍조는 이마께까지 밀고 올라간 뒤 거기서 몇 개의 형체 없는 옅은 붉은 반점이 되어 자취를 감추었다. 매끈한 얼굴에서는 섬세하면서도 불안해 보이는 두 눈을 가려주는 안경의 반질반질한 렌즈와 빛나는 금테가 끊임없이 번쩍이고 있었다. 윤기 있는 새카만 머리는 머리 한가운데로 가르마를 타서 긴 곡선을 그리며 귀 뒤로 빗어 넘겼는데, 그것은 모자 쓴 자국 밑에서 약간 말려 있었다.

그는 에나멜 구두를 닦아 광택을 낸 뒤 일어서서 조끼를 당겨서 약간 살찐 몸에 딱 맞도록 매만졌다. 그런 다음 그는 호주머니에서 동전 한 닢을 얼른 꺼내 그녀의 손에 쥐어주면서 말했다.

"릴리, 크리스마스 시즌*⁹이잖아? 그냥…… 아주 조금이야……"

그는 문 쪽으로 재빨리 걸어갔다.

"어머, 아니에요, 선생님!" 처녀는 그를 따라가면서 소리쳤다. "정말 이건 받을 수 없어요."

"크리스마스잖아! 크리스마스!" 가브리엘은 계단 있는 데까지 거의 뛰다시피 가면서 그녀에게 괜찮다는 표시로 손을 내저으며 말했다.

처녀는 그가 이미 계단을 다 올라간 것을 보고 그의 등 뒤에 대고 소리쳤다.

"그럼, 고마워요, 선생님."

---

*9 12월 24일(크리스마스 이브)부터 1월 6일(주현절로 휴일)까지로, 이 파티는 1월 6일이나 그 전야일 것이다.

그는 왈츠가 끝날 때까지 응접실 문 밖에서 기다리면서 치마가 바닥을 스치는 소리와 발을 끄는 소리에 귀를 기울였다. 그는 처녀의 그 뜻밖의 신랄한 대꾸 때문에 아직도 마음의 평정을 잃고 있었다. 마음이 울적해져서 그 울적함을 떨쳐버리려고 커프스와 넥타이의 나비매듭을 매만졌다. 그런 다음 그는 조끼 주머니에서 작은 종이쪽지를 꺼내 연설에 이용하려고 준비해두었던 글귀를 훑어보았다. 로버트 브라우닝의 시를 인용하는 것에 대해서는 아직 결심이 서지 않았다. 듣는 사람들의 수준에 비해 너무 높지 않을까 하는 염려 때문이었다. 그들이 쉽게 알아들을 수 있는 셰익스피어나 〈아일랜드 가요집〉*¹⁰에서 몇 구절 따오는 것이 나으리라. 남자들이 구두 뒤축을 무신경하게 덜거덕거리는 소리와 구두 바닥을 끄는 소리를 들으면서 그는 그들의 교양 수준이 자기와 다르다는 것을 다시 한 번 인식했다. 그들이 이해하지도 못할 시를 인용한다면 이쪽이 우스꽝스럽게 보일 뿐이다. 모두들 그가 높은 학식을 과시한다고 생각하리라. 식기실에서 그 처녀를 상대로 실수했듯이 그들에게서도 실패하고 말 것이다. 그는 애초부터 헛다리를 짚었다. 연설 전체가 처음부터 끝까지 잘못된 것뿐이요 완전한 실패였다.

바로 그때 그의 두 이모와 아내가 숙녀 탈의실에서 나왔다. 이모들은 둘 다 수수하게 차려입은 조그마한 노파들이었다. 줄리아 이모가 케이트 이모보다 3센티미터쯤 더 컸다. 귀가 가려질 정도로 축 처진 그녀의 머리칼은 온통 반백이었다. 그 늘어진 커다란 얼굴도 역시 흰색이었지만, 거기에는 더욱 짙은 그림자가 드리워져 있었다. 비록 체격은 건장하고 자세도 꼿꼿해 보이지만 눈동자엔 힘이 없고 입은 항상 벌어져 있어서, 그녀는 자기가 어디에 있는지, 어디로 가고 있는지도 모르는 여자처럼 보였다. 케이트 이모는 좀 더 생기가 있었다. 그녀의 얼굴은 동생보다 더 건강하게 보이긴 했지만 쭈글쭈글한 붉은 사과처럼 온통 주름살투성이였다. 그러나 한결같이 옛날식으로 땋은 그녀의 머리카락은 잘 익은 밤색을 잃지 않고 있었다.

그들 두 이모는 가브리엘에게 가볍게 키스했다. 그들이 애지중지하는 조카인 그는 죽은 언니 엘렌의 아들이었다. 엘렌은 항만관리청*¹¹에 근무하던 T. J. 콘로이와 결혼했다.

---

*10 어느 가정이나 이 시집(이 책에 자주 등장)을 한 권 갖고 있을 정도로 인기가 높다.
*11 더블린의 항만, 선적, 세관을 관리하는 관청.

"그레타가 너희들 오늘밤엔 마차를 타고 멍크스타운으로 돌아가지 않을 거라고 말하던데, 가브리엘." 케이트 이모가 말했다.

"그래요." 가브리엘이 아내를 쳐다보면서 대답했다. "우리 작년에 어지간히 탈 만큼 탔지, 안 그래? 생각 안 나세요, 케이트 이모님? 그레타가 그 때문에 얼마나 지독한 감기에 걸렸는지? 마차 창문은 줄곧 덜커덩거리는 데다 메리언을 지나서부터는 샛바람이 불어쳤지요. 정말 대단했어요. 그 바람에 그레타는 지독한 감기에 걸리고 말았고."

케이트 이모는 근엄하게 이맛살을 찌푸리며 말끝마다 고개를 끄덕였다.

"정말 그랬지, 가브리엘, 정말 그랬어. 조심은 아무리 해도 지나치지 않아."

"하지만 여기 그레타로 말하면, 그냥 내버려두면 눈 속을 걸어서라도 돌아갈 거예요." 가브리엘이 말했다.

콘로이 부인이 웃었다.

"저이 말 듣지 마세요, 케이트 이모님. 저 양반, 얼마나 성가신 사람인지 몰라요. 톰의 눈을 위한답시고 밤에 푸른 차양을 씌우지를 않나, 억지로 아령을 시키지 않나, 로티에게는 그토록 먹기 싫어하는 오트밀 죽을 강제로 먹이지를 않나, 정말 딱하지 뭐예요! 그 아인 오트밀 죽을 보기만 해도 질색을 하는데요! ……아, 하지만 이건 결코 상상도 못하실 거예요, 요즘 저 양반이 저에게 무엇을 신기고 있는지 말이에요!"

그녀는 까르르 웃음을 터뜨리면서 남편을 흘끗 쳐다보았다. 남편의 황홀한 듯 행복한 눈초리는 부인의 드레스에서 얼굴과 머리카락으로 옮겨가고 있었다. 두 이모도 박장대소를 했다. 가브리엘의 쓸데없는 걱정은 그들에게 언제나 우스갯거리였다.

"다름 아닌 고무덧신이랍니다!" 콘로이 부인이 말했다. "가장 최근에 사 준 것이 그거예요. 땅이 질기만 하면 반드시 고무덧신을 신어야 한다나요. 오늘 저녁만 해도 저 양반은 저더러 그걸 신으라고 하고 저는 신지 않겠다고 하면서 한창 실랑이를 벌였죠. 다음번에는 아마 잠수복을 사올지도 몰라요."

가브리엘이 계면쩍은 듯이 웃고는, 걱정 마, 다음에는 그걸 사 줄 테니까 하는 것처럼 넥타이를 가볍게 두드리자, 케이트 이모는 배꼽을 잡고 웃었다. 그런 농담이 그토록 재밌었기 때문이다. 그러나 줄리아 이모의 얼굴에서는 미소가 이내 사라지더니, 슬픈 듯한 눈이 조카의 얼굴로 향했다. 잠시 사이를 둔 뒤 그녀는 이렇게 물었다.

"그런데 고무덧신이 뭐지, 가브리엘?"

"고무덧신이 뭐냐고, 줄리아!" 그녀의 언니가 큰 소리로 말했다. "맙소사, 너 고무덧신이 뭔지 모르니? 부츠 위에 신는 것 있잖아, 그레타, 내 말이 맞지?"

"맞아요. 구타페르카 제품*¹²인데 우린 둘 다 한 켤레씩 갖고 있어요. 가브리엘 말로는 유럽대륙에서는 신지 않는 사람이 없다는데요."

"아, 대륙에서는 그런가." 줄리아 이모는 천천히 고개를 끄덕거리면서 중얼거렸다.

가브리엘은 눈살을 찌푸리며 약간 화난 듯이 말했다.

"하나 놀랄 일도 아닌데, 그레타는 괜히 재미있어한다니까요. 그 말을 들으면 크리스티 가극단*¹³이 생각난다면서요."

"그런데, 가브리엘." 케이트 이모가 재치 있게 얼른 말을 돌렸다. "물론 방은 봐두었겠지? 그레타 말이……"

"아, 방 말입니까, 방은 아무 문제없습니다. 그레셤 호텔에 하나 예약해두었으니까요."

"아무렴." 케이트 이모가 말했다. "참 잘했다. 그리고 그레타, 아이들은 걱정할 필요 없겠지?"

"걱정 없어요, 하룻밤뿐인걸요." 콘로이 부인이 말했다. "게다가 베시가 잘 보살펴줄 거예요."

"아무렴." 케이트 이모가 다시 말했다. "그런 처녀를 데리고 있으니 정말 안심이구나, 마음 놓고 믿을 수 있는 아이니까 말이야! 그런데 저 릴리 말이야, 걔한테 요새 무슨 일이 생긴 건지 도무지 알 수가 없단 말이야. 전혀 딴 사람이 된 것 같으니."

가브리엘이 이 점에 대해 이모에게 몇 가지 물어보려고 했지만, 그녀는 갑자기 입을 다물고 눈으로 언니를 따라가고 있었다. 언니는 계단을 슬금슬금

---

*12 말레이 지방에서 난다. 적철과 식물의 수지를 가공 건조시킨 고무 같은 물질.

*13 1846년 미국의 작곡가이자 가수, 배우이자 연출가였던 E.P. 크리스티(1815~62)가 창시한 가극단. 백인 단원이 얼굴을 검게 칠하고 미국 남부 흑인 사투리와 노래를 흉내 내었다.

내려가 난간 너머로 목을 길게 뽑고 있었다.

"응? 줄리아가 어딜 가는 거지? 줄리아! 줄리아! 도대체 어딜 가는 거야?" 그녀는 거의 조급한 듯이 말했다.

줄리아는 한 층을 절반쯤 내려갔다가 다시 돌아와서 온화하게 알렸다.

"프레디가 왔어!"

바로 그때, 박수 소리와 피아니스트가 치는 마무리 장식음이 터져나와 왈츠가 끝났음을 알 수 있었다. 응접실 문이 안에서 열리더니 몇 쌍의 남녀가 밖으로 나왔다. 케이트 이모는 황급히 가브리엘을 한쪽 옆으로 끌고 가 귀에 대고 소곤거렸다.

"가브리엘, 미안하지만 얼른 좀 내려가서 그 사람이 멀쩡한지 좀 보고 와주렴. 만일 술에 취해 있으면 올려 보내지 말고. 보나마나 취했을 거야. 틀림없어."

가브리엘은 계단 쪽으로 가서 난간 너머로 귀를 기울였다. 식기실에서 두 사람이 얘기하는 소리가 들렸다. 그리고 이내 귀에 익은 프레디 멀린스의 웃음소리도 들려왔다. 그는 요란한 소리를 내면서 계단을 내려갔다.

"가브리엘이 여기 있다는 것이 정말 큰 힘이 되더라." 케이트 이모가 콘로이 부인에게 말했다. "걔가 여기 오면…… 언제나 마음이 든든해지거든. 줄리아, 댈리 양과 파워 양에게 뭐 마실 것 좀 대접하지 그래. 멋진 왈츠곡 고마웠어요, 댈리 양. 덕분에 즐거운 시간 보냈어요."

뻣뻣한 반백의 콧수염이 난 주름투성이 얼굴에 가무잡잡한 피부, 키는 멀쑥한 남자가 파트너와 함께 방에서 나가려다가 이렇게 말했다.

"그런데 우리도 뭣 좀 마실 수 없을까요, 모컨 양?"

"줄리아." 케이트 이모가 지체 없이 말했다. "여기 브라운 씨와 펄롱 양도 계시니까, 이분들을 댈리 양과 파워 양과 함께 모셔."

"제가 이래 뵈도 숙녀들을 안내하는 데는 이력이 난 사람이라오." 브라운 씨는 콧수염이 곤두설 정도로 입술을 잔뜩 오므리고 주름살투성이 얼굴에 미소를 지으면서 말했다. "모컨 양, 여자들이 그토록 저를 좋아하는…… 이유를 알고 계시죠?"

그가 채 할 말을 끝내기도 전에 케이트 이모가 말소리가 들리지 않는 곳으로 사라진 것을 알고 브라운 씨는 세 젊은 숙녀를 당장 안쪽 방으로 안내했다. 방 한복판에는 서로 맞대어 붙여놓은 두 개의 네모난 식탁이 있었는데, 그 식탁 위에 줄리아 이모와 관리인이 커다란 식탁보를 잡아당겨 펴고 있었다. 찬장에는 큰 접시와 쟁반, 술잔, 그리고 나이프, 포크 및 스푼 다발들이 진열되어 있었다. 스퀘어피아노의 닫힌 뚜껑도 음식과 과자류를 두는 찬장 구실을 했다. 한쪽 구석의 약간 작은 찬장 앞에는 두 젊은이가 서서 홉비터*14를 마시고 있었다.

브라운 씨는 자기가 맡은 세 여성을 그곳으로 안내하여 따끈하고 독하면서도 달콤한 여성용 펀치를 맛 좀 보라고 농담으로 권했다. 그들이 독한 것은 입에 대지도 않는다고 하자 그는 레모네이드 세 병을 따서 그들에게 건넸다. 그런 다음 한 젊은이에게 좀 비켜달라고 하고는 술병을 집어들고 자기 몫으로 위스키를 잔뜩 따랐다. 그가 맛보기로 한 모금 하는 동안 젊은이들은 존경의 눈길로 그를 바라보았다.

"세상에, 의사가 독주를 마시라는 처방을 내리다니."

그가 쭈글쭈글한 얼굴로 활짝 웃으면서 말했다. 세 젊은 여성들은 그의 농담에 음악적인 웃음소리로 호응하면서 몸을 앞뒤로 흔들고 어깨를 있는 대로 들썩였다. 그중에 가장 대담한 여성이 말했다.

"오, 이런, 브라운 씨. 의사가 그런 처방을 내렸을 리가 없지요."

브라운 씨는 위스키를 한 모금 더 홀짝거리고는 갈지자걸음을 흉내 내면서 말했다.

"아, 글쎄, 난 그 유명한 캐시디 부인*15을 닮았나 봐요, 그녀가 이런 말을 했다잖아요. '자, 메리 그라임스여, 만일 내가 마시지 않고 가만 있거든 억지로라도 마시도록 제발 권해줘요. 나는 마시고 싶으니까요.'"

그는 불그레해진 얼굴을 너무 넉살이 좋다 싶을 정도로 앞으로 내민 데다 매우 천박하게 들리는 더블린 억양을 썼기 때문에, 젊은 여성들은 하나같이 본능적으로 그의 이야기를 말없이 흘려 듣고 있었다. 메리 제인의 제자인 펄롱 양은 댈리 양에게 방금 연주한 그 멋진 왈츠의 제목이 뭐냐고 물었다. 그들이 자기를 상대해주지 않는다는 것을 눈치챈 브라운 씨는 자기를 좀 더 알아줄 듯한 두 청년들에게 얼른 몸을 돌렸다.

---

*14 홉을 넣어 만든 일종의 맥주.
*15 이 우스꽝스러운 인물과 에피소드는 불명.

제비꽃 색 드레스를 입은 붉은 얼굴의 젊은 여인이 방에 들어와, 흥분하여 손뼉을 치면서 소리쳤다.

"카드리유*16가 시작돼요, 카드리유가!

케이트 이모가 그녀의 뒤를 바싹 따라 들어오며 외쳤다.

"남자 둘과 여자 셋이 더 필요해, 메리 제인!"

"아, 여기 버긴 씨와 케리건 씨가 계시잖아요." 메리 제인이 말했다. "케리건 씨, 파워 양의 파트너가 되어주시겠어요? 펄롱 양, 버긴 씨가 파트너로 어떻겠니? 오, 그럼 다 됐어요."

"여자는 셋이라니까." 케이트 이모가 말했다.

두 젊은 신사는 숙녀들에게 같이 춤출 영광을 허락해주겠느냐고 물었고, 메리 제인은 댈리 양에게 몸을 돌렸다.

"댈리 양, 당신이 한 번 더 수고해 줬으면 해요. 방금 춤곡을 두 곡이나 친 뒤지만, 오늘 밤엔 왜 이렇게 숙녀들이 부족한지 모르겠어."

"제 걱정은 하지 마세요, 모컨 선생님."

"하지만 당신에겐 멋진 파트너가 있어요, 바텔 다시 씨라는 테넌데, 좀 있다 그분에게 노래를 한 곡 부탁할 거예요. 더블린이 온통 그분 이야기로 떠들썩하거든."

"목소리 하나는 정말 멋져, 멋지고말고!" 케이트 이모가 말했다.

피아노가 맨 처음 피겨의 전주를 두 번 치기 시작하자, 메리 제인은 새로 보충한 사람들을 재빨리 방에서 데리고 나갔다. 그들이 빠져나가자마자 줄리아 이모가 무엇을 찾는 듯이 뒤를 돌아보면서 느릿느릿 방 안으로 들어왔다.

"무슨 일이야, 줄리아?" 케이트 이모가 불안한 듯이 물었다. "누굴 찾는 건데?"

냅킨을 한 뭉치 들고 들어오던 줄리아는 언니에게 몸을 돌리면서 그 질문에 놀란 것처럼 간단하게 답했다.

"프레디야, 케이트 언니. 가브리엘도 같이 있어요."

실제로 그녀 바로 뒤에서 가브리엘이 프레디 멀린스를 데리고 층계참을

---

*16 두 사람씩 네 쌍이 춤추는 스퀘어댄스.

지나고 있는 것이 보였다. 프레디는 한 마흔쯤 되어 보이는 젊은 남자로 키와 몸집은 가브리엘만하지만 어깨는 매우 둥글어 보였다. 그의 얼굴은 살집이 있으면서도 창백했는데, 축 늘어진 두꺼운 귓불과 펑퍼짐한 양쪽 콧방울만 붉은빛을 띠고 있었다. 이목구비가 우락부락하다. 뭉툭한 코, 튀어나온 데다 벗어진 이마, 두툼하게 튀어나온 입. 무거워보이는 눈두덩과 흐트러지고 듬성듬성한 머리카락 때문에 졸리는 얼굴처럼 보인다. 그는 아까 계단에서 자기가 가브리엘에게 해준 이야기를 생각하며 크게 껄껄 웃으면서, 왼손 손가락 마디로 왼쪽 눈을 연신 비벼댔다.

"어서와요, 프레디." 줄리아 이모가 말했다.

프레디 멀린스는 모컨 자매에게 저녁인사를 했지만, 습관적으로 잘 막히는 목소리 때문에 퉁명스럽게 들렸다. 브라운 씨가 찬장 있는 데서 자기를 향해 히죽이죽 웃고 있는 것을 발견하고 약간 비틀거리는 걸음으로 방 안을 가로질러 가서 조금 전에 가브리엘에게 했던 이야기를 나지막한 목소리로 되풀이하기 시작했다.

"저 양반 그렇게 엉망은 아니지, 그렇지?" 케이트 이모가 가브리엘에게 물었다.

가브리엘의 미간은 험악했지만, 재빨리 이맛살을 펴면서 대답했다.

"예, 별로요. 눈에 띌 정도는 아니군요."

"하지만, 정말 골치 아픈 사람이야! 그 불쌍한 어머니가 섣달 그믐날 밤에 금주 맹세까지 시켰건만. *17 그건 그렇고 가브리엘, 응접실로 들어가자."

가브리엘과 함께 방을 나가기에 앞서 그녀는 브라운 씨를 향해 이맛살을 찌푸리며 집게손가락을 좌우로 흔들어 조심시키라는 신호를 보냈다. 브라운 씨는 고개를 끄덕여 대답한 뒤, 그녀가 나가고 나자 프레디 멀린스에게 말했다.

"자, 자, 테디. 레모네이드 한 잔 듬뿍 따라드릴 테니 기운 좀 차리시구려."

마침 이야기가 클라이맥스에 접어들고 있었던 프레디 멀린스는 귀찮다는 듯이 손을 내저어 그 제안을 뿌리쳤다. 그러나 브라운 씨는 프레디 멀린스에게 우선 흐트러진 옷매무새부터 바로잡으라고 주의를 준 다음 레모네이드를

---

*17 섣달 그믐밤에 시켰다면 일주일도 채 되지 않은 셈.

한 잔 가득 따라 주었다. 프레디 멀린스의 왼손이 기계적으로 잔을 받았다. 그것은 오른손 또한 기계적으로 옷을 바로잡느라 바빴기 때문이다. 브라운 씨는 터져나오는 웃음으로 다시 한 번 얼굴을 주름투성이로 만들면서 자기 몫으로 위스키를 한 잔 따랐다. 한편 프레디 멀린스는 이야기가 클라이맥스에 채 도달하기도 전에 기관지염에 걸린 듯한 발작적인 날카로운 웃음을 터뜨리더니, 맛도 보지 않은 찰랑찰랑한 레모네이드 잔을 도로 내려놓고, 왼손 손가락 마디로 왼쪽 눈을 비비기 시작하면서, 발작적인 웃음 사이사이에 기를 쓰고 이야기의 마지막 말을 다시 되풀이했다.

메리 제인이 쥐 죽은 듯이 고요한 응접실에서 빠른 연주와 난해한 악절로 가득한 음악원 전용 연습곡*18을 연주했지만, 가브리엘은 거기에 귀를 기울일 수가 없었다. 그는 음악을 좋아했지만 그녀가 연주하는 곡은 그에게는 아무런 선율도 없는 것 같아서, 다른 청중들도 메리 제인에게 무언가 멋들어진 곡을 쳐달라고 간청하기는 했지만, 그들이 이 곡에 멜로디가 있다고 느끼는지 의심스러웠다. 피아노 소리에 식당에서 나와 문간에 서서 듣고 있던 네 명의 젊은이도 몇 분이 안 되어 짝을 지어 어디론가 조용히 사라져버렸다. 그 음악을 이해하는 것처럼 보이는 사람은, 건반을 따라 두 손을 움직이거나 연음(延音)이 나올 때마다 마치 저주를 거는 무녀의 손처럼 양손을 건반에서 번쩍 치켜드는 메리 제인 자신과, 그 옆에 바짝 붙어 서서 악보를 넘겨주는 케이트 이모, 이렇게 둘뿐이었다.

가브리엘의 두 눈은 밀랍을 칠한 마룻바닥이 묵직한 샹들리에 불빛을 받아 반짝거려 눈이 부셔서인지 피아노 위의 벽 쪽을 헤매고 있었다. 벽에는〈로미오와 줄리엣〉의 발코니 장면 그림이 걸려 있고 그 옆에는 런던탑에서 살해된 두 왕자*19의 그림이 걸려 있는데, 그것은 줄리아 이모가 소녀 시절에 빨강, 파랑, 갈색 털실로 수를 놓은 것이었다. 아마 소녀 때 다닌 학교에서 저런 걸 배웠으리라. 왜냐하면 어느 해 그의 어머니가 생일 선물로 그에게 보라색 태비넷 천*20으로 여우 새끼들 머리를 수놓은 조끼를 만들어준 적이

*18 기술 능력을 시험하는 지정연습곡.
*19 숙부인 리처드에게 살해되었다(《리처드 3세》 제4막 제3장).
*20 실내장식에 쓰이는 물결무늬 견모직물.

있기 때문이다. 그것은 밤색 공단으로 안을 댄 것으로, 오디 색 단추가 달려 있었다. 이상하게도 그의 어머니는, 케이트 이모가 늘 그녀를 모컨 집안의 재원(才媛)이라고 불렀지만 음악적 재능은 전혀 없었다. 케이트와 줄리아 이모는 그 진지하고 차분한 언니를 늘 자랑으로 여겼던 것 같다. 지금 그녀의 사진이 커다란 벽거울 앞에 세워져 있다. 그녀는 무릎 위에 책을 펴놓고 세일러복 차림으로 그녀의 발치에 누워 있는 콘스탄틴에게 책 속의 무엇인가를 가리키고 있었다. 자기 아들들의 이름을 선택한 것은 그녀였다. *²¹ 왜냐하면 그녀는 가족의 위신에 매우 민감했기 때문이다. 그녀 덕택에 콘스탄틴은 현재 밸브리건*²² 성당에서 수석 보좌신부로 있고, 또 그녀 덕택에 가브리엘 자신도 왕립대학*²³에서 학위를 받을 수 있었다. 어머니가 그의 결혼을 은근히 반대하던 일이 머리에 떠오르자 그의 얼굴에 어두운 그림자가 스치고 지나갔다. 그녀가 던진 몇 마디 모멸의 말들이 아직도 그의 기억에 사무쳤다. 그녀는 언젠가 그레타를 교활한 촌년이라고 말한 적이 있는데, 그것은 그레타에게는 전혀 해당되지 않는 말이었다. 어머니가 세상을 떠나기 전까지 오랫동안 병석에 있었을 때 그녀를 정성껏 보살핀 사람은 다름 아닌 그레타였다.

　그는 메리 제인의 곡이 거의 끝날 때가 되었다는 걸 알았다. 그녀가 첫 부분의 멜로디를 각 소절마다, 음계가 빠른 장식음을 붙여서 다시 한 번 되풀이하고 있기 때문이다. 그녀의 곡이 끝나기를 기다리는 사이에 어머니에 대한 분노가 마음속에서 사라졌다. 그녀의 곡은 고음부의 옥타브가 떤꾸밈음으로 몇 번 계속된 뒤, 마지막에 깊이 있는 저음부 옥타브로 모두 끝이 났다. 우레 같은 박수가 터지자 메리 제인은 얼굴을 붉히면서 허둥지둥 악보를 말아 들고 도망치듯 실내를 빠져나갔다. 가장 열렬하게 박수를 친 것은 문간에 서 있던 네 젊은이로, 그들은 곡이 시작될 때 식당으로 사라졌다가 연주가 끝났을 때 다시 돌아와 있었다.

---

*21 가브리엘은 7대천사의 한 사람을, 콘스탄틴은 그리스도교를 공인한 초대 로마황제 콘스탄티누스 대제(재위 306~37)를 연상시킨다.

*22 더블린에서 북쪽으로 약 32킬로미터 떨어진 바닷가 도시.

*23 1879년 영국 정부가 설립한 가톨릭계 대학으로, 교육기관이 아니라 학위를 심사하고 수여하는 기관이다.

랜서스 카드리유*²⁴가 준비되었다. 가브리엘은 아이버스 양과 파트너가 되었다. 그녀는 솔직한 태도에 수다스러운 젊은 여성으로 주근깨가 많은 얼굴에 갈색눈이 좀 튀어나와 있다. 가슴이 깊이 파인 옷*²⁵을 입지 않았을 뿐더러 앞깃에 단 커다란 브로치에는 아일랜드 문장*²⁶이 달려 있었다.

두 사람이 자리를 잡고 서자 그녀가 불쑥 말을 꺼냈다.

"당신에게 따질 일이 좀 있어요."

"나에게요?" 가브리엘이 말했다.

그녀는 심각하게 고개를 끄덕였다.

"뭔데요?" 가브리엘은 그녀의 엄숙한 태도에 미소를 지으며 말했다.

"G. C.가 누구죠?" 아이버스 양은 그에게 눈길을 돌려 꼬나보면서 대꾸했다.

가브리엘이 얼굴이 벌게져서 무슨 말인지 모르겠다는 듯이 미간을 찌푸리려는 순간, 그녀가 거침없이 말했다.

"어머, 시치미 떼시는 거예요? 당신이 〈데일리 익스프레스〉*²⁷에 기고 하는 있다는 것 다 알고 있다고요. 부끄럽지도 않으세요?"

"부끄러워해야 할 이유가 어딨어요?" 가브리엘은 눈을 껌벅거리는 동시에 미소를 지으려고 애쓰면서 반문했다.

"글쎄요, 당신을 보니 저까지 부끄러워지네요." 아이버스 양이 솔직하게 말했다. "그따위 넝마 같은 신문에 글을 쓰시다니, 당신이 친영파*²⁸일 줄은 미처 몰랐어요."

가브리엘의 얼굴에 난처한 빛이 역력했다. 그가 〈데일리 익스프레스〉에 매주 수요일 15실링의 고료를 받고 문학 칼럼에 글을 쓰는 것은 사실이었다. 그러나 그것 때문에 친영파로 몰린다는 건 말이 되지 않았다. 서평을 위해 받는 책이 몇 푼 안 되는 원고료보다 훨씬 더 반갑다고 해도 과언이 아니었다. 그는 책 표지를 만지작거리고 방금 인쇄한 책의 책장을 넘기는 것을

---

*24 여덟 쌍이 추는 스퀘어댄스.

*25 파티용 이브닝드레스.

*26 천사가 하프를 들고 있는 문양. 아일랜드 독립운동 동조자는 켈트 특유의 장식품을 단 수수한 야회복을 입었다.

*27 영제국의 정책에 영합한 더블린 일간신문(1851~1921).

*28 West Briton. 아일랜드가 영국의 서쪽에 있다는 점에서 '영국에 물든 아일랜드 인'이라는 뜻.

좋아했다. 거의 매일 대학 강의가 끝나면 부둣가를 따라 헌 책방을 순회하는 것이 습관이었다. 예를 들면 배철러 가*29의 히키 서점과 애스턴 부두의 웹 서점, 매시 서점, 또는 뒷골목의 오클로히시 서점이다. 그는 그녀의 공격에 어떻게 대처해야 좋을지 알 수 없었다. 문학은 정치를 초월한다고 말해주고 싶었다. 그러나 그들은 오랫동안 사귄 친구인 데다, 처음에는 대학*30에서, 그 다음에는 교사로서 경력도 비슷한 처지였다. 그래서 그녀를 상대로 거창한 언사를 늘어놓을 수도 없는 노릇이었다. 그는 연신 눈을 껌벅거리면서 미소를 잃지 않으려 애썼다. 그러면서 서평을 쓰는 데 무슨 정치적인 색채가 있겠느냐고 어물어물 중얼거렸다.

두 사람이 교차할 차례가 되어서도 그는 여전히 당혹한 채로 춤에 집중할 수가 없었다. 아이버스 양은 재빨리 그의 손을 따뜻하게 잡으면서 상냥하고 친밀한 어조로 말했다.

"물론 그냥 농담으로 그랬을 뿐이에요. 자, 자리 바꿔요."

그들이 다시 짝이 되었을 때 그녀가 대학 문제*31에 대한 이야기를 꺼내 가브리엘은 한결 마음이 홀가분해졌다. 그녀의 친구 하나가 그녀에게 그가 쓴 브라우닝 시집에 대한 서평을 보여주었다고 한다. 그래서 비밀을 알게 된 것이었다. 그러나 그녀는 그 서평만은 무척 마음에 들었다고 한다. 그러다가 그녀는 느닷없이 이렇게 말했다.

"아, 콘로이 씨. 이번 여름에 애런 섬*32에 한번 놀러 가시지 않겠어요? 우린 거기서 꼬박 한 달을 머물 예정이에요. 대서양으로 나가는 것, 멋지지 않아요? 꼭 오셔야 해요. 클랜시 씨도 가고, 킬켈리 씨와 캐슬린 커니*33도 가요. 그레타도 온다면 그녀가 정말 좋아할 텐데. 그 사람 코노트 주*34 출

---

*29 이 거리의 양쪽을 따라 책방이 늘어서 있으며, 이하의 서점은 모두 실재한 서점이다.

*30 가톨릭계 유니버시티 칼리지는 여성의 입학을 인정하지 않았다. 아이버스는 성 메리스 유니버시티 칼리지(아일랜드어를 가르치는 것으로 유명)를 졸업하여 교사가 되었다는 것.

*31 신교와 가톨릭의 교육을 똑같이 하려는 시도에서 생긴 논쟁.

*32 더블린 서쪽에 있는 세 개의 섬. 아일랜드어를 사용하고 옛날 풍습이 남아 있으며, 국수주의자의 유토피아로 여겨지고 있었다. J. M. 싱의 여행기 《애런 섬》이 유명. 지도 참조.

*33 '어느 어머니'의 등장인물.

*34 Connacht. 렌스터·먼스터·얼스터와 함께 아일랜드를 이루는 4개 행정구역 가운데 하나. 당시 아일랜드의 서쪽은 춥고 어두운 미개지로, 무덤과 죽음으로 가는 길로 여겨졌다.

신이시잖아요?"

"친정이 거기죠." 가브리엘은 퉁명스럽게 말했다.

"하지만 당신은 오실 거죠, 안 그래요?" 아이버스 양은 따뜻한 손으로 그의 팔을 힘껏 잡으면서 조르듯이 말했다.

"실은 어디 가기로 이미 약속을 해놔서……"

"어디를요?" 아이버스 양이 물었다.

"글쎄요. 저는 아시다시피 해마다 몇몇 친구들과 자전거 여행을 가는데, 그래서……"

"그래서 어디로요?" 아이버스 양이 다그쳤다.

"글쎄요, 우리는 보통 프랑스나 벨기에, 아니면 독일*35 같은 데로 가요." 가브리엘이 어색하게 답했다.

"그런데 왜 프랑스나 벨기에로 가시죠? 자신의 나라는 놔두고?"

"그러니까, 한편으로는 여러 언어를 접해 보고 싶고 또 한편으로는 기분 전환을 위해서죠."

"그렇다면 자기 나라의 언어가 있잖아요? 접해야 할 언어—아일랜드어 말이에요." 아이버스 양이 물었다.

"글쎄요." 가브리엘이 말했다. "그렇게 말한다면 아일랜드어는 저의 언어가 아닙니다."*36

옆에서 춤을 추던 사람들이 고개를 돌려 이 혹독한 심문에 귀를 기울였다. 가브리엘은 초조하게 좌우를 힐끔거리면서 이 시련 속에서도 유쾌한 표정을 유지하려고 안간힘을 쓰느라 이마까지 벌겋게 물들어 있었다.

"그러면 당신 나라에는 가볼 만한 곳이 없다는 말인가요?" 아이버스 양이 말을 이었다. "당신이 아무것도 모르는 국토가, 당신 자신의 민족이, 당신 자신의 나라가 있는데도요?"

"아, 솔직하게 말해서" 가브리엘이 발끈하여 대꾸했다. "난 내 조국에 진저리가 나요, 정말 진저리가 난단 말이오!"

"왜요?" 아이버스 양이 물었다.

---

*35 모국의 서쪽에 비해 대륙은 동쪽으로, 빛과 자유를 뜻한다.

*36 그때는 영어가 공용어여서 아일랜드어를 할 줄 아는 사람이 적었는데, 나라의 자치권을 획득하려는 기운이 고조되는 가운데 아일랜드어 부활운동이 전개되었다.

가브리엘은 대답하지 않았다. 자신이 대꾸한 말에 자신이 흥분하고 말았기 때문이다.

"왜요?" 아이버스 양이 거듭 물었다.

그들은 음악 속에서 같이 방문하는 부분*37을 춰야 할 때가 되었는데도 그가 질문에 대답하지 않자 아이버스 양은 격렬하게 내뱉었다.

"물론 대답할 수 없으시겠죠."

가브리엘은 자신의 동요를 숨기려고 댄스에 전념했다. 그녀의 얼굴에서 뽀로통한 표정을 읽은 그는 그녀와 눈이 마주치지 않도록 애썼다. 그러나 긴 체인을 이루어 춤추는 부분에서 다시 만나게 되자 그녀가 그의 손을 꽉 잡아서 깜짝 놀랐다. 그녀가 눈썹 아래로 한순간 그를 놀리듯이 쏘아 보는 바람에 그는 그만 미소 짓지 않을 수 없었다. 그러다가 다시 체인 댄스를 시작하려는 순간, 그녀는 발끝으로 서서 그의 귀에 대고 속삭였다.

"친영파!"

랜서스 카드리유가 끝나자 가브리엘은 방의 저쪽 구석으로 갔다. 프레디 멀린스의 어머니가 거기에 앉아 있었기 때문이다. 그녀는 뚱뚱하지만 쇠약한 노파로 머리는 백발이 성성했다. 목소리는 아들을 닮아 잘 잠기고 약간 말도 더듬었다. 그녀는 아들이 이미 와 있고 또 그다지 술에 취해 있지 않다는 것도 들어서 알고 있었다. 가브리엘은 그녀에게 뱃길 여행이 괜찮았느냐고 물었다. 그녀는 결혼한 딸과 글래스고*38에 살고 있는데 1년에 한 번씩 더블린에 다니러 왔다. 그녀는 뱃길이 참으로 편안했고 선장도 아주 친절했다고 온화하게 대답했다. 그녀는 딸이 살고 있는 글래스고의 아름다운 집과, 거기서 사귄 멋진 친구들에 대한 이야기도 했다. 그녀가 끝도 없이 이야기를 늘어놓는 동안 가브리엘은 아이버스 양과 있었던 불쾌한 일을 마음속에서 모두 털어버리려고 애썼다. 물론 그 아가씨는, 아니 그 여자는, 또는 그 무엇이든 열성분자임은 틀림없지만 모든 일에는 때와 경우라는 것이 있다. 어쩌면 그도 그렇게 대답하지 않는 것이 옳았을지도 모른다. 하지만 그녀에게 그를 사람들 앞에서 친영파라고 부를 권리는 없다. 아무리 농담이라 해도 말

---

*37 방문하는 몸짓을 하는 춤동작의 하나. 상대의 애런 섬 방문 제의를 거절한 직후에 이 장면이 나온다. 또 두 사람은 랜서스('창기부대' lancers) 춤을 추면서 이 논쟁을 벌이고 있다.

*38 아일랜드에서 온 이민이 많았고 대부분 산업노동자로 일했다.

이다. 그녀는 사람들이 보는 앞에서 그를 웃음거리로 만들려고, 집요하게 질문공세를 펴면서 토끼 같은 눈으로 빤히 쳐다보았다.

그는 아내가 왈츠를 추고 있는 사람들 사이로 자기를 향해 다가오는 것이 보였다. 그녀는 그에게 오자 그의 귀에 대고 말했다.

"여보, 케이트 이모님이 예년처럼 당신이 거위를 잘라주셨으면 해요. 델리 양은 햄을 자르고 저는 푸딩을 맡을 거예요."

"좋아요." 가브리엘이 말했다.

"이모님께서는 이 왈츠가 끝나는 대로 젊은 사람들부터 먼저 들여보내시려고 해요. 우리는 나중에 우리끼리 식사할 수 있도록 말이에요."

"당신도 춤을 췄소?" 가브리엘이 물었다.

"그럼요. 췄고말고요. 못 보셨어요? 몰리 아이버스하고는 무슨 말다툼을 하셨어요?"

"말다툼은 무슨. 왜? 그녀가 그러던가?"

"비슷한 말을 하더군요. 저기 저 다시 씨에게 노래 한 곡 부탁할까 해요. 그분은 콧대가 아주 높은 것 같아요."

"말다툼 같은 건 없었소." 가브리엘이 무뚝뚝하게 말했다. "그녀가 아일랜드 서부로 여행을 같이 가자고 하기에 그럴 생각이 없다고 했을 뿐이오."

그의 아내는 흥분을 감추지 못하고 두 손을 맞잡고 가볍게 뛰기까지 했다.

"어머, 가요, 여보. 골웨이에 다시 한 번 가고 싶어요." 그녀가 소리쳤다.

"가고 싶거든 당신이나 가구려." 가브리엘은 냉담하게 말했다.

그녀는 잠시 그를 쳐다보고는 멀린스 부인을 돌아보면서 말했다.

"정말 상냥한 남편이시네요, 멀린스 부인!"

저쪽으로 돌아가는 동안 멀린스 부인은 언제 이야기가 중단된 적이 있었느냐는 듯이, 가브리엘에게 스코틀랜드에서 경치가 아름다운 곳은 어디며, 그곳 풍경이 얼마나 아름다운가를 계속해서 이야기해주었다. 그녀의 사위가 해마다 그들을 호수로 데리고 가서 다함께 낚시를 하곤 했다. 그녀의 사위는 낚시의 명인이었다. 하루는 그가 커다란 고기를, 그것도 어마어마하게 크고 멋진 고기를 한 마리 낚아서 호텔 요리사가 그것을 요리하여 식사에 내 왔을 정도였다.

가브리엘은 그녀가 하는 말을 거의 듣고 있지 않았다. 만찬 시간이 가까워지고 있었기 때문에 자기가 할 연설과 인용할 문구에 대해 다시 생각하고 있었기 때문이다. 프레디 멀린스가 자기 어머니를 뵈러 방을 가로질러 오는 것을 보고, 가브리엘은 그에게 의자를 내어주고 불거져 나온 창문 쪽으로 물러섰다. 방은 이미 깨끗이 치워져 있었고, 안쪽 방*39에서 접시와 나이프가 쨍그랑대는 소리가 들려왔다. 응접실에 여전히 남아 있던 사람들은 춤에 지친 듯한 표정으로 삼삼오오 모여서 낮은 목소리로 얘기를 나누고 있었다. 가브리엘의 떨리고 있는 따뜻한 손가락이 차가운 유리창을 가볍게 두드렸다. 바깥은 얼마나 차가울까! 혼자 밖에 나가서 처음엔 강가를 따라 걷다가 피닉스 공원을 가로질러 걸으면 얼마나 기분이 좋을까! 눈은 나뭇가지 위에 쌓여 있을 것이고, 웰링턴 기념비*40 꼭대기에는 은빛 모자를 씌운 것처럼 반짝이고 있겠지. 그곳에 있는 것이 만찬 테이블에 앉아 있는 것보다 훨씬 더 즐거울 텐데!

그는 자신이 할 연설의 제목을 대충 훑어보았다. 아일랜드식 대접, 슬픈 추억들, 미의 세 여신,*41 트로이 왕자 파리스,*42 브라우닝의 인용 등. 그는 자신의 서평에서 쓴 적이 있는 구절을 다시 떠올려보았다. 〈우리는 사색에 고문당하는 음악을 듣는 듯한 느낌에 젖게 된다.〉 아이버스 양은 아까 그 서평을 칭찬했다. 진심이었을까? 저렇게 떠들어대는 이면에는 과연 그녀의 인생이란 것이 진정 있는 것일까? 그날 저녁까지 그들 사이에 나쁜 감정은 전혀 없었다. 그가 연설을 하는 동안 그녀가 만찬 테이블에 앉아 꼬투리를 잡으려고 조롱하는 듯한 눈초리로 자신을 올려다볼 거라고 생각하니 마음이 위축되는 걸 느꼈다. 아마도 그녀는 그의 연설이 실패하더라도 안됐다고 생각하지는 않으리라. 이때 어떤 아이디어가 하나 문득 떠올라 그에게 용기를 주었다. 그는 케이트 이모와 줄리아 이모를 두고 넌지시 이렇게 말하리라. '신사 숙녀 여러분, 우리 가운데 현재 지고 있는 세대에게는 나름대로 몇 가지 결점이 있었을지도 모르지만, 저의 견해로는 그 세대는 후한 인심과 유

---

*39 가브리엘이 있는 곳은 무도회장의 넓은 응접실이고, 그 안쪽에 밤참용 방이 있다.

*40 나폴레옹을 워털루에서 격파한 공작의 거대한 기념비.

*41 그리스 신화에서 '광채', '기쁨', '개화'를 상징하는 미의 여신 세 자매를 가리킨다.

*42 그리스 신화에 따르면, 아프로디테를 비롯한 세 여신이 미의 판정을 청했을 때, 파리스는 아프로디테를 지목했다. 그 대가로 그녀의 도움을 얻어 스파르타의 왕비 헬레네를 납치하여 자신의 아내로 삼았다. 이것이 트로이 전쟁의 원인이 되었다.

머, 인간미 같은 훌륭한 장점을 가지고 있었다고 생각합니다. 이런 장점이야 말로 우리 주변에서 한창 자라나고 있는 신세대와 최고의 교육을 받은 매우 진지한 세대에게는 결여되어 있는 미덕들이 아닐까요?' 거참 괜찮다. 아이버스 양에게 한방 먹일 수 있는 말이었다. 그의 이모들은 결국 무식한 두 할머니에 지나지 않게 되지만 그게 무슨 상관인가?

　방 안에서 웅성거리는 소리가 들려 가브리엘의 주의는 그리로 쏠렸다. 브라운 씨가 줄리아 이모를 정중하게 부축하고 출입구 쪽에서 들어오고 있었다. 줄리아 이모는 미소를 머금고 고개를 숙인 채 그의 팔에 몸을 기대고 있었다. 불규칙적인 소총 사격 같은 박수 소리가, 줄리아 이모가 피아노 옆으로 갈 때까지 계속 터져 나오다가, 메리 제인이 피아노 의자에 자리 잡고 앉고 줄리아 이모도 미소를 거두고 목소리가 방 안에 잘 들리도록 몸을 반쯤 돌리자 비로소 가라앉았다. 전주곡을 들어보니 가브리엘도 아는 곡이었다. 줄리아 이모의 오랜 애창곡 〈성장(盛裝)한 신부〉*43의 전주곡이었다. 그녀의 맑고 힘찬 목소리가, 선율을 장식하는 빠른 꾸밈음을 박력있게 처리해 나갔다. 뿐만 아니라 매우 빠른 속도로 노래를 불렀지만 미세한 장식음 하나까지 소홀함이 없었다. 노래하는 사람의 얼굴을 보지 않고 목소리만 들어도, 재빨리 그러면서도 안전하게 하늘을 나는 듯한 흥분을 느끼며 그것을 모든 사람과 함께 공유하는 기분이었다. 노래가 끝나자 가브리엘은 다른 모든 사람과 함께 크게 박수를 쳤다. 모습이 보이지 않는 만찬 테이블 쪽에서도 우레 같은 박수 소리가 터져 나왔다. 그 진심어린 박수 소리를 듣고, 가죽 표지에 자기 이름의 머리글자가 적힌 낡은 가곡집을 악보대에 도로 올려놓으려고 몸을 굽히던 줄리아 이모의 얼굴에 가벼운 홍조가 번져 나갔다. 그녀의 노래를 더 잘 들으려고 머리를 기울이고 귀를 쫑긋 세우고 있던 프레디 멀린스는 다른 사람들은 모두 그쳤는데도 여전히 박수를 치면서 자기 어머니에게 신나게 이야기를 하고 있었다. 그의 어머니는 진지한 표정으로 천천히 고개를 끄덕거리면서 동의를 나타냈다. 마침내 더 이상 박수를 칠 수 없게 되자 그는 갑자기 자리에서 벌떡 일어나 방을 가로질러 줄리아 이모에게 서둘러 가더니, 그녀의 손을 두 손으로 꼭 움켜잡고, 중간에 말이 잘 안 나오거나 목

---

*43 가극 《청교도》(1835)의 제1막에서 처형된 찰스 1세의 왕비에게 왕당파의 기사가 신부의 베일을 씌워 위기에서 구한다는 내용을 노래하는 가운데 일부.

소리가 잠겨 말하기가 너무 힘들면 그 손을 흔들어대면서 이렇게 말했다.

"방금 우리 어머님께도 말씀드렸지만 이렇게 노래 잘 부르시는 거 처음 들었어요. 정말입니다. 오늘밤처럼 아름다운 목소리는 여태껏 들어본 적이 없으니까요. 정말 놀라웠어요. 제 말 믿으시죠? 이건 진심이에요. 맹세코 진심이에요. 아주머니의 목소리가 이렇게 싱그럽게 이렇게……이렇게 맑고 싱그럽게 들리기는 정말 처음입니다."

줄리아 이모는 활짝 웃음을 머금고 잡혀 있는 손을 빼면서 그의 치하에 대해 뭐라고 중얼거렸다. 브라운 씨는 쫙 편 손을 그녀를 향해 뻗으며, 청중에게 천재를 소개하는 흥행사 같은 태도로 가까이 있는 사람들에게 말했다.

"줄리아 모컨 여사는 제가 최근에 발굴한 명창이십니다!"

이 말을 해놓고 스스로도 만족했는지 마음껏 너털웃음을 웃어 대자 프레디 멀린스가 그를 향해 돌아서면서 말했다.

"하지만 브라운, 자네 말이 진정이라 해도, 실은 조금은 빗나간 발굴일지도 몰라. 내가 자신 있게 말할 수 있는 건, 내가 여기에 참석하기 시작한 이후로, 아주머니가 이렇게 노래를 잘 부르시는 건 처음 듣는다는 거야. 이건 정말 중에 정말이네."

"나도 그렇다니까." 브라운 씨가 말했다. "목소리가 아주 좋아지신 것 같아."

줄리아 이모가 어깨를 으쓱하며 다소 우쭐한 기분으로 말했다.

"목소리는 30년 전에도 그리 나쁘지 않았어요."

"내가 줄리아에게 자주 하는 말이지만" 케이트 이모가 단호하게 말했다. "줄리아는 그 합창단에서 죽도록 일만 해주고 있는 것뿐이라고. 하지만 애는 그런 말이 듣기 싫은 모양이야."

그녀는 고집 센 아이의 버릇을 고치기 위해 다른 사람들의 좋은 의견을 구하듯이 몸을 돌렸다. 이때 줄리아 이모는 물끄러미 눈앞을 바라보면서 얼굴에 어렴풋한 미소를 띠고 있었다.

"그렇다니까요." 케이트 이모가 말을 계속했다. "낮이고 밤이고 주야장천 그 성가대에 묶여 뼈 빠지게 일만 하면서도, 이러쿵저러쿵 잔소리 듣고 싶지 않대요. 크리스마스 아침에는 새벽 여섯시까지라니까요! 그런데 그게 다 무슨 소용 있어요?"

"글쎄요, 그게 다 하느님의 영광을 위해서가 아닐까요, 케이트 고모님?" 메리 제인이 피아노 의자에 앉은 채 몸을 돌리고 미소 지으면서 물었다.

케이트 이모는 조카 쪽으로 휙 고개를 돌리고 말했다.

"하느님의 영광에 관한 것은 나도 다 알고 있어, 메리 제인. 하지만 교황*44이 평생을 성가대에서 노예처럼 뼈 빠지게 일해 온 여자들을 몰아내고, 그들 머리 위에 데데한 애송이 사내아이들을 올려 앉힌 건 전혀 영광스러운 일이 아니라고 생각해. 교황이 하시는 일이라면 언제나 교회의 복리를 위한 것이라고 생각해. 하지만 이건 정당하지 않아, 메리 제인. 그건 아무리 생각해도 옳다고 볼 수가 없어."

그녀는 자신도 모르게 화가 나서 동생에 대한 변호를 계속하지 않을 수 없었다. 그것은 그녀에게 감정을 건드리는 문제였기 때문이다. 그러나 춤추던 사람들이 모두 돌아온 것을 보고 메리 제인이 달래듯이 끼어들었다.

"그런데 케이트 고모님, 그건 브라운 씨를 난처하게 만드는 말씀이에요. 브라운 씨는 종파가 다르잖아요."

케이트 이모는, 이렇게 자기의 종교가 언급되는 것을 히죽히죽 웃으며 듣고 있는 브라운 씨를 돌아보면서 서둘러 말했다.

"저런, 난 교황의 정당성을 의심하는 건 아니에요. 나는 한낱 어리석은 노파에 지나지 않으니까 그런 문제에 대해선 감히 생각도 할 수 없지요. 하지만 우리네 생활에는 평범한 일상적인 예의니 고마움이니 하는 것이 있잖아요. 그러니까 내가 만일 줄리아라면 힐리 신부님 앞에서 직접 말하고 싶을 뿐이에요."

"그리고 케이트 고모님." 메리 제인이 말했다. "우린 모두 다 정말 배가 고파요. 배가 고프면 누구나 다 화를 잘 내게 마련이구요."

"그리고 목이 말라도 쉽게 화가 난답니다." 브라운 씨가 덧붙였다.

"그러니까 우리 모두 저녁 식사를 하는 것이 좋겠어요. 토론은 나중에 더 하기로 하고요." 메리 제인이 말했다.

가브리엘이 응접실 바깥의 층계참으로 나가니, 아내와 메리 제인이 아이

---

*44 교황 비오 10세는 교황 포고(1903년 11월 22일)로, 교회 성가대원을 높은 목소리가 나오는 소년으로 한정하고, 여성은 그 일원이 되는 것을 금지했다. 그것을 생생하게 화제에 올리고 있는 점에서 이 파티가 1904년 정월에 열린 것임을 알 수 있다.

버스 양을 저녁식사나 하고 가라고 애써 붙들고 있는 중이었다. 그러나 이미 모자를 쓰고 외투 단추까지 채우고 있던 아이버스 양은 더 이상 남으려 하지 않았다. 그녀는 시장기를 전혀 느끼지 않는 데다 이미 실컷 머물렀다는 것이었다.

"하지만 10분만이라도, 몰리, 그 정도면 늦지 않잖아요." 콘로이 부인이 말했다.

"그렇게 춤을 추셨는데 한술이라도 뜨고 가셔요." 메리 제인이 말했다.

"전 정말 먹고 싶지 않아요." 아이버스 양이 말했다.

"전혀 즐겁지 않으셨던가 봐요." 메리 제인이 하는 수 없다는 듯이 말했다.

"무척 즐거웠어요, 정말이에요. 하지만 이젠 제발 붙잡지 말아주세요." 아이버스 양이 말했다.

"그런데 댁까지 어떻게 가시죠?" 콘로이 부인이 물었다.

"어떻게 가다니요, 엎어지면 코 닿을 덴데요."

가브리엘은 잠시 주저하다가 말했다.

"괜찮으시다면, 아이버스 양, 정 돌아가셔야 한다면 제가 댁까지 바래다 드리지요."

그러나 아이버스 양은 그들의 간청을 뿌리쳤다.

"이제 그만들 하세요." 그녀가 큰 소리로 말했다. "제발 부탁이니, 어서 가셔서 저녁이나 드세요. 제 걱정은 마시고요. 제 일은 제가 얼마든지 알아서 할 수 있으니까요."

"어머나, 당신 정말 특이한 아가씨로군요, 몰리." 콘로이 부인이 솔직하게 말했다.

"베아나흐트 리브(안녕)!" 아이버스 양은 계단을 뛰어 내려가면서 웃으며 소리쳤다.

메리 제인은 어쩌면 저럴 수가 있을까 하는 난처한 표정으로 아이버스 양이 떠나는 뒷모습을 지켜보았고, 콘로이 부인이 난간에 몸을 내밀고 현관 문소리에 귀를 기울이고 있었다. 가브리엘은 아이버스 양이 갑자기 떠난 것은 자기 때문이 아닌지 스스로에게 물어보았다. 그러나 그녀는 기분이 언짢아 보이지는 않았다. 웃으면서 떠났으니까. 그는 멍하니 계단을 내려다보았다.

바로 그때 케이트 이모가 절망한 나머지 두 손을 마주 잡고 비틀다시피 하면서 식당에서 뒤뚱거리며 걸어 나왔다.

"가브리엘은 어딨어? 도대체 가브리엘이 어디 있는 거야? 다들 저렇게 준비하고 기다리고 있는데, 도대체 거위를 자를 사람이 보이지 않으니 도대체 어떻게 된 거야!"

"여기 있어요, 케이트 이모님!" 가브리엘이 갑자기 기운차게 외쳤다. "원하신다면 거위 떼라도 잘라 드리죠!"

식탁 한쪽 끝에는 통통한 갈색 거위가 한 마리 놓여 있고, 다른 쪽 끝에는 쪼글쪼글한 주름이 잡힌 종이받침 위에 잎이 달린 파슬리 잔가지가 뿌려져 있고, 다시 그 위에 겉껍질을 벗기고 빵가루를 뿌린 큼직한 햄이 놓여 있었다. 그 정강이 둘레에는 예쁘게 손질한 종이 주름 장식이 둘러져 있고, 그 옆에는 양념을 한 쇠고기 사태가 있었다. 이 대조적인 양 끝 사이에 곁들임 요리 접시들이 두 줄로 나란히 정렬되어 있었다. 빨간 색과 노란색의 작은 성당모양의 젤리 접시 두 개, 블랑망제 덩어리와 빨간 잼이 가득 담긴 얕은 접시 하나, 자줏빛 건포도 송이와 깐 아몬드가 담긴, 줄기 모양의 손잡이가 달린 초록색 잎사귀 모양의 커다란 접시 하나, 스미르나*45산(産) 무화과를 네모반듯하게 담아놓은 같은 모양의 접시 하나, 육두구 가루를 뿌려놓은 커스터드 접시 하나, 금박지와 은박지로 싼 초콜릿과 사탕이 가득 담긴 조그만 그릇 하나, 그리고 기다란 셀러리 줄기가 몇 개 꽂혀 있는 유리 꽃병 하나. 식탁 한복판에는 오렌지와 미국산 사과를 피라미드 모양으로 쌓아 올린 과일 받침대를 지키는 보초처럼 땅딸막한 세공유리로 된 구식 술병 두 개가 버티고 서 있는데, 그 하나에는 적포도주가, 다른 하나에는 다갈색 셰리주가 들어 있었다. 뚜껑이 닫힌 네모난 구식 피아노 위에는 큼직한 노란색 접시에 담긴 푸딩이 손님을 기다리고 있고 그 뒤에는 독한 맥주, 순한 맥주, 그리고 광천수 병들의 3개 분대가 각각 제복 색깔을 달리하면서 일렬로 정렬해 있는데, 처음의 두 분대는 검은색 제복에 갈색과 붉은색 상표를 달고 있고 세 번째이자 숫자가 가장 적은 분대는 흰색 제복에 초록색 띠를 어깨에 비스듬하게 두르고 있었다.

가브리엘은 대담하게 식탁 상석에 자리 잡고 앉아, 고기 써는 칼의 칼날을

---

*45 소아시아의 중요한 항구도시로, 역사상 고대 그리스의 식민지가 된 이후 전투가 끊이지 않았던 곳이다. 여러 가지 산물이 있으며 무화과가 특히 유명하다.

한번 살펴본 다음 포크로 거위를 푹 찔렀다. 그는 그제야 마음이 편안해졌다. 칼질에는 전문가 수준인 데다 잘 차린 식탁 상석에 앉는 것만큼 기분 좋은 일은 없기 때문이다.

"펄롱 양, 어느 부위를 드릴까요? 날개를 드릴까요, 아니면 가슴살 한 쪽을 드릴까요?" 그가 물었다.

"가슴살을 조금만요."

"히긴스 양은 뭐가 좋겠어요?"

"오, 전 아무거나요, 콘로이 씨."

가브리엘과 댈리 양이 거위 고기 접시와 햄 접시, 양념한 쇠고기 사태 접시를 돌리는 동안, 릴리는 뜨겁고 파슬파슬한 감자 접시를 들고 손님들 사이를 누비고 다니면서 권했다. 그 감자는 하얀 냅킨으로 싸여 있었다. 그것은 메리 제인의 아이디어였다. 그녀는 또 거위에 애플소스를 치자는 제안도 했으나 케이트 이모가 애플소스를 치지 않고 그냥 담백하게 구운 거위 구이가 자기 입맛에는 항상 맛있더라고 하면서, 맛이 덜한 것은 먹고 싶지 않다고 말했다. 메리 제인은 자기 제자들을 보살피면서 그들에게 가장 맛있는 살점이 돌아가도록 신경써 주었다. 케이트 이모와 줄리아 이모는 피아노 위에 놓인 병들의 마개를 따서 신사들에게는 독한 맥주와 순한 맥주병을, 숙녀들에게는 생수병을 날라다 주었다. 장내는 혼란과 웃음과 소음으로 넘쳐났다. 주문과 그 취소, 나이프와 포크, 코르크 마개와 유리 마개, 그런 소리들이 뒤범벅이 되었기 때문이다. 가브리엘은 고기 돌리기를 한 차례 마치자, 자기는 먹을 생각도 하지 않고 두 번째로 돌릴 것을 자르기 시작했다. 사방에서 큰 소리로 항의해서 그는 흑맥주를 한 모금 죽 들이켜는 것으로 타협을 보았다. 실은 그에게 고기 잘라서 나눠주는 건 결코 만만한 일이 아니었다. 메리 제인은 조용히 자리에 앉아 식사를 했지만 케이트 이모와 줄리아 이모는 서로 뒤꿈치를 따라다니면서 서로를 방해하고, 서로 들어주지도 않는 지시를 하기도 하면서 여전히 식탁 주변을 뒤뚱거리며 돌아다니고 있었다. 브라운 씨는 그들에게 제발 좀 앉아서 식사나 하라고 간청했고 가브리엘도 그렇게 하라고 부탁했다. 그러나 두 사람 다 시간은 얼마든지 있으니 걱정 말라고 하자 마침내 프레디 멀린스가 자리에서 벌떡 일어나 케이트 이모를 붙잡고, 모두들 폭소를 터뜨리는 가운데 의자에 털썩 주저 앉혔다.

모두에게 음식이 넉넉하게 돌아갔을 때 가브리엘이 빙그레 웃으면서 말했다.

"자, 어느 분이든지 속된 말로 배를 채울 먹을거리가 더 필요하시면 남녀를 불문하고 기탄없이 말씀해주세요."

모두가 이구동성으로 가브리엘에게 식사를 시작하라고 재촉했고, 릴리는 그에게 주려고 남겨두었던 감자 세 알을 가지고 다가왔다.

"그럼 좋습니다." 가브리엘은 식사에 앞서 흑맥주를 한 모금 들이킨 뒤 기분 좋게 말했다. "여러분, 그러면 저의 존재에 대해선 잠깐만 잊어주시기 바랍니다."

그는 식사를 하기 시작했고, 그때부터는 대화에 참여하지 않았다. 식탁에 둘러앉은 사람들의 떠들썩한 얘기소리에, 릴리가 접시를 치우면서 내는 소리가 하나도 들리지 않았다. 그들의 화제는 그 무렵 로열 극장*46에서 공연 중이던 오페라단에 대한 것이었다. 테너 가수인 바텔 다시 씨는 멋진 콧수염에 얼굴이 가무잡잡한 젊은이로, 그 오페라단의 주역인 콘트랄토 가수를 매우 높이 평가했으나, 펄롱 양은 그와 반대로 그녀의 공연 스타일은 어딘지 모르게 저속해 보이더라고 말했다. 프레디 멀린스는 게이어티 극장의 무언극 제2막에서 흑인 주역이 노래를 불렀는데 그 사람의 목소리가 자기가 여태껏 들어본 테너 목소리 가운데 최고더라고 주장했다. *47

"그의 노래를 들어보셨어요?" 그는 식탁을 사이에 두고 바텔 다시 씨에게 물었다.

"아니오." 바텔 다시 씨는 관심이 없다는 듯이 대답했다.

"내가 묻는 이유는," 프레디 멀린스가 설명했다. "그에 대한 당신의 견해가 어떤지 궁금해서 그래요. 내가 보기에 그 사람 목소리는 정말 기가 막히거든요."

"정말로 좋은 것을 찾아내는 건 이 테디를 당할 사람이 없죠." 브라운 씨가 스스럼없이 식탁에 둘러앉은 사람들을 향해 말했다.

"아니, 그 사람이라고 해서 좋은 목소리를 갖지 말라는 법이 있나요?" 프

---

*46 게이어티 극장(뒤에 나옴), 퀸 극장과 함께 더블린 3대 극장의 하나. 신로열 극장은 1884년 브런즈위크 가에 재건되었다.

*47 이즈음에는 무언극이 오페라보다 평가가 상당히 낮아서, 화제의 수준을 내린 셈이 된다.

레디 멀린스가 느닷없이 그렇게 물었다. "그가 단지 흑인이라서?"

이 물음에 아무도 대답하는 사람이 없었다. 그러자 메리 제인이 식탁의 화제를 정통 오페라 쪽으로 도로 끌고 갔다. 자기 제자 가운데 하나가 〈미뇽〉 입장권을 한 장 주었는데 물론 내용이 아주 괜찮았다고 그녀는 말했다. 그러나 그걸 보노라니 가련한 조지나 번스가 생각났다. 브라운 씨는 훨씬 더 옛날로 거슬러 올라가, 지난날 더블린에 자주 왔던 역사 깊은 이탈리아 오페라단을 화제에 올렸다. 티에젠스, 일마 데 무르스카, 캄파니니, 위대한 트레벨리, 지우글리니, 라벨리, 아람부로*⁴⁸의 이름이 나왔다. 그러면서 그는 더블린에서 들을 만한 노래다운 노래가 있었던 때는 바로 그 시절이었다고 말했다. 그는 또 옛 로열 극장*⁴⁹ 맨 꼭대기층까지 밤마다 초만원을 이루었으며, 어느 날 밤에는 이탈리아 테너가수가 〈병사처럼 쓰러지리〉를 앙코르로 다섯 번이 불렀는데 그때마다 고음 C음을 넣었다느니, 젊은 일반관람객들이 열광한 나머지 어느 대단한 〈프리마돈나〉가 타고 온 마차에서 말을 떼어버리고 그들이 직접 그녀의 마차를 끌고 대로를 지나 호텔까지 끌고 간 일도 있었다고 얘기했다.*⁵⁰ 요새는 왜 〈디노라〉니 〈루크레치아 보르자〉와 같은, 격조 높은 그랜드오페라를 공연하지 않느냐고 묻고는, 그건 바로 그것을 부를 만한 목소리를 가진 사람이 없기 때문이라고 자답했다.

"글쎄요, 하지만 제가 보기에는 요새도 옛날처럼 훌륭한 가수들이 있는 것 같은데요." 바텔 다시 씨가 말했다.

"어디에 있어요?" 브라운 씨가 도전적으로 물었다.

"런던에도 있고 파리에도 있고 밀라노 같은 데도 있죠." 바텔 다시 씨가 열을 내며 말했다. "예를 들면 카루소*⁵¹는 방금 당신이 언급하신 가수들보다 더 낫지 않을지는 모르지만 절대로 못하지 않다고 봐요.

"그럴 수도 있겠죠. 하지만 나로서는 상당히 의문스러운 것이 사실입니다." 브라운 씨가 말했다.

＊48 19세기 중후반 이탈리아와 프랑스 등 유럽 무대에서 활동했던 성악가들.
＊49 1880년 화재로 소실. 다시 세워진 신로열 극장에 대해서는 주46 참조.
＊50 식탁에서 화제가 된, 티에젠스(1831~77, 독일 출신)가 1874년 12월 이 영광을 입었다고 한다.
＊51 1873~1921 이탈리아 출신. 부드럽고 맑은 미성으로 풍부한 감정을 실어 노래하는 데 뛰어나, 세계적으로 활약한 20세기 전반 최고의 테너가수로 일컬어지고 있다.

"오, 카루소 노래를 들어봤으면 평생 원이 없겠어요." 메리 제인이 말했다.

"내가 보기에는" 아까부터 거위 뼈에서 살을 발라먹고 있던 케이트 이모가 말했다. "테너다운 테너가 딱 한 사람 있었어요. 내 마음에 쏙 든 테너가 말이에요. 하지만 여기서는 그의 이름을 들어본 사람이 아무도 없을걸요."

"그게 누군데요, 모컨 여사?" 바텔 다시 씨가 정중하게 물었다.

"그의 이름은 파킨슨*52이에요." 케이트 이모가 말했다. "내가 그의 노래를 들은 것은 그의 전성기였는데 그때 그의 목소리는 고금의 테너 가운데 가장 맑은 목소리였다고 지금도 생각해요."

"이상한 일이군요. 내가 그 이름을 한 번도 들어본 적이 없다니." 바텔 다시 씨가 말했다.

"아니에요, 맞아요, 모컨 여사님 말씀이 맞아요. 그 이름을 들어본 기억이 나는군요. 하지만 저에게는 워낙 오래전 사람이라서." 브라운 씨가 말했다.

"아름답고 맑고 감미롭고 원숙한 영국의 테너였지요." 케이트 이모가 신난 듯이 말했다.

가브리엘이 식사를 마치자 큼직한 푸딩이 식탁 위에 올랐다. 포크와 스푼 달그랑거리는 소리가 다시 나기 시작했다. 가브리엘의 아내가 푸딩을 스푼으로 듬뿍 떠서 접시에 담아 식탁에 돌렸다. 접시가 메리 제인 앞에 오자 그녀가 거기에 산딸기와 오렌지 젤리, 또는 잼을 얹은 블랑망제를 더 채워 담았다. 그 푸딩은 줄리아 이모가 만든 것으로 사방에서 칭찬이 자자했다. 그녀 자신은 충분한 갈색이 되지 않았다고 말했다.

"그렇다면, 모컨 여사님, 저는 당신에게 충분한 갈색이 아닌가 싶군요, 왜냐하면 아시다시피 저는 온통 갈색이니까요."

남자 손님들은 가브리엘만 빼고 모두 줄리아 이모에 대한 인사로 푸딩을 조금씩 먹었다. 가브리엘은 단 것을 전혀 입에 대지 않기 때문에 그의 몫으로는 셀러리가 준비되어 있었다. 프레디 멀린스도 셀러리 줄기를 집어 푸딩과 함께 먹었다. 그는 셀러리가 혈액에 좋다는 말을 들은 적이 있는 데다 마침 그때 의사의 치료를 받고 있는 중이었기 때문이다. 만찬을 드는 동안 줄

---

*52 음악사전에 나오지 않으며, 소설상의 인물인지도 모른다.

곧 침묵을 지키던 멀린스 부인이 자기 아들이 일주일쯤 있으면 멜러레이 산*53으로 가게 될 거라고 말했다. 그러자 식탁의 화제는 멜러레이 산으로 옮겨져서 그곳 공기가 얼마나 상쾌하며, 그곳 수도사들은 인심이 매우 후하여 찾아오는 손님들에게 단 한 푼의 돈도 요구하지 않는다는 이야기들이 오갔다.

"그럼 뭡니까," 브라운 씨가 믿기지 않는다는 듯이 물었다. "누구라도 그곳에 내려가서 마치 호텔인 양 묵으면서 그 지역 산해진미를 실컷 먹고 돈 한 푼 내지 않고 그냥 돌아올 수 있다는 말입니까?"

"아, 그런 게 아니라 대부분 사람들은 거기를 나올 때는 수도원에 얼마씩 기부를 하고 떠나지요." 메리 제인이 말했다.

"우리 교회에도 그런 시설이 있었으면 좋겠군요." 브라운 씨가 솔직하게 말했다.

그는 그곳 수도사들은 절대로 말을 하지 않는 데다 새벽 2시에 일어나며 관 속에서 잠을 잔다는 말을 듣고 깜짝 놀랐다. 그리하여 그는 굳이 왜 그들이 그런 생활을 하느냐고 물었다.

"그것이 수도회의 규칙*54이랍니다." 케이트 이모가 단호하게 말했다.

"예, 하지만 왜 그럴까요?" 브라운 씨가 다시 물었다.

케이트 이모는 그것이 규칙이며, 그것이 이유의 전부라고 거듭 말했다. 브라운 씨는 그래도 여전히 이해가 되지 않는다는 표정이었다. 프레디 멀린스는 수도사들이 바깥세상 죄인들이 저지른 모든 죄를 속죄하려고 그러는 거라고 그에게 설명했다. 그러나 그 설명도 그리 명쾌하게 들리지 않았는지, 브라운 씨는 히죽히죽 웃으면서 말했다.

"그건 정말 좋은 생각이지만, 왜 편안한 스프링 침대를 놔두고 관 속에서 자느냐 이 말입니다."

"관은 말이죠, 그들에게 자신의 최후를 잊지 않게 해주거든요."*55 메리

---

*53 아일랜드 남부에 있는 산 이름. 지도 참조. 트라피스트 수도원이 있어 방문자용 숙소가 있었다. 알코올 중독환자의 보호소이기도 했다. 여성은 금제를 위해 수도원 밖의 숙소에 머물렀다.

*54 엄격한 종규(宗規)가 있어, 오전 2시 기상, 수도복을 입은 채 수면, 묵언생활 엄수, 관에 들어가지 않고 평소 수도복을 입은 채 매장하는 것 등이 있다. 평소에 관 속에서 잠을 잔다는 건 항간에서 지어낸 이야기.

제인이 말했다.

화제가 어느새 으스스한 이야기로 옮겨가자 식탁은 무거운 침묵 속으로 빠졌다. 그때 멀린스 부인이 분명치 않은 나직한 목소리로 옆 사람에게 말하는 소리가 들렸다.

"그들은 아주 좋은 사람들이죠. 수도사들 말예요, 신앙심이 무척 깊은 사람들이지요."

이제는 건포도와 아몬드, 무화과와 사과, 오렌지와 초콜릿 그리고 사탕과자 등이 식탁을 한 바퀴 돌았다. 줄리아 이모는 술병을 들고 다니면서 모든 손님들에게 적포도주나 셰리주를 들라고 권했다. 바텔 다시 씨는 처음에는 어느 것도 들지 않겠다고 거절했으나 옆에 있던 한사람이 옆구리를 찌르며 그에게 뭐라고 소곤거리자 그제야 자기 잔에 술을 받기로 했다. 마지막 술잔들도 가득 채워짐에 따라 대화도 서서히 중단되었다. 대화가 중단되자, 들려오는 것은 포도주를 따르는 소리와 의자를 바로 잡는 소리뿐이었다. 모컨 집안 여성들은 셋 다 식탁보만 내려다보고 있었다. 누군가 한두 번 헛기침을 했고, 몇몇 신사들이 정숙하라는 신호로 식탁을 가볍게 두드렸다. 장내가 다시 조용해지자 가브리엘이 의자를 뒤로 밀며 자리에서 일어섰다.

격려의 뜻으로 식탁을 두드리는 소리가 일제히 터지더니 그 소리가 점점 더 커지다가 이내 뚝 그쳤다. 가브리엘은 떨리는 열 손가락으로 식탁보를 짚고 좌중을 향해 긴장된 미소를 지어 보였다. 얼굴을 들어 자기를 쳐다보는 뭇시선들과 마주치자 그는 눈을 들어 샹들리에를 쳐다보았다. 피아노는 왈츠를 연주하고 있었고, 그의 귀에는 치맛자락이 응접실 문을 스치는 소리가 들렸다. 어쩌면 바깥의 강가에서는 사람들이 눈 속에 서서, 이곳의 불 켜진 창문을 올려다보면서 왈츠 음악에 귀를 기울이고 있을는지도 모른다. 그곳은 공기가 맑으리라. 저 멀리 있는 그 공원에는 나무들이 눈으로 덮여 가지가 늘어져 있겠지. 웰링턴 기념비도 반짝반짝 빛나는 눈 모자를 쓰고 있는데, 그 모자는 하얀 〈15에이커 들판〉*56 너머 서쪽을 향해 반짝거리고 있다.

---

*55 라틴어에 '죽음을 잊지 말라'는 말이 있는데, '죽음의 경고'와 '죽음의 상징'(해골과 그 밖에 죽음을 상기시키는 것)을 의미하는 것이며, 관이 바로 그것이다.

*56 웰링턴 기념비를 왼쪽에 보면서 서쪽으로 나아가면 앞쪽에 〈15에이커 들판〉이라는 광대한 초원이 있다. 거기서 육군 열병식과 공식 대연습이 열렸다.

그는 연설을 시작했다.

"여러분, 오늘 저녁에도 예년과 마찬가지로 저에게 아주 즐거운 과제가 주어졌습니다. 그런데 이 과제를 수행하는 데 필요한 연설자로서의 능력이 저에겐 턱없이 부족하지 않은지 좀 걱정스럽군요."

"천만에요. 천만에!" 브라운 씨가 말했다.

"그러나 그렇더라도 오늘밤 제가 여러분께 간곡히 부탁드리고 싶은 것은, 부디 제 연설이 별로 들잘 것 없더라도 성의만큼은 알아주시기를 부탁드리면서, 제가 평소에 느낀 바를 이번 기회에 몇 말씀드리는 동안 잠시 귀 기울여주시면 더없이 기쁘겠습니다.

여러분, 우리가 이 인심 넉넉한 지붕 아래, 이 인심 넉넉한 식탁 주위에 함께 모여 앉은 것은 오늘이 처음이 아닙니다. 우리가 어떤 선량한 숙녀들이 베푸시는 후한 대접의 손님이 되는 것은—아니, 어쩌면 희생자라고 말씀드리는 편이 더 나을지도 모르겠지만—오늘이 처음이 아닙니다."

그는 한 팔로 허공에 원을 만들고는 잠시 사이를 두었다. 그러자 모든 사람들이 케이트 이모와 줄리아 이모와 메리 제인을 향해 소리 내어 웃거나 미소 지었고, 그 세 사람은 기쁨에 넘쳐 얼굴이 새빨개졌다. 가브리엘은 더욱 대담하게 말을 계속했다.

"해를 거듭할수록 제가 더욱 절실하게 느끼는 것은, 우리나라에는 후한 인심의 전통만큼 영광스러운 전통은 없으며, 또 그것만큼 우리나라가 철저하게 보존해야 할 전통도 없다는 것입니다. 그것은 저의 경험에 비추어보아 (저는 적지 않은 외국을 돌아다녀 보았습니다마는) 현대 국가에서는 보기 드문 전통임이 분명합니다. 어떤 사람은 우리에게 그것은 자랑거리가 아니라 오히려 결점이라고 말할는지도 모릅니다. 그러나 설사 그렇다손 치더라도 그것은 제가 보기에는 고귀한 결점이요, 우리가 영원토록 가꾸어 나가야 할 것으로 믿어 의심치 않는 결점입니다. 저는 적어도 한 가지만은 확신합니다. 그것은 이 집 지붕이 앞에서 말씀드린 훌륭하신 세 숙녀들을 지켜주는 한—그리고 마음속 깊이 앞으로 영원토록 그러기를 간절히 바라지만—순수하고 따뜻한 마음씨에서 우러나는 예절 바른 아일랜드 사람들의 후한 인심의 전통, 즉 우리 선조들이 우리에게 물려주었고 우리 또한 우리 후손에게 물려주어야 할 이 전통이, 여기 우리들 속에 엄연히 살아 있다는 사실입니다.”

마음속 깊이 동의하는 속삭임이 식탁을 한 바퀴 돌았다. 문득 가브리엘의 마음속에 아이버스 양이 이 자리에 있지 않다는 것, 무례하게 돌아가 버린 사실이 번개처럼 스쳤다. 그리하여 내심 자신만만하게 말을 이었다.

“여러분, 새로운 세대가 우리들 속에서 지금 자라고 있습니다. 새로운 이념과 새로운 주의에 따라 움직이는 세대 말입니다. 그들은 진지하게 이 새로운 이념에 열광하고 있습니다. 그 열광은 설령 방향이 빗나가는 경우에도 제가 보기에는 대체로 성실한 것 같습니다. 그러나 우리는 지금 회의적인, 그리고 이런 말을 써도 될지는 모르겠지만, 사상에 시달리는 시대에 살고 있습니다. 그리하여 저는 때때로 교육받은, 아니 실은 과잉 교육을 받은 이 새로운 세대는 지난날의 가치에 속했던 인간미나 후한 인심, 온화한 유머 같은 요소는 결여되어 있지 않나 하는 걱정을 하게 됩니다. 오늘 저녁 지난날의 그 위대한 모든 가수들의 이름을 듣고 고백컨대, 우리는 지금 그때보다 훨씬 각박한 시대에 살고 있지 않나 하는 느낌이 들었습니다. 지난날은 굳이 과장할 필요도 없이 여유로운 시대였다고 불러도 되지 않을까 합니다. 그러므로 그 시절은 이미 지나갔고 두 번 다시 되돌아올 수 없다 해도, 우리는 적어도 이런 모임을 통해서라도 마땅히 긍지와 애정을 가지고 그 시절을 이야기하면서, 우리 가슴속에 세상 사람들이 쉽사리 잊을 수 없는 명성을 떨친 그런 죽은 자들과 사라진 위대한 인물들에 대한 기억을 소중하게 간직할 수 있도록 노력해야 할 필요가 있습니다.”

“옳소, 옳소!” 브라운 씨가 큰 소리로 외쳤다.

가브리엘은 목소리를 낮추어 한결 부드러운 억양으로 말을 이었다.

“하지만, 오늘 저녁과 같은 모임에는 언제나 더욱 슬픈 생각들이 우리 마음속에 떠오르기 마련이지요. 즉 과거에 대한 생각, 청춘에 대한 생각, 변화에 대한 생각, 그리고 오늘 저녁 이 자리에 함께 하지 못한 그리운 사람들에 대한 생각들 말입니다. 우리의 인생행로는 이렇게 수많은 슬픈 기억들로 점철되어 있습니다. 그렇다고 해서 우리가 항상 그런 생각에만 집착한다면, 우리는 살아 있는 자들의 세상에서 우리의 과업을 과감하게 수행해 갈 수 있는 용기를 찾을 수 없게 될 것입니다. 그러므로 우리 모두가 가지고 있는 살아 있는 의무와 살아 있는 애정은 우리에게 굽히지 않는 노력을 요구합니다, 그것도 정정당당하게 요구합니다.

그러므로 저는 과거에 대해서는 더 이상 얘기하지 않겠습니다. 저는 또한 오늘 저녁 여기서 여러분에게 주제넘게 어떤 우울한 도덕적 설교를 하려는 것도 결코 아닙니다. 우리는 판에 박힌 바쁜 일상생활에서 벗어나기 위해 잠시 여기에 자리를 같이 하고 있습니다. 우리는 여기에 우애의 정신을 가진 친구로서, 또 어느 정도는 진정한 동지애를 지닌 동료로서, 그리고 더블린 음악계의—그분들을 뭐라고 불러야 할까요? —그렇군요, 미의 세 여신의 손님으로서 한 자리에 모였습니다."

이 재치 있는 말에 사람들 사이에서 박수갈채와 폭소가 한꺼번에 터져나왔다. 줄리아 이모는 옆에 앉은 사람들에게 차례로 가브리엘이 무슨 말을 했느냐고 물어보았으나 허사였다.

"우리를 세 여신이라고 했어요, 줄리아 고모님." 메리 제인이 말했다.

줄리아 이모는 잘 이해할 수 없었지만 미소를 지으며 가브리엘을 쳐다보았다. 그는 변함없는 어조로 말을 계속했다.

"신사 숙녀 여러분, 저는 오늘밤 옛날 신화에서 파리스가 했던 역할을 되풀이할 생각은 없습니다. 저는 그분들 중에서 어느 한 분을 고르려는 것이 아니기 때문입니다. 그런 일은 마음에 내키지도 않거니와 저의 부족한 능력 밖의 일이기도 합니다. 왜냐하면 제가 그분들을 한 분씩 차례로 살펴볼 때, 그 고운 마음씨가, 너무도 고운 그 마음씨가 그분을 아는 모든 사람들에게 일종의 대명사처럼 되어버린 우리의 첫 번째 초대자를 선택해야 할지, 아니면 영원한 젊음을 타고나신 듯한 데다 노래 솜씨까지 오늘밤 여기에 모인 우리 모두에게 하나의 경이이자 계시임이 분명했던 그분의 언니를 선택해야 할지, 그분도 아니면 마지막으로, 뛰어난 재능에 쾌활한 성품, 부지런함까지 갖춘 이 세상 누구보다 훌륭한 조카딸인 가장 젊은 초대자를 선택해야 할지, 고백하건대, 신사 숙녀 여러분, 이 세 분 가운데 어느 분에게 상을 드려야 할지 그저 난감할 뿐입니다."

가브리엘은 이모들을 흘끗 내려다보고, 줄리아 이모의 얼굴에 맺힌 함박웃음과 케이트 이모의 눈에 어린 눈물을 보면서 서둘러 연설을 끝내기로 했다. 잔을 만지작거리면서 다음 이야기를 기다리고 있는 좌중을 향해 그는 적포도주 잔을 번쩍 들고 큰 소리로 말했다.

"우리 다 같이 세 분 모두를 위해 건배합시다. 이분들의 건강과 부귀와 장수와 행복과 번영을 위해, 그리고 이분들이 자신의 전문 분야에서 노력 끝에 달성하여 누리고 있는 그 자랑스러운 지위와, 또 이분들이 우리의 가슴속에 차지하고 있는 영광과 애정의 지위가 영원토록 계속될 수 있도록 건배합시다."

모든 손님들은 손에 잔을 들고 자리에서 일어나 앉아 있는 세 숙녀를 향해 몸을 돌리고 브라운 씨의 선창으로 제창했다.

그들은 즐겁고 쾌활한 친구들,
그들은 즐겁고 쾌활한 친구들,
그들은 즐겁고 쾌활한 친구들,
아니랄 사람 아무도 없네. [57]

케이트 이모는 대놓고 손수건을 사용했고 줄리아 이모도 크게 감동을 받은 듯했다. 프레디 멀린스가 푸딩 포크로 장단을 맞추자 노래하는 사람들은 마치 노래로 회의라도 하는 것처럼 몸을 돌려 서로 마주 보고 서서 힘차게 노래를 불렀다.

거짓말쟁이가 아니라면,
거짓말쟁이가 아니라면,

그런 다음 그들은 다시 한 번 자신들의 초대자들을 향해 돌아서서 노래했다.

그들은 즐겁고 쾌활한 친구들,
그들은 즐겁고 쾌활한 친구들,
그들은 즐겁고 쾌활한 친구들,
아니랄 사람 아무도 없네.

---

[57] 18세기의 프랑스 유행가 '말버러가 떠났다'를 모방한 전통적인 권주가.

노래에 잇따른 박수갈채는 만찬실 문을 넘어 다른 손님들에게도 전파되어 프레디 멀린스가 포크를 높이 들고 지휘자 역을 하는 가운데 몇 번이고 되풀이되었다.

살을 에는 듯한 새벽 공기가 그들이 서 있는 현관 안으로 들어오자, 케이트 이모가 말했다.

"누가 문 좀 닫아줘요. 멀린스 부인이 감기 걸리겠어요."

"브라운이 저기 밖에 있어요, 케이트 고모님." 메리 제인이 말했다.

"브라운은 동에 번쩍 서에 번쩍 하는군그래." 케이트 이모가 목소리를 낮추어 말했다.

메리 제인은 그녀의 말투에 깔깔거리고 웃었다.

"정말 그래요, 그 사람은 정말 자상하거든요." 그녀는 장난스럽게 말했다.

"그 사람은 여기에 가스*58처럼 설비되어 있는 셈이로군. 크리스마스 시즌 내내 말이야." 케이트 이모는 변함없는 어조로 말했다.

그녀도 이번에는 기분 좋게 활짝 웃고 나서 재빨리 덧붙였다.

"하지만 그 사람한테 들어오라고 해, 메리 제인. 들어와서 문을 좀 닫으라고 말이야. 그 사람이 내가 한 말을 못 들었으면 좋겠는데."

바로 그때 현관문이 열리더니 브라운 씨가 심장이 터질 듯이 너털웃음을 웃으면서 현관 앞 계단에서 안으로 들어왔다. 그는 소매와 깃에 인조 아스트라칸을 단 녹색의 긴 외투를 차려입고 머리에는 타원형 털모자를 쓰고 있었다. 그는 날카로운 휘파람 소리가 길게 들려오는 눈 덮인 부두 쪽을 가리키면서 말했다.

"테디가 더블린의 마차를 있는 대로 다 불러내려나 봐요."

가브리엘이 낑낑대고 외투를 입으면서 사무실 뒤의 작은 식기실에서 나와 현관 안을 빙 둘러보면서 말했다.

"그레타는 아직 안 내려왔어요?"

"걔는 옷을 입고 있나 보던데, 가브리엘." 케이트 이모가 말했다.

---

*58 그 무렵 더블린에서 가스는 필요할 때 즉시 점화할 수 있는 편리한 것으로서 귀하게 여겨졌다.

"위에서 피아노를 치고 있는 건 누구예요?" 가브리엘이 물었다.

"아무도 없어. 모두 다 돌아갔는데."

"어머, 아니에요, 케이트 고모님, 바텔 다시 씨와 오캘러헌 양이 아직 내려오지 않았어요." 메리 제인이 말했다.

"아무튼 누군가가 지금 피아노를 치고 있어요." 가브리엘이 말했다.

메리 제인이 가브리엘과 브라운 씨를 흘끗 쳐다보면서 목소리를 떨며 말했다.

"두 분이 그렇게 두툼하게 차려입고 나서는 걸 보니 나까지 추운 생각이 들어요. 나 같으면 이런 시간에 집에 돌아가려고 감히 엄두도 못 낼 텐데."

"나 같으면 지금 이 순간 가장 하고 싶은 건, 시골 길을 신나게 산책하거나, 아주 날쌘 준마가 끄는 마차를 타고 씽씽 달리는 거요." 브라운 씨는 태연자약하게 말했다.

"전에 우리 집엔 아주 잘 달리는 말 한 필과 이륜마차가 있었는데." 줄리아 이모가 슬픔에 젖은 듯이 말했다.

"그 꿈에도 잊지 못할 조니 말이군요." 메리 제인이 웃으면서 말했다.

케이트 이모와 가브리엘도 따라 웃었다.

"아니, 조니가 어디가 그렇게 대단했다는 겁니까?" 브라운 씨가 물었다.

"돌아가신 패트릭 모컨, 즉 우리 할아버지는 만년에 사람들에게 노신사로 불렸는데 아교를 만드는 분이셨죠." 가브리엘이 설명했다.

"어머, 가브리엘, 할아버지는 아교가 아니라 풀 공장을 운영하셨어." 케이트 이모가 깔깔 웃으면서 말했다.

"글쎄요, 아교든 풀이든 간에 그 노신사에게는 조니라는 말이 한 필 있었답니다. 그 조니라는 말은 노신사의 공장에서 열심히 일을 했지요, 방아를 빙빙 돌리면서 말입니다. 거기까지는 다 좋았어요. 그런데 이제부터 조니의 슬픈 이야기가 시작되지요. 날씨가 청명한 어느 날 노신사께서 사회 저명인사들과 함께 공원의 열병식에 말을 타고 가고 싶다고 생각하신 거예요." 가브리엘이 말했다.

"주님, 그분의 영혼에 자비를 베풀어 주소서." 케이트 이모가 측은함을 담은 목소리로 말했다.

"아멘, 그래서 노신사께서는 방금 말한 것처럼 조니에게 마구를 채우고 자신은 최고급 중산모에 최고급 목도리를 하고, 백 레인 근처 어딘가에 있었던 것으로 생각되는 조상 대대로 살아온 저택에서 위풍당당하게 나오셨지요."

가브리엘의 말투에 모두들, 심지어 멀린스 부인까지 웃음을 터뜨렸다. 그리고 케이트 이모가 말했다.

"오, 그런데 말이야, 가브리엘. 할아버지는 백 레인에 사시지 않았어. 거기에는 공장이 있었을 뿐이지."

"조상들이 살아온 저택에서" 가브리엘은 말을 이었다. "할아버지께서는 조니를 타고 나오셨어요. 그런데 조니가 빌리 왕 동상*59을 보기 전까지는 만사가 순조롭게 잘 진행되었지요. 그러다가 조니가 빌리 왕 동상을 보자 빌리 왕이 탄 말에 반했는지 아니면 풀 공장으로 다시 돌아왔다고 착각했는지, 어쨌든 조니는 동상 주위를 빙빙 돌기 시작했어요."

가브리엘은 고무덧신을 신은 채 원을 그리며 현관 주위를 한 바퀴 빙 돌아서 다른 사람들을 박장대소하게 했다.

"말은 이렇게 빙글빙글 돌았습니다." 가브리엘이 말했다. "그러자 이 노신사께서는, 워낙 대단히 거만한 노신사였던지라 몹시 화가 났습니다. '아니 이놈 좀 보게! 이게 무슨 짓이냐, 이놈? 조니! 조니! 해괴망측한 것 다 보겠네! 도대체 무슨 생각을 하는 건지 알 수가 있어야지!'"

가브리엘이 이 사건을 흉내 내는 바람에 터져 나온 요란한 웃음소리는 갑자기 현관문에서 들려오는 노크소리에 뚝 그쳤다. 메리 제인이 달려가 문을 열고 프레디 멀린스를 맞아들였다. 모자를 잔뜩 뒤로 젖혀 쓰고 추위로 양어깨를 구부정하게 웅크린 프레디 멀린스는 단숨에 뛰어와서 그런지 숨을 헐떡이며 입김을 내뿜고 있었다.

"마차를 한 대밖에 못 잡았어요." 그가 말했다.

"아, 걱정 마세요, 우리는 부둣가를 따라 걷다가 또 잡으면 되니까요." 가브리엘이 말했다.

---

*59 '영국왕 윌리엄 3세(재위 1689~1702)의 애칭. 1690년 아일랜드 왕위도 겸했고, 그때부터 아일랜드는 오랫동안 영국 지배를 받았다. 트리니티 대학 정문 근처에 그 승마상(⑳)이 있었는데 독립한 뒤 제거되었다. P. 모컨은 더블린의 명사들과 함께 말을 타고 시가지를 돌기 위해, 스토니배터에서 일부러 멀리 돌아 이 동상 앞에 이르렀다.

"그래라. 멀린스 부인을 찬바람 쐬면서 오래 서 있게 해선 안 될 테니까."
케이트 이모가 말했다.

멀린스 부인은 아들과 브라운 씨의 부축을 받아 현관 계단을 내려 와서, 그들이 갖은 애를 다 쓴 덕분에 겨우 마차에 올라탈 수 있었다. 프레디 멀린스는 어머니를 뒤따라 마차에 올라 브라운 씨의 조언을 들어가면서 한참만에야 어머니를 안전하게 자리에 앉혔다. 마침내 어머니가 편안하게 자리에 앉게 되자 프레디 멀린스는 브라운 씨에게 마차에 타라고 권했다. 이러쿵저러쿵 한참 동안 얘기가 오간 끝에 브라운 씨가 마차에 올라탔다. 마부는 무릎 위에 담요를 잘 덮은 뒤 허리를 굽혀 가는 곳을 물었다. 그러자 더욱 혼란스러운 얘기가 더욱 더 복잡하게 꼬였다. 마차 유리창 밖으로 저마다 머리를 내민 프레디 멀린스와 브라운 씨는 마부에게 저마다 가는 곳을 다르게 댔다. 마부가 난처한 것은, 가다가 브라운 씨를 어디서 내려주어야 할지 그걸 모른다는 점이었다. 케이트 이모, 줄리아 이모, 그리고 메리 제인은 현관 앞 층계에 서서 논쟁을 돕는다는 것이, 기껏해야 서로 상반되는 지시를 내리거나 반대되는 의견을 말하고는 깔깔거리고 웃는 것뿐이었다. 프레디 멀린스는 웃느라고 말을 제대로 할 수 없었다. 그는 모자가 날아갈 위험을 무릅쓰고 뻔질나게 창문 밖으로 머리를 내밀었다 넣었다 하면서 논쟁이 어떻게 진행되고 있는지 자기 어머니에게 전해주었다. 그러다가 마침내 브라운 씨가, 갈피를 잡지 못하는 마부에게 모든 사람들의 떠들썩한 웃음소리보다 더 큰 소리로 외쳤다.

"트리니티 대학*60 아시오?"

"예, 선생님." 마부가 대답했다.

"그럼 트리니티 대학 정문까지 바로 가주시오, 그럼 거기에서 어디로 가야 할지 당신에게 알려줄 테니. 이제 아시겠소?" 브라운 씨가 말했다.

"예, 선생님." 마부가 대답했다.

"트리니티 대학으로 화살같이 갑시다."

"알겠습니다, 선생님." 마부가 대답했다.

말에 채찍질을 하자 마차는 웃음소리와 작별인사가 뒤범벅되는 가운데 부

---

*60 신교계 대학. 정문까지 모컨의 집에서 동쪽으로 1.2킬로미터.

두를 따라 덜거덕거리며 달리기 시작했다.

가브리엘은 다른 사람들과 함께 문까지 나가지는 않았다. 그는 현관의 어두컴컴한 곳에 서서 계단을 올려다보고 있었다. 한 여성이 계단 중간의 층계참 근처에, 역시 어둠 속에 서 있었다. 얼굴은 보이지 않았지만 적갈색 치마와 가늘고 긴 연분홍의 띠장식은 보였는데,[*61] 그것은 어두컴컴한 속에서 흑백으로 보였다. 그의 아내였다. 그녀는 무언가에 귀를 기울이면서 난간에 기대 서 있었다. 가브리엘은 그녀가 꼼짝달싹 못하고 바위처럼 서 있는 것을 보고 놀라서 자기도 귀를 세워 들어보려고 했다. 그러나 그에게는 현관문 계단에서 시끌벅적하게 얘기하는 소리, 피아노에서 들려오는 몇 가락의 화음, 그리고 어떤 남자가 노래를 부르는 몇 마디 말고는 특별히 들리는 것이 없었다.

그는 현관의 컴컴한 곳에 가만히 서서, 그 목소리가 노래하고 있는 멜로디를 들으면서 아내를 올려다보았다. 그녀의 자세는 마치 무언가의 상징인 양 우아하고 신비로웠다. 그는 은은한 음악에 귀를 기울이며 어두운 계단 위에 서 있는 여인은 무엇의 상징일까 하고 자문해보았다. 만일 그가 화가라면 그런 자세를 하고 있는 그녀를 그리고 싶었다. 그녀의 푸른 펠트 모자는 어둠을 배경으로 그녀의 청동색 머리카락을 돋보이게 해줄 것이고, 치마의 어두운 띠장식은 밝은 띠장식을 돋보이게 할 것이다. 그리고 그 그림에 〈멀리서 들려오는 음악〉이라는 제목을 붙이리라, 그가 화가라면.

현관문이 닫혔다. 그러자 케이트 이모, 줄리아 이모, 그리고 메리 제인이 여전히 웃으면서 현관 안으로 들어왔다.

"글쎄, 프레디는 좀 심하잖아요?" 메리 제인이 말했다. "정말 끔찍한 사람이에요."

가브리엘은 아무 말도 하지 않고 계단 위쪽의 아내가 서 있는 곳을 손으로 가리켰다. 현관문이 닫히자 노래하는 목소리와 피아노 소리가 더욱 뚜렷하게 들려왔다. 가브리엘은 손을 들어 세 사람에게 좀 조용히 하라는 시늉을 했다. 노래는 전통적인 아일랜드 음조를 사용한 것 같았고, 노래하는 사람은 가사에도 목소리에도 둘 다 자신이 없는 듯이 들렸다. 멀리서 들리는 데다

[*61] 고급옷을 상징한다.

목소리가 갈라져 있어서 우수를 느끼게 하는 그 노랫소리는, 슬픔을 나타내는 가사와 함께 노래의 멜로디에 아련한 흥취를 더해주고 있었다.

　오, 비는 내 숱 많은 머리채에 내리고
　이슬은 내 살갗을 적시는데,
　내 아기는 차디차게 누워 있……

"아!" 메리 제인이 탄성을 질렀다. "바텔 다시가 노래를 부르고 있어, 저녁 내내 안 하겠다고 우기더니. 오, 가시기 전에 노래를 한 곡 불러달라고 부탁해야지."

"그래라, 메리 제인." 케이트 이모가 말했다.

메리 제인은 다른 사람들 옆을 빠져나가 계단 쪽으로 달려갔다. 그러나 그녀가 거기에 채 도착하기도 전에 노랫소리가 뚝 그치면서 피아노 뚜껑도 갑자기 닫혔다.

"오, 저런! 그분이 지금 내려오고 있어요, 그레타?"

가브리엘은 아내가 그렇다고 대답하면서 그들 쪽으로 내려오는 것을 보았다. 그녀의 몇 발자국 바로 뒤에 바텔 다시 씨와 오캘러헌 양이 따라오고 있었다.

"오, 다시 씨." 메리 제인이 외쳤다. 우리 모두가 넋을 잃고 당신 노래를 듣고 있었는데 그렇게 노래를 뚝 그치시다니, 정말 너무하세요."

"제가 저녁 내내 졸랐지 뭐예요." 오캘러헌 양이 말했다. "그리고 콘로이 부인도요, 그런데 선생님 말씀이 지독한 감기에 걸려 도무지 노래를 부를 수 없다는 거예요."

"오, 다시 씨. 이제 보니 그건 새빨간 거짓말이었군그래." 케이트 이모가 말했다.

"모르시겠어요, 제가 까마귀도 울고 갈 정도로 목이 쉰 것을?" 다시 씨가 거친 목소리로 말했다.

그는 서둘러 식기실로 들어가서 외투를 걸쳐 입었다. 다른 사람들은 그의 거친 말투에 당황하여 할 말을 잃고 있었다. 케이트 이모는 이맛살을 찌푸려 다른 사람들에게 그 이야기는 그만두라고 신호를 보냈다. 다시 씨는 목도리로 목을 조심스럽게 감싸고 눈살을 찌푸린 채 서 있었다.

"날씨 탓이에요." 줄리아 이모가 잠시 뒤에 말했다.

"그래요, 감기에 걸리지 않은 사람이 없어요." 케이트 이모가 기다렸다는 듯이 말했다. "정말 안 걸린 사람이 없다니까요."

"사람들 말이 이번 눈은 30년 만에 처음 보는 큰눈이래요. 오늘 아침신문에서는 아일랜드 전역에 눈이 내리고 있대요." 메리 제인이 말했다.

"나는 설경이 참 좋아." 줄리아 이모가 슬픈 듯이 말했다.

"저도 그래요, 땅에 눈이 쌓이지 않으면 진짜 크리스마스 같지가 않거든요." 오캘러헌 양이 맞장구를 쳤다.

"하지만 딱하게도 다시 씨는 눈을 그다지 좋아하지 않으시나 봐요."

케이트 이모가 싱긋이 웃으면서 말했다. 다시 씨는 온몸을 꽁꽁 감싸고 단추를 죄다 채운 채 식기실에서 나와 후회하는 듯한 목소리로 자기가 감기에 걸린 경위를 털어놓았다. 모두가 한마디씩 그에게 충고를 했고 참 안됐다고 말하면서 밤공기에 특히 목을 조심하라고 타일렀다. 가브리엘은 대화에 끼지 않고 있는 아내를 지켜보았다. 그녀는 먼지가 잔뜩 낀 부채꼴 채광창 바로 밑에 서 있었다. 가스등 불꽃이 며칠 전 그녀가 난롯불에 말리는 것을 본 적이 있는 그녀의 숱 많은 청동색 머리카락을 비추고 있었다. 그녀는 조금 전과 같은 자세로 선 채, 주위 얘기소리는 의식하지 못하는 듯했다. 마침내 그녀가 그들 쪽으로 몸을 돌리자, 가브리엘은 그녀의 두 뺨이 상기되어 있고 두 눈은 빛나고 있는 것을 보게 되었다. 갑자기 기쁨의 물결이 그의 가슴속에서 용솟음쳤다.

"다시 씨, 아까 부르신 그 노래 제목이 뭐죠?" 그녀가 물었다.

"〈어흐림의 처녀〉라는 노랩니다. 하지만 가사가 정확하게 기억이 나지 않더군요. 왜요? 아시는 노랜가요?" 다시 씨가 말했다.

"〈어흐림의 처녀〉라고요." 그녀는 되뇌었다. "제목이 잘 생각나지 않아서요."

"정말 좋은 곡인데 오늘 저녁 목소리가 제대로 나오지 않아서 유감이군요." 메리 제인이 말했다.

"자, 메리 제인, 다시 씨를 난처하게 만들지 마라, 난 이 분이 난처해하는 모습 보고 싶지 않아." 케이트 이모가 말했다.

모두가 떠날 채비를 한 것을 보고 그녀는 사람들을 문간으로 이끌고 가서 거기서 작별인사를 나누었다.

"그럼 안녕히 계세요, 케이트 이모님. 아주 즐거운 밤이었어요."

"잘 가, 가브리엘. 잘 가게, 그레타!"

"안녕히 계세요, 케이트 이모님, 정말 감사해요, 안녕히 계세요, 줄리아 이모님."

"오, 잘 가, 그레타. 미처 보지 못했어."

"안녕히 가세요, 다시 씨, 잘 가요, 오캘러헌 양."

"안녕히 계세요, 모컨 여사님."

"다시 한 번, 잘 가요."

"잘 가요, 모두들. 살펴 가세요."

"안녕히 계세요, 안녕."*62

새벽*63은 아직 어두웠다. 희미한 노란빛이 집들과 강 위를 나직하게 덮고 있다. 하늘은 아래로 내려오는 것만 같다. 발아래는 눈이 녹아 질척거렸다. 눈은 지붕 위와 부두난간 위, 반지하 출입구 울타리 위에 긴 선처럼, 또는 얼룩처럼 쌓여 있었다. 가로등은 어둠침침한 대기 속에서 아직도 붉게 타고 있었고 강 건너편에는 〈4법원〉 재판소*64의 거대한 건물이 찌무룩한 하늘을 배경으로 위압하듯이 버티고 서 있었다.

그녀는 바텔 다시 씨와 함께 그 앞에서 걸어가고 있었다. 구두를 싼 갈색 보자기를 한쪽 팔로 안고 두 손은 진창에 닿지 않도록 치마를 걷어 올리고 있다. 그녀에게는 아까와 같은 우아한 자태는 더 이상 보이지 않았지만, 가브리엘의 두 눈은 여전히 행복으로 빛나고 있었다. 피가 혈관을 타고 약동하며 흘렀고 온갖 생각들이 머릿속에 폭발적으로 떠올랐다. 자랑스럽고, 즐겁고, 사랑스럽고, 용감한 생각들이.

---

*62 전달부(傳達部)를 넣어서 인물을 특정하지 않고, 사람들의 육성만으로 그 자리의 분위기를 생생하게 재현하고 있다. 리듬 효과를 높이기 위한 수법으로, 만약 독자가 인물의 특정을 원한다면 스스로 그것을 확인할 수 있게 되어 있다.

*63 오전 2시 지난 시각. '안녕히 계세요'를 연발한 직후에 화자가 새벽을 언급하는 이 기술이 온다.

*64 1786년 건설 공사를 시작해서 1802년 완공. 중앙은 코린토식 주랑현관으로 장려하다. 형평법(제1법원), 재무(제2법원), 왕좌(제3법원), 민사(제4법원)의 넷으로 이루어져 있다.

그녀가 그의 앞에서 너무도 경쾌하게, 그리고 너무도 꼿꼿하게 걷고 있어서, 그는 소리 내지 않고 달려가서 두 어깨를 붙잡고 그녀의 귓전에 뭔가 바보스러운 사랑의 말을 속삭이고 싶었다. 그녀가 어찌나 연약해 보이던지, 뭔가로부터 그녀를 보호하면서 그녀와 단둘이 있고 싶었다. 두 사람만의 비밀스러운 생활의 순간들이 갑자기 밤하늘의 별처럼 그의 기억 속에 꼬리를 물고 떠올랐다. 연보랏빛 봉투 한 장이 그의 모닝커피잔 옆에 놓여 있고, 그는 그것을 한 손으로 어루만지고 있었다. 새들이 담쟁이덩굴에서 지저귀고 햇살을 담뿍 받은 커튼의 그물망이 바닥에서 아른거리고 있었다. 그는 행복에 겨워 아무것도 먹을 수가 없었다. 두 사람은 사람들로 붐비는 플랫폼에 서서, 그가 그녀의 장갑 낀 따뜻한 손바닥에 열차표 한 장을 쥐어주고 있었다. 그는 추위 속에서 그녀와 함께 서서 격자창을 통해, 어떤 사내가 맹렬하게 타오르는 용광로에서 병을 만들고 있는 광경을 바라보았다. 무척 추웠다. 그녀는 찬 공기 때문에 더욱 향기를 내뿜는 얼굴을 그의 얼굴에 바싹 갖다 댔다. 그러더니 갑자기 용광로에 있는 남자에게 소리를 질렀다.

"불이 안 뜨겁나요?"

그러나 남자는 용광로의 으르렁거리는 소음 때문에 그녀의 말을 알아들을 수가 없었다. 차라리 다행이다 싶었다. 만일 그가 알아들었더라면 고약하게 대답했을지도 모르니까.

더욱더 감미로운 기쁨의 물결이 그의 심장에서 계속 넘쳐흘러 뜨거운 홍수가 되어 동맥을 타고 굽이쳐 흘렀다. 밤하늘의 부드러운 별빛처럼 남들이 모르는, 또 앞으로도 아무도 알 수 없는 그들만의 은밀한 순간들이 쏟아져 나와 그의 추억을 환하게 비춰주었다. 그는 이런 순간들을 그녀에게 상기시켜 같이 살아오면서 따분했던 세월은 모두 머리에서 지워버리게 하고, 오직 황홀했던 순간만을 기억하게 하고 싶은 생각이 간절했다. 지난 세월이 그의 영혼과 그녀의 영혼을 송두리째 고갈시켜버리지는 않았다는 느낌이 들었기 때문이다. 두 아이도, 그의 저술도, 그녀의 집안일도, 그들의 영혼의 감미로운 불꽃을 죄다 꺼버린 것은 아니었다. 그 시절 그는 그녀에게 쓴 한 편지에서 이렇게 말한 적이 있었다. "이런 말들이 나에게는 따분하고 차갑게만 보이는 것은 어인 일일까요? 그것은 당신의 이름만큼 감미로운 말이 없기 때문이 아닐까요?"

멀리서 들려오는 음악처럼 그가 여러 해 전에 쓴 적이 있는 그런 말들이 과거에서 되살아났다. 그는 그녀와 단둘이 있고 싶다. 다른 사람들이 다 가 버리고 난 뒤 그와 그녀가 호텔 방에 들어간다면 그때야말로 단둘이 남게 되 리라. 그녀를 가만히 불러보자.

"그레타!"

어쩌면 금방은 들리지 않을지도 모른다. 옷을 벗고 있을 테니까. 그러다가 그의 목소리에 담긴 뜻이 무엇인지 문득 궁금해 하리라. 그러면 그녀는 몸을 돌려 그를 쳐다보리라……"

와인태번 가 모퉁이에서 그들은 마차를 잡았다.[*65] 그는 마차가 덜거덕거 리는 소리 때문에 서로 대화를 할 수 없었는데, 그것이 그렇게 반가울 수가 없었다. 창밖을 내다보고 있는 그녀는 피곤해 보였다. 다른 사람들은 어쩌다 가 어느 건물이나 거리를 가리키면서 몇 마디 했을 뿐이다. 말은 음산한 새 벽하늘 아래 발굽 뒤로 덜거덕거리는 낡은 마차를 끌면서 지친 듯이 달려갔 다. 그러자 가브리엘은 다시 그녀와 함께 마차 안에 있었고, 배를 놓치지 않 기 위해 질주하면서 둘만의 신혼여행을 향해 달려가고 있었다.

마차가 오코넬 다리[*66]를 건널 때 오캘러헌 양이 말했다.

"흔히 하는 말로 오코넬 다리를 건널 때마다 흰 말을 보게 된다면서요."

"이번에는 흰 사람이 보이는데요." 가브리엘이 말했다.

"어디요?" 바텔 다시 씨가 물었다.

가브리엘은 군데군데 하얀 눈을 덮어쓴 동상[*67]을 가리켰다. 그러고는 다 정하게 거기다가 고개를 꾸벅 숙인 뒤 손을 흔들었다.

"안녕히 주무세요, 댄." 그는 유쾌하게 말했다.

마차가 호텔 앞에 닿자 가브리엘은 껑충 뛰어내려 바텔 다시 씨가 말리는 데도 마부에게 마차삯을 치렀다. 그는 요금 이외에 1실링을 더 얹어주었다. 마부는 절을 하며 말했다.

[*65] 어셔스 아일랜드 출발 → 머천트 강변 거리까지 걷기 → 와인태번 가 네거리에서 마차를 잡아타고 오코넬 다리를 향한다.

[*66] 아일랜드 정치운동가 다니엘 오코넬(1775~1847)을 기념하여 명명되었다. ⑧마차는 오 코넬 다리에서 좌회전→새크빌 거리 북상→그레셤 호텔⑩

[*67] ⑮오코넬은 1828년 영국국회의원에 가톨릭 후보로서 최초로 당선하여, 1829년에 가톨릭 해방령 성립에 공헌한 국민적 영웅. 댄이라는 애칭으로 불렸다.

"새해에도 운수 대통하십시오, 선생님."

"당신도." 가브리엘이 진심으로 말했다. 그녀는 마차에서 내릴 때, 또 갓돌 위에 서서 다른 사람들에게 작별인사를 하는 동안 잠시 그의 팔에 몸을 기댔다. 그녀는 가볍게, 몇 시간 전에 그와 춤을 추었을 때만큼이나 가볍게 그의 팔에 몸을 기댔다. 그는 그때 자랑스럽고 행복한 기분을 느꼈다. 그녀가 자신의 것이라서 행복했고 그녀의 우아함과 아내다운 몸가짐이 자랑스러웠다. 그러나 이제 그토록 수많은 추억들이 다시 불타오른 뒤, 처음으로 음악적인 신비로운 향내가 나는 육체에 닿자, 날카로운 통증에 가까운 격렬한 욕정이 그의 온몸을 훑고 지나갔다. 그는 그녀의 침묵을 틈타 그녀의 팔을 자기 옆구리에 바짝 갖다 붙였다. 그리고 호텔 입구에 섰을 때 그는 생각했다, 지금 두 사람은 생활과 의무로부터 탈출하고, 가정과 친구들로부터 탈출하여, 격렬하고도 찬란한 마음으로 새로운 모험을 향해 함께 손을 잡고 도주한 것이라고.

한 노인이 현관에서 덮개가 달린 커다란 의자에 앉아 졸고 있었다. 그는 사무실에서 촛불을 켜 들고 나와 앞장서서 그들을 데리고 계단을 올라갔다. 그들은 두꺼운 카펫이 깔린 계단을 사뿐사뿐 밟으면서 말없이 그를 뒤따랐다. 안내인을 뒤따라 가는 그녀는 계단을 올라가느라 고개를 숙이고, 가냘픈 어깨는 짐이라도 진 것처럼 구부렸고, 치맛자락은 몸에 바짝 붙여 휘감고 있었다. 그는 팔을 뻗어 그녀의 허리를 끌어당겨 꼼짝 못하게 껴안고 싶은 충동에 사로잡혔다. 두 팔은 그녀를 껴안고 싶은 욕망으로 부들부들 떨리고 있었지만, 손톱에 찔리도록 힘껏 주먹을 쥐어 육체의 격렬한 충동을 가까스로 억제하고 있었다. 안내인은 계단에서 걸음을 멈추고 촛농이 흘러내리는 촛대를 바로잡았다. 그들도 그 아래 계단에서 걸음을 멈췄다. 정적 속에서 가브리엘은 밀랍이 녹아 받침접시에 떨어지는 소리, 그리고 자신의 심장 고동이 갈비뼈에 부딪히는 소리가 들리는 것만 같았다.

안내인은 복도를 따라 그들을 안내해 가서 문을 열어주었다. 그런 다음 그는 흔들거리는 양초를 화장대 위에 내려놓고 아침 몇 시에 깨워드리면 되냐고 물었다.

"여덟시에요." 가브리엘이 말했다.

안내인이 전등 스위치를 가리키면서 우물우물 전기가 켜지지 않는 변명을 하기 시작했으나 가브리엘이 그것을 가로막았다.

"전등은 필요 없어요. 거리에서 들어오는 불빛만으로도 충분하니까. 아, 그리고" 그는 촛불을 가리키면서 덧붙였다. "저 잘난 물건은 도로 가져가 주겠소? 얼른요."

안내인은 그 괴상한 요구에 깜짝 놀라 촛대를 다시 집어들기는 했으나 그 동작은 굼떴다. 그는 웅얼웅얼 작별인사를 하고는 밖으로 나갔다. 가브리엘은 얼른 문을 닫아걸었다.

가로등에서 나오는 유령 같은 불빛이 기다란 줄기가 되어 창문에서 방문까지 뻗어 있었다. 가브리엘은 외투와 모자를 벗어 소파 위에 내던지고는 방을 가로질러 창가로 갔다. 그는 거리를 내려다보면서 감정이 좀 가라앉기를 기다렸다. 그러고 나서 그는 몸을 돌려 빛을 등지고 옷장에 몸을 기댔다. 그녀는 이미 모자와 외투를 벗고, 커다란 회전 거울 앞에 서서 허리의 후크를 풀고 있었다. 가브리엘은 그녀를 쳐다보면서 잠시 사이를 두었다가 아내를 불렀다.

"그레타!"

그녀는 거울에서 천천히 물러나와 빛줄기를 따라 그를 향해 걸어왔다. 얼굴이 너무 진지하고 지쳐 보여서, 가브리엘의 입에서 생각하고 있던 말이 나오지 않았다. 아니다, 아직은 그럴 때가 아니야.

"피곤해 보이는군." 그가 말했다.

"약간요." 그녀가 답했다.

"어디가 아픈 건 아니고?"

"아녜요, 좀 피곤할 뿐이에요."

그녀는 그대로 창가로 가서 창밖을 내다보았다. 가브리엘은 다시 기다리다가, 주춤거리다가는 아무것도 못하게 되리라는 걱정에 사로잡혀 불쑥 말했다.

"그런데, 그레타!"

"네?"

"당신, 멀린스라는 그 딱한 친구 알지?" 그는 빠른 말투로 말했다.

"알아요, 그 사람이 왜요?"

"글쎄, 참 안된 친구야. 알고 보니 꽤 괜찮은 사람이더군." 가브리엘이 꾸민 목소리로 말을 계속했다. "나에게서 빌려 쓴 1파운드를 갚았어, 난 기대도 하지 않았는데. 그 브라운이란 자를 멀리하지 못하는 게 안타깝긴 해, 그는 본심은 나쁜 사람이 절대 아니거든."

그는 이제 속이 타서 온몸을 떨고 있었다. 아내는 왜 저토록 멍하니 있는 것일까? 그는 무슨 말부터 시작해야 좋을지를 몰랐다. 그녀 또한 무슨 일로 애태우고 있는 건 아닐까? 그녀가 자기에게 몸을 돌리거나 그녀 스스로 가까이 다가와준다면 오죽이나 좋을까! 이런 분위기 속에서 그녀를 덮치는 건 폭행이 된다. 무엇보다 먼저 그녀의 눈빛에서 어떤 열정 같은 것을 확인해야 한다. 그는 아내의 알 수 없는 마음을 정복하고 싶어 애가 탔다.

"그분한테 언제 돈을 빌려주었죠?" 잠시 뒤 그녀가 물었다.

가브리엘은 그 주정뱅이 멀린스와 그에게 빌려준 돈에 대해 욕설이 터져 나오려는 것을 참느라고 안간힘을 썼다. 그는 영혼으로부터 그녀에게 소리치고 싶었다, 그녀의 몸을 으스러지도록 끌어안고 그녀를 정복하고 싶었다. 그러나 그는 이렇게 말했다.

"아, 크리스마스 때였지, 그 친구가 헨리 가에 조그마한 크리스마스 카드 가게를 냈을 때."[68]

그는 격정과 욕망의 열기에 사로잡힌 나머지 그녀가 창가에서 자기에게 다가오는 소리도 듣지 못했다. 그녀는 한 순간 그 앞에 서서 이상한 눈초리로 그를 쳐다보았다. 그러다가 느닷없이 발끝으로 서서 두 손을 그의 양어깨에 가볍게 얹고는 그에게 키스를 했다.

"당신은 정말 관대한 사람이에요, 가브리엘," 그녀가 말했다. 가브리엘은 그녀의 갑작스러운 키스와 묘한 표현에 몸이 떨리도록 기쁨을 느끼면서, 그녀의 머리에 두 손을 얹어 손가락이 닿을락 말락하는 느낌으로 뒤로 쓰다듬기 시작했다. 머리를 감아선지 보드랍고 윤기가 자르르했다. 그의 마음은 행복으로 넘쳐났다. 그가 바라던 바로 그 순간에 그녀 쪽에서 먼저 그에게 다가왔다. 어쩌면 그녀의 생각도 그의 생각과 함께 움직이고 있었던 건지도 모른다. 어쩌면, 그녀는 그가 품고 있던 충동적인 욕망을 느끼고, 거기에 순순히 몸을 맡기겠다는 마음이 일어났는지도 모를 일이다. 그녀가 이렇게 쉽사

---

[68] 자선을 목적으로 크리스마스 시즌에 임시 가게를 열고 크리스마스 카드를 팔아, 그 수익금을 보통 자선단체에 기부했다.

리 몸을 내맡겨오는 걸 보자 그는 자기가 왜 그토록 우물쭈물했는지 원망스러웠다.

그는 선 채 두 손으로 그녀의 머리를 감싸 안고 있었다. 그리고 한 팔로 그녀의 허리를 감아 자기 쪽으로 그녀를 끌어당기면서 부드럽게 말했다.

"여보, 그레타, 무슨 생각을 그렇게 해?"

그녀는 대답도 하지 않고 그렇다고 해서 몸을 전적으로 그의 팔에 내맡기는 것도 아니었다. 그는 다시 부드럽게 말했다.

"뭔지 말해 봐, 그레타. 무슨 일인지 알 것 같기도 한데. 안 그래?"

그녀는 금방은 대답하지 않았다. 그러다가 왈칵 눈물을 쏟으면서 말했다.

"아, 난 그 노래를 생각하고 있어요, 〈어흐림의 처녀〉 말이에요." 그녀는 그의 품안에서 빠져나와 침대로 달려가서 침대 난간에 두 팔을 뻗고 그 사이에 얼굴을 묻었다. 가브리엘은 깜짝 놀라서 잠시 어쩔 줄 모르고 서 있다가 그녀를 따라갔다. 그는 거울 앞을 지나가면서 자신의 온몸을 보았다. 넓고 불룩한 와이셔츠의 가슴, 거울을 들여다 볼 때마다 자신을 당혹시켰던 표정, 그리고 번쩍이는 금테 안경. 그는 그녀로부터 몇 발짝 앞에 서서 말했다.

"그 노래가 어쨌다고 그러지? 그 노래가 왜 당신을 울리는 거요?"

그녀는 두 팔에 묻었던 고개를 들고 어린애처럼 손등으로 눈물을 닦았다. 그의 목소리에는 그 자신도 의외일 정도로 다정한 느낌이 배어 있었다.

"왜 그래요, 그레타?" 그가 물었다.

"오래전에 그 노래를 잘 부르던 사람 생각이 나서요."

"오래전의 그 사람이 누군데?" 가브리엘은 미소를 지으면서 말했다.

"제가 할머니랑 살 때 골웨이에서 알고 지내던 사람이었어요."

가브리엘의 얼굴에서 미소가 싹 가셨다. 무지근한 분노가 그의 마음속에 다시 엉기기 시작하면서 무지근한 욕정의 불길 또한 혈관 속에서 분노로 타오르기 시작했다.

"당신이 사랑했던 사람인가?" 그가 비꼬듯이 물었다.

"내가 알고 지내던 소년이었어요. 이름이 마이클 퓨리[69]라고 하는데 〈어흐림의 처녀〉라는 그 노래를 자주 불렀어요. 그는 몸이 아주 허약했어요."[70]

---

*69 ichael Furey. 마이클은 히브리어의 '누가 신을 닮았는가'가 원뜻으로, 신의 전사이자 대천사 가운데 한 사람이다. 퓨리는 '격정, 격노' fury와 '복수의 여신 세 자매' Furies를 암시한다.

가브리엘은 잠자코 있었다. 그 병약한 소년에게 자기가 흥미를 느끼고 있다고 아내가 생각하는 것을 원치 않았다.

"그 사람 모습이 눈에 선해요." 그녀는 얼마 있다가 다시 말했다. "그 사람의 그 눈, 그 크고 검은 눈! 그리고 그 두 눈에 담긴 그 표정—아, 그 표정!"

"오, 역시 당신은 그를 사랑했던 거군?" 가브리엘이 말했다.

"그 애와 자주 산책을 했어요. 골웨이에 있었을 때 말이에요."

가브리엘의 마음속에 어떤 생각이 문득 스치고 지나갔다.

"아마 그래서 그 아이버스라는 아가씨하고 골웨이에 가고 싶었던 모양이지?" 게리브리얼이 차갑게 말했다.

그녀는 그를 보고 놀라서 물었다.

"무엇 때문에요?"

그녀의 눈빛이 가브리엘을 당황하게 했다. 그는 어깨를 으쓱하고는 말했다.

"내가 그걸 어떻게 알아? 그가 보고 싶어서겠지."

그녀는 말없이 눈을 돌려 빛줄기를 따라 창문 쪽을 쳐다보았다.

"그는 죽고 없어요." 그녀가 마침내 말했다. "겨우 열일곱 살에 죽었어요. 그렇게 어린 나이에 죽다니 정말 끔찍하지 않아요?"

"뭐 하던 사람인데?" 가브리엘은 여전히 비아냥거리듯이 물었다.

"가스 공장*71에 다녔어요."

가브리엘은 굴욕을 느꼈다. 자신의 비아냥이 통하지 않은 데다, 죽은 자들로부터 이 인물, 즉 한낱 가스 공장에 다니던 소년의 영혼을 불러낸 꼴이 되었기 때문이었다. 그가 그들 둘만의 은밀한 생활에 대한 추억에 잠겨 온화함과 기쁨과 욕망으로 충만해 있었을 때, 그녀는 마음속으로 그를 다른 남자와 비교하고 있었다. 자기 스스로 부끄럽게 생각하는 의식이 그를 엄습했다. 그의 눈에 비친 자신의 모습은, 이모들을 위해 심부름꾼 노릇이나 하는 우스꽝스러운 인물이고, 속물들에게 연설이나 해대고 자기 자신의 어리석기 그지없는 욕정을 미사여구로 그럴듯하게 꾸며대는, 신경질적이면서 마음씨만은 호인인 감상가이며, 조금 전에 거울에서 얼핏 보았던 그 한심하고 멍청한 녀

---

*70 delicate. 치료법이 없었던 당시에 결핵환자에 대한 아일랜드의 완곡한 표현.
*71 석탄을 정제하는 가스 공장의 일은 불결하고 건강에 좋지 않았다.

석이었다. 그리하여 그는 본능적으로 그녀가 그의 이마에서 이글거리고 있는 굴욕을 눈치채지 못하도록 불빛을 등지고 돌아섰다.

그는 냉정한 심문투를 유지하려고 애썼지만 막상 말을 하려 하니 목소리가 구차하고 한심했다.

"당신은 그 마이클 퓨리를 사랑했던 모양이구먼, 그레타." 그가 말했다.

"그 무렵 그 사람하고 무척 가까이 지냈어요." 그녀가 말했다.

그녀의 목소리는 흐렸고 슬프게 들렸다. 가브리엘은 이제 자신이 의도한 방향으로 그녀를 끌고가려 해 봤자 지금은 무리라는 것을 느끼고, 그녀의 한 손을 어루만지면서 그도 슬픈듯이 말했다.

"그런데 그는 왜 그렇게 일찍 죽었지, 그레타? 폐결핵 때문에?"

"그는 나 때문에 죽은 거라고 생각해요."*72 그녀가 대답했다.

이 대답을 듣고 가브리엘은 막연한 공포감에 사로잡혔다. 마치 그가 승리를 낙관하고 있는 순간에, 어떤 불가사의한 복수심에 불타는 존재가 그 죽은 자들의 세계에서 그에게 대항할 힘을 잔뜩 결집하여 그에게 덤벼든 것처럼. 그러나 그는 애써 생각을 가다듬어 그 공포심을 떨쳐버리고 계속 그녀의 손 등을 어루만졌다. 그는 그녀에게 더 이상 캐묻지 않았다. 그녀 스스로 털어 놓으리라는 느낌이 들었기 때문이다. 그녀의 손은 따뜻하고 촉촉했다. 이제는 그가 만져도 아무런 반응도 보이지 않았지만, 그는 그해 봄날 아침 그녀가 그에게 보낸 첫 편지를 어루만졌듯이 그녀의 손을 계속 어루만졌다.

"그땐 겨울이었어요. 겨울이 막 시작되려는 무렵이었죠, 그때 난 할머니 곁을 떠나*73 이곳 수녀원 학교가 있는 데로 올라오려고 하던 참이었어요. 그때 그는 골웨이에 있는 하숙집에서 앓고 있었는데, 외출도 마음대로 할 수 없어서 욱터라드에 있는 가족에게 편지로 알렸을 정도였어요. 사람들 말로는 폐병인가 뭔가 하는 병에 걸렸다고 했지요. 정확한 건 잘 모르지만." 그녀가 말했다.

＊72 예이츠의 1막극 《홀리한의 딸 캐슬린》에서, 가난한 나그네 모습을 한 노파(아일랜드의 상징)가, 골웨이 사람들이 벌을 받은 이유에 대한 질문을 받고 "나를 사랑했기 때문에 죽었다"고 대답했다.

＊73 할머니나 숙모에게 양육되는 것은 고아 또는 아이가 많은 집에 태어난 경우일 거라고 한다. 그레타의 경우는 후자로 해석되고 있다.

그녀는 잠시 말을 멈추고 한숨을 내쉬었다.

"참 가엾은 사람이에요. 나를 무척이나 좋아했고, 또 굉장히 착한 소년이었어요. 우린, 시골에서 흔히 그러듯이, 가브리엘, 아시잖아요, 함께 자주 산책을 하곤 했어요. 건강만 아니었으면 그는 노래를 공부했을 거예요. 목소리가 참 좋았거든요, 가엾은 마이클 퓨리."

"그래서?" 가브리엘이 물었다.

"그래서 내가 골웨이를 떠나 수도원에 오게 되었을 때, 그는 병이 많이 깊어져서 만날 수가 없었어요. 그래서 편지를 썼어요, 더블린에 올라가면 여름에 돌아올 테니 그때까지 완쾌하라고요."

그녀는 흥분하려는 목소리를 가다듬으려고 잠시 말을 멈추었다가 다시 말을 이었다.

"떠나기 전날 밤, 넌스 아일랜드*74의 할머니 댁에서 짐을 꾸리고 있는데 유리창에 돌을 던지는 소리가 들리더군요. 유리창이 너무 흐려서 누군지 보이지 않아 아래층으로 뛰어 내려가 뒷문을 통해 가만히 정원으로 나가보았더니 그 가엾은 사람이 정원 끝에 오들오들 떨면서 서 있더군요."

"그래서 당신은 그에게 되돌아가라고 말했소?" 가브리엘이 물었다.

"당장 집으로 돌아가라고 통사정했지요. 비를 맞고 이러다간 죽을 거라고 하면서요. 하지만 그는 살고 싶은 생각이 없다고 하더군요. 지금도 그 사람 눈이 생각나요, 똑똑히! 그는 담벼락 끝에 있는 나무 옆에 서 있었지요."

"그래, 그는 집으로 돌아갔소?" 가브리엘이 물었다.

"네, 돌아갔어요. 그리고 내가 수도원으로 올라온 지 겨우 1주일 만에 그 사람은 죽었고, 가족이 사는 욱터라드에 묻혔어요. 아, 그 소식을 들은 그날, 그가 죽었다는 소식을 들은 그날은 정말!"

그녀는 흐느낌으로 목이 메어 말을 잇지 못했다. 감정이 북받쳐 올라 침대에 몸을 던지더니 이불에 얼굴을 묻고 흐느껴 울었다. 가브리엘은 어찌할 바를 모르고 그녀의 손을 잠시 잡고 있다가, 그녀의 슬픔에 방해가 될까봐 손을 살며시 놓고는 창가로 조용히 걸어갔다.

---

*74 골웨이를 흐르는 골웨이 강 하구 부근의 거리 이름.

그녀는 깊이 잠들어 있었다.

가브리엘은 팔꿈치를 괴고 한동안 노여운 기색 없이 그녀의 헝클어진 머리카락과 반쯤 벌린 입을 내려다보면서, 그 깊은 호흡에 귀를 기울이고 있었다. 그래, 그녀의 인생에는 그런 로맨스가 있었구나. 한 남자가 이 여자 때문에 죽었구나. 그녀의 인생에서 남편인 자신이 한 역할이 정말 하잘것없었구나 하는 생각이 들었지만 그의 마음은 그다지 아프지도 않았다. 그는 자고 있는 그녀의 모습을 바라보고 있으니, 마치 자신과 그녀가 남편과 아내로서 함께 살아본 적이 전혀 없었던 것처럼 생각되었다. 진기한 것이라도 보는 듯한 그의 눈길이 그녀의 얼굴과 머리카락에서 떠날 줄을 몰랐다. 그리고 그 시절, 그녀의 처녀다운 여성미가 갓 피어나던 그 시절에 그녀의 모습이 어땠을지 그 모습을 그려보니, 그녀에 대한 신비로운 친밀감과 애처로움이 가슴을 파고들었다. 그는 그녀의 얼굴이 더 이상 아름답지 않다고는 생각하고 싶지 않았으나, 그 옛날 마이클 퓨리가 죽음을 아랑곳하지 않았을 때 보여준 그 얼굴은 더 이상 아니라는 것은 그도 알고 있었다.

어쩌면 그녀는 그에게 이야기를 다 털어놓지 않았을지도 모른다. 그의 눈길은 그녀가 아무렇게나 옷가지를 벗어 던져놓은 의자 쪽으로 옮아갔다. 속치마 끈이 마룻바닥에 축 늘어져 있었다. 부츠 한 짝은 부드러운 윗부분은 꺾이긴 했지만 똑바로 서 있었고 다른 한 쪽은 한쪽으로 쓰러져 있었다. 그는 한 시간 전에 일어났던 감정의 소용돌이에 생각이 미치자 이상한 느낌이 들었다. 대체 그런 감정은 어디서 비롯되었을까? 이모님의 만찬에서, 자기 자신의 어리석은 연설에서, 포도주와 춤에서, 현관에서 작별인사를 할 때의 그 떠들썩한 분위기에서, 아니면 눈 오는 강가를 따라 걸었던 그 즐거움에서? 도대체 어디서란 말인가! 가엾은 줄리아 이모님! 그녀도 머잖아 그림자가 될 것이다, 패트릭 모컨 할아버지와 그의 말 조니가 그림자가 되었듯이. 그녀가 〈성장한 신부〉를 노래할 때 그녀의 얼굴에 순간적으로 떠오른 초췌한 표정을 그는 놓치지 않았다. 아마도 그는 곧 검은 상복을 입고 무릎에 실크해트를 올려놓고 바로 그 응접실에 앉게 되리라. 블라인드가 쳐져 있는 가운데 케이트 이모가 자기 옆에 앉아 울면서 코를 훌쩍거리며 줄리아 이모가 어떻게 죽었는지*75 얘기해주리라. 그는 마음속으로 그녀에게 위안이 될 만한 무슨 말을 궁리하다가 결국 어설프고 쓸모없는 말밖에 생각해내지 못하리라. 그래, 그래, 머지않아 그런 일이 일어나겠지.

방 안의 차가운 공기에 그는 어깨가 오싹했다. 그는 조심스럽게 이불 속으로 몸을 뻗어 아내 옆에 누웠다. 한 사람씩 모두들 그림자가 되어 가고 있다. 나이와 함께 노쇠하여 쓸쓸하게 시드는 것보다, 무언가에 한창 정열을 불태우다가 대담하게 저세상으로 사라지는 것이 나으리라. 그는 자기 옆에 누워 있는 아내가, 살고 싶은 생각이 없다던 그 연인의 두 눈을 어쩌면 그토록 오랜 세월 동안 가슴속에 고스란히 간직하고 있었던가를 생각했다.

그러자 가브리엘의 두 눈에 알 수 없는 눈물이 고였다. 그는 여태까지 어떤 여자에게도 그런 감정을 느껴본 적이 없었지만, 난생 처음으로 그런 감정이야말로 틀림없는 사랑임을 깨달았다. 그의 두 눈에서 눈물이 더욱 넘쳐나기 시작했다. 한구석의 어둠 속에서 젊은 남자가 빗물이 뚝뚝 떨어지는 나무 밑에 서 있는 모습이 보이는 것 같았다. 다른 사람들의 모습도 그 옆에 보였다. 그의 영혼은 죽은 사람들이 수없이 살고 있는 그 영역으로 다가가고 있었다. 그는 죽은 사람들의 불안정하게 흔들리는 존재를 의식했지만 그것을 포착할 수는 없었다. 자기 자신의 존재조차 실체가 없는 잿빛의 세계 속으로 사라져가고 있었다. 이들 죽은 사람들이 한때 세우고 살았던, 확고한 세계 자체가 녹아내리면서 점점 쪼그라들고 있었다.

유리창을 무언가가 가볍게 치는 소리*[76]에 그는 창문 쪽으로 돌아누웠다. 눈이 다시 내리고 있었다. 그는 졸리는 눈으로 은빛과 어두운 색의 눈송이가 가로등 불빛을 등지고 비스듬하게 내려앉는 것을 지켜보았다. 그가 서쪽으로 여행에 나설 때가 왔다. 그렇다. 신문이 옳았다. 눈은 아일랜드 전역에 내리고 있다. 그것은 어두운 중부 평원의 구석구석에 내리고, 나무가 없는 언덕지대에도 내리고, 앨런*[77]의 늪지에도 소리 없이 내리고, 더 멀리 서쪽에서는 섀넌 강*[78]의 어둡고 거친 물결 위에도 소리 없이 내리고 있다. 눈은 또 마이클 퓨리가 묻혀 있는 언덕 위의 그 쓸쓸한 교회묘지 구석구석에도 내

---

*75 《율리시스》에서 1904년 6월 16일은 줄리아가 이미 죽은 뒤였다. 5개월 반 사이에 죽은 셈이다.

*76 옛날 퓨리가 그레타의 방 창문에 돌을 던졌다.

*77 더블린 시에서 서남쪽 40킬로미터쯤, 북부 일대 넓은 지역. 지도 참조.

*78 아일랜드 북쪽에서 발원하여 대서양으로 흘러드는 아일랜드에서 가장 큰 강으로, 하구는 폭이 넓고 물살이 세다. 섀넌 강을 건너는 것은 나라의 서쪽에 들어가는 것이었다.

리고 있다. 구부러진 십자가와 묘석 위에, 작은 출입문 위의 뾰족한 창살*79 끝에, 그리고 메마른 가시나무 위에, 눈은 계속해서 수북이 쌓이고 있다. 눈이 우주 속에 조용히 내려앉는 소리를, 그리고 모든 살아있는 사람과 죽은 사람들*80 위에 마지막 때가 도래한 것처럼 조용히 내려앉는 소리를 들으면서, 그의 영혼은 서서히 의식을 잃어갔다. *81

해설

조이스는 순수한 관조문학은 대상과의 사이에 거리를 두어야 한다고 생각했다. 그래서 그는 작품의 무대를 더블린으로 한정하기로 결정한 뒤, 조국을 버리고 스스로 추방자가 되어 유럽대륙 곳곳을 유랑하게 된다. 그가 타국을 떠도는 방랑자로서 고국을 돌아보니, 아일랜드 사람들의 '섬나라 근성'과 손님을 '후하게 대접하는 인심'이 그리워지기 시작했다. 그는 동생에게 보낸 1906년 9월 25일자 편지에서 그것을 인정하고 있다.

조이스가 느낀 것은, '자매'에서 '은총'에 이르는 14편의 단편을 모은 《더블린 사람들》에서 아일랜드에 대한 자신의 태도가 지나치게 엄격하지 않았나 하는 것이었다. 독자 이상으로 작가 자신도 기분 좋고 유쾌한 여운이 남는, 이야기집 전체의 카타르시스가 되는 작품을 보태야겠다는 필요를 느꼈을 것이다.

그리하여 '죽은 사람들'을 창작하게 된다. 이 작품은 추방 2년째인 1906년

---

*79 십자가도 이 말도 그리스도 수난과 관계가 있고, 다음 표현도 그리스도의 가시관을 연상시킨다.

*80 〈사도행전〉에 "그분께서는 하느님께 당신을 산 이들과 죽은 이들의 심판관으로 임명하셨다는 것을 백성에게 선포하고 증언하라고 우리에게 분부하셨습니다"(10 : 42), 〈로마 신자들에게 보낸 서간〉에 "그리스도께서 돌아가셨다가 살아나신 것은, 바로 죽은 이들과 산 이들의 주님이 되시기 위해서입니다"(14 : 9)라고 되어 있다.

*81 'His soul swooned slowly as he heard the snow falling faintly through the universe and faintly falling, like the descent of their last end, upon all the living and the dead.' 언어상의 구조로서, 두운[s와 f] 등의 압운, 유음[l]의 많은 반복, 치찰음[s]의 잦은 사용, 음의 유사(soul, slowly, snow), 교차대구법[falling → faintly → faintly falling] 등이 특징이며, 말이 가진 아름다운 효과음이 리드미컬하게 울리고 있다.

로마에서 구상하여, 1907년 이탈리아 북동부 도시 트리에스테에서 완성했다. '죽은 사람들'은 화자의 상황묘사(등장인물의 발화를 포함하여)와 주인공의 내적 독백을 통해 이야기 전체를 보고 있다. 시간은 밤 10시 무렵부터 몇 시간에 지나지 않고 특별한 사건도 일어나지 않는다. 그 속에서 주인공의 자아 붕괴와 정신 소생이 주제로서 제시되어 있다.

이 작품을 편의상 세 부분으로 나눠, 내용과 문체 양면에서 살펴본다.

'처음'은 댄스파티와 만찬회 장면(전체의 3분의 2)으로, 주인공이 대상을 객관적으로 보는 견해가 반영된 차가운 문체가 주를 이룬다. 조이스는 주인공에게 자기의 정신을 정화시키는 전단계로서 편협하고 불손한 자아와 자의식을 드러내게 한다.

가브리엘 콘로이는 상류계급 신분과 교양에 우월감을 느끼며 타인을 내려다본다. 선진제국을 동경하는 반면, 자국의 문화와 지방을 강하게 모멸한다. 친영파 신문에 자기 이름의 머리글자를 사용하여 서평을 기고하고 있다. 가족 파티에 참석한 뒤 부부가 시내 최고급 호텔에 숙박하고, 사랑하는 아내에게는 고급옷을 입힌다. 이모들의 신뢰와 애정을 받고 있으면서도, 자기 자존심을 건드린 여성에게 반격을 가하기 위해서는 그들을 무지한 두 노파로 만들어버려도 상관없다고 생각하고, 사촌동생이 사람들 앞에서 하는 연주를 마음속으로 비난하면서도, 그 세 사람을 찬양하는 연설로 듣는 사람들의 환심을 사고 있다. 역겨운 주인공의 속마음과 언동을 점차 드러내어, 읽는 사람으로 하여금 그와 거리를 두고 비판적으로 바라보게 한다. 반면에, 이따금 자기 자신을 뒤돌아보게 하여 쓴웃음을 유발한다. 작가는 이런 인물을 주인공으로 조형하고, 크리스마스 파티 장면에 20명이 넘는 인물을 등장시켜, 그들의 인간상을 이야기의 진행과 함께 미묘하게 짜내려 간다.

작품 속에서 존재감이 약하다고 생각되는 조연들—프레디 멀린스, 브라운, 오캘러헌 같은—의, 작품상 존재의 필연성이 보이기 시작하면서 수많은 등장인물들의 숨결을 느낄 수 있다. 파티에 모인 사람들의 갈등과 시점인물인 주인공의 내적 독백을 통해 더블린의 현실을 파헤치는 수법에서, '죽은 사람들'은 사회의 다양한 모습을 골라 개별적으로 그린 앞의 14편의 연장이거나, 아니면 그 14편을 총괄하는 이야기라고 할 수 있다.

이 '처음'에는 여러 계층과 연령층에 걸친 인물들의 목소리가, 릴리에게서 시작되어 차례로 화자의 기술을 통해 들려온다. 그 가운데 눈에 띄는 문체가 두 가지 있다. 첫째로 다양한 음식을 실제로 보고 있는 듯한 정밀한 묘사다. 별것 아닌 이 요리의 설명 속에 군대용어도 나오고, 어마어마함이 강조되어 있는 서사시풍의 산문에 의해 작품에 해학미를 주고 있다. 또 주인공 연설도 눈에 띈다. 형식적인 표현과 미사여구, 대구, 반복, 환언을 사용한 전형적인 연설조 문체로, 그 덕분에 독자들은 마치 그 자리에 있는 듯한 느낌을 받을 수도 있다.

'중간'에는 파티가 끝난 뒤, 2층에서 들려오는 노랫소리를 망연하게 듣고 있는 아내의 모습을 주인공이 목격하는 장면에서, 그녀가 과거를 고백하는 대목까지다. 아내에 대해 정욕을 수반한 애정이 솟아나 그것이 점차 증폭해 가는 과정과, 그녀와의 지난 생활을 탐미하면서 회상하는 모습을, '처음'의 차가운 문체에서 일변한 로맨틱한 문체로 전하고 있다. 그리고 그가 정감이 넘치는 세계에 잠기려 하자, '중간'의 전반에서 그를 에워싸는 사람들이 무의식적이지만 그의 도취를 깨뜨리고 현실세계로 되돌리고 만다. 호텔에 도착한 뒤에는 그의 아내가 혼자 그 역할을 한다. 이를테면 그레타의 독백 중에 가브리엘이 '그 봄날 아침처럼' 로맨틱한 회상에 잠기려고 하면, 곧 단락이 바뀌고 "그땐 겨울이었어요." 하고 말한다. 그가 아내와의 과거에 도취하여 기분을 고조시키면, 아내는 연인과의 과거의 리얼한 이야기를 하여 현실로 되돌린다. 이것은 조이스의 특기인 딴청부리기의 효과로, 예술적 흥미를 높여주고 있다.

'마지막'은 호텔 방 안에서 환상을 품는 장면으로, 주인공 개인의 문제와 의식에 초점을 맞춰 그의 교양을 반영한 문체로 통일되어 있다. 여기서는 눈 (snow)의 상징성이 눈(eye)에 띈다. 내려 쌓이는 눈은 이야기 첫머리부터 곳곳에서 볼 수 있다. 맨 처음에는 눈을 옷에서 털어내고 있었다. 그런 다음 눈은 서서히 이야기의 배경이 되어 간다. 그리고 물리적 현상에 지나지 않았던 눈은 '마지막'이 되자, 이야기의 주인공 자체인 것처럼 무대 전체를 에워싸고 더블린뿐만 아니라 우주 전체에 널리 퍼지며, 죽은 자와 산 자를 이어주는 보편적인 초자연물로서 일종의 정화작용을 하고 있다.

주인공 가브리엘은 반수면 상태에서 눈의 환상을 보고, 눈에 이끌려 서쪽으로 향한다. 아일랜드 서부는 일반적으로 죽음과 연관하여 연상되며, 그가 완강하게 거부해 온 곳이다. 그런데 갑자기 서쪽으로 갈 때가 되었다고 몽상한다. 그곳은 생명의 근원을 암시하는 것처럼 생각된다. 연적 마이클 퓨리에게 연민의 정을 느끼고, 그가 묻혀 있는 묘지의 설경을 마음속에 그리며, 십자가와 창과 가시나무가 암시하는 그리스도 수난의 장면을 연상하고, 나아가서 미개지로 여행을 떠나는 것을 상상한다. 가브리엘이 입구에 서있는 것은 단순한 죽음의 세계가 아니라, 가능성을 간직한 친근감이 샘솟는 세계이다. 여기서 비로소 주인공은 따뜻한 인간성을 가지게 되어 그의 자아는 정화되었다고 할 수 있다. 작가는 그것을 마지막 세 줄에서 매력적이고 예술적인 수법으로 증명했다. 그 세 줄은 아름다운 이미지와 아름다운 소리가 미묘하게 변화하는 반복(＊81 참조)으로 이루어진 문체로 그려내는 눈의 환상시라고 할 수 있다. 반복의 효과는 '중간'에서는 감상적인 산문을, '마지막'에서는 환상 장면의 운문을 돋보이게 한다. 조이스는, 조국과 그 수도가 빠져 있는 무기력과 정신적 마비상태를 그려낸 작품집 전체의 카타르시스로서, 그 마지막을 상징성이 강한 시적 산문이 되도록 신경을 썼다. 그러기 위해서 주인공은 문학성이 풍부한 시점인물이 필요했다. 문학을 전공한 대학교수를 주인공으로 정하여 작품집의 마지막 장면에서 예술로 정화했다고 할 수 있다.

제목 '죽은 사람들'이 보여주듯이 죽음은 이야기의 곳곳에 널려 있다. 원문에서는 '관리인의 딸 릴리는……' LILY, the caretaker's daughter……으로 시작되어 '……모든 살아있는 사람과 죽은 사람들 위에' ……upon all the living and the dead로 끝난다. '백합꽃(릴리)'이 죽음과 장례식의 상징인 것에서, 이 작품은 죽음에서 시작되어 죽음으로 끝난다. 주인공이 연설용으로 준비한 《아일랜드 가요》 속에 산 사람과 죽은 사람이 대화하는 〈오, 그대들 죽은 자들이여(Oh, Ye Dead)〉가 있다. 조이스는 죽은 사람이 산 사람에게 질투하는 이 노래를 '죽은 사람들'의 밑바탕으로 했다고 한다. 그래선지 작중에 사람들이 사용하는 언어의 하나하나에 죽음이 암시되어 있다. 그리고 그레타의 "겨우 열일곱에 죽었어요"라는 고백 이후에는 죽음의 이미지가 강해져서, 주인공이 줄리아의 죽음을 예감하고, 마지막 문단에서는 죽음이 우주를, 산 사람과 죽은 사람들까지 감싸버린다.

《더블린 사람들》의 주제의 하나는 죽은 사람이 산 사람에게 또는 과거가 현재에 미치는 영향과 무게이다.

'자매', '이블린', '가슴 아픈 사고', '위원회 회의실의 담쟁이 날'이 좋은 예이다. 과거를 과거로 묻어버리는 것이 아니라, 과거를 현재에 살린다는 적극적인 의도도 있을 것이다. 조이스는 그것을 예술에 대한 자신의 역할로 자각한 것인지, '죽은 사람들'은 성경과 셰익스피어뿐만 아니라 밀턴, 입센, 무어, 브라우닝, 예이츠 등 선인들 작품에서의 인용과 패러디가 많은 것이 앞선 14편과 다른 점이다.

조이스 생애 문학 사상

조이스 생애 문학 사상

    기나긴 비행과 겨우 도착한 성스러운 안식처―/안식처, 그러나 그대를 부수고 그대의 모든 것을 빼앗아/그곳에 내팽개쳐 둔 고통으로부터는 벗어날 수 없구나―/그것이 내게 닿은 말이었다. /낮에도 밤에도 그대를 둘러싸고 있던 고독의/아주 작은 부분에 지나지 않는 고독이 나를 찾아왔다. /다이달로스! 그대의 비행은 이렇게 끝이 났는가? /나는 우리 젊은 나날을 돌아보고/그대가 마을 백성들과/다리를 건너는 모습을 보았다. /있는 옷가지로 적당히 잘 차려입은 그대. /그대의 나침반 바늘을 바다 갈매기 떼로 향하게 하는 요트모자. /그들도 우리 백성이다. 하지만/강기슭에서 책을 팔아 돈으로 바꾸는 그대의 상술은―/그리고 몇 실링쯤 되는 돈으로 가슴을 쭉 펴고/거품이 이는 흑맥주와 술꾼들과의 잡담을 찾아/바니 키어넌 가게로 가지. /그러나 그대는 또한/스콜라 학자. 그대는 이 나그네들을/역사의 맥락에서 바라보고 파악한다. /그대가 확인한 그들의 풍채는, 그들의 언어는, /이윽고 돌이켜 고찰되고 상세히 재현되리라. /그들도, 나도, /다른 누구도, 그대가 은밀히 세운 계획을/꿰뚫어 보지 못하리라―/하늘 나는 날개 돋친 사나이가 되려는 계획을. /우리는 알지 못했다. /모자 챙 그늘에서 날카로운 눈이/다시 이름을 드높인 더블린을, /그리스도교 세계의 일곱 번째 도시를/바라보고 있었음을. 우리는 알지 못했다. /그대의 언어 아래 숨겨진 주문이/저 강을 어슴푸레한 들판으로 돌려보내려 했다는 것을. /설화의 강, /아나 리비아(Anna Livia)를. /우화의 강, /플루라벨(Plurabelle)을.

                       〈제임스 조이스의 추억〉-패드라익 콜럼

    제임스 조이스 그가 위대한 작가임은 누구나 알고 있다. 존경과 친밀감에서든, 경멸과 적대감에서든 이른바 '현대문학'을 말할 때 한 유파, 한 문학운동, 한 시대의 대표자가 되기에 부족함이 없는 작가는 역시 조이스뿐이며,

이 점은 앞으로도 달라지지 않을 것이다. 세계문학사를 한 몸에 수렴하고, 파괴와 반역과 고전주의와 정숙이 공존하며, 한 작품을 발표할 때마다 그 문학적 방법이 더욱 큰 논쟁을 불러일으키고, 언어와 문체에 집요한 관심을 보이며, 정취가 악취미를 통해 세련미를 더하고, 악취미가 정취를 통해 증폭되며, 국제적 또는 무국적적인 허무와 불안의 묘미가 있고, 더욱이 그러면서도 문학적 세계 전체가 종교성의 한 음화(陰畫)를 이루는 구조를 볼 때, 그가 바로 '모더니즘' 그 자체인 것이다. 조이스보다 더 위대한 작가가 있을 수도 있다. 그러나 20세기 머리에 시작된 문학적 혁명의 여러 특징을 그보다 더 잘 갖춘 거장은 없다. 제임스 조이스는 열광적인 찬사를 받으면서도 한편으로는 비웃음의 대상이 되었고, 그뿐만 아니라 계속 묵살되어 왔다. 물론 많은 사람들이 묵살하는 시늉을 한 것에 지나지 않지만.

조이스가 태어난 집
더블린 교외 래스가에 있었다. 가족은 생활이 어려워지자 더블린 시내로 이사한다.

1. 조이스의 삶

언어감각이 뛰어난 작가로 세계문학의 판도를 바꿔 놓은 제임스 조이스(James Joyce)는 1882년 2월 2일, 아일랜드 수도 더블린에서 존 조이스와 메리 머리의 아들로 태어났다. 조이스는 더블린 시에서 가까운 클롱고스 우드 칼리지 초등학교 과정을 거쳤으며, 이어 더블린의 벨비디어 칼리지에서 중등 교육을 받고, 더블린의 로열 유니버시티를 졸업했다. 이들 학교는 모두 가톨릭 예수회 계열이었다.

학교 측은 학업성적이 우수한 조이스가 졸업 뒤에도 그곳에 남아 주길 바랐고, 그의 어머니 또한 그러기를 원했다. 이는 대학교수가 되는 동시에 가톨릭에 평생 바침을 뜻했다. 그러나 중학교 시절에는 종교 규율을 온전히 지키도록 노력하며 나날을 경건하게 보낸 모범생 제임스 조이스도 열여섯 살부터는 그런 삶에 점점 회의를 느꼈다.

19세기 첫 무렵 더블린에서는 예이츠와 그레고리 여사, 러셀, 싱이 중심이 되어 아일랜드 문예부흥운동을 활발하게 일으키고

제임스 조이스네 삼대
왼쪽부터 할아버지 존 머리·제임스 조이스·어머니 메리·아버지 존 조이스. 조이스가 초등학교 입학하기 얼마 전의 사진이다.

있었다. 조이스는 직간접으로 이 문학운동의 영향을 받게 된다. 또 친구들이 추구했던 아일랜드 독립을 위한 정치운동의 입김도 어느 정도 그에게 미쳤다. 그러나 그에게 가장 강력한 영향을 끼친 것은 19세기 끝무렵 유럽 문학에 나타난 자유사상이었다. 조이스는 〈인형의 집〉, 〈브랜드〉, 〈헤더 가브렐〉 등을 쓴 입센에 심취하여 그의 작품을 원어로 읽기 위해 노르웨이어를 공부했을 정도였다. 또한 독일의 하우프트만도 마음속 깊이 존경했다. 해방사상을 품은 이들 극작가에게 조이스가 감동한 까닭은 무엇일까. 영국이나 프랑스에 뒤진 낡은 전통에 묶여 고민하는 아일랜드 청년에게 그들이 호소력 있게 다가왔기 때문이다. 노르웨이나 독일은 상대적으로 아일랜드와 상황이 비슷했다.

한편 조이스가 가톨릭도, 민족해방운동도 따르지 않았던 이유는 무엇보다

도 먼저 자아 해방을 바랐기 때문이다. 토마스 아퀴나스의 책을 즐겨 읽은 그는 가톨릭을 이론상으로는 부정할 수 없었으나 그 신앙은 포기했다. 이것은 《율리시스》를 관통하는 사상적인 주제의 하나이기도 하다.

아일랜드 사람은 '타고 갈 전차를 착각하는 바람에 북쪽으로 가버린 스위스 사람'이라는 말이 있다. 이것을 처음 주장한 것은 조이스와 같은 세대의 에스파냐 사람, 살바도르 데 마다리아가이로호이다. 왠지 농담 같지만, 두 번의 세계대전을 포함한 힘들고 어려웠던 시기에 외교관, 역사가, 망명자 등 여러 처지에서 유럽과 미국의 문화 풍토를 세심하게 접한 그의 말이므로, 그 속에는 귀중한 직접체험이나 연구 성과가 들어 있는 게 틀림없다. 마다리아가이로호의 고향은 이베리아 반도의 서북단에 있는 갈리시아 지방. 아일랜드와는 거리가 가깝고, 같은 켈트 문화권이다. 만년에 쓴 작품 《유럽 소묘》(1951) 가운데 그는 더블린 명물 주정뱅이에 대해 이런 감상을 드러내고 있다.

"아일랜드 사람은 에스파냐 사람보다 쉽게 취한다. 그들은 양심이나 자의식의 중압을 오랫동안 짊어지고 있는데, 이 엄격한 감시의 두 눈을 에스파냐 사람만큼 쉽게 속이지 못하기 때문이다. 에스파냐에 있는 에스파냐 사람이라면 기타를 친다. 그러나 기타는 아주 여성적인 악기로, 때나 장소를 고르지 않으면 말하는 것을 들어주지 않기 때문에 구름 한 점 없는 맑은 밤하늘이 필요하다. 에스파냐의 하늘은 1년 내내 그렇지만, 대자연은 아일랜드에는 인색하다. 따라서 어쩔 수 없이 매일 밤 가만히 집에 틀어박혀 있으면 양심이 마음을 점점 가로막고, 에스파냐 사람에게는 짐작도 할 수 없을 정도의 우울증이 끝없이 생긴다."

마다리아가이로호의 지적 가운데 정말 중요한 것은 아일랜드 사람과 에스파냐 사람의 기본적인 공통점이다. 그것은 '부조리와 친근감'이다. 문학 세계에서 이 감각의 대표자는 에스파냐에서는 《돈키호테》의 세르반테스, 아일랜드에서는 《걸리버 여행기》의 스위프트, 《피네간의 경야》의 조이스, 《고도를 기다리며》의 베케트일 것이다. 세르반테스를 예로 들면 길가에서 싸우고 있는 두 남자한테 "꼴사나운 싸움은 그만해요"가 아니라, "두 사람만의 승부입니까? 끼어들어도 되나요?"
라고 말하는 것이다. 아일랜드의
특성을 살린 수사법, 이른바 아
이리시 불(Irish bull)이다. 오스
카 와일드나 버나드 쇼를 비롯해
아일랜드 출신의 극작가는 대부
분, 사람의 허를 찌르는 데 명수
였다. 와일드의 경구 '자연은 예
술을 모방한다'도 그 하나라고 할
수 있으리라.

어쨌든 그들은 부조리나 역설
을 이만큼 중요하게 생각한다.
마다리아가이로호의 견해에 따르
면, 그 뿌리에는 라틴적인 개인
중심주의가 있다. 다른 말로 하
면 게르만적, 앵글로색슨적인 사
회의식이나 객관성이 전혀 없는
것이다. 에스파냐 사람이나 아일
랜드 사람도 자신의 마음 바깥에

친구였던 C.F. 카란이 찍은 조이스의 사진(1904)
뒷날 이 포즈를 취하면서 무슨 생각을 하고 있었느
냐는 질문에 그는 이렇게 대답했다. "이 친구가 내
게 5실링을 빌려 주려나?"

있는 사회나 현실을 믿지 않는다. 그래서 그것과 충돌이 생겼을 때, 틀린 것
은 자신이 아니라 바깥세계라고 생각한다. 거기에 대항하는 데 논리라든가
정공법, 상식 등 평범하고 진부한 것이 도움이 될 리 없다. 그러므로 아이리
시 불은 제멋대로인 행동을 무기로, 끊임없이 신출귀몰한 게릴라전을 시도
해보는 수밖에 없을 것이다.

고대 끝 무렵 아일랜드와 유럽 대륙과의 만남이라는 획기적인 역사극은
군대가 아니라 선교사가 들어오면서 막을 열었다. 그 무렵 활약한 선교사 중
한 사람인 패트릭은 4세기 말에 웨일스 귀족 가정에서 태어난 켈트인이다.
열여섯 살 때 해적에게 유괴되어 아일랜드로 팔려가, 6년이나 노예로 일했
다고 한다. 나중에 그곳에서 도망나와 프랑스 서부 수도원에서 세례를 받아
수도사가 되고, 노년에 접어들면서 로마 교황의 명령으로 아일랜드에 파견

노라 조이스와 아들 조지오·딸 루치아

되었다. 어린시절에 사회 밑바닥 실정까지 알았던 이 섬에서, 그 절실한 체험 모두를 활용할 기회가 온 셈이다. 그는 먼저 노예시절 자신의 주인을 설득하여 개종시키고 천천히 신자들을 모아간다. 그때 아일랜드에는 문화의 중심이 되는 커다란 마을조차 없었기에 그는 여기저기 벽촌에 수도원을 설립하고, 그곳을 학문, 교육, 사회사업의 근거지로 삼으면서 종교를 널리 알렸다. 패트릭은 켈트 문화의 보존에 힘쓰고, 게일어 서사시의 암송과 필사를 장려했다. 이윽고 그것이 아일랜드 출신 선교사들을 통해 해외에도 전해지고, 아서왕 전설 등에 포함되어 근대 서유럽 문학의 주된 원천의 하나가 된다.

바이킹의 남하도 이런 정세를 막을 수는 없었다. 830년대부터 그들은 몇몇 무리를 이루어 루아르 강 유역이나 영국에 상륙하고, 교회의 값나가는 재산을 약탈하거나, 거류지를 세우기 시작했다. 아일랜드도 더 이상 안전권이 아니었다. 처음에 여기에 온 노르웨이계 부족의 한 사람은 더블린(검은 못) 주변에 왕국을 만들고, 이후 2백년 가까이 그곳을 중심기지로 해서 서유럽 여러 곳으로 진출했다. 대부분의 바이킹이 현지 여성과 결혼하고, 의외로 빨리 켈트 문화에 동화되어, 예전 주민과 거의 분간할 수 없게 된다. 후세에도 아일랜드는 몇 번이나 이민족에게 정복되지만, 정신풍토나 기질이나 문화면에서는 어느새 상대국이 동화되어 '아일랜드인보다 더 아일랜드인 같은' 사람이 되는 일이 많았다. 이것은 현대에 이르기까지의 이 섬의 커다란 특색

중 하나이다.

아일랜드 정복을 노리는 침입자들은 바이킹 때부터 예외 없이 더블린 주변에 튼튼한 울타리(페일)를 두른 교두보를 세웠다. 그것은 차근차근 영토를 넓혀 나가기 위한 발판이거나, 형세가 불리할 때 숨기 위한 안전지대였다. 엘리자베스 1세 때, '페일'은 더블린 정권의 기반을 이룬 영국 조계(British concession) 전체를 의미하게 되었고, 그녀도 그것을 강화했지만, 다른 지역에서는 광대한 영토를 확보하기 위해 언더테이커(청구인) 제도를 만들었다. 그것은 영국민에게 일정가격으로 점령지를 분양하고, 개발과 방어

▲ 조이스의 아내 노라(1920년대)
남편을 세기의 작가로 만든 충실한 내조자였다.

▼ 골웨이에 있는 노라 바너클이 태어난 집

에 사기업이 가진 활력을 최대한 활용하며, 아울러 국고 절약을 꾀하는 일석이조의 착상이다.

항구 도시 코크는 토산물이 풍부한 먼스터 주에서 가장 뛰어난 요충지인 만큼, 그 뒤에도 영국으로부터 이주자들이 끊이지 않아 영어문화의 중심지가 되었다. 현재에도 이곳의 영어발음은 부드럽고 아름답다고 정평이 나 있다. 조이스의 아버지는 이 마을 출신이었으므로, 더블린에 와서도 코크 사투리를 고치지 않고 오히려 자신만만했다. 그를 모델로 하는 인물이《율리시스》의 오먼드 호텔 술집(에피소드 11)에서 독창했을 때, 가까이서 듣고 있던 주인공 블룸은 이렇게 생각한다.

'여전히 훌륭한 목소리로군. 코크 출신이 부르는 노랫소리는 부드럽다. 그들의 사투리까지도.'

조이스는 수도 더블린 근교에서 태어나, 어머니의 더블린 사투리와 아버지의 코크 사투리를 들으면서 성장했다. 아일랜드는 식민지인 만큼 표준영어가 거의 모든 지역에 영향을 주어 발음의 지방 차이는 그다지 크지 않은 섬이지만, 조이스는 그 가운데에서도 특히 근본이 바른 두 대도시의 언어만을 몸에 익힌 셈이다. 더욱이 아버지로부터 물려받은 날카로운 음감까지 있었으므로 조이스는 발음이나 목소리에서도 이상할 만큼 신경과민이었던 것 같다.《율리시스》의 서곡이라 할 만한《젊은 예술가의 초상》제5장에서, 주인공 스티븐은 바로 앞에 앉은 동급생이 '얼스터 사투리의 날카로운 목소리'로 교사에게 질문하자 어떤 알레르기 반응을 일으킨다.

"이 질문자의 목소리도, 사투리도, 정신도 마음에 들지 않았기 때문에 그는 악의를 누르지도 않고 이렇게 생각했다. 이 녀석 아버지는 아들을 벨파스트 학교에 보냈으면 좋았을 텐데. 그러면 기차비만이라도 절약할 수 있잖아."

벨파스트가 수도인 얼스터는 지금은 친영파의 직할 영토이지만, 엘리자베스 시대에는 다른 어디보다 반(反)영적으로, 끊임없이 반란이 일어나는 지역이었다. 그래서 고심 끝에 런던 정부는 스코틀랜드에서 개신교가 빈약한 지역으로의 대량 이민을 추진함으로써 반란 세력을 뿌리째 없애고자 했다. 그 결과 얼스터는 언어에서도 단 하나의 예외 지역으로 스코틀랜드의 시골

발음과 큰 차이가 없게 되었다. 다른 많은 아일랜드인은 그 영향만으로도 아주 불쾌했다. 벨파스트 사람들은 영국의 비위를 맞출 뿐만 아니라, 그 은혜를 입어 근대적 공업도시로 성장하고, 아일랜드인의 대부분을 차지하는 농부와 목축가를 업신여겼기 때문이다.

'기차비만이라도 절약할 수 있잖아'는 더블린의 가난한 학생 스티븐이 신흥 공업도시 벨파스트에 던진 정면공격의 말이다. 그러

조이스의 딸 루치아(왼쪽)와 무용수 친구들(1920년대)

나 이러한 천한 말을 생각한 나도 결코 고결한 인간은 아니라고 그는 바로 반성한다.

조이스는 어린 시절부터 예수회 학교에 갔던 만큼, 숭배하는 인간상은 처음부터 가톨릭 성자와 독립운동 투사였다. 성실한 그는 그쪽으로 조금이라도 다가가려고, 마치 장난감 군대처럼 우스꽝스러운 노력을 한다. 그러나 청년 시절에 종교나 정치에 대한 회의가 싹트고, 단념이나 타협을 할 수 없는 기질인 만큼 누구와도 충돌을 일삼았다. 예수회 사람이 되지 않겠냐고 권한 교장의 권유는 딱 잘라 거절했다. 어머니를 안심시키기 위해, 순종 잘하는 교회 신자가 되고 싶다는 표정을 짓는 정도의 양보조차 하지 않았다. 정치에 대한 정열도 점점 식고, 이제는 문학과 예술에 관심을 두게 되었다.

그러나 이렇게 스무 살에 가까워질 무렵 조이스의 포부는 문학청년이라기보다, 오히려 혁명가나 성자에 가까웠다. 좋든 나쁘든 열정적인 분위기 속에서 자란 그로서는, 자신의 사명에 대한 순교 말고는 인간이 목표로 할 가치가 없다고 믿었으리라. 《젊은 예술가의 초상》끝 부분에 있는 스티븐의 선언

과 기도의 말이 그것을 극단적으로 나타내고 있다. "와라, 아 인생이여! 나는 백만 번이나 현실과 싸우고, 내 영혼의 철침으로 아직 만들어지지 않은 내 민족의 양심을 단련하리라…… 고대 아버지여, 예술가의 선조요, 지금보다 영원히 나에게 힘을 빌려 주오."

다만 문학에 관해서도 그는 고집불통이었다. 예를 들면 유행하는 아이리시 르네상스(아일랜드 문예부흥운동)에도 따르지 않았다. 남들만큼 조금 게일어를 알지만, 어쨌든 이것은 아일랜드 서부 시골에서밖에 쓰이지 않는 언어이고, 표현할 수 있는 범위도 아주 좁았다. 게일족 선교사는 성 패트릭의 그리스어, 라틴어를 다루고, 과감하게 대륙제국으로 진출했다. 문인 스위프트도 웅변가 파넬도 영어가 가진 표현력을 최대한 구사했기 때문에 아일랜드에 대한 관심을 높일 수 있었던 게 아닌가.

조이스는 스물두세 살이 되었을 무렵 싱이나 예이츠, 러셀의 모임에 참여했다. 그러나 민족주의 문학운동에는 따르지 않고, 보다 더 자유롭게 국제적인 시각에서 글을 쓰고 싶다고 생각했다. 이미 열일곱 살 때 입센에 대한 에세이를 〈포트나이틀리 리뷰〉에 발표하고, 예이츠 등이 이들 대륙 작가의 희곡을 애비극장에서 상연하지 않는다고 공격한 조이스이다. 그런 뜻에서 애당초 그는 민족적으로나 종교적으로나 단지 아일랜드 작가로 머물 인물이 아니었다. 어학에 뛰어난 그는 뒷날 트리에스테로 옮기고 나서 싱의 《바다로 나가는 사람》, 예이츠의 《캐슬린 백작부인》을 이탈리아어로 번역하고 하우프트만의 《해 뜨기 전에》를 영역했다. 조이스는 가톨릭 신학의 큰 흐름인 토마스 아퀴나스의 《신학대전》을 즐겨 읽었을 뿐만 아니라 단테, 호메로스, 셰익스피어 등 유럽 고전문학을 섭렵했다. 또 플로베르의 여러 작품에 깊은 영향을 받았다.

1902년 조이스는 파리로 갔다. 파리는 해방적인 분위기를 그리워해 이곳저곳에서 망명자나 예술청년이 모여든 곳이었다. 그보다 네 살 어린 마다리아가이로호도 그 가운데 하나였다. 조이스는 그 뒤 아일랜드에는 잠시 머물렀을 뿐 계속 외국에서만 살았다.

조이스와 아일랜드의 관계에 대해서 가장 시사가 많은 작품은 《더블린 사람들》 연작 마지막 단편인 '죽은 사람들'일 것이다. 거기에는 도회지와 대륙에 물든 더블린 사람이 등장하는데, 게일 문화의 고향인 서부의 매력을 비로소 뼈저리게 느끼게 된다. 이것은 조이스 자신의 체험이라 생각해도 좋으리라. 세 번째 파리에 갔을 때, 그는 일부러 서부 끝 항구 도시 골웨이 출신 시골처녀 (노라)를 데리고 떠났다. 반대행동이라 할 만하지만, 왼쪽으로 가려고 오른쪽으로 발을 내딛는 것이 그의 방식이다.

한편 조이스는 파리에서 성악가로서 자립할 생각도 했다. 성량 풍부한 테너 목소리를 아버지에게서 물려받은 그는 더블린에 있었을 때도 테너로서 여러 차례 경연에 나간 경험이 있었다.

조이스의 동생 스태니슬로스(1905)
UCD교수, 《내 형의 파수꾼》의 저자. 형 조이스를 많이 닮았다.

1904년 봄 어머니가 세상을 떠났을 때 그는 파리에서 돌아와 잠깐 더블린에 머물렀다. 그동안에 《더블린 사람들(Dubliners)》에 수록된 여러 단편을 지역 신문과 잡지에 투고했다. 또 대학 시절부터 이 시기에 걸쳐서 시도 썼다. 노라 바너클(Nora Barnacle)과 결혼하여 대륙으로 돌아간 것도 이때이다. 이 무렵 생활이 궁핍하여 그는 오스트리아령(領) 트리에스테에 살며 상업학교 영어교사로서 살림을 꾸려갔다.

1907년 시집 《실내악(Chamber Music)》을 출판했다.

1909년 더블린으로 돌아가서 그곳 최초의 영화관 '볼터'를 경영했으나 곧 실패했고, 신문 발간도 계획했으나 실천에 옮기지는 않았다. 그는 다시 트리에스테로 돌아갔다.

그가 1904년 무렵에 쓴 단편집 《더블린 사람들》은 오랫동안 더블린과 런던 출판사에서 출간 이야기가 오갔으나 빛을 보지 못하고 있었다. 책 속의

〈조이스의 무도〉
테스몬드 함스워즈 작

▶《율리시스》를 구상할 무렵의 조이스
(1910년대 첫무렵)

상점이나 인물이 더블린에 실제로 있어서 여러 가지 반발에 부딪쳤기 때문이다. 영국 왕실에 대해 너무나 무례하게 썼다는 점도 문제가 되었다. 그러나 조이스는 이것을 절대로 고치지 않았다. 《더블린 사람들》에 나오는 인물들이 《율리시스》에도 그대로 등장하는 것을 보면 조이스의 성격이 여간 아님을 짐작할 수 있다. 이 책은 쓰기 시작한 지 10년 만인 1914년에 런던의 그랜드 리처즈를 통해 발간되었다.

이 책이 출판된 무렵, 그가 《더블린 사람들》에 이어서 10년에 걸쳐 집필한 《젊은 예술가의 초상(A Portrait of the Artist as a Young Man)》이 완성되었다. 이 작품은 에즈라 파운드가 편집장으로 있던 영국 잡지 〈에고이스트〉에 연재되었다. 그리고 1916년에 뉴욕의 휴 부시 서점에서 출판되었다.

1914년에 발발한 제1차 세계대전 때문에 트리에스테에 더 머물 수 없게 되자 조이스는 스위스 취리히로 거처를 옮겼다. 거기서 영국인들과 연극 활동을 하며 희곡 〈망명자들(Exiles)〉를 쓰는 동시에, 《율리시스》 집필을 시작했다. 《율리시스》는 1914년부터 1921년까지 7년이란 세월 끝에 낳은 작품이다. 그 일부분이 마가렛 앤더슨이 편집한 미국 문예잡지 〈리틀 리뷰〉에

1918년 3월부터 1920년 8월까지 발표되었는데, 에피소드 13이 풍속을 해친다고 고소되어 앤더슨은 벌금형을 받았다.

1919년 전쟁이 끝나자 조이스는 파리에 살면서 거기에 모인 영미계 문인들과 사귀며 중심인물이 되었다. 1922년 실비아 비치라는 여성이 경영하는 셰익스피어 서점에서 《율리시스》가 출판되었다. 초판 1000부 가운데 미국으로 보낸 것은 대부분 불태워지고 영국에 보낸 것도 세관에 몰수되었다.

《율리시스》 집필을 끝낼 무렵의 조이스(1920년대 초반)

1923년 조이스는 《율리시스》에 이은 야심작 《진행 중인 작품(Work in Progress)》을 집필하기 시작했다. 이 작품은 1939년 단행본 《피네간의 경야(Finnegans Wake)》으로 출판될 때까지 여러 잡지에 부분적으로 실렸는데, 무의식을 끌어들인 방식 때문에 극단적인 호평과 악평 사이에 놓였다.

미국에서 《율리시스》는 오랫동안 관세법에 따라 외설문서로서 수입 금지도 서였다. 그러나 1933년 울지 판사가, 이 책은 외설문서가 아니라 '새로운 문학 분야에서 이루어진 진지한 실험'이라는 판정을 내려 수입 금지가 해제되고 그해에 미국에서 출판되었다.

조이스는 제1차 세계대전 뒤 파리에서 머물렀는데 《율리시스》를 쓰는 동안 홍채염에 걸려 점차 집필이 힘들게 되었다. 제2차 세계대전이 일어나자 그는 다시 스위스 취리히로 옮겼다. 이때에도 그의 생활은 아직 가난을 벗어나지 못한 상태라, 스위스 입국 무렵 미국 문학가들이 힘을 모아 그에게 경제적 도움을 주었다고 한다.

그곳에서 조이스는 1941년 1월 13일 영원으로의 길을 떠난다.

《율리시스》와 《피네간의 경야》 같은 작품이 20세기 전반의 가장 큰 문학적 실험이었다는 점을 부정할 수 있을까. 특히 《율리시스》의 일부가 잡지에 발표된 시점부터 유럽 문학의 개념이 바뀌었다고 할 정도이다. 처음에 발레리 라르보를 비롯한 프랑스 문인들이 이 작품을 논했고, 이어 영국과 미국의 젊은 작가들이 《율리시스》를 통해서 참다운 20세기 문학이 시작되었다고 여기게 되었다. 실제로 20세기 소설 작법은 이 작품이 나온 뒤부터 변해 갔다. 버지니아 울프, 그레이엄 그린, 윌리엄 포크너, 도스 패소스, 노먼 메일러 등 수많은 작가에게 조이스가 끼친 영향은 엄청났다.

《젊은 예술가의 초상》 하늘을 나는 것은 핏줄 탓

1

조이스의 첫 장편소설의 신선함을, 그 충격적인 서두보다 먼저 보여 주는 것은 'A Portrait of the Artist as a Young Man'이라는 제목이다.

첫째로 너무 길다. 단어가 아홉 개나 들어 있다. 이것은 그 무렵 영미의 장편소설치고는 이례적인 일이었다.

두 번째로 어법도 특이하다. 그림에 제목을 붙이는 방식에서 차용한 것이 명백한데, 단순히 '아무개의 초상'이나 '누구누구의 초상'이 아니고, 또 '파이프를 든'이나 '터키모자를 쓴' 같은 것도 아닌, as로 이어지는 수식구를 붙였다. '청춘으로서의 예술가'? '젊은이로 분장한 화가'? 이런 조합 또는 선택은 묘하게 저항적인 표현으로서 강한 자극을 준다.

그래서 물론 작품 자체가 감명 깊고 명성이 높기도 하지만, 제목이 인기를 얻어 다양하게 모방되었다. 유명한 것으로서는 딜런 토머스의 《강아지 같은 예술가의 초상 *Protrait of the Artist as a Young Dog*》과 뷔토르의 《새끼 원숭이를 닮은 예술가의 초상 *Portrait de l'artiste en jeune singe*》을 들 수 있다.

제목에 대한 주목은 사소한 일에 천착하는 태도처럼 보일지도 모른다. 그러나 제목은 작품의 중요한 일부분이고, 오랜 옛날에는 몰라도 언젠가부터 작자는 그것을 가볍게 여기지 않기 시작했고, 제목을 붙이지 않고 그냥 두거나 여러 개를 지어 하나로 확정하지 않은 경우에도, 관계자들이나 향유자들이 제목을 붙이거나 하나로 줄여 애착을 표시하거나 해석을 표명하는 일이 많았다. 이를테면 워즈워스의 《서곡 *The Prelude*》처럼. 카프카의 《아메리카 *America*》 또는 《실종자(Der Verschollene)》처럼. 그래서 제목을 검토하고 분석하는 것은 작품에 다가가기 위한 유효한 수단이며, 비평과 연구에 있어서는 되도록 그 절차를 게을리하지 않는 것이 좋다.

본디 제목은 수수께끼를 제시한다. 일반적으로 예술작품의 제목은 발길을 멈추게 하고 매혹하여, 효과를 높이기 위해 다의성(多義性)을 노리는 일이 많고, 특히 문학작품의 경우에는 더 말할 것도 없기 때문이다. 조이스는 아홉 단어의 조합을 통해 특이한 취향을 드러내는 절묘한 제목을 붙였다.

2

A Portrait of the Artist as a Young Man

이런 식으로 문학작품과 예술작품의 제목으로는 첫 글자를 대문자로 쓰는 것이 영미의 풍습이다. 단, 관사와 전치사는 그렇게 하지 않지만, 관사와 전치사에서도 최초의 단어인 경우는 첫 글자를 머리글자로 시작한다. 이 장편소설의 제목에서 관사 a가 A인 것도 서머싯 몸의 《인간의 굴레 *Of Human Bondage*》의 of를 Of로 쓰는 것도 그 때문이다.

앞에서 제목이 아홉 단어로 구성되어 있어서 길다고 말했는데, 그것은 18세기 장편소설의 제목, 이를테면,

《톰 존스 *The History of Tom Jones, a Foundling*》

《로빈슨 크루소 *The Life and Strange and Surprizing Adventures of Robinson Crusoe*》

《걸리버 여행기 *Travels into Several Remote Nations of the World by Lamuel Gulliver*》

《트리스트럼 샌디의 생애와 의견 *The Life and Opinions of Tristram Shandy, Gentleman*》

등(차례대로 일곱 단어, 열 단어, 열한 단어, 여덟 단어)을 연상시킨다. 조이스는 명백하게 자신을 에워싸고 있는 19세기적인 약속에 대한 반역을 노

렸다.

그리고 18세기의 장편소설은 방금 든 네 가지 예에서도 알 수 있듯이 전기, 회상록, 여행기, 언행록의 대체물 같은 것이었다. 독자들이 그렇게 착각해 주기를 바란 것이라고 해도 무방할 것이다. 그것은 이제 막 출현한 개인주의와 시민을 대상으로 하는 영웅숭배의 선언이었고, 그 태도는 다음의 19세기에도 계속되었다. 이를테면,

《올리버 트위스트 Oliver Twist》
《더버빌가의 테스 Tess of the D'Urbervilles》

등이 있다.

조이스의 첫 장편소설에 개인의 권위를 앙양하는 성격이 있는 것은 명백하지만, 그는 언제나 상투적인 것에 대한 이반을 지향한다. 그래서 history도 life도 adventure도 memoir도 아닌, 다시 말해 그러한 문서관계의 어휘가 아닌, 미술관계의 말 portrait를 선택한 것이다. 《옥스퍼드 영어사전》에 의하면 이것은 16세기부터 있었던 용법으로, '3 비유적 a 다른 무언가를 나타내는, 상징하는, 그리는 무엇. 상, 표상, 형(型), 전형. 근사(近似), 상사(相似). b 언어에 의한 표현, 생생한 묘사'라는 뜻이다. 헨리 제임스의 장편소설 《어떤 부인의 초상 The Portrait of a Lady》, 단편소설집이지만 페이터의 《상상에 의한 초상화집 Imaginary Portraits》은 이 어법에 따른 명명이었다. 물론 조이스는 이 두 작품을 의식하고 있었으리라.

그러나 이 말의 채용에는 미술사적, 문학사적인 광대한 배경이 있었다. 본디 근대소설의 성립은 미술과 관계가 깊다. 17세기의 네덜란드는 통상국가로, 이 나라의 상선이 전세계의 항구에 출입했고, 그 결과 막대한 부가 네덜란드에 흘러들어갔다. 부유한 시민계급이 후원자가 되어 렘브란트, 페르메이르, 라위스달, 프란스 할스 같은 네덜란드파 회화의 전성기를 구가했다. 게다가 이 신교국에서는 이탈리아와 달리 교회의 힘이 지배적이지 않았기 때문에 종교화 대신 풍속화가 인기를 끌었고, 시민의 초상과 풍속, 도시 풍경 등이 모티프로서 환영받았다. 회화에서의 이러한 기호가 이윽고 문학에 영향을 미쳤을 때, 영국에서 사실적인 시민소설이 태어난 것이다(마리오 프라츠). 근대소설의 발생이 그렇다 보니, 그것이 무르익었을 때 '초상'이 소설 제목에 도입되는 것은 오히려 당연한 일이었다.

또 다른 사정도 있었다. 19세기 중반까지 소설은 산문에 의한 기록 내지 오락이라는 성격이 강하게 의식되었고, 산문에 의한 예술이라는 국면은 등한시되고 있었다. 애초에 예술이라는 개념이 보급되어 예술이 지위를 확립한 것은 18세기에 들어선 뒤의 일로, 그때까지는 음악도 미술도 유희나 의식에 부속되어 있었다. 게다가 시와 희곡에 비해 격식이 낮았고, 따라서 예술과 거리가 멀었다고 볼 수도 있다. 그러데 19세기 후반 프랑스 상징파가 시는 언어로 만드는 것이라는 방법론에 눈떴을 때, 그 영향으로 같은 문학에 속하는 소설도 언어를 소중히 하게 되었고, 모더니즘적 소설관이 영국에 도입되었다.

이 예술로서의 소설이라는 성격을 깊이 의식한 초기의 영국 작가는 조지 엘리엇과 헨리 제임스로, 이를테면 전자는 장편소설의 구성에서 처음으로 미를 의식했다. 그것은 회화에서 구도를 중시하는 데서 배웠다고 할 수 있으리라. 조지 엘리엇이 심리묘사에서 사용한 비유는 회화적이었는데, 그 점에서 뒷날 프루스트의 절찬을 받기도 했다. 헨리 제임스는 소설의 문체를 유화의 바탕에 비견하여 플로베르의 방법을 평가했고, 이야기의 서술에서 시점(視點)을 정하는 방법을 끊임없이 연구했다. 이렇게 회화성 또는 회화예술성에 관심을 두는 경향은 아직 지배적인 것은 아니어서 전조 내지 예감에 지나지 않았는데, 그런 만큼 젊고 야심적인 조이스는 이것을 더욱 예민하게 느꼈을 것이다.

of는 사전식으로 말하면 목적격 관계의 of이다. the owner of the house(그 집을 소유하는 사람)와 a painting of the king(왕을 그린 그림)이 참고가 된다. 즉 이 경우에서 말하면 '예술가를 그린 한 장의 초상'이지 '화가가 그린 초상'은 아니다.

the는 이 경우, 말할 것도 없이 먼저 특정한 정관사이고, 화자와 청자 양쪽에 어떤 인식 및 양해가 이루어진 특정한 개인(개물)을 가리킨다. 여기서는 이 장편소설의 주인공인 artist를 지시한다.

artist는 《옥스퍼드 영어사전》에 의하면, 원래 liberal artist 즉 자유7과(중세 교육의 주요학과로, 문법, 논리학, 수사학의 3과와 산술, 기하학, 음악, 천문학의 4과의 총칭)에 숙달한 자, 학자, 나아가서는 철학자를 가리켰는데, 이윽고 fine arts 즉 조형예술(회화, 조각, 공예, 건축의 총칭)에 뛰어난 사

가짜 암소 안에 들어가는 파시파에 줄리오 로마노, 만토바 테 궁전, 16세기 전반.
《젊은 예술가의 초상》은 그리스 신화의 다이달로스와 관계가 깊다. 미노스 왕의 아내 파시파에 왕비는 포세이돈의 마법에 걸려 황소에게 욕정을 느끼게 된다. 다이달로스는 왕비의 부탁을 받아 속이 텅 빈 암소를 만들었고, 왕비는 그 안에 들어가서 마침내 황소와 정을 통한다. 그 결과 괴물 미노타우로스가 태어났다.

람을 가리키게 되고, 또 음악에 재능 있는 사람, 연극을 잘하는 사람을 일컫게 되었다. 또 지금은 특히 미술(조각, 판화, 건축을 포함)에 종사하는 사람을 가리키는데, 일반적으로는 직업적인 화가를 말한다.

흥미로운 것은, 《옥스퍼드 영어사전》에 따르는 한, 시인, 극작가, 소설가 등 문학자는 artist의 범위 밖에 있다는 사실이다. 한편, 《웹스터 인터내셔널 사전》은 artist를 '구상과 제작이 상상력과 심미안에 의해 이루어지는 기능을 업으로 하는 자'로 규정하고 문학자를 artist로 인정하고 있다. 조이스는 명백하게 문학을 지망하는 청년을 artist를 지향하는 자로 다루고 있어 웹스터의 해석에 따르고 있는 셈이다.

그러나 조이스가 artist라는 말에 집착하는 배경에는, 다양한 문화사적 사정이 숨어 있었다. 첫째로, 나중에 바르부르크 학파의 미술사학자들이 '예술

〈다이달로스와 이카로스의 추락〉 칼로사라체니 작. 나폴리, 카포디몬테 미술관 소장.

가 전설'이라고 명명하는 하나의 계열의 설화가 있고, 두 번째로 옛날의 위대한 화가들에게 주는 '옛 거장들(the old masters)'이라는 칭호가 있으며, 세 번째로 예술가를 지식인으로 보려 하는 동향이 있고, 네 번째로, 더욱 깊은 곳에는 예술가를 조물주=신에 비견하고 싶은 욕구가 숨어 있었다. 서로 뒤얽혀 있는 복잡한 현상이지만, 하나하나 순서를 따라 설명해 보기로 한다.

'예술가의 전설'이란 에른스트 크리스와 오토 쿠르츠의 저서(1934)에 나온 용어인데, 화가와 조각가의 묘사가 얼마나 진실에 다가갔는가(이를테면 티치아노가 그린 그림에서 세례자 요한의 가슴에 안겨 있는 새끼양을 보고 진짜 어미양이 기쁜 듯이 울었다), 어린 시절부터 재능이 얼마나 탁월했는가(이를테면 농부의 아들 지오토는 양을 돌보면서 바위와 모래땅에 양의 그림을 즐겨 그렸는데, 지나가던 치마부에가 천부적인 재능을 인정하고 집으로 데려갔다), 왕후귀족이 화가와 조각가에게 얼마나 예를 다했는가(이를테면 황제 막시밀리앙 1세는 뒤러가 그림을 그리는 동안 귀족에게 사다리를 잡아주게 했다) 등을 얘기하는 일화를 말한다. 전설에 의한 소박한 비평의 바탕에는 물론 마력적인 예술 능력의 소유자에 대한 숭배가 있었다.

예술가의 전설 가운데 가장 거물은 그리스 신화의 다이달로스로,《젊은 예술가의 초상》과 매우 관계가 깊다. 주인공의 성(姓)인 디덜러스는 다이달로스에서 따온 것이고, 에피그라프에는 오비디우스의 《변신 이야기》에서 다룬 다이달로스 설화(또는 다이달로스 이카로스 설화)가 인용되어 있다.

참고로 인명사전식으로 기록한다면, 다이달로스는 그리스 신화에 등장하는 명장(名匠)이다. 아테네 사람으로 '솜씨 좋은 장인'이라는 뜻의 이름. 이름 높은 건축가이고 신상(神像)을 조각하고 많은 도구를 발명했다. 크레타 섬의 미노스 왕에게 몸을 의탁하고 있을 때, 해신이 미노스에게 수소를 선물했는데, 파시파에 왕비가 이를 사랑하자, 다이달로스는 바퀴가 달린 나무 암소를 만들고 그것에 암소 가죽을 붙였다. 그 속에 파시파에를 가두어 목장에 두자, 수소는 진짜 암소로 알고 몸을 섞었고 파시파에는 미노타우로스를 낳았다. 격노한 미노스 왕은 다이달로스와 아들 이카로스를 라비린토스(미로)에 가뒀다. 다이달로스는 깃털과 밀랍으로 날개를 만들고 비행 기술을 연구하여 탈출에 성공했지만, 이카로스는 다이달로스의 경고를 듣지 않고 태양에 너무 가까이 날아갔기 때문에 밀랍이 녹아 바다에 추락한다. 이 설화와의 관련은 여기서 여러 번 되풀이해 다룰 것이다.

예술가에 대한 존경심과 예술가 자신의 자부심이 18세기 말부터 시작되는 낭만주의 풍조에 의해 더욱 고양됨으로써 르네상스에서 17세기 무렵까지의 위대한 화가들(레오나르도와 미켈란젤로에서 페르메이르와 렘브란트에 이르기까지)을 옛 거장이라 부르는 관습이 확립된 듯하다. 이 표현이 맨 처음 출현한 것은 《옥스퍼드 영어사전》에 의하면 1840년이다.

대략 그 무렵부터 화가가 화가를 그리는 풍조가 생겨났다. 예를 들어 팡탱 라투르의 《들라크루아 찬송》(1864)은 들라크루아의 초상화에 꽃이 헌화되고, 그 주위를 마네, 휘슬러, 보들레르 등 10명이 에워싸고 있는 그림이다. 집단이 아닌 한 사람의 화가를 그리는 것은 자화상이나 친구의 초상화 등 매우 많다. 그리고 이를테면 마네의 《팔레트를 든 자화상》(1879무렵)은 벨라스케스 《라스 메니나스》의 일부분인 자화상을 의식하고 있는 듯하고, 또 한 사람의 벨라스케스 숭배자 휘슬러의 《회색의 편곡—자화상》(1872)도 역시 '거장풍의 이미지로 자기연출'을 하고 있다. 나아가서 드가의 《드가와 에바리스트 드 발레른》(1865무렵)은 명백하게 라파엘로의 《친구와 함께 있는 화가의 초상》을 의식하고 있다. 화가의 자화상을 의미하는 '예술가의 초상(portrait de l'artiste, portrait of the artist)'이라는 글귀가 이 풍조 때문에 생겨난 것은 말할 것도 없다.

19세기, 특히 프랑스에서 문학자, 화가, 음악가 등이 서로 다른 분야에 관심을 느껴 교류가 생겨나고 예술가 공동체라고 할 수 있는 것이 태어난 배경에는 부르주아에 대한 저항의식이 강하게 작용하고 있었다. 궁정과 귀족이 힘을 잃었을 때, 그들은 새로운 후원자의 저급한 취미와 무교양을 경멸하며 자신들이 미에 봉사하는 자라는 사실에 자부심을 느낀다. 예술가라는 총괄적인 개념은 여기서 나온 것으로, 이 부르주아에 대한 반발은 두 가지 표현으로 나타난다.

하나는 보헤미안이다. 시민생활 계율의 탈피, 현실에 안주하는 따분한 질서의 부정, 나아가 서구문명의 틀을 벗어나려 시도함으로써, 그들은 새로운 예술이라는 축제를 실현하고자 했다. 예술가들은 자신들의 촌락에서 목가적인 생활을 즐기며 모험과 여행과 데카당스를 통해 인생과 미의 관계를 실험하려고 했다.

문학자들은 부르주아의 범용함과 무지를 경멸했고, 또 미술에서의 보들레르와 음악에서의 버나드 쇼가 대표하듯이, 뛰어난 문학자가 다른 영역을 침범함으로써, 비평이 예술 일반을 이끌어가게 되었다. 지적인 요소가 세력을 얻어 지성이 새로운 예술가와 그 향유자를 키웠다. 그리하여 예술가는 지식인의 위상을 얻었다. 드레퓌스 사건에서 보여준 에밀 졸라와 아나톨 프랑스의 투쟁은 지식인의 정치적 관심을 증대시켜 예술가와 현실의 관계를 강화하고 더욱 복잡화했다.

이 두 가지는 모두 조이스의 작품과 밀접한 관련이 있다. '침묵과 유랑, 그리고 교활한 지혜(silence, exile and cunning)'를 무기로 자기를 표현하고자 선언했을 때, 스티븐 디덜러스는 보헤미안으로서의 예술가의 생활을 선망한 것이다. 실은 artist에는 아일랜드 속어로 '사기꾼' 또는 '게으름뱅이'라는 의미가 있는데, 그가 자신의 삶의 방식을 선언했을 때, 발자크의 소설에 등장하는 카르토지오 수도원의 모토 외에도 보헤미안적 삶에 대한 지향을 암시하는 이 속어가 강하게 작용했을 것이다. 또한 그는 아퀴나스를 원용하여 미에 대해 얘기할 때, 전통적인 미학자, 비평가가 됨으로써 새로운 형태의 학자, 예술가를 지향한 것이다. 물론 그것은 artist가 원래 liberal arts(자유7과, 곧 문법, 논리학, 수사학, 산술, 기하학, 음악, 천문학)의 학도를 뜻한다는 옛 해석을 현재에 되살리고자 하는 태도라고 볼 수도 있다.

as는 '~로서'라는 뜻을 가진 전치사이다. 《옥스퍼드 영어사전》에는 In the character, capacity, or role of. spec. in theatrical use(~라는 역할, 자격, 배역. 특히 극장용어)라고 설명되어 있고, 휴 케너가 어디선가 이 as를 '~로 분장한'을 뜻하는 in the role of라고 단언했다.

이 해석을 따라 조이스의 작품 제목을 번역해 보면 《청년의 역할로 분한 예술가의 초상》, 또는 《어느 젊은이로 분장한 이 예술가의 초상》이 된다. 아무래도 이상한 제목이다. 게다가 '어느 젊은이'란 도대체 누구를 말하는가? 이 기묘한 제목을 이해하기 위해서는 유럽미술에서의 자화상의 역사를 훑어보아야만 한다.

서구의 자화상에는 알브레히트 뒤러(1471~1528)를 비롯하여 고갱과 고흐에 이르는 화가들의, 그리스도의 이미지를 빌려 자신의 초상을 그리는 계열이 있었다. 그것은 우선 뒤러의 시대, 특히 네덜란드에서 널리 읽힌 토마스 아 켐피스의 《그리스도를 본받아》의 사상적 영향에 의한 것이다. 뒤러의 경우, 그리스도와 자신을 중첩시키는 것은 자신이 구세주라는 오만한 태도가 아니라, 그리스도를 사모하는 겸손의 발현이며, 그것은 고갱과 고흐의 경우에도, 뒤러보다 훨씬 더 왜곡된 형태이기는 하나 적용됐을 것이 틀림없다. 고갱은 몰라도 고흐와 그리스도교의 관계는 널리 알려져 있다. 그러나 두 번째로, 뒤러에게도, 그와 나란히 선 화가들에게도, 앞에서 말한 창조자로서의 예술가라는 자각이 있었고, 또 르네상스 이후의 그 자각이 시대정신으로서 배경에 자리잡고 있었으며, 그래서 신의 아들 예수가 되고 싶었을 거라는 점도 부정하기는 어렵다. 화가들은 처음에는 자연을 모사하는 데 의욕적이었지만, 이윽고 새로운 자연을 제시하는 것을 사명으로 여기게 되었다. 사진이 발명된 이후, 그러한 태도가 더욱 강해진 것은 말할 필요도 없다. 이 자부심에서, 아틀리에에서 세계를 창조하는 화가를 신의 아들에 비견하는 기풍이 일어나기까지는 그리 긴 시간이 걸리지 않았다.

원래 회화는 주문자의 의뢰에 따라 그려지는 것이었다. 그렇다면 초상화의 주제가 주문자나 그 가족인 경우가 대부분인 것은 당연한 일이다. 화가 자신의 초상을 원하는 손님은 거의 없다. 그러나 화가들의 자의식이 높아지고 자부심이 커짐에 따라, 그들은 자신의 신체, 특히 얼굴이 흥미로운 모티브가 된다는 것을 발견한다. 이 모티브에 끌린 결과, 적극적으로 그것을 그리려고 연구하게 된다. 16세기 이후에 베니스에서 판유리 뒤에 수은을 칠한 거울이 대량으로 만들어진 것이 한몫한 것도 간과해서는 안 될 것이다.

그리고 '가면을 쓴 자화상'이라 불리는 것은 역사화(歷史畵)의 중요 배역의 인물로서 자기를 등장시키는 수법이다. 가장 전형적인 예로, 카라바조의 〈골리앗의 머리를 든 다윗〉(1605~06)을 들 수 있는데, 여기서 골리앗의 잘린 머리가 카라바조의 자화상이었던 것이다.

이러한 '가면을 쓴 자화상' 양식은 엄청난 남독가(濫讀家)이자 잡학자인 조이스를 즐겁게 했다. 이러한 기법을 소설에 도입하는 것은 19세기풍의 자전소설 내지 예술가소설의 재미없는 글에서 탈출하는 데 도움이 될 수 있었다. 세속적인 때에 찌든 중심인물을 전설의 후광으로 장식하고, 사실의 재미를 잃지 않은 채, 위엄과 영광과 세련을 더해줄 것이었다. 이로써 자전적 예술가소설이라는 진부한 방편은 화려하고 기발한 수법을 통해 문학의 전통에 편입되었다.

그러나 조이스를 이 제목으로 이끈 요인은, 미술사적인 문맥 말고도 문학사적 문맥과 관련이 깊다. 바로 세계극장의 이념이다. 《뜻대로 하세요》 제2막 제7장에서 셰익스피어는 이렇게 말한다.

온세계는 하나의 무대이며
남녀 인간은 모두 배우일 뿐이다.
등장했다가, 퇴장했다가,

햄릿의 독백 못지않게 유명한 이 문구는 동시대의 신념의 표명이었다. 세계와 인간성의 이면이 발견되고 교회의 권위가 의심의 대상이 되며, 동란이 잇따르고 역병이 창궐했던 시대에, 종전의 고전주의적 연극과 완전히 대립되는 바로크 연극이 유행했다. 세계는 극장이고, 인간은 각자에게 할당된 역할을 연기하는 배우라는 것은, 르네상스인의 영웅숭배와 허무주의 양면을 가장 효과적이고 자극적이며 선정적으로 표현하는 말이었다. 생명력의 충만을 주체하지 못하는 듯한 기풍이 있었기 때문에, 트로니 같은 처리 방법은 인기를 얻었고, 카라바조와 뒤러, 렘브란트, 페르메이르도 누군가로 분한 인물을 그린 것인데, 이 바로크 연극적 세계관과 인간관을 조이스가 염두에 두지 않았을 리 없다. 조이스는 셰익스피어를 평생을 통해 강하게 의식했다.

a에 대해서는 이미 얘기했다.

Young Man은 두 단어를 이어서 생각하는 것이 좋겠다. 지금은 표준형이 아니지만 전에는 흔히 youngman으로 한 단어로 썼을 정도였다.

이것은 물론 '청년, 젊은이'이지만 young에는 일반적인 뜻 말고 동성인 두 남자를 구별하여(특히 아들과 아버지를 구별하기 위해) 사용되는 기능이 있고, 또 young man에는 그다지 고상하지 않은 어법으로 '연인'이라는 뜻도 있다. 어느 쪽이든 이 제목에 대해 생각하는 데 도움이 되는 것은 물론이다. 그러나 여기서는 young man에 숨어 있는 마음을 알아보기 위해 속담에서는 어떤 식으로 사용되고 있는지 살펴보기로 하자. 《옥스퍼드판 영국속담사전》과 《미국속담사전》을 인용하면,

A youngman idle, an oldman needy.(젊은이는 게으르고 노인은 억척이다)

A young man should not marry yet, old not at all.(젊은이는 아직 결혼하지 말 것, 노인은 절대로 하지 말 것)

If the young man would, and the old man could, there would be nothing undone.(젊은이에게 기운이 있고 노인에게 능력이 있으면 못할 것이 없다)

Of young men die many, of old men escape not any.(젊은이는 많이 죽고, 노인은 반드시 죽는다)

Young man married is young man marred.(결혼한 젊은이는 흠 있는 젊은이)

A young man looks into the future as an old man into his past.(젊은이는 미래를 바라보고 노인은 지난날을 아쉬워한다)

Young men think old men fools, and old men know young men to be.(젊은이는 노인을 바보로 생각하고, 노인은 젊은이도 곧 그렇게 될 거라는 것을 안다).

여기서 알 수 있는 것은 젊은이의 특질은 체력, 기운, 연애, 방자함, 게으름, 무분별, 지혜의 결여 같은, 거의 마이너스적인 것뿐이고, 또 그것은 항

상 노인과 대비된다는 것이다. 이렇게 상식화한 청춘의 인식에 조이스가 저항하려고 한 기색도 있지만, 그것을 받아들여 역이용한 면도 있다. 그것은 Young Man이라는 두 단어를 포함한 긴 제목의 장편소설이,

Old father, old artificer, stand me now and ever in good stead.

라는 호소로 끝나는 것을 생각하게 한다. 여기의 old는 (1)고대의 (2)늙은 이라는 양의를 겸한다. artificer는 '기예 또는 기능을 이용해 만드는 자, 특히 공작에 종사하는 자'. 고대의 늙은 아버지, 고대의 늙은 명장 다이달로스에게 호소하고 있는 젊은 현대의 아들은, 당연히 자신을 다이달로스의 아들이카로스로 인식하고 있을 것이다. 그래서 이 장편소설의 제목은, 비교적 온당하게, 그리고 설명적으로 번역하면 《성숙한 화가가 그린, 어느 미숙한 젊은이로 분장한 자신의 초상》이 될 것이고, 아주 과감하게 의역하면 《이카로스 역할을 하는 다이달로스의 초상》《아직 이카로스인 다이달로스의 초상》 정도가 될 것이다. 상당히 우쭐한, 그러면서도 이상하게 얌전한 제목이지만, 어느 쪽이든 재치가 있다. 이 제목이 우리를 그토록 매혹하는 것은 무엇보다 제목과 에피그라프가 결합된, 그 효과의 대담성과 재치 덕분일 것이다.

3

조이스는 초기에 《예술가의 초상 A Portrait of the Artist》이라는 짤막한 단편을 썼다. 1904년 초, 존 에그린턴과 프레드 라이언이 더블린에서 '데이나'라는 잡지를 창간하려 한다는 소문을 듣고, 1월 7일 거의 하루 만에 쓴 작품으로, 잡지에 보냈으나 게재를 거절당했다. 미숙하나마 문체를 다양하게 실험한 조잡한 초고로서, 훗날의 성과를 염두에 두고 읽으면 몰라도 독립된 작품으로는 특별히 볼 것이 없는 작품이었다.

그러나 오히려 이것이 좋은 결과를 불러왔다. 동생인 스태니슬로스의 일기에서 알 수 있듯이 조이스는 2월 2일에 벌써, 이 반송된 원고를 토대로 배교자인 예술가를 주인공으로 하는 장편소설을 쓰기로 결심하고 복안을 짜고 있었다. 이것이 《스티븐 히어로》가 되고, 이윽고 《젊은 예술가의 초상》이 된다. 주인공의 이름도 스티븐 디덜러스(Stephen Daedalus)로 정했다. 그 이름

이 상당히 마음에 들었는지, 그 무렵 단편소설을 발표할 때의 필명과 친구에게 편지를 보낼 때의 별명으로도 사용했다. '스티븐'은 모교 유니버시티 칼리지 옆에 있는 스티븐스 그린(Stephen's Green)이라는 공원과도 관계가 있지만, 수사학, 즉 레터릭의 재능 때문에 그리스인의 미움을 사서 돌에 맞아 죽음으로써 그리스도교 최초의 순교자가 된 성 스테파노에서 따온 것이다. 참고로 그는 바울이 회심하기 전 그리스도교의 중요인물이었다. '디덜러스'는 물론 그리스 신화의 명장 다이달로스에서 유래한 것. 즉 자기 자신의 정신에 들어있는 그리스도교적인 것과 이교적인 것을 조합하여 예술의 순교자로서 주인공을 부각시키고자 하는 의도였다(리처드 엘먼).

휴 케너는 이 명명에 대해 오스카 와일드가 만년에 유럽을 유랑했을 때, '세바스찬 멜모스(Sebastian Melmoth)'라고 자칭한 것이 생각난다고 했다. '세바스찬'은 성 세바스티아누스에서 유래하는데, 그는 그리스도교도인 것을 숨기고 로마황제의 총신이 되었다가 밀고당하여 화살에 맞아 죽었다. 와일드의 경우, 그리스도교 신앙에 대한 박해가 남색 취향에 대한 규탄에 해당되리라는 것은 두말할 나위도 없다. '멜모스'는 찰스 매튜린의 괴기소설《방랑자 멜모스》(1820)의 주인공이므로, 이쪽은 비밀을 폭로당한 끝에 형벌의 고통을 당하는 자와 유랑자의 합성이다.

즉 와일드가 실생활에서 전설적인 인명과 작품 속의 인물명을 결합한 것에서 시사를 얻어, 조이스는 자기 작품의 인물명을 지었고, 이러한 기법은 T.S. 엘리엇의 이른바 신화적 모티프를 차용한 모더니즘 기법으로 이어졌다. 말할 것도 없는 일이지만, 이 문학사적, 미술사적인 사건에서 미스터 블룸의 창조까지는 지척에 지나지 않는다.

'디덜러스'는 처음에 Daedalus로 썼으나, 나중에 보다 기억하기 쉬운 Dedalus로 고쳤다. 하지만 원래 영미인들 가운데 Daedalus나 Dedalus 같은 성을 쓰는 이는 없었다. 현실에 없는 디덜러스라는 새로운 성을 발명한 것은 기발한 발상이지만, 여기에는 그리스 신화와 1904년 사이의 여러 역사적 문화적 배경이 놓여 있다.

1453년 콘스탄티노플이 몰락하자 학자들이 동방에서 서방으로 이주하기 시작했고, 그 바람에 서유럽의 사상과 사회, 특히 수학, 과학, 기술이 활기를 되찾았다. 이는 이를테면 르네상스 시대의 호기심 가득한 기계 연구에 잘

드러나 있다. 그러한 기계를 좋아하는 아티스트들(이라고 불리고 있는 것에 주목) 가운데서도 가장 눈에 띄는 것은 레오나르도 다빈치이다. 그는 화가이고 조각가였지만 많은 시간을 들여 주위의 세계를 관찰하고 그 결과를 노트에 기록했다.

어린 시절 최초의 추억은 요람 속에 있는 그에게 소리개가 한 마리 찾아와, 꼬리로 그의 입을 열게 하고는 그 꼬리로 몇 번이고 입술 안을 어루만져 준 일이라고 레오나르도는 썼다. 꿈이나 잘못된 기억일지도 모르지만, 어쨌든 새는 그에게 중요한 이미저리가 되었다. 그는 평소에 새를 파는 가게 앞을 지나갈 때면, 부르는 대로 값을 치르고 새를 사서는 놓아 주었다고 한다. 그의 노트에는 새의 비상에 대한 관찰과 연구가 기록되어 있다.

새는 수학적 법칙에 따라 움직이는 기계이다. 인간은 새의 운동을 모두 갖춘 기계를 제작할 수 있다. 물론 이 기계는 균형을 유지하는 기능이 없기 때문에, 성능이 뛰어나지는 않다. 그러나 이 기계에는, 새의 생명을 제외하고는 무엇 하나 부족한 것이 없다고 할 수 있다. 따라서 그 생명은 인간의 생명이 대신해야 한다.

그는 비행기 제작도 시도하여 그것을 '새'라고 명명했다. 이러한 기록도 있다.

거대한 새가 그 위대한 체체리의 산등성이에서 최초의 비상을 할 것이다. 그리하여 우주를 경탄으로 채우고 모든 책을 그 명성으로 채우리라. 그가 태어난 옛 둥지에 영원한 영광이 있기를.

위대한 새의 이름이 붙은 산에서 멋진 새가 날아올라 온 세상을 그의 빛나는 명성으로 채우리라.

'위대한 새의 이름이 붙은 산'이란 몬테체체리를 가리키며, '체체리(ceceri)'는 백조를 뜻한다. 레오나르도는 새의 이미저리에 이끌렸고, 비상이라는 아득한 옛날부터의 인류의 꿈을 좇고 있었다. 레오나르도의 비행기 실험으로 톰마소 마시니가 추락사했다는 이야기는, 애초에 그 실험이 이루어졌는지 어떤지도 알 수 없으므로 의심스럽지만, 어쨌든 다이달로스 이카로스 설화와 관련하여 주목을 끈다.

다이달로스의 예는 보다 가까운 과거에도 있었다. 조이스는 어린 시절 톰 그리아라는 아일랜드 작가의 《현대의 디덜러스 *A Modern Daedalus*》(1885)라는 장편소설을 탐독한 듯하다. 그리아의 소설은 소년물로, 연애 같은 건 나오지 않고 그밖의 모든 면에서 당시 소년소설의 전형을 따르고 있었다. 줄거리는 단순하여, 주인공 존 오하로란은 양 어깨에 날개를 붙이는 소박한 기계를 발명한다. 시대는 자치법안으로 갈등이 격화된 1880년대의 아일랜드이다. 주인공은 자신의 발명품을 한 나라를 위해서가 아니라 인류를 위해 널리 사용하고자 결의한다. 존 오하로란은 아버지와 형제가 그 기계를 영국에 적대하는 데 사용하자고 제안하자 단호하게 거부하지만, 영국 당국에 감금되어 아일랜드를 공격하는 데 자신의 발명품을 사용할 것을 강요당하게 되자 마침내 아버지에게 동의하고, 비행대를 조직하여 훈련한다. 최초의 출격은 새벽에 스티븐스 그린에서 시도되었고, 영국 제국의 아일랜드 지배 근거지인 더블린 성을 습격하는 데 성공한다.

조이스는 이것을 아홉 살이나 열 살 쯤에 읽었을 것으로 추정되는데, 아버지의 실직으로 클롱고스 우드 칼리지를 그만둘 무렵이었다. 당시 어린 조이스는 파넬의 실각과 죽음을 애도하는 시 〈힐리, 당신도?〉를 썼는데, 이를 대견하게 여긴 아버지가 그것을 인쇄하여 지인들에게 돌렸다고 한다. 어린 이다운 영웅심을 자극하는 《현대의 디덜러스》 같은 소년소설을 읽으며 어린 조이스는 동생 스태니슬로스와 함께 현대의 디덜러스놀이를 했을지도 모를 일이다.

유니버시티 칼리지에 입학할 무렵, 열여섯 살의 조이스는 수준 높은 문학서에 열중해 있었다. 1898년에 쓴 '힘'이라는 작문은 러스킨을 노골적으로 모방한 것으로(엘먼), 조이스가 소장했던 러스킨의 《피렌체의 아침》(1898)에는 James A. Joyce September 9th, 1898이라는 서명이 남아 있었다(프레드래드퍼드). 1900년 1월에 러스킨이 사망하자, 그에게 심취해 있던 소년은 '야생 올리브관(冠)'이라는 제목으로 추도문을 썼다(엘먼).

그리고 1903년 12월 17일, (인류사에 있어서나 조이스에게 있어서나) 중대한 사건이 일어났다. 미국의 노스캐롤라이나 주 키티호크라는 한적한 어촌에서 윌버 라이트와 오빌 라이트 형제가 제작한 비행기가 하늘을 난 것이다. 동력으로 움직이고 사람이 조종하는 비행기가 처음으로 비행에 성공했다는 뉴스는 크리스마스가 되기 전에 대서양을 건너갔고, 〈데일리메일〉에도 관련 기사가 실렸다. 그 무렵 어머니를 잃은 슬픔과 빈곤에 시달리고 있던 조이스도 아마 이 기사를 읽고 흥분했을 것이 틀림없다. 이듬해 2월, 자기 작품의 주인공 이름으로 스티븐 디덜러스를 택한 결정적인 동기는 이 사건이었을 것이다. 오랜 세월에 걸쳐 쌓여온 다이달로스라는 이름에 대한 상념이, 라이트 형제의 성공을 계기로 의식 밑에서 떠오른 것이다. 그리하여 《젊은 예술가의 초상》은 비상하는 다양한 것들을 복합적인 연속무늬로 그린 벽화가 되었다.

작품 첫머리에는 오비디우스 《변신 이야기》의 라틴어 인용문이 나온다.

'그리하여 그는 마음을 미지의 예술로 향했다.'

이것은 상당히 간접적이기는 하지만 아버지 다이달로스의 비상과 아들 이카로스의 실패를 마음에 떠올리게 한다. 다이달로스와 이카로스를 주제로 한, 어렴풋하지만 인상적인 제시이다. '먹보 아기(baby tuckoo)'라는 주인공의 최초의 이름에는 tuckoo(과자)와 함께 cuckoo(뻐꾸기)가 숨어 있다는 엘렌 식스의 견해는, 새의 이미저리라는 측면에서 시사하는 바가 매우 크다. 다음에 그 먹보아기를 위협하는 댄티의 말, '잘못을 빌지 않으면, 독수리가 날아와서 눈알을 빼버린다'에 나오는 독수리는 고대 신화와 현대 어린이의 일상의 낙차를 통해 장편소설의 사정거리를 보여 주면서, 새의 주제를 미묘하게 준비한다.

이어서 등장하는 것은 기숙학교 운동장의 풋볼 게임에서 '무거운 새처럼 잿빛 허공을 날아가는' 기름때 묻은 가죽공이다. 이 무거운 새는 《젊은 예술가의 초상》을 관통하는 새 주제의 최초의 충격적인 기습—효과적이고 아이러니하며, 설마 이런 데서 그런 중요한 것이 제시되리라고는 생각할 수 없는 뜻밖의 기습이었다. 그리고 이 '가죽공'='새'에 이어서 동급생의 물음에 대답하는 형태로 주인공의 이름이 소개된다—'스티븐 디덜러스'. 우리는 신화의 세계에 한쪽 발을 걸친다. 감기에 걸려 누워 있는 스티븐이 듣는, 예배당의 기도소리에 나타난 '거룩한 사자(使者)', 즉 천사의 중요한 속성은 부양과 비행인데, 그것에 대해서는 극히 가볍고 짧게 언급했을 뿐이어서 그다지 인상에 남지 않는다. 그리고 가볍게 반복되는 문구로서, 마찬가지로 감기에 걸린 스티븐이 떠올리는 회색 빛 속을 낮게 나는 풋볼의 '무거운 새'가 있다.

여기부터 한동안 나는 것의 이미저리는 나타나지 않는다. 2장의 학교 연극 대목에서 동급생인 '빈센트 헤런이란 친구가 이름도 그렇고(heron은 '왜가리') 얼굴도 그렇고, 꼭 새를 닮았다'는 것은 그다지 중요한 의미는 없지만, 스티븐 디덜러스가 언제나 새를 통해 다이달로스를 의식하고 있음을 암시한다고 할 수는 있다. 3장에서 '아홉 계급의 천사들, 즉 천사와 대천사, 권품천사, 능품천사와 역품천사, 좌품천사와 주품천사, 지품천사와 치품천사들을 거느리고, 전지전능한 하느님, 영원한 하느님이 찾아오신다'고 할 때도 부양과 비행은 강조되지 않는다. 이를 천사 주제의 전조로 보기엔 무리가 있다. 설교자가 천사에 대해 언급할 때도 마찬가지이다. 스티븐이 음행을 뉘우치고 고해할 때 '하얀 장미의 꽃술에서 피어나는 향기처럼, 정화된 그의 마음에서 솟아 하늘로 올라가는' 기도도, 마음에 남는 이미저리라고 보기는 어렵다. 4장 첫 부분의, 성령의 상징으로서 '비둘기와 열풍'에 대해 언급할 때도 이 새는 그다지 인상적이지 않다. 작자는 명백하게 조심하고 억제하면서 준비하고 있는 것이다.

예수회 회원이 된다는 어릴 때부터의 소망을, 그 기회가 주어졌음에도 신앙의 상실과 문학에 대한 애착 때문에 버리기로 결심한 스티븐 디덜러스는, 서정적이고 청신하며 단조롭고 음악적인 풍경 속을 걸어간다. 바다 그리고 강물. 더블린 시가지의 몽롱한 분위기. 여기서 조용히 되뇌는 '바다에서 태어난 얼룩진 구름(dappled seaborn clouds)'은 비상에의 준비에 다름 아니다. 그때, 바다에서 들려오는 동급생들의 짓궂은 외침.

"어이, 스테파노스!"
"다이달로스가 온다!"
"어푸! ……이러지 마, 드와이어, 그만두라니까. 안 그럼 얼굴을 한 대 갈길 거야……어푸!"

"잘한다, 타우저! 물에 처넣어!"
"이리 와, 다이달로스! 부스 스테파누메노스! 부스 스테파네포로스!"

　'스테파노스'는 스티븐이라는 이름을 그리스어식으로 부른 것으로, 보통명사로서는 '관(冠)' 또는 '(꽃, 잎, 가지 등을 엮어서 머리나 목에 거는) 화관'이다. '부스 스테파누메노스'는 그리스어로 '스테파노스의 소의 혼'이라는 뜻. 토마스 아퀴나스는 쾰른 대학에 다니던 시절 '벙어리 황소'라는 별명을 얻었는데, 스티븐 디덜러스가 아퀴나스의 미학에 대해 잘 알고 있었기 때문에 소에 비유된 것인지도 모른다. 그리고 '부스 스테파네포로스'는 학생 그리스어(학생 라틴어와 마찬가지로 학생들이 그리스어 식으로 장난하는 언어 유희)로, '관을 쓴 수소'. 관을 쓰고 있는 것은 제물의 표시이다. 총독의 병사들이 예수에게 씌우는 가시관을 떠올려도 무방하리라. 물론 스티븐은 이것을 문학에 대한 헌신을 예언하는 것으로 받아들인다.
　동급생들의 경멸, 모욕, 야유는 일변하여, 같은 이름을 가진 위대한 명장처럼 '날개 달린 사람이 파도 위를 날아 천천히 하늘로 올라가', '살아 있는 것, 고귀하고 새롭고 아름다운 것, 신비로운 불멸의 것을' 창조할 것을 재촉하는 것으로 해석된다. 조이스는 그 드라마틱한 가치전환을 풀 오케스트라를 동원하여 웅장하게 연주한다. 다만 들을 수 있는 자는 들을 수 있을 아이러니한 선율을 이따금 교묘하게 집어넣으면서.
　《젊은 예술가의 초상》은 천재적인 예술가 다이달로스의 성공담만으로 성립되는 것이 아니며, 물론 그것도 중요한 요소이기는 하지만 그 성공담은 가짜 예술가인 이카로스의 실패와 대비될 때 더욱 돋보이고 강조될 수 있다. 조이스는 아버지와 아들의 속성이 복잡하게 얽힌 서사시를 썼다. 그로 하여금 이러한 구도를 모색하게 한 동기의 하나로, 실패자인 아버지 사이먼 디덜러스의 원형인 존 스태니슬로스 조이스가 있었는지도 모른다. 사이먼 또한 다이달로스인 것에 주의하자. 현대의 씩씩하고 냉소적인 아들은 위대한 고대의 명장을 동경하면서도, 가련하고 사랑스러운 패잔병인 현대의 아버지를 거울 속에 비친 자신의 영상처럼 계속 의식하고 있다. 신화 속의 명장에 대한 흠모는 그로 인해 더욱 더 커진다. 불안한 자신을 격려하기 위해서는 그럴 수밖에 없었다.

4

Are you not weary of ardent ways,
Lure of the fallen seraphim?
Tell no more of enchanted days.

Your eyes have set man's heart ablaze
And you have had your will of him.
Are you not weary of ardent ways?

Above the flame the smoke of praise
Goes up from ocean rim to rim.
Tell no more of enchanted days.

Our broken cries and mournful lays
Rise in one eucharistic hymn.
Are you not weary of ardent ways?

While sacrificing hands upraise
The chalice flowing to the brim,
Tell no more of enchanted days.

And still you hold our longing gaze
With languorous look and lavish limb!
Are you not weary of ardent ways?
Tell no more of enchanted days.

그 불타는 정열에 지치지도 않는가?
치천사를 타락시킨 아름다운 사람이여
이제 매혹의 나날일랑 얘기하지 마오

그대의 눈 사나이 가슴에 불붙이고
마음껏 농락하였구나
그 불타는 정열에 지치지도 않는가?

그 불길 위로 찬미의 연기가 피어올라
가없는 바다를 온통 뒤덮었구나
이제 매혹의 나날일랑 얘기하지 마오

끊어질 듯 이어지는 우리의 외침, 슬픈 노래
성체의 찬가가 되어 울려퍼질 때
그 불타는 정열에 지치지도 않는가?

제물을 바치는 두 손에
철철 넘치는 성배를 기울이는 그때
이제 매혹의 나날일랑 얘기하지 마오

그러나 나른한 눈매와 풍만한 육체로
아직도 우리의 동경하는 눈길을 사로잡누나!
그 불타는 정열에 지치지도 않는가?
이제 매혹의 나날일랑 얘기하지 마오

　현대소설에 나오는 시 가운데 가장 유명한 것은 이것일지도 모른다. 《젊은 예술가의 초상》의 이 빌라넬(villanelle)은 상당히 노골적인 비난을 받으면서도 인기가 높다. 찬미와 비판이 팽팽하게 맞서고, 훼예포폄(毁譽褒貶)이 난무하는 탓에 묘한 활기마저 있다. 조이스 학자들의 뜨거운 관심은 말할 것도 없고, 현대의 영미시인들이 이 시형(詩形)에 보내는 집착은 보통이 아니다. 그리고 이 시형을 되살린 사람이 조이스라는 것은 빌라넬 형식을 무척 사랑하는 엡손도 인정하고 있다. 그런 점에서 이것은 현대 세계문학에서 손꼽히는 시라 해도 무방하리라.
　이러한 전기적(傳記的)인 탐구는 우리에게, 왜 이 시가 여기에 수록되어 있는가 하는 물음을 제시한다.

첫째로 이 장편소설의 구성 방식과 관련이 있다. 《젊은 예술가의 초상》은 종래의, 시간이 비교적 균질하고 매끄럽게 흘러가는 사실주의적 방법이 아니라, 수많은 단편, 다양한 형식의 문장을 합성한 형태로 구성되어 있다. 그것은 유소년기의 추억어린 유아어에 의한 스케치에서 시작되어, 유아의 노래, 철자법 교과서의 문구, 교과서 여백에 쓴 낙서, 예배당의 응창, 식전 기도, 지옥에 대한 설교, 미학에 대한 문답 등을 거쳐 주인공의 일기로 끝난다. 이 장편소설은 작자가 쓰기보다는 그가 다양한 장면들을 마치 영화감독처럼 편집하는 형태로 만들어져 있다. 그 편집적 방법에 의한 효과는, 마지막의, 출발과 탈출을 노래하는 일기로 고양시킬 계획이었는데, 그 일기의 인용이 엉뚱한 느낌을 주지 않으려면, 그 전에 미리 일기를 위한 준비단계로서 주인공 자신에 의한 상당히 정리된 표현이 필요했다. 그것이 이 자작시인 것이다.

이 시는 그런 목적에 딱 들어맞는 것이었다. 《실내악》에 수록된 비교적 자연발생적인 서정시가 아니라, 인공성이 매우 강한, 생각지 못한 시형의 작품이기 때문에 더욱 어울렸다. 그것은 작자인 작중인물의 강한 개성을 부각시키고, 작위에 의한 문학이라는 인상을 주며, 미를 창조하는 예술가의 모습을 전면에 드러낸다.

결국 두 번째로, 빌라넬을 이 위치에 두는 것은 스티븐 디덜러스가 예술가라는 증거가 될 터였다. 창조주인 신을 믿는 자에서 미를 창조하는 자인 예술가로의 전환. 예술사의 운명과 개인사의 전개를 한 편의 시로 참으로 절묘하게 편성하고 있다. 그러나 그 구체적인 물증 때문에 이번에는 거꾸로 그가 어느 정도의 예술가인가 하는 문제가 뒤따르지 않을 수 없다. 그가 예를 들어 화가라면, 작자는 그 유화가 타고난 재능을 어떻게 나타내고 있는지를 언어로 묘사하면 그만이다. 그러나 그것이 시인 이상, 인용을 피하면 오히려 의심을 사게 된다. 부분적인 인용도 의심받을 것이니 전편을 제시하는 수밖에 없다. 즉 주인공이 자부하고 있는 만큼 우수한 시인인가 하는 것이 백일하에 드러나게 된다.

아무래도 엘리엇이나 오든, 엡손, 딜런 토마스의 시풍에 비하면, 조이스(디덜러스)의 빌라넬은 진부할 정도로 로맨틱하기만 할 뿐 쓴맛이나 참신한 느낌이 부족했다. 그리고 방금 열거한 시인들 가운데, 엘리엇을 제외한 세 사람은 모두 빌라넬을 썼지만, 같은 시형을 사용하더라도 딜런 토마스의 '평온하게 잠들지 마세요(Do not go gentle into that good night)'는, 아버지의 임종 앞에서 슬픔과 풍부한 서정성의 결합이 뛰어났고, 오든의 《바다와 거울》 속 미란다의 대사(빌라넬로 되어 있다)는 기법상의 완벽성 면에서 조이스(디덜러스)의 시와는 현격한 차이가 있었다.

조이스가 10여 년 전에 쓴 자작시를 인용한 것은 이 낙차가 가져올 효과를 노린 것일지 모른다. 즉 천재연하는 미숙한 재사(才士) 또는 가짜 천재에 대한 냉소적인 시선으로 그를 바라보게 하는 것이 그의 의도였다는 인식이다. 이것은 받아들일 수밖에 없다는 느낌으로 다가왔다. 그러나 동시에, 결말의 일기를 포함한 삽화가 주는 감명은 그것과 날카롭게 대립하고 있어서, 그 양자의 모순을 어떻게 받아들여야 할지 몰라 난감한 점도 있다.

그러는 한편 복잡한 해결책이 나타났다. 조이스는 이 주인공에게 이중의 역할을 부여하고 있다는 생각이 들기 시작한 것이다. 즉 예술가의 승리와 패배, 영광과 좌절 두 가지를 그렸다는 해석이다. 스티븐 디덜러스는 한편으로는 천재적인 거장의 전신(前身)이고, 또 한편으로는 평범한 재능의 소유자이다. 그러한 양면을 가진 청년을 함께 그려내어 예술가 지망자의 전체상을 보여 주는 것을 의도했고, 또 거기에 성공한 것이 아닐까. 즉 우리가 이 장편소설에서 만나는 것은 거장 다이달로스와 그 아들 이카로스의 공존이고 합성이었던 것이다.

그런데 이 시는 소년 시절부터 청춘에 이르는 조이스 디덜러스의 커다란 문제인 그리스도교 신앙과 여자에 대한 사랑 또는 성욕에 파괴된 마음의 상태를 참으로 (지나치게)복잡하고 (지나치게)다층적인 방법으로 노래하고 있다. 대상이 혼돈되어 있고 기법이 유치하다. 우선 자기 자신을 타락한 치천사에 비유하고 있는데, 사실 이 빌라넬은 스티븐 디덜러스가 몽정하거나 수음하면서, 아니면 그 후에 지어진 것이라는 휴 케너의 견해는 설득력 있는 날카로운 해석이다.

그리고 이 성서적이고 회화적이며 영화적인 이미저리는 상당 부분 동시대사(同時代史)와 연관이 있을 것으로 보인다. 당시 파리에서 살고 있던 브라질 대(大)커피농장주의 아들 산토스 두몬(1873~1932)이 비행선을 제작하여 에펠탑을 선회하는 데 몇 번 성공했다. 프랑스 상류인사들과 교제했던 그는, 그때의 유럽에는 라이트 형제의 비행기 발명이 별로 알려지지 않았기 때문에, 초기 항공사의 영웅으로 이름을 남기고 있다. 특히 1901년 8월, 비행선으로 에펠탑을 돈 뒤 가스 밸브가 고장나서 수소가 새는 바람에 비행선과 함께 어느 호텔 옥상에 떨어졌으나 무사했던 사고가 일어나 더욱 더 열광적인 반향을 불러일으켰다(폴 호프먼). 그때 더블린에 있었던 조이스도 런던의 〈데일리 익스프레스〉가 상세하게 보도한 그 기사를 분명히 읽었을 것이다. 이카로스 전설을 떠올리기도 했을 것이고, 성몽(性夢)에 빠져, 또는 수음하면서, 또는 그 사후(事後)에 빌라넬을 쓸 때, 탑을 빙빙 도는 비행기라는 프로이트적인 이미저리가 의식하에 가라앉아 있었을 것이다.

빌라넬의 성립까지 천천히 더듬어간 뒤 그 전체를 보여 주고, 다시 도서관 돌계단에 선 디덜러스가 다른 건물 주위를 선회하는 새들을 바라보는 정경은, 신중한 확인이자 관객들을 이해시키기 위한 윤창의 영상화였다.

그게 무슨 새였을까? 그는 도서관 계단에 서서 새들을 바라보면서 물푸레나무 지팡이에 지친 듯이 기대고 서 있었다. 새들은 몰스워스 거리에 있는 건물에서 튀어나온 모퉁이 주위를 빙글빙글 날아다니고 있었다. 3월 하순의 저녁 공기는 힘없이 걸린 희뿌연 청색의 얇은 천 같은 저녁 하늘을 배경으로 새들이 바르르 떨며 날쌔게 날아다니는 검은 모습을 또렷이 보여 주었다.

그는 새들이 나는 것을 지켜보고 있었다. 한 마리, 또 한 마리. 검은 광채, 잽싸게 비켜가는 동작, 다시 검은 광채, 날쌔게 옆을 휙 스쳐가며 커브를 그리는 날갯짓. 바르르 떨면서 돌진하는 것들이 모두 지나가기 전에 수를 헤아려 보고 싶었다. 여섯 마리, 열 마리, 열한 마리. 그리고 그 수가 짝수인지 홀수인지 궁금했다. 열둘, 열세 마리가 높은 하늘에서 선회하며 내려왔다. 새들은 높게 또 낮게, 그러나 언제나 직선을 그리거나 곡선을 그리면서 빙글빙글 돌았고, 왼쪽에서 오른쪽으로 마치 하늘의 신전 주위를 도는 것처럼 날고 있었다.

그리고 교향곡의 피날레 같은 일기가 등장한다. 거기서는 새 주제와 천사

주제가 다이달로스 이카로스 주제로 수렴되고 종합되어, 세기말의 예술가 지망자가 신화의 명장에게, 현대의 아들이 고대의 아버지에게 메시지를 보내, 예술에 헌신할 것을 맹세한다. 그의 사업이 성공할지 실패할지, 그가 다이달로스인지 아니면 이카로스인지는 모두 독자의 해석에 맡김으로써, 그 수수께끼 또한 결말에 음영을 드리우며 훨씬 더 깊은 감명을 줄 것이다.

5

《젊은 예술가의 초상》은 범주상 자전소설, 교양소설, 예술가소설에 속한다. 재미있는 것은 이 세 가지 양식은 모두 영국 소설에서는 보기 드문 것으로, 오히려 대륙 문학에서 쉽게 찾을 수 있는 것들이다. 이를테면 자전소설은 영국에서는 원래 자전을 가장한 허구 이야기였다. 디포가 그 대가(大家)로 《로빈슨 크루소》와 《몰 플랜더스》도 그런 수법을 쓴 것이다. 한편, 작자 자신의 행적을 소설형식으로 쓰는 수법은 아마도 레티프 드 라 부르통에서 비롯된 프랑스인의 칙칙한 취향이었다. 교양소설이 독일 기원인 것은 말할 것도 없고, 예술가 소설은 괴테의 《빌헬름 마이스터》에서 착안하여 19세기 독일과 프랑스에서 연구했고, 세기 후반에는 전유럽에서 유행했다. 이에 반해 영국소설은 일반적으로 좀 더 사회소설적인 경향이 강하여, 예를 들어 디킨스의 《데이비드 코퍼필드》는 비록 작자 자신의 체험에서 소재를 따온 것이긴 해도 사회연구적 특성이 강하다.

조이스는 여기서도 이의를 제기하며 오히려 대륙적인, 자전소설적이고 교양소설적인 예술가소설을 지향했는데, 이는 말할 것도 없이 단순히 진기함을 자랑하는 것이 아니며, 한편으로는 시대정신에 바탕을 두고 다른 한편으로는 자신의 자질에서 오는 것이었다. 즉 영국의 속국 아일랜드의 한 아이가 언어에 집착하면서 자라나, 이윽고 그리스도교 신앙을 버리고, 영국의 제국주의와 아일랜드의 민족주의에서도 독립하여, 언어로 일어서는 문학자가 되기로 결심하기까지를, 언어를 둘러싼 문제를 중심으로 하여 언어로 쓴 것이다. 자유와 탈출은 날아오르는 자의 특성이다.

그 《젊은 예술가의 초상》을 그때까지의 독일적 교양소설과 비교하면, 이쪽은 생각하는 젊은이를 다루고 있다는 뜻밖의 사실을 깨닫게 된다. 저쪽은 괴테의 빌헬름 마이스터의 경우에도 깊은 생각은 하지 않았고, 일반적으로 지금까지 교양소설의 주인공은 성장은 하지만 사고는 서툰 인물뿐이었다. 이미 셰이머스 히니가 지적했듯이, 이 장편소설 이전에는 작가는 생각하는 인물을 거의 다루지 않았다. 교양소설의 가장 큰 재미는 세계와 인간에 대한 주인공의 인식이 변화하고 깊어져가는 과정을 얘기하고 그에 따라 독자의 인식도 변화하고 깊어져가는 것인데, 일반적으로 주인공들이 깊은 생각을 하지 않거나, 아니면 작가들이 생각하는 면을 잘 다루지 못했기 때문에, 그 최대의 흥취를 놓치기 쉬웠다. 이것에 대해서는 어쩌면 도스토예프스키 《죄와 벌》의 라스콜리니코프가 진기한 예외일지도 모른다. 그러나 그것은 대학생이 극빈에 빠져 궁지에 몰린 끝에 어쩔 수 없이 생각하는 것이었다. 그런데 조이스는 극히 평범한 유년시절부터 줄곧 사고라는 행위를 한 사내아이의 삶에 밀착시키는 형태로 세월을 더듬어간다. 이는 뛰어난 독창성이다.

이런 발상의 배경에도 1세기가 넘는 혁명적인 역사가 있었다. 서양문화는 낭만파 이후, 어린이라는 존재에 눈을 뜨고 그들의 천진무구함을 우러러보거나, 교육을 하기 위해 벌을 주기도 하다가, 19세기 말에는 한편으로는 소년소녀물을 대량으로 제작하고(이를테면 스티븐슨의 《보물섬》, 루이스 캐럴의 《이상한 나라의 앨리스》), 다른 한편으로는 그들 어린이들이야말로, 여성이나 정신병자, 미개인과 마찬가지로 인간의 원형인 것을 알고 놀라게 된다. 그 대표는 물론 프로이트이다. 그런데도 이상하게도 어린이의 생활과 의식을 직접적으로 다루려 하는 사람은 아무도 없었는데, 조이스는 장편소설의 형식으로 가장 먼저 어린이를 주목한 것이다.

그가 이 독창적인 발상을 얻고 그 구현에 성공한 것은, 요컨대 언어에 주목했기 때문이다. T.S. 엘리엇의 이른바 객관적 상관물을 연상시키는 섬세한 언어 사용, 아버지가 들려주는 즉석 동화나, '모노클(monocle)'이라는 제대로 된 명칭을 몰라서 '외알 안경(a glass)'이라는 급조한 표현을 사용하는 유아와, 혀가 돌아가지 않는 어린이의 노래, 동급생이 내는 수수께끼, 기도와 노래, 뒤마 소설의 영향, 시의 인용, 지옥에 대한 설교, 음행에 대한 고해, 학생들의 농담을 거쳐, 마침내 빌라넬과 미학론, 일기에 이르는 언어의 일군으로 인생을 통째로 제시하는 방법을 생각해냈기 때문에, 그러한 생각하는 사람을 그릴 수 있었던 것이다. 그것은 정신의 체현(體現)인 언어를 통해 인간의 성장을 현전(現前)시키는 작업이었고, 그토록 엄격하게 언어를 다루기 위해서는, 중심인물이 언어의 예술가 또는 예술가 지망생이지 않으면 안 되었다. 그리고 조이스는 미숙한 정신의 표현인 미숙한 언어사용까지 정확하고 섬세하게 구현해냈다.

그의 주인공은 다이달로스의 후예이다. 또는 적어도 다이달로스의 후예이고자 한다. 새도 천사도 아닌 사람이 날 수 있는 것은 언어로 사고하고 표현하기 때문이다. 그것에 실패하면 물론 이카로스의 후계자가 될 것이다. 그러나 스티븐 디덜러스가 어떠한 운명을 더듬어 갈지는 아무도 모르는 상태에서 이 장편소설은 끝난다. 그래도 상관없다. 오픈 엔딩을 통해 그것이 인생이며 현실이라는 메시지를 제시한 것이니까. 그리고 재미있게도, 《젊은 예술가의 초상》과 그 속편 《율리시스》를 잇는 것은, 이 작품의 주인공이자 속편의 부주인공인 스티븐 디덜러스의 친구가 새를 흉내내며 노래하는 우스꽝스러운 노래이다.

> *I'm the queerest young fellow that ever you heard.*
> *My mother's a jew, my father's a bird.*
> *With Joseph the joiner I cannot agree.*
> *So here's to disciples and Calvary.*
>
> *If anyone thinks that I amn't divine*
> *He'll get no free drinks when I'm making the wine*
> *But have to drink water and wish it were plain.*
> *That I make when the wine becomes water again.*
>
> *Goodbye, now, goodbye! Write down all I said*
> *And tell Tom, Dick and Harry I rose from the dead.*
> *What's bred in the bone cannot fail me to fly*
> *And Olivet's breezy-Goodbye, now, goodbye!*

나는 정말 기이한 젊은이
어머니는 유대여자, 아버지는 새

소목장이 요셉과는 타협할 수 없다네
그래서 제자들과 골고다 언덕에 건배

나를 신이라고 생각하지 않는 자들에게는
와인을 주지 않으리라
와인이 변한 오줌 마시게 하고
맥주를 달라고 말하게 해주겠어

안녕, 잘 계시오! 나의 말을
전해주오, 멋지게 부활했다고
하늘을 나는 건 핏줄 탓, 떨어질까 보냐
감람산엔 산들바람 분다네. ―안녕, 잘 계시오

《더블린 사람들》

미국 소설가 캐서린 앤 포터는 자신의 작가생활을 회고한 수필에서 《더블린 사람들 Dubliners》 15편(1914)에서 받은 영향에 대해, "그 무렵 막 글을 쓰기 시작한 젊은 작가만이 그 비할 데 없는 작은 단편집이 어떤 계시를 주었는지 알 수 있었을 것이다. 그것은 충격이니 하는 것을 초월하여, 단편소설의 가능성에 대한 계시이고, 상상력의 깊은 세계를 향한 전개였다"고 썼다. 웨일스 출신의 시인 딜런 토머스는 그의 고향과 그 주변을 무대로 한 단편소설집 《강아지 같은 예술가의 초상》의 작풍과 내용이 《더블린 사람들》과 너무 비슷하다는 지적에 대해 "무엇보다 《더블린 사람들》은 단편 세계에서 하나의 선구작이었으며, 그 이후 뛰어난 단편작가로서 어떤 점에서든, 많든 적든 거기서 은혜를 입지 않은 작가는 한 사람도 없다"('시적(詩的) 성명서')고 피력했다.

《더블린 사람들》은 일상적으로 경험하는 평범한 사건을 담담하게 그린 작품들로, 고조가 거의 없고 줄거리 구성도 모호하다. 작가 제임스 조이스의 의도가 아일랜드인의 정신적 마비를 묘사하는 데 있어선지, 작품 전체에 어두운 그림자가 감돈다. 그래서 19세기 소설, 특히 줄거리 전개와 인물의 특수한 성격, 충격적인 사건 같은 이야기성을 중시하는 소설에 익숙한 독자는 당혹감을 느낄 것이다. 매력이 없는 내용, 인물, 문체로 독자를 매료하는 것은 말할 수 없이 어려운 일이다. 그러나 영미의 작가 수업을 하는 젊은이들은 이런 '정말 아무 것도 없는' 단편집에서 읽을 가치가 있는 글쓰기를 배웠다.

조이스의 문학에 대해서는, 그가 아일랜드 출신이라는 것을 제쳐놓고는 애기할 수 없다.

아일랜드는 12세기 중반부터 영국의 지배를 받

제임스 조이스 기념우표가 붙어 있는 편지
'더블린 시 샌디코브, 마텔로탑, 맬러카이 멀리건(통칭 벅 멀리건)'에게 보내는 편지이다. 마텔로탑은 현재 제임스 조이스 기념관으로 되어 있다.

아왔다. 16세기 중반에는 완전히 제압되어 영국왕이 아일랜드 왕을 겸했다. 영국 정부가 임명하는 총독이 지배하며, 더블린에는 영국군이 주둔했다. 그리하여 아일랜드자유국으로 독립한 1922년까지 약 400년 동안 예속되었다. 오랫동안 정치, 종교, 사회, 경제적으로 엄격한 차별과 제약을 받았고, 아일랜드어 대신 영어를 공용어로 써야 했다.

《더블린 사람들》의 배경이 된 1900년 전후, 영국인 총독이 지배하는 아일랜드에는 크게 두 종류의 아일랜드인이 있었다. 한쪽은 지배를 받는 계층 쪽으로, 국민 대다수를 차지하는 토착 켈트계 아일랜드인으로, 대부분 가톨릭교도였으며, 중류계급의 하층, 또는 하류계급(노동자나 소작농)에 속해 있었다. 다른 한쪽은 몇 세기에 걸쳐 차례차례 영국 본토에서 건너온 이주민의 자손들이다. 대부분 신교(영국 국교회파와 비국교회계 장로파)로, 좋은 환경과 직종의 혜택을 받고 상류계급에서 중류계급 상층에 속했다. 이 양자는 종족도 종교도 달랐고, 양쪽 다 아일랜드인임을 자임하며 물러서지 않았다. 독립기운이 높아지는 가운데 다른 한편에서는 영국 식민정치에 동조하는 생각도 있었다. 조이스의 작품은 이런 상황하의 더블린과 그곳에 사는 사람들을 그린 것이다. 그가 생애를 통해 추구한 주제는 더블린 자체였다.

조이스는 《율리시스》 출판이 다가왔을 때, 문학을 지망하는 젊은이들에게 이렇게 말했다. "대작가는 무엇보다도 민족적이다. 그들 자신의 민족성이 강렬해야 비로소 국제적이 될 수 있다. 나는 언제나 더블린에 대해 쓰고 있다. 더블린의 핵심에 도달할 수 있으면 세계 모든 도시의 핵심에 도달할 수 있기 때문이다. 특수 속에 보편이 들어있다." 이 말은 진정 보편적인 것은 시대와 장소와 결부되지 않고는 결코 존재하지 않음을 시사하고 있다. 그는 스스로 국외 추방자가 되어 유럽 대륙 곳곳을 떠돌아다니면서도 정신의 의지처는 항상 더블린을 고집하면서 한번도 그곳을 떠난 적이 없었다.

《더블린 사람들》은 한때는 시민의 마비상태를 그린 어두운 단편집으로 간주되었다. 그런데 창작된 지 1세기가 지나자 작품 속 해학적인 요소를 저항 없이 인정하는 독자도 나오기 시작했다. 인간 모습을 생생하게 그리다보면, 어쩔 수 없이 인간의 어리석음과 추태, 우스꽝스러움이 드러나게 된다. 조이스는 노트에 남긴 글에서 희극의 우위성을 주장한 바 있다. 작품에서 받는 인상은 읽는 사람의 관점과 시대에 따라 차이가 생긴다. 또 작품을 문체, 어법, 이미저리, 리듬 등의 표현형식에 주목하고 읽으면, 조이스 단편의 독특한 예술성을 느낄 수 있을 것이다.

각 작품 해설에서 빠뜨린 것을 덧붙인다. 조이스는 시민들의 생활을, 그의 말을 빌리면 '깨끗하게 닦은 거울'처럼 철저한 리얼리즘 수법으로 그렸다. 그리고 15편의 문체를 때로는 주인공들의 지성에 따라 용의주도하게 수준을 낮춤으로써, 형식면에서도 리얼하게 썼다고 할 수 있다. 그 큰 역할을 하는 기법 가운데 3인칭 과거형으로 표현하면서 1인칭 현재형의 임장감을 자아내는, 직접화법과 간접화법의 중간 형태인 자유간접화법(free indirect discourse)이 있다. 지문(대화문을 제외한 설명과 묘사의 글)은 화자의 이야기와, 등장인물의 의식—각 인물의 지성에 맞춘 언어를 사용한, 간접화법으로 나타내는 경우와 자유간접화법으로 나타내는 경우 양쪽—으로 구성된다. 조이스의 작품에는 화자의 서술인지 자유간접화법을 사용한 주인공의 내면 묘사인지 알 수 없는 것들이 많이 뒤섞여 있는데, 이것은 주인공의 것일 수도 있고 화자의 것일 수도 있다. 이 자유간접화법의 모호성이야말로, 양자의 목소리를 합쳐서 그 결속을 강화하기 위한 조이스의 의도라고 할 수 있다. 화자들은 카멜레온 같은 성격을 가지며, 주인공의 지적 수준에 따라 15편 모두 문체가 미묘하게 다른 점이 《더블린 사람들》의 특징의 하나이다.

제임스 조이스 연보

1882년   2월 2일, 제임스 어거스틴 조이스(James Augustine Joyce), 더블린 교외 남쪽 래스가에 있는 브라이튼 서부 스퀘어 41번지에서 태어남. 아버지 존 스태니슬로스 조이스(1849~1931)는 코크에서 태어나, 퀸스 칼리지에서 의학을 공부하고, 더블린에서 세무공무원이 됨. 1880년 메리 머리(1859~1903)와 결혼. 제임스는 10형제(4남 6녀) 가운데 맏아들로 태어남. 1884년 12월에 태어난 차남 존 스태니슬로스와는 평생을 솀과 숀(《피네간의 경야》 쌍둥이)을 떠올리는 미묘한 관계를 유지함.

     * 윈덤 루이스, 버지니아 울프, 스트라빈스키 탄생. 5월 더블린 피닉스 공원 영국 고관 암살사건.

1888년(6세)   9월 1일, 예수회 부설 기숙학교 클롱고스 우드 칼리지 입학. 교장은 콘미 신부(《젊은 예술가의 초상》《율리시스》에 등장). 여섯 살 반의 최연소 학생으로 별명은 '여섯 시 반'. 재학 시절 운동을 좋아하는 뛰어난 학생이었음.

1891년(9세)   견진성사를 받고 알로이시오(Aloysius)라는 이름을 선택함. 6월 자퇴(세무조직 개편으로 아버지가 실직했기 때문). 파넬이 죽자, 그를 배반한 힐리를 탄핵하는 풍자시 〈힐리, 너마저!(Et Tu Healy!)〉를 씀. 열렬한 파넬 신봉자인 아버지는 이것을 인쇄해 친구에게 보내는데, 현재 남아 있지 않음.

     * 오셰이 부인과의 스캔들(1889년)을 계기로 실각한 파넬, 10월 6일 브라이튼에서 객사. 예이츠, 런던에 '아일랜드 문예협회' 설립.

1893년(11세)   4월 6일, 콘미 신부의 노력으로 더블린 예수회 벨비디어 칼리지에 3학년으로 입학. 라틴어, 프랑스어 외 선택 외국어로 이탈리아어를 배움.

＊더글러스 하이드, 게일어동맹 창설.

1894년(12세) 이해부터 필수 교재가 된 찰스 램의 《율리시스의 모험》을 애독하고, '내가 좋아하는 영웅'이라는 제목으로 율리시스에 관한 글을 지음. 또한 1922년 큰어머니에게 보낸 편지에서 《율리시스》 최고의 입문서로서 이 책을 추천함.

1896년(14세) 처음으로 사창가를 감. 신앙의 동요와 함께 예술에 대한 마음이 깊어짐. 이 무렵 예이츠의 영향이 짙은 〈정조 *Moods*〉란 시를 쓰지만, 현재 남아 있지 않음.

1898년(16세) 9월 유니버시티 칼리지 입학. 존 프랜시스 반(《젊은 예술가의 초상》 크랜리)과 가장 친해짐. 입센에 심취.

1899년(17세) 예이츠의 《캐슬린 백작부인》을 반아일랜드적이라고 비난하는 학생들의 서명운동에 조이스는 분명하게 반대함.

＊더블린에 예이츠를 중심으로 한 '아일랜드 문예극장' 설립. 아서 그리피스 '신페인' 운동 벌임.

1900년(18세) 1월 20일. 학교 내 문학·역사협회에서 '연극과 인생'이라는 제목으로 강연. 4월 1일, 《우리들 죽은 자가 눈을 뜰 때》에 대해 논한 에세이 〈입센의 신극 *Ibsen's New Drama*〉이 〈포트나이틀리 리뷰〉에 실리고, 영국 연극비평가 윌리엄 아처를 알게 되고, 학교 친구들의 경탄과 선망의 대상이 됨. 여름, 아버지와 멀링거를 여행 중 입센의 영향이 뚜렷한 4막으로 구성된 〈화려한 경력 *A Brilliant Career*〉을 씀(이 원고는 1902년에 찢어버림). 이 무렵 〈빛과 그림자 *Shine and Dark*〉라는 시를 쓰지만, 현재 일부분만 남아서 전함.

＊프로이트 《꿈의 해석》 출판.

1901년(19세) 10월, 아일랜드 문예극장의 지방성을 비난하는 〈소요의 날 (The Day of the Rabblement)〉을 쓰고, 〈두 개의 에세이〉라는 제목을 붙인 85부를 인쇄, 친구들과 지인들에게 배포.

＊빅토리아 여왕 서거.

1902년(20세) 2월 15일. 문학·역사 협회에서 아일랜드 시인 제임스 클래
런스 맹건에 대해 강연. 여름, 조지 러셀의 소개로 예이츠와
그레고리 여사를 만남. 문단의 중심인물들은 조이스의 '루시
퍼 같은 거만함'에 당황하면서도 그 문학적 재능에 감탄. 10
월 31일, 졸업. 12월 1일 더블린을 떠나, 런던에서 예이츠,
아서 시먼스 방문. 그리고 파리에 가나 자금이 끊겨 더블린
으로 돌아옴. 더블린에서 마흔 살 중년의 친구, 트리니티 칼
리지 의학생 올리버 고가티(《율리시스》 벅 멀리건)를 만남.
이달부터 1년 동안 더블린 신간 〈데일리 익스프레스〉에 서평
23편을 씀.
* 예이츠를 회장으로 '아일랜드 국민극장협회' 설립. 에밀
졸라 사망. 드레퓌스 사건(1894~1906)은 1903년 아일랜드
리머릭의 유대 상인 보이콧 사건과 함께 조이스의 강한 관심
을 끎.

1903년(21세) 1월 다시 파리 도착, 가난으로 고생. 《바다로 나가는 사람》
집필을 막 끝낸 존 싱도 같은 여인숙에 있어서, 두 사람은
기묘한 경의와 적의를 느낌. 투르로 가는 도중에 역에서 에
두아르 뒤자르댕 《월계수는 베어졌다》 구입. 4월 10일, 어머
니가 위독하다는 전보를 받고 귀국. 8월 13일 메리 조이스
죽음(44세), 글래스네빈 묘지에 매장. 이 무렵부터 고가티의
영향이 더해져 술을 과하게 마시게 됨.

1904년(22세) 친구 존 이글린턴(《율리시스》에 등장)의 〈다나〉 간행 기획을
듣고, 1월 7일 약 2천 단어의 자전적 에세이 《예술가의 초상
(A Portrait of the Artist)》을 하루에 다 쓰는데, 편집자들의
거부에 부딪침. 2월 2일, 이 작품을 《스티븐 히어로(Stephen
Hero)》라는 제목의 장편소설로 고쳐 쓸 결심을 하고, 10일에
제1장을 다 씀. 이 작품은 1907년 개정을 거쳐 1916년 《젊은
예술가의 초상(A Portrait of the Artist as a Young Man)》으
로 출판됨. 3월부터 6월까지 댈키에 있는 사립학교 클리프턴
스쿨 임시 보조교사로 근무. 6월 10일, 나소거리를 산책하던

노라 바너클(20세)을 만남. 16일(《율리시스》 배경, '블룸스데이') 저녁 첫 데이트 이후 급속도로 친해짐. 조지 러셀의 권유로 단편 〈자매〉를 쓰고, 8월 13일 〈아일랜드 홈스테드〉지에 스티븐 디댈러스라는 필명으로 실음. 이것은 1914년 간행 단편집 《더블린 사람들(Dubliners)》 첫머리 작품이 됨. 9월 《이블린》, 12월 《경쟁 후》를 발표. 9월 9일, 샌디코브의 마텔로 탑에서 고가티와, 그의 옥스퍼드 친구 사무엘 트렌치(《율리시스》의 헤인스)와 동거. 9월 15일 고가티에게 깊은 원망을 품고 탑을 떠나 아버지의 집으로 돌아감. 노라와 함께 대륙으로 갈 결심을 하고, 돈을 마련하려고 분주한 한편, 1902년 이후 쓴 시집 《실내악(Chamber Music)》 초고를 런던 출판업자 그랜트 리처드에게 보냄. 스위스의 벌리츠 스쿨에 영어교사직을 얻어, 파리까지의 비용을 들고 10월 8일 출발. 파리에서 빌린 돈으로 겨우 취리히에 도착. 실수로 직업을 잃고, 트리에스테 벌리츠 스쿨 책임자의 주선으로, 트리에스테에서 150마일 떨어진 이탈리아 영지 폴라(현재는 풀라, 크로아티아 항구도시)에 부임.

＊ 존 싱 《바다로 나가는 사람》 출판. 12월 더블린에서 애비 극장 개관.

1905년(23세) 1904년 8월에 쓴 풍자시 〈종교 재판소(The Holy Office)〉 100부를 인쇄하고, 더블린의 친구나 지인에게 보냄(이것은 예이츠에서 고가티에 이르기까지 더블린 문인 전부를 단죄한 결별장 또는 복수선언이다). 3월, 트리에스테(오스트리아·헝가리 제국 영지. 현재는 이탈리아 동북부 항구도시) 벌리츠 스쿨로 전임. 5월, 그랜트 리처드가 《실내악》 출판 거절. 7월 27일 장남 조지오 탄생. 10월, 학교에 빈자리가 나자 동생 스태니슬로스를 부름. 12월 3일 《더블린 사람들》 원고 제12편(나중에 3편 '두 한량', '작은 구름 한 점', '죽은 사람들' 추가)을 그랜트 리처드에게 보냄.

1906년(24세) 3월, 리처드가 《더블린 사람들》 출판계약서에 서명. 7월, 신문 구인 광고에 응모해 로마 은행 문서과에 채용, 31일 로마 도착. 9월 30일 스태니슬로스 앞으로 보낸 편지에, 더블린에 사는 유대인 헌터를 주인공으로 하는 단편 '율리시스'에 대한 생각을 말함. 이것은 결국 제목만으로 끝났지만, 아내를 빼앗긴 유대인 남자라는 이미지는 그의 마음을 사로잡고, 《율리시스》로까지 발전함. 4월 이후 출판사 측 수정 요구를 둘러싸고 오고 간 격한 편지 끝에, 9월 말 리처드 앞으로 계약 파기 편지가 도착함. 그 직후 《실내악》을 찰스 엘킨 매슈스에게 보냄.

1907년(25세) 2월, 존 롱도 《더블린 사람들》 출판 거절. 같은 달, 존 싱의 《서방(西方)의 플레이보이》 상연을 둘러싼 애비 극장 소동에 강한 관심을 보임. 창작에서는 극도의 슬럼프에 빠진 끝에, 3월 5일 은행을 그만두고, 직업도 없이 트리에스테로 되돌아감. 결국 벌리츠 스쿨에 복직. 그 고장의 〈일 피콜로〉지에 아일랜드 자치 문제 등에 대한 일련의 기사를 씀. 4월부터 '아일랜드, 성자와 학자의 섬' '제임스 클래런스 맹건' 등 제목으로 연속 공개 강연. 5월, 《실내악》이 엘킨 매슈스를 통해 출판. 7월 류마티즘열로 한 달여 입원. 7월 26일 장녀 루치아 탄생. 조이스는 학교를 그만두고 개인교사가 되지만, 어려운 살림은 나아지지 않음. 이 무렵 마음속으로 끝낸 《율리시스》 구상을 다시 시작하고 '더블린 판 페르귄트' 또는 '아일랜드의 파우스트'라는 착상과의 융합도 생각하지만, 구체화하지는 않음.

1908년(26세) 3월, 존 싱의 《바다로 나가는 사람》을 이탈리어로 번역. 소년 시절부터 약시였던 그는 특히 지난해 류마티즘열 이후 눈 상태가 나빠진 데다 과음도 빌미가 되어 5월 심한 홍채염을 앓음. 이 무렵 영어 학생 중 부유한 유대인 에토르 시치미(필명 이탈로 스베보)가 있었는데, 조이스는 21살 연상인 그의 재능을 높이 평가함.

1909년(27세) 4월, 더블린 출판사 몽셸에 《더블린 사람들》 원고를 보냈지만, 직접 협상과 모교에서의 교사 생활(이탈리아어) 가능성 여부를 보기 위해 7월 조지오를 데리고 아버지 집으로 감. 에클즈거리 7번지(《율리시스》 블룸의 집)에 사는 반과 옛정을 되살림. 친구 코스그레이브(《젊은 예술가의 초상》《율리시스》 린치)의 말로 소녀시절 노라와 코스그레이브와의 관계를 의심하지만, 반의 조언으로 오해를 풂. 그동안 노라 앞으로 격한 감정을 드러낸 편지를 자주 보냄. 8월, 몽셀 출판사(영업담당 존 로버츠)와 《더블린 사람들》 출판계약 성립. 9월, 동생 에바와 조지오를 데리고 더블린을 떠나 트리에스테로 돌아감. 이 더블린 체류는 그 이후 작품, 특히 《망명자들》《율리시스》에 많은 소재를 줌. 에바의 말에 암시를 받아, 영화관 하나 없는 아일랜드에 영화관 개설을 계획. 트리에스테의 실업가 그룹을 설득, 12월 20일 더블린에 영화관 '볼터' 개관.

＊존 싱 사망. 문예지 〈신 프랑스 평론〉지 창간. 마리네티 '미래파선언'.

1910년(28세) 1월 2일, 동생 아이린을 데리고 트리에스테로 돌아감. 홍채염 재발로 한 달여 휴양. 7월, '볼터' 경영부진으로 파산. 5월 예정이었던 《더블린 사람들》 출판은, 에드워드 7세 언급 부분을 수정하라는 출판사 요청이 세 번 있었으나 조이스가 거부해 계속 미루어짐.

1911년(29세) 2월, 몽셀 출판사로부터 에드워드 7세에 관한 기술을 모두 삭제해 달라는 편지를 받음. 이 무렵 《더블린 사람들》 출판 협상이 잘 진행되지 않자 순간 화가 나 《스티븐 히어로》 초고를 난로에 던지지만, 마침 거기에 있던 동생 아이린이 빼냄. 8월 1일, 에드워드 7세 문제로 영국왕실의 견해를 묻는 편지를 조지 5세 앞으로 보냄. 8월 11일, 비서관 답장(이런 문제에 대해 국왕 자신의 의견을 표명하는 것은 관례에 어긋난다) 받음.

1912년(30세) 3월, 디포와 블레이크에 대해 두 번에 걸친 강연. 5월 〈일

피콜로〉지에 〈파넬의 그림자〉라는 제목으로 글 실음. 7월, 가족과 함께 아일랜드로 향하고, 노라의 고향 골웨이를 방문함. 8월, 결국 몽셀 출판사 존 로버츠와의 계약 결렬, 9월, 조판은 해체 교정쇄는 파기. 그날 밤 조이스는 더블린을 떠나 트리에스테로 돌아가면서 로버츠에 대한 분노를 담은 풍자시 〈분화구로부터의 가스(Gas from a Burner)〉를 쓰고, 둘째 동생 찰스를 시켜 더블린 지인들에게 나눠주게 함. 그 뒤로 조이스는 두 번 다시 아일랜드 땅을 밟지 않음.

1913년(31세) 레볼테라 고등상업학교(나중에 트리에스테 대학)에서 가르치며 동시에 개인교사를 계속함. 이때부터 이듬해 여름까지 학생 마리아 포퍼(아버지 레오폴드는 유대인 실업가)에게 일방적인 연애감정을 느끼고, '자코모 조이스'라는 제목의 노트를 남김(1968년 출판, 카사노바에서 유래한 자코모는 바람둥이라는 뜻). 11월, 그랜트 리처드와 《더블린 사람들》 출판협상 다시 시작. 12월, 예이츠의 소개로 알게 된 에즈라 파운드에게서 보낸 작품에 대한 편지를 받음.
  ＊마르셀 프루스트 《잃어버린 시간을 찾아서》 제1권 《스완네 집 쪽으로》, 데이비드 로렌스 《아들과 연인》.

1914년(32세) 1월, 그랜트 리처드가 《더블린 사람들》 출판에 동의, 6월 15일 출판. 2월, 파운드의 주선으로 〈에고이스트〉에 《젊은 예술가의 초상》을 실음. 초판 1250부 가운데 연말까지 499부가 팔리는데, 5백 부까지는 무인세 계약이어서 기대에 반해 조이스의 형편은 나아지지 않음. 1906년 이래 구상한 《율리시스》를 《젊은 예술가의 초상》 속편으로 하려고 3월에 다시 글을 쓰지만, 결국 중단, 희곡 〈망명자들(Exiles)〉을 씀. 12월, 동생 스태니슬로스가 과격 이탈리아 민족통일주의 운동에 참여하고 있다는 이유로 오스트리아 관헌에게 체포, 전쟁이 끝날 때까지 감금.
  ＊제1차 세계대전 발발.

1915년(33세) 1월, 런던과 미국 출판업자들이 조이스에게 강한 관심을 보임. 9월 〈망명자들〉 완성. 전쟁으로 조이스 가족은 6월 취리히로 이주, 조이스는 개인교사 일을 계속함. 파운드와 예이츠의 노력으로 영국왕실문학기금으로부터 보조금 75파운드를 받음.

1916년(34세) 《젊은 예술가의 초상》 출판에 관해 핑커를 통해 여러 회사와 협상하지만 난항을 겪음. 해리엇 위버의 집요한 노력으로 12월 《더블린 사람들》 미국판 간행, 이어 12월 29일 《젊은 예술가의 초상》 출판. 파운드와 예이츠의 또 한 번의 노력으로 8월 영국재무부기금 100파운드를 받음.

＊ 헨리 제임스 사망. 카프카 《변신》. 4월 24일 더블린 부활절봉기, 같은 달 10일 진압.

1917년(35세) 2월 12일, 해리엇 위버의 에고이스트 출판사 《젊은 예술가의 초상》 영국판 간행. 허버트 웰스가 〈네이션〉 2월호에 호의적인 서평 발표, 초판 750부가 여름까지 다 팔림. 이 무렵 예술에 조예가 깊은 뉴욕 변호사 존 퀸도 조이스에게 관심을 보임. 몇 개월 동안 녹내장으로 극심한 고통을 겪다가 8월 수술. 10월부터 가족과 함께 로카르노에서 쉬며 연말에 《율리시스》 에피소드 3까지 끝내고 파운드에게 보냄.

＊ 폴 발레리 《젊은 파르크》

1918년(36세) 1월 취리히로 돌아감. 파운드의 주선으로 미국 잡지 〈리틀리뷰〉 3월호에 《율리시스》 연재. 친구이자 본디 배우인 클로드 사익스와 극단 '잉글리시 플레이어스(English Players)' 창립. 오스카 와일드의 《진지함의 중요성(The Importance of Being Earnest)》을 시작으로 쇼나 노래 등을 상연. 출연료 문제에서 시작된 극단원 카(영국영사관 근무)와의 다툼이 재판으로까지 발전, 결국 승소. 5월 25일, 〈망명자들〉 영국과 미국에서 출판. 슈테판 츠바이크가 강한 관심을 보임. 양쪽 눈에 홍채염이 걸려 고생. 12월, 근처에 사는 말테 플리아시만과 교제. 이듬해 그녀의 '보호자'를 알게 되면서 두 사람의 '플라토닉'한 관계는 끝나지만, 《율리시스》 거티와 마사의 소재가 됨. 〈리틀 리뷰〉의 《율리시스》 연재는 안정적으로 진행되고, 연말에는 에피소드 9 완성.

1919년(37세) 6월, 1917년 5월 이래 익명으로 후원한 사람이 해리엇 위버였음이 밝혀짐(그녀의 경제적 원조는 조이스 사후 장례식에 이르기까지 계속됨). 8월 7일, 슈테판 츠바이크의 주선으로 〈망명자들〉 뮌헨에서 상연하나 성공하지 못함. 9월까지 《율리시스》 에피소드 10, 11, 12 완성. 10월 트리에스테로 돌아가 레볼테라 고등상업학교에 복직.

1920년(38세) 5월까지 에피소드 13, 14 완성. 파운드의 권유에 따라 파리 이주를 결심. 7월 파리 도착, 서점을 경영하는 두 여성, 아드리엔느 모니에르(라 메종 데자미 데 리브르)와 실비아 비치(셰익스피어 서점)를 알게 됨. 8월 15일, 토머스 엘리엇과 윈덤 루이스를 방문. 12월 에피소드 15 완성, '이제까지 쓴 것 중에서 제일 잘된 것'이라고 말함. 12월 24일, 비치와 모니에르의 준비로, 외국문학에 관해 파리 문단에서 강한 영향력을 행사하는 발레리 라르보를 만남.
  * 트리스탕 차라 '다다이즘 선언'. 아일랜드 자치법안 통과.

1921년(39세) 2월 《율리시스》 미발표분을 읽은 라르보로부터 칭찬의 편지가 도착함. 《율리시스》를 연재하고 있는 〈리틀 리뷰〉지가 뉴욕 악덕방지회로부터 외설문서 유포 혐의로 고소당함. 피고측 변호사는 존 퀸, 이듬해 유죄 판결을 받음(에피소드 14에서 연재 중단). 4월, 실비아 비치를 통해 《율리시스》 출판 계약. 1000부 예약 모집에 예이츠, 파운드, 지드, 헤밍웨이 등이 신청함. 5월 한 모임에서 마르셀 프루스트를 만남. 10월, 에피소드 17과 18 집필이 나란히 끝남으로써 《율리시스》 원고 완성(에피소드 4는 출판되는 날까지 수정함). 11월, 조이스는 《율리시스》 구성과 기법에 관한 세밀한 계획표를 발레리 라르보에게 보이고, '내적독백' 창시자로서 에두아르 뒤자르댕의 공적을 분명히 밝힘.

1922년(40세) 2월 2일 생일, 셰익스피어 서점판 《율리시스》 첫 한 권을 실비아 비치에게서 건네받음(구상한 지 16년, 집필한 지 7년째). 엘리엇은 격찬하며 "조이스는 19세기를 매장시켰다"고 버지니아 울프에게 말함. 울프는 "교양 없고 수준 낮은 환경에서 자란" 사람의 작품이라고 비판. 에드먼드 고스는 "문학적 사기꾼"이라고 평함. 8월, 조이스는 노라와 함께 런던으로 가서 처음으로 해리엇 위버와 만남. 눈병 악화로 9월 중순 서둘러 파리로 돌아감. 10월, 위버를 통해 에고이스트 판 《율리시스》 출판. 《피네간의 경야》 구상. 이 제목은 아내에게만 말했을 뿐 출판 때까지 감추어 둠.

＊엘리엇 〈황무지〉 발표. 1월 아일랜드자유국 성립.

1923년(41세)　3월 《피네간의 경야》 집필 착수. 4월, 이를 몇 개 뽑은 뒤, 안과의사 보르시 박사에게 괄약근 수술을 받음. 장남 조지오는 은행을 그만두고 성악가(베이스) 훈련에 전념.

＊엘리엇 〈율리시스, 질서와 신화〉 발표.

1924년(42세)　3월, 1920년 진행하던 《젊은 예술가의 초상》 프랑스어판 《디댈러스》 간행. 《율리시스》는 〈커머스〉에 실림. 〈트랜스 어틀랜틱 리뷰〉에 《피네간의 경야》의 단편 실림. 편집장 매독스포드는 이것을 트리스탕 차라, 헤밍웨이 작품과 함께 《진행 중인 작품(Work in progress)》으로 묶어 문예부록으로 함(조이스는 이것이 마음에 들어 《피네간의 경야》 출판 때까지 제목으로 씀). 4월, 왼쪽 눈 결막에 이상이 생겨 의사가 일을 쉬라고 함. 6월 수술. 8월 변호사 존 퀸 사망. 11월 이모 조세핀 마리 사망. 특히 더블린의 정다운 정보원이었던 이모의 죽음으로 조이스는 깊은 슬픔에 빠짐. 11월 28일 보르시 박사에게 왼쪽 눈을 6번째로 수술 받음.

＊버지니아 울프, 평론 〈미스터 베넷과 미세스 브라운〉에서 내면세계를 중시하는 새로운 문학 옹호.

1925년(43세)　2월 15일부터 열흘 동안 입원. 오른쪽 눈 통증으로 발광 직전이었음. 같은 달 뉴욕에서 〈망명자들〉 상연. 눈병과 치통에 괴로워하며 《진행 중인 작품》 일부를 손봐서 〈크라이테리온〉 7월호에 실음. 4월 왼쪽 눈 7번째 수술. 7월부터 9월까지 노르망디 여행. 눈이 보이는 한 돋보기와 큰 문자에 의지하여 집필 활동 계속. 12월 두 번에 걸친 왼쪽 눈 수술.

＊카프카《심판》. 버지니아 울프《댈러웨이 부인》.

1926년(44세) 2월 14, 15일 런던에서 〈망명자들〉 상연. 왼쪽 눈이 악화되어 10번째 수술을 받음. 지난해 9월부터 이해 9월까지 뉴욕의 잡지 〈두 개의 세계〉는《진행 중인 작품》을 다섯 차례,《율리시스》를 한 차례 표절. 11월, 위버와 파운드에게서《진행 중인 작품》의 난해함에 당혹스러워하는 편지를 받음.

1927년(45세) 《율리시스》 표절에 대한 항의문을 만들어 여러 나라 작가들의 서명을 요청. 서명자는 크로체, 뒤아멜, 아인슈타인, 엘리엇, 지드, 헤밍웨이, 로렌스, 울프, 예이츠 등 167명. 2월 2일 날짜로 항의문 발송. 표절은 10월까지 이어지고, 뉴욕 최고재판소 표절금지령이 떨어진 것은 이듬해 12월. 조이스 부부와 엘리엇 폴 편집의 〈트랜지션〉 창간호(4월)에《진행 중인 작품》연재 시작(38년 5월까지 계속됨). 이때 아주 이해하기 어렵고 까다로운《진행 중인 작품》에 대한 비판을 들어 이 작품을 아일랜드 소설가 제임스 스티븐스에게 맡기려고 생각함.《진행 중인 작품》비판에 대항하는 방법으로 7월 7일 셰익스피어 서점에서 시집 《한 푼짜리 시들(Pomes Penyeach)》을 내지만 기대한 만큼 좋은 반응은 얻지 못함. 라인 펠락 출판사를 통해《율리시스》독일어 판 간행. 조이스가 번역에 불만을 나타내 다시 번역함.

＊버지니아 울프《등대로》.

1928년(46세) 9월 이탈로 스베보 자동차 사고로 사망. 같은 달, 눈병 악화로 집필에 어려움을 겪음. 10월 29일, 뉴욕에서《아나 리비아 플루라벨》호화판 850부 간행. 1월 8일, 노라 암이 의심되어 첫 번째 수술.

1929년(47세) 2월, 라르보 등이 참여한《율리시스》프랑스어 번역판을 아드리엔느 모니에르가 출판. 같은 달 노라 자궁 절제 수술을 받으나 경과는 양호. 4월, 장남 조지오 가수로 데뷔. 발레리나를 포기한 루치아는 이때부터 이상한 조짐을 보임. 5월, 베케트, 버젠 등 12명을 통해 《피네간의 경야》 어폴로지아 간행. 8월, 《솀과 숀 이야기》(《피네간의 경야》 일부) 파리에서 출판. 7월부터 8월까지 길버트 부부와 영국에 머물며, 길버트의 《율리시스》론에 조언을 함. 11월, 만일 실명하거나 완성할 기력이 없을 때를 대비해 제임스 스티븐스에게 《피네간의 경야》 구성을 1주일에 걸쳐 설명. 이 무렵 〈트랜지션〉이 경제적 이유로 잠시 휴간되자 창작 의욕을 잃음. 아일랜드 코크 출신 테너 가수 존 설리번을 알게 되어 그를 지나칠 정도로 열렬하게 후원함.

* 포크너 《음향과 분노》.

1930년(48세) 시력이 감퇴하여, 5월 10일 취리히에 가서 포크트 박사에게 11번째로 왼쪽 눈 수술 받음. 6월, 파리와 뉴욕에서 《어느 곳에나 어린이가 있다》(《피네간의 경야》 3부 3장 묶음 부분) 출판. 라인 펠락 출판사가 독일어 번역판 《율리시스》 제3판을 위해 융에게 머리글 의뢰. 9월 머리글 원고를 읽은 조이스는 "이 남자는 한 번도 미소 짓지 않고 처음부터 끝까지 읽은 듯"이라고 함. 출판사 머리글 단념. 1월, 조이스 자신의 감독하에 《아나 리비아》 프랑스어 번역 진행. 번역가는 베케트, 페롱, 레옹, 졸라스, 골, 수포. 12월 10일 장남 조지오 결혼. 12월 조이스의 의뢰를 받은 하버드 고먼이 그의 전기를 쓰기 시작(출판은 40년).

1931년(49세) 《어느 곳에나 어린이가 있다》 페이버 앤드 페이버 출판사에서 간행. 7월 4일 아버지 존 생일 때 노라와 런던 등기소에서 정식으로 결혼. 12월 29일, 아버지 존 더블린에서 사망(82세), 아내 메리와 같은 묘지에 잠듦. "내 작품의 수백 페이지와 등장인물들은 아버지로부터 나온 것"이라고 말한 조이스의 슬픔이 깊어 《피네간의 경야》 집필을 포기하려고 했음.

* 에드먼드 윌슨 《액슬의 성》 간행, 조이스의 고전주의적,

상징주의적 요소 강조.

1932년(50세) 베케트를 향한 짝사랑의 절망 등이 원인이 되어 2월 2일 루치아가 미쳐서 발작을 일으킴. 정신병원에 옮겨져 정신분열증으로 진단받음. 루치아의 증세가 심해짐에 따라 조이스는 맹목적인 사랑을 쏟음. 의사를 바꾸어 가며 (34년의 융은 스무 번째 의사), 장식문자 작업을 권하는 등 딸에게 맞는 방법으로 고치려고 노력함. 2월 15일, 손자 스티븐 제임스 조이스 탄생. 9월, 예이츠로부터 아일랜드 문학 아카데미 창립회원이 되라는 내용의 연락이 오나, 10월 5일 거절 답장을 보냄. 12월 길버트가 교정에 참가하여 《율리시스》 오디세이 판 간행. 제4판이 결정판이 됨. 12월 《제임스와 존의 두 가지 이야기》(《피네간의 경야》 일부분) 페이버 앤드 페이버 출판사 간행. 이해에 아이젠슈타인이 조이스를 방문, 《율리시스》를 영화로 만드는 것에 대해 이야기함.

1933년(51세) 1월, 루앙에서 설리번의 노래를 듣고 돌아가는 도중 배에 통증을 느낌. 불면, 복통, 루치아 정신분열증 악화 등으로 몸과 마음이 지침. 5월 취리히에 가서, 포크트 박사에게 완전 실명 위험이 있다고 경고를 받으나 《피네간의 경야》 집필을 계속함. 9월, 파리에 돌아가 프랭크 버젠의 《제임스 조이스와 「율리시스」 창작》(출판 34년)의 인쇄물을 읽고 만족함. 뒤자르댕 《월계수는 베어졌다》를 번역 중인 길버트에게 조언함. 12월 6일 뉴욕의 울지 판사는 《율리시스》를 외설 문서가 아니라고 판결. 랜덤 하우스는 다시 활자 조판.

1934년(52세) 1월, 뉴욕의 랜덤 하우스가 미국 최초로 《율리시스》 100부 (판권 확보를 위해) 출판. 2월 2일 루치아가 조이스 생일 잔치에서 어머니를 때리고, 니온의 요양소에 수용됨. 6월 《천사 미카엘, 악마 닉, 유혹하는 여자 매기의 무언극》(《피네간의 경야》 일부분) 헤이그에서 출판. 8월 조이스 부부는 루치아를 병문안 가서 곁에서 돌봄. 9월 15일 루치아가 병실에 불을 냄, 같은 달 20일 취리히의 정신병원으로 옮겨짐. 같은 달 28일, 융에게 루치아를 진찰하게 함. 12월 다시 복통이 오나 대장염이라고 스스로 진단함.

1935년(53세) 1월 루치아를 강제로 퇴원시켜, 가족과 함께 파리로 돌아감. 조이스 여동생 아이린 보호 아래, 루치아가 원하는 대로 더블린 남쪽 브레이에 머물게 함. 7월, 루치아는 더블린을 빠져나와 일주일 뒤 경찰에 잡힘. 그 사이 조이스는 환상과 악마에게 시달림.

＊ 토머스 울프 《시간과 강에 대하여》.

1936년(54세) 파리로 돌아온 루치아는 3월 흉폭성 정신병환자로 정신병원에 수용됨. 딸이 쾌유될 가능성을 혼자서 굳게 믿는 아버지의 인내와 노력으로, 4월에 쾌적한 이브리 요양소로 옮김. 2년간 수입(미국 판 《율리시스》 인세 포함) 4분의 3을 루치아를 위해 쓴 조이스는 "돈을 다 쓰면 다시 영어를 가르치겠다"고 말함. 7월, 루치아가 4년 전에 쓴 장식 문자로 《초서 A.B.C》 출판(이것은 그녀의 스물아홉 번째 생일 선물이었다). 이즈음 《피네간의 경야》 전체 4분의 3을 끝냄. 이때부터는 "글 쓰는 일이 잘될 것"이라고 말함. 10월 존 레인을 통해 영국 판 《율리시스》 간행. 초판 1000부, 37년 보급판 간행.

1937년(55세) 지난해 7월 완성해 페이버 앤드 페이버 출판사에 보낸 《피네간의 경야》 제1부 인쇄물이 3월 나오기 시작함. 일주일에 한 번 루치아에게 병문안 가는 것을 제외하고는 《피네간의 경야》 완성을 위해 노력함. 38년 2월 2일(자신의 생일)이나 늦어도 7월 4일(아버지 생신)에 공개적으로 책을 낼 생각이었음. 10월 《젊고 내성적인 스토리엘라》 런던에서 출판. 《아나 리비아》 이탈리아어 번역에 협력.

＊ 아일랜드 새 헌법제정.

1938년(56세) 9월, 복부에 극심한 고통을 느껴 《피네간의 경야》 마무리에 전력을 쏟음. 조이스는 친구 폴 레옹에게 "지칠 대로 지치고, 혈액은 한 방울도 남지 않고 머리에서 흘러나온 것 같았다. 나는 긴 시간 동안 벤치에 앉아 움직일 수도 없었다"고 말함. 11월 13일 《피네간의 경야》 완성. 친구들을 동원하여 교정 진행, 12월 31일 교정 완성.

1939년(57세) 5월 4일 《피네간의 경야》 런던과 뉴욕에서 동시 간행. 7월, 고먼이 쓴 자신의 전기를 훑어보고 교정함. 9월, 루치아를 라 볼의 요양소로 피난시킴. 아들 조지오의 아내 헬렌의 신경증이 악화되어 입원, 손자 스티븐을 데려옴. 제2차 세계대전이 일어나 《피네간의 경야》 반향도 거의 없음. 12월 복부에 극심한 고통을 느끼나 또다시 신경성이라고 스스로 진단. 크리스마스 이후, 생 제랑 르 퓌로 피난.

1940년(58세) 교정을 계속하나 건강이 급속도로 나빠짐. 9월부터 스위스로 옮길 계획을 세우고, 12월 17일 밤 조이스 가족(부부, 조지오, 스티븐) 취리히에 도착. 루치아는 라 볼의 요양소에 머물렀고, 조지오의 아내 헬렌은 친정집이 있는 미국으로 돌아가 있었음. 하버드 고먼 《제임스 조이스》 출판.

1941년(59세) 1월 10일 극심한 복통에 시달림. 다음 날 아침, 적십자 병원으로 운송됨. 십이지장궤양천공(십이지장에 구멍이 난 것)으로 진단 받고 수술함. 회복되는 것처럼 보였으나 13일 오전 2시 15분 사망. 15일 취리히의 플룬테른 묘지에 잠듦. 〈런던 타임스〉의 이해심 없는 조문에 화난 T.S. 엘리엇은 〈물고기에게 보내는 메시지〉라는 제목의 항의문을 〈호라이즌〉 3월호에 발표. 버지니아 울프도 부고를 접하고 슬퍼함(그녀는 3월 28일 자살). 취리히에서는 지인들이 《제임스 조이스 추상》을 출판. 할리 레빈은 조이스의 모든 작품을 다룬 첫 연구서 《제임스 조이스》를 저술해 유럽 문학사에 조이스의 위치를 다짐.

1944년 《스티븐 히어로》 출판. 조지프 캠벨과 헨리 모튼 로빈슨의 선구자적 해설서 《피네간의 경야를 여는 곁쇠(A Skeleton Key to Finnegans Wake)》 간행.

1947년 뉴욕에서 '제임스 조이스 협회' 결성.

1951년	4월 10일, 노라 조이스 죽음(67세). 남편과 같은 묘지에 묻힘. 사후 10년을 기념하여 더블린 문예지 〈엔보이〉는 조이스 기념호를 냄.
1955년	6월 16일, 트리에스테에서 동생 스태니슬로스 조이스 죽음(70세).
1956년	실비아 비치가 《셰익스피어 서점》을 저술하고, 《율리시스》 간행을 중심으로 조이스와의 교류를 이야기함.
1957년	스튜어트 길버트 편 《제임스 조이스의 편지(Letters of James Joyce)》 출판.
1958년	스태니슬로스 조이스의 《내 형제의 파수꾼》 출판. 더블린 연극제에서 오케이시와 베케트가 《율리시스》를 연극화한 〈블룸의 날〉을 상연하려 했으나, 더블린 대주교 반대로 연극제 중지.
1959년	《조이스 평론집(The Critical Writing of James Joyce)》 출판. 리처드 엘먼의 결정판 전기 《제임스 조이스》 간행.
1962년	마텔로탑을 조이스 박물관으로 보존하기로 결정, 6월 16일(블룸의 날) 창립식. 박물관 방명록에 처음으로 이름을 쓴 사람은 실비아 비치. 《스태니슬로스 조이스의 더블린 일기(The Dublin Diary of Stanislaus Joyce)》 출판. 더블린 연극제에서 휴 레너드가 《초상》과 《스티븐 히어로》를 각색한 〈스티븐 D〉를 상연. 전쟁 뒤 더블린 극단에서 가장 인상적인 희곡으로 불림. 10월, 실비아 비치 사망(해리엇 위버도 61년 10월 사망).
1963년	더블린 연극제에서 레너드가 《더블린 사람들》을 바탕으로 각색한 〈더블린 원〉과, 뉴욕의 진 엘트먼이 《피네간의 경야》를 토대로 한 무언극 〈6인승 마차〉 상연.
1966년	6월 15, 16일 더블린에서 제1회 조이스 심포지엄 개최.
1968년	《자코모 조이스(Giacomo Joyce)》(트리에스테 시대의 자전적 스케치. 13년 참조) 출판.
1969년	6월 10일~16일, 더블린에서 제2회 조이스 심포지엄 개최.

김성숙(金聖淑)
연세대학교 영문학과 졸업. 「율리시스학회」 창학 50년 강의
1955년 최재서 지도받아 제임스 조이스 「율리시스」 연구번역에 평생 바치기로 결심
1960년 「율리시스학회」를 창학, 오늘도 연구강의를 하고 있다.
2011년 55년 열정을 바쳐 옮긴 제임스 조이스 《율리시스》 한국어판 간행
옮긴책 존 듀이 《민주주의와 교육》 《철학의 개조》
데이비드 흄 《인간이란 무엇인가(오성·정념·도덕)》
아우렐리우스 《명상록》
키케로 《인생론》

World Book 167
James Augustine Aloysius Joyce
A PORTRAIT OF THE ARTIST AS A YOUNG MAN
DUBLINERS
젊은 예술가의 초상/더블린 사람들
제임스 조이스/김성숙 옮김
1판 1쇄 발행/2011. 11. 11
1판 2쇄 발행/2019. 1. 1
발행인 고정일
발행처 동서문화사
창업 1956. 12. 12. 등록 16-3799
서울 중구 다산로 12길 6(신당동 4층)
☎ 546-0331~6 Fax. 545-0331
www.dongsuhbook.com

사업자등록번호 211-87-75330
ISBN 978-89-497-0751-8　04080
ISBN 978-89-497-0382-4　(세트)